Carl Dahlhaus

Klassische und romantische Musikästhetik

# Carl Dahlhaus

# Klassische und romantische Musikästhetik

Laaber

CIP-Kurztitelaufnahme der Deutschen Bibliothek

**Dahlhaus, Carl:**
Klassische und romantische Musikästhetik / Carl Dahlhaus. —
Laaber: Laaber-Verl., 1988
ISBN 3—89007—142—2

Redaktion: Sigrid Wiesmann

ISBN 3—89007—142—2

Satz: Laaber-Verlag, Laaber
Notenherstellung: Curtius Notengraphik, Seubersdorf
Druck: Aumüller Druck KG, Regensburg
Buchbinderische Verarbeitung: Josef Spinner Großbuchbinderei GmbH, Ottersweier
Umschlagbild: Karl Friedrich Schinkel, Sternenhalle der Königin der Nacht. 1815 (Bühnendekoration zu Mozarts »Zauberflöte«). Gouache, 46,3 cm x 61,6 cm. Berlin, Staatliche Museen, Kupferstichkabinett und Sammlung der Zeichnungen (Photo vom Archiv für Kunst und Geschichte, Berlin).

# INHALTSVERZEICHNIS

# EINLEITUNG

Der tiefgreifende innere Gegensatz, den der Titel *Klassische und romantische Musikästhetik* auszudrücken scheint, sofern man an vergilbte ideengeschichtliche Vorstellungen zurückdenkt, existiert in Wahrheit nicht. Die Übereinstimmungen, die zwischen Karl Philipp Moritz und Friedrich von Schiller einerseits, E. T. A. Hoffmann und Arthur Schopenhauer andererseits bestehen, sind fundamental, die Differenzen dagegen, wenn nicht bedeutungslos, so doch sekundär. Man kann ohne Übertreibung von einer klassisch-romantischen Musikästhetik, und ebenso von einer klassisch-romantischen Musik, sprechen, also statt der Unterschiede, die von Anhängern der geistesgeschichtlichen Methode in suggestive Begriffe wie »Vollendung« und »Unendlichkeit« gefaßt wurden, die innere Einheit der Epoche in den Vordergrund rücken. Daß sie in den letzten Jahrzehnten immer deutlicher sichtbar wurde, ist der Schroffheit zu verdanken, mit der sich die ästhetische Theorie der Moderne von der Tradition abhob: einer Tradition, an der statt des Auseinanderstrebens von »Richtungen« die gemeinsamen Grundlagen, die durch ihren Zerfall im 20. Jahrhundert sinnfälliger als zuvor hervortraten, sich dem rückblickenden Bewußtsein aufdrängten.

Das Wort »Ästhetik« stammt aus der Mitte des 18. Jahrhunderts; und die Behauptung, daß die Prägung des Terminus und die Entstehung der Sache, die er meint, in die gleiche Zeit fallen, wäre, obwohl sie ein Moment von Übertreibung enthält, keineswegs widersinnig. Die Überlieferungen, von denen sich die klassisch-romantische Musikästhetik — eingeschlossen die Ästhetik der Empfindsamkeit — absetzte, waren nicht Ästhetik im Sinne Baumgartens, Kants und Hegels: eine Kunstlehre in der Form einer Philosophie des Schönen, die in einer Theorie der Wahrnehmung begründet war.

In der pythagoreisch-platonischen Tradition, die von der Antike über das Mittelalter bis zum Barock als »musica theoretica« weitergetragen wurde, interpretierte man die Musik als »tönende Mathematik«. Der Sachverhalt, daß den Konsonanzen einfache und den Dissonanzen komplizierte Zahlenverhältnisse zugrundeliegen, erhielt durch die Überzeugung, daß die Proportion, die in einem Phänomen enthalten ist, dessen Wesen darstellt, metaphysische Bedeutung. (Darüber, daß die Ontologie der Korrespondenz zwischen dem sinnfällig Einleuchtenden und dem rational Einfachen bereits im 5. Jahrhundert v. Chr. durch die Entdeckung der Irrationalität der Diagonale des Quadrats erschüttert worden war, setzt man sich hinweg.) Von der modernen Naturwissenschaft des 17. Jahrhunderts wurde die Interpretation der

Zahlen als Ideen ausgehöhlt, und das dadurch erzwungene philosophische Umdenken erreichte schließlich, mit einem Jahrhundert Verspätung, auch die Musikästhetik; außerdem verlor in einer Ästhetik, die in einer Theorie der Wahrnehmung begründet war, die Berufung auf Mathematik an Bedeutung, denn die Proportionen der Intervalle sind, wie Kant konstatierte, ein in der Wirkung der Musik aufgehobenes, verschwindendes Moment.

Die Affektenlehre, die in der barocken, um die Oper zentrierten Musikanschauung dominierte, ist im späteren 18. Jahrhundert, anders als die musikalische Mathematik, nicht aufgelöst, sondern transformiert worden. Die Methode, einen Affekt gewissermaßen von außen, durch Nachzeichnung der für ihn charakteristischen Tonfälle, Gesten und Temposchwankungen, musikalisch zu porträtieren, wurde durch den — allerdings prekären — Anspruch ersetzt, ein Gefühl von innen heraus auszudrücken, also reale oder imaginäre Seelenregungen des Komponisten oder Interpreten durch Töne mitzuteilen. (In der ästhetischen Theorie sprach man von realen Gefühlen, in der Wirklichkeit waren es — soweit man die Unterscheidung überhaupt gelten läßt — eher imaginäre.)

Die Nachahmungslehre, die These, daß es der Sinn der Musik sei, äußere oder innere Bewegungen oder Zustände zu imitieren — die inneren sind nichts anderes als die Affekte —, erhielt in der Musikanschauung des 16. bis 18. Jahrhunderts eine Bedeutung, die sich einzig durch die Funktion, die sie erfüllen sollte, rechtfertigen läßt. In der Vorstellung, daß auch die Musik Mimesis, Nachahmung der äußeren oder inneren Natur sei, lag die Begründung dafür, daß man sie mit der Dichtung und der Malerei zu einem System der schönen Künste, dem ein einheitlicher Kunstbegriff zugrundelag, zusammenschloß. In der klassisch-romantischen Ästhetik aber wurde erstens die problematische Verknüpfung von Tonmalerei, Affektdarstellung und Allegorese — unter dem Titel »Nachahmung der äußeren und inneren Natur« — aufgelöst, zweitens die Affektdarstellung, wie gesagt, zu einem Gefühlsausdruck von innen heraus umgedeutet und drittens die Einheit der Künste anders als durch das Nachahmungsprinzip — nämlich durch den Gedanken einer gemeinsamen »poetischen« Substanz — begründet. Das Ende der Nachahmungstheorie markiert den Beginn der klassisch-romantischen Ästhetik.

Zu erwähnen wäre schließlich auch die Degradierung der überlieferten Regelpoetik im ästhetischen Bewußtsein des späten 18. und des 19. Jahrhunderts. Nicht, daß die Normen der Kontrapunkt-, der Harmonie- und der Formenlehre außer Geltung gesetzt worden wären. Aber erstens verbürgten sie, obwohl sie immer noch als notwendige Voraussetzungen angesehen wurden, nicht mehr den Kunstcharakter eines Werkes, der vielmehr, wie erwähnt, in einem ungreifbaren, irrationalen »poetischen« Moment gesucht wurde. Und zweitens war die geschichtliche Kontinuität der Musik nicht mehr in der Überlieferung eines Regelsystems fundiert, sondern in der Tradierung von Werken, die man zu einem festen Opern- und Konzertrepertoire — einem Bestand, der den ästhetischen Status von klassischen Texten erhielt — zusammenschloß. Nicht Regeln, die befolgt werden sollten, bildeten die Substanz der Überlieferung, sondern Werke, deren Urheber man nur dadurch nachahmen durfte, daß man so unnachahmlich wurde wie sie.

Die klassisch-romantische Musikästhetik ist weniger ein System, das sich aus einem Grundgedanken entwickeln läßt, als ein Komplex, der sich aus Teilen divergierender Herkunft und verschiedenen Alters zusammensetzt. Entscheidend für eine historische Charakteristik sind nicht die einzelnen Prinzipien oder Ideen, deren Vorgeschichte manchmal weit in die Vergangenheit zurückreicht, sondern die Konfiguration, die sie miteinander bilden und in der sich ihre Bedeutung in größerem oder geringerem Maße änderte.

Der klassisch-romantische Kunstbegriff, der durch den Terminus »schöne Kunst« von dem älteren Begriff der »Ars« oder »Techne«, der auch die sogenannten mechanischen Künste umfaßte, abgegrenzt wurde, bezeichnet ein den verschiedenen Künsten gemeinsames Wesen, das, wie erwähnt, im späten 18. und im 19. Jahrhundert mit dem Wort »poetisch« umschrieben wurde, ohne daß damit eine Literarisierung der übrigen Künste gemeint gewesen wäre. (Eine »poetische Idee« kann in der Musik ein dichterisches Sujet, aber auch ein musikalischer Formgedanke sein, der den Kunstcharakter eines Werkes verbürgt: Der Kunstanspruch, nicht der literarische Einschlag, der fehlen darf, ist das ausschlaggebende Moment des Ausdrucks »poetisch«.) Die Grenze des Systems der Künste war niemals fest umrissen; im 18. Jahrhundert wurden manchmal der Tanz oder sogar der Gartenbau eingeschlossen. Andererseits erwies sich der Begriff der »schönen Kunst« rasch als zu eng; seit der Mitte des 18. Jahrhunderts wurde die Ästhetik des Schönen durch eine Ästhetik des Erhabenen ergänzt, und im 19. Jahrhundert bildete sich eine Ästhetik des Charakteristischen und schließlich sogar des Häßlichen heraus. (Daß das Charakteristische nicht als bloßes Teilmoment des Schönen, sondern als selbständige ästhetische Idee anerkannt wurde, ist eine der Eigentümlichkeiten, durch die sich die romantische Ästhetik von der klassischen unterscheidet; und die Ästhetik des Häßlichen ist nichts anderes als eine Theorie der Tendenzen, die als »schwarze Romantik« bezeichnet worden sind.)

Daß der Werkbegriff eine der zentralen Voraussetzungen der klassisch-romantischen Musikästhetik bildet, ist erst in den letzten Jahrzehnten, als er vom Zerfall bedroht war und den Schein des Selbstverständlichen einbüßte, erkannt worden. Ob von Werken, die eine fest umrissene Form ausprägen und den Status von Texten — als Gegenständen einer Interpretation — erreichen, schon um 1200, in der Mehrstimmigkeit der Notre-Dame-Schule, oder erst im 14. Jahrhundert, bei Philippe de Vitry und Guillaume de Machaut, die Rede sein kann, ist umstritten; in Begriffe gefaßt wurde die Kategorie, mit der Formel »opus perfectum et absolutum«, im 16. Jahrhundert, aber erst zwei Jahrhunderte später waren sämtliche Merkmale versammelt, die der klassisch-romantische Werkbegriff einschließt. Entscheidend waren erstens die Interpretation des Werkes als Hervorbringung eines Genies, das nicht einem Regelkanon, sondern einzig der Inspiration gehorcht, zweitens die Auffassung als autonomes, in sich geschlossenes Gebilde, das um seiner selbst willen da ist, statt eine außerästhetische Funktion zu erfüllen, und drittens die Rechtfertigung des Autonomieanspruchs durch eine musikalische Logik, die in einer Wechselwirkung zwischen harmonisch-tonalen und motivisch-thematischen Momenten besteht: Musikalische Form konstituiert sich als Dialektik zwischen Allgemeinem und Besonderem, zwischen einem Umriß, der tonal begründet ist, und individuellen melodischen Gedanken, aus denen durch entwickelnde Variation Konsequenzen gezogen werden.

Grundlegend für die klassisch-romantische Ästhetik war ein Paradigmenwechsel: ein Austausch des Anschauungsmodells, von dem die ästhetische Reflexion ausging. Die Affektenlehre des 17. und des frühen 18. Jahrhunderts war, auch wenn sie den Anspruch erhob, die Musik schlechthin zu erfassen, primär eine Theorie der Oper; Gegenstand der klassisch-romantischen Musikästhetik war dagegen — und der Sachverhalt ist von E. T. A. Hoffmann ebenso nachdrücklich akzentuiert worden wie später von Eduard Hanslick — die Instrumentalmusik, vor allem die Symphonie. Was für die »reine, absolute Tonkunst« galt, sollte, als wäre ein Text ein außermusikalischer Zusatz, für die Musik schlechthin gelten. Man vertauschte das ältere Vorurteil, die Vokalmusik sei die eigentliche Musik, mit dem ebenso schlecht begründeten entgegengesetzten Vorurteil, daß sich einzig in der Instrumentalmusik das Wesen der Musik ungetrübt manifestiere.

Daß die romantische Musikästhetik eine Gefühlsästhetik sei, erweist sich, wenn man unter »romantischer Musikästhetik« die Musikästhetik von Romantikern wie Friedrich Schlegel, Ludwig Tieck und E. T. A. Hoffmann versteht — und nichts anderes läßt sich rechtfertigen —, als ebenso irrige wie fest eingewurzelte Vorstellung. Die Gefühlsästhetik, die Hanslick als »verrottet« bezeichnete, war eine Erbschaft der Empfindsamkeit, die zwar während des klassisch-romantischen Zeitalters weitergetragen wurde und sogar das gesamte 19. Jahrhundert fast unangekränkelt überdauerte, aber schon in den 1790er Jahren gewissermaßen in den Souterrain abwanderte und sich als Populärästhetik — verachtet, aber zählebig — etablierte. Die eigentlich romantische Musikästhetik, die ihre publizistisch wirksamste Fassung bei E. T. A. Hoffmann erhielt und von Schopenhauer aus einem Systemzusammenhang heraus begründet wurde, war eine Metaphysik der Instrumentalmusik; und der philosophische Ehrgeiz, der ohne feste Grenzen in einen theologischen überging, ist eines der Merkmale, durch die sich die romantische Musikästhetik von der klassischen abhob. Der chronologische Abstand der »Richtungen«, die im Grunde bloße Varianten darstellten, war allerdings gering; wurden die Grundzüge einer klassischen Ästhetik in den späten 1780er Jahren entworfen, so ist die romantische Musikästhetik von Jean Paul und Wilhelm Wackenroder bereits um die Mitte der 1790er Jahre skizziert worden, und es ist kaum eine Übertreibung, wenn man behauptet, daß in dem Jahrzehnt zwischen der Französischen Revolution und dem Jahrhundertende fast alle großen Gedanken sowohl der klassischen als auch der romantischen Ästhetik ans Licht getreten sind.

Die klassisch-romantische Ästhetik ist in der Musikanschauung, in der die realistischen Tendenzen des späten 19. Jahrhunderts kaum Spuren hinterließen, nahezu unangefochten bis zu dem Aufbruch um die Jahrhundertwende, der sich selbst als »die Moderne« proklamierte, überliefert worden. Im Rückblick aber sind Merkmale eines Zerfalls, über die man zunächst hinwegsah, seit der Jahrhundertmitte erkennbar. Daß Eduard Hanslick in der zweiten Auflage seiner Abhandlung *Vom Musikalisch-Schönen* das Wort »metaphysisch« durch »empirisch« ersetzte, ist, worüber man sich durch die Komik des Vokabeltauschs nicht hinwegtäuschen lassen sollte, ein ideengeschichtliches Symptom: Die Metaphysik wurde in einem Zeitalter, das sich selbst als positivistisch charakterisierte, durch Psychologie verdrängt. (Daß die Psychologie gerade in dem Jahrzehnt, in dem die moderne Kunst entstand, in ihrer Geltung durch eine Phänomenologie eingeschränkt wurde, aus der schließlich eine neue Ontologie hervorging, ist ein ideengeschichtliches Paradox, dessen Erklärung nicht in den Umkreis eines Buches über die klassisch-romantische Musikästhetik gehört.)

Schien es zu Anfang des 19. Jahrhunderts, seit Friedrich Schlegel und Georg Wilhelm Friedrich Hegel, als sei in der Form der Geschichtsphilosophie eine Vermittlung zwischen ästhetischer Theorie und historischem Bewußtsein möglich, so zeigte sich nach dem Scheitern der Revolution von 1848, dessen ideengeschichtliche Folge der »Sturz des Hegelianismus« war, immer deutlicher, daß die Ästhetik, sofern sie normative Ansprüche erhob, vom Historismus untergraben wurde. Und mit dem Historismus verband sich, obwohl man wenig voneinander wußte, eine gegen die Ästhetik gerichtete Opposition von Künstlern, die einem emphatischen Begriff der Moderne anhingen und sich einer klassizistischen Tradition, die zum Akademismus geworden war, nicht unterwerfen mochten. Der Historismus, der die Substanz der Kunst gleichsam aus der Überzeitlichkeit in die Geschichtlichkeit herunterholte, und die musikalische Moderne gehören, als Gegeninstanzen zur klassisch-romantischen Ästhetik, ideengeschichtlich eng zusammen.

Die Auflösung der Gattungspoetik, die Tendenz, ein Werk nicht an der Gattung zu messen, die es ausprägt, sondern es ausschließlich als Individuum zu betrachten, dessen Kriterien in ihm selbst liegen, ist ein geschichtlicher Prozeß, der sich, wenn auch halb verborgen, in der klassischen Ästhetik bereits abzuzeichnen begann, aber erst im späten 19. und im 20. Jahrhundert dazu führte, daß die Gattungen, wenn sie überhaupt noch tradiert wurden, ihre Bedeutung für den Kunstcharakter der Werke verloren. Wenn Benedetto Croce die ästhetische Realität der Gattungen leugnete, weil sie darüber, ob ein Gebilde Poesie sie oder nicht, nichts besagen, so irrte er sich zwar als Historiker, der er sein wollte, registrierte aber mit untrüglichem Gefühl einen Vorgang, der sich in der Kunst seiner eigenen Zeit ereignete.

Die Geschichte der Ästhetik, bei der man zweifeln kann, ob es sie vor der Mitte des 18. Jahrhunderts überhaupt gab, setzt sich, wie bereits der flüchtige Überblick zeigte, im späten 18. und im 19. Jahrhundert aus Entwicklungszügen zusammen, die zum Teil weit in die Vergangenheit zurückreichen, zum Teil aber erst in der klassisch-romantischen Epoche entstanden sind, mit deren Ende sie entweder abbrechen oder deren Auflösung im späteren 19. Jahrhundert sie überdauern. Dennoch ist es sinnvoll, von einer klassisch-romantischen Musikästhetik als einem geschichtlichen Komplex zu sprechen, den man sowohl von der Vergangenheit, die er nur zum geringeren Teil fortsetzt, als auch von der Zukunft, von der die Überlieferung eher destruiert als bewahrt wurde, mit genügender Deutlichkeit abgrenzen kann.

# I. DIE IDEE DES KLASSISCHEN UND DIE REALITÄT DER AFFEKTE

## DAS SYSTEM DER KÜNSTE UND DIE MUSIK

Walter Paters Satz, daß alle Kunst den Stand der Musik erstrebe — »All art aspires to the condition of music«[1] —, wurzelt, ohne daß Pater es wußte, in einer Tradition, die bis ins späte 18. Jahrhundert, in die 1790er Jahre, die durch die Verschränkung klassizistischer und romantischer Tendenzen zur fruchtbarsten Dekade in der gesamten Geschichte der Ästhetik wurden, zurückreicht.

Der Begriff der »Kunst« — im Kollektivsingular —, den Pater voraussetzt, als wäre er selbstversändlich, erweist sich, wenn man sich durch die Abgeschliffenheit des alltäglichen Wortgebrauchs nicht täuschen läßt, als prekär und schwer begreiflich. Denn daß gerade Architektur, Skulptur, Malerei, Dichtung und Musik die Gruppe der »schönen Künste« bilden — im 18. Jahrhundert wurden in manchen Klassifikationen der Tanz und die Gartenkunst hinzugezählt oder die Architektur ausgeschlossen — und daß die Zusammenfassung in einem Wesen »der« Kunst begründet sein soll, das die Künste miteinander teilen und durch das sie sich von anderen Tätigkeiten und Hervorbringungen des Menschen unterscheiden, läßt sich, wenn der durch Sprachgewohnheiten erzeugte Schein des Selbstverständlichen erst einmal zerstreut ist, nur mit Mühe plausibel machen.

Paters Satz ist ein herausforderndes Paradox und kann nichts anderes sein, weil er ein Problem zu lösen versucht, das wahrscheinlich unlösbar ist. Die Frage nach dem Wesen »der« Kunst — nach der gemeinsamen Substanz der fünf »schönen Künste«, deren Kanon sich, mit manchen Schwankungen, um die Mitte des 18. Jahrhunderts herausbildete[2] — ist eine der Fragen, bei denen sich kaum entscheiden läßt, in welchem Maße das Dunkel, in das sie hineinführen, in ihrer metaphysischen Tiefe oder in dem banalen Sachverhalt, daß sie schief gestellt sind, begründet ist.

Ludwig Tieck sprach 1799 in den *Phantasien über die Kunst* von den »Tönen der Instrumente« — im Unterschied zu den »Tönen, die die Natur hervorbringt« — als einer »Welt für sich selbst«. »Ja diese Töne, die die Kunst auf wunderbare Weise entdeckt hat, und sie auf den verschiedensten Wegen sucht, sind von einer durchaus verschiedenen Natur, sie ahmen nicht nach, sie verschönern nicht, sondern sie sind eine abgesonderte Welt für sich selbst.«[3] Von einem Prinzip, das die »schönen Künste« miteinander verbindet, ist, jedenfalls an der Oberfläche des Satzes, nicht die Rede. Aber Tieck grenzt die Autonomieästhetik, die er proklamiert, gegenüber Gedanken ab, die in der Kunsttheorie des späten 18. Jahrhunderts dazu dienten, das Wesen »der« Kunst zu erfassen: gegenüber dem Prinzip der Nachahmung und dem der Verschönerung. Und so liegt es nahe, seinem eigenen Theorem eine analoge Funktion zuzuschreiben.

Unter den Abhandlungen, die das System der schönen Künste kodifizierten, waren das Buch des Abbé Batteux, *Les beaux arts réduits à même principe* (1746), und D'Alemberts von Batteux abhängiger *Discours préliminaire* (1751) zur *Encyclopédie* zweifellos am einflußreichsten. Sowohl Batteux als auch D'Alembert aber suchten das Wesen der Kunst im Prinzip der Nachahmung, das ursprünglich, in der Antike, nur Dichtung und Malerei aufeinander bezog — man zitierte immer wieder die Horazische Formel »Ut pictura poesis«, die manchmal auch umgekehrt wurde —, im 18. Jahrhundert jedoch, nicht ohne Zögern, auf die Architektur und die Musik übertragen wurde. Aus dem Postulat, daß Musik entweder die innere Natur des Menschen oder die äußere, die ihn umgibt, nachahmen solle, resultierte einerseits die Affektdarstellung, andererseits die Tonmalerei.

Der Nachahmungslehre, die ihre Autorität der antiken Herkunft verdankte, setzte Johann Georg Sulzer in der *Allgemeinen Theorie der Schönen Künste*, der grundlegenden Enzyklopädie in deutscher Sprache, das zweite der von Tieck erwähnten Prinzipien, das der Verschönerung, entgegen. »In dieser Verschönerung aller dem Menschen notwendigen Dinge, und nicht in einer unbestimmten Nachahmung der Natur, wie so vielfältig gelehret wird, ist also auch das Wesen der schönen Künste zu suchen.«[4] Daß es Sulzer vermeidet, den Kanon oder das System der schönen Künste abzugrenzen — immerhin geht aus dem Artikel hervor, daß er die Beredsamkeit hinzuzählt, aber die Geschichtsschreibung ausschließt —, ist kein Zufall: Die »Verschönerung aller dem Menschen notwendigen Dinge« ist eher ein Prinzip des Kunstgewerbes als der Kunst im engeren Sinn, einem Sinn, der sich im 18. Jahrhundert erst allmählich und gegen Widerstände herausbildete. Der emphatische Kunstbegriff, der inzwischen zu einer Trivialität geworden ist, im 18. Jahrhundert aber ein Paradox war, muß einem Popularphilosophen wie Sulzer, der ein Mann des gesunden Menschenverstandes war, zutiefst fremd gewesen sein.

Dem Nachahmungsprinzip lagen als Anschauungsmodelle die Dichtung und die Malerei zugrunde. Dagegen ist der Gedanke, das Wesen der schönen Künste in der Verschönerung notwendiger oder nützlicher Dinge zu suchen, von der Architektur und, wie Sulzers Artikel erkennen läßt, von der Rhetorik abstrahiert worden. Und die Autonomieästhetik, die Vorstellung einer »Welt für sich«, stützt sich nicht zufällig — trotz Tiecks Abhängigkeit von Johann Jacob Breitingers Erklärung der Dichtung als Darstellung einer

»möglichen Welt« — primär auf musikalische Erfahrungen. Zwischen den verschiedenen, sich ablösenden oder miteinander konkurrierenden Bestimmungen des Wesens »der« Kunst und der Wahl eines Paradigmas der Künste besteht eine Wechselwirkung, bei der sich nicht sagen läßt, was Grund und was Folge ist.

War bei Tieck von der Kunst schlechthin noch nicht die Rede, so ist die — angesichts der Polemik gegen das Nachahmungs- und das Verschönerungsprinzip naheliegende — Konsequenz, die Musik als Vorbild der übrigen Künste zu rühmen, wenige Jahre später von Christian Friedrich Michaelis, einem Philosophen in der Nachfolge Kants, gezogen worden. In dem Aufsatz *Über das Idealische der Tonkunst*, den er 1808 in der *Allgemeinen Musikalischen Zeitung* publizierte, setzte er, nicht anders als Tieck, der Nachahmungsästhetik das Autonomieprinzip entgegen. »Unter allen schönen Künsten gibt es kaum eine, die idealischer und origineller« — »Originell« im Sinne von »in sich selbst begründet« — »in ihren Werken dem Menschen erschiene, als die Musik. Bei keiner fällt das Unstatthafte der Behauptung, daß die schöne Kunst in bloßer Nachahmung der Natur bestehe, mehr in die Augen, als bei ihr. Was für eine armselige Kunst würde sie sein, wenn sie nichts wäre, als eine Wiederholung der Töne, welche die leblose oder lebendige Welt ohne alle Kunstregeln hören läßt! Die Musik schafft so unendlich mannigfaltige Ganze von Tönen, in ihren melodischen und harmonischen Kompositionen zaubert sie unsrer Phantasie eine so ganz eigene Welt vor, daß wir vergebens in der kunstlosen Wirklichkeit ein Original dazu suchen würden.«[5] Die »ganz eigene Welt«, die sich durch »Kunstregeln« von der Natur und deren Nachahmung abgrenzt, ist nichts anderes als die »abgesonderte Welt für sich selbst«, von der Tieck sprach. Zugleich aber erinnert die Antithese, von der Michaelis ausgeht, an den Streit zwischen Rousseau und Rameau über die Priorität der Melodie oder der Harmonie. Die Melodie, wie Rousseau sie auffaßte, ist dort, wo sie ihrer Idee am nächsten kommt, Reflex einer Ursprache, in der die Natur des Menschen und der menschlichen Gefühle, das »Ah und Oh des Gemüts«, wie Hegel es nannte, sich unmittelbar manifestiert. Demgegenüber stellt die Harmonie das Prinzip dar, durch das der Naturlaut zur Kunst, und das hieß für Rameau: durch das er überhaut erst Musik wird. (Die Kontroverse war kein Streit über den Vorrang der Oberstimme oder des mehrstimmigen Satzes, als der sie manchmal mißverstanden wurde, sondern eine Auseinandersetzung darüber, ob tönende Interjektionen oder regulierte Tonbeziehungen — Tonbeziehungen, die auf dem in der Melodik wie in der Hamonik wirksamen Konsonanzprinzip beruhen — die eigentliche Substanz der Musik darstellen.)

Die These, daß die Musik insofern, als sie eine »ganz eigene Welt« ist, das Vorbild aller anderen Künste darstellt, eine These, die bei Tieck impliziert war, aber unausgesprochen blieb, wurde von Michaelis unmißverständlich formuliert. »Sie« — die Musik — »stellt also den Geist der Kunst, in seiner Freiheit und Eigentümlichkeit, ganz rein dar. Die dichtende, schaffende Einbildungskraft offenbart in der Tonkunst ihre ganze Macht. Vollendete musikalische Werke haben ihren Wert nicht etwa bloß darin, daß sie etwas anderes vorstellen, etwas anderes bedeuten, sondern in dem, was sie selbst sind, in ihrem eigenen unvergleichlichen Wesen.«[6] Das Prinzip der Autonomieästhetik — die Behauptung, daß das Wesen der Musik in ihrem musikalischen Sein und nicht in einer außermusikalischen Bedeutung liege — ist von Michaelis nicht weniger drastisch formuliert worden als ein halbes Jahrhundert später von Eduard Hanslick. Hanslick aber schrieb — und die literarischen Unterschiede waren wirkungsgeschichtlich entscheidend — ein Buch, das herausfordernde Thesen in einem glänzenden Stil präsentierte, Michaelis dagegen eine bloße Glosse, die wenige Spalten einer Zeitschrift umfaßte und sich über den trockenen Ton eines Popularphilosophen, der seine Abhängigkeit von Kant nicht zu verleugnen vermochte, nur selten erhob.

Daß E. T. A. Hoffmann, als er 1810 in der *Allgemeinen Musikalischen Zeitung* seine Rezension von Beethovens Fünfter Symphonie publizierte, sich an den Aufsatz von Michaelis erinnerte, der zwei Jahre früher in demselben Journal erschienen war, ist wahrscheinlich und nahezu sicher. Die Übereinstimmungen, die zwischen der Glosse und der Rezension — einer Rezension, die zu den Ursprungsurkunden der romantischen Musikästhetik gehört — bestehen, sind schwerlich ein bloßer Zufall. Die Musik, heißt es bei Michaelis, »stellt den Geist der Kunst in seiner Freiheit und Eigentümlichkeit ganz rein dar«. Und Hoffmann schreibt: »Wenn von der Musik als einer selbständigen Kunst die Rede ist, sollte immer nur die Instrumentalmusik gemeint sein, welche, jede Hülfe, jede Beimischung einer andern Kunst verschmähend, das eigentümliche, nur in ihr zu erkennende Wesen der Kunst rein ausspricht. Sie ist die romantischste aller Künste, — fast möchte man sagen, allein rein romantisch.«[7] Das entscheidende Moment, das die klassische Ästhetik, wie sie der Kantianer Michaelis repräsentiert, mit Hoffmanns romantischer Metaphysik der Instrumentalmusik verbindet, ist der Gedanke der ästhetischen Autonomie, als deren paradigmatische Ausprägung die Musik erscheint. Sowohl Michaelis als auch Hoffmann sprechen von »der« Kunst schlechthin und glauben das Modell dessen, was sie in ihrem eigentlichen Wesen ist, in der Musik zu erkennen. Die Musik sei darum, heißt es bei Hoffmann, »allein rein romantisch« (und statt »rein romantisch« könnte man auch sagen: »rein poetisch« oder »rein künstlerisch«). Das Autonomieprinzip ist ein Gedanke, der die klassische Musikästhetik von Karl Philipp Moritz über Kant bis zu Michaelis mit der Romantik Ludwig Tiecks und E. T. A. Hoffmanns und schließlich sogar dem Positivismus Eduard Hanslicks verklammert. Sofern man also E. T. A. Hoffmanns Bestimmung des Romantischen beim Wort nimmt, ist gerade das wesentliche

Moment der romantischen Musikästhetik nicht spezifisch romantisch. (Der Sachverhalt sollte nicht als paradox empfunden werden, denn die Meinung, daß das Spezifische einer Sache immer das Wesentliche sei — eine Meinung, die bei Hanslick zu einem das ganze System tragenden Fehlschluß führte —, ist ein Vorurteil.)

Auch E. T. A. Hoffmanns Interpretation der Affekte, deren Darstellung in der Oper, im Unterschied zur Instrumentalmusik, unumgänglich erscheint, erinnert an Michaelis. »Jede Leidenschaft — Liebe — Haß — Zorn — Verzweiflung etc. wie die Oper sie uns gibt, kleidet die Musik in den Purpurschimmer der Romantik«, heißt es bei Hoffmann.[8] Und mit ähnlichen Worten beschreibt Michaelis den Eindruck, daß Gefühle durch Musik aus der Realität entrückt werden. »Wenn auch die Musik gewissen Leidenschaften, Affekten, Gemütsstimmungen, einen Ausdruck gibt, sie gleichsam schildert, so tut sie doch dieses auf eine Weise, welche außer ihrer Sphäre in der wirklichen, individuellen Natur nur in schwachen, unvollkommenen Spuren angetroffen wird.«[9] Der Gedanke, daß Musik nicht die Realität der Gefühle nachahmt, sondern gerade umgekehrt die Gefühle, die im Alltag verloren umherirren, erst zu ihrer eigentlichen Wirklichkeit kommen läßt, scheint von Wackenroder zu stammen, in dessen Aufsatz *Die Wunder der Tonkunst* es von den »sogenannten Empfindungen« heißt, daß wir sie »gern von dem verwirrten Wust und Geflecht des irdischen Wesens, worin sie verwickelt sind, ablösen, und sie uns zum schönen Angedenken besonders ausführen, und auf eigene Weise aufbewahren«.[10] Der Gedanke, daß Gefühle nicht in den Augenblicken gelebter Gegenwart, sondern erst in der Erinnerung — einer Erinnerung, wie sie vor allem durch Musik heraufbeschworen wird — ihre eigentliche Realität erhalten, war in der Dichtung, bis tief ins 20. Jahrhundert hinein, von weittragender Bedeutung.

Die Vorstellung, Musik sei erinnertes Gefühl, und der Gedanke, sie stelle eine »abgesonderte Welt für sich selbst« dar, sind tragende Prinzipien einer romantischen Musikästhetik, die sich nicht zum System verfestigte, sondern eine gleichsam schwebende Konfiguration von Ideen bildete, die sich verflüchtigen, wenn man sie zu greifen versucht. Gerade dadurch aber wurde die Musik zum Vorbild der anderen Künste, und der Satz von Walter Pater, der eingangs zitiert wurde, ist von Arthur Schopenhauer, dessen Musikästhetik sich ihrerseits auf Tieck und Wackenroder sützte, in einer Notiz antizipiert worden, die Pater nicht kennen konnte, weil sie sich erst in Schopenhauers Nachlaß fand: »Beim Anhören von Musik begehrt man nicht weiter, man hat Alles, man ist am Ziel; allgenugsam ist diese Kunst, und die Welt ist vollständig wiederholt und ausgesprochen in ihr. Auch ist sie die erste, die königlichste der Künste. Wie die Musik zu werden ist das Ziel jeder Kunst.«[11]

Anton Raphael Mengs: Der Parnaß (1773; Villa Albani, Rom). Das System der schönen Künste, das sich im 18. Jahrhundert herausbildete — die Zusammenfassung von Architektur, Plastik, Malerei, Dichtung und Musik unter ein und demselben Kunstbegriff —, ist von den Vorstellungen, die in der Antike mit dem Mythos der Musen verbunden wurden, grundverschieden. Trotz der Kluft aber, die unüberbrückbar war, stellte der Parnaß das Symbol der »einen« Kunst dar, in der man die gemeinsame Substanz der in ihren Mitteln und Gehalten so verschiedenen Künste zu erkennen glaubte. Eine Allegorie der fünf schönen Künste wäre, um in der Sprache der Zeit zu reden, als »frostig« empfunden worden.

# Das »subjektiv Allgemeine« und die öffentliche Meinung

## 1

In der Geschichte der Musikästhetik sind Epochen weniger durch fest umrissene Prinzipien gekennzeichnet, die dem Denken zugrundeliegen und aus denen nach und nach die Konsequenzen gezogen werden, als vielmehr durch offene und, wie sich schließlich zeigt, unlösbare Probleme, an denen Theorien, deren Entwicklung im Rückblick als dialektischer Prozeß erscheint, zu »Lebzeiten« aber wie ein Dickicht wirkt, sich abarbeiten. Die Vorstellung davon, was als Musikästhetik der Aufklärung gelten soll, ist einstweilen unscharf; ein fundamentales Dilemma aber, das als Beunruhigung und Impetus der ästhetischen Reflexion wirkte, zeichnet sich unverkennbar ab und läßt sich ohne Gewaltsamkeit in eine einfache Formel fassen: Das Verhältnis zwischen der öffentlichen Meinung, die zu einer geistigen Macht geworden war, sich aber als schwankend erwies, und den tradierten Kunstregeln, von denen man immer noch glaubte, daß sie in der Natur der Sache begründet und darum unveränderlich seien, wurde im 18. Jahrhundert immer prekärer.

In der höfischen Kultur des 17. Jahrhunderts standen sich Auftraggeber und Künstler in sozialen Rollen gegenüber, deren Verhältnis zueinander im Wesentlichen unproblematisch war. Wurde der Zweck, den ein Werk erfüllen sollte, vom Auftraggeber festgesetzt, ohne daß der Künstler Einspruch erheben konnte oder eine Veranlassung dazu sah, so waren andererseits die musikalischen Mittel, mit denen der Zweck realisiert wurde, eine Sache des Komponisten, um die sich der Auftraggeber nicht kümmerte, sofern er nicht zufällig, wie Kaiser Leopold I., zu den Liebhabern gehörte, die sich zur Ausübung der Musik und darum auch zu einem kompositionstechnischen Urteil gedrängt fühlten.

Die Regeln des »strengen Satzes« — die durch den »freien Satz« nicht aufgehoben wurden, sondern das Bezugssystem für dessen Lizenzen bildeten — sind nach Johann Joseph Fux, dessen *Gradus ad Parnassum* (1725) man ohne Übertreibung als das erfolgreichste Lehrbuch der europäischen Musikgeschichte bezeichnen kann, in der Natur der Sache, einer von Gott eingesetzten Natur, begründet. »Es werden auch unter den heutigen Componisten einige gefunden, welche in der Meinung was neues und wohlgeschmacktes hervorzubringen, von dem gewöhnlichen Gebrauch der Consonanzen und Dissonanzen abweichen, alle Gesetze und Regeln der Composition verkehren, und sich schmeicheln, was neues in den Lauf der Natur hinein zu bringen, welches allein Gott zukommt. Es ist aber das neue, so ein geübter Verstand hervor bringt, nichts anders, als eine immer andere Zusammensetzung eben derselben Consonanzen und Dissonanzen, die sich auf die Vernunft gründet.«[12] Nicht, daß Fux, der zu Unrecht als starrer Traditionalist gescholten wurde, das Neue zu verhindern suchte; aber es sollte sich in den — durchaus nicht engen — Grenzen halten, die durch Naturgesetze gezogen waren. »Ich tadle die Bemühung nicht, immer was neues zu erfinden, sondern lobe sie vielmehr. Wenn jemand sich kleiden wollte, wie vor funfzig und sechzig Jahren gewöhnlich gewesen, würde man sich ohnfehlbar lächerlich machen. So hat man sich auch mit der Musik nach der Zeit zu richten.« Die geschichtliche Entwicklung wird von Fux als bloßer Wechsel der Mode aufgefaßt; die Geschichte ist keine Gegeninstanz zur Natur, sondern ein Inbegriff von Veränderungen an der Oberfläche, die das Fundament unangetastet lassen. »Niemahls aber ist mir ein Mode Schneider vor das Gesicht kommen, habe auch niemahls von einem solchen reden hören, der die Rockermel an das Dickebein oder die Knie gemacht hätte.«[13]

Die Mode, der Fux Zugeständnisse macht, ohne die Geltung der Kunstregeln im Geringsten einzuschränken, ist nichts anderes als die öffentliche Meinung, die in der sich formierenden bürgerlichen Gesellschaft ebenso zu einer ästhetischen wie zu einer politischen Autorität wurde. In John Lockes *Essay concerning Human Understanding* (1690) sind »the Law of fashion« und »the Law of opinion or reputation« synonyme, miteinander vertauschbare Ausdrücke.[14] Die öffentliche Meinung, deren Einfluß sich neben der Autorität fürstlicher Auftraggeber in wachsendem Maße behauptet, bildet sich in einer bürgerlichen Gesellschaft heraus, in der das Individuum lernt, Fragen des ästhetischen Gefallens oder Mißfallens, die bisher Privatsache waren, einer öffentlichen Erörterung zugänglich zu machen. Daß Locke von einem »Gesetz« der öffentlichten Meinung sprach, muß, in der Ästhetik nicht anders als in der Politik, die Lockes unmittelbarer Gegenstand war, durchaus beim Wort genommen werden. Die öffentliche Meinung — die Mode, wie Fux sagte — hat in der sozialen Realität Gesetzeswirkung, und zwar nicht aufgrund ihres Inhalts, sondern einfach darum, weil sie es ist, in der die Überzeugungen der Bürger gebündelt erscheinen. Sie ist gleichsam positives Recht, unabhängig davon, ob sie dem Naturrecht entspricht oder nicht. Locke versicherte zwar, er sei überzeugt, daß das Gesetz der Mode im allgemeinen mit dem der Natur übereinstimmen werde; konstitutiv für die Geltung der öffentlichen Meinung aber ist ihr bloßes Dasein, nicht die Vernünftigkeit ihres Inhalts.

Erkennt man in der öffentlichen Meinung, deren Träger die bürgerliche Gesellschaft als eine »Öffentlichkeit räsonierender Privatleute« ist[15], eine ästhetische Autorität, die sich im 18. Jahrhundert allmählich durchsetzte, so erweist es sich als verfehlt, die Ästhetik der Aufklärung einseitig als Regelpoetik zu beschreiben, deren Macht von der Empfindsamkeit angekränkelt und vom Sturm und Drang gebrochen wurde. Das System der Kunstregeln, das als von der Natur gegeben aufgefaßt wurde, und das Gesetz der Mode oder öffentlichen Meinung bildeten vielmehr im 18. Jahrhundert miteinander konkurrierende Instanzen, deren prekäres Verhältnis zueinander zu den grundlegenden Problemen der Epoche — und in gemeinsamen Problemen, nicht in allgemeingültigen Prinzipien, ist, wie eingangs erwähnt wurde, die innere Einheit der auseinanderstrebenden Tendenzen einer Epoche begründet — gehörte.

## 2

Die öffentliche Meinung, die im 18. Jahrhundert zur selbständigen Macht wurde, war dadurch charakterisiert, daß in ihr der Ungelernte, der Dilettant, dominierte. (Man darf allerdings nicht außer Acht lassen, daß der Begriff des »Dilettanten« im 18. und noch im frühen 19. Jahrhundert eine soziologische Kategorie war, die jeden umfaßte, der Musik ausübte, ohne sie zum Beruf zu machen, unabhängig davon, wie gut oder schlecht er das Metier beherrschte.) Daß die Musikkritik bis zum Ende des 19. Jahrhunderts in der Regel in den Händeln von musikalischen Laien, von Juristen, Theologen oder Literaten lag, ist ein Indiz für die Tiefe des Unterschieds, den man zwischen technischen und ästhetischen Urteilen empfand: Die technischen waren Sache von Experten, zu den ästhetischen fühlte sich eine öffentliche Meinung berufen, deren Sprecher musikalische Laien in der Funktion von Kritikern waren. (Wenn Komponisten wie Schumann, Berlioz und Hugo Wolf, Kritiken schrieben, neigten sie dazu, die Tatsache, daß sie vom Fach waren, nicht nur stilistisch, sondern auch in der Art und der Begründung ihrer Urteile zu verbergen.)

Die Laien, deren Urteil im 18. Jahrhundert einen Einfluß gewann, der die Autorität der Auftraggeber allmählich in den Hintergrund drängte, klassifizierte Johann Georg Sulzer in der *Allgemeinen Theorie der Schönen Künste*, nicht anders als Carl Philipp Emanuel Bach in einer Sammlung von Sonaten, in »Kenner« und »Liebhaber«. Sulzer geht von dem »Grundsatz« aus, »daß das, was den Kunstwerken ihren eigenen Wert gibt, außer der Kunst liege«.[16] Die paradoxe oder scheinbar paradoxe Behauptung besagt nichts anderes, als daß nicht das technische, sondern das ästhetische Moment der Kunst ausschlaggebend sei; den Terminus »Kunst« gebraucht Sulzer allerdings noch im älteren Sinne für den »mechanischen Teil«, so daß er sich in einen Widerspruch zwischen traditonellem Wortgebrauch und moderner Überzeugung — der Überzeugung, daß es der »poetische Teil« sei, der das Wesen der Kunst ausmache — verwickelt. »Der Künstler, wenn er nicht zugleich ein Kenner ist, und er ist es nicht allemal, beurteilt das Mechanische, das, was eigentlich der Kunst allein zugehört.« Sein Urteil ist in den »Regeln der Kunst« begründet. »Der Kenner beurteilt auch das, was außer der Kunst ist: den Geschmack des Künstlers in der Wahl der Sachen; seine Beurteilungskraft in Ansehung des Werts der Dinge; sein ganzes Genie in Absicht auf die Erfindung.«[17] Daß Sulzer einzig dem Kenner — und dem Künstler, sofern er ein Kenner ist — ein Urteil über Eigenschaften zubilligt, über die doch ein Künstler verfügen muß, um überhaupt einer zu sein, mag als Zeichen einer Parteinahme für das Laienurteil erscheinen. Sulzers Beobachtung aber, daß Künstler dazu neigen, eher von technischen als von ästhetischen Kriterien auszugehen, ist zweifellos triftig.

Das Technische läßt Sulzer in den Hintergrund treten. Und bei der Umwandlung des Kunsturteils in ein ästhetisches Urteil bildet die Umdeutung des Kunstbegriffs das Korrelat zu einer Verlagerung der Urteilskompetenz vom Experten zum Laien oder, wie Sulzer sagen würde, vom »Künstler« zum »Kenner«. »Die Fehler gegen das Mechanische der Kunst erkennet er« — der Kenner — »für Unvollkommenheiten, hält sie aber gegen die höhern Vollkommenheiten der Kraft des Werks nicht für überwiegend.«[18] Unter der »Kraft des Werks« versteht Sulzer, wie der Artikel *Künste* zeigt, die Nachdrücklichkeit der »sinnlichen Form«, durch die sich eine kunstvolle Rede oder Architektur von einer kunstlosen unterscheidet. Sulzers Kunstbegriff wirkt — wenn man sich auf den Standpunkt der in Kants *Kritik der Urteilskraft* erreichten Entwicklungsstufe der ästhetischen Reflexion stellt — borniert: Als »Wesen der schönen Künste« soll die »Verschönerung aller dem Menschen notwendigen Dinge« gelten.[19] Der Kenner, den Sulzer nach dem eigenen Bilde formt, geht also, sofern Kunstwerke zu den »notwendigen Dingen« gehören, immer von den Zwecken aus, die sie erfüllen sollen. Am Anfang eines Kunsturteils steht, mit anderen Worten, ein Begriff davon, »was das Ding sein soll«.[20] Die Bestimmbarkeit eines Zwecks, die für Sulzer die Substanz eines Kunsturteils bildete, war aber gerade das Moment, das Kant vom ästhetischen Urteil ausschloß. »Das Geschmacksurteil ist von dem Begriffe der Vollkommenheit gänzlich unabhängig.«[21]

Was Sulzer als Kennerschaft beschreibt, gehört für Kant überhaupt nicht zum ästhetischen Urteil. »Er« — Sulzers Kenner — »vergleicht das Werk, so wie es ist, mit dem, was es seiner Natur nach sein sollte, um zu bestimmen, wie nahe es der Vollkommenheit liegt.«[22] Umgekehrt erscheint Kants Tendenz, das ästhetische Urteil — ohne einen Begriff davon, »was das Ding sein soll« — ausschließlich durch ein Gefallen oder Mißfallen zu begründen, in Sulzers Theorie als Reaktionsform des bloßen Liebhabers, der gegenüber dem Kenner eine niedrigere Entwicklungsstufe des Laien darstellt. Der Liebhaber »empfindet nur die Wirkung der Kunst, indem er ein Wohlgefallen an ihren Werken hat, und nach dem Genuß derselben begierig ist«.[23]

Von Sulzer wurde der »mechanische Teil« der Kunst, der bei Fux noch den Rang eines — von Gott stammenden — Naturgesetzes behauptete, in seiner

Bedeutung gegenüber dem »poetischen Teil« herabgesetzt; und mit der Veränderung des Gegenstandes, auf den sich ein Kunsturteil bezog, war eine Transformation des Kunstbegriffs und eine Verlagerung der primären Urteilsinstanz vom Künstler zum Laien — genauer: auf die öffentliche Meinung, deren Wortführer der Kenner war — verbunden. Das Urteil des Kenners, wie er in Sulzers Theorie erscheint, fand — trotz der Schwankungen, denen die öffentliche Meinung als Mode unterworfen war — Rückhalt an der Vorstellung eines Zwecks, den ein Kunstwerk erfüllen sollte. (Der Sinn der Musik besteht nach Sulzer darin, »Leidenschaften in Bewegung zu bringen«.) Begründet man aber wie Kant, der sich auf den Standpunkt des bloßen Liebhabers stellte, das ästhetische Urteil ausschließlich durch das Gefallen oder Mißfallen, so fehlt die objektive Instanz, die für den Künstler in Kunstregeln und für den Kenner in einem Begriff davon, »was das Ding sein soll«, bestand.

## 3

Kant postulierte, als er eine ästhetische Theorie vom Standpunkt des Liebhabers her entwarf, Allgemeingültigkeit des Urteils über das Schöne und Häßliche schloß aber die logische Allgemeinheit, die sich auf einen Begriff von der Sache stützt, ebenso aus wie die empirische, die durch ein Herumfragen zu ermitteln wäre, das niemals an ein Ende gelangen würde. »Viel weniger kann sie« — die Notwendigkeit des ästhetischen Urteils — »aus der Allgemeinheit der Erfahrung (von einer durchgängigen Einhelligkeit der Urteile über die Schönheit eines gewissen Gegenstandes) geschlossen werden. Denn nicht allein, daß die Erfahrung hierzu schwerlich hinreichend viele Belege schaffen würde, so läßt sich auf empirische Urteile kein Begriff der Notwendigkeit dieser Urteile gründen.«[24]

Kant ist also auf die Subjektivität ästhetischer Urteile zurückgeworfen, hält aber an dem Anspruch auf Allgemeinheit, den ein Urteil über Schönes — im Unterschied zu einem Urteil über Angenehmes — erhebt, unbeirrbar fest. Er vertraut, kaum anders als die Anhänger einer hermeneutischen Philosophie, auf die Substantialität der Sprache, darauf also, daß es üblich sei, von einer Sache zu sagen: Sie ist »mir angenehm«, aber »lächerlich« wäre, wenn man sagte: »dieser Gegenstand ist für mich schön«.[25] Die subjektive Allgemeinheit hat, wie Kant zu beobachten glaubte, den Charakter eines »Ansinnens«. »Das Geschmacksurteil selber postuliert nicht jedermanns Einstimmung (denn das kann nur ein logisch allgemeines, weil es Gründe anführen kann, tun); es sinnt nur jedermann diese Einstimmung an.«[26] Die Berechtigung dafür, daß man »anderer Beitritt erwartet«[27], liegt nach Kant in der »Interesselosigkeit« des Wohlgefallens, mit dem man das Schöne betrachtet: Kant ist, durchaus im Geiste der Aufklärung, davon überzeugt, daß das allgemein Menschliche — und in nichts anderem besteht die Substanz des »subjektiv Allgemeinen« — in dem Maße hervortritt, in dem partikulare Zwecke und Interessen zurückgedrängt werden. Der Anspruch auf Allgemeinheit, den ein Urteil über das Schöne, obwohl es bloß subjektiv ist, dennoch erhebt, kann dadurch eingelöst werden, daß man von den Zufälligkeiten der eigenen Empfindungen abstrahiert. »Dieses geschieht nun dadurch, daß man sein Urteil an anderer nicht sowohl wirkliche als vielmehr bloß mögliche Urteile hält und sich an die Stelle jedes anderen versetzt, indem man bloß von den Beschränkungen, die unserer eigenen Beurteilung zufälliger Weise anhängen, abstrahiert.«[28] Daß Kant die »wirklichen Urteile anderer« unberücksichtigt läßt und ausschließlich »mögliche Urteile« ins Spiel bringt, ist seltsam und widerspricht einer Tradition der Aufklärung, in der man die Entdeckung der »allgemeinen und gleichen Vernunft« von einem — manchmal langwierigen — dialektischen Prozeß der Kritik — einer Auseinandersetzung zwischen den »räsonierenden Privatleuten«, die sich zur Öffentlichkeit der bürgerlichen Gesellschaft zusammenfanden — erwartete. Es scheint, daß Kant bei dem Versuch, von der Zufälligkeit des Einzelnen zum allgemein Menschlichen zu gelangen, in den öffentlichen Diskurs weniger Vertrauen setzte als in die Selbstreflexion des Subjekts, das, um das eigene Urteil zurechtzurücken, mögliche Urteile anderer dagegen hält.

Das subjektiv Allgemeine ist nach Kant eine regulative Idee. Die »Notwendigkeit, die in einem ästhetischen Urteile gedacht wird«, ist »nur exemplarisch«; sie ist »eine Notwendigkeit der Beistimmung aller zu einem Urteil, was wie ein Beispiel einer allgemeinen Regel, die man nicht angeben kann, angesehen wird«.[29] »Die allgemeine Stimme ist also nur eine Idee.«[30] Die Idee aber, an die Kant denkt und in der die nicht formulierbare Regel besteht, auf die sich das einzelne ästhetische Urteil als Exemplar bezieht, ist »die Idee eines gemeinschaftlichen Sinnes«, eines »sensus communis«, wobei das Wort »Sinn« die Bedeutung hat, die man meint, wenn man »von einem Wahrheitssinne, von einem Sinne für Anständigkeit, Gerechtigkeit« spricht.[31]

Die Argumentation, mit der die Möglichkeit eines »subjektiv Allgemeinen« begründet wird, erinnert in den Grundzügen an David Humes Essay *Of the Standard of Taste* (1757). Hume geht, nicht anders als später Kant, wenn auch mit einfacheren Worten, von der Vorstellung aus, daß man von der Subjektivität des ästhetischen Urteils, die gleichsam eine »Oberflächenstruktur« bildet, zu einer »Tiefenstruktur« des allgemein Menschlichen gelangen kann, wenn man von der Partikularität der »Interessen« und anderen Hindernissen, die dem Ausdruck des natürlichen Gefühls im Wege stehen, abstrahiert. Ich muß, »wenn möglich, meine Individualität und meine besondere Situation vergessen und mich als Menschen im allgemeinen betrachten«.[32] »Wenngleich die allgemeinen Regeln der Kunst nur auf Erfahrung und Beobachtung der allgemeinen Gefühle der menschlichen Natur gegründet sind, dürfen wir nicht annehmen, daß die Empfindungen der Menschen in jedem Falle mit diesen Regeln übereinstimmen. Denn jene feineren Erregungen des Geistes sind von äußerst zarter und empfindlicher Natur, und es bedarf des Zusammentreffens zahlreicher günstiger Umstände, damit sich ein ungestörtes Spiel einstellt, das genau mit den allgemeinen, geltenden Prinzipien übereinstimmt.«[33] Es gibt, mit anderen Worten, eine Natur des Menschen, in der die Möglichkeit des »subjektiv Allgemeinen« begründet ist; aber sie wird nicht selten durch ein Übermaß von Vorurteilen verdeckt, so daß es schwierig erscheint, sie ans Licht zu bringen.

Von Grund auf neu ist in Kants Gedankengang, durch den in der *Kritik der Urteilskraft* die Möglichkeit eines »Gemeinsinns« begründet oder plausibel gemacht werden soll, eine Argumentation, die in ihrer logischen Struktur davon ausgeht, daß man von der Existenz eines Sachverhalts auf die Existenz von Voraussetzungen, ohne die der Sachverhalt nicht möglich wäre, schließen kann. »Sollen sich aber Erkenntnisse mitteilen lassen, so muß sich auch der Gemütszustand, d.i. die Stimmung der Erkenntniskräfte zu einer Erkenntnis überhaupt, und zwar diejenige Proportion, welche sich für eine Vorstellung (wodurch uns ein Gegenstand gegeben wird) gebührt, um daraus Erkenntnis zu machen, allgemein mitteilen lassen, weil ohne diese als subjektive Bedingung des Erkennens die Erkenntnis als Wirkung nicht entspringen könnte.«[34] In einer »proportionierten Stimmung« oder einem »Spiel der Erkenntniskräfte«[35] — einem Spiel, das eine »formale Zweckmäßigkeit« für Erkenntnisse einschließt, ohne daß der inhaltliche Zweck, die Erkenntnis, erreicht würde — besteht nun aber die Substanz ästhetischer Urteile. Und wenn der »Ernst der Erkenntnis« Allgemeingültigkeit beanpruchen darf, so gilt dasselbe für das »Spiel der Erkenntniskräfte«, das eine notwendige Voraussetzung der Erkenntnis darstellt, im ästhetischen Urteil aber gewissermaßen vor Erreichen des Zwecks bei einer bloßen »Zweckmäßigkeit ohne Zweck« stehen bleibt.

Das »subjektiv Allgemeine« ist also in der *Kritik der Urteilskraft* das Zentrum, um das sich die übrigen Bestimmungen des ästhetischen Urteils über das Schöne, die »Zweckmäßigkeit ohne Zweck« und die »Interesselosigkeit des Wohlgefallens«, gruppieren. Das ästhetische Urteil, das den Schwankungen der öffentlichen Meinung ausgesetzt ist, soll eine Gewißheit erlangen, wie sie nach älterer Überzeugung durch Kunstregeln, die in der Natur der Sache begründet waren, verbürgt wurde.

## »Si vis me flere . . .«

Das »Ausdrucks-Prinzip« des »musikalischen Sturm und Drang«, wie es von Hans Heinrich Eggebrecht genannt wurde[36], die ästhetische Maxime, daß Musik, um nicht als toter Schall und leeres Getön zu erscheinen, »wirklicher Ausguß des Herzens« sein müsse, ist von Carl Philipp Emanuel Bach 1753 in die Worte gefaßt worden, daß man, um andere zu rühren, selbst gerührt sein müsse. »Indem ein Musickus nicht anders rühren kan, er sey dann selbst gerührt; so muß er nothwendig sich selbst in alle Affecten setzen können, welche er bey seinen Zuhörern erregen will; er giebt ihnen seine Empfindungen zu verstehen und bewegt sie solchergestalt am besten zur Mit-Empfindung.«[37] Nicht durch Schilderung der Äußerungsformen eines Affekts, sondern einzig durch Mitteilung eines Gefühls von innen heraus kann ein Hörer gerührt werden.

Der Satz von Bach, der eine ästhetische Grunderfahrung des »musikalischen Sturm und Drang« ausspricht, ist jedoch nichts anderes als ein kaum verdecktes Zitat aus einer der kanonischen Schriften des Klassizismus, der *Ars poetica* des Horaz. »Si vis me flere, dolendum est primum ipsi tibi: tum tua me infortunia laedent, Telephe vel Peleu.«[38] »Willst du mich weinen sehen, so mußt du zuvor selbst leiden: dann rührt mich dein Unglück, Telephos oder Peleus.« (Telephos und Peleus sind Helden aus verschollenen Tragödien des Euripides und des Sophokles.) Nicht durch prunkvolle, rhetorisch reich ausgestattete Reden im erhabenen Stil, im genus sublime der Tragödie, sondern durch einfachen, unmittelbaren Ausdruck ihrer Leiden in gewöhnlichen Worten ergreifen Telephos und Peleus die Zuschauer. »Et tragicus plerumque dolet sermone pedestri [ . . . ].«[39] »Auch der tragische Held beklagt of sein Leid in gewöhnlicher Rede [ . . . ].« Das »Ausdrucks-Prinzip« erscheint als Durchbrechung des Stilgesetzes der Tragödie.

Das Postulat Carl Philipp Emanuel Bachs, das die musikalische Ausdrucksästhetik begründete, richtete sich mit unausgesprochener Polemik gegen das Nachahmungsprinzip des Barock, wie es zu Beginn der Epoche von Vincenzo Galilei und an deren Ende von Friedrich Wilhelm Marpurg drastisch formuliert worden war. Als Vorbild eines Musikers, der sich um Affektdarstellung bemühte, galt der Schauspieler. Galilei rät den Komponisten, auch wenn sie nicht Bühnenwerke, sondern Madrigale schreiben, ins Theater zu gehen und den Tonfall, die Akzentuierung und die Zeitmaße der Sprache in wechselnden Situationen zu beobachten, »[ . . . ] con qual voce circa l'acutezza e gravità di suono, con qual sorte d'accenti e di gesti, come proferite le parole quanto alle velocità e tardità del moto [ . . . ].«[40] Erscheint demnach bei Galilei die Musik als Nachahmung einer Nachahmung, so beschreibt Marpurg sie als Affekt-Malerei. »Man bemühe sich hernach, das Wesen des vorhabenden Affekts genau einzusehen, welcherlei Bewegungen die Seele dabei ausgesetzt sei; wie der Körper auch dabei leide; was ihm für Bewegungen abgedrungen werden [ . . . ].«[41]

Die Analogie zur Schauspielkunst ist in der Ausdrucksästhetik des späteren 18. Jahrhunderts nicht preisgegeben, sondern anders gedeutet worden. Keineswegs darf der Drang, »sich selbst« auszudrücken, immer und umstandslos als musikalische Kundgabe realer Gefühle in ungebrochener »Ursprünglichkeit« aufgefaßt werden. Entscheidend ist, daß die Empfindung, die ein Musiker mitteilt, von »ihm selbst« gefühlt worden ist, gleichgültig ob sie in einem Erlebnis wurzelte oder durch »Sympathie«, durch »Versetzung« in die Affekte eines anderen (wirklichen oder vorgestellten) Menschen entstanden ist. Carl Philipp Emanuel Bach spricht vom Interpreten, der sich in wechselnde Affekte »setzen« soll, nicht von einem Komponisten, der in Tönen seine Biographie dokumentiert. »Diese Schuldigkeit« — sich in Affekte zu »setzen« — »beobachtet er überhaupt bey Stücken, welche ausdrückend gesetzt sind, sie mögen von ihm selbst oder von jemanden anders herrühren; im letzten Falle muß er dieselben Leidenschaften bey sich empfinden, welche der Urheber des fremden Stücks bey dessen Verfertigung hatte.«[42] Das Ausdrucksprinzip ist primär eine Ästhetik der Interpretation; und als solche ist sie sogar von Eduard Hanslick, dem heftigsten Gegner der Gefühlsästhetik, übernommen worden.[43]

Klopstock unterschied 1759, in einer Paraphrase über die Maxime des Horaz, »si vis me flere [ . . . ]«, zwischen Nachahmung und Mitgefühl. Wer sich in die Empfindungen eines anderen versetzt, imitiert nicht bloß deren sprachliche und gestische Außenseite, sondern fühlt selbst und drückt als Dichter, Schauspieler oder Musiker, »sich selbst« aus, ohne daß er von der Ursache der Empfindungen unmittelbar betroffen wäre. »Mitteilung«, Partizipation bildet die psychische Wurzel und Substanz des ästhetischen Ausdrucksprinzip. Das Gefühl des anderen, an dem ich teilnehme, kann ich einem Dritten durch Worte oder Töne vermitteln. Nicht, daß er ein Schauspieler sei, wirft Klopstock dem bloßen Nachahmer vor, der die Außenseite eines Affekts zeigt, statt ihn sich von innen heraus zu eigen zu machen, sondern daß er ein schlechter, wirkungsloser Schauspieler ist, der andere nicht zu ergreifen vermag, weil er selbst nicht ergriffen ist. »Batteux hat nach Aristoteles das Wesen der Poesie mit den scheinbarsten Gründen in der Nachahmung gesetzt. Aber wer tut, was Horaz sagt: ›Wenn du willst, daß ich weinen soll; so mußt du selbst betrübt gewesen sein!‹ ahmt der bloß nach? Nur alsdann hat er bloß nachgeahmt, wenn ich nicht weinen werde. Er ist an der Stelle desjenigen gewesen, der gelitten hat. Er hat selbst gelitten. Wenn mein Freund beinahe eben das empfindet, was ich empfinde, weil ich meine Geliebte verloren habe; und diesen Anteil an meiner Traurigkeit andern erzählt: ahmt er nach? Von dem Poeten hier nichts weiter als Nachahmung fordern, heißt ihn in einen Akteur verwandeln, der sich vergebens als einen Akteur anstellt. Und vollends der, der seinen eignen Schmerz beschreibt? der ahmt also sich selbst nach?«[44] Daß es der »eigne Schmerz« ist, den ein Dichter beschreibt, erscheint als Grenzfall, nicht als Norm des Ausdrucksprinzips. Die zentrale Kategorie ist nicht »Erlebnis«, sondern »Sympathie«. Und in der musikalischen Ausdrucksästhetik bezeichnet die Forderung Daniel Schubarts, der Komponist solle »seine Ichheit in der Musik heraustreiben«[45], eine Ausnahme und ein Extrem.

## Karl Philipp Moritz und das Problem einer klassischen Musikästhetik

### 1

Hartknopf nahm seine Flöte aus der Tasche, und begleitete das herrliche Recitativ seiner Lehren, mit angemeßnen Akkorden — er übersetzte, indem er phantasierte, die Sprache des Verstandes in die Sprache der Empfindungen: denn dazu diente ihm die Musik. Oft, wenn er den Vordersatz gesprochen hatte, so bließ er den Nachsatz mit seiner Flöte dazu. Er athmete die Gedanken, so wie er sie in die Töne der Flöte hauchte, aus dem Verstande ins Herz hinein.«[46] Der allegorisch-satirische Roman *Andreas Hartknopf* von Karl Philipp Moritz, aus dem die Beschreibung stammt, erschien 1785 — mit der Jahreszahl 1786 — im Druck. Die Sprache, in der Moritz über Musik redet, ist die in den 1780er Jahren konventionelle der Empfindsamkeit. Und nicht zufällig ist es die arkadisch-melancholische Flöte, auf der Hartknopf phantasiert: das Instrument, mit dessen klagend gehauchten Tönen die wahnsinnige Maria dem reisenden Tristam Shandy in Sternes Roman ihre traurige Geschichte erzählt: »In diesem Augenblick ergriff sie ihre Flöte und erzählte mir damit eine solche Schmerzensgeschichte, daß ich aufstand und mit schwankenden Schritten langsam nach meinem Wagen ging.«[47]

Charakteristisch ist, bei Moritz wie bei Sterne, die Simplizität und Kunstlosigkeit der Melodien, die das Herz rühren. Die Musikästhetik der Empfindsamkeit war tendenziell — im Unterschied zur Affektenlehre des Barock wie zur Kunstphilosophie der Klassik und Romantik — eine Ästhetik der Musik als Naturlaut, nicht als Kunstwerk. Hartknopf »verstand die Kunst, durch die Musik auf die Leidenschaften zu wirken — darum trug er immer seine Flöte bei sich in der Tasche — und durch unablässige Uebung hatte er es so weit darin gebracht, daß er oft durch ein paar Griffe, die er, wie von ohngefähr that, aufgebrachte Gemüther besänftigen, Bekümmerte aufrichten, und den Verzagten neue Hoffnung einflößen konnte. Es war weiter nichts künstliches bei der Sache, als daß der gewählte Ton grade eingreifen mußte, wo er sollte. — Und denn war es oft eine sehr simple Kadenz, oder Tonfall, welche die wunderbare Wirkung hervorbrachten.«[48] Hartknopfs empfindsame Stimmung aber geht kaum merklich in eine romantische über, sobald Musik nicht mehr als Sprache des Herzens dient, durch die der Mensch zum Menschen redet, um ein Band der Sympathie zu knüpfen, sondern ein Ton, der unerwartet ins Innerste trifft, im Gemüt die Ahnung eines fernen Geisterreiches weckt, dem die Seele mit »unendlicher Sehnsucht« entgegenstrebt. »Ein jeder wird einigemale wenigstens in seinem Leben die Bemerkung an sich gemacht haben, daß irgend ein sonst ganz unbedeuten der Ton, den einer etwa in der Ferne hört, bei einer gewissen Stimmung der Seele, einen ganz wunderbaren Effekt auf die Seele thut; es ist, als ob auf einmal tausend Erinnerungen, tausend dunkle Vorstellungen mit diesem Tone erwachten, die das Herz in eine unbeschreibliche Wehmut versezzen.«[49] Daß ein einzelner Ton genüge, um die Macht fühlen zu lassen, die von Musik ausgeht, ist von Herder — im Gegenzug zur pythagoreischen Lehre, daß die Musik mit mathematischen Proportionen begründet sei — bereits 1769, im *Vierten kritischen Wäldchen*, ausgesprochen worden.[50] Von der »unendlichen Sehnsucht« aber, die das Herz des in »Andacht« versunkenen Musikhörers ins Überirdische erhebt, ist bei Herder erst 1800 in der *Kalligone* — also später als bei Moritz, Jean Paul und Wackenroder — die Rede.[51] In den 1790er Jahren wurde die empfindsame Ästhetik, die eine schwärmerische Psychologie war, durch die romantische abgelöst, die über Musik in metaphysischen Kategorien sprach. Und war das Sentiment, das die Empfindsamkeit suchte, ein geselliges Gefühl — Musik begründete Sympathie, eine Verschmelzung der Seelen —, so erwuchs »unendliche Sehnsucht« aus Einsamkeit: aus isolierter Kontemplation einer Kunst, die man als »heilig« rühmte.

Der Übergang von empfindsamer zu romantischer Reflexion, der den musikästhetischen Exkurs im *Andreas Hartknopf* zu einem ideengeschichtlichen Dokument macht, zeichnet sich ähnlich bei Jean Paul — er gehörte zu den Bewunderern des Moritzschen Romans[52] — ein Jahrzehnt später im *Hesperus* (1795) ab. Die Wirkung einer Symphonie von Carl Stamitz, wie sie im »19. Hundsposttag« geschildert wird, besteht zunächst in einem Vordringen von bloßer Anregung des Gehörs durch das Allegro zur Rührung des Herzens durch das Adagio. Die Ästhetik, auf die Jean Paul zurückgreift, ist durchaus konventionell und fällt sogar in der Charakteristik des Allegro als »harmonische Phraseologie« hinter Johann Abraham Peter Schulz zurück, der in Sulzers *Allgemeiner Theorie der Schönen Künste* das Allegro mit einer »pindarischen Ode« verglich, die »erhebt und erschüttert«.[53] »Stamitz stieg — nach einem dramatischen Plan, den sich nicht jeder Kapellmeister entwirft — allmählich aus den Ohren in das Herz, wie aus Allegros in Adagios; dieser große Komponist geht in immer engern Kreisen um die Brust, in der ein Herz ist, bis er sie endlich erreicht und unter Entzückungen umschlingt.«[54] In der Anrede an seinen Helden aber, mit der Jean Paul dem Herzenserguß ins Wort fällt, um das Gefühl zu philosophischer Reflexion zu erheben, erhält die gerührte Stimmung eine Wendung ins Träumerisch-Metaphysische, wie sie gleichzeitig im Entwurf einer romantischen Musikästhetik von Wackenroder und Tieck vollzogen wurde. »Teurer Viktor! im Menschen ist ein großer Wunsch, der nie erfüllt wurde: er hat keinen Namen, er sucht seinen Gegenstand, aber alles, was du ihm nennest, und alle Freuden sind es nicht. [ . . . ] Dieser große ungeheure Wunsch hebt unsern Geist empor, aber mit Schmerzen: ach! wir werden hienieden liegend in die Höhe geworfen gleich Fallsüchtigen. Aber diesen Wunsch, dem nichts einen Namen geben kann, nennen unsere Saiten und Töne dem Menschengeiste — der sehnsüchtige Geist weint dann stärker und kann sich nicht mehr fassen und ruft in jammerndem Entzücken zwischen die Töne hinein: ja alles, was ihr nennt, das fehlet mir [ . . . ].«[55] Die romantische Musikästhetik ist aus dem dichterischen Unsagbarkeits-Topos hervorgegangen: Musik drückt aus, was Worte nicht einmal zu stammeln vermögen.[56] Und es sind Romane, der Moritzsche *Andreas Hartknopf* und der Jean Paulsche *Hesperus*, in denen sich die Vorgeschichte der romantischen Musikästhetik abzeichnet.

## 2

Vollzog sich im *Andreas Hartknopf*, wenn auch unauffällig im Kontext eines Romans und nicht programmatisch in der Form eines Traktats, ein Übergang von empfindsamer Psychologie zu romantischer Metaphysik der Musik, so entwarf Moritz zwei Jahre später, in der Abhandlung *Über die bildende Nachahmung des Schönen* (1788), die Umrisse einer klassischen oder klassizistischen Ästhetik, die keineswegs — trotz des Titels — auf die »bildende« Kunst beschränkt bleibt, sondern deren System die Musik, obwohl sie nicht im Vordergrund steht, ebenso wie die Dichtung explizit einschließt.

Moritz unterscheidet schroff zwischen dem, was ein Kunstwerk für sich ist, und der Wirkung, die von ihm ausgeht: Der Effekt, Vergnügen, Nutzen oder Rührung, soll als gleichgültig gelten; das Werk ist nicht wegen des Betrachters, sondern der Betrachter wegen des Werkes da. Kunst existiert, als autonome, um ihrer selbst willen. Der Kunstcharakter, das »Schöne«, stellt eine von gesellschaftlichen Funktionen unabhängige Qualität dar. »Wir können also das Schöne im Allgemeinen auf keine andre Weise erkennen, als in so fern wir es dem Nützlichen entgegenstellen, und es davon so scharf wie möglich unterscheiden.«[57] Ist aber das Werk autonom — aus dem Ganzen des natürlichen und sozialen Zusammenhangs der Dinge herausgelöst —, so muß es selbst als Ganzes, als in sich geschlossenes System von Teilen und Funktionen erscheinen. »Hieraus sehen wir also, daß eine Sache, um nicht nützlich seyn zu dürfen, nothwendig ein für sich bestehendes Ganze seyn müsse, und daß also mit dem Begriff des Schönen der Begriff von einem für sich bestehenden Ganzen unzertrennlich verknüpft ist.«[58] Der einzige Zusammenhang aber, der real als geschlossenes System für sich bestehen kann, ist die Natur im Ganzen; und ein Kunstwerk muß, um Autonomie zu erreichen, als »Abdruck des höchsten Schönen im Ganzen der Natur« erscheinen: »Denn dieser große Zusammenhang der Dinge ist doch eigentlich das einzige, wahre Ganze; jedes einzelne Ganze in ihm ist, wegen der unauflößlichen Verkettung der Dinge, nur eingebildet — aber auch selbst dies Eingebildete muß sich dennoch, als Ganzes betrachtet, jenem großen Ganzen in unsrer Vorstellung ähnlich, und nach eben den ewigen, festen Regeln bilden, nach welchen dieses sich von allen Seiten auf seinen Mittelpunkt stützt, und auf seinem eigenen Daseyn ruht.«[59] Das Wort »eingebildet«, mit dem Moritz die Relation zwischen dem Ganzen des Kunstwerks und dem der Natur bezeichnet, ist absichtsvoll äquivok: Die Geschlossenheit eines Kunstwerks ist einerseits »fiktiv« — ästhetischer Schein dessen, was einzig in der Natur metaphysische Realität hat; andererseits aber ist sie »formend hervorgebracht«, und zwar durch eine »Bildungskraft«, die mit der Natur wetteifert und an der Natur teilhat. Die »Nachahmung«, auf die der Titel der Moritzschen Abhandlung zielt, ist Nacheiferung (aemulatio) der schaffenden Natur (natura naturans), nicht Nachzeichnung (imitato) der gegenständlich gegebenen Natur (natura naturata). »Wem also von der Natur selbst, der Sinn für ihre Schöpfungskraft in sein ganzes Wesen, und das Maaß des Schönen in Aug' und Seele gedrückt ward, der begnügt sich nicht, sie anzuschauen; er muß ihr nachahmen, ihr nachstreben, in ihrer geheimen Werkstatt sie belauschen, und mit der lodernden Flamm' im Busen bilden und schaffen, so wie sie.«[60]

Die »bildende« Tätigkeit ist generell als schaffende begriffen, nicht speziell auf die »bildende« Kunst bezogen. Das »höchste Schöne« soll sowohl »der Einbildungskraft faßbar« als auch »dem Auge sichtbar, dem Ohre hörbar« gemacht werden[61]; und mit der triadischen Formel sind nichts anderes als Dichtkunst, bildende Kunst und Musik gemeint. Manchmal scheint es sogar, als sei die Idee eines Makrokosmos der Natur, der sich im Mikrokosmos eines Kunstwerks »abdrückt«, ein primär musikästhetischer Gedanke: Wenn Moritz von einem »höchsten Schönen in dem harmonischen Bau des Ganzen« spricht[62], liegt es nahe, sich der Tradition des Pythagoreismus zu erinnern, der die Struktur der Musik zu der des Weltganzen in Beziehung setzte. Allerdings verstand man unter »Musik« primär die hinter den Tonrelationen stehende mathematische Struktur und ließ das tönende Phänomen lediglich als Abbild oder Schatten der »eigentlichen Musik« gelten; die Vorstellung, daß ein musikalisches Werk — und nicht das Tonsystem — ein Analogon zum Bau des Universums darstelle, beruht auf einer Umdeutung des Pythagoreismus im Sinne der Werk- und Autonomieästhetik des Goethe-Zeitalters.

»Bildende Nachahmung des Schönen«, wie Moritz sie auffaßt, bedeutet also »schaffender Wetteifer mit der hervorbringenden Natur« (als dem »höchsten Schönen«). Und die Moritzsche Kunsttheorie ist eine klassische Genie- und Autonomieästhetik (zwei Jahre vor der *Kritik der Urteilskraft*). »Eingebildete« Ganzheit — eine Geschlossenheit, die einerseits ästhetischer Schein, andererseits Hervorbringung einer »Bildungskraft« ist — erhält ein Kunstwerk als »Abdruck des höchsten Schönen im Ganzen der Natur«. Sinnbild des Makrokosmos aber vermag es zu sein, weil die »Tatkraft«, die das Genie ausmacht, die gleiche ist, die auch im Ganzen der Natur wirkt. »Der Horizont der thätigen Kraft aber muß bei dem bildenden Genie so weit, wie die Natur selber, seyn: das heißt, die Organisation muß so fein gewebt seyn, und so viele Berührungspunkte der allumströmenden Natur darbieten, daß gleichsam die äußersten Enden von allen Verhältnissen der Natur im Großen, hier im Kleinen sich nebeneinander stellend, Raum genug haben, um sich einander nicht verdrängen zu dürfen.«[63]

## 3

Der Gegensatz zwischen einer empfindsamen Ästhetik, die von Musik als einem Herzenserguß schwärmt, der zwischen fühlenden Seelen Sympathie stiftet, und einer klassizistischen Kunsttheorie, die das autonome Werk in die von Schelling gerühmte »erhabene Gleichgültigkeit des Schönen« entrückt, ist so schroff, daß es unbegreiflich erscheinen mag, wie Karl Philipp Moritz nahezu gleichzeitig den gerührten und den strengen Ton anschlagen konnte, wenn er über Musik sprach.

Um die Widersprüchlichkeit zu erklären, könnte man vermuten, der Literat Moritz habe Musik als so peripher empfunden, daß er weder durch Gründlichkeit des Sachkenntnis noch durch Tiefe der Anteilnahme an einem Eklektizismus gehindert wurde, der sich Bruchstücke divergierender Musikästhetiken aneignete, wie er sie zu literarischen Zwecken gerade brauchte. Nahezu sämtliche musikästhetischen Ideen des späten 18. Jahrhunderts sind im Moritzschen Werk versammelt. Die empfindsame Psychologie, die in romantische Metaphysik übergeht, ist im *Andreas Hartknopf* mit einem Pythagoreismus verknüpft, der andererseits, wie erwähnt, im klassizistischen Kontext der Abhandlung *Von der bildenden Nachahmung des Schönen* wiederkehrt. »Musik und Astronomie war Hartknopfen nahe miteinander verknüpft — Er lehrte mich in jener Nacht einen Theil der Astronomie bloß durch die unnachahmlichen Töne seiner Flöte — die eines Kenners Ohren gewiß würden beleidigt haben, weil sie so gar einfach waren.«[64] Andererseits schießt der schwärmerische, an Daniel Schubart erinnernde Ton, in dem von Musik als »Sprache der Empfindungen« die Rede ist — »Er athmete die Gedanken, so wie er sie in die Töne der Flöte hauchte, aus dem Verstande ins Herz hinein«[65] —, die Skizzierung einer pedantisch rationalen Musikpsychologie, wie man sie eher bei Johann Mattheson oder Johann Nikolaus Forkel vermuten würde, einer Psychologie, in der bestimmte rhythmische Figuren als »Zeichen« für fest umrissene, benennbare Affekte erscheinen, nicht aus.[66]

Gehört bereits der Pythagoreismus, wie die Rezeption durch Novalis und Schelling zeigt, eher zu den Requisiten einer romantischen als einer klassizistischen Musikphilosophie, so wird andererseits auch die zentrale Idee der Romantik, die der Kunstreligion, von Moritz antizipiert, und zwar in dem nachgelassenen Roman-Fragment *Die neue Cecilia* (1793): »So wie ich nun fast täglich in dem Pallast Borghese, das Heiligthum der Kunst besuche, und mit religiöser Andacht den Werken des erhabensten Genius meine Bewunderung zolle [ . . . ].«[67] Die Erinnerung an Wackenroder drängt sich unwillkürlich auf.

Trotz der Verwirrung, die Moritz durch Unbekümmertheit um ideengeschichtliche Abgrenzung anrichtet, sollte man zögern, von einem Elektizismus, der in dilettantischer Unbefangenheit gegenüber den divergierenden Prämissen von bloß äußerlich angeeigneten musikästhetischen Ideen wurzelt, zu sprechen. Zwar gehörte Moritz zu den bloßen Liebhabern der Musik, aber — wie der autobiographische Roman *Anton Reiser* zeigt — zu den gebildeten. Ferner ist die Gedankenentwicklung der Abhandlung *Über die bildende Nachahmung des Schönen* so streng geschlossen, daß die Annahme, Moritz sei ein Stimmungsphilosoph gewesen, der ohne Neigung zur Systematik musikästhetische Ideen dort aufgriff, wo er sie gerade fand, abwegig erscheint. Vor allem aber wäre der Vorwurf des Eklektizismus insofern prekär, als man durch die Chronologie dazu gezwungen würde, herausfordernd paradox von einem »antizipierten Eklektizismus« zu sprechen: Die klassizistische Autonomieästhetik wurde von Moritz (1788) zwei Jahre vor Kants *Kritik der Urteilskraft* (1790) formuliert; der Übergang vom empfindsamen »Herzenserguß« zur »unendlichen Sehnsucht« als Schlüsselwort vollzog sich im *Andreas Hartknopf* (1785 bzw. 1786) ein Jahrzehnt vor Jean Pauls *Hesperus* (1795); und mit Dithyramben, in denen Kunst als Religion verehrt wird, ging die *Neue Cecilia* (1793) Wackenroders *Herzensergießungen eines kunstliebenden Klosterbruders* (1797) einige Jahre voraus.

Zeichnet sich Moritz demnach eher durch Genialität der Antizipation als durch Willkür der Aneignung aus, so muß andererseits der Versuch Hans Joachim Schrimpfs, zwischen den auseinanderstrebenden Teilen der Moritzschen Musikästhetik einen Ausgleich zu entdecken oder zu konstruieren, als mißlungen gelten, da die Gewaltsamkeit der Harmonisierung offenkundig ist. Um zwischen *Andreas Hartknopf* und der Abhandlung *Über die bildende Nachahmung des Schönen* zu vermitteln, verleugnet Schrimpf den Hartknopfschen Hang zu schwärmerischer Empfindsamkeit, indem er behauptet, mit der »Sprache der Empfindungen«, die Hartknopf »in die Töne der Flöte haucht«, sei »nicht der unmittelbare Ausdruck der Innerlichkeit«, sondern eine »höhere Sprache« oder eine »Sprache der Phantasie« gemeint.[68] Daß im Moritzschen Roman die Empfindsamkeit in romantische Metaphysik — in Reflexionen über eine »höhere Sprache«, die in E. T. A. Hoffmanns Musikästhetik »Sanskritta« heißt — allmählich übergeht, ist unleugbar. Ausgelöscht aber wird die Empfindsamkeit dadurch nicht; für einen Unbefangenen ist in den Passagen über Hartknopfs Flötenspiel der Schubart-Ton unüberhörbar. Zwischen dem Kult der Rührung, einem Kult, in dem Musik »Sympathie« der Seelen bewirkt, also eine gesellige Funktion erfüllt, und den von Schrimpf im gleichen Gedankenzuge zitierten[69] Formeln der Autonomieästhetik — in der Abhandlung über den Begriff des »in sich selbst Vollendeten« sprach Moritz von einem »Zurückwälzen des Zwecks aus mir in den Gegenstand selbst« — besteht jedoch eine Kluft, wie sie tiefer kaum vorstellbar ist. Die Hartknopfschen Flötentöne, die gerade durch ihre Kunstlosigkeit das Herz ergreifen, sind nichts »in sich selbst Vollendetes«; und umgekehrt soll ein »in sich selbst vollendetes« Kunstwerk, wie es Moritz in kunsttheoretischen Abhandlungen emphatisch schildert, weniger das Herz rühren, das dann die eigene Rührung statt der Musik genießen würde, als vielmehr zu selbst- und weltvergessener Kontemplation herausfordern.

## 4

1790, im vierten und letzten Band eines autobiographischen Romans, *Anton Reiser*, parodiert Moritz eine Empfindsamkeit, die zur Affektiertheit heruntergekommen ist.[70] Und die Satire ist um so erbarmungsloser, als sie aus Gereiztheit gegenüber der eigenen Vergangenheit — der Geschichte einer pietistisch geprägten Seele — erwächst. Moritz hält autobiographisch Gerichtstag über sich selbst. Die Kunsttheorie aber, die er der falschen Empfindsamkeit entgegensetzt[71], ist die in der Abhandlung *Über die bildende Nachahmung des Schönen* entwickelte Autonomieästhetik. Was 1788 abstrakter Traktat war, wird 1790 psychologisch-biographisch dechiffreier. Der Klassizismus erscheint als Ufer, an das sich Moritz rettet, um nicht — wie Wackenroders Joseph Berglinger — zum Opfer einer Gefühlsschwärmerei zu werden, die sich durch Phantasien über Kunst den Weg verstellt, Kunst zu machen.

Es liegt demnach nahe, so scheint es mindestens, den Gegensatz zwischen dem empfindsamen Ton, in dem Moritz 1785 im *Andreas Hartknopf* über Musik spricht, und der rigoros klassizistischen Theorie, die er 1788 entwickelt (und in die er explizit auch die Musik einschließt), als Zeichen einer abrupten Sinnesänderung zu verstehen. In der 1790 gedruckten Fortsetzung des Hartknopf-Romans, *Andreas Hartknopfs Predigerjahre*, ist denn auch — im Gegenzug zur Empfindsamkeit, die eine Wirkungsästhetik war — die Autonomie- und Werkästhetik ins Extrem getrieben: Sogar eine Predigt erscheint als Kunst, die um ihrer selbst willen da ist, ohne daß die Wirkung — die ausbleibt — wesentlich wäre. »So war Hartknopfs Antrittspredigt ein vollendetes unvergängliches Werk, das in sich selber seinen Werth hatte, den kein Zufall ihm rauben konnte.«[72] (Die Ironie ist zwar unüberhörbar, hebt aber das, was sie in Distanz setzt, keineswegs auf.) Von Musik ist allerdings in den *Predigerjahren* kaum die Rede: Daß eine Meditation über das Leben eines Tagelöhners und das eines Predigers den Titel »Die Sinfonie« erhielt[73], ist schwer erklärbar, es sei denn durch vage Vermutungen über Inhalte, die ein in Phantasien ausschweifender Hörer um 1790 mit den Satzcharakteren des Allegro und des Adagio verknüpfen mochte. (Jedenfalls entzieht sich die Passage einer greifbaren Deutung als Dokument der Moritzschen Musikästhetik.)

Die Annahme, daß Moritz zwischen 1785 und 1788 — angeregt durch den Umgang mit Goethe — die empfindsame Musikästhetik mit einer klassizistischen vertauscht habe, wird jedoch — ohne daß sie restlos preisgegeben werden müßte — von der Tatsache durchkreuzt, daß die Grundzüge der Kunsttheorie, deren systematische Darstellung die Abhandlung *Über die bildende Nachahmung des Schönen* ist, bereits 1785, also gleichzeitig mit der Gefühlsschwärmerei im *Andreas Hartknopf*, skizziert worden sind, und zwar in dem *Versuch einer Vereinigung aller schönen Künste und Wissenschaften unter dem Begriff des in sich selbst Vollendeten*. »Bei der Betrachtung des Schönen aber wälze ich den Zweck aus mir in den Gegenstand selbst zurück: ich betrachte ihn, als etwas, nicht in mir, sondern in sich selbst Vollendetes, das also in sich ein Ganzes ausmacht, und mir um seiner selbst willen Vergnügen gewährt; indem ich dem schönen Gegenstande nicht sowohl eine Beziehung auf mich, als mir vielmehr eine Beziehung auf ihn gebe.«[74] Die Kontemplation, die sich in ein Kunstwerk versenkt, ist das Gegenteil einer Empfindsamkeit, die sich als Genuß des eigenen Gefühls auf sich selbst zurückwendet. »Während das Schöne unsre Betrachtung auf sich zieht, zieht es sie eine Weile von uns selber ab, und macht, daß wir uns in dem schönen Gegenstand zu verlieren scheinen.«[75]

Da im Titel des *Versuchs* von »allen schönen Künsten« die Rede ist, wäre es philologisch gewaltsam, die Musik von der Theorie, die der Traktat entwirft, auszuschließen. (An sich wäre das Nebeneinander einer klassizistischen Ästhetik der bildenden Kunst und einer empfindsamen der Musik nicht unmöglich oder widersinnig, und um 1785 läge es sogar nahe.) Zunächst ist man also auf den verwirrenden Widerspruch zurückgeworfen, daß Moritz im gleichen Jahr 1785 im Roman einer empfindsamen und im Traktat einer klassizistischen Musikästhetik das Wort redet. Und da die empfindsame Psychologie im *Andreas Hartknopf* mit einer romantischen Metaphysik der Musik verquickt ist, die 1785 ebenso neu und »antizipatorisch« war wie die klassizistische Doktrin des *Versuchs*, kann man den Widerspruch auch nicht dadurch mildern, daß man von einem bloßen Relikt spricht, das neben der Autonomieästhetik stehen geblieben sei.

Da der Widerspruch, der zwischen der Musikästhetik der Traktate und der des Romans klafft, wegen der Gleichzeitigkeit des *Versuchs* und des *Andreas Hartknopf* schwerlich als Überzeugungswechsel interpretierbar ist, liegt es nahe, eine Erklärung in den Formdifferenzen zwischen Abhandlung und Dichtung zu suchen, also entweder zu vermuten, daß die Einbeziehung der Musik in die Traktate durch deren Systemanspruch erzwungen wurde und nicht beim Wort genommen werden dürfe, oder auf den satirischen Charakter des *Andreas Hartknopf* zu verweisen, der es prinzipiell verbiete, musikästhetische Passagen, die bloße Requisiten einer Romankonstruktion seien, umstandslos als Meinungen zu zitieren, die der Autor teile.

Die ästhetische Theorie aber, die Moritz 1785 im *Versuch einer Vereinigung aller schönen Künste und Wissenschaften unter dem Begriff des in sich selbst Vollendeten* skizzierte, ist keineswegs von einer einzelnen Kunst abstrahiert und sekundär auf andere übertragen worden. Weder die Dichtung noch die bildende Kunst erfüllt Modellfunktion; Gegenstand der Reflexion ist die »Kunst schlechthin«: nicht nur in den Formulierungen, sondern auch in der gedanklichen Struktur. Und wenn es 1788 in der Abhandlung *Über die bildende Nachahmung des Schönen* manchmal scheint, als exemplifiziere Moritz primär an bildender Kunst[76], so läßt sich die Einbeziehung von Dichtung und Musik dennoch nicht als bloße Rhetorik abtun, denn die Konzeption, die dem Traktat zugrundeliegt, hat ihren Schwerpunkt jenseits von Differenzen zwischen den Künsten; sie ist genuin systematisch. Außerdem gehört, wie bereits erwähnt, die Analogie zwischen dem Mikrokosmos des Kunstwerks und dem Makrokosmos der Natur im Ganzen, die bei Moritz fundamentale Bedeutung erhält, zu den Traditionsbeständen der Musikphilosophie.

Schwieriger als eine Analyse der Traktate, die der Relation zwischen dem Gesagten und dessen formaler Funktion nachgeht, ist der Gegenversuch, die Bedeutung der empfindsamen Musikästhetik im Kontext des satirisch-allegorischen *Hartknopf*-Romans zu bestimmen. Daß Andreas Hartknopf, dessen Flötenspiel empfindsame Entzückungen hervorruft und zu romanti-

Johann Christoph Rincklake: Die Familie Coppenrath bei einer Kahnpartie (1807; Privatbesitz, Photo vom Westfälischen Landesmuseum für Kunst und Kulturgeschichte, Münster [Westfalen]). In einer arkadischen Landschaft mit weidenden Kühen einerseits, einem antikisierenden Tempietto andererseits präsentiert sich der Buchhändler und Verleger Joseph Heinrich Coppenrath, ein Repräsentant des Bildungsbürgertums, von dem der Klassizismus um 1800 getragen wurde, mit seiner Familie. Das Instrument, das die Tochter spielt, ist eine Lyragitarre: technisch eine Gitarre, aber drapiert als Lyra. Man suchte den Schein des Antiken, mochte aber auf den Klang, an den man gewöhnt war, nicht verzichten. Die Flöte allerdings konnte man lassen, wie sie war, da sich der Irrtum eingebürgert hatte, das griechische Wort »Aulos« mit Flöte zu übersetzen.

schen Meditationen einlädt, zu den Figuren des Romans gehört, die von der Sympathie des Autors getragen werden, ist zwar fühlbar, schützt ihn aber an sich nicht vor Ironie. In der musikästhetischen Passage ist jedoch kein Einschlag von Parodie oder Satire spürbar. Außerdem — und das strukturanalytische Argument dürfte entscheidend sein — berührt die Hartknopfsche Musikästhetik keine der geistigen Auseinandersetzungen, deren Dialektik die Entwicklungslinien des allegorischen Romans vorzeichnet: Die Differenzen zwischen wahrer und falscher Philanthropie, wahrer und falscher Christlichkeit und wahrer und falscher Mystik, die in Hartknopfs Begegnungen oder Zusammenstößen mit Küster und Hagebuck, Ehrenpreiß und Herrn von G. ausgetragen werden, haben auf Theoreme über Musik ebenso wenig Einfluß, wie umgekehrt der Musik in den Kontroversen irgendeine Rolle zufällt. Je weniger aber die musikästhetische Reflexion mit der »inneren Form« des Romans zusammenhängt oder in ihr begründet ist, um so eher dürfte erlaubt sein, sie zu isolieren und beim Wort zu nehmen, statt auf der Maxime zu bestehen, daß eine Romanpassage nicht als Stück zitierbar, sondern nur als Teilmoment der Gesamtstruktur interpretierbar sei. Nichts berechtigt jedenfalls dazu, Hartknopfs Musikästhetik als Dokument einer »falschen Empfindsamkeit«, wie sie 1790 im vierten Band des *Anton Reiser* parodiert wird, abzutun. Sofern überhaupt von Ironie die Rede sein kann, ist sie im Predigtkapitel der *Predigerjahre* — also einem Kapitel, dessen Humor auf extreme Konsequenzen der von Moritz in den Traktaten proklamierten Werk- und Autonomieästhetik zielt — ungleich drastischer als in den Schilderungen musikalischer Herzensergießungen im *Andreas Hartknopf.*

Die biographischen Bedingungen, unter denen das seltsame, den Historiker verwirrende Nebeneinander von empfindsamer und rigoros klassizistischer Musikästhetik psychologisch überhaupt möglich war, ohne quälend zu sein, müssen offenbar in der für Moritz prägenden pietistischen Herkunft gesucht werden, wie sie im *Anton Reiser* geschildert wird. Der Kult des Gefühls und der Sympathie, ein Kult, dessen Anhänger die eigenen Seelenregungen einerseits zu unendlicher Bedeutsamkeit erhoben, um sie andererseits ständig zu beobachten, zu zergliedern und in ihrer Echtheit zu prüfen, wurzelt im Pietismus, dessen Spuren sich in den musikalischen Herzensergießungen Andreas Hartknopfs ebenso deutlich abzeichnen wie später in denen Joseph Berglingers.

Andererseits ist von Robert Minder[77] gezeigt worden, daß wesentliche Züge der Werk- und Autonomieästhetik aus der »originalen Anwendung« von Gedankenmotiven hervorgingen, die Moritz aus den quietistischen Erbauungsbüchern der Madame Guyon vertraut waren. Wenn Moritz in dem Aufsatz *Über die metaphysische Schönheitslinie* von der Selbstvergessenheit des Künstlers, vom Aufgehen im Werk und von den Opfern spricht, die er der Kunst bringen müsse — »In diesem Verstande kann man sagen, daß der Künstler sein Werk aus Liebe zu dem Werke verfertige, indem er sich gleichsam eine Zeitlang für sein Werk aufopfert, sich selbst über dem Werke vergißt«[78] —, so ist der Vergleich mit religiösen Sentenzen der Madame Guyon, der von Minder gezogen wurde, unmittelbar einleuchtend. Die romantische »Kunstreligion«, die 1793 in der *Neuen Cecilia* auch sprachlich nach außen drang, war psychologisch in den Prämissen der Moritzschen Werk- und Autonomieästhetik immer schon vorgezeichnet.

Daß Empfindsamkeit und Klassizismus bei Moritz psychologisch-biographisch in derselben Schicht wurzeln, bedeutet allerdings keine Auflösung des Widerspruchs, der sachlich zwischen ihnen besteht, sondern erklärt lediglich, warum er sich entwickeln konnte, ohne als unerträglich empfunden zu werden. Eine Begründung, die von der geistigen Situation der Zeit um 1790 statt von Zufälligkeiten der Individualität ausgeht, fehlt einstweilen noch.

## 5

Musikästhetik ist fast immer — außer in Schriften polemischen oder apologetischen Charakters — als Theorie der »Musik schlechthin« formuliert worden. Daß der Gegenstand, von dem man musikästhetische Thesen abstrahierte, im 18. Jahrhundert primär die Oper, im 19. dagegen die Symphonie war, gehörte zu den latenten Selbstverständlichkeiten, die unausgesprochen blieben und gerade dadurch überflüssige Auseinandersetzungen provozierten. Die Kontroverse zwischen Affekt- oder Ausdrucksästhetikern und Formalisten verliert an Schärfe, sobald man sich bewußt macht, daß die eine Partei, ohne es zu sagen, von Vokal- und die andere von Instrumentalmusik spricht.

Auch der Bruch, der die Moritzsche Musikästhetik durchzieht, ist mindestens partiell auf Unterschiede zwischen den musikalischen Gattungen zurückzuführen, von denen in den empfindsamen Herzensergießungen einerseits und den klassizistischen Theoremen andererseits die Rede ist, sei es offen oder latent. Die »ältere« und die »neuere« Doktrin gehören auseinanderstrebenden »Sphären« der Musik an (ohne daß sie, jedenfalls um 1790, von verschiedenen sozialen Schichten getragen wurden).

Hartknopfs Flötenweise, die ans Herz dringt, zeichnet sich, wie Moritz mehrfach hervorhebt, durch äußerste Simplizität und Kunstlosigkeit aus. »Das höchste in der Musik liegt in der Kenntniß ihrer einfachsten Elemente.«[79] (Der Satz läßt sowohl eine empfindsame als auch eine pythagoreische Deutung zu, und bei Moritz fließen beide ineinander: Das Staunen darüber, daß »ein paar Griffe«, die Hartknopf »wie von ohngefähr that«, eine Musik hervorbringen, die ins Innerste trifft, verbindet sich mit Reflexionen über den geheimnisvollen Zusammenhang zwischen Musik und Astronomie.)

Die Empfindsamkeit des späteren 18. Jahrhunderts, die sich am »air sur trois note« eines Savoyardenknaben entzündete oder sich von einem einzelnen Ton, der fernher herüberklang, zu metaphysischen Träumereien hinreißen ließ, überdauerte in der Schrumpfform einer Populärästhetik das Zeitalter romantischer und klassizistischer Theorien, in denen am Modell der großen Instrumentalmusik eine Werk- und Autonomieästhetik entwickelt wurde. Sie stand im Schatten, erwies sich jedoch als unausrottbar. Und es liegt nahe, bereits den Widerspruch in der Moritzschen Musikästhetik als Reflex des Gegensatzes zwischen »zwei Kulturen der Musik« zu verstehen: Moritz spricht, wenn er über »Musik« redet, in den Traktaten nicht von der selben Sache wie im Roman.

Bis zu Marcel Proust waren es immer wieder Romanciers, die für die Gefühlsästhetik, die eine Ästhetik der einfachen — bei Proust sogar der niederen — Musik war, Partei ergriffen. Dagegen bildete der philosophische Traktat den Schauplatz, auf dem sich klassizistische Theoreme behaupteten: Theoreme, deren Gegenstand in der Musikästhetik die Symphonie war. Im Unterschied zu der empfindsamen Passage aber, die sich auf ein fest umrissenes Phänomen — Hartknopfs Flötenweise — bezieht, bleiben die musikästhetischen Reflexionen in der Abhandlung *Über die bildende Nachahmung des Schönen* ungreifbar abstrakt und dadurch, daß von »Musik schlechthin« die Rede ist, nahezu »objektlos«. Daß die Symphonie — oder das Streichquartett — die Gattung darstellt, als deren Theorie die musikalische Werk- und Autonomieästhetik Gestalt annahm, ist erst von E. T. A. Hoffmann[80] und Eduard Hanslick[81] unmißverständlich ausgesprochen worden.

Daß die klassizistische Musikästhetik, deren frühestes Dokument die Moritzschen Abhandlungen von 1785 und 1788 bilden, seltsam abstrakt geriet, ist jedoch nicht allein im literarischen Gattungscharakter der Traktate begründet, sondern hängt mit einer Schwierigkeit zusammen, die sich um 1790 der Entwicklung einer klassischen oder klassizistischen Musikästhetik hemmend entgegenstellte: einem Problem, das am deutlichsten von Schiller erkannt und ausgesprochen wurde. Schiller mißtraute der »affizierenden Macht« der Musik — im Gegenzug zur empfindsamen Ästhetik, die sich ihr enthusiastisch unterworfen hatte. Er fühlte sich dadurch, daß Gemüt und Sinne durch Musik »gefesselt« wurden, in der inneren Freiheit gefährdet, die für ihn das Wesen der Humanität bedeutete. Den Gegensatz zu einer Traditionalität, die entzückte und betäubte, sah er im bewußten Erfassen musikalischer Form, einer Form, die er — wie später Hanslick — als »sich von innen heraus gestaltenden Geist« begriff.[82] »Freiheit« und »Form«, die anthropologische und die ästhetische Kategorie, erscheinen als komplementäre Begriffe.[83] »Aber weil in dem Reiche der Schönheit die Macht, insofern sie blind ist, aufgehoben werden soll, so wird die Musik nur ästhetisch durch die Form.«[84] Das Formprinzip aber, meint Schiller, sei in der Musik ungenügend ausgebildet: »Auch die geistreichste Musik«, heißt es in den *Briefen über die ästhetische Erziehung des Menschen*, stehe »durch die Materie noch immer in einer größeren Affinität zu den Sinnen, als die wahre ästhetische Freiheit duldet«.[85] Die Werk- und Autonomieästhetik wird darum von Schiller nur als Postulat formuliert, während es scheint, als werde die Realität, die wirkliche Rezeption von Musik, durch die Prinzipien der Empfindsamkeit und des Sturm und Drang bestimmt. »Die Musik in ihrer höchsten Veredlung muß Gestalt werden und mit der ruhigen Macht der Antike auf uns wirken.«[86] Die klassische Musik, deren Theorie er formuliert, ist für Schiller um 1795 eine Utopie, deren Realisierung noch aussteht.

Die geistige Situation, in der sich um 1790 die Umrisse einer klassischen oder klassizistischen Musikästhetik abzeichneten — »klassisch« als Theorie einer klassischen Musik, »klassizistisch«, weil ihr gedanklicher Ursprung im Winckelmannschen Klassizismus lag —, war paradox. Die Impulse, die von der Theorie der Dichtung und vor allem der bildenden Kunst ausgingen, drängten in Richtung einer Werk- und Autonomieästhetik mit dem Formbegriff als zentraler Kategorie. Und in der Entwicklung der Instrumentalmusik war von Haydn und Mozart eine Stufe erreicht worden, als deren theoretisches Korrelat die Formulierung einer klassischen Musikästhetik an der Zeit gewesen wäre. Sie ist jedoch, obwohl die musikalisch konkreten Voraussetzungen ebenso wie die philosophischen gegeben waren, nur in abstrakter und fragmentarischer Form hervorgetreten, weil weder die klassizistischen Ästhetiker — Moritz, Schiller und Christian Gottfried Körner — in der Symphonie den Gegenstand erkannten, an dem sich der Begriff des »in sich selbst Vollendeten« mit musikalischer Anschauung hätte füllen können, noch die Komponisten, die in Wien von der Entwicklung der Philosophie abgeschnitten waren, von dem, was theoretisch erreicht wurde, die geringste Notiz nahmen.

Daß Moritz einen musikästhetischen Klassizismus formulierte und gleichzeitig im Roman die »affizierende Macht« der Musik rühmte, ist demnach, ähnlich wie bei Schiller, als Differenz zwischen ästhetischem Postulat und musikalischer Realität zu verstehen (einer Realität, die Moritz allerdings — im Unterschied zu Schiller — nicht verwarf). Die Rezeption von Musik, wie sie Moritz aus Erfahrung vertraut war, wurde durch die Empfindsamkeit bestimmt, die er im *Andreas Hartknopf* schilderte. Und der Klassizismus, dener dagegen setzte, blieb abstrakt, als griffe er ins Leere. Daß er »in Wahrheit« eine Ästhetik der Symphonie war, die sich gleichzeitig mit der Moritzschen Autonomiethese zu einer Klassik erhob, in der sich verwirklichte, was die Theorie postulierte, ist von Moritz nicht erkannt und wahrscheinlich nicht einmal geahnt worden.

# FORMÄSTHETIK UND NACHAHMUNGSPRINZIP

## 1

Die Abhandlung *Vom Musikalisch-Schönen* schloß 1854 mit einem Absatz, den Eduard Hanslick in den späteren Auflagen wegließ, als schäme er sich des metaphysischen Enthusiasmus, zu dem er sich hatte hinreißen lasse. »Dieser geistige Gehalt verbindet nun auch im Gemüt des Hörers das Schöne der Tonkunst mit allen andern großen und schönen Ideen. Ihm wirkt die Musik nicht bloß und absolut durch ihre eigenste Schönheit, sondern zugleich als tönendes Abbild der großen Bewegungen im Weltall. Durch tiefe und geheime Naturbeziehungen steigert sich die Bedeutung der Töne so hoch über sie selbst hinaus und läßt uns in dem Werke menschlichen Talents immer zugleich das Unendliche fühlen. Da die Elemente der Musik: Schall, Ton, Rhythmus, Stärke, Schwäche im ganzen Universum sich finden, so findet der Mensch wieder in der Musik das ganze Universum.«[87]

Daß Hanslick von der Weltmetapher, der Setzung einer Analogie zwischen »tönend bewegter Form« und Universum, wie von einer spekulativen Ausschweifung abrückte, ist von Felix Printz[88] als Einfluß Robert Zimmermanns erklärt worden, der Hanslick davon überzeugt habe, daß der symbolische Überschwang mit der nüchtern empirischen Ästhetik des »spezifisch Musikalischen« unvereinbar sei. Dagegen sah Hermann Lotze gerade umgekehrt in der Metapher, deren Hanslicksche Skizze er gleichsam in ein Gemälde verwandelte, ein entscheidendes Moment der Musikästhetik, die er in der Auseinandersetzung mit Hanslick entwickelte: einer Auseinandersetzung, in der sich Zustimmung und Verwerfung sowie eine Aneignung, die sich als Korrektur maskiert, durchdringen. »Überblicken wir endlich die Welt im Ganzen und finden wir, daß sie nicht in principlose Mannigfaltigkeit zerfällt, sondern daß feste Gattungen der Geschöpfe, in verschiedenen Graden der Verwandtschaft aufeinander bezogen, jede in ihrer Weise sich entwickeln, und daß jede zu ihrer Entwicklung in der umgebenden Außenwelt die hinlänglichen Bedingungen antrifft, so bleibt aus dieser Anschauung, wenn wir längst die einzelnen Punkte wieder vergessen haben, das Bild einer harmonischen Fülle zurück, in der jeder einzelne lebendige Trieb nicht allein und verlassen sich ins Leere hinein ausbreitet, sondern darauf hoffen kann, begleitende Bewegungen zu finden, die ihn heben, stärken und zum Ziele führen. — Und dieses große Bild können wir kaum aussprechen, ohne daß es sich von selbst für uns in Musik verwandelte; ohne daß wir sogleich inne würden, wie eben dies die Aufgabe der Tonkunst ist, das tiefe Glück auszudrücken, das in diesem Baue der Welt liegt, und von welchem die Lust jedes einzelnen empirischen Gefühls nur ein besonderer Widerschein ist.«[89] Das

Musikalisch-Schöne ist nach Lotze nicht in der »tönend bewegten Form« für sich, sondern in deren Analogie zum Universum begründet. »So geben wir dem geistreichen Schriftsteller, der diese Bemerkungen veranlaßte« — gemeint ist Hanslick — »völlig Recht darin, daß unmittelbar die Musik nur das Dynamische der geschehenen Ereignisse, nur die Figuren ihres Geschehens wiedergibt; aber den Wert dieser Figuren halten wir für keinen eigenen; sie erscheinen schön, indem sie die Erinnerung der unzähligen Güter erwecken, die in dem gleichen Rhythmus des Geschehens und nur in ihm denkbar sind.«[90] Die Weltmetapher — bei der sich die Erinnerung an die Idee der musica mundana aufdrängt, ohne daß jedoch der Unterschied verkannt werden darf, daß es sich in der Antike und im Mittelalter um eine allegorische Funktion des musikalischen Tonsystems, im 19. Jahrhundert dagegen um eine Symbolik des musikalischen Kunstwerks handelte — bildet nach Zimmermann einen störenden Appendix zur Musikästhetik, nach Lotze deren Zentrum.

Bloßer Rhetorik, die auf eine Schlußwirkung zielt, sollte man Hanslick nicht verdächtigen. Eine Parallelstelle, die in den späteren Auflagen gleichfalls gestrichen wurde, geht dem zentralen Satz über die »tönend bewegten Formen« unmittelbar voraus: »[ . . . ] wenn sie gleich in hohem Grad jene symbolische, die großen Weltgesetze widerspiegelnde Bedeutsamkeit besitzen kann, welche wir in jedem Kunstschönen vorfinden.«[91]

Die Erklärung, daß es sich um ein bloßes Relikt und Einsprengsel eines aus romantischem Geiste restaurierten Pythagoreismus handle, wie er bei Dalberg[92], Novalis[93] und Schelling[94] hervortrete, genügt nicht. Entscheidend ist vielmehr, daß in der klassisch-romantischen Ästhetik, an die Hanslick anknüpfte[95], zwischen der Weltmetapher, der Idee eines in sich begründeten und geschlossenen Kunstwerks und der Auffassung artifizieller Musik als »freier Schöpfung des Geistes aus geistfähigem, begrifflosem Material«[96] ein systematischer Zusammenhang bestand.

## 2

Karl Philipp Moritz reflektierte 1788 in der Abhandlung *Über die bildende Nachahmung des Schönen* — einem der grundlegenden Texte der klassischen Ästhetik — über die Voraussetzungen und Implikationen des Satzes, daß »mit dem Begriff des Schönen der Begriff von einem für sich bestehenden Ganzen unzertrennlich verknüpft ist«.[97] Das Resultat einer verschlungenen Argumentation ist die Weltmetapher, die demnach bei Moritz nicht als bloß zitierte Mikrokosmos-Makrokosmos-Analogie, als rhetorisches Versatzstück aus dem Fundus der Bildungstradition erscheint, sondern aus Reflexionen erwächst, die von dem Bewußtsein getragen werden, daß der Begriff des Kunstwerks als eines in sich geschlossenen Ganzen keine Selbstverständlichkeit, sondern ein Problem oder sogar ein Paradox ist. »Was gibt es noch für einen Vergleichspunkt für das echte Schöne, als den Inbegriff aller harmonischen Verhältnisse des großen Ganzen der Natur, die keine Denkkraft umfassen kann? Alles einzelne hin und her in der Natur zerstreute Schöne, ist ja nur so fern schön, als sich dieser Inbegriff aller Verhältnisse jenes großen Ganzen mehr oder weniger darinn offenbart.«[98] Die verfestigte Formel, der pythagoreische Topos, wird von Moritz in eine Denkbewegung eingeschmolzen: Die Vorstellung einer Analogie zwischen dem »schönen Werk« einerseits und dem Ganzen der Natur andererseits ergibt sich als Konsequenz aus den Voraussetzungen, daß erstens das Schöne durch Anschauung, nicht durch Begriffe erfaßt werde und zweitens ein Kunstwerk als in sich geschlossener Zusammenhang erscheinen müsse, obwohl drittens die Natur insgesamt »eigentlich das einzige, wahre Ganze« darstelle. »In so fern aber nun in einem schönen Werke« — das Kunstwerk bildet den zentralen Gegenstand der Ästhetik, wenngleich Moritz in den Begriff des »Schönen« das Naturschöne stets einschließt — »die mannichfaltigen Beziehungen der einzelnen Theile zum Ganzen« — also die Form — »nicht nur und nicht sowohl von unserm Verstande gedacht werden, als vielmehr nur in unsern äußren Sinn fallen, oder von unsrer Einbildungskraft umfaßt werden müssen, in so fern schreiben unsre Empfindungswerkzeuge dem Schönen wieder sein Maß vor. Sonst würde freilich der Zusammenhang der ganzen Natur, welcher zu sich selber, als zu dem größten uns denkbaren Ganzen, die meisten Beziehungen in sich faßt, auch für uns das höchste Schöne sein, wenn derselbe nur einen Augenblick von unsrer Einbildungskraft umfaßt werden könnte. Denn dieser große Zusammenhang der Dinge ist doch eigentlich das einzige, wahre Ganze; jedes einzelne Ganze in ihm, ist, wegen der unauflöslichen Verkettung der Dinge, nur eingebildet« — die ästhetische Autonomie des Kunstwerks ist, streng genommen, eine Fiktion —, »aber auch selbst dies Eingebildete muß sich dennoch, als Ganzes betrachtet, jenem großen Ganzen in unsrer Vorstellung ähnlich, und nach den ewigen festen Regeln bilden, nach welchen dieses sich von allen Seiten auf seinen Mittelpunkt stützt, und auf seinem eignen Dasein ruht.«[99] Die wahrnehmbare Geschlossenheit des Kunstwerks muß, um nicht bloßer Schein zu sein, als Widerschein des nicht wahrnehmbaren Systemzusammenhangs der Natur im Ganzen begriffen werden. Die Weltmetapher, die Vorstellung einer Analogie oder Teilhabe, ist also bei Moritz kein erbaulicher Zusatz zur ästhetischen Theorie, den man — wie Hanslick es tat — ohne Schaden für den Argumentationszusammenhang weglassen könnte, sondern erfüllt die Funktion, die Autonomie des »schönen Werkes« zu begründen. Wenn Hanslick — unter dem Einfluß Zimmermanns — die Symbolik verschmäht und als nutzlose Phrase abtut, ist er kaum noch gegen den Einwand geschützt, daß die Idee des in sich geschlossenen Werkes, des »für sich bestehenden Schönen«, nichts als eine »Einbildung« und zwar eine »Einbildung« ohne Rechtfertigung sei.

Verknüpfte Moritz die Idee der Autonomie des Kunstwerks mit dessen Symbolcharakter, so ergänzte August Wilhelm Schlegel 1801 in den Berliner *Vorlesungen über schöne Literatur und Kunst* die Moritzsche Argumentation, die er enthusiastisch zitierte[100], durch den Gedanken, daß die Analogie des »schönen Werkes« zur Welt im Ganzen in der Teilhabe des hervorbringenden Genies an der als »natura naturans« — und nicht mehr als »natura naturata« — begriffenen Natur begründet sei. Die Verwerfung der überlieferten Nachahmungslehre, die eine Abbildung der »natura naturata« forderte, die Maximen des Geniekults und die Begründung einer Werk- und Formästhetik — einer ästhetischen Theorie, deren zentrale Kategorie der Begriff des »für sich bestehenden« Werkes als eines geschlossenen Funktionsgefüges ist — durchdringen sich bei Schlegel und bilden einen unlösbaren Zusammenhang.

Die »einfache Nachahmung der Natur« erscheint in Schlegels polemischer Darstellung als ästhetische Trivialität. »Bei Natur denken sich viele nichts weiter als das ohne Zutun menschlicher Kunst Vorhandene. Wenn man nun zu diesem negativen« — durch die Differenz zur Kunst (technē) bestimmten — »Begriff der Natur, einen ebenso passiven vom Nachahmen hinzufügt, so daß es ein bloßes Nachahmen, Kopieren, Wiederholen bedeutet, so wäre die Kunst in der Tat ein brotloses« — nutzloses — »Unternehmen.«[101] Daß in der Geschichte der Ästhetik oder Kunsttheorie unter Nachahmung der Natur — um in aristotelischer Terminologie zu reden — außer einer bloßen Kopie von empirisch Gegebenem auch die Herausbildung einer in der Materie unvollkommen ausgeprägten Wesensform einer Sache verstanden worden ist, vernachlässigt Schlegel, um den Gegensatz zwischen dem prosaischen Prinzip, das er verwirft, und dem poetischen, auf das er zielt, um so schärfer hervortreten zu lassen. Nicht, daß er der Natur ihren Platz in der ästhetischen Theorie streitig zu machen versuchte. Aber er begreift sie spekulativ, »philosophisch« als hervorbringende Tätigkeit, nicht »empirisch« als Gesamtheit vorhandender Dinge. »Die tote und empirische Ansicht von der Welt ist, daß die Dinge sind, die philosophische, daß alles im ewigen Werden, in einer unaufhörlichen Schöpfung begriffen ist, worauf uns schon eine Menge Erscheinungen im gemeinen Leben gleichsam hinstoßen. Von uralten Zeiten her« — Schlegel meint offenbar den antiken physis-Begriff — »hat daher auch der Mensch diese in allem wirksame Kraft der Hervorbringung zur Einheit einer Idee zusammengefaßt, und das ist die Natur im eigentlichsten und höchsten Sinne.«[102] Der gegebenen, wahrnehmbaren, hervorgebrachten Natur (natura naturata) kontrastiert Schlegel — ohne die scholastische Distinktion bei ihrem lateinischen Namen zu nennen — die spekulativ erschlossene, hervorbringende Natur (natura naturans); und der Nachahmung als bloßer Kopie (imitatio) setzt er die Nachahmung als Nacheiferung (aemulatio) entgegen, die nicht das Muster abbildet und nachzeichnet, sondern sich analog zu ihm verhält. »Wird nun Natur in dieser würdigsten Bedeutung genommen, nicht als eine Masse von Produkten, sondern als das Produzierende selbst, und der Ausdruck Nachahmung ebenfalls in dem edleren Sinne, wo es nicht heißt, die Äußerlichkeiten eines Menschen nachäffen, sondern sich die Maximen seines Handelns zu eigen machen, so ist nichts mehr gegen den Grundsatz einzuwenden, noch zu ihm hinzuzufügen: die Kunst soll die Natur nachahmen. Das heißt nämlich, sie soll wie die Natur selbständig schaffend, organisiert und organisierend, lebendige Werke bilden.«[103] Die Vertiefung des Nachahmungsprinzips bedeutet jedoch dessen Auflösung. Auf Musik übertragen besagt Schlegels Interpretation, daß die ästhetische raison d'être eines musikalischen Werkes nicht in der Nachahmung äußerer oder innerer Natur — in Tonmalerei oder Affektdarstellung — zu suchen ist, sondern darin besteht, daß das tönende Gebilde als in sich begründeter und geschlossener Funktionszusammenhang, als »Organismus« und als Produkt eines von innen heraus »organisierenden« Prinzips erscheint. Aus der Schlegelschen Umdeutung des Nachahmungsprinzips resultiert die Skizze einer Formästhetik.

Der Begriff der Nacheiferung (aemulatio) genügt allerdings nicht, um das Verhältnis der Kunst zur Natur, wie es die klassisch-romantische Ästhetik verstand, zu bestimmen. In der Genieästhetik, die von Kant 1790 kodifiziert wurde, ist es Teilhabe des Genies an der hervorbringenden Natur (natura naturans) — nicht bloße Nacheiferung —, aus der Kunst hervorgeht. »Genie ist Talent (Naturgabe), welches der Kunst die Regel gibt. Da das Talent als angeborenes produktives Vermögen des Künstlers selbst zur Natur gehört, so könnte man sich auch so ausdrücken: Genie ist die angeborene Gemütsanlage (ingenium), durch welche die Natur der Kunst die Regel gibt.«[104] Der Gedanke einer Teilhabe des Genies an der Natur, als isolierte Vorstellung ein Topos antiken Ursprungs, begründete im Kontext der ästhetischen Theorie um 1800 eine metaphysische Bedeutung und Würde der Kunst. Setzt man — mit Giambattista Vico — einerseits voraus, daß der Mensch lediglich das von Grund auf zu erkennen vermag, was er selbst hergestellt hat, und begreift man andererseits die künstlerische Produktivität als Teilhabe an der natura naturans, so ergibt sich, daß die Wirkungsweise der hervorbringenden Natur, die nicht der Wahrnehmung zugänglich ist, sondern sich erst der philosophischen Spekulation erschließt, am ehesten von Kunstwerken ablesbar ist. Die Kunst erscheint darum bei Schelling[105] als Organon der Metaphysik.

Genieästhetik und Autonomiegedanke erscheinen demnach — als Gegensätze zum Nachahmungsprinzip — in enger Verknüpfung. Daß die Kunst eine »Welt für sich selbst« darstellt[106], besagt in der klassisch-romantischen Ästhetik, daß sie es verschmäht, empirische Dinge und Vorgänge abzubilden oder nachzuahmen, bedeutet jedoch keineswegs, daß der Zusammenhang mit der Natur zerrissen wäre. Vielmehr verdankt die Kunst — als Werk des Genies, das an der natura naturans teilhat — ihren Ursprung der Natur: derselben hervorbringenden Natur, deren Tätigkeit auch hinter der gegebenen — nicht von Menschen gemachten — »natura naturata« angenommen werden muß.

## Zu Kants Musikästhetik

Das Interesse an philosophisch-spekulativer Musikästhetik ist durch den Vorzug, den man historischen und psychologischen Gegenständen und Problemen zu geben sich gewöhnt hat, so geschwächt, daß die Aufforderung an Kenner und Liebhaber der Musik, sich um das Verständnis von Kants Kategorien, Prinzipien und Thesen zu bemühen, ausführlicher Rechtfertigung zu bedürfen scheint. Man wird nicht mit Kant über die Geltung einzelner musikästhetischer Theoreme streiten wollen oder in der *Kritik der Urteilskraft* und der *Anthropologie* Aufschlüsse über die geläufige Musikanschauung der zweiten Hälfte des 18. Jahrhunderts suchen — das eine wäre anachronistisch, das andere umständlich.[107] Indessen sollte das Verhältnis von Musik und Philosophie während einer Periode bedeutender Produktivität in beiden Disziplinen die Aufmerksamkeit der Historiker finden, denn der Ausdruck dieses Verhältnisses, die Musikästhetik, darf als eine philosophisch begründete musikgeschichtliche Erscheinung verstanden werden. Aus der Problemlage der Philosophie geht die Musikästhetik als eine Musikanschauung hervor, die die Stellung der Musik im System der Kultur neu bestimmt, als ein Musikdenken, das von der Philosophie nicht nur Begriffe leiht, sondern selbst Philosophie ist. Der geschichtliche Sachverhalt, daß eine entwickelte philosophische Bildung mit besonderer künstlerischer Produktivität zusammentraf, ist die Voraussetzung der Ästhetik als einer philosophischen Disziplin, besser: als eines philosophischen Problems, denn die Ästhetik mußte, um philosophische Disziplin werden zu können, mit der zentralen philosophischen Problematik wesentlich zusammenhängen.[108] Kants Musikästhetik ist demnach aus dem Zusammenhang seines kritischen Systems zu verstehen.[109]

Kants ästhetisches Denken setzt ein in seiner Einseitigkeit für ihn offenbar unbefriedigendes erkenntnistheoretisches Resultat der *Kritik der reinen Vernunft* voraus: die unvermittelte Trennung der Form der Erfahrung (der Kategorien des Verstandes und der »reinen Anschauungsformen« Raum und

Zeit) von dem Stoff der Erfahrung (den unbestimmten, amorphen Empfindungen der Sinne). Der einzelne Gegenstand in seiner Besonderheit, also der Gegenstand der Ästhetik, hat als Einheit für die Anschauuung vor allen Begriffen keine Stelle im System. In der dritten »Kritik« führt Kant die Urteilskraft als das zwischen Empfindung und Verstand vermittelnde Erkenntnisvermögen ein. Sie vermag das Besondere als unter einem Allgemeinen stehend aufzufassen, ohne das Besondere als solches auszulöschen. Als ästhetische Urteilskraft ist sie reflektierend (nicht bestimmend), da sie zu einem gegebenen Besonderen das Allgemeine finden soll, nicht das Besondere unter ein gegebenes Allgemeines subsumiert (Einl. S. XXVI[110]). Kant unterscheidet das ästhetische Urteil im weiteren Sinne, »worunter man dasjenige versteht, dessen Bestimmungsgrund nicht anders als subjektiv sein kann« (§ 1), vom Geschmacksurteil, das das Schöne zum Gegenstand hat, und vom Kunsturteil, das sich über das Geschmacksurteil hinaus auf den »Culturwert« der Kunstwerke richtet.

Das Geschmacksurteil ist (nach seiner Qualität) »begriffslos und subjektiv allgemein« (§§ 6—8), (nach seiner Relation) bezogen auf eine »Zweckmäßigkeit ohne Zweck« (§ 11), (nach seiner Qualität) ein »Wohlgefallen ohne Interesse« (§ 2), (nach seiner Modalität) »subjektiv notwendig« (§ 18). Diese Bestimmungen haben die Form von Paradoxen, die Kant durch »Ideen« auflöst; »Ideen« sind für ihn »subjektiv notwendige« Annahmen, »regulative Prinzipien«, die eine an sich unendliche Reihe von Vorstellungen zum Abschluß oder eine unendliche Vielfalt von Momenten zur Einheit bringen.

Kant fragt also 1. nach der Möglichkeit der Geltung eines Geschmacksurteils, 2. nach der Weise, wie der ästhetische Gegenstand im Urteil erscheint, 3. nach unserem Verhalten zum ästhetischen Gegenstand.

1. Die Bestimmung des Geschmacksurteils als »begriffslos und subjektiv allgemein« (d. h. für alle Subjekte gültig) verweist auf die »Idee eines Gemeinsinns« (§ 20).[111] Der Gemeinsinn ist nicht historisch oder psychologisch verstanden —, etwa als Zeitgeist, der das ästhetische Urteil bedingt — sondern als »Vernunftforderung« (§ 22); er gründet sich nicht auf eine äußere Menge übereinstimmender Urteile, sondern auf etwas »ideal Allgemeines«.[112] Die allgemeine Mitteilbarkeit und Geltung eines ästhetischen Urteils beruht weder auf Gesetzen des Verstandes noch auf empirischen Gegebenheiten; das ästhetische Urteil gilt vielmehr »exemplarisch« — »wie ein Beispiel einer allgemeinen Regel, die man nicht angeben kann« (§ 18).

2. Die »Zweckmäßigkeit« (Angemessenheit) von Gegenständen für unser Erkenntnisvermögen ist eine »subjektiv notwendige« Voraussetzung aller Erkenntnis (also gleichfalls eine »Idee«). Das ästhetische Verhalten verharrt beim bloßen Anschauen der Zweckmäßigkeit als solcher, ohne den Zweck,

die bestimmte Erkenntnis, zu verwirklichen. »Dasjenige Subjektive an einer Vorstellung, was gar kein Erkenntnisstück werden kann, ist die mit ihr verbundene Lust oder Unlust« (Einl. S. XLIII).

3. Das Geschmacksurteil beruht auf dem Zustand eines »freien Spiels der Erkenntnisvermögen« (§ 9), auf der »Spontaneität im Spiele der Erkenntnisvermögen, deren Zusammenstimmung den Grund dieser Lust [des ästhetischen Wohlgefallens] enthält [ . . . ]« (Einl. S. LVII). In der ästhetischen Harmonie der Erkenntnisvermögen kommt der Zwiespalt von Empfindung und Begriff zur Ruhe. Das ästhetische Wohlgefallen unterwirft den Gegenstand keinem theoretischen, praktisch-sittlichen oder sinnlichen Interesse, sondern läßt ihn als »in sich zweckmäßigen« in seiner Besonderheit frei für sich bestehen.

Wenn wir Kants Bestimmungen mit uns geläufigeren Vorstellungen verbinden wollen, könnten wir bei der »Allgemeinheit ohne Verstandesbegriffe« an eine Einsicht denken, die ihren Gegenstand erfaßt, ohne ihn Kategorien zu unterwerfen und ihm seine Besonderheit zu nehmen, bei der »Zweckmäßigkeit ohne Zweck« an eine Betrachtung, die eine Vielfalt von Momenten an einem Gegenstand als beziehungsreiche Einheit aufzufassen vermag.[113] Im ästhetischen Urteil sind Besonderes und Allgemeines, Mittel und Zweck, Verstandesbegriff und unbestimmte Empfindung nicht mehr unversöhnlich getrennt, sondern »ineinander gebildet«[114] und zwar vermittels »Ideen« im ästhetischen Bereich, d.h. »ästhetischer Ideen«.[115]

Unterster Bereich der Musik ist der einzelne Ton. Er ist »bloßes Spiel der Empfindungen (in der Zeit)«, denn Kant zweifelt »gar sehr«[116] an der Theorie Eulers, daß wir Äther- bzw. Luftschwingungen einzelner Farben und Töne bereits als »regelmäßiges Spiel der Eindrücke« wahrnehmen, demnach »Farbe und Ton nicht bloße Empfindungen, sondern schon formale Bestimmung der Einheit eines Mannigfaltigen [seien] und alsdann auch für sich zu den Schönheiten gezählt werden können« (§ 14). Die einzelnen Töne wirken zwar angenehm, sofern sie rein sind; das Angenehme aber ist als bloßer »Reiz« (im populären, nicht im physiologischen Sinn) nicht Gegenstand des Geschmacksurteils, und die »Reinigkeit kann keinen gleichartigen Zusatz zu dem Wohlgefallen an der Form abgeben«, sondern macht »dieses letztere nur genauer, bestimmter und vollständiger anschaubar (§ 14). Erst die Verbindung mehrerer Töne erscheint Kant (wenngleich immer noch mit Vorbehalten) als »mathematische Form«, durch die das Besondere als unter einem Allgemeinen stehend aufgefaßt wird, und somit als schön; die Differenzen zwischen den Tönen sind »begreifliche Unterschiede«, und das Auffassen einer Tonfolge ist kein »bloßes Spiel der Empfindungen« mehr, sondern die »Wirkung einer Beurteilung der Form im Spiele vieler Empfindungen«. Kant denkt an das »Mathematische der Proportionen von Schwingungen in der Musik« sowie an die »Wahrnehmung veränderter Qualität (nicht bloß des Grades der Empfindung)[117] bei den verschiedenen Anspannungen auf der Tonleiter« (§ 51).[118]

Aber die ein Wohlgefallen vermittelnde mathematische Form von Tonfolgen erscheint Kant nicht zureichend als Begründung von Schönheit in der Musik. »An dieser mathematischen Form, obgleich nicht durch bestimmte Begriffe vorgestellt, hängt allein das Wohlgefallen, welches die bloße Reflexion über eine solche Menge einander begleitender oder folgender [sinnlicher] Empfindungen mit diesem Spiele derselben als für jedermann gültige Bedingung seiner Schönheit verknüpft; und sie ist es allein, nach welcher der Geschmack sich ein Recht über das Urteil von jedermann zum voraus auszusprechen anmaßen darf. Aber an dem Reize und der Gemütsbewegung, welche die Musik hervorbringt, hat die Mathematik sicherlich nicht den mindesten Anteil, sondern sie ist nur die unumgängliche Bedingung [ . . . ]« (§ 53), und die konkrete Musik »verdient eher zur angenehmen als zur schönen Kunst gezählt zu werden« (§ 54); »das, was man in der Musik Phantasie ohne Thema [d.h. ohne bestimmten, die Musik faßlich machenden und vereinheitlichenden Affekt] nennt, ja die ganze Musik ohne Text« zählt zu den »freien Schönheiten, die nichts vorstellen« (§ 16). Das Schöne an Musik, die »mathematische Form«, ist nur sekundär für die Wirkungen konkreter Werke, und für das Kunsturteil, das über das reine Geschmacksurteil sich erhebt, ist die Musik »mehr Genuß als Cultur« (§ 53). Kant verschließt der Musik den höheren Bereich des Ästhetischen, sofern ihre elementare »formale Schönheit« sich nicht zur »Cultur« entfaltet, sondern durch sinnlich-angenehme Wirkungen ausgelöscht wird.[119]

Schönheit ist einerseits bestimmt als »Form im Spiele vieler Empfindungen«, andererseits aber als »Ausdruck ästhetischer Ideen« (§ 51). Zwar ist die Musik ein »schönes Spiel der Empfindungen«, aber die formale Schönheit ist nur ein verborgenes Moment am Eindruck von Musik, das von der Gewalt des sinnlich Angenehmen verdrängt wird, und Musik vermag nicht als solche, sondern nur mit Hilfe der Poesie zum »Ausdruck ästhetischer Ideen« zu werden. »Ob sie [die Musik] zwar durch lauter Empfindungen ohne Begriffe spricht, mithin nicht wie die Poesie etwas zum Nachdenken übrig läßt, so bewegt sie doch das Gemüt mannigfaltiger und, obgleich bloß vorübergehend, doch inniglicher; ist aber freilich mehr Genuß als Cultur. [ . . . ] Der Reiz derselben [der Musik], der sich so allgemein mitteilen läßt, scheint darauf zu beruhen, daß jeder Ausdruck der Sprache im Zusammenhang einen Ton hat, der dem Sinn desselben angemessen ist; daß dieser Ton mehr oder weniger einen Affekt des Sprechenden bezeichnet und gegenseitig auch im Hörenden hervorbringt, der dann in diesem umgekehrt auch die Idee erregt, die in der Sprache mit solchem Tone ausgedrückt wird; und daß, so wie die Modulation [der Sprache] gleichsam eine allgemeine, jedem Menschen verständliche Sprache der Empfindungen ist, die Tonkunst diese für sich allein in ihrem ganzen Nachdrucke, nämlich als Sprache der Affekte ausübt, und so nach dem Gesetze der Assoziation die damit natürlicherweise verbundenen ästhetischen Ideen allgemein mitteilt; daß aber, weil jene ästhetischen Ideen keine Begriffe und bestimmten Gedanken sind, die Form der Zusammenfassung dieser Empfindungen (Harmonie und Melodie) nur statt der Form einer Sprache dazu dient, vermittels einer proportionierten Stimmung derselben [ . . . ] die ästhetische Idee eines zusammenhängenden Ganzen einer unnennbaren Gedankenfülle einem gewissen Thema gemäß, welches den in dem Stücke herrschenden Affekt ausmacht, auszudrücken« (§ 53).

Der Begriff der »ästhetischen Idee« ist das verborgene Zentrum in Kants Ästhetik. Der von uns zunächst nur äußerlich definierte Begriff (»ästhetische Idee« als »Idee im Bereich des ästhetischen Urteils«) entfaltet nun im Bereich des Kunsturteils den Reichtum seines Gehalts. »Unter einer ästhetischen Idee verstehe ich diejenige Vorstellung der Einbildungskraft, die viel zu denken veranlaßt, ohne daß ihr doch irgendein bestimmter Gedanke, d.i. Begriff, adäquat sein kann, die folglich keine Sprache völlig erreicht und verständlich machen kann«, die »zu einem Begriff[120] viel Unnennbares hinzudenken läßt, dessen Gefühl die Erkenntnisvermögen belebt und mit der Sprache, als bloßem Buchstaben, Geist verbindet« (§ 49).[121] Die ästhetischen Ideen vermitteln vom bloßen Spiel der Empfindungen zum Spiel der Erkenntnisvermögen.[122] Sie sind das Medium für das »Hinaussehen« des Geschmacksurteils auf das »Intelligible«. Die Musik scheint indessen vor diesem Anspruch versagen zu müssen; nur durch Analogie zur Sprache vermag sie »die ästhetische Idee eines zusammenhängenden Ganzen einer unnennbaren Gedankenfülle [ . . . ] auszudrücken«.

Unscheinbar dokumentiert sich in dieser Formulierung der Übergang von der vorkritischen zur kritisch-idealistischen Ästhetik: Als ästhetische Ideen wurden vorkritisch Vorstellungen bezeichnet, die sich im Kunstwerk vergegenständlichen und zugleich »Objekt für Affekte« darstellen (so definiert auch Kant noch im § 54). An der oben zitierten Stelle aus § 53 verlegt Kant den Akzent vom ästhetischen Gegenstand auf das ästhetische Urteil, in dem die ästhetischen Ideen ein »zusammenhängendes Ganzes einer unnennbaren Gedankenfülle« repräsentieren. Blicken wir zurück: »Ideen« sind für Kant »regulative Prinzipien«, die eine an sich unendliche Reihe von Vorstellungen zum Abschluß und zur Einheit bringen — »ästhetische Ideen« sind Ideen im Bereich des subjektiven ästhetischen Urteils, durch die das Spiel vielfältiger Empfindungen und Gedanken zur faßlichen Einheit wird. Indem die ästhetischen Ideen zugleich einem (objektiven, im Kunstwerk exponierten) Thema gemäß sind, beziehen sie die Einheit einer Mannigfaltigkeit von Empfindungen und Gedanken auf den Inhalt des Kunstwerks. Die Zweideutigkeit, daß der kritische Begriff der ästhetischen Idee sich vom vorkritischen einer Vorstellung, die sich im Kunstwerk vergegenständlicht, nicht gelöst hat, fördert somit das Erkennen von Beziehungen zwischen ästhetischem Subjekt und Objekt. Wenn die ästhetischen Ideen sich auf Inhalte beziehen, erscheint allerdings der Satz: »Schönheit ist der Ausdruck ästhetischer Ideen« als Widerspruch gegen den Begriff einer formalen, gegen den Inhalt gleichgültigen Schönheit. Diese Schwierigkeit läßt sich lösen, indem wir zunächst die ästhetische Idee als »belebendes Prinzip« auffassen und den Begriff einer ästhetischen »Zweckmäßigkeit in sich« in Analogie zum Organismusgedanken verstehen.[123] Ferner ist die »Idee eines Gemeinsinns« einerseits die Voraussetzung des begrifflos allgemeinen ästhetischen Urteils, andererseits aber eine sittliche Vernunftordnung.[124] Und schließlich repräsentiert eine ästhetische Idee analog zum Begriff ein »zusammenhängendes Ganzes«; sie bleibt zwar (als »Vorstellung der Einbildungskraft«) hinter dem Begriff zurück bei der bloßen Anschauung, als Idee einer »ästhetischen Totalität« aber übertrifft sie ihn und wird zum Bild und Widerschein einer Totalität der menschlichen Vermögen. Die Bestimmung der ästhetischen Idee als eines belebenden Prinzips, ihr Zusammenhang mit sittlichen Vernunftforderungen und mit dem Zielbegriff der Totalität fließen zusammen im Begriff des »Culturwertes«. Der Satz: »Schönheit ist Ausdruck ästhetischer Ideen« erhält somit einen »Hintergrund«, ohne daß den Definitionen des Geschmacksurteils widersprochen würde: Das ästhetische Wohlgefallen ist zwar (negativ bestimmt) interesselos (gleichgültig gegenüber Erkenntnis und Handeln), aber die positiven Bestimmungen des Geschmacksurteils (begriffslose Allgemeinheit, Zweckmäßigkeit ohne Zweck) enthalten Hinweise auf den »Culturwert«, die dann am Begriff der ästhetischen Idee näher entwickelt werden.[125] Die Kunst entspricht ihrem Begriff erst ganz, wenn »die Lust zugleich Cultur ist und den Geist zu Ideen stimmt« (§ 52).

Wenn wir noch einmal zu dem Zitat aus § 53 zurückkehren, sehen wir, daß Kants Orientierung an der Affektenlehre historisch »zufällig«, nicht systematisch notwendig ist, denn als »Themen«, auf die Musik sich beziehen soll, um ästhetische Ideen erregen und somit als Einheit erscheinen zu können, sind auch andere Inhalte als die Affekte denkbar.[126] Eine Möglichkeit übersieht Kant, weil er die Zeitlichkeit der Musik einseitig beurteilt: Für ihn ist die Musik als solche vom Bereich der »Cultur« ausgeschlossen nicht nur, weil ihre »formale Schönheit« (die Proportionen der Töne) vom Sinnlich-Angenehmen verdeckt wird, sondern auch, weil sie von bloß »transitorischem Eindrucke« ist; sie »erlischt gänzlich« (§ 53), hat keinen Bestand in der Zeit, erklingt und verklingt zugleich und vermag deshalb nicht als Einheit zu erscheinen. Kant verkennt, daß jeder musikalische Augenblick Reproduktion des Vergangenen und Voraussicht auf das Folgende in sich schließt, und die denkbare Beziehung des »musikalischen Spiels der Empfindungen« zum »Spiel der Erkenntnisvermögen«, in der das Moment der

Zeit sein volles Recht erhalten könnte, wird nicht hergestellt. Wir fragen also: Wie sind die »Themen« von Musik umfassender zu bestimmen.[127] Wie verhalten sie sich einerseits zur »formalen Schönheit«, andererseits zum »Transitorischen« der Musik? Wir verstehen dabei die Zeit keineswegs nur als »reine Anschauungsform«[128], vielmehr als »menschlich« fortschreitende Zeit, die sich mehrende und reicher werdende Vergangenheit mit sich trägt.[129]

## Ethos und Pathos in Glucks »Iphigenie auf Tauris«

### 1

Die Vorstellung, daß die Musikästhetik philosphischer und dichterischer Klassiker — die Musikästhctik Kants, Goethes und Schillers — einerseits eine klassische Musikästhetik und andererseits eine Ästhetik der musikalischen Klassik darstelle, mag durch Simplizität bestechend wirken, ist jedoch zu schematisch, als daß sie einer Wirklichkeit gerecht würde, in der die ideen- und die musikgeschichtliche Entwicklung nicht so bruchlos zusammenstimmen, wie es das Dogma vom Zeitgeist, der sämtliche Bereiche gleichmäßig durchdringe, postulierte. Daß ein klassischer Dichter über ein Werk, das die musikalische Klassik repräsentiert, nach Kriterien urteilt, die sich zum Entwurf einer klassischen Musikästhetik zusammenschließen, ist eher eine Ausnahme als die Regel.

Schiller schrieb 1800 an Christian Gottfried Körner, Haydns *Schöpfung*, die ein »charakterloser Mischmasch« sei, habe ihm einen durchaus widrigen Eindruck hinterlassen. »Dagegen hat mir Glucks *Iphigenia auf Tauris* einen unendlichen Genuß verschafft, noch nie hat eine Musik mich so rein und schön bewegt als diese, es ist eine Welt der Harmonie, die geradezu zur Seele dringt und in süßer hoher Wehmut auflöst.«[130] Nichts wäre falscher, als in Schillers emphatischen Worten, er fühle sich durch Glucks musikalisches Drama »rein und schön bewegt« wie »noch nie«, eine rühmende Phrase ohne theoretischen Gehalt zu sehen. Der Brief muß vielmehr als Ausdruck einer tiefgreifenden ästhetischen Erfahrung beim Wort genommen werden: Er besagt nichts Geringeres, als daß Schiller in Glucks *Iphigenie auf Tauris* die Idee einer klassischen Musik — die er in den *Briefen über die ästhetische Erziehung des Menschen* postuliert, an deren Realisierbarkeit er jedoch gezweifelt hatte — verwirklicht fand.

Schiller sah, als er 1794 die *Briefe über die ästhetische Erziehung des Menschen* schrieb, in der affizierenden, Sinne und Gefühl fesselnden — und insofern die innere Freiheit gefährdenden — Macht der Musik deren primäre ästhetische Eigenschaft. »Auch die geistreichste Musik«, heißt es im 22. Brief, stehe »durch ihre Materie noch immer in einer größern Affinität zu den Sinnen, als die wahre ästhetische Freiheit duldet«. Die Ausdrucksästhetik des Sturm und Drang[131] — die zugleich eine Ästhetik des sinnlichen Effekts war — wurde von Schiller zwar als Norm und Ideal preisgegeben, aber als Beschreibung der musikalischen Wirklichkeit festgehalten. Und das Formprinzip, das er der einseitigen Affizierung des Gefühls entgegensetzte, blieb einstweilen bloßes Postulat: eine musikästhetische Utopie. »Die Musik in ihrer höchsten Veredlung muß Gestalt werden« — »Gestalt« ist das Resultat des »Formtriebs«, der Gegeninstanz zum »Stofftrieb« — »und mit der ruhigen Macht der Antike auf uns wirken.«[132] Sie sollte es werden, aber sie war es nicht: Die »höchste Veredlung« der Musik, von der Schiller schwärmte, fand er um 1794 nirgends verwirklicht.

Um so zwingender war der Eindruck, der 1800 — als das Werk in Weimar aufgeführt wurde — von der Klassizität der Gluckschen *Iphigenie auf Tauris* ausging. Daß Schiller sich durch die Musik »bewegt« fühlte, ist ihrer »materiellen«, auf Sinne und Gefühl wirkenden Macht zu verdanken; daß er aber »rein und schön bewegt« wurde — der Ausdruck »rein und schön bewegt« ist, kaum anders als Winckelmanns Wort von der »stillen Größe«, nahezu ein Paradox, mindestens jedoch die Formel für ein mühsam errungenes Zusammenstimmen entgegengesetzter Tendenzen: des Form- und des Stofftriebs —, ist in der »Aufhebung« des »Materiellen« durch die »Gestalt« des Werkes begründet. »Offenbar beruht die Macht der Musik«, heißt es in einem Brief an Körner vom 10. März 1795, »auf ihren körperlichen, materiellen Teilen. Aber weil in dem Reiche der Schönheit alle Macht, insofern sie blind ist« — der Ausdruck »blind« erinnert an Kants Wort über die Anschauung im Unterschied zum Begriff —, »aufgehoben werden soll, so wird die Musik nur ästhetisch durch die Form. Die Form aber macht keineswegs, daß sie als Musik wirkt, sondern bloß, daß sie bei ihrer musikalischen Macht« — die eine die Sinne und das Gefühl affizierende Macht ist — »ästhetisch wirkt. Ohne die Form würde sie über uns blind gebieten, ihre Form rettet unsere Freiheit. Aber die Freiheit macht das Ästhetische allein nicht aus, sondern die Freiheit, sofern sie sich im Leiden« — in der Passivität des Unterworfenseins unter Sinnes- und Gefühlswirkungen der Musik — »behauptet. Dieses Leiden wird hervorgebracht durch den Ton, dessen Einfluß auf uns und Affinität mit unseren Sinnen lediglich auf Naturgesetzen beruht. Im Ästhetischen aber sollen zugleich mit Naturgesetzen auch Freiheitsgesetze herrschen. Daher die Notwendigkeit des Charakters in der Musik, wenn sie als schöne« — und nicht als bloß affizierende, sich auf »Reiz« und »Rührung« beschränkende — »Kunst wirken soll«.[133] Die Form oder Gestalt[134] »rettet« — als Widerpart zur Unterwerfung der Sinne und des Gefühls — »unsere Freiheit«. Und aus den »Freiheitsgesetzen«, die Schiller postuliert, schließt er auf die »Notwendigkeit des Charakters in der Musik«, denn in der Beständigkeit des Charakters, des Ethos, bewährt sich die innere Freiheit gegenüber der Macht der Sinne und Affekte, einer Macht, durch die wir hin- und hergeworfen werden. Empfand Schiller Haydns *Schöpfung* als »charakterlos« (daß er ihr ästhetisches Unrecht antat, braucht kaum gesagt zu werden), so darf aus der Entgegensetzung der Werke geschlossen werden, daß für ihn in der *Iphigenie auf Tauris* die musikalische Charakterdarstellung — in der sich das ästhetische Formprinzip durchsetzte — das entscheidende Moment darstellte, durch das Glucks Drama als Paradigma musikalischer Klassizität erschien.

Schillers Brief vom 10. März 1795 knüpfte an Körners Abhandlung *Über Charakterdarstellung in der Musik* an, die im selben Jahr in den *Horen* erschien.[135] (Daß in der klassischen deutschen Musikästhetik — die für das allgemeine geschichtliche Bewußtsein im Schatten der gleichzeitigen romantischen Musikästhetik steht und deren Umrisse sich einstweilen erst vage abzeichnen — der Begriff des Charakters zentrale Bedeutung erhielt, ist von Heinrich Besseler[136] erkannt und von Wolfgang Seifert[137] ausführlich erörtert worden.) Körner setzte Charakter und Affekt — Ethos und Pathos — einander entgegen: »Wir unterscheiden in dem, was wir Seele nennen, etwas Beharrliches und etwas Vorübergehendes, das Gemüt und die Gemütsbewegungen, den Charakter — Ethos — und den leidenschaftlichen Zustand — Pathos —. Ist es gleichgültig, welches von beiden der Musiker darzustellen sucht?«[138] Der Gedankengang, der begründen soll, warum der Charakter, das Ethos — und nicht, wie nach der barocken Theorie, der Affekt oder das Pathos — das eigentlich »Darstellungswürdige in der Musik«[139] sei, präsentiert sich zunächst als ausschließlich ästhetische Argumentation, die sich auf den Topos von der Einheit in der Mannigfaltigkeit stützt, erweist sich jedoch bei genauerer Analyse als geschichtsphilosophische Konstruktion, in der die Skizze einer historischen Stufenfolge und der Entwurf einer ästhetischen Systematik sich durchdringen und ineinander übergehen. »[ . . . ] aber bei dem Musiker kann der Wahn leicht entstehen, daß es ihm möglich sei, Gemütsbewegungen als etwas Selbständiges zu versinnlichen. Begnügt er sich dann, ein Chaos von Tönen zu liefern, das ein unzusammenhängendes Gemisch von Leidenschaften ausdrückt, so hat er freilich ein leichtes Spiel, aber auf den Namen eines Künstlers darf er nicht Anspruch machen. Erkennt er hingegen das Bedürfnis der Einheit, so sucht er sie vergebens in einer Reihe von leidenschaftlichen Zuständen« — in dem »unzusammenhängenden Gemisch von Leidenschaften« —. »Hier ist nichts als Mannigfaltigkeit, stete Veränderung, Wachsen und Abnehmen. Will er einen einzelnen Zustand festhalten, so wird er einförmig, matt und schleppend. Will er Veränderung darstellen, so setzt diese irgend etwas Beharrliches« — die Einheit eines »Charakters« — »voraus, in welchem sie erscheint.«[140] (Veränderung ohne »Beharrliches« ist nach Körner »chaotisch«.) Als »unzusammenhängendes Gemisch von Leidenschaften« mochte einem Klassizisten wie Körner die ungehemmte, zwischen Extremen hin- und hergeworfene Expressivität des musikalischen Sturm und Drang erscheinen. Das »Festhalten eines einzelnen Zustands«, der »style d'une teneur«, ist das Merkmal des spätbarocken und — partiell — des metastasianischen Operntypus. Mit der Formel vom »Beharrlichen in der Veränderung« — von der Einheit des Charakters auf dem Grunde wechselnder Gemütszustände — umschreibt Körner eine zentrale ästhetische Idee der Klassik: eine Idee, die als Synthesis aus der Thesis »chaotischer« Veränderung und der Antithesis »einförmigen« Beharrens hervorgeht. Und kaum anders als Körner formulierte Hegel drei Jahrzehnte später — am Ende des Zeitalters der klassischen deutschen Ästhetik — das Verhältnis des Charakters, der von innen heraus wirkt, zum Pathos, das den Menschen gleichsam von außen ergreift. »Das Pathos, indem es sich innerhalb einer vollen Individualität« — eines geschlossenen Charakters — »entfaltet, erscheint dadurch in seiner Bestimmtheit nicht mehr als das ganze und alleinige Interesse der Darstellung« — wie in der barocken Arie als dem Ausdruck eines stehenden Affekts —, »sondern wird selbst nur e i n e — wenn auch eine Hauptseite — des handelnden Charakters. Denn der Mensch trägt nicht etwa nur e i n e n Gott als sein Pathos in sich« — zwischen den Interpretationen, daß ein Gott ein Pathos verhängt und daß er als Personifikation eines Pathos erscheint, hält Hegel seine Darstellung in der Schwebe —; »sondern das Gemüt des Menschen ist groß und weit, zu einem wahrhaften Menschen gehören viele Götter, und er verschließt in seinem Herzen alle die Mächte, welche in dem Kreis der Götter auseinandergeworfen sind; der ganze Olymp ist versammelt in seiner Brust.«[141]

Körners Versuch, die ästhetische Idee einer »Charakterdarstellung in der Musik« am Ende seiner Abhandlung musiktheoretisch zu präzisieren, blieb im Ansatz stecken und ist unzulänglich (ohne daß man Körner, wie Max Friedländer[142], als »Musikstümper« abtun dürfte). »In der Bewegung des Klanges bemerken wir teils die Unterschiede der Dauer, teils die Unterschiede der Beschaffenheit« — gemeint sind die Tonqualitäten —. »Jene sind für die Charakterdarstellung die wichtigsten. Das Regelmäßige in der Abwechslung von Tonlängen — Rhythmus — bezeichnet die Selbständigkeit der Bewegung« — und das Moment der inneren Freiheit gegenüber der Fesselung durch Gemütszustände oder Affekte —. »Was wir in dieser Regel wahrnehmen, ist das Beharrliche in dem lebenden Wesen, das bei allen äußeren Veränderungen« — die Affekte erscheinen als etwas von »außen« in die Seele Eingreifendes — »seine Unabhängigkeit behauptet.«[143] Ist demnach der Rhythmus Darstellung des Charakters als des Beharrenden, so erscheint die Melodie (genauer: deren tonale Struktur) als Ausdruck wechselnder Gemützustände. »Was durch die Melodie unmittelbar dargestellt wird, ist der Zustand, das Vorübergehende im Gegensatz des Beharrlichen, der Grad des Lebens in dem einzelnen Momente [ . . . ] Im Verhältnis der einzelnen Töne zum Haupttone, auf welchem die Einheit der Melodie beruht, erscheint das Streben nach einem Ziele, bald Annäherung, bald Entfernung und endlich Ruhe, wenn es erreicht ist.«[144] Daß Körner Rhythmus und Melodie (Tonalität) als Darstellung eines Ethos und Ausdruck eines Pathos einander entgegensetzt, statt von einer Dialektik der beharrenden und der veränderlichen Momente innerhalb des Rhythmus einerseits und der Melodie (Tonalität) andererseits zu sprechen, mag befremden, ist jedoch vermutlich weniger in einer Lust an simplifizierenden Antithesen als vielmehr darin begründet, daß Körner den Begriff des »Charakters« unwillkürlich mit dem der Gestalt (im Sinne Schillers) assoziierte und daß er die Melodie (Tonalität) zwar als Einheit, aber — im Unterschied zum Rhythmus — nicht als Gestalt aufzufassen vermochte: Die tonale Struktur, durch die nach Körner — wie nach Forkel[145] — die tönende »Seelensprache« Bestimmtheit erhält, erschien ihm als das eigentlich »musikalische« — und das bedeutete im Antithesen-System der Ästhetik um 1800: als das dem »Plastischen«, »Gestalthaften« entgegengesetzte — Moment.

## 2

Aus dem Gegensatz zwischen Ethos und Pathos, der fundamentalen Antithese in Körners Entwurf einer klassischen Musikästhetik, erwächst in Glucks *Iphigenie auf Tauris*, dem klassischen musikalischen Drama, die tragende Idee des Werkes: eines Werkes, dessen innere Handlung als Aufhebung des Pathos, unter dem Orest leidet, durch das Ethos, von dem Iphigenie erfüllt ist, umschrieben werden kann.

Das Pathos des Orest unterscheidet sich — und die Differenz ist grundlegend für eine Bestimmung der geschichtlichen Stellung des Werkes — von den Affekten, die im spätbarocken und im metastasianischen Operntypus den Gegenstand musikalischer Rhetorik bilden, sowohl durch eine Begründung als auch durch seine Funktion im Drama. Erscheint in der älteren Oper die Intrige — die man als dramatische Technik keineswegs geringschätzen darf — als bewegendes Moment: als Ursprung von Situationen, die zur Ausbreitung von Affekten herausfordern, so ist das Pathos des Orest vom Schicksal verhängt. Und es ist der Gegensatz zwischen Intrige und Schicksal, der am deutlichsten die Kluft bezeichnet, die sich zwischen der barocken und der klassischen Idee des musikalischen Dramas auftut.

Ein ästhetisches Urteil über die »Verwirrungen oder Intriguen«, die nach Christian Friedrich Hunold das »Hauptwerck« der Oper bilden[146], sollte jedoch nicht vom isolierten Phänomen, sondern von dessen Funktion im Ganzen des Werkes ausgehen. Das Formgesetz der älteren Oper — und an ihm allein ist der Nutzen oder Nachteil der Intrige zu messen —, des Operntypus also, von dessen zerfallender Tradition sich Glucks musikalisches Drama polemisch abhob, besteht im unvermittelten Gegensatz zwischen dem »style d'une teneur« der einzelnen einen stehenden Affekt ausmalenden Arie einerseits und dem Kontrastprinzip, das die Aufeinanderfolge der Arien beherrscht, andererseits. »Der Reigen der kontrastierenden Affekte ist trotz aller Stilwandlungen die eigentliche Seele der Oper auf fast anderthalb Jahrhunderte hinaus geblieben.«[147] Pointiert ausgedrückt: Die Affekte bilden die eigentlich agierenden Momente des musikalischen Dramas; und nicht stetige Entwicklung — von Charakteren —, sondern jäher Wechsel — zwischen »leidenschaftlichen Zuständen«[148] — stellt das Formprinzip dar, das der älteren Oper zugrundeliegt.

»Der Ablauf des Affektganzen ist die Hauptsache; er wird auf die einzelnen Gestalten verteilt, ohne daß ihnen das geringste Sonderrecht als selbständigen ›Charakteren‹ zugebilligt würde.«[149] In bedeutenden Werken bildet der Wechsel der Affekte ein kunstvolles Gefüge von Kontrasten und Abstufungen. Die einzelne dramatische Person dagegen erscheint — ohne sich zum Charakter, zu einer in unterschiedlichen Situationen und Gemütszuständen sich durchhaltenden Prägung zu verfestigen — als bloßer Schauplatz von Affekten, die wie Wetterumschläge über die Seele hereinbrechen. Die Handlung, die Intrige, ist das Mittel, die Affektdarstellung der Zweck des Dramas, und zwar des gesprochenen Dramas ebenso wie des gesungenen. (Die Vorstellung, daß die barocke Oper »undramatisch« — eine bloße »Musikoper« — gewesen sei, ist unhistorisch: Die Musik wurde als in Töne gefaßter Affekt verstanden; die Mittel-Zweck-Relation zwischen Handlung und Affekt aber war eine dramaturgische Voraussetzung, die Oper und Schauspiel miteinander teilten; und einzig mit dem gleichzeitigen Drama ist ein Operntypus sinnvoll vergleichbar, wenn über seinen »dramatischen« oder »undramatischen« Charakter geurteilt werden soll. So unverächtlich Intrige und »Verwirrung« — in der Barockoper ein positiver Terminus — erscheinen, so gering ist die prinzipielle Differenz zwischen dem gesprochenen und dem gesungenen, als bloße »Musikoper« verkannten, Drama.)

Die Behauptung, in der spätbarocken und der metastasianischen Oper sei eine dramatische Gestalt nichts als die Allegorie oder Personifikation eines einzigen Affekts[150], ist irrig oder mindestens grob simplifizierend. Doch ist andererseits der Unterschied, ob eine Person als Schauplatz wechselnder Leidenschaften oder als Träger eines immer gleichen Affekts erscheint, sekundär gegenüber dem Prinzip, aus dem beide Möglichkeiten hervorgehen: dem Prinzip, daß Affekte »in abstracto« — um mit Schopenhauer zu reden — und nicht die Personen, deren Affekte sie sind, das eigentlich konstitutive

Moment der älteren Oper darstellen. Das Pathos des Gluckschen Orest ist ihm allein zu eigen; die Affekte aber, von denen Händels Giulio Cesare hin- und hergerissen wird, sind von der Person, der sie durch die Gunst oder Ungunst der Intrige zufallen, prinzipiell ablösbar: Es ist nahezu gleichgültig, ob es Cäsar oder ein anderer ist, der einer amourösen Arie eine martialische folgen läßt — der Kontrast »in abstracto« ist entscheidend.

Die Differenz zwischen einem Pathos, wie es Orest bewegt, und den »leidenschaftlichen Zuständen« barocker Operngestalten ist von Hegel im Hinblick auf das gesprochene Drama formuliert worden. »Die allgemeinen Mächte nun endlich, welche nicht nur für sich in ihrer Selbständigkeit« — das heißt: als Götter — »auftreten, sondern ebensosehr in der Menschenbrust lebendig sind und das menschliche Gemüt in seinem Innersten bewegen, kann man nach den Alten mit dem Ausdruck Pathos bezeichnen. Übersetzen läßt dies Wort sich schwer, denn ›Leidenschaft‹ führt immer den Nebenbegriff des Geringen, Niedrigen mit sich, indem wir fordern, der Mensch solle nicht in Leidenschaft geraten [ . . . ] Das Pathos in diesem Sinne ist eine in sich selbst berechtigte Macht des Gemüts, ein wesentlicher Gehalt der Vernünftigkeit und des freien Willens. Orest z. B. tötet seine Mutter nicht etwa aus einer inneren Bewegung des Gemüts, welche wir Leidenschaft nennen würden, sondern das Pathos, das ihn zur Tat antreibt, ist wohlerwogen und ganz besonnen.«[151] In der Geringschätzung der »Leidenschaftlichkeit« steckt — ebenso wie in dem Verdikt über die »Verwirrungen und Intriguen« — ein klassizistisches Vorurteil gegen die Barocktradition; und wenn Hegel im Pathos des Orest »Vernünftigkeit und freien Willen« zu erkennen glaubt, so verrät er eine Tendenz zu klassischer Dämpfung des Mythos, der einem weniger befangenen Blick als blinder Schuldzusammenhang erscheint. Dennoch enthält Hegels Differenzierung von Pathos und Affekt eine Einsicht, die für eine ideengeschichtliche Interpretation des Stilwandels im musikalischen Drama des 18. Jahrhunderts grundlegend ist. Die Affekte in der älteren Oper entspringen aus bunt wechselnden Situationen, die durch verwickelte Intrigen herbeigeführt werden: Der Mechanismus der Intrige bildet das genaue dramaturgische Korrelat zur kalkulierten Anordnung der Affektkontraste und -abstufungen, einer Anordnung, in der sich die Vielfalt »leidenschaftlicher Zustände« — ohne Rückhalt an der Einheit von Charakteren — »als etwas Selbständiges« ausbreitet.[152] Dagegen ist das Pathos des Orest eine von den Situationen, in die er gerät, unabhängige, vom Schicksal verhängte »allgemeine Macht«. Dem Wechsel und jähen Umschlag der Affekte in der älteren Oper steht bei Gluck eine »Monotonie« des Pathos gegenüber, die von manchen Zeitgenossen — von Rousseau und Arteaga[153] — an Calzabigis Text zur *Alceste* getadelt wurde. Pathos und Person sind miteinander verwachsen: Orest erscheint nicht als Träger eines Affekts, der durch einen Wechsel der Situation mit einem anderen vertauschbar wäre sondern ist von einem Pathos erfüllt, dem er nicht zu entrinnen vermag.

Die Personen, die in der älteren Oper nach den Regeln der Intrige von Affekten bewegt werden, sind im Wortsinne »charakterlos«. Dem Sturm der Affekte, von dem sie hin- und hergeworfen werden, steht kein Charakter gegenüber, der dem Wechsel standhielte. Es ist jedoch schwierig, das Ausmaß zu bestimmen, in dem die Darstellung von Affekten »als etwas Selbständiges« einerseits in anthropologisch-psychologischen Überzeugungen und andererseits im Formprinzip der Oper begründet war. Daß in der »Affektenoper« des frühen 18. Jahrhunderts, die statt des von innen heraus wirkenden und sich entwickelnden Charakters die aus wechselnden Situationen entspringenden, jäh umschlagenden Affekte zum Gegenstand musikalischer Darstellung machte, ein Stück Barock-Anthropologie überdauerte, ist kaum zu bezweifeln. Andererseits wurde aber bereits 1735 — von Francesco Rosellini (Evandro Edesimo) in den *Considerazioni sopra il »Demofoonte« dell' Abate Metastasio* — die Zerrissenheit und Inkonsequenz der Charaktere in Metastasios Operndichtungen gerügt[154], so daß es scheint, als handle es sich bei dem Primat des Affekts gegenüber dem Charakter um ein Formprinzip, das sich in der Oper aus artifiziellen Gründen zu behaupten vermochte, obwohl es inzwischen in Widerspruch zu den psychologischen Vorstellungen der Zeit geraten war. Metastasio rechtfertigte sich 1747 mit dem Argument, daß der Umschlag der Affekte in seinen Operndichtungen nicht auf eine Inkohärenz der Charaktere schließen lasse, sondern im Wechsel der Situationen begründet sei[155] (als ob nicht gerade im Ausgeliefert-Sein an Situationen die Inkohärenz bestünde). Calzabigi machte sich zunächst, 1755 in der *Dissertatione su le poesie drammatiche del Sig. Abate Metastasio*, den Standpunkt Metastasios zu eigen[156]; später aber, in der gegen Arteaga gerichteten *Risposta* von 1790, griff er auf die polemischen Argumente Rosellinis zurück.[157]

## 3

Die Forderung nach Einheit und Kohärenz des Charakters — als des tragenden Grundes wechselnder Gemütszustände — war als dramaturgisches Postulat ebenso einleuchtend, wie es andererseits schwierig erscheinen mußte, die kompositorischen Mittel, mit denen sie erfüllt wurde, in Begriffe zu fassen. So reich das Arsenal beschreibbarer musikalischer Topoi war, mit dem Affekte ausgedrückt werden konnten, so vage und nahezu ungreifbar blieben die Prinzipien musikalischer Ethosdarstellung: Die Dürftigkeit der musikalisch-technischen Explikation in Körners musikästhetischem Entwurf ist kein zufälliger, sondern ein typischer Mangel.

Der Begriff der musikalischen Charakterdarstellung kann erst dann als zulänglich verstanden gelten — in seiner geschichtlichen Bedeutung als zentrale Kategorie der klassischen Musikästhetik —, wenn man die Frage erkannt hat, auf die er eine Antwort erteilt. Und zwar muß die historische Interpretation davon ausgehen, daß die ästhetische oder dramaturgische Kategorie in eine bestimmte kompositionsgeschichtliche Situation eingriff: in eine Situation, in der es zum Problem geworden war, wie nach dem Zerfall des barocken »style d'une teneur« musikalische Einheit überhaupt noch möglich sei. (Körner[158] sprach, um die Gefahr zu bezeichnen, von der er die Musik bedroht sah, von einem »Chaos von Tönen, das ein unzusammenhängendes Gemisch von Leidenschaften ausdrückt«.) Die Tendenzen zur »Diskontinuität« des musikalischen Satzes[159], zur Themenkontrastierung und zum raschen Wechsel von Gemütszuständen auf engem Raum mußten, wenn nicht die musikalische Form auseinanderbrechen sollte, durch ein Prinzip, das inneren Zusammenhalt verbürgte, ausgeglichen werden. Und es war die Einheit des Charakters, in der man — nach der Preisgabe der Einheit des Affekts und des motivischen Ablaufs[160] — musikalischen Konnex suchte. (Daß in der Theorie der Sonatenform — des auch für die Vokalmusik repräsentativen Schemas — noch um 1800 der Themenkontrast nicht als konstitutives Merkmal beschrieben wurde, hängt mit der Gewohnheit zusammen, unter einem Thema sowohl ein melodisches Gebilde als auch dessen Charakter zu verstehen. Vor die Wahl gestellt, entweder den melodischen Kontrast oder die Einheit des Charakters — die ästhetische »Monothematik« — zu akzentuieren, hob man das Einheitsmoment hervor, um den Vorwurf gegen die nach-barocke Musik, sie sei ein »Chaos« von »leidenschaftlichen Zuständen«, abzuwehren.)

Ästhetische und kompositionstechnische Momente griffen ineinander. Und wer sich den Unterschied bewußt macht, daß man sich im 18. Jahrhundert über musikalische Sachverhalte primär in einer ästhetischen Sprache verständigte, während man im 20. Jahrhundert zu einer kompositionstechnischen Terminologie neigt, kann — zum Ausgleich der Einseitigkeiten sowohl des 18. als auch des 20. Jahrhunderts — die eine Ausdrucksform in die andere übersetzen, um dadurch die Vermittlung zwischen dem ästhetischen und dem kompositionstechnischen Moment als das eigentlich Gemeinte zu erkennen, das die verschiedenen Terminologien umkreisen. Musikalische Charakterdarstellung ist demnach nicht allein als ästhetisches, sondern auch als kompositionstechnisches Problem zu verstehen; und zwar ist es der — auf das Einheitsmoment im Themenkontrast zielende — Begriff der »kontrastierenden Ableitung«[161], den man als kompositionstechnische Entsprechung — als eine der Entsprechungen — des ästhetischen Moments auffassen kann, das um 1800 als Kohärenz des Charakters in wechselnden Gemütszuständen — als »Beharrliches im Veränderlichen«[162] — beschrieben wurde.

Das Verfahren der »kontrastierenden Ableitung«, das Korrelat zur Darstellung »moralischer Charaktere« in Haydns Symphonien[163], ist primär eine Technik der Instrumentalmusik. Die Charakterdarstellung in der Opernkomposition — der Widerpart zum Affektenausdruck — stützt sich auf andere Voraussetzungen. In Glucks *Iphigenie auf Tauris* ist es ein »Ton«, der in den immer wieder anderen Situationen und »leidenschaftlichen Zuständen«, denen Iphigenie ausgesetzt ist, das identisch festgehaltene Moment bildet. Die Einheit des Charakters realisiert sich musikalisch in der Einheit eines »Tons«. Anna Amalie Abert[164] sprach von Glucks »hymnischem Liedton«; andererseits könnte man, um die stilistische Charakteristik durch eine ideengeschichtliche zu ergänzen, die Melodik Iphigenies, in der gleichsam der Geist eines ganzen Zeitalters in Töne gefaßt erscheint, als Ausprägung eines »Humanitätstones« bezeichnen. Im Ethos der Iphigenie findet der mythische Schuldzusammenhang, in dem Sühne wiederum andere Schuld bedeutet, ein Ende durch Versöhnung.[165]

Versucht man sich — einstweilen skizzenhaft — die musikalischen Merkmale bewußt zu machen, die für den Humanitätston konstitutiv sind, so fällt zunächst die Emphase in der Simplizität auf: der beharrliche Nachdruck, mit dem in einer Arie wie »Ô malheureuse Iphigénie« ein einfaches — 24 Takte lang auf Tonika, Dominante und Subdominante beschränktes — Harmonieschema dargestellt wird. Das Pathos der Einfachheit ist klassizistisch (und ein Klassizismus der ästhetischen Gesinnung kann durchaus Voraussetzung einer Klassizität des Stils sein). Das Postulat der »noble simplicité«, der »edlen Einfalt«, besagt nichts anderes, als daß ein hoher, erhabener Stil, — ein Stil der »noblesse« also — auch in einfacher äußerer Gestalt — ohne barocken, feudalen Prunk des Faltenwurfs oder der Redefiguren — möglich sei. Und die schwere Akzentuierung einer in rhythmisches Gleichmaß gefaßten einfachen, stufenarmen Harmonik erscheint bei Gluck — und ähnlich bei Beethoven, Cherubini und Spontini — als musikalische Ausprägung eines Stilideals, in dem verbunden ist, was sich nach barocken Begriffen ausschloß: die Einfachheit des niederen Stils und die Emphase des hohen. Die ästhetische Versöhnung — die Verschränkung der früher getrennten Stile — aber ist die Chiffre einer sozialen, von der das Bürgertum des 18. Jahrhunderts träumte: Im »Humanitätston« ist der Gegensatz zwischen dem »Niederen« und dem »Hohen« aufgehoben.

Mit dem Pathos der Einfachheit, dessen musikalische Ausprägung ein harmonisch-rhythmisches (oder harmonisch-dynamisches) Phänomen ist, verbindet sich in dem Ton, der das Ethos der Iphigenie ausdrückt, ein syntaktisches Moment, das kaum weniger charakteristisch ist: das Ineinandergreifen von melodisch-metrisch Regulärem und Irregulärem. Den Anfang der Arie »Ô toi, qui prolongeas mes jours« bildet eine Gruppe von vier Takten, deren Regelmäßigkeit insofern bloße Fassade ist, als die einzelnen Phrasen sich nach dem Schema 1 1/2 + 1 1/2 + 1 zusammenfügen. Die Unregelmäßigkeit der Gliederung aber, eine Unregelmäßigkeit, die sich andererseits ins Regelmäßige fügt (und beide Momente sind gleichzeitig wahrnehmbar), verleiht der Melodik — obwohl sie Iphigenies Flehen darstellt, von dem »verhaßten Leben« erlöst zu werden — einen Ton, der Besonnenheit und ein Gefühl für das Unumgängliche ebenso ausdrückt wie ein Aufatmen in Freiheit. Die Versöhnung, die am Ende des Dramas steht, ist im musikalischen Ton der Iphigenie-Arien bereits vorgezeichnet. Sie entspringt »aus dem Geiste der Musik«.

Das Ethos der Iphigenie, dessen musikalischer Ausdruck der Humanitätston ist, erscheint als innere Macht, die der äußeren des Schicksals, dem Orest unterworfen ist, standhält. »Wo Charakter ist, da wird mit Sicherheit Schicksal nicht sein und im Zusammenhang des Schicksals Charakter nicht angetroffen werden.«[166] Im Pathos des Orest manifestiert sich der mythische Schuldzusammenhang, im Ethos der Iphigenie dessen Durchbrechung.[167] Zuletzt, im Augenblick der Versöhnung, erhebt sich aus Orest in wenigen Takten (»Dans cet objet touchant«) zu dem »hymnischen Liedton«, der musikalisch besiegelt, was sich szenisch durch das Eingreifen Dianas ereignet.

Daß der Humanitätston, der von sich aus auf Allgemeinheit zielt, in Glucks Drama einen besonderen Charakter, den der Iphigenie, musikalisch zu repräsentieren vermag, ist in der Handlung des Werkes begründet. (In den Priesterinnenchören ist das Besondere der Iphigenie gleichsam »verallgemeinert«, wie es im Sinne des Humanitätstones liegt, ohne daß jedoch im Hinblick auf das dramatische Gefüge, in dem Iphigenie und die Priesterinnen untrennbar eines sind, die Individualität des Tones aufgehoben oder geschmälert wäre.) Der »hymnische Liedton« erscheint als Ausdruck eines individuellen Charakters durch den Gegensatz einerseits zu Orest, dessen Pathos die »innere Furie«[168] ist, deren sichtbaren Reflex die Erinnyen darstellen, und andererseits zu Thoas, der an den barocken Typus des aus Angst in Wut ausbrechenden Tyrannen erinnert. (Pylades ist weniger ein Charakter als eine Allegorie der Freundschaft.)

Die Handlung aber — und das macht den Kairos des Werkes aus — stimmt zusammen mit der musikgeschichtlichen Situation, die Glucks späte Dramen repräsentieren. Im Pathos des Orest — und noch deutlicher in der Affektbesessenheit des Thoas — ist ein Stück Barocktradition gegenwärtig (trotz des tiefgreifenden Unterschieds zwischen konstrastierenden Affekten, die ein Intrigen-Mechanismus auslöst, und einem sich durchhaltenden Pathos, das vom Schicksal auferlegt ist). Aus dem Ethos der Iphigenie aber redet der Geist eines klassizistisch-klassischen Zeitalters. Und der musikalisch-dramatische Augenblick, in dem das Pathos des Orest durch Iphigenie aufgehoben und versöhnt wird, erscheint als Bild oder Chiffre des musikgeschichtlichen Augenblicks, in dem die bloß affizierende Macht der Musik — eine Macht, der sich Schiller ebenso ausgesetzt fühlte, wie er ihr andererseits mißtraute[169] — durch Charakterdarstellung in ein Gleichgewicht gebracht ist, in dem die Formidee der Klassik musikalisch Gestalt annimmt.

François-Joseph Bélanger: Federzeichnung des Thronsaals in der Pariser Inszenierung (1776) von Glucks *Alceste* (Bibliothèque Nationale, Paris). Der Klassizismus, den Glucks Oper repräsentiert, ist szenisch in die Barocktradition zurückversetzt, von der er sich musikalisch und dramaturgisch gerade losgelöst hatte. Die Monumentalität, die sich in Bélangers Bühnenbildern manifestiert — mit riesigen, von Wolken umschwebten Säulen, überwölbt von einem gemalten Himmel, der ins Unendliche zu reichen scheint —, ist nicht, nach Winckelmanns Postulat, eine stille, sondern, wenn man so sagen darf, eine laute Größe. Die Szenographie bleibt, wie so oft, stilistisch hinter der Musik, die sie ins Sichtbare zu transformieren versucht, zurück.

# Formbegriff und Ausdrucksprinzip in Schillers Musikästhetik

## 1

Die Ästhetik der Musik ist unpopulär, weil es Musikliebhabern in der Regel schwer fällt, zwischen den mathematischen Implikationen der Theorie, von denen sie sich übertriebene Vorstellungen machen, und den Gefühlswirkungen, deren Übermaß sie an der Wahrnehmung von Formstrukturen hindert, eine Vermittlung zu finden. Schiller, der keineswegs arm an musikalischen Erfahrungen war, begann sich für die Theorie der Musik erst zu interessieren, als er zu der Überzeugung kam, daß er sie in dem ästhetischen System, das er zu entwerfen versuchte, berücksichtigen mußte. An Christian Gottfried Körner, in dessen musikalische Kenntnisse er ein nicht ganz berechtigtes Vertrauen setzte, schrieb er am 11. Januar 1793: »An musikalischen Einsichten verzweifle ich, denn mein Ohr ist schon zu alt; doch bin ich gar nicht bange, daß meine Theorie der Schönheit an der Tonkunst scheitern werde.«[170] Und am 20. Juni desselben Jahres heißt es, wiederum in einem Brief an Körner: »Und dann möchte ich auch durch Dich mit musikalischen Ideen bekannt werden, weil ich diese Kunst nicht zurücklassen kann und will.«[171] Schiller erwähnt auch, daß er seine Ideen »an der Musik geprüft« habe, soweit er »mit Sulzer und Kirnberger kommen konnte«.[172] Johann Georg Sulzers *Allgemeine Theorie der Schönen Künste* gehörte zu den Lehrbüchern der Karlsschule; daß aber Schiller Johann Philipp Kirnbergers *Kunst des reinen Satzes* kannte, eine pedantisch esoterische, für Liebhaber kaum zugängliche Kompositionslehre, ist wenig wahrscheinlich; vielmehr wußte er vermutlich, daß das Material zu Sulzers Artikeln über Musik von Kirnberger stammte.

Die wenigen musikästhetischen Reflexionen, die sich verstreut in Schillers Schriften finden, stehen nicht für sich, sondern sind in Argumentationen verflochten, deren Ziele weit von der Musik entfernt liegen. In der Rezension von Matthissons Gedichten, die im Wesentlichen eine Abhandlung über Landschaftsmalerei und Landschaftsdichtung darstellt, ist der musikästhetische Exkurs eher trivial, und er darf es sein, weil er zu nichts anderem als zu einem Vergleich dient, der die Landschaftsmalerei vor dem Vorwurf, einfache Nachahmung der Natur zu sein, bewahren soll: Schiller glaubt, die Analogie zwischen Gefühlsbewegung und »tönend bewegter Form«, die ein durch Jahrtausende überlieferter Topos der Musiktheorie ist, in der Landschaftsmalerei, hinter deren Außenseite sich gleichfalls Reflexe menschlicher Affekte abzeichnen, wiederzuentdecken.[173] Die Stelle aus dem Zusammenhang herauszubrechen, um sie als Zeugnis über Schillers Musikästhetik zu präsentieren, wäre kaum weniger verfehlt, als wenn man die Rede einer Roman- oder Dramenfigur mit der Überzeugung des Autors gleichsetzen würde.

Auch der 22. *Brief über die ästhetische Erziehung des Menschen*, die zentrale Äußerung über Musik in Schillers Schriften, legt einer Interpretation, die dem Kontext gerecht zu werden versucht, einige Hindernisse in den Weg. Schiller postuliert eine Annäherung der Künste untereinander, indem er, nicht anders als bei der Bestimmung des Verhältnisses zwischen Individuum und allgemein Menschlichem, von dem Vorurteil ausgeht, daß das Ideal der Kunst einzig durch die Preisgabe von Besonderheiten der einzelnen Künste zu erreichen sei. Das Spezifische erscheint als Einseitigkeit, die aufgehoben werden soll. »Die Ursache ist, weil auch die geistreichste Musik durch ihre Materie noch immer in einer größern Affinität zu den Sinnen steht, als die wahre ästhetische Freiheit duldet, weil auch das glücklichste Gedicht von dem willkürlichen und zufälligen Spiele der Imagination, als seines Mediums, noch immer mehr partizipiert, als die innere Notwendigkeit des wahrhaft Schönen verstattet, weil auch das trefflichste Bildwerk, und dieses vielleicht am meisten, durch die Bestimmtheit seines Begriffs an die ernste Wissenschaft grenzt.« Schiller, der sich durch Musik »gefesselt« und in seiner inneren Freiheit bedroht fühlte, entwarf eine ästhetische Utopie, in der die Musik nicht bloß tönende Bewegung ist, die Seelenbewegungen ausdrückt und hervorruft, sondern als »Gestalt« erscheint, und zwar in dem emphatischen Sinne, den Schiller in den *Briefen über die ästhetische Erziehung des Menschen* mit dem Wort verband. »Die Musik in ihrer höchsten Veredlung muß Gestalt werden und mit der ruhigen Macht der Antike auf uns wirken.«[174] Der Stoff soll »durch die Form vertilgt werden«. Schillers Formbegriff aber, der ohne Rückgriff auf Kants *Kritik der Urteilskraft* — das Fundament von Schillers ästhetischen Schriften — nicht zu verstehen ist, setzt einer Interpretation, die sich um Eindeutigkeit bemüht, statt sich durch Ambiguitäten befriedigt zu fühlen, einen nicht geringen Widerstand entgegen.

Im Paragraph 53 der *Kritik der Urteilskraft* wird die Musik »als Spiel der Empfindungen« beschrieben, dem eine »proportionierte Stimmung« zugrundeliegt. Durch die Doppeldeutigkeit des Ausdrucks »Empfindung« aber, der sich einerseits auf Gefühle oder Affekte und andererseits auf Sinneseindrücke bezieht, gerät Kants Argumentation in Verwirrung. Die Tonkunst wird zunächst als »Sprache der Affekte« apostrophiert; dann aber ist von einer »mathematischen Form« der »Empfindungen« die Rede, und gemeint sind zweifellos die hinter den Intervallen — als akustischen Sinneseindrücken — stehenden Zahlenproportionen. Das mathematische Moment bildet nach Kant die Form, durch die sich die Musik als schöne — und nicht bloß angenehme — Kunst konstituiert. »An dieser mathematischen Form, obgleich nicht durch bestimmte Begriffe vorgestellt, hängt allein das Wohlgefallen, welches die bloße Reflexion über eine solche Menge einander begleitender oder folgender Empfindungen mit diesem Spiele derselben als für jedermann gültige Bedingung seiner Schönheit verknüpft.« In dem ästhetischen Eindruck aber, der von Musik ausgeht, ist die mathematische Struktur, die als solche nicht wahrgenommen werden kann, sondern sich ausschließlich in der größeren oder geringeren Verschmelzung von Konsonanzen oder Dissonanzen manifestiert, ein verschwindendes Moment. »Aber an dem Reize und der Gemütsbewegung, welche die Musik hervorbringt, hat die Mathematik sicherlich nicht den mindesten Anteil, sondern sie ist nur die unumgängliche Bedingung (conditio sine qua non) derjenigen Proportion der Eindrücke in ihrer Verbindung sowohl als ihrem Wechsel, wodurch es möglich wird, sie zusammenzufassen.«[175] Die mathematische Form begründet den Rang der Musik als schöne Kunst, fällt aber in der ästhetischen Realität einer Affektwirkung zum Opfer, die das stoffliche Moment darstellt, das nach Schillers Forderung durch die Form vertilgt werden soll, während nach Kant gerade das Umgekehrte, eine Vertilgung der Form durch den Stoff, geschieht.

2

Mit dem Begriff der »mathematischen Form«, den Kant aus der Tradition der Musiktheorie übernahm, ließ sich das Problem, das Schiller beschäftigte: die Errichtung einer Gegeninstanz zu Affektwirkung der Musik, nicht lösen. Und es war Körner, Schillers musikalischer Mentor, der in einem Aufsatz *Über Charakterdarstellung in der Musik*, den er 1795 für die *Horen* schrieb, einen Versuch unternahm, aus dem von Kant beschriebenen Dilemma, daß gerade der die Schönheit der Musik begründende Wesenszug in der ästhetischen Wirkung untergeht, einen Ausweg zu finden. Dem Ausdruck von Affekten, der in der gesamten Ästhetik des 18. Jahrhunderts, auch bei Kant, als Inhalt der Musik galt, setzte er die Darstellung von Charakteren entgegen. »Wir unterscheiden in dem, was wir Seele nennen, etwas Beharrliches und etwas Vorübergehendes, das Gemüt und die Gemütsbewegungen, den Charakter — Ethos — und den leidenschaftlichen Zustand — Pathos —. Ist es gleichgültig, welches von beiden der Musiker darzustellen sucht?«[176] Körners Abhängigkeit von Schillers 11. *Brief über die ästhetische Erziehung des Menschen*, den er, wie die Korrespondenz zeigt, bereits kannte, als er seine Abhandlung schriebt, ist unverkennbar. Was Körner »Charakter« nennt, heißt bei Schiller »Person«. »Wenn die Abstraktion so hoch, als sie immer kann, hinaufsteigt, so gelangt sie zu zwei letzten Begriffen, bei denen sie stille stehen und ihre Grenzen bekennen muß. Sie unterscheidet in dem Menschen etwas, das bleibt, und etwas, das sich unaufhörlich verändert. Das Bleibende nennt sie seine Person, das Wechselnde seinen Zustand.«[177]

Die Entgegensetzung von Affekt und Charakter widersprach der Gewohnheit früherer Musikästhetiker wie Mattheson und Marpurg, die Begriffe synonym zu gebrauchen. Außerdem verwickelt sich Körner bei dem Versuch, den Charakterbegriff musikästhetisch zu präzisieren, in einen Widerspruch, der unauflösbar ist. Einerseits behauptet er, durchaus in Übereinstimmung mit der Tradition, daß Gefühle oder Affekte das einzige seien, was Musik unmittelbar darstellen kann; der Charakter, der die innere Einheit in der Mannigfaltigkeit der Empfindungen verbürgt, müsse indirekt aus der Konfiguration der geschilderten Affekte erschlossen werden. »Wenn es der Musik nicht an deutlichen Zeichen fehlt, um einen bestimmten Zustand zu versinnlichen, so ist ihr dadurch auch die Möglichkeit der Charakterdarstellung gegeben. Was wir Charakter nennen, können wir überhaupt weder in der wirklichen Welt, noch in irgend einem Kunstwerke unmittelbar wahrnehmen, sondern nur aus demjenigen folgern, was in den Merkmalen einzelner Zustände enthalten ist.«[178]

Andererseits identifiziert Körner den Charakter, um ihn musikalisch greifbar zu machen, mit dem Grundrhythmus, der in einem Stück herrscht. »Das Regelmäßige in der Abwechslung von Tonlängen — Rhythmus — bezeichnet die Selbständigkeit der Bewegung. Was wir in dieser Regel wahrnehmen, ist das Beharrliche in dem lebenden Wesen, das bei allen äußern Veränderungen seine Unabhängigkeit behauptet.« Dem Rhythmus, der das Ethos, das Bleibende repräsentiert, stellt Körner die Melodie gegenüber, in der sich das Pathos, der leidenschaftliche Zustand, äußert. »Was durch die Melodie unmittelbar dargestellt wird, ist der Zustand, das Vorübergehende im Gegensatz des Beharrlichen, der Grad des Lebens in dem einzelnen Momente.«[179] Körner drückt, wenn er das Lebendige und das Beharrliche ineinandergreifen läßt, mit etwas anderen Worten, aber kaum verhüllt eine Idee aus, die von Schiller im 15. *Brief über die ästhetische Erziehung des Menschen* in den paradoxen Begriff der »lebenden Gestalt«, der das »Leben« als »Gegenstand des sinnlichen Triebes« ebenso einschließt wie die »Gestalt« als »Gegenstand des Formtriebes«, gefaßt worden war.[180] Von »Gestalt« in der Musik ist bei Körner nicht die Rede, wohl aber dann in Schillers 22. Brief, den Körner noch nicht kannte, als er seine Abhandlung schrieb.

Was Körner mit dem Rhythmus meint, der einem musikalischen Werk innere Einheit gibt, steht nicht unmißverständlich fest. Das »Regelmäßige in der Abwechselung von Tonlängen« kann der Takt, aber auch das Metrum sein, das von Johann Mattheson 1739 »Klangfuß« genannt wurde[181]: eine Konfiguration von Längen und Kürzen, die unverändert oder mit Modifikationen, die das Grundmuster durchscheinen lassen, in einem Satz dominiert.

Der Takt ist später von Hegel als Moment der inneren Einheit in der Musik und, nicht anders als bei Körner, als Ausdruck der Person aufgefaßt worden. »In dieser Einförmigkeit findet das Selbstbewußtsein sich selber als Einheit wieder, insofern es teils seine eigene Gleichheit als Ordnung der willkürlichen Mannigfaltigkeit erkennt, teils bei der Wiederkehr derselben Einheit sich erinnert, daß sie bereits dagewesen sei und gerade durch ihr Wiederkehren sich als herrschende Regel zeige. Die Befriedigung aber, welche das Ich durch den Takt in diesem Wiederfinden seiner selbst erhält, ist um so vollständiger, als die Einheit und Gleichförmigkeit weder der Zeit noch den Tönen als solchen zukommt, sondern etwas ist, das nur dem Ich angehört und von demselben zu seiner Selbstbefriedigung in die Zeit hineingesetzt ist.«[182]

Die Interpretation als »Klangfuß« — statt als Takt —, die insofern wahrscheinlicher ist, als Körner den »Rhythmus in der griechischen Musik, Poesie und Tanzkunst«[183] erwähnt, findet sich in deutlicherer Ausprägung bei E. T. A. Hoffmann, der 1810 in seiner Rezension von Beethovens Fünfter Symphonie die innere Einheit des ersten Satzes — den »Charakter des Ganzen«, wie er mit einer an Körner erinnernden Wendung sagt — darin begründet sieht, daß der Rhythmus des Hauptthemas in wechselnden melodischen Gestalten sämtliche Teile durchdringt. »Es gibt keinen einfacheren Gedanken, als den, welchen der Meister dem ganzen Allegro zum Grunde legte, und mit Bewunderung wird man gewahr, wie er alle Nebengedanken, alle Zwischensätze durch rhythmischen Verhalt jenem einfachen Thema so anzureihen wußte, daß sie nur dazu dienten, den Charakter des Ganzen, den jenes Thema nur andeuten konnte, immer mehr und mehr zu entfalten.«[184]

Schiller, der im 22. *Brief über die ästhetische Erziehung des Menschen* forderte, daß »Musik in ihrer höchsten Veredlung Gestalt werden« müsse, war von Körners Versuch, das als Utopie gemeinte Postulat durch den Charakterbegriff einzulösen und gewissermaßen in die greifbare musikalische Realität herunterzuholen, nicht restlos überzeugt. Am 10. März 1795 schrieb er an Körner: »Offenbar beruht die Macht der Musik auf ihren körperlichen, materiellen Teilen. Aber weil in dem Reiche der Schönheit alle Macht, insofern sie blind ist, aufgehoben werden soll, so wird die Musik nur ästhetisch durch die Form. Die Form aber macht keineswegs, daß sie als Musik wirkt, sondern bloß, daß sie bei ihrer musikalischen Macht ästhetisch wirkt.«[185] Die Form, die Schiller meint, ist nicht mehr die »mathematische Form«, von der bei Kant die Rede war, sondern die innere Einheit, die Körner »Charakter« nannte. Dennoch kann sich Schiller, wohl aufgrund eigener musikalischer Erfahrungen, von Kants Behauptung, daß in der Musik — entgegen der Maxime, daß der Stoff »durch die Form vertilgt« werden müsse — die Form ein in der Affektwirkung verschwindendes Moment sei, nicht restlos trennen. »Nimmst Du«, heißt es in der Fortsetzung des Briefes an Körner, »der Musik alle Form, so verliert sie zwar alle ihre ästhetische, aber nicht alle ihre musikalische Kraft. Nimmst Du ihr allen Stoff und behältst bloß ihren reinen Teil, so verliert sie zugleich ihre ästhetische und musikalische Macht und wird bloß ein Objekt des Verstandes. Das beweist also, daß auf ihren körperlichen Teil mehr Rücksicht genommen werden muß, als Du genommen hast.«[186] Schiller spricht von der Form, obwohl sie von Körner als Charakter im Sinne von innerer Einheit bestimmt worden war, als einem bloßen »Objekt des Verstandes«, als ob es sich noch um die »mathematische Form« handelte, die in der *Kritik der Urteilskraft* als »proportionierte Stimmung« im »Spiel der Empfindungen«[187] den Anspruch der Musik, zu den schönen Künsten gezählt zu werden, rechtfertigen sollte.

## 3

Die Vorstellung einer »tönenden Gestalt«, in der neueren Musikästhetik eine Selbstverständlichkeit, war für Schiller ein Paradox, weil die Musik, die in der Zeit vergeht, und der Gestaltbegriff, der etwas Bleibendes bezeichnet, sich auszuschließen schienen. »Die Zeit«, hieß es in der *Kritik der reinen Vernunft*, »ist nichts anders, als die Form des inneren Sinnes, d.i. des Anschauens unserer selbst und unsers innern Zustandes. Denn die Zeit kann keine Bestimmung äußerer Erscheinungen sein; sie gehöret weder zu einer Gestalt oder Lage etc., dagegen bestimmt sie das Verhältnis der Vorstellungen in unserm innern Zustande. Und, eben weil diese innre Anschauung keine Gestalt gibt, suchen wir auch diesen Mangel durch Analogien zu ersetzen, und stellen die Zeitfolge durch eine ins Unendliche fortgehende Linie vor.«[188] Daß die Musik, im Unterschied zu den bildenden Künsten, nicht »von bleibendem«, sondern »nur von transitorischem Eindrucke« ist und das Gemüt »bloß vorübergehend«, wenn auch »inniglicher« als die Poesie bewegt, war für Kant ein Grund zu dem Urteil, sie sei »freilich mehr Genuß als Kultur«.[189] Und Schiller griff, als er im 12. *Brief über die ästhetische Erziehung* den Zustand eines Menschen beschrieb, der von einer Empfindung ganz erfüllt und dadurch in einen einzigen »Moment der Zeit« gleichsam eingeschlossen und dem Bewußtsein seiner selbst entfremdet ist, nicht zufällig zu einem musikalischen Beispiel: Es ist der Ton eines Instruments, der das Außer-sich-selbst-Sein herbeiführt.[190]

Es scheint, als sei die Befangenheit im einzelnen musikalischen Augenblick, der weniger mit dem nächsten verknüpft ist, als daß er durch ihn ausgelöscht wird, charakteristisch für die Wahrnehmung von Musik, die den ästhetischen Reflexionen Kants und Schillers zugrundeliegt. Die tönenden Partikel schließen sich nicht zu einer Gestalt zusammen, die man im Gedächtnis festhalten kann — daß »die Musik in ihrer höchsten Veredlung Gestalt werden« müsse, ist im 22. *Brief über die ästhetische Erziehung* utopisches Postulat und nicht Beschreibung gegenwärtiger ästhetischer Realität —, sondern vergehen wie die Empfindungen, deren flüchtiger Ausdruck sie sind, in dem Augenblick, in dem sie entstehen.

Die These, daß die Musik — genauer: die klassische Instrumentalmusik — »tönend bewegte Form« ist, daß Form in der Musik als Geist begriffen werden muß und Geist sich in der Form manifestiert, ist erst von Eduard Hanslick, dessen Abhandlung *Vom Musikalisch-Schönen* bei ihrem Erscheinen 1854 Entrüstung auslöste, mit einer Entschiedenheit formuliert worden, durch die sie geschichtswirksam wurde. Und daß Hanslick einerseits von musikalischer »Anschauung« sprach[191] und andererseits gegen die »verrottete Gefühlsästhetik«, wie er sie nannte, polemisierte[192], ist kein Zufall. In der mit der Wiener Klassik gleichzeitigen Ästhetik, gegen die Hanslick sich wandte, weil er in ihr ein Mißverständnis der klassischen Musik zu erkennen glaubte, waren die Schwäche der Formwahrnehmung, die Versunkenheit in »innigliche«, aber »bloß vorübergehende« Gefühle und die Vorstellung eines Zeitflusses, in dem sich nichts als »Anschauung« festhalten läßt, eng aufeinander bezogene und sich gegenseitig stützende Momente. Es war die Ästhetik Schillers, die in ihren Grundlagen auf einer vorklassischen Stufe stehenblieb und nur insofern Teilmomente einer klassischen Musikästhetik enthielt, als Schiller postulierte, die Musik müsse »in ihrer höchsten Veredlung Gestalt werden«, ohne zu ahnen, daß sie es in den klassischen Symphonien und Quartetten, die er nicht kannte, längst geworden war.

## 4

In Körners Theorie des Rhythmus lag, ohne daß es Schiller bewußt wurde, ein Ansatz zu einer Formtheorie verborgen, die dem gerecht zu werden vermochte, was sich in der Musik in den letzten Jahrzehnten des 18. Jahrhunderts ereignete. Entwickelt und in seiner fundamentalen Bedeutung herausgestellt wurde das Gedankenmotiv, aus dem eine klassische Musikästhetik hervorgehen konnte, in Schellings *Philosophie der Kunst*, die 1802/03 und 1804/05 als Vorlesungskonzept entworfen, allerdings erst 1859 posthum gedruckt wurde. Nach Schelling ist der Rhythmus »die Musik in der Musik«.[193] Rhythmus aber, Gleichmaß im Wechsel, begründet Einheit in der Mannigfaltigkeit und dadurch Form. »Allgemein nun angesehen ist Rhythmus überhaupt Verwandlung der an sich bedeutungslosen Succession in eine bedeutende. Die Succession rein als solche hat den Charakter der Zufälligkeit. Verwandlung des Zufälligen der Succession in Notwendigkeit = Rhythmus, wodurch das Ganze nicht mehr der Zeit unterworfen ist, sondern sie in sich selbst hat.«[194] War Schiller, aufgrund eigener Erfahrungen und unter dem Einfluß Kants, in der engen Vorstellung befangen, daß Musik einem Zeitverlauf ausgeliefert sei, der Augenblick nach Augenblick in sich verschwinden läßt, so erkannte Schelling, daß Musik durch den Rhythmus, den sie enthält, gleichsam Herr über die Zeit ist und sie festzuhalten und ihr eine Struktur aufzuprägen vermag.

Unter »Rhythmus« versteht Schelling nicht nur die Komplementarität von Zählzeiten, Halbtakten und Takten, sondern auch die übergreifenden Beziehungen zwischen Taktgruppen, Halbsätzen und Perioden: das also, was Eduard Hanslick später »Rhythmus im Großen« nannte. Daß die Beschreibung des musikalischen Sachverhalts aus dem Artikel *Rhythmus* in Sulzers *Allgemeiner Theorie der Schönen Künste* stammt[195] — der Quelle, aus der auch Schiller seine musikalischen Kenntnisse schöpfte —, ändert nichts an Schellings Originalität; denn erst durch die philosophische Interpretation, daß Musik, die einen »Rhythmus im Großen« ausprägt, »nicht mehr der Zeit unterworfen ist, sondern sie in sich selbst hat«, wird Sulzers Rhythmustheorie zu einer klassischen Ästhetik. Daß Schelling sich, wie später Hanslick, in gleichem Maße, wie er die im Rhythmus begründete Form akzentuiert, von der herrschenden Gefühlsästhetik entfernt, ist kein Zufall. Von den Affekten, die durch Musik ausgedrückt und hervorgerufen werden, »wird bei der Betrachtung des Rhythmus ganz abstrahiert, seine Schönheit ist nicht stoffartig und bedarf der bloß natürlichen Rührungen, die etwa in Tönen an und für sich liegen, nicht, um absolut wohlzugefallen und eine dafür empfängliche Seele zu entzücken.«[196]

## 5

Die Musikästhetik des 18. Jahrhunderts war auch dort, wo von Musik schlechthin die Rede ist, eine Ästhetik der Vokalmusik: der Oper und seltener des Liedes oder der Kirchenmusik. Die Instrumentalmusik wurde — abgesehen von der Opernouvertüre, die schon früh das Interesse räsonierender Laien auf sich zog — erst gegen Ende des Jahrhunderts, als der internationale Ruhm von Haydns Symphonien und Quartetten einen Paradigmenwechsel der Theorie erzwang, zu einem Gegenstand ästhetischer Reflexion.

Vokalmusik ist, um ästhetisch sinnvoll zu sein, in geringerem Maße als Instrumentalmusik darauf angewiesen, daß man die einzelnen Teile in einer Imagination, die früher Gehörtes — wie schattenhaft auch immer — festzuhalten versucht, zum Ganzen einer Form zusammenfügt. Beim Hören einer Arie oder eines Liedes neigt man vielmehr dazu, musikalische Details unabhängig von dem Kontext, in dem sie eine Funktion erfüllen, auf sich wirken zu lassen; das Bezugssystem, dem die expressiven Augenblicke angehören, stiftet der Text, nicht eine übergreifende musikalische Form, die zwar vorhanden ist, aber in der Regel kaum wahrgenommen wird. Dagegen erweist

Francesco de' Guardi: Venezianisches Galakonzert in der Sala dei Filarmonici (1782; Bayerische Staatsgemäldesammlungen, Alte Pinakothek, München). Das Konzert, das die auf der Empore versammelten Musikerinnen geben, erscheint nicht als Zentrum, sondern als Schmuck und Ausstattungsstück eines gesellschaftlichen Ereignisses, dessen Substanz darin besteht, zu sehen, wer dazu gehört, und gesehen zu werden. Die Konzentration auf die Musik als die Sache, um die es eigentlich geht, blieb zunächst auf eine Kammermusik beschränkt, an der man selbst teilnahm, und ist im öffentlichen Konzert erst vom Bildungsbürgertum des 19. Jahrhunderts als Verhaltensnorm durchgesetzt worden. Die Musik so ernst zu nehmen wie die Dichtung, ist seit der Romantik selbstverständlich, wäre aber im 18. Jahrhundert gerade den aufgeklärten Geistern als lächerliche Affektiertheit erschienen.

sich die fragmentierende Hörweise, die Stückelung expressiver Details, bei Instrumentalmusik, da das verbindende Moment des Textes fehlt, rasch als unzulänglich und inadäquat. Die Formwahrnehmung, die in der Oper vernachlässigt werden kann, ohne daß man sich eines ästhetischen Mangels bewußt zu werden braucht, wird bei einer Symphonie oder einem Streichquartett zur Notwendigkeit, wenn nicht das unangenehme Gefühl, einem amorphen Gewirr tönender Bruchstücke ausgesetzt zu sein, entstehen soll. Phrasen zu Perioden zusammenzufügen, spätere Motive als Varianten von früheren zu erkennen und die Symmetrie zu empfinden, die zwischen dem Verlassen einer Tonart und der Rückkehr zu ihr besteht, wird bei Instrumentalmusik zur Bedingung einer ästhetischen Wahrnehmung, die dem Kunstcharakter der Werke angemessen ist. Das passive Hören wird durch ein aktives abgelöst, wie Hugo Riemann, der bedeutendste Musiktheoretiker des späten 19. Jahrhunderts, immer wieder betonte.[197] (Allerdings wurde ihm nicht bewußt, daß seine Ästhetik, die er für eine Theorie der Musik schlechthin hielt, eine Ästhetik der klassisch-romantischen Instrumentalmusik war.)

Es ist demnach kein Zufall, daß es die ästhetische Erfahrung der Symphonie war, durch die sich Christian Gottfried Körner dazu herausgefordert fühlte, gerade die Musik als Paradigma der Wahrnehmung eines Kunstwerks als eines in sich geschlossenen Ganzen zu zitieren. »Daß ich mich immer bestrebe, das Ganze eines Kunstwerkes zu fassen«, schrieb Körner am 17. Dezember 1796 an Goethe, »habe ich vielleicht meiner Liebhaberei für Musik zu danken. Die Sinfonie des größten Meisters gibt einen gar dürftigen Genuß, wenn man sich bloß leidend dabei verhält, und sehr von einzelnen Tönen das Ohr kitzeln läßt. Hier muß man schlechterdings, was uns einzeln gegeben ist, zusammen hören, und dazu gehört bei reichhaltigen Werken eine gewisse Tätigkeit. Wer sich diese durch Übung erleichtert hat, wird auch in Kunstwerken andrer Art, selbst, wenn sie von größerem Umfang sind, die Einheit finden.«[198]

Das aktiv-synthetische Hören, das Körner postuliert[199], ist allerdings eine utopische, nahezu unerfüllbare Forderung, wenn Instrumentalwerke, wie es im 18. Jahrhundert üblich war, auf eine einzige Aufführung beschränkt bleiben und nicht die Chance erhalten, durch Wiederholungen allmählich verständlicher zu werden. Daß Schiller, in Übereinstimmung mit Kant, den Eindruck von Musik als »bloß transitorisch« empfand und nicht erkannte, daß sich in der Imagination aus den in der Zeit vergehenden Teilen ein der Zeit enthobenes Ganzes aufbauen läßt, ist nicht allein der Begrenztheit seiner musikalischen Erfahrung zur Last zu legen, sondern auch dem äußerlichen Umstand, daß die zum Formverständnis von Instrumentalmusik notwendige Wiederholung von Aufführungen noch nicht zur Regel geworden war.

Wenn Schiller im 22. *Brief über die ästhetische Erziehung* davon sprach, daß die Musik »Gestalt werden« müsse, so formulierte er eine ästhetische

Erfahrung, die ihm fehlte, deren Möglichkeit er aber ahnte: die Erfahrung, daß sich bei wiederholtem Hören eines Werkes eine Form abzeichnet, die als gleichsam räumliche Ordnung der Teile dem Hörer vor Augen steht. Die Komplementarität von Vorder- und Nachsätzen, das Netz der Beziehungen zwischen den Themen und Motiven und die aus Konsequenzen und Antithesen gefügte Disposition der Tonarten ergibt ein Bild, das den Vergleich der Musik mit der Architektur verständlich erscheinen läßt. Die Verfestigung des tönenden Prozesses zu einer Struktur, die man überblicken kann, ist allerdings nicht die letzte Stufe, die von der musikalischen Wahrnehmung erreicht werden kann; sonst wäre die Analyse musikalischer Werke, die immer schon von deren Verräumlichung ausgeht, der Inbegriff ästhetischer Erfahrung. Dadurch, daß das Netz der Beziehungen zwischen den Teilen dem Hörer von vornherein vor Augen steht, wird die gespannte Aufmerksamkeit für den Prozeß, in dessen Verlauf die Zusammenhänge allmählich geknüpft werden — für einen Prozeß, der wie der Gang einer Erzählung auch Umwege und Täuschungen einschließt — zumindest teilweise aufgehoben. Soll aber die ästhetische Erfahrung von Instrumentalmusik adäquat sein, so muß das Formverständnis, wenn es erst einmal geglückt ist, die Struktur gewissermaßen mit einem einzigen Blick zu erfassen, vor dem Hintergrund dieses Strukturbewußtseins wiederum zur ursprünglichen Prozeßwahrnehmung und den Überraschungen, Ambiguitäten und Unsicherheiten, die darin enthalten sind, zurückzukehren versuchen. Die Idee einer »zweiten Unmittelbarkeit«, die in dieser Forderung steckt, mag paradox erscheinen. Sie drängt sich jedoch unabweislich auf; denn die Form ist in der klassisch-romantischen Instrumentalmusik zugleich und in eins eine Struktur, die im Überblick erfaßt werden soll, und ein Prozeß, zu dessen Wesen die Spannung auf den Fortgang gehört.

## ANMERKUNGEN

1 W. Pater, »The School of Giorgione«, in: *The Renaissance*, London [5]1894.

2 P. O. Kristeller, »Das moderne System der Künste«, in: *Humanismus und Renaissance II*, München 1976, S. 164—206.

3 L. Tieck, »Phantasien über die Kunst für Freunde der Kunst« (1799), in: W. H. Wackenroder, *Werke und Briefe,* hrsg. von L. Schneider, Heidelberg 1967, S. 245.

4 J. G. Sulzer, *Allgemeine Theorie der Schönen Künste*, Leipzig [2]1793, Reprint Hildesheim 1967, Band III, S. 72.

5 Chr. Fr. Michaelis, »Über das Idealische der Tonkunst«, in: *Allgemeine Musikalische Zeitung* 1808, Sp. 449.

6 Ebd., Sp. 449f.

7 E. T. A. Hoffmann, *Schriften zur Musik. Nachlese*, hrsg. von F. Schnapp, München 1963, S. 34f.

8 Ebd.
9 Michaelis, a.a.O., Sp. 450.
10 Wackenroder, a.a.O., S. 206.
11 *Arthur Schopenhauers handschriftlicher Nachlaß*, hrsg. von E. Grisebach, Leipzig o.J., Band IV, S. 31.
12 J. J. Fux, *Gradus ad Parnassum*, Wien 1725, S. 240f. (deutsch von L. Mizler, Leipzig 1742).
13 Ebd., S. 278f.
14 R. Koselleck, *Kritik und Krise*, Frankfurt a. M. 1973, S. 42 und 45.
15 J. Habermas, *Strukturwandel der Öffentlichkeit*, Neuwied 1962, S. 68ff.
16 J. G. Sulzer, *Allgemeine Theorie der Schönen Künste*, Leipzig $^{2}$1793, Reprint Hildesheim 1967, Band III, S. 8; vgl. auch A. Schering, »Künstler, Kenner und Liebhaber der Musik im Zeitalter Haydns und Goethes«, in: *Von großen Meistern der Musik*, Leipzig $^{2}$1940.
17 Ebd., S. 6.
18 Ebd.
19 Ebd., S. 72.
20 I. Kant, *Kritik der Urteilskraft*, Berlin 1790, § 15.
21 Ebd.
22 Sulzer, a.a.O., S. 6.
23 Ebd., S. 5.
24 Kant, a.a.O., § 18.
25 Ebd., § 7.
26 Ebd., § 8.
27 Ebd.
28 Ebd., § 40.
29 Ebd., § 18.
30 Ebd., § 8.
31 Ebd., § 40.
32 D. Hume, »Über die Regel des Geschmacks«, in: *Materialien zu Kants »Kritik der Urteilskraft«*, hrsg. von J. Kulenkampff, Frankfurt a. M. 1974, S. 55.
33 Ebd., S. 48.
34 Kant, a.a.O., § 21.
35 Ebd., § 12.
36 H. H. Eggebrecht, »Das Ausdrucksprinzip im musikalischen Sturm und Drang«, in: *Deutsche Vierteljahrsschrift für Literaturwissenschaft und Geistesgeschichte* 29 (1955), S. 323ff.
37 C. Ph. E. Bach, *Versuch über die wah-re Art das Clavier zu spielen*, Berlin 1753, Teil I, III. Hauptstück, § 13.
38 Quintus Horatius Flaccus, *De arte poetica liber*, Vers 102—104.
39 A.a.O., Vers 95.
40 Zitiert nach D. P. Walker, *Der musikalische Humanismus im 16. und 17. Jahrhundert*, Kassel 1949, S. 41.
41 Vgl. Eggebrecht, a.a.O., S. 331.
42 C. Ph. E. Bach, a.a.O.
43 Vgl. C. Dahlhaus, *Musikästhetik*, Köln 1967, S. 37.
44 »Gedanken über die Natur der Poesie« (1759), in: Fr. G. Klopstock, *Ausgewählte Werke*, hrsg. von K. A. Schleiden, München 1962, S. 993.
45 Vgl. Eggebrecht, a.a.O., S. 334.
46 K. Ph. Moritz, *Andreas Hartknopf*, 1786, Reprint hrsg. von H. J. Schrimpf, Stuttgart 1968, S. 131.
47 L. Sterne, *Tristam Shandy*, Buch IX, Kapitel 24.

48 Moritz, *Andreas Hartknopf*, S. 132.
49 Ebd., S. 132f.
50 J. G. Herder, *Viertes Kritisches Wäldchen*: »Und doch kann ein solcher Ton ohne Verbindung und Folge uns so tief erschüttern, so innig rühren, so gewaltsam bewegen, daß dies e i n e erste Moment der Empfindung, dieser einfache Accent der Musik an innerer Masse mehr ist als das Product aller Empfindungen aus allen Verhältnissen, allen Harmonien eines großen, langen Stücks« (*Herders Werke*, hrsg. von H. Düntzer, Band 20, S. 466).
51 *Herders Werke*, Band 18, S. 605: »Auf leichten Tönen kamt und flohet Ihr davon, Ihr wandelnden Luftgeister, bewegtet mein Herz und ließet nach in mir, durch Euch, zu Euch eine unendliche Sehnsucht.«
52 Moritz, *Andreas Hartknopf*, Nachwort von H. J. Schrimpf, S. 11ff.
53 J. G. Sulzer, *Allgemeine Theorie der Schönen Künste*, ²1793, Reprint Hildesheim 1967, Band IV, S. 479.
54 Jean Paul, *Hesperus*, 1795, in: *Werke*, hrsg. von N. Miller, München 1960, Bd. 1, S. 775.
55 Ebd., S. 776.
56 N. Miller, »Musik als Sprache«, in: *Beiträge zur musikalischen Hermeneutik*, hrsg. von C. Dahlhaus, Regensburg 1975, S. 271ff.
57 K. Ph. Moritz, »Über die bildende Nachahmung des Schönen« (1788), in: *Schriften zur Ästhetik und Poetik*, hrsg. von H. J. Schrimpf, Tübingen 1962, S. 70f.
58 Ebd., S. 71.
59 Ebd., S. 73.
60 Ebd.
61 Ebd., S. 75 (ähnlich 76).
62 Ebd., S. 74.
63 Ebd., S. 76.
64 Moritz, *Andreas Hartknopf*, S. 135.
65 Ebd., S. 131.
66 Ebd., S. 134.
67 K. Ph. Moritz, *Die neue Cecilia*, 1794, Reprint, hrsg. von H. J. Schrimpf, Stuttgart 1962, S. 38.
68 Moritz, *Andreas Hartknopf*, S. 66*.
69 Ebd., S. 67*.
70 K. Ph. Moritz, *Anton Reiser*, 1790, hrsg. von J. Rudolph, Berlin 1952, S. 465ff.
71 Ebd., S. 471ff.
72 K. Ph. Moritz, *Andreas Hartknopfs Predigerjahre*, 1790, Reprint, hrsg. von H. J. Schrimpf, Stuttgart 1968, S. 27.
73 Ebd., S. 75ff.
74 Moritz, *Schriften zur Ästhetik*, S. 3.
75 Ebd., S. 5.
76 Ebd., S. 73f.
77 R. Minder, *Glaube, Skepsis und Rationalismus. Dargestellt an den autobiographischen Schriften von Karl Philipp Moritz*, Frankfurt a. M. 1974, S. 250ff.
78 Moritz, *Schriften zur Ästhetik*, S. 153.
79 Moritz, *Andreas Hartknopf*, S. 133.
80 E. T. A. Hoffmann, Rezension von Beethovens Fünfter Symphonie, 1810: »Wenn von der Musik als einer selbstständigen Kunst die Rede ist, sollte immer nur die Instrumentalmusik gemeint sein, welche, jede Hülfe, jede Beimischung einer andern Kunst verschmähend, das eigentümliche, nur in ihr zu erkennende Wesen der Kunst rein ausspricht« (*Schriften zur Musik. Nachlese*, hrsg. von F. Schnapp, München 1963, S. 34).
81 E. Hanslick, *Vom Musikalisch-Schönen*, Leipzig 1854, Reprint, Darmstadt 1965, S. 20: »Was die Instrumentalmusik nicht kann, von dem darf nie gesagt werden, die Musik könne es; denn nur sie ist reine, absolute Tonkunst.«

82 Hanslick, a.a.O., S. 34.
83 E. Cassirer, *Freiheit und Form*, Berlin 1916.
84 Brief F. Schillers an Chr. G. Körner vom 10. 3. 1795, nach W. Seifert, *Christian Gottfried Körner. Ein Musikästhetiker der deutschen Klassik*, Regensburg 1960, S. 94.
85 22. Brief über die ästhetische Erziehung des Menschen.
86 Ebd.
87 Hanslick, S. 104.
88 F. Printz, *Zur Würdigung des musikästhetischen Formalismus Eduard Hanslicks*, Diss. München 1918, S. 6ff.; ähnlich R. Schäfke, *Eduard Hanslick und die Musikästhetik*, Leipzig 1922, S. 28f.
89 H. Lotze, *Geschichte der Ästhetik in Deutschland*, München 1868, S. 486; Lotze stützt sich, wie er selbst bemerkt (S. 479), auf seine Hanslick-Kritik aus dem Jahre 1855, setzt also die erste Auflage des Buches, in der die Weltmetapher enthalten war, voraus.
90 Lotze, a.a.O., S. 487.
91 Hanslick, a.a.O., S. 32.
92 F. von Dalberg, *Blicke eines Tonkünstlers in die Musik der Geister*, Mannheim 1787 (Auszüge in H. Pfrogner, *Musik. Geschichte ihrer Deutung*, München 1954, S. 253ff).
93 Novalis, *Fragmente*, hrsg. von E. Kamnitzer, Dresden 1929, S. 198 und 584.
94 F. W. J. von Schelling, *Philosophie der Kunst*, 1859, Reprint Darmstadt 1959, S. 145ff.
95 C. Dahlhaus, »Eduard Hanslick und der musikalische Formbegriff«, in: *Die Musikforschung* 20 (1967), S. 145ff., im vorliegenden Band S. 291ff.
96 Hanslick, a.a.O., S. 104. Das Zitat geht dem Schlußabsatz, der Weltmetapher, unmittelbar voraus; und eine Parallelstelle, »Das Componieren ist ein Arbeiten des Geistes in geistfähigem Material« (S. 35), steht im Kontext von Gedanken, die den — mit der Weltmetapher verknüpften — Satz von den »tönend bewegten Formen« (S. 32) kommentieren.
97 Moritz, »Über die bildende Nachahmung des Schönen«, S. 71.
98 Ebd., S. 78.
99 Ebd., S. 73.
100 A. W. Schlegel, *Die Kunstlehre* (Kritische Schriften und Briefe, Band II), hrsg. von E. Lohner, Stuttgart 1963, S. 91f.
101 Ebd., S. 84.
102 Ebd., S. 90.
103 Ebd., S. 91.
104 Kant, a.a.O., § 46.
105 Schelling, a.a.O., S. 1f.
106 L. Tieck in W. H. Wackenroder, *Werke und Briefe*, hrsg. von L. Schneider, Heidelberg 1967, S. 245.
107 Man wendet sich lieber an die Kenner und Liebhaber der Zeit, zu denen Kant kaum zu zählen ist, obwohl Hermann Güttler zeigte, daß Kants musikalische Erfahrungen reicher waren, als man allgemein annahm (*Königsbergs Musikkultur im 18. Jahrhundert*, Königsberg 1925, passim; »Kant und sein musikalischer Umkreis«, in: *Wiener Kongreßbericht zur Beethoven-Zentenarfeier 1927,* S. 217ff.).
108 H. Kuhn, »Die Vollendung der klassischen Ästhetik durch Hegel«, in: *Die Kulturfunktion der Kunst,* Bd. I, Berlin 1931, S. 19.
109 Diesem Aspekt wird die musikwissenschaftliche Literatur über Kants Musikästhetik nicht ganz gerecht. Franz Marschner (*Kants Bedeutung für die Musikästhetik der Gegenwart* [Kant-Studien VI], Berlin 1901, S. 19ff. und 206ff.) bezeichnet Kant zunächst als »Begründer der modernen Formalästhetik« (ähnlich A. Maecklenburg, »Die Musikanschauung Kants«, in: *Die Musik* 14 [1915/16], S. 207ff.); später nennt er ihn als »Vertreter der Inhaltsästhetik«; beide Richtungen erscheinen ihm bei Kant als »durch eine gähnende Kluft geschieden« (S. 206). — Auch Paul Moos (Die *Philosophie der Musik*, Berlin und Leipzig

1922, erste Auflage als *Moderne Musikästhetik in Deutschland*, 1902) und Werner Hilbert (*Die Musikästhetik der Frühromantik*, Remscheid 1911, S. 10ff.) finden bei Kant nur »Richtungen«: »Sofern Kant durch die Musik ästhetische Ideen übermitteln läßt, ist er Idealist; sofern er das künstlerische Urteil zurückführt auf die mathematisch-bestimmte, von aller Gefühlswirkung losgelöste Form, ist er Formalist . . .« (Moos, S. 18). — Hermann Kretzschmar (»Kants Musikauffassung«, in: *Jahrbuch Peters* 1904, S. 45ff., und *Gesammelte Aufsätze II,* S. 242ff.) polemisiert gegen Kants »musikfremden Formalismus« und spielt gegen die philosophische »Musikästhtik« eine an der Affektenlehre orientierte »Musikerästhetik« aus. Karl Nef (»Kant und die Musik«, in: *Die Grenzboten* 64 [1905], drittes Vierteljahr, S. 32ff.) referiert Kretzschmars Ausführungen, schränkt aber mit dem Hinweis auf § 53 der *Kritik der Urteilskraft* Kretzschmars Urteil ein, Kant habe der Affektenlehre Wert und Bedeutung abgesprochen. — Entschieden wendet sich Kathi Meyer gegen Kretzschmar (»Kants Stellung zur Musikästhetik«, in: *Zeitschrift für Musikwissenschaft* 3 [1920/21], S. 470ff.). Sie bezieht Kants Musikästhetik auf die philosphischen Grundlagen der *Kritik der Urteilskraft*, vermag allerdings den zentralen Begriff der »ästhetischen Idee« nicht zu erklären. — Arnold Schering (»Zur Musikästhetik Kants«, in: *Zeitschrift der Internationalen Musikgesellschaft* 11 [1909/10], S. 169ff.) vergleicht Kants Ausführungen mit der Musikanschauung und musikalischen Praxis der Zeitgenossen, ohne philosophische Probleme zu berücksichtigen. — Carl Klinkhammer (*Kants Stellung zur Musik und ihre Würdigung durch Spätere*, Diss. Bonn 1926, Teildruck) betont Kants »musikästhetischen Idealismus«, ohne ihn genau und umfassend zu bestimmen. — Gustav Wieninger (*Immanuel Kants Musikästhetik*, Diss. München 1929) differenziert die Unterschiede der »Richtungen« und sucht bei Kant nach Übergängen, unterstellt aber Kant Widersprüche, die auf den Interpreten zurückfallen.

110 Die Angaben von Paragraphen und Seitenzahlen beziehen sich, wo nichts anderes vermerkt ist, auf die *Kritik der Urteilskraft* (Seitenzahlen der Einleitung nach der Ausgabe von 1793).

111 Die »Idee eines Gemeinsinns« wird zwar im § 8, bei der Erörterung der »begriffslosen Allgemeinheit« des Geschmacksurteils, noch nicht genannt, aber Kant verweist auf sie: »Die allgemeine Stimme [die das Geschmacksurteil erwartet] ist also nur eine Idee. Worauf sie beruhe, wird hier noch nicht untersucht.«

112 Das moralische Moment am Begriff des »idealen Allgemeinen« hebt ein Brief Kants an Johann Friedrich Reichardt vom 15.10.1790 hervor (zitiert nach H. Güttler, »Kant und sein musikalischer Umkreis«, a.a.O.): »Ich habe mich [in der *Kritik der Urteilskraft*] bemüht zu sagen, daß ohne sittliches Gefühl es für uns nichts Schönes und Erhabenes geben würde: daß sich eben darauf der gleichsam gesetzmäßige Anspruch auf Beifall bei allem, was diesen Namen führen soll, gründe und daß das Subjektive der Moralität in unserem Wesen, welches unter dem Namen des sittlichen Gefühls unerforschlich ist, dasjenige sei, worauf — mithin nicht auf objektive Vernunftbegriffe, dergleichen die Beurteilung nach moralischen Gesetzen erfordert — in Beziehung mitteilen zu können, Geschmack sei: der also keineswegs das Zufällige der Empfindung, sondern ein (obzwar nicht diskursives, sondern intuitives) Prinzip a priori zum Grunde hat.« (Ähnlich in der *Anthropologie* § 66). In der Wirklichkeit wird allerdings das »ideal Allgemeine« zur »komparativen Allgemeingültigkeit« herabgestimmt (*Anthropologie* § 64).

113 »Die Bedeutung des Zweckprinzips besteht nicht sowohl darin, daß es eine Lösung enthalte, als vielmehr darin, daß es ein Problem erhalte. Für die Erhaltung und Wahrung des Problems der Organismen, der Individuen überhaupt, steht das Zweckprinzip« (H. Cohen, *Kants Begründung der Ästhetik*, Berlin 1889, S. 117). — Fehldeutungen entstehen, wenn der Begriff der »formalen Zweckmäßigkeit« auf die Beschaffenheit des Objektes (des Kunstwerkes) statt auf die Form (die Spontaneität) des Geschmacksurteils bezogen wird. So meint Schering irrig (S. 170), die Bestimmungen des Geschmacksurteils

beträfen »das objektiv Gegebene des Kunstwerkes« — denn der subjektive Eindruck sei »bei allen Menschen verschieden und daher undiskutabel« —, während Kant gerade auf das »subjektiv Allgemeine« zielt. »Die Beurteilung eines Gegenstandes durch Geschmack ist ein Urteil über die Einstimmung oder den Widerstreit der Freiheit im Spiele der Einbildungskraft und der Gesetzmäßigkeit des Verstandes und geht also nur die Form (diese Vereinbarkeit der Sinnenvorstellungen) ästhetisch zu beurteilen, nicht Produkte, in welchen jene wahrgenommen wird, hervorzubringen, an« (*Anthropologie*, § 64).

114 Hegel (über Kant in der *Ästhetik* [Sämtliche Werke Bd. 12], [3]1953, S. 90ff.).

115 Obwohl der Begriff der »ästhetischen Idee« bei Kant bisweilen vom Spekulativen ins Psychologische hinüberspielt, ist er keineswegs immer als »unbestimmte Vorstellung« zu übersetzen. Andererseits ist Kants Ideenbegriff vom objektiven platonischen (Idee als an sich seiende Wesenheit) und vom »subjekt-objektiven« hegelschen (Idee als »Einheit des Begriffes und der Objektivität«) zu unterscheiden als bloß subjektives regulatives Prinzip, dem »kein Gegenstand in der Erfahrung adäquat gegeben werden kann. Ideen sind Begriffe von einer Vollkommenheit, der man sich zwar immer nähern, sie aber nie vollständig erreichen kann« (*Anthropologie*, § 40). »Nirgends bedeutet die Idee ein mechanisches Gesetz; überall nur den Grenzbegriff einer Aufgabe« (Cohen, S. 120).

116 Die Stelle: »woran ich doch gar sehr zweifle« ist philologisch umstritten. In der dritten Auflage der *Kritik der Urteilskraft* steht »woran ich doch gar nicht zweifle«. Wieninger (a.a.O., S. 38—42) tritt (wie Windelband) für die zweite Version ein. Indessen ist — abgesehen von der grammatikalischen Sinnlosigkeit des »doch« in der dritten Auflage — der von Wieninger zum Vergleich herangezogene Satz Kants, daß Töne Empfindungen seien, die »nicht bloß Sinnengefühl, sondern auch Reflexion über die Form dieser Modifikation der Sinne verstatten« (§ 42), kein Beleg für seine Ansicht, daß Kant auch einzelne Töne als Einheit eines Mannigfaltigen und somit als schön auffasse, denn der Satz bezieht sich offenbar auf Tonfolgen. — Die Benutzung verschiedener Ausgaben der *Kritik der Urteilskraft* erklärt übrigens den Widerspruch zwischen Moos (a.a.O., S. 13) und Kathi Meyer (a.a.O., S. 478).

117 Mit »Qualität« ist der bestimmte Ton, den eine Empfindung »vorstellt« (darstellt), gemeint (§ 14).

118 Wieninger (a.a.O., S. 37—45) übersieht Kants Unterscheidung von Einzeltönen und Tonfolgen und wirft ihm den Widerspruch vor, daß er reinen Tönen zunächst Schönheit zuschreibe und wenig später nur Annehmlichkeit. Kants Erklärung, die »Reinigkeit« sei eine formale Bestimmung (§ 14), wird indessen von Wieninger irrig mit dem Begriff der »mathematischen Form« von Tonfolgen koordiniert. Wieningers Ergebnis (a.a.O., S. 45), daß »dem einzelnen Ton grundsätzlich der gleiche Formcharakter [zukomme] wie der Komposition«, ist demnach falsch. Wenn Kant ferner zwischen »schönem Spiel der Empfindungen« und »schönem Spiel angenehmer Empfindungen« unterscheidet und nur das erstere als »gänzlich schön« gelten lassen will (§ 51), darf man nicht wie Wieninger (a.a.O., S. 47—48) Kants Formulierung als »sinnlos« bezeichnen und »schönes Spiel der Empfindungen« übersetzen mit »schönes Spiel schöner Empfindungen« — denn die Einzelempfindungen sind für Kant nicht »schön«, und Kants Unterscheidung besagt, daß »Reiz und Rührung« zum Schönen nichts beitragen und bisweilen sogar von ihm ablenken, so daß das »gänzlich Schöne« nur rein aufgefaßt werden kann, wo das Angenehme nicht im Spiel ist.

119 Um das Vorurteil, Kant vertrete einen »musikfremden Formalismus«, zu zerstreuen, bedurfte es nicht der Bemühungen Klinkhammers (a.a.O., S. 54, mit Beziehung auf das ungedruckte zweite Kapitel der Arbeit), Kants Musikalität zu beweisen, sondern nur genauerer Einsicht in den philosophischen Text: Die Erörterungen über den »Culturwert« der Musik und damit mögliche Auswirkungen der »Musikfremdheit« Kants beginnen erst jenseits des Bereichs »formaler Schönheit«.

120 Kants Konzeption der »ästhetischen Idee« ist aus der Poesie abgeleitet, und »Begriffe« sind im Zusammenhang des Zitats eher das Material der Dichtung als die allgemeine Voraussetzung ästhetischer Ideen. Ebenso ist der zweite Teil des Satzes: »Man kann überhaupt Schönheit den Ausdruck ästhetischer Ideen nennen; nur daß in der Kunst diese Idee durch einen Begriff vom Objekt veranlaßt werden muß« (§ 51) von der Dichtung und bildenden Kunst abstrahiert und darf nur als akzidentelle Bestimmung gelten.

121 »Geist in ästhetischer Beziehung heißt das belebende Prinzip im Gemüte, was die Gemütskräfte zweckmäßig in Schwung versetzt« (§ 49).

122 Vgl. Cohen, a.a.O., S. 172ff.

123 Vgl. Anm. 113.

124 Vgl. A. Bäumler, *Kants Kritik der Urteilskraft*, Bd. I, Halle 1923 (Bd. II ist nicht erschienen), S. 277ff. — Die These, es sei »Kants unsterbliches Verdienst, die Ästhetik von aller ethischen Reflexion gereinigt zu haben« (Klinkhammer, a.a.O., S. 14), ist einseitig. »Wenn die schönen Künste nicht, nah oder fern, mit moralischen Ideen in Verbindung gebracht werden, die allein ein selbständiges Wohlgefallen bei sich führen, so ist das letztere [daß der Genuß bloßer Empfindung schließlich anekelnd wirkt] schließlich ihr Schicksal« (§ 52); vgl. Anm. 112.

125 Der »Formalismus« der Analyse des Geschmacksurteils wird nicht »revidiert« (Wieninger, a.a.O., S. 14), sondern die Bedeutung des zunächst formal bestimmten Geschmacksurteils im Zusammenhang der Vermögen der Menschen wird ausgeführt.

126 K. Meyer und Wieninger stimmen in der Meinung überein, daß Kant sich vor allem zur Affektenlehre bekenne. Die Affinität der Musik zum Sprachtonfall und zu den Affekten erweist sich aber als bloße Hilfskonstruktion, die uns in einem Musikwerk die »Idee eines zusammenhängenden Ganzen« finden läßt, die von der Musik als solcher nicht hervorgerufen werden kann. Das von K. Meyer (a.a.O., S. 480) herangezogene Zitat: »Nicht die Beurteilung der Harmonie der Töne [ . . . ] sondern das beförderte Lebensgeschäft im Körper, der Affekt, mit einem Wort, das Gefühl der Gesundheit [ . . . ] machen das Vergnügen aus, welches man daran [an Musik] findet« (§ 54), besagt eher, daß die Befangenheit der Musik in Affekt- und Sinnenwirkungen, die Verdrängung der mathematischen Form aus dem Bewußtsein der Hörer, der Musik den Zugang zum höheren ästhetischen Bereich versperrt. — Wieninger (a.a.O., S. 51) konfundiert den Begriff der »ästhetischen Idee« mit dem »Gesamtaffekt« eines Musikstücks, indem er Kants Formulierung, »die ästhetische Idee eines zusammenhängengen Ganzen einer unnennbaren Gedankenfülle« sei einem Thema (Affekt) »gemäß«, in den Satz verwandelt, der Affekt sei »die ästhetische Idee des zusammenhängenden Ganzen« eines Musikstücks. — Unter einem »Thema« versteht Kant kein »melodisches Gebilde«. Klinkhammer verwirrt die Begriffe, wenn er meint: »Die ästhetische Idee erhält in der Gestaltung eines Themas ihren greifbaren Leib« (a.a.O., S. 31). — K. Meyer (a.a.O., S. 480) konstruiert einen Widerspruch Kants, indem sie folgende Zitate konfrontiert: »Die Eindrücke der Musik erlöschen entweder gänzlich oder, wenn sie unwillkürlich von der Einbildungskraft wiederholt werden, sind sie eher lästig als angenehm« (§ 53) und: »Eine Komposition soll, um einen ästhetischen Eindruck hervorzurufen, durch ein Thema zusammengehalten werden« (§ 54), und kommentiert: »Ein Thema [aber] muß notwendigerweise wiederholt werden, soll es sich dem Gedächtnis einprägen.« Die von Kant gemeinten »lästigen Wiederholungen« sind nicht Repetitionen innerhalb von Musik, sondern spätere unwillkürliche Erinnerungen an Musikbruchstücke, die die Gedankentätigkeit durchkreuzen. Das Zitat ist belanglos wie die unmutige Bemerkung des in seiner Arbeitsruhe gestörten Gelehrten über den »Mangel [der Musik] an Urbanität« (§ 53).

127 Cohen (a.a.O., S. 319) bestimmt das Thema im romantischen Sinne (also richtig im Hinblick auf die Wirkungen Kants bei Schelling u.a.).

128 Ein auf die »reinen Anschauungsformen« Raum und Zeit als allgemeingültige Bedin-

gungen des Schönen begründeter ästhetischer Formalismus würde bei Kants »transcendentaler Ästhetik« aus der *Kritik der reinen Vernunft* (§§ 4—7, besonders § 6) verharren und die Ergebnisse der *Kritik der Urteilskraft* zurücknehmen. Überdies ist der Begriff der Zeit als einer »reinen Anschauungsform« problematisch geworden: Für die menschliche »Anschauung« ist die Zeit in Vergangenheit und Zukunft unregelmäßig und nicht unendlich (»rein»), sondern eher durch eine verschwimmende Zone begrenzt.

129 Andeutungen finden wir in Herders *Kalligone*, der Streitschrift gegen Kants *Kritik der Urteilskraft*: »Vorübergehend ist jeder Augenblick dieser Kunst und muß es sein: denn eben das kürzer und länger, stärker und schwächer, höher und tiefer, mehr und minder ist seine Bedeutung, sein Eindruck.« Das »Transitorische« der Musik ist unserem Geist und Gemüt als bewegten Kräften angemessener als etwa die bildende Kunst, insofern diese, »obwohl sie auf einmal alles zeigt, dennoch nur langsam begriffen wird, und weil nichts Sichtbares Vollkommenheit gewähren kann, zuletzt mit Ersättigung lohnt, gleichsam sich selbst überdauernd« (*Werke*, hrsg. von B. Suphan, Bd. 22, S. 187); vgl. G. Jacoby, *Herders und Kants Ästhetik*, Leipzig 1907, S. 153ff.).

130 Zitiert nach W. Seifert, a.a.O., S. 28.

131 Eggebrecht, S. 323—349.

132 *22. Brief über die ästhetische Erziehung des Menschen.*

133 Zitiert nach Seifert, a.a.O., S. 94.

134 Zum Formbegriff der klassischen deutschen Musikästhetik vgl. Dahlhaus, »Eduard Hanslick und der musikalische Formbegriff«, S. 145—153, im vorliegenden Band S. 291ff.

135 Abdruck bei Seifert, a.a.O., S. 147—158.

136 H. Besseler, »Mozart und die deutsche Klassik«, in: *Kongreßbericht Wien 1956,* S. 47.

137 Seifert, a.a.O., S. 112ff.

138 Zitiert nach Seifert, a.a.O., S. 147.

139 Ebd.

140 Ebd., S. 148.

141 G. W. F. Hegel, *Ästhetik*, hrsg. von F. Bassenge, Frankfurt a. M. o. J., Band I, S. 233.

142 M. Friedländer, *Das deutsche Lied im 18. Jahrhundert*, Stuttgart 1902, Reprint Hildesheim 1970, Band II, S. 393.

143 Zitiert nach Seifert, a.a.O., S. 157.

144 Ebd.

145 J. N. Forkel, *Allgemeine Geschichte der Musik*, Band I, Leipzig 1788, S. 13.

146 C. F. Hunold, *Die Allerneueste Art zur Reinen und Galanten Poesie zu gelangen*, Hamburg 1707.

147 H. Abert, *Grundprobleme der Operngeschichte*, Leipzig 1926, S. 15f.

148 Körner; zitiert nach Seifert, a.a.O., S. 147.

149 Abert, a.a.O., S. 14.

150 L. Balet/E. Gerhard, *Die Verbürgerlichung der deutschen Kunst. Literatur und Musik im 18. Jahrhundert*, Frankfurt a. M. 1973 (erste Auflage 1936), S. 254f.

151 Hegel, a.a.O., S. 229.

152 Körner; zitiert nach Seifert, a.a.O., S. 148.

153 A. Einstein, »Calzabigis ›Erwiderung‹ von 1790«, in: *Gluck-Jahrbuch* 2 (1915), S. 69ff.

154 R. Giazotto, *Poesia melodrammatica e pensiero critico nel settecento*, Milano 1952, S. 52.

155 Ebd., S. 56.

156 Ebd., S. 88.

157 Ebd., S. 121f.

158 Zitiert nach Seifert, a.a.O., S. 148.

159 Thr. Georgiades, »Aus der Musiksprache des Mozart-Theaters«, in: *Mozart-Jahrbuch* 1950, S. 76—98.

160 H. Besseler, »Bach und das Mittelalter«, in: *Wissenschaftliche Bach-Tagung Leipzig 1950*, S. 108—130.
161 A. Schmitz, *Beethovens »Zwei Prinzipe«*, Berlin und Bonn 1923.
162 Körner; zitiert nach Seifert, a.a.O., S. 147.
163 Nach G. A. Griesinger erzählte Haydn, »daß er in seinen Symphonien öfters — moralische Charaktere geschildert habe« (*Biographische Notizen über Joseph Haydn*, hrsg. von F. Grasberger, Wien 1954, S. 62).
164 A. A. Abert, *Christoph Willibald Gluck*, München o. J., S. 245.
165 A. Einstein, *Gluck*, Zürich o. J., S. 228: »Wenn am Schluß dieses Dramas Diana erscheint, dann ist das nicht mehr eine Dea ex machina — die himmlische Botin besiegelt nur mit ihrer göttlichen Autorität den Spruch, den ihre Priesterin längst de iure gefällt hat.«
166 W. Benjamin, »Schicksal und Charakter«, in: *Schriften*, Bd. I, Frankfurt a. M. 1955, S. 33.
167 Vgl. Th. W. Adorno, »Bürgerliche Oper«, in: *Klangfiguren*, Frankfurt a. M. 1959, S. 42f.
168 Hegel, a.a.O., S. 224.
169 Seifert, a.a.O., S. 80ff.
170 *Schillers Briefwechsel mit Körner,* Teil III, Berlin 1847, S. 2.
171 Ebd., S. 111.
172 Ebd., S. 102.
173 F. Schiller, *Sämtliche Werke,* hrsg. von G. Fricke und G. Göpfert, München 1967, Band V, S. 999.
174 Ebd., S. 639.
175 I. Kant, *Kritik der Urteilskraft,* Berlin 1790, § 53.
176 W. Seifert, *Christian Gottfried Körner. Ein Musikästhetiker der deutschen Klassik,* Regensburg 1960, S. 147.
177 Schiller, a.a.O., S. 601.
178 Seifert, a.a.O., S. 155.
179 Ebd., S. 157.
180 Schiller, a.a.O., S. 614.
181 J. Mattheson, *Der vollkommene Capellmeister,* Hamburg 1739, Reprint Kassel 1954, S. 160ff.
182 G. W. F. Hegel, *Ästhetik,* hrsg. von F. Bassenge, Frankfurt a. M. o. J., Band II, S. 285.
183 Seifert, a.a.O., S. 157.
184 E. T. A. Hoffmann, *Schriften zur Musik. Nachlese,* hrsg. von F. Schnapp, München 1963, S. 43.
185 Schiller, a.a.O., S. 639.
186 Seifert, a.a.O., S. 54f.
187 Kant, a.a.O., § 53.
188 Kant, *Kritik der reinen Vernunft,* 1781, Transzendentale Ästhetik, § 6.
189 Kant, *Kritik der Urteilskraft*, § 53.
190 Schiller, a.a.O., S. 604.
191 Hanslick, a.a.O., S. 70.
192 Ebd., S. V.
193 F. W. J. von Schelling, *Philosophie der Kunst*, 1859, Reprint Darmstadt 1960, S. 138.
194 Ebd., S. 137.
195 Sulzer, a.a.O., Band IV, Leipzig ²1794, Reprint Hildesheim 1967, S. 94.
196 Schelling, a.a.O., S. 136.
197 H. Riemann, »Ideen zu einer Lehre von den Tonvorstellungen«, in: *Jahrbuch Peters* 21/22 (1914/15).
198 F. Th. Bratranek, »Nachträge zu Goethe-Correspondenzen«, in: *Goethe-Jahrbuch* 4, (1883), S. 300f.
199 H. Besseler, *Das musikalische Hören der Neuzeit*, Berlin 1959.

# II. »DSCHINNISTAN« ODER DAS REICH DER ABSOLUTEN MUSIK

## ROMANTISCHE MUSIKÄSTHETIK UND WIENER KLASSIK

### 1

Die Vorstellung eines »Gänsemarsches der Epochen«, wie Ernst Bloch das Schema der Geistesgeschichte älterer Observanz höhnisch nannte, ist längst preisgegeben worden: Niemand leugnet mehr das Nebeneinander divergierender Tendenzen in Zeiten, deren früher gerühmte »Stileinheit« bloßer Schein ist, entstanden aus der Sehnsucht späterer Generationen, die das, was ihnen die Gegenwart verweigert, in der Vergangenheit suchen.

Das »romantische Beethovenbild«, die Beethoven-Deutung E. T. A. Hoffmanns, nach Arnold Schmitz[1] ein enthusiastisches Mißverständnis, stammt von einem Zeitgenossen, nicht einem Nachgeborenen. (Und Beethovens Brief an Hoffmann vom 23. März 1820 zeigt, daß er die Rezensionen, die eine Metaphysik der Instrumentalmusik entwarfen, keineswegs als befremdend empfunden haben kann; nichts berechtigt dazu, den Brief als ein Stück Taktik abzutun.) Die romantische Musikästhetik, repräsentiert durch Wackenroder, Tieck und E. T. A. Hoffmann — wenn nicht bereits durch die *Blicke eines Tonkünstlers in die Musik der Geister* (1787) des Reichsfreiherrn von Dalberg —, und die Wiener Klassik, als deren Ursprungsurkunde Haydns »Russische Quartette« (1781) gelten, gehören derselben Zeit an und können als deren Geist, in Wort oder in Töne gefaßt, begriffen werden.

Verwirrender aber als die Gleichzeitigkeit heterogener Tendenzen und Tradition ist das Paradox, daß um 1800 weder der klassischen Musik Haydns und Mozarts eine klassische Musikästhetik noch der romantischen Musikästhetik Wackenroders und Tiecks eine romantische Musik entsprach. Reflexion und kompositorische Praxis klafften auseinander. Zu einer ästhetischen Theorie der Klassik, die deren Geist und Bedeutung dem allgemeinen — primär durch Philosophie und Literatur geprägten — Bewußtsein vermittelt hätten, gab es in Wien nicht einmal Ansätze. (Was der Mangel besagt, zeigt sich sinnfällig, wenn man die Wirkung der Opern Glucks, die ohne die begleitende Publizistik nicht möglich gewesen wäre, mit der Mozart-Rezeption vergleicht.) Und umgekehrt blieb die romantische Musikästhetik Wackenroders und Tiecks insofern abstrakt, als sie auf Musik schlechthin — und nicht auf eine bestimmte Art von Musik — bezogen werden mußte; erst im Rückblick erschien sie als literarische Antizipation der musikalischen Romantik seit 1814.

Gustav Becking versuchte den geschichtsphilosophisch irritierenden Abstand zwischen romantischer Musikästhetik und Musik dadurch zu verringern, daß er E. T. A. Hoffmann und den Prinzen Louis Ferdinand zu Repräsentanten einer ersten Generation romantischer Komponisten erklärte. Er vermied allerdings die Behauptung, daß die im ersten Jahrzehnt des 19. Jahrhunderts entstandenen Kammermusik- und Klavierwerke von Hoffmann und Louis Ferdinand romantisch geprägt und geformt seien; das Romantische bleibe vielmehr bloße Intention und gehöre dennoch, ohne eigentlich komponiert zu sein, zum Werk als ästhetischem Gegenstand. »Es wird immer nur gemeint; Verwirklichung kann es nicht geben.«[2]. Das »Geisterreich«, Hoffmanns »Dschinnistan«, werde durch die Musik der ersten Romantiker-Generation zwar beschworen, aber nicht in Töne gefaßt. Erst Weber und Schubert unterwarfen sich der »Forderung, daß das Gemeinte durch die Töne nicht nur wie durch ein Wunder ausgelöst, sondern daß es vor allem anschaulich dargestellt weden müsse.«[3]

Die Auslösung romantischer Assoziationen genügt jedoch nicht, um die Charakteristik eines Stücks Musik als romantisch zu rechtfertigen. »Geisterstimmen« hörte Hoffmann aus aller Musik, die ihm bedeutend erschien, heraus: aus Motetten von Palestrina ebenso wie aus Symphonien von Mozart. Der Eklektizismus seiner eigenen frühen Werke (*Undine* entstand erst 1813/14), die Stilmischung aus Bach und Mozart, brauchte ihn also nicht zu hindern, sie als romantisch in seinem Sinne — als Anlässe zu romantischen Phantasien — zu empfinden.

Warum eine romantische Intention, die nicht ins Phänomen gelangt, sondern die Werke gleichsam von außen ergreift, dennoch ästhetisch ernst genommen werden soll, ist von Becking nicht explizit begründet worden. Und es scheint, als sei er einem Trugschluß erlegen. Die Beobachtung, daß in Hoffmanns dichterischen Werken niemals das »Geisterreich« selbst, das sich überraschend inmitten des Alltags auftut, sondern stets nur der Übergang, die Schwelle zum Geheimnisvoll-Jenseitigen beschrieben wird, verleitete Becking zu der Meinung, daß in Hoffmanns musikalischen Werken die bloße Auslösung romantischer Assoziationen, als Analogon zum Phänomen der Schwelle in den Dichtungen, bereits genüge, um die Musik als romantisch zu charakterisieren. In den Dichtungen ist jedoch der Übergang — wenn auch nicht das »Dschinnistan«, auf das er zielt — poetisch Gestalt geworden, und als dargestellter, Sprache gewordener Übergang ist er mit der bloßen Intention, bei der Hoffmanns Musik verharrt, unvergleichbar.

Auch im Einzelnen sind die Analysen, auf die Becking seinen Versuch stützt, die Musik Hoffmanns und Louis Ferdinands als romantisch zu deuten, nicht selten fragwürdig. Becking zitiert als Paradigma den Anfang des Adagio lento e amoroso aus Louis Ferdinands Klavierquartett opus 6 und sieht in der Harmonik und Melodik »ein Bild extremer Haltlosigkeit«.[4] Er verkennt jedoch, daß den Takten 5—10, die er offenbar meint (denn 1—4 sind einfach genug), ein Dezimengerüst (b' as' ges' f' ges f es des ) und eine konventionelle Kadenz zugrundeliegen, die der Chromatik einen festen Rückhalt geben. (Auf einem ähnlichen Gerüst beruht das Adagio-Thema aus opus 5, das für Beckings Vergleich mit Beethovens opus 13 geeigneter gewesen wäre als opus 6.) Von romantischer »Verwirrung« kann nicht die Rede sein.

Ist demnach die These, daß die romantische Musikästhetik ein Analogon zu musikalischen Werken einer ersten — wie Wackenroder und Tieck in den 1770er Jahren geborenen — Generation romantischer Komponisten bilde, schwach begründet, so wird andererseits die unwillkürliche Erwartung, der Wiener Klassik müsse, in einem Zeitalter unersättlichen Raisonnements — eine Ästhetik entsprechen, die in Begriffe faßt, was sich musikalisch in den 1780er Jahren ereignete, in gleichem Maße enttäuscht.

Zweifellos kann man, wie Helmut Kuhn[5], die Entwicklung der Ästhetik, die von Winckelmann bis zu Hegel reicht, als »klassisch« bezeichnen. Die Systeme, die zwischen 1750 und 1830 entworfen wurden, sind jedoch — außer Schopenhauers Kunstphilosophie, die aus der Tradition der »klassischen« Ästhetik herausfällt — primär Theorien der Dichtung und der bildenden Kunst, nicht der Musik. Die Musikästhetik blieb am Rande oder bedeutete sogar eine Verlegenheit für Philosophen. Und sie präsentiert sich in zu unentwickelter Gestalt, als daß sie, trotz des insgesamt »klassischen« Charakters der ästhetischen Systeme, selbst das Epitheton »klassisch« verdiente. Die *Kritik der Urteilskraft* ist zwar ein klassisches, paradigmatisches Werk und kann sogar, mindestens in der Rezeption durch Schiller, zu den Dokumenten der Klassik als herrschender Tendenz der Epoche gezählt werden; die musikphilosophischen Fragmente, die sie einschließt, sind jedoch, als Zusammensetzung heterogener und konventioneller Stücke, weder eine klassische Ästhetik der Musik (der Kant argwöhnisch gegenüberstand) noch eine Ästhetik der klassischen Musik.

Einen Ansatz zu einer klassischen Musikästhetik bildet Christian Gottfried Körners Aufsatz *Über Charakterdarstellung in der Musik*, der 1795 in Schillers *Horen* erschien.[6] Körner unterscheidet, nach antiker Tradition, den Charakter, das Ethos, von der Leidenschaft, dem Pathos. Und man kann die Entgegensetzung der Kategorien und das Postulat musikalischer Charakterschilderung als theoretischen Reflex einer musikgeschichtlichen Zäsur, des Übergangs von barocker Affekt- zu klassischer Charakterdarstellung, begreifen: eines Übergangs nicht nur in der Oper, sondern auch in der Instrumentalmusik. Nach Griesingers Bericht erzählte Haydn, »daß er in seinen

Sinfonien öfters moralische Charaktere geschildert« habe.[7] Und an die Bedeutung, die der Begriff des Charakters, des Ethos für Beethoven hatte, braucht kaum erinnert zu werden.

Umrisse einer Musikästhetik, die klassisch genannt werden darf, zeichnen sich andererseits in Schillers Kunsttheorie ab, die den Formbegriff ins Zentrum rückt. In der Musikästhetik des späten 18. Jahrhunderts ist der Formbegriff allerdings verwirrend äquivok. Kant dachte, wenn er von Form in der Musik sprach, an die »mathematische Form« der Tonbeziehungen (an die Proportionen, die hinter den musikalischen Intervallen stehen), und in der »mathematischen Form« sah er nichts als ein verschwindendes, in der Gefühlswirkung der Musik untergehendes Moment.[8] Musik galt primär als Affektausdruck. Und aus der einseitigen Akzentuierung des Expressiven resultierte die Neigung, äußer der »mathematischen Form« auch die Form im Sinne der Formenlehre, also die Beziehungen der Teile zueinander und zum Ganzen, mit Geringschätzung zu behandeln; sie wurde sogar von Theoretikern, deren Untersuchungsgegenstand sie bildete, als »äußere Form« und bloße »Einkleidung« abgetan, auf die es nicht ankomme. Das Wesen der Musik suchte man in den Affekten, die sie ausprägt und hervorruft.[9]

Anders Schiller. Zwar sah auch er in der affizierenden Macht der Musik deren primäre Eigenschaft. »Aber weil in dem Reiche der Schönheit alle Macht, insofern sie blind ist, aufgehoben werden soll, so wird die Musik nur ästhetisch durch die Form.«[10] Dennoch mißtraute Schiller der Musik: »Auch die geistreichste Musik«, so heißt es in den *Briefen über die ästhetische Erziehung des Menschen*, stehe »durch ihre Materie noch immer in einer größeren Affinität zu den Sinnen, als die wahre ästhetische Freiheit duldet«. Das Formprinzip wurde darum von Schiller nur als Postulat formuliert: »Die Musik in ihrer höchsten Veredlung« — die sie noch nicht erreicht hat — »muß Gestalt werden und mit der ruhigen Macht der Antike auf uns wirken.«[11] In der Ästhetik, die Schiller in flüchtigen Zügen entwarf, nimmt demnach die geschichtliche Wirklichkeit der Wiener Klassik, die er nicht kannte, den Charakter einer Utopie an. Das Reale verblaßt zum Möglichen: zur bloßen Forderung oder Erwartung.

## 2

Die romantische Musikästhetik und die Wiener Klassik repräsentieren verschiedene Traditionen, die sich in E. T. A. Hoffmanns Beethoven-Kritik zwar verschränken, ohne jedoch ineinander aufzugehen. Die Erwartung, daß durch die Musikästhetik ausgesprochen werde, was sich musikgeschichtlich ereignet, scheint jedenfalls trügerisch zu sein. Musikästhetische Systeme oder Entwürfe sind — im Unterschied zu den Apologien und Polemiken, die der musikalische Parteienstreit hervorbringt — nur selten in unmittelbarem Zugriff als musikgeschichtliche Dokumente entzifferbar. Die Zusammenhänge sind fast immer verwickelt und gehen in der einfachen Formel, daß eine Musikästhetik ein Reflex der Musik ihrer Zeit sei, nicht auf.

Die Tatsache, daß Musik und Musikästhetik um 1800 auseinanderklaffen, verliert allerdings den Schein des Paradoxen, wenn man berücksichtigt, daß eine Musikästhetik im allgemeinen weniger durch die Entwicklung der Musik, die ihren Gegenstand bildet, als vielmehr durch die philosophische und literarische Tradition, aus der ihre Kategorien stammen, geprägt ist. Nicht abweichende musikalische Erfahrungen, sondern divergierende philosophische Motive begründeten den Gegensatz zwischen den — gleichzeitig entstandenen — musikästhetischen Konzeptionen Hegels und Schopenhauers. (Beide Philosophen waren von Rossini enthusiasmiert und standen Beethoven eher distanziert gegenüber.) Und Schumanns musikästhetisches Denken wurde primär durch Jean Paul bestimmt, dem er die Sprache verdankt, in der er sich überhaupt erst bewußt machen konnte, was die Musik Beethovens, Schuberts oder Chopins für ihn bedeutete. (In diesem Sinne ist das oft zitierte Wort über den Kontrapunkt, den er von Jean Paul gelernt habe, zu verstehen.) Einer der Gründe, warum in der Epoche der Wiener Klassik eine romantische Musikästhetik ohne romantische Musik entstehen konnte, ist also der Primat der philosophisch-literarischen Überlieferung in der Entwicklung der Musikästhetik. Wackenroder und Tieck sind vor allem aus der Geschichte der Literatur, nicht der Musik zu begreifen. Nicht Haydn, sondern Klopstock bildet die entscheidende Voraussetzung.

Andererseits werden jedoch die spezifisch musikalischen Eindrücke, die einer Musikästhetik — als partielle Motivierung neben der philosophisch-literarischen — zugrundeliegen, nicht selten durch den täuschend universalen Anspruch der Systeme verdeckt. Musikästhetische Konzeptionen präsentieren sich fast immer als umfassende Theorien, als Deutungen der Musik schlechthin. Erst die spätere Kritik (die allerdings den eigenen Entwurf wiederum für universal hält) erkennt sie als Dogmatiken von Epochenstilen oder geschichtlichen Tendenzen. Wenn Kant geringschätzig von »Reiz und Rührung« sprach[12], polemisierte er, ohne es zu wissen, als Klassizist gegen Rokoko und Empfindsamkeit (was die Stringenz seiner Argumentation nicht schmälert). Und die Ästhetik Wackenroders und Tiecks, die Palestrina, Pergolesi und Haydn gleichmäßig umfassen sollte, wurzelte, wie der Briefwechsel verrät[13], in der Erfahrung der Musik Friedrich Reichardts. Allerdings erheben sich die ästhetischen Konsequenzen, zu denen Wackenroder gelangte, weit über seine musikalischen Voraussetzungen, in denen seine Ästhetik nur zum Teil begründet war. Die Bestimmung musikalischer Bedingungen darf nicht als Reproduktion mißverstanden werden, bei Wackenroder so wenig wie bei Schopenhauer. Wackenroders Ästhetik wäre nicht »romantisch«, wenn sie sich darin erschöpfte, ein literarischer Reflex der Musik Reichardts zu sein.

Hermann Kretzschmars polemisch pointierte Unterscheidung zwischen spekulativer »Musikästhetik« (oder »Philosophenästhetik«) einerseits und einer in Erfahrung begründeten »Musikerästhetik« andererseits[14] ist insofern untriftig, als ein Komponist, wenn er sich ästhetischen Reflexionen überläßt, den Rückgriff auf philosophische Kategorien nicht vermeiden kann (auch eine naive Philosphie ist eine Philosophie, allerdings eine fragwürdige). Das Gefühl aber, daß die »Musikästhetik«, der er mißtraute, als wäre sie nichts als ein anmaßendes Gerede, weniger aus der »Anschauung« als aus dem »Begriff« hervorgegangen ist, trog Kretzschmar nicht.

## 3

Nichts zeigt deutlicher die innere Abhängigkeit der Musikästhetik von der Philosophie und der Literatur, als daß sie — auch in der Form der »Musikerästhetik« — im 18. und frühen 19. Jahrhundert auf das protestantische Deutschland, das zugleich ein philosophierendes war, beschränkt blieb. (Die Behauptung bedeutet jedoch kein Zugeständnis an den Regionalismus Josef Nadlers, der die Romantik-Forschung verwirrt hat: Ostpreußen, aus dem Reichardt, und Schwaben, aus dem Schubart stammte, hatten außer dem Protestantismus, der eine reiche Entwicklung von Philosphie und Literatur zuließ, wenig oder nichts gemeinsam.) In Österreich und im katholischen Süden konnte — trotz der Mannheimer Schule und der Wiener Klassik, deren musikalische Hegemonie (nach anfänglichem Widerstreben norddeutscher Ästhetiker gegen die Mischung des »hohen« und des »niederen« Stils bei Haydn) niemand leugnete — eine musikästhetische Reflexion, die über karge Ansätze hinausging, nicht entstehen, da die philosophisch-literarischen Voraussetzungen fehlten. (Man braucht die Theologie Johann Michael Sailers, deren Bedeutung für Beethoven von Arnold Schmitz betont wurde[15], keineswegs geringzuschätzen, um dennoch behaupten zu dürfen, daß sie als Fundament einer Musikästhetik mit der Philosphie Kants, Schellings oder Hegels nicht vergleichbar ist.)

Die österreichische Musik präsentiert sich, von Haydn bis zu Bruckner, als Musik ohne explizite, in Worten ausgesprochene Ästhetik. (Und der erste österreichische Ästhetiker, Eduard Hanslick, ergriff die Partei von Brahms, nicht von Bruckner, dessen »Unbildung« ihm suspekt war.) Daß aber im 19. Jahrhundert das Werk Haydns, Mozarts und Beethovens zur »Klassik«, zum paradigmatischen Stil, erhoben wurde, hatte zur Folge, daß man in der Musik (anders als in der Dichtung und der bildenden Kunst) den Mangel an Reflexion als Norm statt als Ausnahme empfand. Das Bewußtsein, daß Literatur über Musik zur »Sache selbst«, zur Musik als gesellschaftlichem Phänomen, gehört und nicht als bloßer Appendix abgetan werden darf, blieb — trotz Weber, Schumann, Liszt und Wagner — in Deutschland (anders als in Frankreich) unentwickelt. Fast schämte sich die Reflexion ihrer selbst. Die »literarische« Romantik stand, auch im Bewußtsein der Gebildeten, im Schatten der »unliterarischen« Klassik.

So offenkundig demnach die Gründe sind, die eine Entwicklung der Musikästhetik im katholischen Süden verhinderten (Grillparzers Reflexionen blieben im Fragmentarischen stecken), so schwierig ist es verständlich zu machen, daß im protestantischen Deutschland keine musikalische Klassik — analog zur dichterischen — entstanden ist. (Die These Ernst Bückens vom »Klassiker« Carl Philipp Emanuel Bach[16] ist brüchig: Daß sich Haydn und Mozart auf Bach beriefen, und daß in der norddeutschen Musikästhetik sporadisch von »edler Einfalt« die Rede ist, reicht zur Begründung nicht aus.) Weder Carl Philipp Emanuel Bach oder Reichardt noch Zelter oder Johann Abraham Peter Schulz repräsentieren einen Stil, der ein Analogon zur Wiener Klassik wäre.

Eine der Ursachen ist allerdings unverkennbar: die äußere und innere Ferne des protestantischen Deutschland zu Italien. Die musikalische Klassik ist als österreichisch-italienischer (oder als österreichisch-italienisch-französischer) Stil zu verstehen (so wenig Carl Philipp Emanuel Bach ein Klassiker war, so unzweideutig war es Cherubini). Nicht die sprachliche Grenze zwischen Deutschland und Italien, sondern die konfessionelle zwischen dem protestantischen Deutschland und dem katholischen Süden war musikgeschichtlich entscheidend.

Die paradoxe, das geistesgeschichtliche Schema verwirrende Gleichzeitigkeit einer klassischen Musik ohne klassische Musikästhetik und einer romantischen Musikästhetik ohne romantische Musik erscheint demnach als Konsequenz der kulturgeschichtlichen Kluft zwischen dem protestantischen Deutschland, das zu Räsonnement und Spekulation neigte, und dem katholischen Süden, in dem — durch den zwischen italienischen, französischen und österreichischen Traditionen vermittelnden »vermischten Geschmack« — stilistische Voraussetzungen zu einer musikalischen Klassik gegeben waren, die im Norden fehlten. Die Wiener Klassik war abgeschnitten von der ästhetischen Reflexion, die sich in Königsberg, Berlin, Jena und Tübingen mit einer Heftigkeit entzündete, als wäre sie die Revolution im Geiste.[17] Und umgekehrt konnte sich die Musikästhetik, da sie primär von philosophisch-literarischen und erst sekundär von musikalischen Bedingungen abhängig war, getrennt vom herrschenden Stil der Zeit, dem klassischen, entwickeln, ohne in Gefahr zu geraten, provinziell zu werden.

Das besagt jedoch nicht, daß die spezifisch musikalischen Erfahrungen, durch die eine Musikästhetik partiell motiviert ist, vernachlässigt werden dürften. Der Mangel an unmittelbarer Verbindung mit der musikalischen Klassik, an sozusagen greifbarer Nähe zu den Werken Haydns und Mozarts, war zweifellos — neben dem geringen Interesse an Musik — einer der Gründe, warum die Ansätze zu einer klassischen Musikästhetik bei Schiller und Körner Fragment blieben. Und andererseits ist es keineswegs gleichgültig, daß die musikalischen Werke, an denen sich die romantische Phantasie Wackenroders und Tiecks entzündete, einer nicht-klassischen — der empfindsam-expressiven — Tradition angehörten. Die Vermutung, es seien Symphonien von Haydn und Mozart gewesen, durch die Wackenroder und Tieck zum Entwurf einer *Seelenlehre der heutigen Instrumentalmusik* und zu der Rhapsodie *Symphonien* angeregt wurden, ist unbegründet: Im Text der Aufsätze und im Briefwechsel ist immer wieder von Reichardt[18], aber nirgends von Haydn oder Mozart die Rede. Und zur italienischen Oper hielt Wackenroder fühlbare innere Distanz.[19]

## 4

Die pointierte These, die Musikästhetik Wackenroders, Tiecks und E. T. A. Hoffmanns sei eine romantische Musikästhetik ohne romantische Musik gewesen, setzt sich dem Einwand aus, es sei nichts als ein Wortstreit ohne Sachgehalt, ob man der Musik Reichardts, auf die sich Wackenroder und Tieck beriefen, das Epitheton »romantisch« zugestehe oder — wie Clemens Brentano[20] — verweigere. Daß man Reichardt oder Zumsteeg entweder als »Epigonen des Sturm und Drang«[21] oder aber als »Vorromantiker« klassifizieren könne, ändere nichts an der stilistischen Übereinstimmung oder Affinität zwischen der empfindsam-expressiven Musik der 1790er Jahre und der Musikästhetik, die nach der Konvention der Historiker »romantisch« genannt werde.

Der Einwand setzt sich jedoch darüber hinweg, daß Romantik, in kaum geringerem Maße als Klassik, außer einem Stil- zugleich ein Rangbegriff ist. (Die Neutralisierung zur Bezeichnung eines Epochenstils ist eine der »Präzisierungen«, deren Preis die Aushöhlung des »geklärten« Begriffs ist.) Ein »Vorromantiker« ist so wenig ein Romantiker, wie ein »Vorklassiker«, der stilistisch ein Stück Klassik antizipiert, ein Klassiker — ein paradigmatischer, aus seiner Epoche herausragender Komponist — ist.

E. T. A. Hoffmann bestimmte in seiner Rezension von Beethovens Fünfter Symphonie den »romantischen Geist«, den er in Haydns, Mozarts und Beethovens Symphonien »atmen« fühlte, als »inniges Ergreifen des eigentümlichsten Wesens der Kunst«.[22] Die »Romantik«, wie Hoffmann sie versteht, ist also insofern, als in ihr die Musik zu sich selbst kommt, geschichtsphilosophisch eine »Klassik«: eine Epoche der Vollendung. Und die Rang vorstellung ist später, bei der Bestimmung der Romantik als Epochenstil, nicht ganz preisgegeben worden: Man scheut sich unwillkürlich, Zumsteeg zu den »Romantikern« — oder Pleyel zu den »Klassikern« — zu zählen; und Schubart, nicht Tomaschek, gilt als Begründer des romantischen Klavierstücks. (Der Terminus »Nebenromantiker«, den Walter Niemann für geringere Komponisten der Romantik prägte[23], ist also nicht so verfehlt, wie er den Verächtern des Werturteils in der Geschichtsschreibung erscheint.)

Der Zwiespalt zwischen der »Vorromantik«, an die Wackenroder und Tieck anknüpfen, und der romantischen Ästhetik, auf die sie zielten, reicht bis in die Texte selbst hinein. Tieck schildet in dem Aufsatz *Symphonien* — ohne den Komponisten zu nennen — Reichardts *Macbeth*-Ouvertüre (oder »Symphonie«), nach Becking »ein echtes Erzeugnis des Sturmes und Dranges, ungebärdig, effektvoll, nur von der einen Tendenz besessen, unmittelbar und ohne Zwischenschaltung veredelnder Momente auf Gefühl und Sinne zu wirken«.[24] Und unleugbar stammt Tiecks poetische Paraphrase aus dem gleichen Geiste wie das »allegorische Tonstück« selbst. Tieck »feiert«, wie Becking es ausdrückt, »den musikalischen Sturm und Drang und beneidet ihn um die direkte, unmittelbare Wirkungsmöglichkeit«.[25] Man fühlt sich bei der poetischen Häufung von Gräßlichkeiten, die er aus der Musik heraushört[26], geradezu in Tiecks frühe Literatenzeit, etwa in den Roman *William Lovell*, zurückversetzt. Tieck war, bevor er Romantiker wurde, »Trivialromantiker«.

Dagegen ist in der Ästhetik der Symphonie, die der Schilderung der *Macbeth*-Ouvertüre vorausgeht, von »effektvollem« Gebaren nichts mehr zu spüren. Die Theorie ist vielmehr ungetrübt romantisch in dem Sinne, daß Tieck gerade nicht die unmittelbare — heftige oder sanft rührende — Wirkung der Musik hervorkehrt, sondern die Entrückung in ein paradis artificiel rühmt: Die Töne, die »die Kunst auf wunderbare Weise entdeckt hat«, bilden »eine abgesonderte Welt für sich selbst«.[27] Die Vokalmusik, die »vielleicht ganz auf den Analogien des menschlichen Ausdrucks beruhen« muß, erscheint — in schroffem Gegensatz zur Musikästhetik des 18. Jahrhunderts, die primär oder fast ausschließlich Opernästhetik war — als sekundäre, »bedingte Kunst«; erst in der Instrumentalmusik »ist die Kunst unabhängig und frei, sie schreibt sich nur selbst ihre Gesetze vor, sie phantasiert spielend und ohne Zweck, und doch erfüllt und erreicht sie den höchsten, sie folgt ganz ihren dunklen Trieben, und drückt das Tiefste, das Wunderbarste mit ihren Tändeleien aus«.[28] Die romantische Musikästhetik Wackenroders, Tiecks und E. T. A. Hoffmanns ist eine Metaphysik der Instrumentalmusik.

Das besagt keineswegs, daß der »qualitative Sprung«, der die »Vorromantik« — die musikalische der Reichardtschen *Macbeth*-Ouvertüre ebenso wie die literarische der Frühwerke Tiecks — von der eigentlichen Romantik trennt, umstandslos mit der Wendung zu einer Metaphysik der Kunst gleichgesetzt werden dürfte, als wäre Metaphysik a priori das Höhere, Sublimere und bloßer Gefühlsausdruck, wie er für die Empfindsamkeit und den Sturm und Drang charakteristisch war, das Geringere und Niedere. Gerade der romantischen Musikphilosophie ist es widerfahren, im 19. Jahrhundert rasch zu einer Populärästhetik verschlissen zu werden, die es verdiente, von ihren positivistischen Verächtern als schlechte Metaphysik abgetan zu werden, und es bedarf im Rückblick einer nicht geringen Anstrengung des geschichtlichen Bewußtseins, um die ursprüngliche Wirkung zu rekonstruieren (wie sie etwa Schopenhauer, dessen Abhängigkeit von Wackenroder und Tieck unverkennbar ist, erfahren haben muß). Um 1800 aber war die romantische Musikästhetik neu, während das »Ausdrucksprinzip« des musikalischen Sturm und Drang[29] ins Epigonale abzusinken begann. Und qualitative Neuheit begründet einen geistigen Rang, den das Altern des Neuen zu verdecken, aber nicht gänzlich aufzuheben vermag: Daß Wackenroders Texte durch die ästhetische »Trivialromantik« des 19. Jahrhunderts gleichsam beschädigt worden sind, darf den Blick auf ihre urspüngliche Bedeutung nicht verstellen oder trüben.

Die Zäsur, die durch die Metaphysik der Instrumentalmusik — eine Metaphysik, wie sie Herder, Heinse und Schubart noch durchaus fremd war — in der Geschichte der Bedeutung von Musik gesetzt wurde, ist jedenfalls tief genug, um es zu rechtfertigen, daß der Terminus »Romantik« — als Zeichen für einen geschichtlichen Anfang mit weitreichenden Konsequenzen — mit der Musikästhetik Wackenroders, Tiecks und E. T. A. Hoffmanns verknüpft bleibt.

## 5

Die Gleichzeitigkeit von romantischer Musikästhetik und Wiener Klassik erscheint als chronologische Außenseite einer inneren Fremdheit, die zwar geleugnet worden ist, aber wohl eher darum, weil man das geschichtsphilosophische Paradox als schwer erträglich empfand, als aus historischer Einsicht. Jedenfalls ist die These Leo Schrades, daß Wackenroders *Seelenlehre der heutigen Instrumentalmusik* die Kenntnis von Symphonien Haydns und Mozarts voraussetze, empirisch ebenso unbegründet wie die ergänzende Behauptung, »der Erfolg der *Zauberflöte*« sei »nur durch Ausbreitung romantischer Ideen zu begreifen«[30] (die erst Jahrzehnte später und dann in der Fassung Zacharias Werners nach Wien drangen).

Andererseits wäre es, wie Hans Heinrich Eggebrecht gezeigt hat, verfehlt, die Beethoven-Deutung E. T. A. Hoffmanns umstandslos als »romantisches Mißverständnis« abzutun.[31] Daß die »Romantik«, die Hoffmann in Beethovens Symphonien entdeckte, und die »Klassik«, die die Werke nach dem Urteil späterer Historiker repräsentieren, sich ausschließen, steht nicht so fest, wie die Verächter des »romantischen Beethovenbildes« glauben.

Die Beziehung zwischen den Begriffen »klassisch« und »romantisch« in Hoffmanns Sprache ist zwiespältig und verwickelt. Die Termini stehen einerseits zusammenhanglos nebeneinander und bilden andererseits eine Antithese.

1. »Klassisch« nennt Hoffmann das Vollendete, Paradigmatische, und zwar unabhängig von der Epoche, aus der es stammt, und dem Stil, den es repräsentiert. Messen von Palestrina oder Bach werden ebenso als »klassisch« gerühmt wie Opern von Gluck, Mozart oder sogar Spontini.[32] Beethovens *Egmont*-Ouvertüre ist nach Hoffmann im Ausdruckscharakter »romantisch« und in der »Manier«, der Kompositionstechnik, »klassisch«[33]; und Analoges gilt von Mozarts Opern.[34] Das »romantische« Wesen eines Werkes und dessen »klassische« Geltung sind miteinander verträglich, weil sie nicht aufeinander bezogen sind.

2. Die geschichtsphilosophisch-ästhetische Entgegensetzung des Klassisch-Antiken und des Romantisch-Modernen, durch August Wilhelm Schlegel und Jean Paul zum Topos geworden, wurde von Hoffmann aufgegriffen. »Die beiden einander entgegengesetzten Pole des Antiken und des Modernen oder des Heidentums und des Christentums, sind in der Kunst die Plastik und die Musik.«[35] »Unsere Musik, das Erzeugnis der romantischen Zeit, die das Christentum gebar, schwimmt im reinen geistigen Äther, statt daß jenes antike Wesen leiblich, plastisch ins Leben eintritt.«[36] Programmusik und Tonmalerei verwirft Hoffmann als einen der Musik unangemessenen Übergriff ins »Plastische«, »Darstellende«.[37]

Die geschichtsphilosophisch-ästhetische Antithese, die er von August Wilhelm Schlegel und Jean Paul übernahm, verknüpfte Hoffmann mit der Wackenroderschen Einsicht in die tiefgreifende Bedeutung des musikgeschichtlichen Vorgangs, den man als »Emanzipation der Instrumentalmusik« bezeichnen kann. »Rein« musikalisch, dem Plastisch-Darstellenden ferngerückt, ist nach Hoffmann nicht die Vokal-, sondern die Instrumentalmusik. »Wenn von der Musik als einer selbständigen Kunst die Rede ist, sollte immer nur die Instrumentalmusik gemeint sein, welche, jede Hülfe, jede Beimischung einer andern Kunst verschmähend, das eigentümliche, nur in ihr zu erkennende Wesen der Kunst rein ausspricht.«[38] Daß sich Hoffmanns These in anderthalb Jahrhunderten zu einer scheinbaren Selbstverständlichkeit verfestigt hat, darf nicht darüber hinwegtäuschen, wie befremdend sie, als Bruch mit der antiken Tradition des Musikbegriffs, um 1800 wirken mußte.

Als Gegenstand der Instrumentalmusik, der »eigentlichen« Musik des »romantischen« Zeitalters, bestimmte Hoffmann — im Gegensatz zur überlieferten Ästhetik der Vokalmusik, deren zentrale Kategorie die imitatio naturae, die Nachahmung der (menschlichen) Natur war — das »Übermenschliche« und »Wunderbare«[39] statt des Natürlichen und Irdisch-Nahen. (Der Satz »Haydn faßt das Menschliche im menschlichen Leben romantisch auf«[40] besagt, daß die Darstellung des Menschlichen durch Haydn eine romantische Färbung erhalte, die ihr sonst fehle, nicht etwa, daß »in der zeitgenössischen romantischen Konzeption der klassischen Musik« als deren Gehalt »das konkret Menschliche« hervorgehoben worden sei.[41]) Die Affektenlehre bildet den Widerpart zur romantischen Metyphysik der Instrumentalmusik. »Beethoven ist ein rein romantischer (eben deshalb ein wahrhaft musikalischer) Komponist, und daher mag es kommen, daß ihm Vokalmusik, die unbestimmtes Sehnen nicht zuläßt, sondern nur die durch Worte bezeichneten Affekte, als in dem Reich des Unendlichen empfunden, darstellt, weniger gelingt.«[42] (»In dem Reich des Unendlichen empfunden« ist die Affektdarstellung insofern, als sie überhaupt Musik und nicht »einfache Nachahmung der Natur« ist.)

Das »Romantische« ist andererseits das Unnachahmliche, Unwiederholbare und gerät dadurch in einen — allerdings latenten — Gegensatz zum paradigmatischen Charakter des »Klassischen« im Sinne des Musterhaften. Wenn Hoffmann Glucks Opern als »klassische Meisterwerke« von Mozarts »hoher Romantik« unterscheidet, meint er offenbar weniger die Differenzen zwischen den — bei Gluck antiken, bei Mozart modernen — Sujets als vielmehr den Unterschied zwischen der Vorbildlichkeit Glucks (an den in Paris eine authentische Gluck-Schule anknüpfte) und der Unnachahmlichkeit Mozarts (dessen Nachfolger zum Epigonentum verurteilt waren). »Eben deshalb hält es Rez. für geratener, ältere, energische Werke« — die »klassischen Meisterwerke« Glucks, von denen zuvor die Rede war — »zu studieren, als ohne dieses Studium der hohen Romantik Mozarts nachzujagen.«[43] (Mozarts Werke sind zwar, als vollendete Kunst, »klassisch«[44], aber nicht im Sinne des Musterhaften, Imitierbaren: Der Klassik-Begriff des 19. Jahrhunderts, in dem — unter der Herrschaft der Originalitätsidee — weniger die Vorbildlichkeit als die Zeitenthobenheit betont wurde, zeichnet sich ab.)

Das Romantische, wie Hoffmann es versteht, ist demnach das Christlich-Moderne gegenüber dem Heidnisch-Antiken, das Musikalische gegenüber dem Plastisch-Darstellenden, das Unnachahmliche gegenüber dem Vorbildlichen, die Instrumentalmusik als »reine« Musik gegenüber der Vokalmusik als »bedingter Kunst«, das »Übermenschliche« und »Wunderbare« gegenüber dem Natürlichen und Irdisch-Greifbaren, die Metaphysik (deren extreme Konsequenzen dann Schopenhauer zog) gegenüber dem Realismus der Affektdarstellung.

Durch die schwärmerische Akzentuierung des »Übermenschlichen« und »Wunderbaren«, das in der autonomen Instrumentalmusik eine Stimme zu erhalten schien, entfernte sich die romantische Musikästhetik vom Geist der

Wiener Klassik, der durch nichts weniger als durch spekulative Metaphysik geprägt war. Die Symphonie hatte für Haydn, der nach Griesingers Zeugnis »moralische Charaktere« instrumental zu schildern versuchte, und ebenso für Mozart und Beethoven durchaus menschliches oder allenfalls »heroisches« Maß. Andererseits muß jedoch das Urteil der Zeitgenossen, die in Haydns, Mozarts und Beethovens Symphonien die Zeichen eines Bruchs mit dem gewohnten, durch die italienische Oper bestimmten Musikbegriff erkannten, ernst genommen werden. Und zwar waren die norddeutschen Ästhetiker keineswegs die einzigen, die das bedrängend Neue der Instrumentalmusik fühlten und zu der Modevokabel »romantisch« griffen, um es zu bezeichnen. Auch Stendhal, durchaus kein Romantiker, sondern »en musique [ . . . ] une homme d'un autre siècle«[45], dessen Geschmack sich an Cimarosa und Paisiello gebildet hatte, empfand Haydns Instrumentalmusik als Ausdruck einer »romantischen« Phantasie, die an Ariost oder Shakespeare erinnerte: »[ . . . ] pleine d'une imagination romantique. C'est en vain qu'on y chercherait la mesure racinienne, c'est plutôt l'Arioste ou Shakespeare.«[46]

Die romantische Deutung der klassischen Instrumentalmusik (nicht der Klassik insgesamt) ist demnach Ausdruck einer Erkenntnis, wenn auch in verzerrter Gestalt. Die metaphysischen Formeln, die Wackenroder, Tieck und E. T. A. Hoffmann aus der philosophisch-literarischen Tradition aufgriffen, um auszudrücken, was sie als fundamentalen Wandel des Musikbegriffs empfanden, verfehlten den Geist der Wiener Klassik. Die Distanz, die aus der kulturgeschichtlichen Kluft zwischen dem protestantischen Deutschland und dem katholischen Süden resultierte, ist jedoch sekundär gegenüber der Tatsache, daß eine tiefgreifende geschichtliche Veränderung durch die romantische Musikästhetik in Worte gefaßt wurde, deren Emphase und weitreichende Wirkung der Bedeutung des Vorgangs entsprachen.

## E. T. A. Hoffmanns Beethoven-Kritik und die Ästhetik des Erhabenen

E. T. A. Hoffmanns Rezension über Beethovens Fünfte Symphonie, die 1810 in der *Allgemeinen Musikalischen Zeitung* erschien, ist immer als eines der schönsten Zeugnisse eines gedankenreichen Beethoven-Enthusiasmus empfunden worden, zugleich aber als Dokument der romantischen Musikästhetik und insofern als Quelle von Mißverständnissen, die das »romantische Beethovenbild« einschloß.[47] Daß Hoffmanns Musikästhetik in einigen wesentlichen Merkmalen den Prinzipien widersprach, von denen Beethoven ausging, ist unleugbar. Wenn Hoffmann von der »reinen« Instrumentalmusik, die er »romantisch« nennt, insgesamt behauptet, daß sie »alle durch Begriffe bestimmbaren Gefühle zurückläßt, um sich dem Unaussprechlichen hinzugeben«[48], so nähert er sich der Auffassung Ludwig Tiecks, daß Symphonien »nicht von dieser Welt« seien: »Sie enthüllen in rätselhafter Sprache das Rätselhafteste, sie hängen von keinen Gesetzen der Wahrscheinlichkeit ab, sie brauchen sich an keine Geschichte und an keinen Charakter zu schließen, sie bleiben in einer reinpoetischen Welt.«[49] Tieck hebt die Instrumentalmusik, in der »die Kunst unabhängig und frei« sei, von der Vokalmusik ab, die »immer nur eine bedingte Kunst« sei: »Sie ist und bleibt erhöhte Deklamation und Rede.«[50] Indem aber Tieck die absolute Musik, deren Ästhetik er begründete, vom Rhetorischen und Charakteristischen loslöste, um sie ins Metaphysische zu erhöhen, geriet er in manifesten Widerspruch zu Beethoven, der Sonaten und Symphonien als »redende« Kunst und als tönende »Charakterdarstellung« begriff.[51]

Andererseits ist jedoch die simplifizierende Vorstellung, daß durch Hoffmann die »klassische« Symphonie einem »romantischen« Interpretationsmuster unterworfen sei, insofern schief oder zumindest unzulänglich, als einige der wesentlichen Kategorien, die der Rezension der Fünften Symphonie zugrundeliegen, weder aus der romantischen Musikästhetik Wackenroders und Tiecks noch aus den verstreuten Ansätzen zu einer klassischen Musikästhetik, die man bei Karl Philipp Moritz und Christian Gottfried Körner entdecken kann[52], sondern aus einer ideengeschichtlichen Überlieferung stammen, die neben der Klassik und der Romantik bestand und in der Ästhetik der Symphonie ebenso wie in der Dichtungstheorie weit ins 18. Jahrhundert zurückreichte: einer Überlieferung, die sich dichterisch in den Werken Klopstocks, Jean Pauls und Hölderlins manifestierte. Und wenn Beethoven der Romantik Wackenroders und Tiecks — und den Schwärmereien Bettina Brentanos — innerlich fernstand, so gehörte die Poetik Klopstocks und des Göttinger Hainbunds, durch die Hoffmanns Beethoven-Kritik, wie sich zeigen wird, in nicht geringem Maße geprägt wurde, durchaus zu den Traditionsbeständen, mit denen er aufgewachsen war und an denen er festhielt.

Für die Vorstellungen, die man im späten 18. Jahrhundert in Deutschland mit der Instrumentalmusik großen Stils verband, ist der Artikel *Symphonie*, den Johann Abraham Peter Schulz für Sulzers *Allgemeine Theorie der Schönen Künste* schrieb, zweifellos repräsentiv. Der Stil, der sich nach Schulz in der Symphonie ausprägt oder ausprägen soll, ist der hohe oder erhabene. »Die Symphonie ist zu dem Ausdruck des Großen, des Feyerlichen und Erhabenen vorzüglich geschickt.«[53] Das dichterische Modell aber, an das sich Schulz durch die Symphonie erinnert fühlte, war die Ode: »Ein solches Allegro in der Symphonie ist, was eine pindarische Ode in der Poesie ist; es erhebt und erschüttert, wie diese, die Seele des Zuhörers, und erfordert denselben Geist, dieselbe erhabene Einbildungskraft, und dieselbe Kunst wissenschaft, um darin glücklich zu sein.«[54] Die Ode, wie sie im 18. Jahrhundert verstanden wurde, ist dadurch charakterisiert, daß sie sich der Dichotomie von Gefühls- und Gedankenlyrik nicht fügt, sondern eine von Enthusiasmus getragene Reflexion oder einen von Reflexion durchdrungenen Enthusiasmus ausdrückt. Karl Viëtor charakterisierte in seiner *Geschichte der deutschen Ode* den Stil der Hölderlinschen Oden als Versuch, »mit Besonnenheit und Leidenschaft zugleich die erhabene Höhe Pindars« zu erreichen.[55] Leidenschaft und Besonnenheit, Enthusiasmus und Reflexion aber sind die Momente, deren Konfiguration die Theorie der Symphonie bei Schulz ebenso bestimmt wie bei Hoffmann. Die »Erhebung« und »Erschütterung«, die von einer Symphonie ausgehen, bilden bei Schulz die Kehrseite der »Kunstwissenschaft«, über die ein Komponist verfügen muß, um in der Gattung der Symphonie »glücklich zu seyn«. Und Hoffmann beschreibt die Fünfte Symphonie einerseits in einer Sprache, die an den dithyrambischen Ton der Ode erinnert: »Beethovens Musik bewegt jene unendliche Sehnsucht, die das Wesen der Romantik ist.«[56] Andererseits rühmt er die »Besonnenheit«, die in einer »Struktur« der Musik zutagetritt, wie sie ohne »anhaltendes Studium der Kunst« nicht gelingen kann.[57] Die »in Beethovens Tiefe nicht eingehende Menge spricht ihm einen hohen Grad von Phantasie nicht ab; dagegen sieht man gewöhnlich in seinen Werken nur Produkte eines Genies, das, um Form und Auswahl der Gedanken unbesorgt, sich seinem Feuer und den augenblicklichen Eingebungen seiner Einbildungskraft überließ. Nichtsdestoweniger ist er, rücksichts der Besonnenheit, Haydn und Mozart ganz an die Seite zu stellen. Er trennt sein Ich von dem innern Reich der Töne und gebietet darüber als unumschränkter Herr. Wie ästhetische Meßkünstler im Shakespeare oft über gänzlichen Mangel wahrer Einheit und inneren Zusammenhanges geklagt haben, und nur dem tiefern Blick ein schöner Baum, Knospen und Blätter, Blüten und Früchte aus einem Keim treibend, erwächst: so entfaltet auch nur ein sehr tiefes Eingehen in die innere Struktur Beethovenscher Musik die hohe Besonnenheit des Meisters, die von dem wahren Genie unzertrennlich ist und von dem anhaltenden Studium der Kunst genährt wird.«[58]

Das kategoriale Grundmuster der Hoffmannschen Beethoven-Kritik — ein Grundmuster, das sich auch in der Gliederung des Aufsatzes in einen dithyrambischen und einen analytischen Teil spiegelt — stammt demnach aus einer musikästhetischen Tradition, die sich, unabhängig von Klassik und Romantik, an der Poetik Klopstocks und des Göttinger Hainbunds orientierte. Und die Abhängigkeit der Symphonieästhetik von der Odentheorie, die bei Schulz zutagetritt, läßt sich bis in Einzelheiten der Formulierung verfolgen. »Die Allegros der besten Kammersymphonien enthalten große und kühne Gedanken, freye Behandlung des Satzes, anscheinende Unordnung in der Melodie und Harmonie [. . .] plötzliche Übergänge und Ausschweifungen von einem Ton zum andern, die desto stärker frappieren, je schwächer oft die Verbindung ist.«[59] Der Begriff der »anscheinenden Unordnung«, den Schulz aufgriff, war ein Topos der Odentheorie. So heißt es etwa in Moses Mendelssohns 275. Literaturbrief von der Ode: »Die Ordnung, welche ihr wesentlich ist, kann die Ordnung der begeisterten Einbildungskraft genannt werden. So wie in einer begeisterten Einbildungskraft die Begriffe nach einander den höchsten Grad der Lebhaftigkeit erlangen: ebenso, und nicht anders, müssen sie in der Ode auf einander folgen [ . . . ] Die Mittelbegriffe, welche die Glieder mit einander verbinden, aber selbst nicht den höchsten Grad der Lebhaftigkeit besitzen, werden von dem Odendichter übersprungen; und daraus entsteht die anscheinende Unordnung, welche man der Ode zuschreibt.«[60] Und wenn Schulz an der Symphonie den »Ausdruck des Erhabenen«, die »erhabene Einbildungskraft«, die »kühnen Gedanken« und die »plötzlichen Übergänge« hervorhebt, so zeigt der flüchtigste Exkurs in die Dichtungstheorie, daß die gesamte Konfiguration der Begriffe, die Verknüpfung des Überraschenden, scheinbar Unmethodischen und Rhapsodischen mit dem Erhabenen und Enthusiastischen, in der Charakteristik der Ode, die Edward Young 1728 entwarf und die 1759 ins Deutsche übersetzt wurde, vorgezeichnet war. »Wie die Ode die älteste Gattung der Dichtkunst ist, so hat sie auch mehr Geist, und ist an Empfindung, Schall, Ausdruck und Ausführung entfernter von der Prose, als irgend eine andere. Ihre Gedanken sollten ungewöhnlich, erhaben und moralisch [ . . . ] ihre Ausführung sollte hinreißend, etwas abgebrochen, und einem gemeinen Auge unmethodisch seyn.«[61]

Daß die Ästhetik der Symphonie, wie Schulz sie formulierte, von der Odentheorie abhängig war, besagt allerdings keineswegs, daß sie, ohne Begründung in älteren musikästhetischen Vorstellungen, auf bloßer Übertragung aus der Poetik beruhte. Einige der wesentlichen Kriterien gehörten, wenn auch in rudimentärer, weniger emphatischer Ausprägung, in der Theorie der Symphonie längst zu den stehenden Formeln. Johann Adolf Scheibe zählte bereits 1739, in einer Epoche, deren Stil im Rückblick als »galant« empfunden wurde, sowohl das Erhabene als auch das Überraschende, Frappierende zu den charakteristischen Merkmalen der Symphonie. Ein Komponist, der nicht »feurig und geistreich« sei, werde niemals »eine nachdrückliche und erhabene Sinfonie hervorbringen«.[62] Und die »plötzlichen Übergänge«, von denen Schulz sprach, gehörten bereits für Scheibe zum symphonischen Stil: »Unerwartete Einfälle müssen die Zuhörer gleichsam unvermutet überraschen.«[63] »Eine unvermutete Veränderung muß auf die andere folgen.«[64]

Zeichnet sich demnach in der Ästhetik des 18. Jahrhunderts eine Tradition ab, an die Hoffmann anknüpfte, als er 1810 versuchte, den übermächtigen Eindruck der Fünften Symphonie in Worte zu fassen, so blieb anderer-

E. T. A. Hoffmann: Kapellmeister Johannes Kreisler in Haustracht (1815; Staatsbibliothek, Bamberg). Kapellmeister Johannes Kreisler, »nach dem Leben gezeichnet von Erasmus Spinner«, ist E. T. A. Hoffmann selbst — man braucht, um das zu erkennen, gar nicht erst auf die *Undine*-Partitur hinzuweisen, die auf dem Klavier liegt. Die Haustracht erinnert daran, daß E. T. A. Hoffmann es liebte, das »ferne Geisterreich«, dessen »geheimnisvolle Sprache« er aus der Musik heraushörte, mitten aus der trivialen Alltagswelt sich erheben zu lassen. Dschinnistan oder Atlantis können, wie sich im »Goldenen Topf« zeigt, hinter der nächsten Straßenecke in Dresden verborgen sein.

seits das kategoriale Muster, das der Rezension zugrundelag, in Hoffmanns Schriften keineswegs auf Beethoven beschränkt. In dem panegyrischen Aufsatz über Gaspare Spontinis Oper *Olympia*, mit dem Hoffmann 1821 in die Berliner Musikpolitik eingriff, ist im Hinblick auf das Finale des ersten Aktes einerseits von der »Wirkung des Schauerlichen« und dem »Ausdruck des inneren Entsetzens« die Rede, andererseits jedoch von einer Entwicklung musikalischer Gedanken, die »nicht allein für seine [Spontinis] Genialität, sondern auch für die Besonnenheit zeugt, mit der er das Reich der Töne beherrscht«.[65] Der Zusammenhang zwischen der Erschütterung, die ein Werk auslöst, und der Besonnenheit, mit der es konzipiert wurde — der in der Odentheorie des 18. Jahrhunderts vorgezeichnete Zusammenhang zwischen Überwältigung und Reflexion, den Hoffmann bei Spontini ebenso rühmte wie bei Beethoven —, war demnach sowohl in der Vokal- als auch in der Instrumentalmusik das Zeichen des »großen Stils«, der Hoffmann als Ideal vorschwebte, eines Stils, in dem Monumentalität und Differenzierung sich durchdrangen, statt sich auszuschließen.

Von »Romantik« ist in dem Spontini-Aufsatz, so verschwenderisch Hoffmann sonst mit dem Wort umgeht, nirgends die Rede (außer in Bezug auf Mozart), so daß sich die Vermutung aufdrängt, daß auch in der Beethoven-Rezension die eigentliche Ästhetik der Symphonie, die um die Kategorien »Erschütterung« und »Besonnenheit« kreist, mit den Dithyramben über musikalische »Romantik« weniger eng verknüpft ist, als es zunächst den Anschein hat. Und wenn Hoffmanns Theorie des symphonischen Stils in wesentlichen Grundzügen aus dem 18. Jahrhundert stammt, dessen »Genieästhetik« nicht umstandslos mit »Romantik« gleichgesetzt werden darf — jedenfalls nicht in einer Untersuchung über Beethoven, dessen Nähe zu Rousseau ebenso offenkundig ist wie die innere Ferne zu Wackenroder und Tieck, Novalis oder Friedrich Schlegel —, so läßt sich andererseits zeigen, daß Hoffmanns Interpretationsmuster auch im 19. Jahrhundert von Musikschriftstellern geteilt wurde, die man, wie etwa Friedrich Rochlitz, schwerlich zu den Romantikern zählen kann. Der Gedanke, eine Theorie der Symphonie aus der Ästhetik des Erhabenen zu entwickeln, gehörte also, obwohl er von Romantikern aufgegriffen und charakteristisch modifiziert wurde, keineswegs ausschließlich der Romantik an.

Rochlitz empfand allerdings den Begriff des »Erhabenen«, der in der Ästhetikersprache des frühen 19. Jahrhunderts sowohl den Vokalstil Palestrinas als auch den Instrumentalstil Beethovens umfaßte, als zu undifferenziert und unterschied darum terminologisch zwischen dem »Erhabenen«, das er in der älteren Kirchenmusik ausgeprägt fand, und dem »Großen«, wie es sich in der modernen Symphonie manifestierte. (Von E. T. A. Hoffmann wurde das Problem, zwischen dem erhabenen Stil der alten Kirchenmusik und dem der modernen Instrumentalmusik gedanklich zu vermitteln, 1814 in dem Aufsatz über *Alte und neue Kirchenmusik* ins Geschichtsphilosophische gewendet.)

Das »Große«, wie Rochlitz es auffaßt, ist das »Mächtige, Erschütternde«.[66] »Das Gefühl für das Große hat — ist es erlaubt, so zu sagen — mehr Irdisches, als das Gefühl für das Erhabene; es hat mehr Gewaltsames, Affectvolles, Dahinreißendes.«[67] Sogar das Merkmal der »anscheinenden Unordnung«, das aus der Theorie der Ode stammt, kehrt bei Rochlitz wieder: »Musik im Charakter des Großen verlangt ein Gedräng von einer Menge, dem ersten Anschein nach unvereinbarer Melodieen und Wendungen der Harmonie, die aber doch zu einem melodischen und harmonischen Ganzen verknüpft werden.«[68] Und das Überraschende, Unvermutete plötzlicher Übergänge beschreibt Rochlitz fast mit denselben Worten wie Schulz: »Die Ausweichungen in fremde Tonarten sind nicht selten, nicht unvermerkt vermittelt, sondern frappant und rasch.«[69] Daß aber aus dem scheinbar »Unvereinbaren« dennoch »ein Ganzes« resultiert — daß, wie Hoffmann es ausdrückte, im Überwältigenden »die hohe Besonnenheit des Meisters« fühlbar wird —, machte nach der Auffassung des 18. Jahrhunderts, die Sulzer in dem Artikel *Erhaben* aus der *Allgemeinen Theorie der Schönen Künste* zusammenfassend formulierte, das Wesen des erhabenen Stils aus: »Wenn aus Unordnung und Verwirrung Ordnung entsteht: so ist es ein erhabener Gedanke für die, welche die Richtigkeit desselben einigermaßen einsehen, daß aus aller scheinbaren Unordnung in der physischen und sittlichen Welt, die schönste Ordnung im Ganzen bewürkt wird.«[70]

Die Unterscheidung zwischen dem Erhabenen und dem Großen, auf die sich Rochlitz stützte, um nicht Palestrinas Messen und Beethovens Symphonien derselben Kategorie subsumieren zu müssen, stammte — in anderer Interpretation — aus Schillers Abhandlung *Vom Erhabenen*.[71] In die Umgangssprache der Ästhetik aber ist sie kaum eingedrungen; und an der Tatsache, daß Hoffmanns Beethoven-Kritik in der Ästhetik des Erhabenen wurzelt, ändert die terminologische Differenzierung wenig oder nichts. Edmund Burke, dessen *Philosophical Enquiry into the Origine of Our Ideas on the Sublime and the Beautiful* zu den einflußreichsten ästhetischen Traktaten des 18. Jahrhunderts gehörte, zählte genau die Merkmale, die Rochlitz für das »Große« reklamierte, zu den Eigentümlichkeiten des »Erhabenen«, und es sind dieselben, die Hoffmann aufgriff, um die überwältigende Wirkung von Beethovens Fünfter Symphonie zu schildern. »So öffnet uns auch Beethovens Instrumentalmusik das Reich des Ungeheueren und Unermeßlichen. Glühende Strahlen schießen durch dieses Reiches tiefe Nacht [ . . . ] Beethovens Musik bewegt die Hebel des Schauers, der Furcht, des Entsetzens, des Schmerzes.«[72] »Schauer« ist nach Burke »die höchste Wirkung des Erhabenen.«[73] Und der »Schrecken«, der »sowohl Furcht als Staunen« erregt[74], wird ebenso zu den Merkmalen des Erhabenen gezählt wie eine »Dunkelheit«, von der »Grauen« ausgeht[75], und das »Unendliche«, das »den Geist mit derjenigen Art frohen Schreckens erfüllt, die die eigentümlichste Wirkung und das sicherste Merkmal des Erhabenen ist«.[76] (Schiller charakterisierte das Gefühl des Erhabenen geradezu als »ein gemischtes Gefühl. Es ist eine Zusammensetzung von Wehsein, das sich in seinem höchsten Grad als ein Schauer äußert, und von Frohsinn, das bis zum Entzücken steigen kann.«[77])

Die Ästhetik des Erhabenen, die man ohne Übertreibung zu den ältesten Traditionsbeständen einer Theorie der Symphonie zählen kann, wurde in Hoffmanns Beethoven-Rezension einer Umdeutung unterworfen, die nicht als geringfügig abgetan, aber auch nicht überstürzt als »romantisch« rubriziert werden sollte, denn Jean Paul, an den sich Hoffmann anlehnte, nahm zwar in der *Vorschule der Ästhetik* einige Anregungen der Romantiker auf, läßt sich jedoch schwerlich als deren Parteigänger charakterisieren.

Hoffmanns Abhängigkeit von Jean Paul reicht bis in Einzelheiten der Formulierung. »Der romantische Geschmack ist selten, noch seltner das romantische Talent.«[78] »Ebenso selten als das romantische Talent ist daher der romantische Geschmack.«[79] »Nichtsdestoweniger ist er, rücksichts der Besonnenheit, Haydn und Mozart ganz an die Seite zu stellen. Er trennt sein Ich von dem innern Reich der Töne und gebietet darüber als unumschränkter Herr.«[80] »Nun gibt es eine höhere Besonnenheit, die, welche die innere Welt selber entzweit und entzweiteilt in ein Ich und in dessen Reich, in einen Schöpfer und dessen Welt.«[81] Die Übereinstimmung in den Worten sollte allerdings über Unterschiede in den dahinterstehenden Gedanken nicht hinwegtäuschen. Jean Pauls »höhere Besonnenheit« ist ein Bewußtsein, das nicht in einer Sache, auf die es gerichtet ist, restlos aufgeht, sondern sich zugleich auf sich selbst zurückwendet: ein »Sichselbersehen des zu- und des abgewandten Menschen in zwei Spiegeln zugleich«.[82] Hoffmann dagegen scheint nichts anderes sagen zu wollen, als daß sich Beethoven nicht reflexionslos »seinem Feuer und den augenblicklichen Eingebungen seiner Einbildungskraft überließ«[83], sondern Phantasie und Kalkül ins Gleichgewicht brachte. Die »Besonnenheit«, die Hoffmann an Beethoven rühmte und durch eine Strukturanalyse der Fünften Symphonie dingfest zu machen versuchte, ist also nicht die Selbstreflexion des dichterischen Prozesses, die von den Romantikern zu einem wesentlichen Moment der Dichtung selbst erklärt worden war, sondern einfach die kompositorische Reflexion schlechthin, die in der Theorie der Symphonie wie in der Poetik der Ode, und darüber hinaus in der Ästhetik des erhabenen Stils insgesamt, immer schon einen Widerpart zum Enthusiasmus bildete, der von Ideen durchdrungen sein sollte, um nicht bloß schweifendes Gefühl und entfesselte Einbildungskraft zu bleiben.

Ist demnach die Besonnenheit bei Hoffmann wie bei Jean Paul gewissermaßen die Gegeninstanz zu einer bloß eruptiven Gefühlsästhetik, wie sie von Daniel Schubart, dem literarischen Wortführer eines musikalischen Sturm und Drang[84], proklamiert worden war, so stammt von Jean Paul andererseits auch der Begriff, der in Hoffmanns Beethoven-Rezension seit jeher als das auffälligste sprachliche Zeichen einer »romantischen Umdeutung« Beethovens empfunden worden ist: der Begriff der »unendlichen Sehnsucht«, der in Hoffmanns Strukturanalyse der Fünften Symphonie das ästhetische Korrelat zur »wahren Einheit« und zum »inneren Zusammenhang« bildet, also eine zentrale Funktion erfüllt. Trotz »anscheinender Unordnung« der musikalischen Außenseite wird »das Gemüt jedes sinnigen Zuhörers gewiß von einem fortdauernden Gefühl, das eben jene unnennbare, ahnungsvolle Sehnsucht ist, tief und innig ergriffen und bis zum Schlußakkord darin erhalten. [ . . . ] Außer der innern Einrichtung der Instrumentierung etc. ist es vorzüglich die innige Vewandtschaft der einzelnen Themas untereinander, welche jene Einheit erzeugt, die des Zuhörers Gemüt in e i n e r Stimmung festhält.«[85] Die strukturelle und die ästhetische Einheit sind zwei Seiten derselben Sache.

In dem Kapitel »Quelle der romantischen Poesie« aus der *Vorschule der Ästhetik* skizziert Jean Paul — mit ähnlichen Kategorien wie vor ihm Schiller sowie Friedrich und August Wilhelm Schlegel und später Solger oder Hegel — eine Theorie des Gegensatzes zwischen dem christlich-modernen und dem heidnisch-antiken Zeitalter. Das Schema der ästhetisch-kulturgeschichtlichen Typologie, das von den verschiedenen Autoren lediglich modifiziert wurde, gehörte um 1800 zu den selbstverständlichen Denkformen der philosophisch Gebildeten. Und zwar stellt es der äußeren Welt die innere, dem Endlichen oder Begrenzten das Unendliche, dem Naiven das Reflektierte oder Sentimentalische und dem ruhigen Besitz des Natürlichen die Sehnsucht nach der Natur gegenüber. »Was blieb nun dem poetischen Geiste nach diesem Einsturze der äußern Welt noch übrig? — Die, worin sie einstürzte, die innere. Da aber die Endlichkeit nur an Körpern haftet und da in Geistern alles unendlich ist oder ungeendigt: so blühte in der Poesie das Reich des Unendlichen über der Brandstätte der Endlichkeit auf [ . . . ] Statt der griechischen heitern Freude erschien entweder unendliche Sehnsucht oder die unaussprechliche Seligkeit.«[86] Die Kunst aber, die das »unbestimmte Sehnen« am adäquatesten ausdrückt, die Kunst der »unendlichen Sehnsucht«, ist nach Jean Paul die Musik.[87]

Der Begriff der »unendlichen Sehnsucht« muß also, wenn er historisch verstanden und nicht bloß vage ästhetisierend nachempfunden werden soll, auf den Kontext einer Theorie bezogen werden, deren kategoriales Grundmuster keineswegs spezifisch »romantisch« war, sondern zum philosophischen Gemeingut des späten 18. Jahrhunderts gehörte, das Schiller und Friedrich Schlegel, trotz divergierender Gesinnungen und feindseliger Gefühle, miteinander teilten. In der Abhandlung *Über naive und sentimentalische Dichtung* unterscheidet Schiller den Typus des antiken von dem des modernen Dichters: »Jener, möchte ich es ausdrücken, ist mächtig durch die Kunst der Begrenzung; dieser ist es durch die Kunst des Unendlichen.«[88] Die »Kunst des Unendlichen« jedoch, die sich der Natur entfremdet fühlt und einem Ideal nachstrebt, ist als Versuch, das Unerreichbare dennoch zu erreichen, von Sehnsucht geprägt. »Weil aber das Ideal ein Unendliches ist, das er niemals erreicht, so kann der kultivierte Mensch in seiner Art niemals vollkommen werden, wie doch der natürliche Mensch es in der seinigen zu werden vermag.«[89] Die moderne Dichtung wiederum, die Natur nicht als Erfahrung besitzt, sondern als Ideal erstrebt und ersehnt, ist durch innere Verwandtschaft mit der Musik verbunden (ebenso wie die antike Dichtung mit der bildenden Kunst). Schiller charakterisiert Klopstock als »musikalischen Dichter« und kommentiert: »Ich sage › musikalischen ‹, um hier an die doppelte Verwandtschaft der Poesie mit der Tonkunst und mit der bildenden Kunst zu erinnern. Je nachdem nämlich die Poesie entweder einen bestimmten Gegenstand nachahmt, wie die bildenden Künste tun, oder je nachdem sie, wie die Tonkunst, bloß einen bestimmten Zustand des Gemüts hervorbringt, ohne dazu eines bestimmten Gegenstandes nötig zu haben, kann sie bildend (plastisch) oder musikalisch genannt werden.«[90] (E. T. A. Hoffmann wandte gegen Programmusik ein, daß es ästhetisch verfehlt sei, »die der Plastik geradezu entgegengesetzte Kunst plastisch zu behandeln«[91], argumentierte also unter den Voraussetungen eines Kategoriensystems, das er mit Schiller teilte.)

Daß das christlich-moderne Zeitalter von Jean Paul und E. T. A. Hoffmann — wie von Friedrich und August Wilhelm Schlegel und später Solger und Hegel — »romantisch« genannt wurde, kann als sprachliches Zeichen einer Umdeutung des skizzierten ästhetisch-geschichtsphilosophischen Schemas aufgefaßt werden, einer Umdeutung allerdings, die lediglich als Modifikation oder Umfärbung, nicht als tiefgreifende strukturelle Veränderung des Kategoriensystems erscheint. Von einem Gegensatz zwischen »klassischer« und »romantischer« Ästhetik — einer ideengeschichtlichen Epochenzäsur, durch die Jean Paul und Hoffmann von Schiller getrennt wären — kann angesichts der Tatsache, daß auf beiden Seiten — und mit ähnlichen Worten — das Wesen der Musik mit der Vorstellung des Unendlichen und einem Gefühl der Sehnsucht verquickt und zu einem Begriffskomplex zusammengefaßt wurde, schwerlich die Rede sein.

Die Differenz, die dennoch besteht, tritt am deutlichsten zutage, wenn man den Begriff der »unendlichen Sehnsucht« im Kontext der Ästhetik des Erhabenen interpretiert, in der er von E. T. A. Hoffmann eingefügt wurde. Von den Exegeten der Hoffmannschen Beethoven-Kritik ist, so scheint es, übersehen worden, wie seltsam es streng genommen ist, daß Hoffmann die

»unendliche Sehnsucht« als Reaktion auf den Schrecken schildert, der von den musikalischen Gewaltmitteln des erhabenen oder großen Stils ausgeht. »Wir werden Riesenschatten gewahr, die auf- und abwogen, enger und enger uns einschließen, und alles in uns vernichten, nur nicht den Schmerz der unendlichen Sehnsucht.« »Beethovens Musik bewegt die Hebel des Schauers, der Furcht, der Entsetzens, des Schmerzes, und erweckt jene unendliche Sehnsucht, die das Wesen der Romantik ist.«[92] Bestimmt man den Begriff der »unendlichen Sehnsucht« durch den systematischen Ort, an dem er steht, so zeigt sich, daß er an den Platz gerückt ist, der in der Ästhetik des Erhabenen, wie sie von Kant entworfen und von Schiller in eine publizistisch wirksame Form gebracht worden war, durch die Vorstellung eingenommen wurde, daß sich die Überlegenheit der menschlichen Vernunft gerade im Augenblick physischer Ohnmacht angesichts überwältigender und erschütternder Naturwirkungen am untrüglichsten zeige und manifestiere. »Erhaben nennen wir ein Objekt, bei dessen Vorstellung unsre sinnliche Natur ihre Schranken, unsre vernünftige Natur aber ihre Überlegenheit, ihre Freiheit von Schranken fühlt; gegen das wir also physisch den kürzern ziehen, über welches wir uns aber moralisch, d. i. durch Ideen erheben.«[93] Kants Theorie des Erhabenen ist in E. T. A. Hoffmanns Beethoven-Charakteristik als halb ausgelöschtes Grundmuster, dessen Umriß jedoch rekonstruierbar bleibt, gerade noch kenntlich. Den inneren Widerpart zur Überwältigung durch eine äußere Macht bildet allerdings, anders als bei Kant, nicht die Vernunft, durch die sich der Mensch auf sich selbst und sein »intelligibles Wesen« besinnt, sondern ein »unbestimmtes Sehnen«, durch das er sich zum »Reich des Unendlichen« hingezogen fühlt.[94] Das moralische Pathos, das bei Kant und Schiller herrschte, wurde durch ein religiöses — das man nicht als pseudo-religiös verdächtigen sollte — abgelöst, und die Festigkeit und Sicherheit im »Intelligiblen«, bei der Schiller angesichts der Ohnmacht gegenüber erhabenen Eindrücken Zuflucht fand, machte einer Unruhe Platz, deren umgetriebene Sehnsucht sich an metaphysische Ahnungen klammerte. Die Instanz, die dem Schrecken standhält, der vom Erhabenen ausgeht, wurde als bei E. T. A. Hoffmann gewissermaßen von dem modern-sentimentalischen Geiste erfaßt, der von Schiller zwar als Signatur des Zeitalters insgesamt erkannt, in der Theorie des Erhabenen aber außer Acht gelassen worden war.

Die innere Nähe oder Ferne zu Beethoven, die sich in E. T. A. Hoffmanns Rezension der Fünften Symphonie manifestiert, läßt sich keineswegs durch eine einfache Formel, die entweder von enthusiastischem Verständnis oder aber von romantischer Verzerrung redet, erfassen und ausdrücken. Beethovens Brief an Hoffmann vom 23. März 1820[95] ist zwar ungemein liebenswürdig, aber unspezifisch, und der Schluß, daß Beethoven mit den Thesen einer Rezension, die zehn Jahre zurücklag, restlos übereinstimmte, wäre eine durch nichts gerechtfertigte Übertreibung.

Andererseits erwies sich das durch Simplizität frappierende Argument, in Hoffmanns Beethoven-Kritik werde ein »klassisches« Werk einer »romantischen« Deutung unterwofen, die wegen der ideengeschichtlichen Zäsur zwischen den Denkformen nichts anderes als eine tiefgreifende Umdeutung sein könne, angesichts der Tatsache, daß Hoffmann von der Theorie des Erhabenen ausging, die bereits im 18. Jahrhundert die tragende Voraussetzung der Symphonie-Ästhetik bildete, als brüchig und hinfällig. Eine historische Analyse, die sich nicht in Formeln erschöpft, sieht sich allerdings einer zwiespältigen Situation gegenüber, die zur Formulierung von Paradoxen geradezu herausfordert. Die Theorie der Symphonie, die sich an der Poetik der Ode orientierte, stand im 18. Jahrhundert in einem seltsamen Mißverhältnis zur kompositorischen Praxis, in der die Anzahl der Werke, die man im Ernst mit »pindarischen Oden« vergleichen kann — einige Symphonien von Johann Stamitz, Franz Beck, Carl Philipp Emanuel Bach und Joseph Haydn — äußerst gering war (auch wenn man versucht, statt mit Beethovenschem Maß mit dem der Epoche selbst zu messen). Im Rückblick scheint es, als sei im Grunde die Ästhetik der Symphonie, die im 18. Jahrhundert gleichsam antizipierend formuliert wurde, überhaupt erst durch Beethoven wahrhaft eingelöst und kompositorisch realisiert worden. Und daß man auf die Poetik der pindarischen Ode zurückgriff, um für eine Charakteristik der Symphonie angemessene Worte zu finden, dürfte zu einem nicht geringen Teil negativ, in einer ästhetischen Verlegenheit, begründet gewesen sein. Das Publikum der »Kenner und Liebhaber«, das in der Ästhetik den Ton angab, ein Publikum, das gewöhnt war, sich beim Hören von Musik an einem Text und einem durch Worte bestimmten Affekt zu orientieren, geriet durch eine Instrumentalmusik, deren Sinn unausgesprochen blieb und deren Ausdruckscharakter nicht selten innerhalb eines Satzes abrupt zu wechseln schien, in ästhetische Verwirrung, so daß es vor der Wahl stand, entweder wie Jean Jacques Rousseau die Instrumentalmusik als konfuses Geräusch abzutun oder aber zu einer Theorie zu greifen, die der »anscheinenden Unordnung« einen ästhetischen Rechtstitel verlieh: zur Theorie der »pindarischen Ode«, deren tragende Voraussetzung die Ästhetik des Erhabenen bildete, eine Ästhetik, die seit der Wiederentdeckung der Schrift des Pseudo-Longin mit der Würde einer antiken Legitimation ausgestattet war. Die Erhebung der Symphonie ins Sublime stellte gewissermaßen die Alternative zu einer Degradierung zum leeren Geräusch dar.

Daß Beethovens Symphonien den erhabenen Stil repräsentieren, ist unabhängig davon, daß die Charakteristik einseitig erscheint, zumindest eine rezeptionsgeschichtliche Tatsache, die in der Gewohnheit zutagetritt, den »Idealtypus« der Gattung bei Beethoven von der Dritten, Fünften, Siebten und Neunten Symphonie zu abstrahieren. Versteht man das musikalisch Erhabene als Gleichgewicht zwischen Monumentalität und Differenzierung, zwischen Erschütterung und Besonnenheit, so ist Beethovens Affinität zum Erhabenen, die sich in seinem Enthusiasmus für Händel ebenso äußerte wie in der Konfiguration zwischen der äußeren Unendlichkeit des »gestirnten Himmels« und der inneren des »Sittengesetzes«, die er aus Kant herauslas, eine unverkennbare und niemals geleugnete Tatsache. Und daß Beethoven, trotz eines Oeuvres, das sich über sämtliche musikalischen Gattungen erstreckt, von den Zeitgenossen wie den Nachgeborenen primär als Symphoniekomponist begriffen wurde, hängt zweifellos damit zusammen, daß er eine Erwartung erfüllte, die mit der Gattung immer schon verbunden war, aber selten eingelöst wurde. (Mozarts g-Moll-Symphonie ist kaum ins Bewußtsein der musikalischen Öffentlichkeit gedrungen.) Man kann geradezu den geschichtlichen Sachverhalt durch das Paradox ausdrücken, daß erst durch Beethoven die Symphonie zu dem geworden ist, als was sie immer schon galt, ohne es jedoch zu sein.

E. T. A. Hoffmanns Rezension der Fünften Symphonie aber war nichts Geringeres als das literarische Dokument des musikgeschichtlichen Ereignisses, das sich in Beethovens Symphonien vollzog, eines Ereignisses, das man als Realisierung einer uneingelösten ästhetischen Intention des 18. Jahrhunderts verstehen kann. Und zwar ist Hoffmanns Verquickung von Dithyrambus und Deskription nicht allein dadurch bedeutsam, daß sie die Ästhetik des Erhabenen in eine Sprache faßte, über die Johann Abraham Peter Schulz nicht verfügte, sondern auch durch den Versuch, ästhetische Thesen, die zudem geschichtsphilosophisch belastet waren, strukturanalytisch dingfest zu machen, also die Realisierung eines aus dem 18. Jahrhundert stammenden ästhetischen Programms durch Beethoven in Worten nachzuvollziehen. Man sollte darum die Kategorien, mit denen Hoffmann operiert, weniger nach der Herkunft beurteilen, deren Spur sie an sich tragen, als nach der Funktion, die sie im Kontext der Symphonie-Kritik erfüllen. Entscheidend ist nicht allein, daß das Gleichgewicht zwischen Erschütterung und Besonnenheit, das Hoffmann an der Fünften Symphonie rühmte, ein Topos aus der Theorie der Ode war, sondern auch, daß aus der ästhetischen Charakteristik eine musikalische Analyse entwickelt wurde, in der die »innere Struktur«, die der »hohen Besonnenheit« zu verdanken ist, als Kehrseite und Bedingung der überwältigenden Wirkung erscheint, die vom erhabenen Stil des Werkes ausgeht. Und daß Hoffmann von Jean Paul den Begriff der »unendlichen Sehnsucht« entlehnte, um in der durch Kant und Schiller geprägten Ästhetik des Erhabenen das moralische Moment in ein religiöses umzufärben, ist insofern bedeutsam, als aus dem ästhetischen Entwurf ein strukturanalytischer hervorging: »Unendliche Sehnsucht« ist die sprachliche Chiffre für das Stimmungsmoment, als dessen kompositionstechnisches Korrelat Hoffmann die latente Verwandtschaft der Themen erkannte, die den inneren Zusammenhang des Werkes konstituiert.[96] Daß der »rhythmische Verhalt«, dessen ständige Wiederkehr den Satz von innen heraus verklammert, als Chiffre einer metaphysischen Sehnsucht[97] und nicht als musikalische Charakterdarstellung im Sinne Christian Gottfried Körners[98] — als tönender Ausdruck eines Ethos, das sich nach Körner primär in einem Rhythmus manifestiert — aufgefaßt wurde, bedeutet zweifellos eine »romantische« Modifikation des von Beethoven Intendierten. Wesentlicher aber ist, daß Hoffmann die geschichtliche Tragweite des Vorgangs begriff, der in der Verwirklichung des im 18. Jahrhundert ästhetisch antizipierten »Idealtypus« der Symphonie durch Beethoven bestand, wie sich denn insgesamt Kritik weniger durch Triftigkeit im Einzelnen als durch angemessene Wahl des Niveaus, auf dem sie ihren Gegenstand ansiedelt, legitimiert.

# »Geheimnisvolle Sprache eines fernen Geisterreichs« Kirchenmusik und Oper in der Ästhetik E. T. A. Hoffmanns

## 1

Die romantische Musikästhetik, die von Wackenroder und Tieck begründet, von E. T. A. Hoffmann in eine publizistisch wirksame Form gebracht und von Arthur Schopenhauser in einem philosophischen System verankert wurde, war eine Metaphysik der Instrumentalmusik, und zwar der absoluten, nicht-programmatischen und von begrifflich bestimmbaren Affekten losgelösten Instrumentalmusk. »Wenn von der Musik als einer selbständigen Kunst die Rede ist«, heißt es in Hoffmanns Rezension von Beethovens Fünfter Symphonie (1810), »sollte immer nur die Instrumentalmusik gemeint sein, welche jede Hülfe, jede Beimischung einer andern Kunst verschmähend, das eigentümliche, nur in ihr zu erkennende Wesen der Kunst rein ausspricht. Sie ist die romantischste alle Künste, — fast möchte man sagen, allein rein romantisch. — Orpheus' Lyra öffnete die Tore des Orkus. Die Musik schließt dem Menschen ein unbekanntes Reich auf; eine Welt, die nichts gemein hat mit der äußern Sinnenwelt, die ihn umgibt, und in der er alle durch Begriffe bestimmbaren Gefühle zurückläßt, um sich dem Unaussprechlichen hinzugeben.«

Der Begriff des »Romantischen«, das Zentrum der Hoffmannschen Ästhetik, ist allerdings, wie fast alle fundamentalen Kategorien der Kunsttheorie, so weitgespannt, daß es fast unmöglich erscheint, zwischen den extrem verschiedenen Bedeutungen, die er umfaßt, einen inneren Zusammenhang zu entdecken. Das »ferne Geisterreich«, als dessen »geheimnisvolle Sprache« die Musik »zu uns herübertönt«, kann ein metaphysisches Dschinnistan oder Atlantis sein, dessen überirdisches Dasein wir beim Hören einer Beethoven-Symphonie ahnen und zu dem eine »unendliche Sehnsucht« uns hinüberträgt; es kann aber auch die handgreifliche Bühnengestalt einer Zauber- und Feenoper annehmen. Und andererseits empfand Hoffmann die romantische Substanz der modernen Instrumentalmusik als eine religiöse, was wiederum nicht ausschloß, daß er im Palestrina-Stil die wahre Kirchenmusik zu erkennen glaubte.

Es mag naheliegen, mit der Arroganz des Nachgeborenen, der Probleme, statt ihnen ausgesetzt zu sein, aus sicherem geschichtlichem Abstand betrachtet, von schierer Konfusion zu sprechen. Der Versuch aber, die Widersprüche, in die sich Hoffmann verstrickte, ernst zu nehmen, ist insofern keine überflüssige Mühe, als es sich nicht um bloße Gedankenlabyrinthe eines Phantasten mit defekter Logik, sondern um Schwierigkeiten handelt, die ein ganzes Jahrhundert bewegten und die in der Sache selbst, nicht nur in der darüber schwebenden Reflexion, begründet waren.

Daß Musik einzig als absolute, in sich selbst beruhende Instrumentalmusik »das eigentümliche, nur in ihr zu erkennende Wesen der Kunst rein ausspricht«, besagt, daß die ästhetische Autonomie zu den Bedingungen ihres Kunstcharakters im emphatischen Sinne des Wortes gehört. Musik, die einen »Außenhalt« braucht, ist in ihrer ästhetischen Substanz geschmälert und fällt, als »funktionale Musik«, im 19. Jahrhundert unter Trivialitätsverdacht. Sowohl in der Kirchenmusik als auch in der Oper ist also der ins Extrem getriebene Kunstanspruch, von dessen Erfüllung dann wiederum die Möglichkeit einer Interpretation als »opus metaphysicum« (Friedrich Nietzsche über *Tristan und Isolde*) abhängt, durch eine zumindest partielle Entfremdung der Musik von ihrem »eigentümlichen Wesen«, wie es sich in der Instrumentalmusik manifestiert, gefährdet. Andererseits ist es jedoch das metaphysische Wesen der absoluten Instrumentalmusik, aus dem eine Affinität sowohl zur religiösen Substanz der Kirchenmusik als auch zum romantischen Charakter der Oper erwächst. Das »geheimnisvolle Geisterreich«, das die absolute Instrumentalmusik ahnen läßt, muß demnach letzten Endes dasselbe sein, das einerseits in der romantischen Oper — als der in ihrem eigentlichen Wesen erfaßten Oper — Bühnenwirklichkeit erhält und andererseits in der Kirchenmusik — deren religiöse Substanz aus der Vergangenheit in die Gegenwart hinübergerettet werden soll — zu der »Andacht« stimmt, die bereits von Wackenroder als angemessenes Verhalten gegenüber Symphonien wie gegenüber Messen in Anspruch genommen worden war.

Kirchenmusik und Oper wurden von Hoffmann — in dem Aufsatz *Alte und neue Kirchenmusik* (1814) und dem Dialog *Der Dichter und der Kompo-*

*nist* (1813) — in eine seltsame Nähe zueinander gerückt, die man jedoch nicht als läßliche Blasphemie eines Schwärmers empfinden und abtun, sondern als kunstphilosophisch ernst zu nehmenden Versuch begreifen sollte, Probleme der einen und der anderen Gattung durch eine analoge Denkfigur zu lösen. In der »älteren« musikalischen Tragödie — den Opern von Gluck — entdeckte Hoffmann eine »innige Verwandtschaft« mit der »älteren« Kirchenmusik — den Messen und Oratorien von Palestrina bis zu Bach und Händel —, und er scheute nicht davor zurück, bei der Oper wie bei der Kirchenmusik von einem »heiligen Stil« zu sprechen, der die überragende, in der Gegenwart verlorene Größe der Vergangenheit begründete. »Unsere musikalischen Tragödien haben den genialen Komponisten auf eine ganz eigene Weise zu einem hohen, ich möchte sagen, heiligen Stil begeistert, und es ist, als walle der Mensch in wunderbarer Weise auf den Tönen, die den goldenen Harfen der Cherubim und Seraphim entklingen, in das Reich des Lichts, wo sich ihm das Geheimnis seines eigenen Seins erschließt. — Ich wollte, Ferdinand, nichts Geringeres andeuten als die innige Verwandtschaft der Kirchenmusik mit der tragischen Oper, aus der sich die älteren Komponisten einen eigenen, herrlichen Stil bildeten, von dem die neueren keine Idee haben.«

Daß in der Gegenwart, einer »dürftigen Zeit«, die religiöse Substanz der Kirchenmusik und ebenso der romantische Charakter der Oper geschrumpft erscheinen, ist jedoch, wie Hoffmann glaubt, insofern kein Grund zur Resignation, als das metaphysische Wesen der Musik in einer anderen Gattung, der Symphonie, gewissermaßen »aufgehoben« ist, und zwar im Hegelschen Sinne des Wortes. Hoffmann, der selbst Kirchenmusik und Opern komponierte, war von der Idee besessen, daß es möglich sein müsse, die wahre Kirchenmusik und die wahre Oper aus dem Geiste der absoluten Instrumentalmusik zu restituieren. Und die Vermutung, daß der Panegyrikus auf die Symphonie — der aus dem ästhetischen Kontext, in dem er bei Hoffmann steht, nicht herausgelöst werden darf — letzten Endes auf die Bedeutung der absoluten Musik für die Erneuerung von Oper und Kirchenmusik zielt, ist, so befremdend sie zunächst wirken mag, durchaus nicht abwegig.

Ist die Oper primär nichts anderes als ein Drama der Affekte — und das heißt: der begrifflich bestimmbaren Gefühle —, so wird sie durch eine Musik, die sich in der Symphonie ihres »eigentümlichen Wesens« bewußt geworden ist, aus dem Irdischen halb ins Überirdische entrückt. »In dem Gesange, wo die hinzutretende Poesie bestimmte Affekte durch Worte andeutet, wirkt die magische Kraft der Musik wie das Wunder-Elixier der Weisen, von dem etliche Tropfen jeden Trank köstlich und herrlich machen. Jede Leidenschaft — Liebe — Haß — Zorn — Verzweiflung etc. wie die Oper sie uns gibt, kleidet die Musik in den Purpurschimmer der Romantik, und selbst das im Leben Empfundene führt uns hinaus aus dem Leben in das

Reich des Unendlichen.« Der gleiche »Purpurschimmer der Romantik« aber, dessen Glanz in der modernen Instrumentalmusik gleichsam gesammelt erscheint, fällt auf die neue, von Hoffmann eher antizipierte und erstrebte als in der Gegenwart bereits verwirklicht gefundene Kirchenmusik. »Nun ist es aber gewiß, daß dem heutigen Komponisten kaum eine Musik anders im Innern aufgehen wird, als in dem Schmuck, den ihr die Fülle des jetzigen Reichtums gibt. Der Glanz der mannigfachen Instrumente, von denen manche so herrlich im hohen Gewölbe tönen, schimmert überall hervor: und warum sollte man die Augen davor verschließen, da es der forttreibende Weltgeist selbst ist, der diesen Glanz in die geheimnisvolle Kunst des neuesten, auf innere Vergeistigung hinarbeitenden Zeitalters geworfen hat?« Die »geheimnisvolle Kunst«, in die vom »forttreibenden Weltgeist« die metaphysische Substanz der alten Kirchenmusik hinübergetragen wurde, ist die moderne Symphonie, von der nun umgekehrt die Rettung der Kirchenmusik ausgehen soll. »Es ist nämlich wohl gewiß, daß die Instrumentalmusik sich in neuerer Zeit zu einer Höhe erhoben hat, die die alten Meister nicht ahneten.«

## 2

Hoffmanns Ästhetik der Kirchenmusik ist geschichtsphilosophisch begründet und setzt sich dadurch gravierenden theologischen Einwänden aus, die ein Historiker jedoch lediglich feststellen kann, ohne daß er sich anmaßen dürfte, in dem Streit zwischen Theologie und Geschichtsphilosophie Partei zu ergreifen oder ein Urteil zu fällen.

Der »waltende Geist«, der trotz des »Leichtsinns der Menschen« die Substanz der alten Kirchenmusik nicht verfallen ließ, sondern in die moderne Instrumentalmusik hinübertrug, heißt an anderer Stelle »waltender Weltgeist«, so daß die Erinnerung an Hegels Geschichtsphilosophie sich aufdrängt. »Der Leichtsinn der Menschen konnte den waltenden Geist nicht aufhalten, der im Dunkeln fortschritt, und nur der tiefer Eindringende, der seinen Blick abwandte von dem sinnverwirrenden Bilde, in dem die von allem Heiligen und Wahrhaftigen losgerissenen Menschen sich bewegten, wurde die Strahlen gewahr, die, des Geistes Dasein verkündend, durch das Dunkel brachen, und glaubte an ihn.«

Die Idee, daß das Wesen der »heiligen Tonkunst«, wie Justus Thibaut sie nannte, in der Symphonie aufgehoben sei, daß also Beethoven die Erbschaft Palestrinas bewahre, mußte, wenn man sie zu Ende dachte, zu der Konsequenz führen, daß der Konzertsaal durch manche musikalischen Werke, sofern man sie mit einer ins Religiöse transzendendierenden ästhetischen Andacht höre, in eine Kirche verwandelt werde: Die Kehrseite der Säkularisierung des Religiösen war eine Sakralisierung des Profanen. Die Kirchenmusik, deren Restauration Hoffmann erstrebt, ist jedoch keine symbolische, sondern die reale, liturgische. Und die Reform könnte, so meint er, von den Singakademien ausgehen, die er zum Kirchendienst heranziehen möchte. »An katholischen Örtern würden dann diese Akademien den kirchlichen, musikalischen Kultus, an evangelischen Örtern aber oftmals Kirchenmusiken während des Kultus ausführen.« (Die Unterscheidung besagt, daß die Kirchenmusik entweder Teil des Kultus oder ein Zusatz ist.)

Der Begriff des »musikalischen Kultus« ist allerdings zutiefst zwiespältig; und wenn Hoffmann immer wieder betont, daß die Musik nicht nur dem Kultus dient, sondern vielmehr »selbst Kultus ist«, so wagt er sich zu einer theologisch überaus prekären These vor, die, wenn überhaupt, nur geschichtsphilosophisch zu rechtfertigen ist. (Die Schleiermachersche Gefühlsreligion läßt zwar einen Weg von einer zur Andacht verklärten ästhetischen Kontemplation zum religiösen Gefühl offen, legitimiert aber keineswegs die Vorstellung, daß die Musik »selbst Kultus« sei, sondern behandelt die Kunst als Mittel zum religiösen Erweckungszweck.)

Authentische Kirchenmusik ist ohne ungebrochene Überzeugung von der Substantialität der Sprache, die das Wort Gottes überliefert, kaum denkbar. Eine Ästhetik, zu deren Prämissen ein tiefgreifender Sprachzweifel gehört — und Skepsis gegenüber der Sprache ist die Kehrseite der Erhebung »reiner«, absoluter Musik ins Metaphysische —, rührt also an die Grundlagen der Kirchenmusik, die dadurch eine Funktion in der Liturgie erfüllt, daß sie die kerygmatische Sprache unterstützt und ins Licht rückt. (Instrumentalmusik ist zwar nicht unzulässig, bleibt aber an liturgische Handlungen gebunden, die sie begleitet.)

Die Metaphysik der absoluten Instrumentalmusik, das Zentrum der Hoffmannschen Ästhetik, war von der Idee inspiriert, daß die Musik eine Sprache über der Wortsprache sei: eine Sprache, die das Unsagbare, für bloße Worte Unerreichbare ausdrucke oder ahnen lasse. Die Kluft, die Hoffmanns Ästhetik von der Theologie trennt, ist demnach unüberbrückbar: Daß die Wortsprache metaphysisch unzulänglich sei, ist eine für die romantische Musikästhetik ebenso fundamentale wie für eine Dogmatik der Kirchenmusik schlechterdings destruktive Maxime.

Die traditionellen Funktionen des sprachlichen und des musikalischen Moments wurden von Hoffmann gewissermaßen ins Gegenteil verkehrt: Das »rein Musikalische« — und Hoffmanns Musikbegriff wirkte dadurch umstürzend, daß er, in schroffem Gegensatz zur antiken wie zur christlichen Tradition, von der Sprache abstrahierte und sie zu etwas »Außermusikalischem« erklärte — erscheint als Träger der religiösen Substanz und die Sprache als bloße Umhüllung und als Kommentar. (Die Konsequenz wurde von Schopenhauer, der sich allerdings auf Probleme der Kirchenmusik nicht ein ließ, in krassen Formulierungen gezogen: Die Musik, heißt es in *Die Welt als Wille und Vorstellung*, illustriere nicht den Text, sondern der Text die Musik; und der Text, die bloße Erscheinungsform für die Wesensform der Musik, sei prinzipiell austauschbar, also akzidentell.)

Daß Musik sich — als absolute Instrumentalmusik — über die Wortsprache erhebt und an das Unsagbare heranreicht, macht ihr metaphysisches Wesen aus; als »opus metaphysicum« ist sie substantiell religiös, so daß, wie Hoffmann glaubt, eine Restitution der Kirchenmusik aus dem Geiste der Symphonie möglich sein müßte; der Anspruch aber, als »reine«, absolute Musik Ahnungen des Überirdischen zu erwecken, ist unvereinbar mit der Voraussetzung, daß liturgische Musik prinzipiell eine dienende, also gerade nicht absolute Kunst ist. Die metaphysische Interpretation der Musik setzt deren ästhetische Autonomie voraus: Eine von jedem »Außenhalt« — an Texten, szenischen Vorgängen, liturgischen oder profanen Handlungen oder begrifflich bestimmbaren Affekten — losgelöste Musik muß in sich selbst begründet sein, und nicht zufällig bildet Hoffmanns Panegyrikus auf die Instrumentalmusik, die »das nur in ihr zu erkennende Wesen der Kunst rein ausspricht«, das Korrelat zu einer Untersuchung der »inneren Struktur« von Beethovens Fünfter Symphonie, einer Struktur, die — als Netz motivischer Beziehungen — die ästhetische Autonomie des Werkes kompositionstechnisch fundiert. Kirchenmusik aber ist — als Begleitung gottesdienstlicher Handlungen und Worte — grundsätzlich heteronom (und darf es, weil sie es ästhetisch ist, auch kompositionstechnisch sein: Eine »rein musikalisch« konsistente »innere Struktur« ist zwar möglich, aber nicht notwendig). Die Abhängigkeit von der Liturgie gefährdet also den Kunstcharakter der Musik, der jedoch andererseits die Voraussetzung der metaphysischen Interpretation darstellt, einer Interpretation, von deren Tragfähigkeit dann wiederum die Hoffmannsche Utopie einer Restitution der Kirchenmusik aus dem Geiste der Symphonie abhängt. Hoffmann muß, pointiert ausgedrückt, die Autonomie der Musik sowohl behaupten als auch leugnen: behaupten, weil sie die Bedingung der religiösen Substanz ist, die er der absoluten Instrumentalmusik zuschreibt, einer Substanz, die in die erstrebte neue Kirchenmusik einfließen soll; leugnen, weil der liturgische Zweck die Autonomie — und damit die metaphysischen Ressourcen, von denen die Andacht zehren soll — durchkreuzt.

## 3

Die Metaphorik, mit der Hoffmann die Entstehung einer neuen Kirchenmusik herbeibeschwört, ist nicht zufällig die gleiche, mit der er von einer wahrhaft romantischen Oper schwärmt; denn bei beiden Gattungen ist es die Idee einer Wiedergeburt aus dem Geiste der absoluten Instrumentalmusik, die Hoffmanns ästhetische Konzeptionen inspiriert. »Mag die Zeit der Erfüllung unseres Hoffens« auf eine neue Kirchenmusik »nicht mehr fern sein, mag ein frommes Leben in Friede und Freudigkeit beginnen, und die Musik frei und kräftig ihre Seraphsschwingen regen, um aufs neue den Flug zu dem Jenseits zu beginnen, das ihre Heimat ist, und von dem Trost und Heil in die unruhvolle Brust des Menschen hinabstrahlt!« »Der Dichter rüste sich zum kühnen Fluge in das ferne Reich der Romantik; dort finde er das Wundervolle, das er in das Leben tragen soll, lebendig und in frischen Farben erglänzen, so daß man willig daran glaubt.« Das »Jenseits«, in dem die Kirchenmusik, und das »Reich der Romantik«, in dem die Oper zu Hause ist, fließen ununterscheidbar ineinander.

Aber auch das Problem, daß eine spezifische Kirchenmusik streng genommen überflüssig erscheint, wenn die Musik insgesamt religiösen Wesens ist, kehrt in der Ästhetik der Oper in veränderter Form wieder, und zwar insofern, als das »ferne Geisterreich«, dessen »geheimnisvolle Sprache« die Musik — als »reine«, absolute Instrumentalmusik — ist, einer szenischen Vergegenwärtigung nicht bedarf, um ästhetisch präsent zu sein: Daß die musikalische Romantik Theaterromantik werden soll, muß Hoffmann voraussetzen; begründen läßt es sich nicht. Außerdem ist bei der Verwandlung in Bühnenzauber die Gefahr einer Trivialisierung schwer vermeidbar. Und vor allem läßt sich eine Opernhandlung nicht mit der Geisterwelt allein bestreiten, sondern braucht, um ein Drama zu sein, den Konflikt des romantischen Dschinnistan, aus dem Undine, Melusine, Rusalka und Hans Heiling stammen, mit der gewöhnlichen Realität. Deren musikalische Darstellung aber muß, entgegen dem »eigentümlichen Wesen« der Musik, um des dramaturgisch konstitutiven Gegensatzes der Sphären willen ins geradezu programmatisch Unromantische verfallen. Keine romantische Oper kann, ohne sich als musikalisches Drama preiszugeben, in jedem Augenblick der ästhetischen Idee des Romantischen gerecht werden, die ihr zugrundeliegt.

Die Gefahr der Trivialisierung des Romantischen durch das »Kostüm- und Schminkewesen«, das Wagner zu der paradoxen Forderung eines »unsichtbaren Theaters« provozierte, ist von Hoffmann durchaus gesehen worden. »Kann man denn vom Gemeinen in herrlichen Worten reden? Kann denn die Musik etwas anderes verkünden als die Wunder jenes Landes, von dem sie zu uns herübertönt?« Was Hoffmann einem Theaterunwesen, in dem das »ferne Geisterreich« zu einem Vorwand für Maschinenkünste herunterkam, entgegenzusetzen vermochte, war allerdings nichts anderes als die Forderung, die »läppischen, geistlosen Geister« der gewöhnlichen Zauber- und Feenopern, die den Terminus »romantisch« okkupierten, durch die Phantasmagorien einer wahrhaft romantischen Einbildungskraft zu verdrängen. »Eine wahrhaft romantische Oper dichtet nur der geniale, begeisterte Dich ter: denn nur dieser führt die wunderbaren Erscheinungen des Geisterreichs ins Leben.«

Die Dramaturgie der Oper, die Hoffmann in flüchtigen Umrissen skizzierte — ohne den Entwurf einer geschlossenen Theorie zu wagen, bei dem unvermeidlich Brüche und Risse zutage getreten wären —, erweist sich, wenn man sich nicht von der enthusiastischen Sprache über Widersprüche hinwegtragen läßt, als zutiefst zwiespältig. Einerseits schwärmt er von der gemeinsamen Teilhabe des Dichters und des Komponisten am »fernen Reich« der Romantik. (Die religiöse Metaphorik erinnert an den Zusammenhang, der latent die Ästhetik der Oper und die der Kirchenmusik miteinander verknüpft.) »Da sind Dichter und Musiker die innigst verwandten Glieder einer Kirche: denn das Geheimnis des Worts und des Tons ist ein und dasselbe, das ihnen die höchste Weihe erschlossen.«

Andererseits ist dem Theaterpraktiker Hoffmann der Sachverhalt bewußt, daß in der Oper nicht die Sprache, sondern die Handlung als Inbegriff szenischer Vorgänge entscheidend ist und daß ein Libretto das Formgesetz der Gattung um so vollkommener erfüllt, je mehr das Szenario als bloße Pantomime verständlich ist. »Beinahe ohne ein Wort zu verstehen, muß der Zuschauer sich aus dem, was er geschehen sieht, einen Begriff von der Handlung machen können.« Hoffmann erkannte also, sei es auch wider Willen, die geringe Bedeutung der dichterischen Sprache, ohne sich allerdings den fundamentalen Unterschied zwischen dem, was Verdi später »parola scenica« nannte, und den Textpartien, die nichts als Vehikel musikalischen Ausdrucks sind, bewußt zu machen: Die Differenz zwischen einer — durch einzelne Schlüsselwörter hervorstechenden — dramaturgisch funktionalen, »szenischen« Sprache, die vom Publikum verstanden werden soll, und der Pseudosprache eines Pezzo concertato, die nicht selbst beredt ist, sondern lediglich der Musik dazu verhelfen soll, es zu sein, war mit Hoffmanns poetologischen Voraussetzungen schlechterdings unvereinbar. »Was nun die Worte betrifft, so sind sie dem Komponisten am liebsten, wenn sie kräftig und bündig die Leidenschaft, die Situation, welche dargestellt werden soll, aussprechen.« »Auch das einfache Lebewohl wird dem Komponisten, den nicht Worte, sondern Handlung und Situation begeistern müssen, genug sein, in kräftigen Zügen den inneren Seelenzustand des jungen Helden oder des scheidenden Geliebten zu malen.« Die Nähe zum Begriff der »parola scenica« ist unverkennbar; eine Theorie der Pseudosprache aber lag Hoffmann fern.

Ein Pezzo concertato, zu dessen sprachlicher Fundierung das »Ah und Oh des Gemüts«, wie Hegel es nannte, durchaus genügt, ist insofern, als es sich um eine extreme Ausprägung spezifisch vokaler Kantabilität handelt, von dem Gedanken einer Restitution der Oper aus dem Geiste der Instrumentalmusik durch eine Kluft getrennt, die unüberbrückbar erscheint. Gemeinsam aber ist beiden Prinzipien die Voraussetzung, daß Musik eine Sprache sei, die sich, als Ausdruck des Unsagbaren, über die Wortsprache erhebt; und bei Wagner fließen manchmal, wie im Quintett aus den *Meistersingern*, die Traditionen des Pezzo concertato und des symphonischen Stils ununterscheidbar ineinander.

Wich Hoffmann den Problemen, die mit dem Verhältnis zwischen Sprache und Szenario verbunden sind, eher aus, als daß er sie zu lösen versuchte, so scheint ihm die Tatsache, daß zwischen der Idee der romantischen Oper und deren dramaturgischer Struktur ein Bruch besteht, der nur selten geschlossen werden konnte, überhaupt nicht bewußt geworden zu sein. Im Grunde ist es ein einziger Augenblick, in dem das Romantische, wie es Hoffmann vor Augen stand, zum Theaterereignis werden kann: der Augenblick, in dem das »Wunderbare«, das »ferne Geisterreich«, in der alltäglichen Realität überraschend sichtbar wird. Und man kann romantische Opern, von *Undine* und *Hans Heiling* über den *Fliegenden Holländer* und *Lohengrin* bis zu *Rusalka*, als verschiedene Lösungen oder Lösungsversuche ein und desselben Problems auffassen: des Problems, aus dem romantischen Augenblick und über ihn hinaus eine tragische Dialektik zu entwickeln, die sowohl eine Opernhandlung zu fundieren vermag als auch durch Musik ohne Preisgabe von deren romantischem Charakter darstellbar ist.

Daß die irdisch-alltägliche Welt, die mit der überirdisch-romantischen in Konflikt gerät, dazu zwingt, »vom Gemeinen in herrlichen Worten [zu] reden« und durch Musik »etwas anderes [zu] verkünden als die Wunder jenes Landes, von dem sie zu uns herübertönt«, gehört, wie erwähnt, zur Struktur einer romantischen Oper als eines Dramas; und der ästhetische Bruch läßt sich durch Hoffmanns emphatische Forderung: »der Dichter rüste sich zum kühnen Fluge in das ferne Reich der Romantik«, nicht heilen. Man kann die Gegensphäre zum »fernen Geisterreich« als eine Welt irdischer Affekte zeigen (*Undine*), kann das musikalische Risiko eingehen, sie durch einen Zug zum Banalen zu kennzeichnen (Daland im *Fliegenden Holländer*) oder kann sie, um einen Stilbruch zu vermeiden, ihrerseits dämonisieren, so daß der Gegensatz der Sphären als Konflikt zwischen schwarzer und weißer Magie erscheint (*Lohengrin*) — immer, außer im letzten Fall, ist ein Komponist gezwungen, einen Konflikt sinnfällig zu machen, der den Zauber des eigentlich Romantischen partiell aufhebt.

In gewissem Sinne wiederholt sich demnach eine Schwierigkeit, in die sich Hoffmann angesichts der Kirchenmusik verstrickte: der Widerspruch, daß die metaphysische Substanz der Musik dort am fühlbarsten wird, wo sie sich über die Sprache erhebt, zu der sie aber andererseits um der liturgischen Funktion willen zurückkehren muß. Der romantische Augenblick, in dem der Fliegende Holländer unter seinem Bild erscheint, als träte er aus ihm hervor, oder in dem Lohengrin durch Elsas Vision in die Wirklichkeit her-

Karl Friedrich Schinkel: Bühnenbild für die Berliner Inszenierung (1816) von E. T. A. Hoffmanns *Undine* (Nationalgalerie, Berlin, Schinkel-Museum). Der Palast Kühleborns, des Königs der Wassergeister, ist in Schinkels Darstellung halb eine Tropfsteinhöhle, halb eine Monumentalarchitektur orientalischen Ausmaßes. Das Geisterreich, dessen Phantasiebild Hoffmann beim Hören Beethovenscher Symphonien als ferne Ahnung vor Augen stand, mußte, wenn es handgreifliche Bühnenrealität werden sollte, fast zwangsläufig die Züge eines fiktiven orientalischen Stils annehmen, wie er seit dem Mittelalter mit dem Märchenhaften verbunden wurde. Das Romantische, das es kaum erträgt, aus der Ahnung, die es eigentlich bleiben möchte, ins Sichtbare und fest Umrissene versetzt zu werden, gerät, wenn es sich realisieren soll, fast unvermeidlich ins phantastisch Dekorative.

beigerufen wird, ist eine Situation, die im Grunde der Worte nicht bedarf und sie kaum erträgt. Und umgekehrt ist die Idee, daß die religiöse Substanz der Kirchenmusik und die romantische der Oper in der absoluten Instrumentalmusik aufgehoben seien und aus ihr gleichsam zurückgeholt werden können, eine enthusiastische Intuition, die in der Wirklichkeit des Theaters oder der Liturgie nur in wenigen Momenten ästhetisch präsent sein kann. Was Hoffmann vorschwebte, wurde von Wagner in den Begriff des »tönenden Schweigens« gefaßt: Die Situation, in der die Worte versagen und einzig die »Orchestermelodie« das »innerste Wesen der Welt ausspricht«, um es in Wagners von Schopenhauer inspirierter Sprache auszudrücken, ist die wahrhaft romantische Situation. Aber die Struktur eines ganzen Dramas vermag sie nicht zu tragen. Im Grunde ist die romantische Oper, die Hoffmann als Gattung begründet haben soll, ebenso Utopie geblieben wie die neue Kirchenmusik, die er ersehnte.

# Zur Entstehung der romantischen Bach-Deutung

## 1

In einer Rezension der Reichardtschen f-Moll-Sonate bemerkte E. T. A. Hoffmann 1814 in der *Allgemeinen Musikalischen Zeitung*, es sei wenig wahrscheinlich, daß ein Komponist, der sich in der Vokalmusik vom genauen Verständnis des Textes inspirieren lasse, auch in der Instrumentalkomposition glücklich sein werde. »Denn nur den erhabensten, mächtigsten Geistern blieb es vergönnt, die Tonkunst in ihrem eigensten, wundervollsten Gebiete, in dem das Wort untergeht in der Ahnung des Höchsten, die die Brust mit unnennbarer Sehnsucht erfüllt, als Königin zu schauen und ihren Zauber in göttlicher Begeisterung der heiligsten Weihe zu verkünden. Nur Heroen der Musik, wie Händel, Sebastian Bach, Mozart und einige Andere, konnten gleich groß sein in der Instrumental- und Vokalmusik.«[99] Das eigentliche Argument, das der zweite Satz lakonisch formuliert, wird fast erstickt von dem sich überschwenglich ausbreitenden ersten Satz: einem Hymnus auf die Instrumentalmusik, der bis in die Wortwahl an Hoffmanns Rezension von Beethovens Fünfter Sinfonie erinnert: eine Rezension, die, 1810 geschrieben, zu den Gründungsurkunden der romantischen Musikästhetik zählt. Die Analogie aber bedeutet nichts Geringeres, als daß Bachs — und Händels — Instrumentalwerke nach Hoffmanns Überzeugung einer Tradition der Instrumentalmusik angehören, in der die Musik als »reine« Kunst zur Manifestaton ihres eigentlichen — »rein romantischen« — Wesens gelangt ist.[100] Es ist die gleiche »unnennbare Sehnsucht«, die Hoffmann bei Bachschen Fugen wie bei Beethovens Sinfonien ergreift. Bach und Händel repräsentieren, statt durch eine geschichtliche Kluft vom späteren 18. Jahrhundert getrennt zu sein, zusammen mit Haydn, Mozart und Beethoven eine musikalische Klassik, die zugleich und in eins eine Klassik der Instrumentalmusik und eine Klassik der deutschen Musik ist. (Die Kategorien »Klassik« und »Romantik« schlossen sich nicht aus: Die Musik ist in Hoffmanns Geschichtsphilosophie die paradigmatische Kunst des modernen, christlichen, »romantischen« Zeitalters — im Unterschied zur Antike —; und als »romantische« Kunst erreicht sie ihr eigentümliches Wesen und ihre höchste Bestimmung: ihre »Klassizität«.)

Daß Hoffmanns Gedankengang eigentlich — bevor er durch die aufblitzende Intuition einer bis zu Bach zurückreichenden Kontinuität der großen Instrumentalmusik abgelenkt wurde — auf ein Gleichgewicht von Vokal- und Instrumentalkomposition bei den »Heroen der Musik« (im Unterschied zur Einseitigkeit geringerer Komponisten) zielte, besagt wenig und sollte nicht beirren. Hoffmann war zwar, wie die Passage über die *Goldberg-Variationen* in der Novelle *Johannes Kreislers, des Kapellmeisters, musikalische Leiden* (1810) verrät, mit Bachschen Instrumentalwerken hinlänglich vertraut, kannte aber von der Vokalmusik wenig oder nichts, als er im März 1814 die Reichardt-Rezension schrieb.[101] Erst im April, während der Vorarbeiten zu dem Aufsatz *Alte und neue Kirchenmusik*, bat er den Verleger Härtel um Zusendung »irgend eines wichtigen Werkes von Sebastian Bach«[102], das heißt im Hinblick auf das Thema des Aufsatzes: eines kirchenmusikalischen Werkes. (Und die G-Dur-Messe, die Härtel schickte, ist unecht.)

Die Einseitigkeit der Werkkenntnis überrascht keineswegs. Von dem kargen Bach-Artikel im Walther-Lexikon von 1732 über den Nekrolog in Mizlers *Musikalischer Bibliothek* von 1754 bis zu Forkels Bach-Biographie aus dem Jahre 1802 ist der Akzent immer auf die gedruckten Instrumentalwerke, primär Klavierkompositionen, niemals auf die ungedruckte Vokalmusik gelegt worden. Und die Werke, auf denen im späten 18. Jahrhundert Bachs esoterischer Ruhm als »Komponist für Komponisten« beruhte, waren im wesentlichen — obwohl Mozart einige Motetten kannte und Haydn eine Abschrift der h-Moll-Messe besaß — das *Wohltemperierte Klavier* und die *Kunst der Fuge.*[103]

Daß Hoffmanns Deutung von Bachs Instrumentalmusik als Ausdruck »unnennbarer Sehnsucht« und Offenbarung eines geheimnisvollen »Zaubers«, durch den eine dem Irdischen enthobene Musik vom Überirdischen rede, eine romantische Umdeutung darstellt, die für einen Historiker ein ärgerliches, die Barocktradition verschüttendes Mißverständnis sein mag, braucht kaum gesagt zu werden. Sowenig aber die romantische Metaphysik der Instrumentalmusik — der Versuch, das *Wohltemperierte Klavier* und die *Kunst der Fuge* als Zeugnisse »absoluter« Musik zu begreifen, einer Musik, die sich durch »Loslösung« von empirischen Bedingtheiten zur Ahnung des »Absoluten« erhebt — den urspünglichen Sinn Bachscher Werke trifft, so unermeßlich war die geschichtliche Tragweite der Umdeutung im 19. und noch im 20. Jahrhundert. Der Irrtum, wenn er denn einer war, hat Musikgeschichte gemacht.

Daß Bachs Werk — das man in groben Umrissen als »rhetorisch« und als »funktional« charakterisieren kann: als »Inhalte« mitteilend und an kirchliche, gesellige oder didaktische Zwecke gebunden — in der Romantik dadurch zu musikästhetischen Ehren kam, daß man es gerade umgekehrt als »absolut« und »autonom« auffaßte, ist bereits seltsam genug. Das eigentliche geschichtliche Paradox aber besteht in der vertrackten Dialektik, daß mit Bachs Musik — deren zwingende Logik als Weltentrücktheit und als Abstraktion von Affekten empfunden wurde — der romantische Gedanke, Musik sei eine »abgesonderte Welt für sich selbst«[104] und erreiche, statt sich als Gefühlsausdruck irdisch rechtfertigen zu müssen, durch Reichtum und in sich kreisende Geschlossenheit der »inneren Form«[105] ihre höchste, überirdische Bestimmung, überhaupt erst einen angemessenen, gleichsam den Umriß der Idee ausfüllenden Gegenstand erhielt. Was bei Tieck 1799 eine vage vorschwebende Intuition gewesen war, ist durch Hoffmanns Übertragung auf Beethovens Sinfonien 1810 — eine Übertragung, bei der die Auflösung des Beethovenschen Pathos und Ethos in die Vorstellung einer »absoluten« Musik nicht restlos gelingen konnte —, vor allem aber durch die Umdeutung Bachs 1814 — eine Umdeutung, deren Gewaltsamkeit wegen der Abstraktion von der Vokalmusik kaum fühlbar wurde — zu einer Idee geworden, von der weitreichende Geschichtswirkungen ausgehen konnten.

Die Übertragung der durch Wackenroder und Tieck geprägten Metaphysik der Instrumentalmusik auf Bachs Klavierkompositionen ist, wie es scheint, durch den romantischen Pythagoreismus, die Assoziation des Instrumentalen und »Mechanischen« mit dem Mathematischen und Geheimnisvollen vermittelt worden. Unter den »Höchst zerstreuten Gedanken«, des Hoffmannschen Kapellmeisters Kreisler findet sich die Notiz: »Es gibt Augenblicke — vorzüglich wenn ich viel in des großen Sebastian Bachs Werken gelesen —, in denen mir die musikalischen Zahlenverhältnisse, ja die mystischen Regeln des Kontrapunktes ein inneres Grauen erwecken. — Musik! — mit geheimnisvollem Schauer, ja mit Grausen nenne ich dich! — Dich! in Tönen ausgesprochene Sanskrita der Natur.«[106] Die Verquickung von Mathematik, Magie und Instrumentalmusik, die Aneignung pythagoreischer Traditionsbestände in romantischem Geiste und mit dem Ziel einer Apologie der absoluten Musik, stammt von Wackenroder (bei dem deutlicher als bei Hoffmann der Begriff des »Mechanischen« zwischen dem Instrumentalen und dem Mathematischen vermittelt): »Aber aus was für einem magischen Präparat steigt nun der Duft dieser glänzenden Geistererscheinung empor? — Ich sehe zu, — und finde nichts, als ein elendes Gewebe von Zahlenproportionen, handgreiflich dargestellt auf gebohrtem Holz, auf Gestellen von Darmsaiten und Messingdraht. — Das ist fast noch wunderbarer, und ich möchte glauben, daß die unsichtbare Harfe Gottes zu unsern Tönen mitklingt, und dem menschlichen Zahlengewebe die himmliche Kraft verleiht.«[107]

Die Metaphysik der absoluten Musik, in deren Namen E. T. A. Hoffmann — und später Schumann — Bachs Werk mit dem von Beethoven ästhetisch-geschichtsphilosophisch verknüpfte, stellt keineswegs den einzigen Zugang zu Bach dar, der »romantisch« genannt werden darf. Doch war zweifellos die Idee einer Musik, die sich durch »Loslösung« von irdischer Bedingtheit — von Zwecken ebenso wie von Affektnachahmungen — zum Ausdruck des Überirdischen, »Absoluten« erhebt, sowohl generell als auch im Hinblick auf Bach der zentrale Gedanke der romantischen Musikästhetik, neben dem andere Momente, der Hang zum Altdeutschen, das patriotische Pathos und das protestantische Erweckungsstreben, als Motive erscheinen, die einerseits nur sekundär »romantisch« und andererseits, ohne daß ihr Einfluß geleugnet werden soll, für die Bach-Rezeption des 19. Jahrhunderts von geringerer Bedeutung sind.

Die Neigung zum Alten und Altertümlichen, die Johann Friedrich Reichardt bereits 1782 dazu bewog, Goethes Hymnus auf das Straßburger Münster zu zitieren, um den Eindruck Bachscher — und Händelscher — Werke in Worte zu fassen, erhielt um 1800 eine sehnsüchtige Färbung und einen enthusiastischen Akzent, die man als »romantisch« empfinden kann. Reichardt war noch halb skeptisch gestimmt. Einerseits fühlte er sich zu dem Vergleich gedrängt: »Bei einzelnen Stücken und Stellen dieser großen Männer (mehr aber noch bei Händel als bei Bach) ist's mir sehr oft so gegangen, wie's Goethen mit dem Münster zu Straßburg ging. Ich will die ganze Stelle hersetzen.«[108] Andererseits hängt er dem Goethe-Zitat einen halben Widerruf der Analogie an: »O daß unsern beiden größten Tonkünstlern der Mangel an größerer Menschheit« — an menschheitlichem Gefühlsausdruck — »im Wege stand, daß sie nicht auch ein so ganzes großes, wahres vollendetes Werk« — wie das Straßburger Münster — »darstellen konnten.«[109] Erst Hoffmann bekannte sich rückhaltlos zu der These, daß in gotischer Baukunst und Bachscher Musik eine analoge Vollkommenheit erreicht sei. »Man stritt heute viel über unsern Sebastian Bach und über die alten Italiener, man konnte sich durchaus nicht vereinigen, wem der Vorzug gebühre. Da sagte mein geistreicher Freund: ›Sebastian Bachs Musik verhält sich zu der Musik der alten Italiener wie das Münster in Straßburg zu der Peterskirche im Rom.‹ Wie tief hat mich das wahre, lebendige Bild ergriffen.«[110] Und das »Bild« ist geschichtswirksam geworden. Die Wiederentdeckung der *Matthäus-Passion*, die eigentlich eine erste Entdeckung war, geschah im gleichen Geist wie die Vollendung des Kölner Doms.

Der Patriotismus, von dem nach Leo Schrade die in Forkels Biographie von 1802 kulminierende »erste Bachbewegung« getragen wurde, war ursprünglich keineswegs romantisch gefärbt, obwohl Schrade[111] sogar Forkel zu den »Romantikern« zählt (mit der seltsam schiefen Begründung, daß Forkel, aufgeklärt, wie er sich fühlte, an »den stetigen Fortschritt und die endliche Vollkommenheit in der eigenen Zeit« glaubte). Das nationale Pathos war — generell wie speziell in der »Bachbewegung« — zugleich ein bürgerliches. Der Oper — genauer: der Oper seria —, die als italienisch, feudal und frivol galt, setzte man — neben dem Singspiel — die Instrumentalmusik entgegen, die man als deutsch, bürgerlich und ernsthaft empfand: eine Instrumentalmusik, die durch Haydn und Beethoven den artifiziellen Rang der Opera seria erreichte oder sogar übertraf (wie es — in einer nach patriotischer Auffassung analogen Entwicklung — dem deutschen Singspiel durch die *Zauberflöte* und den *Freischütz* gelang). Die Instrumentalmusik, an die sich patriotisches Pathos heftete — und zu deren Nationalgeschichte auch Bachs Klavierwerke gezählt wurden —, wurde dann durch Wackenroder, Tieck und E. T. A. Hoffmann mit einer Metaphysik ausgestattet, die charakteristisch »romantisch« war, so daß in der Bach-Rezeption wie in der Theorie der Instrumentalmusik das patriotische Moment mit dem romantischen konvergierte.

Romantisch gefärbt war schließlich auch die protestantische Restauration, aus der eine manchmal aufflammende, manchmal zögernde — durch liturgische Bedenken gehemmte — Sympathie für Bachs Kirchenmusik — die Passionen, die Motetten und einige Kantaten — erwuchs. Die These Leo Schrades, eine patriotische »Bachbewegung« sei von einer kirchlichen abgelöst worden — »Das erste Ziel dieser Bewegung ist die Eroberung Bachs für die deutsche Nation. Das zweite Ziel ist ein anderes, gesetzt vom 19. Jahrhundert: Die Eroberung Bachs für die Kirche und Liturgie«[112] —, ist jedoch eine Übertreibung. Denn der »eigentliche« Bach des 19. Jahrhunderts war — trotz des Ereignisses von 1829 — der Instrumentalkomponist: ein »Komponist für Komponisten«, dessen Werke als Paradigma absoluter Musik und als monumentale Eröffnung eines »Zeitalters der deutschen Musik« gerühmt wurden, einer Epoche, die sich — die Auslegungen wechseln — bis zu Wagner, zu Bruckner oder zu Schönberg erstreckte. (Wagner verstand das Musikdrama als Vollendung der instrumentalen, sinfonischen Tradition; und wenn Schönberg die Intuition der Dodekaphonie mit den Worten kommentierte, seine Entdeckung sichere für ein weiteres Jahrhundert die Herrschaft der deutschen Musik, so fühlte er sich als Erbe einer Überlieferung, die durch Bach begründet worden war.) Entscheidend für die Bach-Rezep-

Karl Friedrich Schinkel: Dom über einer Stadt (1813; Bayerische Staatsgemäldesammlungen, Neue Pinakothek, München). Die Wiederentdeckung der *Matthäus-Passion* — die eigentlich, da das Werk von Bachs Zeitgenossen nicht wirklich wahrgenommen worden war, eine erste Entdeckung darstellte — ist im frühen 19. Jahrhundert immer wieder mit der Vollendung des Kölner Doms, den das Mittelalter als Torso hinterlassen hatte, verglichen worden. Der Dom aber war, wie Schinkels Bild erkennen läßt, und wie sich auch an Caspar David Friedrichs *Kirche im Gebirge* zeigen ließe, in der Romantik nicht nur eine monumentale architektonische Realität, sondern geradezu eine Phantasmagorie. Und von ähnlichen Vorstellungen, wie sie das Bild der Kathedrale, das zu einem Traumbild wurde, umgaben, ist auch die Bach-Rezeption, die nicht selten ins Schwärmerische geriet, getragen worden.

tion im 19. Jahrhundert war weniger die kirchenmusikalische Motivation als die Verknüpfung der romantischen Metaphysik der absoluten Musik mit der patriotischen Idee einer Epoche der deutschen Musik.

## 2

E. T. A. Hoffmann war der geschichtlich wirksamste, aber nicht der erste Ästhetiker, der Bachs Werk im Geiste der romantischen Metaphysik der Instrumentalmusik zu begreifen und durch den Entwurf einer Geschichtsphilosophie der deutschen Musik für das Gedächtnis der Nachgeborenen zu retten versuchte. Im dritten Jahrgang der *Allgemeinen Musikalischen Zeitung* erschienen 1801, als Rückblick auf das gerade vergangene Jahrhundert, *Bemerkungen über die Ausbildung der Tonkunst in Deutschland im achtzehnten Jahrhundert*: Bemerkungen, die nichts Geringeres als ein ästhetisch-geschichtsphilosophischer Traktat sind, in dem sich zum erstenmal die Umrisse der Idee eines von Bach begründeten »Zeitalters der deutschen Musik« abzeichnen. Der Verfasser der Abhandlung, Triest, lebte, wie die Lexika wortkarg bemerken, als »Prediger in Stettin«. Musikalisch war er, wie es scheint, Dilettant, philosophisch Eklektiker. Gerade dadurch aber war er fähig, Gedanken, deren Ursprünge weit auseinanderlagen, die jedoch sämtlich für die Zeit um 1800 repräsentativ waren, zu einem Muster zu verknüpfen, das sich als dauerhaft erwies.[113]

In der Fortsetzung der *Bemerkungen*, die am 14. Januar 1801 erschien, heißt es über Bach: »Und nun — welche Freude für einen patriotischen Bewohner unsers Vaterlandes, zu wissen, daß der größte, tiefsinnigste Harmonist aller bisherigen Zeiten, der alles, was Italien, Frankreich und England für die reine Musik gethan hatten, übertraf, der seine musikalische Mitwelt, die doch an gelehrte Werke gewöhnt war, in Erstaunen sezte und der Nachwelt noch unübertroffne Muster lieferte, welche wie Mysterien (leider sind sie es für viele Komponisten jetzt wirklich) angesehen wurden, denen man sich nicht ohne geheimen Schauer, selbst bey nicht gemeinen Vorkenntnissen nahen dürfe, daß dieser Mann, sag ich, ein Deutscher war! — Hoch und hehr strahlt der Name Iohann Sebastian Bachs vor allen deutschen Tonkünstlern in der ersten Hälfte des vorigen Jahrhunderts. Er umfaßte mit Newtons Geist alles, was man bisher über Harmonie gedacht und als Beyspiel aufgestellt hatte, durchwühlte ihre Tiefen so ganz und so glücklich, daß er mit Recht als der Gesetzgeber in der ächten Harmonik, die bis auf den heutigen Tag gilt, anzusehen ist.«[114]

Der patriotische Ton, den Triest anschlägt, war für die Bach-Rezeption um 1800 charakteristisch. Er ist 1801 in Siebigkes Äußerungen über Bach, die Leo Schrade ausgrub[115], ebenso explizit wie in Forkels Monographie von

1802, während die Spuren von Nationalstolz, die sich bei Reichardt oder Hiller in den 1780er Jahren finden lassen, noch schwach ausgeprägt sind. (Doch soll nicht verkannt werden, daß bereits die breite Ausmalung der Marchand-Anekdote, die auf den Nekrolog von 1754 zurückgeht, ein Zeugnis für patriotischen Enthusiasmus in der Bach-Überlieferung darstellt.)

Daß Bach der »größte, tiefsinnigste Harmonist aller bisherigen Zeiten« gewesen sei, der im »gelehrten« Stil sogar die Italiener übertraf, ist eine Charakteristik, bei der sich Triest offenbar an Reichardt anlehnte: »Es hat nie ein Komponist, selbst der besten, tiefsten Italiäner keiner, alle Möglichkeiten unserer Harmonie so erschöpft als J. S. Bach.«[116] Wenn aber Triest, kaum anders als später E. T. A. Hoffmann, von »Mysterien« und einem »geheimen Schauer« spricht, so macht er sich den romantischen Pythagoreismus zu eigen, der von Wackenroder in den *Herzensergießungen eines kunstliebenden Klosterbruders* und den *Phantasien über die Kunst* in die Theorie der Instrumentalmusik verwoben worden war. (Wackenroders Schriften, 1797 und 1799 erschienen, gehörten zu den Buch-Novitäten, als Triest seine Abhandlung konzipierte.)

Der Vergleich mit Newton, den Triest aus Hirschings *Historisch-literarischem Handbuch berühmter und denkwürdiger Personen* übernahm — »Was Newton als Weltweiser war, war Sebastian Bach als Tonkünstler«[117] —, scheint, wenn man von der Geschichte der Naturwissenschaft ausgeht, mit dem Rückgriff auf pythagoreische Traditionsbestände — oder auf das Gerücht über sie — schlecht zusammenzustimmen. Für einen Literaten des späten 18. Jahrhunderts aber gingen das Staunen über Newtons universale Mechanik und der Schauer angesichts der Zahlengeheimnisse, die im Tonsystem oder in der Künsten des Kontrapunktes verborgen lagen, ineinander über.

Die Vorstellung von »Mysterien« der Musik, über die Bach als »Zauberer« gebot, müssen mit dem Begriff der »reinen Tonkunst«, den Triest entwickelte, verknüpft werden, wenn die romantischen Implikationen des Triestschen Entwurfs einer Ästhetik, die zugleich eine Geschichtsphilosophie ist, kenntlich werden sollen. In der Fortsetzung vom 21. Januar 1801 heißt es über Bach: »Er imponierte schnell, weil er Bewunderung erregte und selbst große Künstler gleichsam darnieder schlug« — die Anspielung auf die Marchand-Anekdote ist unüberhörbar. »Nur ein solcher Mann konnte und mußte die reine Musik (m. s. die Erklärung dieses Ausdrucks in der Einleitung) weit, sehr weit empor bringen; denn diese ist gleichsam das Urbild der Kunst, aus einer höheren Region gegeben, und wer eine so vertraute Bekanntschaft mit ihr verräth, steht wie ein Zauberer da, dem man übernatürliche Kräfte zuzutrauen geneigt ist.«[118]

Bei der Unterscheidung zwischen »reiner« und »angewandter Tonkunst« lehnte sich Triest an Kants *Kritik der Urteilskraft* von 1790 an. »Reine Musik« ist nach Triest nicht dasselbe wie Instrumentalmusik, wenn es auch primär Instrumentalwerke sind, durch die sie repräsentiert wird. Die Dichotomie ist ästhetisch, nicht pragmatisch gemeint. »Reine Musik« ist ein »schönes (das heißt nach Kunstregeln geformtes) Tonspiel, das schon Zweckmäßigkeit hat, wenn nur eine ästhetische, obgleich unbestimmte Idee durch das Ganze herrscht«. (Der Begriff der »ästhetischen Idee« stammt aus § 53 der *Kritik der Urteilskraft.*) »Dagegen die musikalische Versinnlichung eines Subjekts (seine Gefühle und Handlungen), wo die Poesie, die Mimik u. dgl. den ersten Rang einnehmen, angewandte Tonkunst heißt.«[119] (Triest zählt »charakteristische Instrumental-Stücke« zur »angewandten«, Gesangsstücke, »bey denen der Text nichts sagt«, zur »reinen Tonkunst« — ähnlich wie Wagner, der Rossinis Melodik als »absolute Musik« charakterisierte.)

Die Kategorie des »rein Ästhetischen«, an das sich weder ein praktisches noch ein theoretisches Interesse knüpft, stammt, ebenso wie die Verquickung des rein Ästhetischen in der Musik mit dem mathematisch Bestimmbaren, aus der *Kritik der Urteilskraft.*[120] Und Triests Terminologie, die geschichtlich weittragende Dichotomie von »reiner« und »angewandter Tonkunst«, beruht, wie es scheint, auf einer Kontamination von Kants Unterscheidung zwischen »reiner und anhängender Schönheit« einerseits[121] und der Einteilung in »reine« und »angewandte Mathematik« andererseits.

Das von Kant Entlehnte erhielt jedoch bei Triest eine romantische Färbung, zu der er durch Wackenroder und Tiecks *Phantasien über die Kunst* angeregt wurde. Bereits bei Kant sind es musikalische »Phantasien (ohne Thema), ja die ganze Musik ohne Text«[122], die neben der Arabeske und dem »Laubwerk auf Papiertapeten« Exempel für »reine Schöhnheit« darstellen. Erst bei Triest aber erscheint die Instrumentalmusik, die Kant mit einer an Rousseau erinnernden Geringschätzung behandelte, als die »eigentliche« Musik statt als bloßer Schatten und defizienter Modus der Vokalmusik. Und das mathematische Moment der Musik, von dem Kant nüchtern-empirisch, unter Berufung auf Euler, sprach, wird bei Triest mit metaphysischer Würde im Geiste des romantischen Pythagoreismus ausgestattet: Die formale Implikation verwandelt sich in ein »Mysterium«, das »geheime Schauer« erregt. War für Kant die »reine Musik«, deren Sinn unbestimmt bleibt, »mehr Genuß als Kultur«[123], so präsentiert sie sich bei Triest — dessen Bemerkung, daß auch ein bloß »schönes Tonspiel« ohne Text »mit Erlaubniß der Philosophen — kultivirt«[124], eine Entgegnung auf Kants Verdikt darstellt — »gleichsam als das Urbild der Kunst aus einer höhern Region gegeben«.[125] Und das Bild vom »Zauberer« — die Assoziation von »Mathematik, Magie und Instrumentalmusik« — stammt aus Wackenroders Aufsatz *Das eigentümliche innere Wesen der Tonkunst, und die Seelenlehre der heutigen Instrumentalmusik*: »Und alle die tönenden Affekten werden von dem trocknen wissenschaftlichen Zahlensystem, wie von den seltsamen wunderkräftigen Beschwörungsformeln eines alten furchtbaren Zauberers, regiert und gelenkt.«[126] »Aus was für einem magischen Präparat steigt nun der Duft dieser glänzenden Geistererscheinung empor? — Ich sehe zu, — und finde nichts, als ein elendes Gewebe von Zahlenproportionen.«[127]

Die »reine Musik«, von Triest als »Urbild« der »angewandten« verstanden, ist in der Ästhetik des 19. Jahrhunderts verschieden aufgefaßt worden: entweder als rudimentärer Zustand, als »schönes Tonspiel«, das in »charakteristische Musik« übergehen müsse, um seine geschichtliche Bestimmung zu erreichen (Adolf Bernhard Marx, Franz Brendel), oder als »absolute Musik«, deren Emanzipation von fest umrissenen Charakteren und Sujets gerade umgekehrt eine höhere Stufe der Entwicklung darstelle. Und die Bach-Interpretation, zu deren Topoi es gehörte, daß Werke wie das *Wohltemperierte Klavier* und die *Kunst der Fuge* der Welt irdisch faßlicher Gefühle und Affekte entrückt seien — das berühmteste Zeugnis ist Goethes Wort über Bach —, war von der ästhetischen Entscheidung, ob die »reine Musik« hinter der »angewandten« zurückbleibe oder über sie hinausgehe, unmittelbar betroffen.

Die romantische Metaphysik der Instrumentalmusik, die in Triests Bach-Deutung mit Kants Kategorie der »reinen Schönheit« (im Unterschied zur »anhängenden«) verquickt erscheint, stand — in Tiecks Formulierung schroffer als in Wackenroders — quer zur Tradition der musikalischen Affektdarstellung. In dem Aufsatz *Symphonien* aus den *Phantasien über die Kunst* konzediert Tieck der Vokalmusik eine natürliche Affinität zum Affektausdruck (und am Modell der Vokalmusik ist denn auch im 17. und 18. Jahrhundert die Affektenlehre entwickelt worden). »Die eigentliche Vokalmusik muß vielleicht ganz auf den Analogien des menschlichen Ausdrucks beruhen.« Vokalmusik aber ist nach Tieck — und seine These bedeutet nichts Geringeres als die polemische Herausforderung einer jahrtausendealten musikästhetischen Tradition — eine gefesselte, noch nicht zu sich selbst gekommene Musik. »Diese Kunst scheint mit aber bei allem diesem immer nur eine bedingte Kunst zu sein; sie ist und bleibt erhöhte Deklamation und Rede.« Indem aber Tieck die instrumentale Musik zur »eigentlichen« erklärt, tendiert er zugleich dazu, Affektausdruck, Programmatik und Charakterdarstellung zurückzudrängen und eine Musik zu postulieren, die sich in sich selbst verschließt: in eine Kunstwelt, die Tieck »reinpoetisch« nennt. (Der Ausdruck bedeutet nicht, daß Musik von Dichtung abhängig, sondern daß sie selbst Dichtung sei; er zielt nicht auf eine »Literarisierung«, sondern auf eine Emanzipation von Literatur.) »In der Instrumentalmusik aber ist die Kunst unabhängig und frei, sie schreibt sich nur selbst ihre Gesetze vor, sie phantasiert spielend und ohne Zweck, und doch erfüllt und erreicht sie den höchsten, sie folgt ganz ihren dunkeln Trieben, und drückt das Tiefste, das Wunderbarste mit ihren Tändeleien aus.«[128] »Diese Symphonien [ . . . ]

enthüllen in rätselhafter Sprache das Rätselhafteste, sie hängen von keinen Gesetzen der Wahrscheinlichkeit ab, sie brauchen sich an keine Geschichte und an keine Charaktere zu schließen, sie bleiben in ihrer reinpoetischen Welt.«[129]

Die Entscheidung für eine Ästhetik ist also verquickt mit der Entscheidung für eine musikalische Gattung — die Vokal- oder die Instrumentalmusik —, die als Paradigma »eigentlicher« Musik gelten soll. Und indem Triest die Instrumentalmusik — die »reine Musik« im Unterschied zur »angewandten« oder »charakteristischen« — als »Urbild« und nicht als defizienten Modus der Vokalmusik begreift, ist der Schritt zur romantischen Ästhetik der »absoluten Musik« — zu der These, daß die von Funktionen und Texten »losgelöste« Musik das »Absolute« ahnen lasse — bereits vorgezeichnet. Gerade Bachs Instrumentalmusik aber, in der man einerseits ein Modell in sich geschlossener »musikalischer Logik« erkannte (der Terminus wurde, wie es scheint, von Forkel geprägt) und deren religiöse Fundierung man andererseits dunkel empfand, erschien dazu prädestiniert, die Dialektik im Begriff des »musikalisch Absoluten« durch ästhetische Anschauung zu konkretisieren und gleichsam dingfest zu machen. Eine Bach-Rezeption, die von gedruckten Instrumental- statt von ungedruckten Vokalwerken ausging, traf mit einer Ästhetik zusammen, in deren Namen Werke wie das *Wohltemperierte Klavier* und *Die Kunst der Fuge* mit »kunstreligiöser« Würde ausgestattet wurden: eine Würde, die Bach unbegreiflich gewesen wäre, die aber zu den Voraussetzungen gehörte, unter denen Bachs Werk — verstanden als Gründungsurkunde eines »Zeitalters der deutschen Musik«, das sich als Epoche der Instrumentalmusik präsentierte — in die Kompositionsgeschichte des 19. und noch des 20. Jahrhunderts bestimmend einzugreifen vermochte.

## 3

Das geschichtsphilosophische Schema, von dem Triest ausging, um die Entwicklung der deutschen Musik im 18. Jahrhundert in Begriffe zu fassen, beruhte auf einem ästhetischen Kategoriensystem, dessen Rekonstruktion nicht überflüssig erscheint, wenn man die ideengeschichtliche Konfiguration zu verstehen sucht, der die Bach-Renaissance um 1800 ihre Sprache verdankte. Es handelt sich in den Grundzügen, die durch die romantischen Übermalungen durchscheinen, um den terminologischen Apparat der Aufklärungsästhetik, einen Apparat, der von Johann Adolf Scheibe 1737 benutzt worden war, um Bach in eine Vergangenheit zurückzustoßen, die tot und abgetan war. Und daß Triest Vokabeln und Antithesen, die Jahrzehnte früher zur Polemik gedient hatten, in eine Apologie einfügen konnte, mag zunächst überraschen, zeigt aber lediglich, daß die Verlagerung von Wertakzenten in einem Kategoriensystem nicht dessen Umsturz zu bedeuten braucht. Das Denkmuster bleibt bestehen, auch wenn die Urteile wechseln.

In dem Lob, das Triest für Bach, den »größten, tiefsinnigsten Harmonisten aller bisherigen Zeiten«, bereithielt, war, wenn man es im Sinne der Vorurteile des 18. Jahrhunderts las, ein Tadel versteckt. »Seine Verdienste erstrecken sich eigentlich nur auf reine Musik, d. h. auf den Mechanismus der Tonkunst, besonders auf Harmonie und gebundenen Styl. Ist aber von angewandter Musik oder vom freyen Styl u. dgl. die Rede, so steht ihm nicht nur sein Zeitgenosse Händel wenigstens zur Seite, sondern seine Nachfolger, sein Sohn C. P. E. Bach, ein Graun, Hasse und späterhin ein J. Haydn, Mozart und andere, fanden eine Bahn, die er nicht betreten hatte.«[130] Bach gehört, schroff gesagt, der Vorgeschichte an.

Die Charakteristik geschichtlicher Stufen, die Triest skizzierte, beruhte auf Begriffskontrasten wie »Harmonie« und »Melodie«, »gebundener« und »freier Stil«, »reine« und »angewandte Tonkunst«, »Mechanismus« und »ästhetischer Geist«. Und die Antithesen bildeten im 18. Jahrhundert ein System: Jeder Begriff der einen Seite — »Harmonie«, »gebundener Stil« »reine Tonkunst«, »Mechanismus« — wurde mit jedem anderen unwillkürlich assoziert, ohne daß man sich der Mühe unterziehen mußte, am einzelnen Werk zu demonstrieren, daß dem »harmonisch Tiefsinnigen« der »ästhetische Geist« fehle. Die Denkstütze wurde zum Denkersatz: Wenn das eine Moment gegeben war, schloß man auf das andere, ohne sich im Ernst auf die Sache selbst einzulassen. (Im Begriff der »reinen Tonkunst« steckt, wie die Verquickung mit »Harmonie« — also Kontrapunkt — und »gebundenem Stil« zeigt, außer den Assoziationen mit »reiner Schönheit« und »reiner Mathematik« auch die Konnotation »reiner Satz«.)

Das Werturteil, das der Begriff des »Mechanischen« — als Gegenbegriff zum »Ästhetischen« oder »Poetischen« — enthält, zeichnet sich in Triests Schilderung des »Geistes der Gründlichkeit«, durch den die deutsche Musik — wie nach Kant die deutsche Philosophie — geprägt wurde, deutlich ab. »Ernsthaft und trocken im geselligen wie im häuslichen Leben, mehr geneigt zum Rechnen und Berechnen als zum Empfinden, darf es niemanden wundern, wenn [ . . . ] wir in der ersten Periode der deutschen Tonkünstler des vorigen Jahrhunderts wenig oder gar keine Werke aufzuweisen haben, aus denen ein ästhetischer Geist weht, der den Mechanismus der Musik nicht als Zweck, sondern als Mittel behandelt. Deshalb waren (und sind) wir so überreich an allerhand Instrumentalsachen.«[131] Die Assoziation des Instrumentalen mit dem Mechanischen und die Leugnung »ästhetischen Geistes« in der Instrumentalmusik des Jahrhundertanfangs gehen auf Jean-Jacques Rousseau zurück, der die »wahre« Musik in der gefühlvollen Simplizität gesungener Melodien suchte. Das Ideal, das ihm vorschwebte, hob Rousseau polemisch von der dunklen Folie einer »gotischen und barbarischen« Musik ab, in deren Begriff er die Gegensätze zu den Merkmalen der »wahren« Musik — das »Errechnete«, das »Künstliche«, das »vergrübelt Harmonische« und das »Instrumentale« — versammelte. Daß sich Triest auf Rousseau — auf das *Dictionnaire de Musique* von 1768 — stützte und sich sogar das Verdikt über Instrumentalmusik, wenn auch eingeschränkt auf die ältere, zu eigen machte, obwohl er im Grunde auf eine Rechtfertigung der deutschen Musik, und zwar der Instrumentalmusik zielte, erscheint paradox und war doch — als Abhängigkeit eines musikalischen Laien von dem einflußreichsten Buch des Jahrhunderts über Musik — nahezu selbstverständlich. Andererseits konnte die Kritik an der Instrumentalmusik jederzeit in eine Apologie umschlagen, denn zwischen den Zeilen der Triestschen Schilderung geistert die Assoziation des Instrumentalen mit dem Deutschen, Bürgerlichen und Gründlichen im Gegensatz zur Oper als dem italienischen, höfischen und frivolen Genre.

Mit dem Begriff des »Mechanischen« verband sich, halb pejorativ gemeint, die Vorstellung des Virtuosen. Einer Kunst, die Staunen erregte, setzte Triest eine Simplizität entgegen, die das Herz zu rühren vermag. Von Bach heißt es: »Er imponirte schnell, weil er Bewunderung erregte und selbst große Künstler gleichsam darnieder schlug.«[132] »Dahingegen der, welcher die Kunst nur als Hülfsmittel zur verschönerten Darstellung menschlicher Gefühle und Handlungen gebraucht« — also der Komponist »angewandter Musik« —, »nicht sowohl augenblickliches Erstaunen, als Liebe und Wohlgefallen zum Lohne erhält [ . . . ] Eine solche allgemeine Theilnahme kann der, welcher in der reinen Musik als blos grübelnder Künstler glänzt, selten oder nie erregen. Nur in der angewandten Tonkunst, welche die bestimmtere Darstellung menschlicher Gefühle und Handlungen in Verbindung mit Poesie (und Mimik) versinnlicht und erhöht, ist dies möglich; denn das sind nicht blos Werke für den Kenner, sondern auch für den Laien.«[133] Der Einspruch gegen Artifizielles, Gelehrtes, Virtuoses und Esoterisches stammte aus einer Polemik, die um 1800, als Triest die Topoi aufgriff, bereits ein wenig vergilbt war: aus der Auseinandersetzung der empfindsamen Ästhetik mit der Barocktradition. Was im 17. und im frühen 18. Jahrhundert gesucht und gerühmt worden war, wurde seit ungefähr 1730 gemieden und verpönt: Gegen den Kenner als Urteilsinstanz spielte man den Laien aus, gegen den Verstand das Gefühl, gegen das Studium das Ingenium, gegen das Staunen oder die Verwunderung die Rührung, gegen das Künstliche und Verwickelte das Natürliche und Einfache. Triest wiederholte also, pointiert gesagt, inmitten einer Passage, die als Panegyrikus anhob, Scheibes Verdikt über Bach, ein Verdikt, das in den Vokabeln steckte, denen Triest als Erbe von Aufklärung und Empfindsamkeit nicht zu entrinnen vermochte. Zwischen den Sätzen aber, die eine mißtrauische Distanz zur Barocküberlieferung

Carl Spitzweg: Einsiedler, Violine spielend (vor 1863; Bayerische Staatsgemäldesammlungen, Schack-Galerie, München). Spitzweg war ein Humorist, aber kein Karikaturist. Nichts lag ihm ferner, als den geigenden Eremiten, der wie ein Porträt von Wackenroders »kunstliebendem Klosterbruder« wirkt und dessen Violinspiel man sich als »Herzensergießung« vorzustellen hat, zu verspotten. Sogar bei Heine ist die Ironie zwar eine Brechung, zugleich aber ein Vehikel des Gefühls, das ungebrochen, in naiver Unmittelbarkeit, nicht mehr aussprechbar war, ohne ins peinlich Sentimentale zu verfallen. Und ähnlich ist bei Spitzweg die humoristische Distanz zur Kunst-Andacht, die das Bild des Einsiedlers ausdrückt, ein Mittel, um eine Nähe zurückzugewinnen, die sonst verloren wäre.

und deren tragenden Kategorien ausdrücken, stehen die früher zitierten, in denen es von der — eben noch als »mechanisch« verdächtigten — »reinen Musik« heißt, sie sei »gleichsam das Urbild der Kunst, aus einer höhern Region gegeben, und wer eine so vertraute Bekanntschaft mit ihr verräth, steht wie ein Zauberer da, dem man übernatürliche Kräfte zuzutrauen geneigt ist.«

Es genügt nicht, von Eklektizismus zu reden. Denn das Schwanken des Urteils, das mit einer wechselnden — aufklärerisch-empfindsamen oder romantischen — Färbung der Kategorien zusammenhängt, ist ideengeschichtlich aufschlußreich. Die romantische Musikästhetik, deren Pathos Triest von Wackenroder und Tieck entlieh, wird im Kontext der Triestschen Abhandlung als »Neubarock«, als Restitution von Grundbegriffen des Jahrhundertanfangs aus dem Geiste der 1790er Jahren kenntlich.

Die »Verwunderung«, eine zentrale Kategorie des Barocks, die von der aufklärerisch-empfindsamen Ästhetik als bloßes Staunen über betäubende Virtuosität, deren Prunk hohl ist, verdächtigt worden war, wurde von der Romantik gleichsam in ihre alten Rechte wieder eingesetzt: Bei Wackenroder erscheint sie als Ergriffenheit durch das »Wunderbare«. Was man um die Jahrhundertmitte, als man dem Ideal der rührenden Simplizität anhing, als »leer« empfunden hatte, pries man einige Jahrzehnte später, nachdem das Kunstgefühl, von dem Klopstocks Oden getragen wurden, in die Musikästhetik, vor allem die Theorie der Sinfonie, eingedrungen war, als »erhaben«. Und die Ergriffenheit nannte man — mit einem Wort, in dem sich Säkularisierung der Religion und Sakralisierung der Kunst verschränken — »Andacht«.

Die kunstreligiöse Andacht aber, zu der sich Wackenroder in den 1790er Jahren durch Sinfonien bewegt fühlte, wurde von Triest auf die Bachsche Kirchenmusik gleichsam zurückübertragen: auf Werke, die er — offenbar ohne sie zu kennen — dem Begriff der »reinen Tonkunst« subsumierte, indem er die Texte als unverständlich und darum gleichgültig erklärte. »Die Andacht sollte in diesem (dem nördlichen) Theil Deutschlands nicht Begeisterung durch Reiz und Betäubung der Sinne, sondern durch ernstes grübelndes Nachdenken seyn. Zur Unterstützung derselben war die Kultur der Harmonie überaus wichtig; denn was konnte dieses Grübchen mehr unterhalten als eine Fuge u. dgl. welche auf der Orgel gut vorgetragen, selbst dem Nichtkenner gefällt. Das Übersinnliche des Gegenstandes und ein dem angemessener (oft unpoetischer und sogar unverständlicher) Text verstattete allen kontrapunktischen Künsten und Kunststücken freyen Spielraum, weil die Worte wenig mehr Werth als die Sylben der Solmisation hatten.«[134] »Tiefsinnige Harmonie«, »grübelndes Nachdenken« und »kontrapunktische Künste« werden, statt als virtuose Mechanik zu erscheinen, die das Herz leer läßt, in ihre kirchenmusikalische Funktion wieder eingesetzt. Die religiöse

Andacht aber ist, in paradoxer Umkehrung des geschichtlichen Prozesses, durch die kunstreligiöse, die sich an die »reine Tonkunst« als Ahnung des »Übersinnlichen« heftet, vermittelt.

## 4

Das ästhetisch-geschichtsphilosophische Gerüst, das Triests Schilderung der deutschen Musik des 18. Jahrhunderts trug, bestand demnach aus einem System von Antithesen, die aus der Aufklärung und der Empfindsamkeit stammten, von Triest aber zum Teil in romantischem oder »neubarockem« Sinne umgedeutet wurden. Und das Urteil über Bach schwankte, je nachdem, ob in einer Passage die ursprüngliche, antibarocke Tendenz des Kategorienapparats oder dessen romantische Überformung den Ton bestimmte, den Triest anschlug.

Triests Geschichtskonstruktion ist jedoch, im Unterschied zu den Entwürfen der Jahrhundertmitte, nicht schlicht antithetisch, sondern triadisch-dialektisch: Die dritte Entwicklungsstufe, die Triest — noch geprägt vom Selbstbewußtsein des 18. statt von der zwischen Vergangenheit und Zukunft geteilten Sehnsucht des 19. Jahrhunderts — in der eigenen Gegenwart erreicht sieht, bildet die erhöhte Wiederkehr der ersten nach dem Durchgang durch die zweite. Was ästhetisch als romantische Aneignung und Verfärbung barocker Kategorien erscheint, soll geschichtsphilosophisch als dialektischer Progreß gelten; der Eklektizismus präsentiert sich als Synthese. Und wenn die Restitution der Vorvergangenheit im Geiste der Romantik in Triests Urteilen über Bach noch durch Rückfälle in antibarocke Polemik vom Typus der Scheibeschen — eine im aufklärerisch-empfindsamen Kategoriensystem vorgezeichnete Polemik — gebrochen erscheint, so konzentriert sich ungeteiltes Lob auf Carl Philipp Emanuel Bach, den herausragenden Repräsentanten der dritten Entwicklungsstufe, des Ziels der bisherigen Musikgeschichte. In seinen Sonaten und Sinfonien offenbart nach Triest die »reine Tonkunst«, die bei Johann Sebastian Bach noch zur »Mechanik« tendierte, als »poetische« Musik ihr eigentliches Wesen. Auf Carl Philipp Emanuel Bach versammelte Triest die Attribute eines romantisierten Barock, die dann von E. T. A. Hoffmann und später von Schumann gleichsam an Johann Sebastian Bach zurückerstattet wurden.

Entscheidend war die These, daß »reine Musik«, charakterisiert durch »tiefsinnige Harmonie« und kontrapunktische Virtuosität, nicht im »Mechanischen« steckenbleibe, sondern sich zum »Poetischen« erhebe. Das »Poetische« bestimmte Triest als Gegensatz zum »Rhetorischen«: »Nun unterscheidet sich die Redekunst von der Poesie im Allgemeinen dadurch, daß der Verstand bey jener geschäftiger und herrschender ist, als die Einbildungskraft. Diesen Charakter erhielt auch die Musik.«[135] Und als »rhetorisch« begreift Triest — historisch durchaus triftig, wenn man sich an das bloße Wort hält — die Kunst Johann Sebastian Bachs. »Bisher war ein künstlicher Gang der Harmonie das einzige gewesen, was man an Produkten der Art« — der »reinen Musik« — »schätzte. Ihre Formen waren, noch mehr als die der angewandten, durchaus nur rhetorisch, nicht poetisch. Konzerte, Sonaten, Toccaten, Präludien und sogenannte Phantasien sogar, alles trug diesen ängstlichen Charakter.«[136] Der Begriff, den sich Triest von Bachs musikalischer Rhetorik machte, war, so angemessen die Vokabel erscheint, durchaus inadäquat. Er verstand unter rhetorischer Musik — im Sinne des antibarocken Affekts aus dem zweiten Jahrhundertdrittel — nichts anderes als Formelkram: prunkende Virtuosität des Figurenwesens ohne genügenden Sach- und Wahrheitsgehalt. »Wenn das Thema nur eine Melodie enthielt, die sich nöthigenfalls in zehnfachen Umkehrungen produziren konnte, so bekümmerte man sich nicht weiter darum, ob damit auch etwas gesagt werden sollte.«[137]

Die Geschichte der deutschen Instrumentalmusik im 18. Jahrhundert konstruierte Triest als dialektische Entwicklung, in der sich die »reine Tonkunst« vom »Rhetorischen« zum »Poetischen« erhob, und zwar im Durchgang durch eine Entfremdung von sich selbst: durch eine zugleich bereichernde und verarmende Abhängigkeit von der »angewandten Tonkunst«. (Die Erinnerung an Hegels Terminologie, an die Kategorien »An-sich«, »Außer-sich« und »Für-sich« drängt sich unwillkürlich auf.) Die »reine Musik« der ersten Entwicklungsstufe, der Bachs Werke angehören, war »durchaus nur rhetorisch, nicht poetisch«.[138] Demgegenüber bestand die »galante Schreibart« — die Anpassung der Instrumentalmusik an die ästhetischen Postulate des galant-homme, des Dilettanten — in einer Preisgabe oder Reduktion der »gelehrten, tiefsinnigen Harmonie« und in dem Versuch, die kantable Melodik der »angewandten Tonkunst«, deren Ästhetik Kant mit den Begriffen »Reiz« und »Rührung« umschrieb, instrumental nachzuahmen. »Diese Verpflanzung des Theaterstyls in die reine Tonkunst bewürkte nun eine große Leere und Einförmigkeit in den begleitenden Stimmen. Wie dort (auf dem Theater) der Gesang allein herrschte und — wenigstens damals — herrschen mußte: so machte man es hier mit einem obligaten Instrument oder auf dem Klaviere mit der rechten Hand.«[139] »Mit diesem Übergange der reinen Musik aus der harmonischen Künstlichkeit in die blos melodische Leerheit hätte man also in der That mehr verlohren als gewonnen, weil die Veränderung durch eine unpassende Anwendung und Nachahmung des Theaterstyls und nicht durch innere allmählige Ausbildung geschah, wäre nicht glücklicherweise ein Mann in Deutschland aufgestanden, der die Zügel der matt werdenden Tonkunst faßte, der mit tiefem Studium Originalität verband und für die reine Musik eine Bahn eröffnete, die man sonst kaum geahndet hatte. Wie Ossian griff er in die Saiten, und das leere Geklingel — verstummte zwar nicht, aber wich vor seiner magischen Kraft, so lange diese würken konnte.«[140] Der musikalische Ossian, der die »Originalität« der Geniezeit mit dem »tiefen Studium« verband, dessen Normen und Muster die erste Entwicklungsstufe der »reinen Tonkunst« hinterlassen hatte, war Carl Philipp Emanuel Bach. Die »poetische« oder »ästhetische Schreibart«, die er ausprägt, erscheint Triest als Vermittlung und Ausgleich zwischen den Extremen des »gelehrten« und des »galanten« Stils, zwischen der Staunen erregenden Virtuosität und der rührenden Simplizität. »Nein, Bach setzte nicht mit Fleiß dunkel und schwer, sondern diese Eigenschaften waren eine natürliche Folge seines Ideenganges, worinn ihm der mechanische (blos rechnende) eben so wenig, als der nur sinnliche Ergötzung suchende Musiker folgen konnte. In ihm regte sich irgend eine ästhetische, d. h. aus Begriff und Empfindung zusammengesetzte, Idee, welche sich nicht in Worten ausdrücken läßt, ob sie gleich nahe an die bestimmte Empfindung streift, welche uns der Gesang darstellen kann, und wovon sie gleichsam das Urbild ist.«[141] Stammt der Begriff der »ästhetischen Idee« aus Kants *Kritik der Urteilskraft*[142], so ist der Gedanke, die instrumentale Musik sei das »Urbild« der vokalen, romantischen Wesens. Die romantische Ästhetik Wackenroders und Tiecks, für die Triest in Carl Philipp Emanuel Bachs Sinfonien einen Gegenstand fand — wie später E. T. A. Hoffmann in Beethovens Sinfonien —, ist jedoch einstweilen kaum abgrenzbar vom »Neubarock« des späteren 18. Jahrhunderts, wie ihn Klopstocks Oden dichterisch ausprägten. »Bach war ein andrer Klopstock, der Töne statt Worte gebrauchte. Ist es die Schuld des Odendichters, wenn seine lyrischen Schwünge dem rohen Haufen Nonsens zu seyn seinen?«[143]

Ideengeschichtlich entscheidend war die These, daß die absolute, von Funktionen, Texten und Sujets losgelöste Musik hinter der sprachgebundenen nicht zurückbleibe, sondern über sie hinausgehe; daß die »Leere« der reinen Instrumentalmusik, von der die aufklärerisch-empfindsame Ästhetik redete, von Eingeweihten als »Erhabenheit« gefühlt werden könne. Es war Johann Abraham Peter Schulz, der als erster zur Nomenklatur der Klopstockschen Poetik griff, um in Sulzers *Allgemeiner Theorie der Schönen Künste* der absoluten Musik — die von Sulzer selbst noch als bloß angenehmes Geräusch abgetan worden war — ästhetische Gerechtigkeit widerfahren zu lassen. »Die Symphonie ist zum Ausdruck des Großen, des Feierlichen und Erhabenen vorzüglich geschickt.«[144] »Ein solches Allegro in der Symphonie ist, was eine pindarische Ode in der Poesie ist; es erhebt und erschüttert, wie diese, die Seele des Zuhörers, und erfordert denselben Geist, dieselbe erhabene Einbildungskraft und dieselbe Kunstwissenschaft, um darin glücklich zu sein.«[145]

Triest ging, wie Tieck, einen Schritt weiter, indem er nicht allein die ästhetische Autonomie der »reinen Musik« behauptete — die nach Tieck eine »abgesonderte Welt für sich selbst« bildet[146] —, sondern sogar die instrumentale Musik zum »Urbild« der vokalen erklärte. Carl Philipp Emanuel Bach »zeigte: die reine Musik sey nicht bloße Hülle für die angewandte, oder von dieser abstrahirt, sondern könne für sich allein große Zwecke erreichen. Sie habe nicht nöthig, sich als bloßes Sinnen- oder Verstandesspiel prosaisch oder höchstens rhetorisch herumzudrehen, sondern vermöchte sich zur Poesie zu erheben, die um desto reiner sey, je weniger sie durch Worte, (die immer Nebenbegriffe enthalten) in die Region des gemeinen Sinnes hinabgezogen würde.«[147] Gerade dadurch, daß sich die »reine Tonkunst« von der Sprache loslöst, um selbst Sprache zu werden, ist sie »poetisch«.

Eine Theorie der Instrumentalmusik aber, die einerseits im Geiste der Klopstockschen Poetik die Idee des Erhabenen ins Zentrum rückte und andererseits im Schwung der Imagination, der Einbildungskraft, eine ästhetische Instanz jenseits der ein wenig vergilbten Dichotomie von »gelehrt« und »galant« entdeckte, forderte dazu heraus, von Carl Philipp Emanuel Bach, in dem nach Triest die geschichtliche Dialektik des Jahrhunderts ans Ziel kam, auf Johann Sebastian Bach übertragen zu werden. Und es ist kein Zufall, daß die konstitutiven Merkmale der Ästhetik, die Triest an Carl Philipp Emanuel Bach entwickelte und demonstrierte — die Distanzierung von »Reiz und Rührung«, die Akzentuierung des Erhabenen statt des Schönen und die Berufung auf eine vom Gedanken durchdrungene Imagination —, in einer Apologie Johann Sebastian Bachs wiederkehren, die Friedrich Rochlitz, der Herausgeber der *Allgemeinen Musikalischen Zeitung*, um 1800 schrieb[148], allerdings erst Jahrzehnte später publizierte. »Bach giebt also, die Sinnlichkeit zu reizen und zu ergötzen, wenig. Der Phantasie bietet er zwar reichen, aber selten unmittelbar sie ergreifenden, vielmehr erst durch das Denken zu vermittelnden Stoff. Das Gefühl faßt er oft, aber meist von einer Seite, wo die Meisten sich nicht gern, noch weniger oft, fassen lassen, und auch die Fähigsten und Besten nicht in jeder Stunde zu folgen vermögen: von Seiten des Erhabenen und Großen.«[149]

Bachs »Harmonie« wurde von Schumann, kaum anders als drei Jahrzehnte früher von Triest, als »kühn labyrinthisch« empfunden.[150] »Wo Sebastian Bach noch so tief eingräbt, daß das Grubenlicht in der Tiefe zu verlöschen droht [ . . . ].«[151] Der »grübelnde Tiefsinn«, den das mittlere 18. Jahrhundert als Selbstentfremdung der Musik, als Reduktion auf mechanische Kombinatorik empfand und beargwöhnte, wurde in der Romantik gerade umgekehrt als ahnungsvoll »poetisch« begriffen. Schumann rühmte an Bach, was auch Triest dunkel fühlte, aber — schwankend zwischen dem Kategoriensystem der Jahrhundertmitte und dem Einfluß Wackenroders und Tiecks — nur an Carl Philipp Emanuel offen zu rühmen wagte: die geglückte Verbindung von »Originalität« und »tiefem Studium«. »Denk' ich nun freilich an die höchste Art der Musik, wie sie uns Bach und Beethoven in einzelnen Schöpfungen gegeben, sprech' ich von seltenen Seelenzuständen, die mir der Künstler offenbaren soll, verlang' ich, daß er mich mit jedem seiner Werke einen Schritt weiter führe im Geisterreich der Kunst, verlang' ich, mit einem Worte, poetische Tiefe und Neuheit überall, im Einzelnen wie im Ganzen [ . . . ].«[152] Das »Geisterreich der Kunst«, das Bach erschließt, ist E. T. A. Hoffmanns Dschinnistan: die Utopie einer Musik, die dadurch, daß sie sich von der Welt absondert, vom Höchsten redet. Bachs Musik — Bachs Instrumentalmusik — repräsentierte für das 19. Jahrhundert die Idee einer »reinen Tonkunst«, einer Musik, in deren Begriff die Vorstellungen von »reinem Satz«, von Musik als »Welt für sich selbst« und von »absoluter« Musik als Ausdruck des »Absoluten« ineinander übergingen.

## »Lieder ohne Worte«

Die Forderung, daß Form und Inhalt, Erscheinung und Bedeutung »zusammenfallen«, »einander durchdringen« oder »ineinander übergehen« sollen, ist eine grundlegende Maxime der klassisch-romantischen Ästhetik (zwischen Barock und Moderne): eine Maxime, die zwar nicht zu einem universalen Prinzip verallgemeinert werden darf, deren Geltung in der Epoche, die von den 1770er Jahren bis zur Mitte des 19. Jahrhunders reicht, jedoch unbestritten war. Und sofern die Prämisse, daß Gefühle den Inhalt der Musik bilden oder deren Bedeutung ausmachen, geradezu ein Gemeinplatz des Zeitalters war, sah sich auch die Gefühlsästhetik, wenn sie eine Ästhetik der Musik als Kunstwerk — und nicht als bloßer Reizstruktur — sein wollte, mit der Schwierigkeit konfrontiert, den methodologischen Kriterien der Form-Inhalt-Dialektik gerecht zu werden.

Um nicht in kruden Realismus zu verfallen, kann die Gefühlsästhetik davon ausgehen, daß die durch Musik ausgedrückten oder dargestellten Gefühle nicht etwa »außerhalb« und »vor« der musikalischen Ausdrucks- oder Darstellungsform bereits »gegeben«, sondern erst »in« ihr »anwesend« sind, daß aber andererseits die Behauptung, es handle sich demnach um Gefühle, die ausschließlich »durch« die Musik existieren, eine Verirrung in der entgegengesetzten Richtung wäre. Ein musikalisch dargestelltes Gefühl ist nicht in anderer Weise »erfaßbar« als in der Darstellung: Der Ausdruck »verweist« nicht auf das Gefühl, sondern läßt es »gegenwärtig« sein. Dennoch ist im »tönenden Gefühl«, wie es Friedrich Theodor Vischer nannte[153], das »Zusammenfallen« von Erscheinung und Bedeutung nichts unmittelbar Gegebenes, sondern Resultat einer Vermittlung.

Die Form-Inhalt-Dialektik ist am entschiedensten von Hegel formuliert worden: »Wahrhafte Kunstwerke«, heißt es in der *Wissenschaft der Logik*, »sind eben nur solche, deren Inhalt und Form sich als durchaus identisch erweisen.«[154] Die Identität aber ist dialektisch hervorgebracht: Das »absolute Verhältnis des Inhalts und der Form« besteht in einem »Umschlagen derselben in einander, so daß des Inhalt nichts ist, als das Umschlagen der Form in Inhalt, und die Form nichts als das Umschlagen der Inhalts in Form«.[155]

Die Dialektik muß jedoch konkretisiert werden, um nicht abstrakter, kahler Umriß einer im bloßen Postulat sich erschöpfenden Ästhetik zu bleiben. Und es scheint, als lasse sich ein genaueres Verständnis des »Übergehens« vom Inhalt in Form und umgekehrt dadurch erreichen, daß man von einem Problem ausgeht, das vom Ende des 18. bis zur Mitte des 19. Jahrhunderts — von Johann Nikolaus Forkel[156] bis zu Friedrich Theodor Vischer[157] — zu den zentralen Themen der Musikästhetik gehörte, obwohl sich eine kontinuierliche Problemgeschichte nicht herausbildete: der Frage, ob und in welchem Sinne musikalisch ausgedrückte Gefühle »bestimmt« oder »unbestimmt« sind.

Sie erhielt dadurch ihre Schärfe und Bedeutsamkeit, daß der Kunstcharakter eines musikalischen Werkes nicht mehr — wie noch in der Aufklärung — in einer Orientierung an generellen Normen und Mustern, sondern vielmehr in der Ausprägung einer unverwechselbaren Individualität und Originalität gesucht wurde. Die Bestimmtheit — auch die der Gefühle, die man als Substanz musikalischer Werke ansah — mußte also im Besonderen, Unwiederholbaren, nicht im Allgemeinen — etwa einem benennbaren Affekt — liegen. Spätestens seit Kants *Kritik der Urteilskraft* (1790) stand fest, daß die Bedeutung oder der Sinn eines Werkes der »schönen« Kunst nicht in einer Idee jenseits der ästhetischen Erscheinungsform bestand, sondern in der Realisierung der Idee im Werk als individuellem Gebilde. (Hegels Definition des Schönen als »sinnliches Scheinen der Idee« ging insofern über den klassischen Kunstbegriff hinaus, als sie die Möglichkeit offen ließ, die »Idee« anders als durch das »sinnliche Scheinen« zu erfassen.)

Felix Mendelssohn — ein glänzender Schriftsteller, der niemals ein Wort über Musik drucken ließ — mißtraute der Sprache. Und der Titel *Lieder ohne Worte* — einer der »Funde« in der Geschichte des Titelwesens — besagt keineswegs, daß ein Klavierlied der bloße Schatten eines gesungenen Liedes sei, sondern umgekehrt, daß im »Lied ohne Worte« das »eigentliche« Lied hervortrete. An Marc André Souchay schrieb Mendelssohn in einem oft zitierten, aber kaum zureichend interpretierten Brief am 15. Oktober 1842: »Die Leute beklagen sich gewöhnlich, die Musik sei so vieldeutig; es sei so zweifelhaft, was sie sich dabei zu denken hätten, und die Worte verstände doch ein jeder. Mir geht es aber gerade umgekehrt. Und nicht bloß mit ganzen Reden, auch mit einzelnen Worten; auch die scheinen mir so vieldeutig, so unbestimmt, so mißverständlich im Vergleich zu einer rechten Musik, die einem die Seele erfüllt mit tausend besseren Dingen als Worten. Das, was mir eine Musik ausspricht, die ich liebe, sind mir nicht zu unbestimmte Gedanken, um sie in Worte zu fassen, sondern zu bestimmte. — So finde ich in allen Versuchen, diese Gedanken auszusprechen, etwas Richtiges, aber auch in allen etwas Ungenügendes, und so geht es mir auch mit den Ihrigen. Dies ist aber nicht Ihre Schuld, sondern die Schuld der Worte, die es eben nicht besser können. — Fragen Sie mich, was ich mir dabei« — bei einigen der *Lieder ohne Worte* — »gedacht habe, so sage ich: gerade ein Lied, wie es dasteht. Und habe ich bei dem einen oder anderen ein bestimmtes Wort oder bestimmte Worte im Sinn gehabt, so mag ich die doch keinem Menschen aussprechen, weil das Wort dem Einen nicht heißt, was es dem Andern heißt, weil nur das Lied dem Einen dasselbe sagen, dasselbe Gefühl in ihm erwecken kann, wie im Andern — ein Gefühl, das sich aber nicht durch dieselben Worte ausspricht.«[158]

Daß Mendelssohn zunächst von »Gedanken« und dann von »Gefühlen« spricht, braucht nicht zu beirren, denn mit »Gedanke« ist offenbar eine Vorstellung gemeint, deren Gegenstand primär ein Gefühl ist. Das Wesentliche und Erstaunliche an dem Brief, der immer schon als eine Ästhetik in nuce empfunden wurde, ist vielmehr die Entschiedenheit, mit der Mendelssohn dem Begriff des »unbestimmten« Gefühls, der eine zentrale Kategorie der Populärästhetik war, die Idee eines durch Musik — und das hieß: mit den Mitteln der absoluten Musik — »bestimmten« Gefühls entgegensetzte.

Die Vorstellung, daß Musik unbestimmte Gefühle ausdrücke und daß in ihnen die ästhetische Substanz musikalischer Werke zu suchen sei, war das Angriffsziel von Eduard Hanslicks Polemik gegen die »verrottete Gefühlsästhetik«.[159] Und in erster Instanz scheint Hanslicks Argumentation lückenlos und unwiderlegbar zu sein. Von unbestimmten Gefühlen zu sprechen, die mit Musik assoziiert werden, ist nach Hanslick unverfänglich, solange damit nichts anderes als die Darstellung des »Dynamischen und der Affekte« — die Abbildung langsamer oder schneller, heftiger oder stockender Bewegungsformen — gemeint ist.[160] Unbestimmtes ist jedoch ungeeignet, die ästhetische Substanz musikalischer Werke zu bilden; denn deren Kunstcharakter ist in der Individualität begründet, die sie ausprägen. »Was aber ist das Positive, das Schöpferische im musikalischen Kunstwerk? Ein unbestimmtes Fühlen als solches ist kein Inhalt; soll eine Kunst sich dessen bemächtigen, so kommt Alles darauf an, wie es geformt wird. Jede Kunsttätigkeit besteht aber in dem Individualisieren allgemeiner Ideen, in dem Prägen des Bestimmten aus dem Unbestimmten, des Besonderen aus dem Allgemeinen.«[161] Ist demnach Bestimmtheit der ästhetischen Substanz die tragende Voraussetzung eines Werkes, das Anspruch auf Kunstcharakter erhebt, so erweist sich die Gefühlsästhetik als Irrweg; denn unter einem bestimmten Gefühl kann sich Hanslick nichts anderes als ein durch Begriffe bestimmtes

Gefühl — einen benennbaren Affekt — vorstellen, und Begriffe sind der musikalischen Darstellung prinzipiell unzugänglich. »Begriffe kann die Musik als › unbestimmte Sprache ‹ zugestandener Weise nicht wiedergeben — ist nicht die Folgerung unablehnbar, daß sie auch bestimmte Gefühle nicht auszudrücken vermag? Die Bestimmtheit der Gefühle ruht ja gerade in deren begrifflichem Kern.«[162] Daß die Vokalmusik, in der das »Dynamische« der Gefühle durch Worte auf fest umrissene Affekte bezogen werden kann, Gefühlsbestimmtheit zu erreichen vermag, ist für Hanslick kein triftiger Einwand, denn von der Vokalmusik läßt sich eine Ästhetik, die als Theorie »der« Musik gelten soll, nicht abstrahieren. »Was die Instrumentalmusik nicht kann, von dem darf nie gesagt werden, die Musik könne es; denn nur sie ist reine, absolute Tonkunst.«[163] Ist aber die — durch Worte vermittelte — begriffliche Bestimmtheit von Gefühlen ein »außermusikalisches« Moment, das nicht zum Ausgangspunkt einer Musikästhetik gemacht werden darf, so kann die Bestimmtheit, die zu den Bedingungen des Kunstcharakters musikalischer Werke gehört, nicht in den Gefühlen, sondern einzig in den Tonstrukturen gesucht werden. »Dies Ideelle in der Musik ist ein tonliches; nicht etwa begriffliches, welches erst in Töne zu übersetzen wäre. Nicht der Vorsatz, eine bestimmte Leidenschaft musikalisch zu schildern, sondern die Erfindung einer bestimmten Meldodie ist der springende Punkt, aus welchem jedes weitere Schaffen des Komponisten seinen Ausgang nimmt.«[164]

Mit Hanslick teilte Mendelssohn die Prämisse, daß die ästhetische Substanz von Musik »bestimmt« sein müsse, daß aber die »Bestimmtheit« von Gefühlen durch Begriffe ein »außermusikalisches«, also zur Fundierung einer Musikästhetik untaugliches Moment darstelle. Dennoch ist Mendelssohn Ästhetik eine Gefühlsästhetik: getragen von der Idee, daß die Bestimmtheit der Tonstrukturen, die Hanslick der Gefühlsbestimmtheit entgegensetzte, in Wahrheit deren Grundlage oder Korrelat sei.

Daß ein Gefühl — Hanslick würde sagen: das »Dynamische« des Gefühls — eine »Materie« darstellt, die durch Tonstrukturen eine »Form« erhält, daß also Musik — um es in der Sprache der Scholastik auszudrücken — ein »potentielles« Gefühl gewissermaßen »aktualisiert«, ist ein zwar ungewöhnlicher, aber nachvollziehbarer Gedanke. Und man kann der Bestimmung des Verhältnisses zwischen Gefühl und Tonstruktur sogar eine Wendung ins Dialektische geben: die Wendung, daß nach Hegel — bei dem Mendelssohn Vorlesungen gehört hat — nicht nur Inhalt in Form, sondern auch Form in Inhalt »umschlägt«.

Mendelssohns Überzeugung, daß die Bestimmtheit musikalisch ausgedrückter Gefühle eine Bestimmtheit der Musik — und nicht nur die musikalische Abbildung einer »außermusikalisch« vorgegebenen Bestimmtheit — sei, kehrt bei seinem musikalischen Antipoden Richard Wagner, und zwar bezogen auf Franz Liszts Symphonische Dichtungen, überraschend wieder.

»Der Musiker dagegen sieht vom Vorgange des gemeinen Lebens gänzlich ab, hebt die Zufälligkeiten und Einzelheiten desselben vollständig auf und sublimiert dagegen alles in ihnen Liegende nach seinem konkreten Gefühlsgehalte, der sich einzig bestimmt eben nur in der Musik geben läßt.«[165] Die Behauptung, der vom »gemeinen Leben« abstrahierte Gefühlsgehalt sei »konkret«, wirkt zunächst paradox. Was Wagner meint, ist jedoch — in seltsamer Übereinstimmung mit Mendelssohn — eine Bestimmtheit, die sich nicht durch Begriffe, sondern »einzig« durch Musik »geben läßt«. Der Wagnerschen Ästhetik der Wort-Ton-Sprache liegt, wie Nietzsche erkannte, latent — und nur in manchen Sätzen der Schriften zutage tretend — die Idee der absoluten Musik zugrunde, zu der sich Wagner durch Schopenhauers Metaphysik bekehren ließ, weil sie mit Erfahrungen bei der Konzeption von *Tristan und Isolde* konvergierte.

## »Eine abgesonderte Welt für sich selbst«

Die Idee des musikalisch »Poetischen« ist bei Robert Schumann, dessen ästhetische Kategorien im wesentlichen von Jean Paul stammen, mit der Vorstellung einer Assoziation von Musik und Dichtung verbunden: einer Assoziation, die sich zwar nicht zum Programmatischen verfestigt, mit der Programmusik jedoch die ästhetische Grundstruktur teilt: Sprache und Musik suchen gemeinsam und in Wechselwirkung eine »dichterische» Substanz zu erfassen, die nicht primär der einen oder der anderen Kunst angehört, sondern dasjenige ausmacht, was in jeder von ihnen »Kunst« im emphatischen Sinne — als Qualität, nicht als bloßer Oberbegriff der Künste verstanden — ist. (Gemessen an Schumanns Idee des musikalisch »Poetischen« ist sowohl die populäre Vorstellung, daß ein Text durch Musik, als auch die Gegenthese Arthur Schopenhauers, daß Musik durch einen Text »illustriert« oder »kommentiert« werde, eine Einseitigkeit, die eine dialektische Relation zu einem einfachen Fundierungsverhältnis verzerrt.)

Ist demnach die enge Verknüpfung von Musik und Dichtung durch eine ästhetische Dialektik, die verschieden akzentuiert werden kann — also den Gedanken eines »eigentlich dichterischen« Wesens der Musik ebenso einschließt wie den eines »eigentlich musikalischen« Wesens der Dichtung (Walter Pater) — charakteristisch romantisch, so wirkt es um so erstaunlicher, daß in einem der frühesten Zeugnisse romantischer Musikästhetik, in Ludwig Tiecks *Phantasien über die Kunst* von 1799, der Begriff des musikalisch »Poetischen« gerade nicht die Assoziation mit Dichtung, sondern im Gegenteil die Abgrenzung von ihr bezeichnet. Die »poetische« Musik, von der Tieck spricht, ist nichts anderes als die »absolute«, die diesen Namen erst ein halbes Jahrhundert später von Richard Wagner und Eduard Hanslick erhielt. »Diese Symphonien können ein so buntes, mannigfaltiges, verworrenes und schön entwickeltes Drama darstellen, wie es uns der Dichter nimmermehr zu geben vermag; denn sie enthüllen in rätselhafter Sprache das Rästelhafteste, sie hängen von keinen Gesetzen der Wahrscheinlichkeit ab, sie brauchen sich an keine Geschichte und an keine Charaktere zu schließen, sie bleiben in ihrer reinpoetischen Welt.«[166] (Das Wort »verworren« bezeichnet, wie in der Barockpoetik, ein Kunstmittel, nicht einen ästhetischen Mangel.)

Mit dem Paradox eines »Dramas« ohne »Geschichte« und ohne »Charaktere« ist ein Kunstwerk umschrieben, das eine »eigene Welt« — und das heißt: ein »Drama« — konstituiert, aber weder eine »Geschichte« erzählt, die ein Stück Wirklichkeit darstellt oder nachahmt, noch fest umrissene, durch Begriffe bestimmbare »Charaktere« ausprägt. Formelhaft zugespitzt: Die Instrumentalmusik — als »reinpoetische« Kunst — ist die eigentliche Dichtung, die »der Dichter nimmermehr zu geben vermag«.

Musik ist, im Unterschied zu Malerei und Dichtung, nicht Nachahmung — weder Nachahmung der Natur noch Mimesis der dichterischen Mimesis —, sondern »eine abgesonderte Welt für sich selbst«.[167] Mit »Musik« aber ist — und die Selbstverständlichkeit, mit der Tieck eine ungewöhnliche Behauptung präsentiert, ist frappierend — primär die Instrumentalmusik gemeint. »Die reine Vokalmusik sollte wohl ohne alle Begleitung der Instrumente sich in ihrer eignen Kraft bewegen, in ihrem eigentümlichen Elemente atmen: so wie die Instrumentalmusik ihren eignen Weg geht, und sich um keinen Text, um keine untergelegte Poesie kümmert, für sich selbst dichtet, und sich selber poetisch kommentiert.«[168] (Die Stelle antizipiert das ästhetische Grundmuster der E. T. A. Hoffmannschen Antithese von Palestrina und Beethoven, die dem Aufsatz *Alte und neue Kirchenmusik* zugrundeliegt.)

Dic Thcsc, Musik wcrdc gerade dadurch »poetisch«, daß sie sich von der Poesie trennt und »für sich selbst dichtet«, erscheint zunächst als paradoxe Pointierung einer für das 18. Jahrhundert charakteristischen Tendenz: der Tendenz, die Instrumentalmusik zwar ästhetisch zu verselbständigen, ihre Autonomie aber dadurch zu begründen, daß man sie als eigene Sprache — als »Sprache der Empfindungen« gegenüber der »Sprache der Begriffe« — verstand. Die Analogie der »Ton-Sprache oder Klang-Rede«[169] zur Wortsprache rechtfertigt die Auflösung der äußeren Abhängigkeit.

Tieck aber hielt, ebenso wie Friedrich Schlegel, »jeden Ausdruck der Empfindung« für »Musik in einem mindern Grade«[170], mußte also die Selbständigkeit der Instrumentalmusik anders begründen als die durch Mattheson repräsentierte Ästhetik der Aufklärung. Und seine Theorie der Instrumentalmusik ist denn auch, im Gegensatz zur Aufklärung, eine Ästhetik des

Anonyme Zeichnung: »Der General Baß wird durch List in seinen festen Linien überrumpelt und überwunden« (Gemeentemuseum, Den Haag, Photo vom Archiv für Kunst und Geschichte, Berlin). Der Generalbaß, der als Drache von der Lanze eines komponierenden heiligen Georg durchbohrt wird, ist zwar noch als Kontrabaß gezeichnet, gemeint aber ist weniger die Praxis des bezifferten Basso continuo als die Harmonielehre schlechthin. Die simplen Bässe, die von den Heerscharen entfesselter zweiunddreißigstel, vierundsechzigstel und sogar einhundertachtundzwanzigstel Noten überrannt werden, symbolisieren ein konservatives Regelsystem, das, wie der Karikaturist meint, einer revolutionären Moderne zum Opfer fällt, deren Merkmal chaotische Notenmassen sind, die den Volksmassen der Barrikadenkämpfe gleichen.

»Wunderbaren«. »Die einzelnen Sonaten, die künstlichen Trios und Quartetts sind gleichsam die Schulübungen zu dieser Vollendung der Kunst« (in den Symphonien). »Der Komponist hat hier ein unendliches Feld, seine Gewalt, seinen Tiefsinn zu zeigen; hier kann er die hohe poetische Sprache reden, die das Wunderbarste in uns enthüllt.«[171] Der Begriff des »Wunderbaren« verrät, daß die romantische Metaphysik der Instrumentalmusik einer Tradition angehört, die in der Poetik des 18. Jahrhunderts durch Johann Jacob Bodmer und Johann Jacob Breitinger repräsentiert wurde: einer Tradition, aus der heraus sich verständlich machen läßt, warum die Trennung von der Dichtung als »dichterischer« Anspruch — und nicht einfach als Anspruch auf »Selbständigkeit« — formuliert wurde.

Breitinger verknüpfte 1740 in seiner *Critischen Dichtkunst* eine poetologische Tradition mit einer philosophischen Idee: Er erkannte, daß sich die barocke Ästhetik des »Wunderbaren« durch den Leibnizschen Gedanken der »möglichen Welten« metaphysisch begründen ließ, wenn man das Wunderbare als Nachahmung einer der möglichen Welten interpretierte, die Gott erschaffen könnte, aber nicht erschuf. »Weil aber die gegenwärtige Einrichtung der Welt der wirklichen Dinge nicht schlechterdings notwendig ist, so hätte der Schöpfer bei andern Absichten Wesen von einer ganz andern Natur erschaffen, selbige in eine andere Ordnung zusammen verbinden, und ihnen ganz andere Gesetze vorschreiben können: Da nun die Poesie eine Nachahmung der Schöpfung und der Natur nicht nur in dem Wirklichen, sondern auch in dem Möglichen ist, so muß ihre Dichtung, die eine Art der Schöpfung ist, ihre Wahrscheinlichkeit entweder in der Übereinstimmung mit den gegenwärtiger Zeit eingeführten Gesetzen und dem Laufe der Natur gründen, oder in den Kräften der Natur, welche sie bei andern Absichten nach unsern Begriffen hätte ausüben können.«[172] Breitinger wahrt ein prekäres Gleichgewicht zwischen dem antiken Prinzip der Nachahmung und dem modernen der Schöpfung: Als Darstellung einer in Gottes Gedanken präformierten Welt ist die Dichtung Nachahmung; sofern aber diese Welt — als nur mögliche und nicht wirkliche — erst realisiert werden muß, ist die Poesie zugleich Schöpfung.

Breitinger bemüht sich, ohne das Postulat »Ut pictura poesis erit« ausdrücklich preiszugeben[173], um eine Abhebung der Dichtung von der Malerei. Die Malerei sei primär Nachahmung des Wirklichen, die Dichtung dagegen Nachahmung des Möglichen: eine Nachahmung also, die andererseits — als Verwirklichung — eine Schöpfung ist. »Ein jedes wohlerfundenes Gedicht ist darum nicht anders anzusehen, als eine Historie aus einer andern möglichen Welt: Und in dieser Absicht kommt auch dem Dichter alleine der Name Poietou, eines Schöpfers, zu, weil er nicht alleine durch seine Kunst unsichtbaren Dingen sichtbare Leiber mitteilet, sondern auch die Dinge, die nicht für die Sinnen sind, gleichsam erschaffet, das ist, aus dem Stande der

Möglichkeit in den Stand der Wirklichkeit hinüberbringet, und ihnen also den Schein und den Namen der Wirklichkeit mitteilet.«[174]

Daß einzig die Dichtung eine Hervorbringung von Seiendem (»condere«), die Malerei dagegen bloße Nachahmung von Gegebenem sei (»narrare«), war bereits 1561 von Julius Caesar Scaliger behauptet worden. Im »Streit der Künste« erscheint der Dichter als »alter deus«, dessen Werk eine »altera natura« ist.[175]

Die Vorstellung, daß ein Kunstwerk, jedenfalls eine Dichtung, eine »Schöpfung« sei — ein in der modernen Umgangssprache bis zur Unerträglichkeit trivialisierter Gedanke — entstand durch christliche Umdeutung des antiken — die Kunst neben das Handwerk rückenden — »Poiesis«-Begriffs. Das Problem, wo der Ursprung der (platonischen) Idee von Gegenständen zu suchen sei, die nicht von Natur gegeben sind und sich auch nicht als Vervollkommnung des von Natur Gegebenen erklären lassen, legte allerdings — und zwar gerade im Bereich der Artes Mechanicae — immer schon die Lösung nahe, in einem unpathetischen Sinne von einer »Schöpfung« zu sprechen: einer Herstellung nämlich, die nicht nachahmt oder eine vorgezeichnete Idee realisiert, sondern sowohl die Idee als auch deren Realisierung originär und von sich aus hervorbringt. (Daß Breitinger vor einer radikalen Formulierung: einer Preisgabe des Nachahmungsprinzips zugunsten der Idee einer künstlerischen »Schöpfung«, zurückscheute, war sowohl theologisch als auch in der Pietät gegenüber der Antike begründet: Der Gedanke einer Schöpfung, die zugleich Nachahmung einer möglichen Welt ist, vermittelte zwischen der Idee des »Originalgenies«, der antiken Erbschaft des Mimesisprinzips und einer Christlichkeit, die davor zurückschreckte, die auftrumpfende Renaissance-Gebärde zu imitieren, mit der Scaliger vom Dichter als einem »alter deus« sprach.)

Die Abgrenzung der Dichtung von der Malerei und die Erhöhung über sie — die Musik lag für Breitinger wie für Scaliger außerhalb des Horizonts ästhetischer Theorie — waren streng genommen schwach begründet: Die Malerei kann ebenso wie die Poesie sowohl eine wirkliche Welt nachahmen als auch eine mögliche realisieren. So einseitig aber die Akzentuierung des »Wunderbaren« oder der »möglichen Welten« in der Poetik erscheint, so einleuchtend ist sie in der Musikästhetik, sofern man unter Musik primär die Instrumentalmusik versteht —, und der »Paradigmenwechsel« von der Vokal- zur Instrumentalmusik als Anschauungsmodell ästhetischer Theorie war der ideengeschichtlich entscheidende Schritt der romantischen Musikästhetik Wackenroders, Tiecks, E. T. A. Hoffmanns und Schopenhauers. (In der fundamentalen Prämisse ist Hanslick ein Erbe der Romantik.) Die Instrumentalmusik — und nur sie — ist »eine abgesonderte Welt für sich selbst«. Die Idee der Hervorbringung einer »anderen, möglichen Welt« aber war von Scaliger und Breitinger her — und daß Tieck, der ein unersättlicher

Leser war, die *Critische Dichtkunst* kannte, darf als sicher gelten — mit der Vorstellung des »Poetischen« als einer »Herstellung«, die eine »Schöpfung« ist, verbunden: einer Vorstellung, in der sich ein antiker und ein christlicher Gedanke überlagern. Und daraus ergab sich bei Tieck das Paradox, daß es gerade die Verselbständigung der Musik gegenüber der Dichtung war, die dazu herausforderte, von musikalischer Dichtung — einer durch Musik konstituierten »reinpoetischen Welt« — zu sprechen.

# Kleists Wort über den Generalbass

## 1

Daß Vergleiche hinken, ist ein so verschlissener Satz, daß man sich unwillkürlich zu einer Apologie der Metaphorik als Mittel einer humanistischen Wissenschaftssprache herausgefordert fühlt. Darüber allerdings, daß die poetologische Verwendung musikalischer Termini — vom Kontrapunkt und dem Generalbaß über das Leitmotiv bis zur Fuge und zur Sonatenform — fast immer schief und verbogen ist, braucht kein Wort verloren zu werden. Wesentlich an einem musikalischen Vergleich ist jedoch nicht die Antwort, die er erteilt — eine Anwort, die im allgemeinen vage und ungreifbar ausfällt —, sondern die Frage, die er kenntlich macht. Die Metaphorik erfüllt eine erschließende, Probleme in erster Annäherung umreißende Funktion.

Es überrascht demnach nicht, daß die Zusammenhänge zwischen Musik und Dichtung — allgemeiner: zwischen Musik und Sprache — sowohl in der Literatur- als auch in der Musikästhetik zu den Themen gehören, deren Behandlung in einem ebenso suggestiven wie abschreckenden Ausmaß mit Spekulation belastet ist. Und es waren keineswegs ausschließlich dilettierende Ästhetiker, sondern zu einem kaum geringeren Teil die Dichter und Komponisten selbst, die sich zu Hypothesen über latente und rätselhafte Beziehungen hingezogen fühlten, als wäre in der jeweils anderen Kunst ein letzter Aufschluß über das Wesen der eigenen verborgen.

Versucht man, die Interpretation eines Briefes von Kleist, in dem der Generalbaß überraschend als Modell einer noch ungeschriebenen Dichtungstheorie erscheint, dadurch zu fundieren, daß man einige Voraussetzungen, die in grenzüberschreitenden ästhetischen Theorien ständig wiederkehren, zumindest flüchtig analysiert, so erweist sich gerade die nächstliegende Kategorie, der Harmoniebegriff, als die schwierigste.

Die Unzahl musikalischer Verwendungen des Wortes geht zwar von ein und derselben Grundbedeutung aus: Harmonie ist das Zusammenstimmen von Verschiedenem oder Entgegengesetztem. Angesichts der Tatsache aber, daß das voneinander Verschiedene, das sich durch Harmonie zusammenfügt, ein hoher und ein tiefer Ton, ein symphones und ein diaphones Intervall als Teil des Tonsystems, eine obere und eine untere Stimme im mehrstimmigen Satz, ein konsonierender und ein dissonierender Zusammenklang oder ein von der Tonika wegstrebender und ein zu ihr zurücklenkender Akkord sein kann, ist es nicht erstaunlich, wenn die metaphorische Verwendung des Harmoniebegrffs in der Dichtungstheorie häufig an Undeutlichkeit des musikalisch Gemeinten krankt.

Außerdem sind die Abstraktionsgrade, die sich bei der Verwendung des Harmonie- wie des Musikbegriffs beobachten lassen, extrem verschieden. Zwischen den tönenden Phänomenen, die in der Neuzeit den Terminus »Musik« besetzt halten, der Himmelsmechanik sowie der psychophysischen Proportioniertheit, die in der Antike und im Mittelalter »musica mundana« und »musica humana« genannt wurden, und den mathematischen Strukturen, die man in der platonisch-pythagoreischen Tradition als Wesen und gemeinsamen Ursprung der äußerlich divergierenden harmonischen Erscheinungen begriff, bestehen Differenzen, die unüberbrückbar erscheinen. Akzentuiert man in pythagoreischem Geiste die mathematische Grundlage, das Gefüge von Proportionen wie 1:2, 2:3 und 3:4, so ist es streng genommen sekundär, ob man sich die Himmelsmechanik — die Sphärenharmonie — real tönend vorstellt oder nicht, denn als essentiell galt die Struktur, nicht der Klang, die akustische Außenseite. Und der Idee einer »musica humana«, einer Harmonie zwischen Leib und Seele oder zwischen Teilen der Seele, lag vollends ein abstrakter, vom tönenden Phänomen losgelöster Musikbegriff zugrunde.

Ist demnach der Terminus »Harmonie« als poetologische Metapher mit der doppelten Schwierigkeit einer äußersten Vielfalt der musikalischen Verwendung und eines zwischen Extremen wechselnden Abstraktionsniveaus belastet, so erweist sich die Affinität, die man im 19. und frühen 20. Jahrhundert zwischen absoluter Musik und absoluter Poesie zu entdecken glaubte, dadurch als prekär, daß man sich unvermeidlich in die Labyrinthe der Sprachtheorie verliert, aber selten mit genügender Sicherheit sagen kann, welches implizite Sprachverständnis bei einem Dichter vorausgesetzt werden darf — ein explizites, das man als adäquat zu empfinden vermag, ist kaum jemals dokumentiert.

Von den verschlungenen Wegen der Wortgeschichte, deren Rekonstruktion zu Exkursen über Novalis und Paul Valéry, Ludwig Tieck, E. T. A. Hoffmann, Richard Wagner, Ludwig Feuerbach und Eduard Hanslick zwingen würde, soll gar nicht erst die Rede sein, so fesselnd das Thema zweifellos wäre. Es mag vielmehr genügen, daran zu erinnern, daß die absolute Musik als Sprache, die nicht durch ein Alltags- oder Umgangsidiom korrumpiert wurde, von dessen Trivialität und Verschlissenheit sich die Dichtung in fast hoffnungsloser Anstrengung abheben muß, einen Gegenstand poetologischen Neides darstellt. Musik ist gewissermaßen a priori, mit dem ersten Ton, der erklingt, bereits Poesie oder scheint es den Dichtern, von denen sie als die reinere Kunst empfunden und gerühmt wird, jedenfalls zu sein.

Mit der Idee einer absoluten, textlosen und nicht an empirisch greifbare, sprachlich benennbare Affekte gebundenen Musik hing nun wiederum die frühromantische, im 19. Jahrhundert dann unaufhaltsam trivialisierte Vorstellung, daß Musik ein unbekanntes Reich, E. T. A. Hoffmanns Dschinnistan oder Atlantis, erschließe oder ahnen lasse, eng zusammen. Auch unscheinbare tönende Phänomene wurden zum Anlaß metaphysischer Wachträume. Das eigentliche Idol der romantischen Ästhetik aber war die Symphonie, deren Idee manchmal — bei Kleist ebenso wie bei Wackenroder und bei E. T. A. Hoffmann — mit der Idee der katholischen Kirchenmusik, des Palestrina-Stils, eine seltsame, paradoxe Mischung einging. War die Instrumentalmusik wegen der Unbestimmtheit dessen, was sie ausdrückt, im 18. Jahrhundert von den Enzyklopädisten als leeres, wenn auch angenehmes Geräusch abgetan worden, so wurde ihre Gegenstands- und Begriffslosigkeit für die Romantiker gerade umgekehrt zum Beweggrund, sie als eine der niederen Empirie entrückte Sprache über die Wortsprache zu erhöhen. In der Hierarchie der Sprachen tauschten die Begriffs- und die Empfindungssprache gewissermaßen die Plätze.

Zu der erhabenen Bedeutung eines »Organon der Philosophie« (Schelling), die man der absoluten, von der Sprache emanzipierten und über sie hinausreichende Musik zuschrieb, scheint die nüchterne Begründung, mit der man den Generalbaß zur poetologischen Metapher erhob, in dem schroffen, unvermittelten Gegensatz zu stehen, wie er prinzipiell zwischen einer von metaphysischem Ehrgeiz getragenen Ästhetik und einer Handwerkslehre klafft: dem Gegensatz, der Arnold Schönberg 1911 in seiner *Harmonielehre* zur entschiedenen Parteinahme gegen die Ästhetik und für die Handwerkslehre provozierte. Die Funktion, die der Vergleich mit dem Generalbaß in der Dichtungstheorie erfüllt, ist allerdings nichts weniger als eindeutig; und bei dem Versuch, das Problem zu rekonstruieren, das durch die Metapher bewußt gemacht werden soll, sind spekulative Hypothesen, die die Grenze des philologisch Erträglichen streifen, kaum vermeidbar.

Ausschlaggebend war offenbar die Erfahrung, daß die Musik, obwohl sie — wie man seit dem frühen 18. Jahrhundert glaubte — eine Empfindungs- und keine Begriffssprache ist, dennoch über eine exakte Syntax im Sinne eines strikt regulierten Zusammenhangs zwischen Akkorden verfügt. Geht man nun davon aus, daß sich, um grob zu simplifizieren, Poesie von der Begriffssprache ein Stück weit entfernt und sich einer Empfindungssprache nähert, so wird angesichts der Tatsache, daß die Syntax prinzipiell in der Semantik fundiert ist, die Möglichkeit einer fest umrissenen Syntax bei einer sich tendenziell ins Ahnungsvoll-Vieldeutige auflösenden Semantik zu einem offenen Problem der Dichtungstheorie. Und so ist es keineswegs erstaunlich, wenn die Theorie der Dichtung bei der Musiktheorie als einer — wie es schien — präzisen Syntax trotz vager, ungreifbarer Semantik Anregungen und einen gewissen Rückhalt zu finden hoffte. Daß Johann Nikolaus Forkel 1788 in seiner *Allgemeinen Geschichte der Musik* zugleich und ineins von einer musikalischen Empfindungssprache und von musikalischer Logik redete, womit er den Generalbaß meinte, war dichtungstheoretisch attraktiv, auch wenn es sich kaum dingfest machen ließ.

## 2

Im Sommer 1811, wenige Monate vor seinem Tode, schrieb Heinrich von Kleist in einer Stimmung äußerster Verzweiflung, die er durch utopische Wachträume zu mildern versuchte, an Marie von Kleist: »Ich fühle, daß mancherlei Verstimmungen in meinem Gemüth sein mögen, die sich in dem Drang der widerwärtigen Verhältnisse, in denen ich lebe, immer noch mehr verstimmen, und die ein recht heitrer Genuß des Lebens, wenn er mir einmal zu Theil würde, vielleicht ganz leicht harmonisch auflösen würde. In diesem Fall würde ich die Kunst vielleicht auf ein Jahr oder länger ganz ruhen lassen, und mich, außer einigen Wissenschaften, in denen ich noch etwas nachzuholen habe, mit nichts als der Musik beschäftigen. Denn ich betrachte diese Kunst als die Wurzel, oder vielmehr, um mich schulgerecht auszudrücken, als die algebraische Formel aller übrigen, und so wie wir schon einen Dichter haben — mit dem ich mich übrigens auf keine Weise zu vergleichen wage — der alle seine Gedanken über die Kunst, die er übt, auf Farben bezogen hat, so habe ich, von meiner frühesten Jugend an, alles Allgemeine, was ich über die Dichtkunst gedacht habe, auf Töne bezogen. Ich glaube, daß im Generalbaß die wichtigsten Aufschlüsse über die Dichtkunst enthalten sind.«

Der Brief ist insofern seltsam, als er einerseits — neben der Schilderung eines musikalischen Wachtraums, von der noch die Rede sein soll — das einzige Dokument darstellt, in dem Kleist mit Nachdruck über Musik spricht, andererseits aber der Musik und deren Theorie eine Bedeutung zuschreibt, durch die sie, wie es scheint, an die Wurzeln von Kleists Dichtungsverständnis heranreichen.

Daß Kleist zu den musikalisch Gebildeten zählte, daß er Klarinette spielte und offenbar von Joseph Baer (Beer), dem berühmtesten Klarinettisten der Zeit, unterrichtet worden war, ist zwar nicht gleichgültig, bei der Interpretation des Briefes, der weniger ein musikästhetisches als ein poetologisches Dokument ist, jedoch sekundär. Die dichtungstheoretische Substanz, auf die es ankommt, läßt sich allerdings ohne Verständigung über den musiktheoretischen Sinn der Termini »Stimmung« oder »Verstimmung«, »algebraische Formel« und »Generalbaß«, die in dem Brief eine keineswegs unmittelbar und mühelos durchschaubare Konfiguration bilden, schwerlich rekonstruieren.

Daß die Wörter »Stimmung« und »Verstimmung« als Metaphern für Gemütszustände musikalischen Ursprungs waren, ist Kleist, wie die Verknüpfung mit dem Terminus »harmonisch« zeigt, noch bewußt gewesen. Der Übergang von dem Ausdruck »Stimmung« zu dem Wunsch, in Einsamkeit und Zurückgezogenheit Musik zu studieren, lag also nahe, ohne daß dadurch die Utopie eines »anderen Zustands«, um mit Robert Musil zu sprechen, zu einer flüchtigen, bloß sprachlich vermittelten und herbeigezogenen Assoziation herabgesetzt würde. Daß Musik als Chiffre einer Sehnsucht erscheint, die unerfüllbar bleibt, muß vielmehr ernst und beim Wort genommen werden — und zwar um so entschiedener, als ein anderer Brief aus der gleichen Zeit an Marie von Kleist, ohne daß explizit von Musik die Rede wäre, die biographischen und die dichtungstheoretischen Motive, die im Sommer 1811 dem Rekurs auf Musik und Musiktheorie zugrundelagen, genauer und eindringlicher erkennen läßt: »Es weht mich zuweilen, bei einer Lektüre oder im Theater, wie ein Luftzug aus meiner allerfrühesten Jugend an. Das Leben, das vor mir ganz öde liegt, gewinnt mit Einem mal eine wunderbar herrliche Aussicht, und es regen sich Kräfte in mir, die ich ganz erstorben glaubte. Alsdann will ich meinem Herzen ganz und gar, wo es mich hinführt, folgen und schlechterdings auf nichts Rücksicht nehmen, als auf meine eigne innerliche Befriedigung. Das Urtheil der Menschen hat mich bisher viel zu sehr beherrscht; besonders das Käthchen von Heilbronn ist voll Spuren davon.«

Daß der »andere Zustand«, in den sich Kleist in manchen Augenblicken versetzt fühlte, einerseits mit der Vorstellung von Musik assoziiert war und andererseits dichtungstheoretische Ideen auslöste, deren unzulangliche, durch Kompromisse getrübte Realisierung im *Käthchen von Heilbronn* Kleist am liebsten noch nachträglich zurechtgerückt hatte, ist aus dem Zusammenhang der zitierten Briefe evident. Und wenn Kleist beim Hören von Musik die Sehnsucht nach einem »unbekannten Land« ergriff (an Louise von Zenge, 16. August 1801), ist er offenkundig — gleichgültig, ob unmittelbar oder indirekt — von der frühromantischen Musikästhetik Wackenroders und Tiecks oder von Jean Pauls *Hesperus* inspiriert.

Die Hypothese, daß ein Brief, dessen poetologische Substanz in der Maxime besteht, »dem Herzen ganz und gar zu folgen«, mit einem anderen, in dem die Musik als »algebraische Formel aller übrigen Künste« figuriert, nicht nur chronologisch, sondern auch sachlich eng und untrennbar zusammenhängt, mag zunächst verquer wirken, verliert jedoch den Schein des Paradoxen, sobald man sich bewußt macht, daß das prekäre Verhältnis zwischen der aus dem frühen 18. Jahrhundert stammenden Auffassung der Musik als »Empfindungssprache« und der traditionellen, in die Antike zurückreichenden Interpretation als »tönende Mathematik« kein flüchtiges und ins Spekulative abirrendes Phantasma des innerlich verstörten Briefschreibers Kleist, sondern nichts Geringeres als das zentrale Problem war, um das die gesamte Musikästhetik des 18. und des frühen 19. Jahrhunderts kreiste. So wenig Immanuel Kant und Wilhelm Heinrich Wackenroder sonst gemeinsam haben: Die Schwierigkeit, zwischen dem expressiven und dem mathematischen Moment der Musik zu vermitteln, bildete in der *Kritik der Urteilskraft* wie in den *Herzensergießungen eines kunstliebenden Klosterbruders* und in den *Phantasien über die Kunst* den Ausgangspunkt dialektischer Verwicklungen, die sowohl in der philosophischen als auch in der novellistisch-essayistischen Fassung ungelöst blieben. Wenn also Kleist die musikästhetische Problematik ins Poetologische wendete, ist es klar, daß sich das Dilemma, das ihm vor Augen stand, um die Frage konzentrierte, wie eine Dichtung, die »dem Herzen ganz und gar zu folgen« versucht, dennoch eine Gestalt annehmen kann, die der Stringenz einer »algebraischen Formel« nicht nachsteht.

Erst aus einem Kontext, dessen dunkle Mitte in der Relation zwischen der Musik als »Empfindungssprache« einerseits und als »tönender Mathematik« andererseits besteht, läßt sich erschließen, was der zentrale Satz des Briefes, daß »im Generalbaß die wichtigsten Aufschlüsse über die Dichtkunst enthalten« seien, besagen soll.

Daß nicht die Generalbaßpraxis gemeint ist — die Kunst, aus dem Stegreif Akkorde zu spielen, die in Abbreviatur von einer bezifferten Baßstime ablesbar sind —, braucht wohl kaum gesagt zu werden. Und das von Hugo Riemann so genannte »Generalbaßzeitalter«, die Epoche, in der ein Basso continuo als reale Stimme Träger des musikalischen Zusammenhangs war, gehörte 1811, als Kleist den zitierten Brief schrieb, einer Vergangenheit an, die fast ein Jahrhundert zurücklag. So bleibt nichts anderes übrig, als unter »Generalbaß« die 1722, von Jean-Philippe Rameau begründete Harmonielehre zu verstehen, die denn auch bis zur Mitte des 19. Jahrhunderts bei manchen Musiktheoretikern Generalbaß oder Harmonielehre hieß. Das musiktheoretische Problem, das in der Austauschbarkeit der Namen enthalten ist, kann unberücksichtigt bleiben, weil es Kleist zweifellos nicht bewußt war. Es besteht, grob umrissen, in dem Zwiespalt, daß die Harmonielehre entweder als Interpretation oder als Alternative und Ablösung des Generalbasses aufgefaßt werden konnte: als Intepretation, weil Rameau dem realen Generalbaß eine hypothetische Basse fondamentale substruierte, die die Stringenz des Akkordzusammenhangs erklären sollte; als Alternative und Ablösung, sofern man die Tatsache betonte, daß der musikalische Konnex nicht mehr dem Basso continuo als wirklicher, greifbarer Stimme, sondern einem abstrakten Funktionszusammenhang, der zwischen den substruierten Akkordgrundtönen bestand, zugeschrieben wurde.

Der Generalbaß, von dem Beethoven einmal sagte, daß er unantastbar sei, wurde — jedenfalls in erster Instanz — nur dadurch zu einem poetologischen Modell, daß Kleist von einem musiktheoretischen Irrtum ausging, einem Irrtum, den zu unterstellen ein geringes historisch-philologisches Risiko darstellt, weil er ein epochales Vorurteil war, das fast sämtliche Zeitgenossen teilten. Mit der Assoziation von Generalbaß und algebraischer Formel, die dem Brief zugrundeliegt, schlug Kleist, grob gesagt, den Holzweg ein, der die Musiktheorie des Zeitalters ständig in die Irre führte und den sie trotzdem nicht verließ — mit der seltsamen Verblendung, mit der man sich manchmal einen schlichten Denkfehler als zwar einstweilen ungelöstes, aber prinzipiell lösbares wissenschaftliches Problem vorspiegelt.

Der Terminus »Generalbaß« ist offenkundig eine Chiffre für den von Johann Nikolaus Forkel 1788 als »musikalische Logik« bezeichneten Sachverhalt, daß Akkorde — die Subdominante oder Subdominantparallele, die Dominante und die Tonika — einen Zusammenhang bilden, der den Eindruck zwingender Konsequenz vermittelt. Die Meinung aber, daß die Stringenz der Wirkung mathematisch — und das hieß im 18. und 19. Jahrhundert: in der Zahlenstruktur der Naturtonreihe — begründet sei, war ein irriges Vorurteil, das sich zwar historisch erklären, jedoch nicht sachlich rechtfertigen läßt.

Erstens ist in der Naturtonreihe — dem Obertonspektrum eines Tones — zwar der Dur-, aber nicht der Mollakkord im unteren Teil der Frequenz- oder Zahlenserie enthalten, einer Serie, deren obere Teile musiktheoretisch bedeutungslos sind, weil sie sich ins Unendliche verlieren, also am Ende alles umfassen — unter anderem den Mollakkord —, aber nichts mehr erklären.

Zweitens begründet die Naturtonreihe, sofern man das Naturvorbild überhaupt als Begründung gelten läßt, zwar die Struktur der einzelnen Durakkorde, aber nicht deren Zusammenhang in der Kadenz; und erst der Konnex, das Grundphänomen der Tonalität, bildet den eigentlichen Gegenstand der Harmonielehre.

Drittens ist eine Naturtonreihe zwar duch eine Zahlenserie darstellbar, aber als musiktheoretisches Erklärungsprinzip fungiert nicht die mathematische Struktur, sondern das akustische Phänomen. Daß den Frequenzen des Durakkords die Proportion 4:5:6 zugrundeliegt, ist insofern gleichgültig, als ein gänzlich anderes, physikalisches Faktum, der sinnlich erfahrbare Sachverhalt, daß in der Naturtonreihe die Töne c, e und g miteinander verschmelzen, dazu dient, den Konsonanzcharakter des Durakkords zu begründen. Mit anderen Worten: Die Musik ist nicht schon dadurch »tönende Mathematik«, daß die Akustik, von der die Musiktheorie ausgeht, ein mathematisches Moment enthält. Außerdem war die Prämisse der platonisch-pythagoreischen Philosophie, daß Zahlen und Zahlenverhältnisse wirkende und begründende Prinzipien seien, eine Prämisse, ohne die von »tönender Mathematik« nicht sinnvoll die Rede sein kann, von der modernen Naturwissenschaft des 17. und 18. Jahrhunderts preisgegeben worden.

Daß die mathematische Fundierung der Musik ideengeschichtlich aus einem wissenschaftlichen Theorem zu einer sektiererischen Spekulation oder einer dichterischen Metapher geworden war, hinderte allerdings weder die Musiktheorie noch die Philosophie, zäh an ihr festzuhalten, und ist außerdem bei einer Interpretation von Kleists Brief sekundär, weil die Funktion, ein poetologisches Problem bewußt zu machen, ebenso von einer vagen Analogie wie von einem Stück gültiger, etablierter Wissenschaft erfüllt werden konnte. Daß Kleist, als er ein ungelöstes dichtungstheoretisches Paradox zu verdeutlichen suchte, auf eine musiktheoretische »fable convenue« stieß, an der er Rückhalt zu finden glaubte, ist kein Grund, die Fragestellung, die ihm vorschwebte, nicht so ernst zu nehmen, wie sie gemeint war.

## 3

Der Gedanke einer Generalbaßlehre, in der »die wichtigsten Aufschlüsse über die Dichtkunst enthalten sind«, ist von Kleist als Analogie zu Goethes *Farbenlehre*, die er als chiffrierte Poetik las, aufgefaßt worden. Die *Farbenlehre*, die Kleist offenbar den Anstoß gab, Ideen auszuarbeiten, die er seit »frühester Jugend« in sich trug, enthält im »Didaktischen Teil« ein Kapitel über das »Verhältnis zur Tonlehre« (Nr. 747—750), das zu dem Kontext gehört, der bei einer Interpretation des Kleist-Briefes berücksichtigt werden muß.

Frühere Versuche, Analogien zwischen Farbe und Ton zu entdecken oder zu konstruieren, kranken nach Goethe an einem fundamentalen Fehler: »Vergleichen lassen sich Farbe und Ton untereinander auf keine Weise; aber beide lassen sich auf eine höhere Formel beziehen, aus einer höhern Formel beide, jedoch jedes für sich, ableiten.«

Wie die »höhere Formel«, deren Möglichkeit Goethe ahnte, ohne daß er sie in Worte und Zeichen fassen konnte, sich zu der »algebraischen Formel aller übrigen Künste« verhält, die Kleist in der Musik oder der Musiktheorie glaubte finden zu können, läßt sich genauer bestimmen, wenn man unterstellt, daß Kleist außer der seit 1810 vollständig vorliegenden *Farbenlehre*, die er ausdrücklich erwähnt, auch Goethes 1805 erschienene kommentierte Übersetzung von Diderots *Versuch über die Malerei* kannte. Von Diderots Aphorismus »Der Regenbogen ist in der Malerei, was der Grundbaß in der Musik ist« fühlte sich nämlich Goethe zu einer kritischen Glosse herausgefordert, die den metaphorischen Gebrauch des Wortes »Grundbaß« oder »Generalbaß« in festeren Umrissen erscheinen läßt: »Es gibt nicht eine Harmonie, weil der Regenbogen, weil das Prisma sie uns zeigen, sondern diese genannten Phänomene sind harmonisch, weil es eine höhere, allgemeine Harmonie gibt, unter deren Gesetzen auch sie stehen. Der Regenbogen kann keineswegs dem Grundbaß in der Musik verglichen werden [ . . . ], er ist so wenig der Generalbaß der Farben, als ein Durakkord der Generalbaß der Musik ist; aber weil es eine Harmonie der Töne gibt, so ist ein Durakkord harmonisch. Forschen wir aber weiter, so finden wir auch einen Mollakkord, der keineswegs in dem Durakkord, wohl aber in dem ganzen Kreise musikalischer Harmonie begriffen ist.«

Goethe unterscheidet am Harmoniebegriff drei Abstraktionsgrade, deren unzulässige Vermischung er Diderot vorwirft:

1. In der Naturtonreihe, die Diderot mit dem Regenbogen vergleicht — denn nichts anderes als die Naturtonreihe ist mit dem »Grundbaß«, den Rameau aus der Naturtonreihe glaubte deduzieren zu können, gemeint —, ist zwar der Dur-, aber nicht der Mollakkord enthalten.
2. Die Naturtonreihe ist also Teil einer umfassenderen »musikalischen Harmonie«, die auch den Mollakkord einschließt und begründet und die Goethe als »Generalbaß« oder »Grundbaß« bezeichnet.
3. Der Harmonie der Töne wie der Farben liegt darüber hinaus eine »höhere, allgemeine Harmonie« zugrunde, die in der *Farbenlehre*, wie erwähnt, »höhere Formel« genannt wird, ohne daß der heikle Versuch gewagt würde, sie zu präzisieren oder auch nur zu umschreiben.

Goethes »höhere Formel«, die jenseits der spezifischen Ton- und Farbenlehre gesucht werden müßte, scheint zunächst mit der »algebraischen Formel aller übrigen Künste«, die Kleist in der Musik oder der Musiktheorie selbst und nicht etwa in einer tieferen, die Ton- wie die Farbenlehre verborgen fundierenden Struktur entdeckt zu haben glaubte, kaum vergleichbar zu sein. Kleist haftet am Greifbaren, dem »Generalbaß«; Goethe versenkt sich ins Ahnungsvolle, das sich der Demonstration entzieht.

Ein Zusammenhang ist aber dennoch konstruierbar, wenn man bei Kleist wie bei Goethe an den zitierten Stellen die unausgesprochene, im Hintergrund wirksame Idee einer Natur voraussetzt, die den tragenden Grund dessen bildet, was Kleist die »Wurzel« oder die »algebraische Formel aller übrigen Künste« nennt.

Daß Kleist — wie Goethe — trotz physikalischer Studien nicht vom Naturbegriff der modernen Wissenschaft, sondern von dem der antiken, aristotelischen Philosophie ausging, jedenfalls im Kontext der Dichtungstheorie, darf man ohne umständliche Erörterungen unterstellen; und es ist ferner wahrscheinlich, daß er sich an der um 1800 um sich greifenden Tendenz orientierte, unter »Natur« in einem poetologischen Zusammenhang eine

»Energeia« und nicht ein »Ergon« zu verstehen. Von August Wilhelm Schlegel war die scholastische Unterscheidung zwischen der »Natura naturans« und der »Natura naturata« dazu benutzt worden, den aus der Renaissance stammenden Postulaten der Nachahmungsästhetik die Idee entgegenzuhalten, daß nicht die vorhandene, gegebene, sondern die hervorbringende, im Dichter und im Maler von innen heraus wirkende Natur das Prinzip oder den Ursprung der Kunst darstelle, von dem deren Theorie ausgehen müsse.

Die produktive Natur aber — und damit schließt sich der Zirkel der hypothetischen Interpretation des Kleist-Briefes — ist nach Novalis durch »musikalische Verhältnisse« bestimmt: »Die musikalischen Verhältnisse scheinen mir recht eigentlich die Grundverhältnisse der Natur zu sein« (*Fragmente,* hrsg. von Ernst Kamnitzer, Dresden 1929, Nr. 479).

Daß Kleist von Novalis beeindruckt war, ist bekannt. Und da er 1808 von der Familie Hardenberg beauftragt wurde, »die gesammten Schriften des Novalis [ . . . ] zu verlegen« (an Ulrike von Kleist, 8. Februar 1808), beschränkte sich seine Kenntnis der *Fragmente* zweifellos nicht auf die Auswahl, die 1798 im *Athenäum* unter dem Titel *Blütenstaub* gedruckt worden war.

Außerdem läßt sich die Konfiguration der Begriffe, die dem Brief an Marie von Kleist vom Sommer 1811 zugrundeliegen, fast lückenlos zu Novalisschen Fragmenten in Beziehung setzen. Die Assoziation von »Stimmungen« und »Verstimmungen« als Gemütszuständen mit musikalischen Strukturen, die in der Seele ebenso wie in der ganzen Natur und in sämtlichen Künsten enthalten sind, und mit dem Wachtraum von einem utopischen Leben, das »Genuß« wäre, kehrt bei Novalis in ähnlichen oder nahezu gleichen Formulierungen wieder. »Das Wort Stimmung deutet auf musikalische Seelenverhältnisse. Die Akustik der Seele ist noch ein dunkles, vielleicht aber sehr wichtiges Feld. Harmonische und disharmonische Schwingungen« (Nr. 1128). »Aller Genuß ist musikalisch, mithin mathematisch. Das höchste Leben ist Mathematik« (Nr. 940). Es sind dieselben Begriffe — »Leben«, »Genuß«, »Stimmung«, »Musik« und »Mathematik« —, die von Kleist wie Novalis in manchmal verwirrenden und paradoxen Formulierungen zu einem Gewebe verknüpft werden, in dem schließlich, falls man sich auf den intellektuellen Wachtraum einläßt, auch das Entlegenste zusammenzuhängen scheint. Daß es philologische Pedanterie wäre, eine Abhängigkeit Kleists von Novalis zu konstruieren und den Brief als Mosaik zu erklären, braucht kaum gesagt zu werden; es genügt, sich Analogien bewußt zu machen, die den Rekurs auf Novalis bei der Interpolation des Naturbegriffs, und zwar eines durch »musikalische Verhältnisse« bestimmten Naturbegriffs rechtfertigen.

## 4

Die Schlußszenen des *Käthchen von Heilbronn* und des *Prinzen von Homburg*, Augenblicke eines Wunders, das inszeniert und dennoch ein Wunder ist, scheinen unabweislich, obwohl keine Regiebemerkung die geringste Andeutung enthält, von Musik erfüllt zu sein: einer Musik allerdings, die sich — wenn das Paradox erlaubt ist — nicht in Töne fassen läßt. Und man ist in Versuchtung, an das »tönende Schweigen« zu denken, von dem Richard Wagner 1860 in der Abhandlung *Zukunftsmusik* sprach — der Anachronismus dürfte insofern tolerierbar sein, als die primäre musikalische Erfahrung, von der Wagner wie Kleist ausgingen, die klassische, von den Frühromantikern als absolute Musik gedeutete Symphonie der Zeit um 1800 war.

Es liegt nahe, die unentbehrliche, wenn auch eigentliche imaginäre Musik, ohne die im Theater ein Wunder kaum vorstellbar ist, zu einem musikalischen Wachtraum in Beziehung zu setzen, über den Kleist zweimal mit fast gleichen Worten berichtete. Und die Briefstellen, deren Übereinstimmung über ein Jahr hinweg als Zeichen der Bedeutung verstanden werden kann, die Kleist dem geschilderten Erlebnis zumaß, lassen andererseits erkennen, welche Art von Musik ihm vorschwebte, wenn er glaubte, aus ihr die tiefsten Aufschlüsse über das Wesen der Dichtkunst gewinnen zu können: »Aber ich höre zuweilen, wenn ich in der Dämmerung, einsam, dem wehenden Athem des Westwinds entgegen gehe, und besonders wenn ich dann die Augen schließe, ganze Concerte, vollständig, mit allen Instrumenten von der zärtlichen Flöte bis zum rauschenden Contra-Violon. So entsinne ich mich besonders einmal als Knabe vor 9 Jahren, als ich gegen den Rhein und gegen den Abendwind zugleich hinaufgieng, und so die Wellen der Luft und des Wassers zugleich mich umtönten, ein schmelzendes Adagio gehört habe, mit allem Zauber der Musik, mit allen melodischen Wendungen und der ganzen begleitenden Harmonie. Es war wie die Wirkung eines Orchesters, wie ein vollständiges Vaux-hall; ja, ich glaube sogar, daß Alles was die Weisen Griechenlands von der Harmonie der Sphären dichteten, nichts Weicheres, Schöneres, Himmlischeres gewesen sei, als diese seltsame Träumerei« (an Wilhelmine von Zenge, 19. Sepember 1800). »Ach, ich entsinne mich, daß ich meiner Entzückung zuweilen, wenn ich die Augen schloß, besonders einmal, als ich an dem Rhein spatzieren ging, und so zugleich die Wellen der Luft und des Stromes mich umtönten, eine vollständige Sinfonie gehört habe, die Melodie und alle begleitenden Accorde, von der zärtlichen Flöte bis zu dem rauschenden Kontra-Violon. Das klang mir wie eine Kirchenmusik, und ich glaube, daß Alles, was uns die Dichter von der Sphärenmusik erzählen, nichts Reizenderes gewesen ist, als diese seltsame Träumerei« (an Adolfine von Werdeck, 28. Juli 1801).

Die Rührung durch ein »schmelzendes Adagio« erinnert an den

19. Hundsposttag aus Jean Pauls *Hesperus*. Und die Assoziation von Symphonie und katholischer Kirchenmusik — die Tendenz, aus der absoluten, textlosen und von fest umrissenen, gegenständlich bestimmten Gefühlen losgelösten Musik eine Ahnung des Absoluten herauszuhören, wie sie andererseits durch Palestrinas Messen und Motetten vermittelt wurde — stammt aus Wackenroders *Herzensergießungen eines kunstliebenden Klosterbruders*.

Entscheidend aber ist bei einem Versuch, genauer zu erfassen, was Kleist unter den »musikalischen Verhältnissen« der Natur verstand, die zugleich solche der Dichtkunst sind, die Idee der Sphärenharmonie, die man keineswegs als bloßen Topos abtun darf, der im Bildungsarsenal der Epoche bereitlag. Die zitierten Briefstellen sind nämlich insofern, als Kleist die Sphärenharmonie, deren mathematische Struktur ihm zweifellos bewußt war, eine »seltsame Träumerei« nennt, weil sie ihm als Träumerei zur lebendigen Erfahrung geworden war, ein Indiz dafür, daß die »algebraische Formel« der Kunst, die er in der Musik suchte, von dem »tönenden Schweigen«, durch das Musik an die Wurzeln der Dichtung heranreicht, und zwar in deren höchsten, utopischen Augenblicken, nicht so weit entfernt war, wie man zunächst vermuten würde.

Das Verhältnis zwischen »tönender Mathematik« und einer in metaphysische Ahnungen sich verlierenden musikalischen Imagination, ein Verhältnis, das Wackenroder beunruhigte und für das E. T. A. Hoffmann, als er 1810 Beethovens Fünfte Symphonie interpretierte, in Jean Pauls Begriff der »hohen Besonnenheit« die vermittelnde, den Widerspruch schlichtende Formel gefunden zu haben glaubte, bildete demnach gerade als Paradox, das einer Auflösung widerstrebte, die dunkle Mitte, um die Kleists Musikverständnis — ein Musikverständnis mit poetologischen Konsequenzen — kreiste. In der Sphärenharmonie, die Kleist nicht als literarischen Topos zitierte, sondern die er als Intuition mit eigenen Sinnen zu erfahren glaube, sind die »algebraische Formel« der Kunst und der »andere Zustand«, der in den utopischen Augenblicken Kleistscher Dramen die Idee eines »tönenden Schweigens« evoziert, ein und dasselbe.

## Anmerkungen

1 A. Schmitz, *Das romantische Beethovenbild. Darstellung und Kritik*, Berlin und Bonn 1927.
2 G. Becking, *Der musikalische Rhythmus als Erkenntnisquelle*, Augsburg 1928, S. 181.
3 G. Becking, »Zur musikalischen Romantik«, in: *Deutsche Vierteljahrsschrift für Literaturwissenschaft und Geistesgeschichte* 2 (1924), S. 393.
4 G. Becking, »Klassik und Romantik«, in: Kongreßbericht Leipzig 1925, S. 295.
5 H. Kuhn, »Die Vollendung der klassischen deutschen Ästhetik durch Hegel«, in: ders., *Schriften zur Ästhetik*, München 1966, S. 15ff.

6 W. Seifert, *Christian Gottfried Körner. Ein Musikästhetiker der deutschen Klassik*, Regensburg 1960.
7 Nach A. Schering, »Bemerkungen zu Joseph Haydns Programmsinfonien«, in: ders., *Vom musikalischen Kunstwerk*, Leipzig ²1951, S. 257.
8 I. Kant, *Kritik der Urteilskraft*, § 53: »Aber an dem Reize und der Gemütsbewegung, welche die Musik hervorbringt, hat die Mathematik sicherlich nicht den mindesten Anteil, sondern sie ist nur die unumgängliche Bedingung.«
9 H. Chr. Koch, *Versuch einer Anleitung zur Composition*, Band II, Leipzig 1787, S. 117.
10 F. Schiller, Brief an Chr. G. Körner vom 10. 3. 1795, zit. nach W. Seifert, a.a.O., S. 94.
11 F. Schiller, 22. *Brief über die ästhetische Erziehung des Menschen.*
12 Kant, a.a.O., § 13.
13 W. H. Wackenroder, *Werke und Briefe*, hrsg. von L. Schneider, Heidelberg 1967, S. 292.
14 H. Kretzschmar, *Gesammelte Ausätze über Musik*, Band II, Leipzig 1911, S. 242ff.; vgl. dazu W. Hilbert, *Die Musikästhetik der Frühromantik*, Remscheid 1911, S. 82f.
15 Schmitz, a.a.O.
16 E. Bücken, *Die Musik des Rokoko und der Klassik*, Wildpark-Potsdam 1927, S. 161 und 172.
17 Im Briefwechsel Wackenroders und Tiecks wird die Französische Revolution enthusiastisch gefeiert (Wackenroder, a.a.O., S. 405 und 411ff.).
18 Ebd., S. 255, 292 und 430.
19 Ebd., S. 415.
20 »Überhaupt fühle ich«, schrieb Clemens Brentano im März 1808 am Achim von Arnim über Reichardt, »daß schon aus seiner Ansicht der Poesie hervorgeht, daß seine Musik den neuen romantischen Schritt der Kunst nicht macht noch machen wird« (nach W. Salmen, *Johann Friedrich Reichardt*, Freiburg i. Br. und Zürich 1963, S. 103).
21 Becking, »Zur musikalischen Romantik«, a.a.O., S. 587.
22 E. T. A. Hoffmann, *Schriften zur Musik. Nachlese*, hrsg. von F. Schnapp, München 1963, S. 35.
23 W. Niemann, *Die Musik seit Richard Wagner*, Berlin und Leipzig 1913, S. 27.
24 Becking, »Zur musikalischen Romantik«, a.a.O., S. 585.
25 Ebd., S. 586.
26 »Nun sieht das Auge einen entsetzlichen Unhold, der in seiner schwarzen Höhle liegt, mit starken Ketten festgebunden; er strebt mit aller Gewalt, mit der Anstrengung aller Kräfte sich loszureißen, aber immer wird er noch zurückgehalten: um ihn her beginnt der magische Tanz aller Gespenster, aller Larven. Wie eine weinende Wehmut steht es zitternd in der Ferne, und wünscht, daß die Ketten den Gräßlichen zurückhielten, daß sie nicht brechen möchten. Aber lauter und furchtbar lauter wird das Getümmel, und mit einem erschreckenden Aufschrei, mit der innersten Wut bricht das Ungeheuer los, und stürzt mit wildem Sprunge in die Larven hinein, Jammergeschrei und Frohlocken durcheinander« (Wackenroder, a.a.O., S. 256).
27 Ebd., S. 245. Es scheint zunächst, als sei die Metaphysik der Instrumentalmusik, durch die sich die romantische Musikästhetik von der des Sturm und Drang unterscheidet, bei Wackenroder noch unentwickelt. H. Goldschmidt sprach geradezu von einer »Übereinstimmung der romantischen Grundanschauung mit dem Sturm und Drang« (*Die Musikästhetik des 18. Jahrhunderts und ihre Beziehungen zu seinem Kunstschaffen*, Zürich und Leipzig 1915, S. 208). E. Hertrich (*Joseph Berlinger. Eine Studie zu Wackenroders Musiker-Dichtung*, Berlin 1969, S. 123) schränkte Goldschmidts Behauptung durch den Hinweis ein, daß Wackenroder die Gefühle, deren Sprache die Musik ist, als »von dem verwirrten Wust und Geflecht des irdischen Wesens« abgelöst empfand. »Die Töne sind ihm [Wackenroder] vielmehr nur Mittel, das absolute, d.h. vom Leben gelöste Gefühl vor der kontaminierenden Berührung mit der Welt zu bewahren«. Hertrich zögerte jedoch,

Wackenroders Übergang zu einer Mystik der Instrumentalmusik nachzuvollziehen. Der Gefühlsgehalt der Musik ist nach Wackenroder in den Tönen an sich, im mathematisch fundierten Tonsystem eingeschlossen, und zwar — das unterscheidet die romantische Ästhetik schroff vom Ausdrucksprinzip des Sturm und Drang — unabhängig von expressiven Intentionen des Komponisten. »Daher kommt es, daß manche Tonstücke, deren Töne von ihren Meistern wie Zahlen zu einer Rechnung, oder wie die Stifte zu einem musivischen Gemälde, bloß regelrecht, aber sinnreich und in glücklicher Stunde, zusammengesetzt wurden, — wenn sie auf Instrumenten ausgeübt werden, eine herrliche, empfindungsvolle Poesie reden, obwohl der Meister wenig daran gedacht haben mag, daß in seiner gelehrten Arbeit, der in dem Reiche der Töne verzauberte Genius, für eingeweihte Sinne, so herrlich seine Flügel schlagen würde« (Wackenroder, a.a.O. S. 220). Wackenroders *Seelenlehre der heutigen Instrumentalmusik* ist keine Anweisung, »seine Ichheit auch in der Musik herauszutreiben« (C. F. D. Schubart), sondern eine aus dem Ausdrucksprinzip herauswachsende Metaphysik.

28 Ebd., S. 254.

29 H. H. Eggebrecht, »Das Ausdrucks-Prinzip im musikalischen Sturm und Drang«, in: *Deutsche Vierteljahrsschrift für Literaturwissenschaft und Geistesgeschichte* 29 (1955), S. 323ff.

30 L. Schrade, *W. A. Mozart*, Bern und München 1964, S. 13.

31 H. H. Eggebrecht, »Beethoven und der Begriff der Klassik«, in: *Sitzungsberichte der Österreichischen Akademie der Wissenschaften, Philosophisch-historische Klasse*, 271. Band, Wien 1971, S. 55.

32 Hoffmann, a.a.O., S. 66, 75, 218, 234 und 370.

33 Ebd., S. 171f.

34 Ebd., S. 66 und 75.

35 Ebd., S. 212.

36 Ebd., S. 294.

37 Ebd., S. 34: »Wie wenig erkannten die Instrumentalkomponisten dies eigentümliche Wesen der Musik, welche versuchten, jene bestimmbaren Empfindungen, oder gar Begebenheiten darzustellen, und so die der Plastik geradezu entgegengesetzte Kunst plastisch zu behandeln.« Ein Paradigma »bestimmbarer Empfindungen« aber sind »die moralischen Charaktere«, die Haydn in seinen Symphonien zu schildern versuchte.

38 Ebd., S. 34.

39 Ebd., S. 36: »Mozart nimmt das Übermenschliche, das Wunderbare, welches im innern Geiste wohnt, in Anspruch.«

40 Ebd., S. 36.

41 Eggebrecht, »Beethoven und der Begriff der Klassik«, a.a.O. S. 52. Daß die romantische Musikästhetik auf der Suche nach dem »Übermenschlichen«, dem »Geisterreich«, das »konkret Mentschliche« hinter sich zurückließ, bezeichnet ihre entscheidende Differenz vom Geist der Wiener Klassik. F. Schlegel verwarf die populäre Überzeugung, »nach welcher die Musik nur die Sprache der Empfindung sein soll«, als »platten Gesichtspunkt der sogenannten Natürlichkeit« und postulierte »eine gewisse Tendenz aller reinen Instrumentalmusik zur Philosophie« (nach Hilbert, a.a.O., S. 120).

42 Hoffmann, a.a.O., S. 36.

43 Ebd., S. 66.

44 Ebd., S. 75.

45 Nach H. Eckardt, *Die Musikanschauung der französischen Romantik*, Kassel 1935, S. 50.

46 Ebd., S. 52.

47 Schmitz, a.a.O., S. 6f. und S. 81.

48 Hoffmann, a.a.O., S. 34.

49 Wackenroder, a.a.O., S. 255.
50 Ebd., S. 254.
51 Schmitz, a.a.O., S. 78.
52 C. Dahlhaus, »Karl Philipp Moritz und das Problem einer klassischen Musikästhetik«, in: *Kaleidoskop. Festschrift für Fritz Baumgart,* hrsg. von F. Mielke, Berlin 1977, S. 242ff., im vorliegenden Band S. 30ff.
53 J. G. Sulzer, *Allgemeine Theorie der Schönen Künste*, Leipzig ²1794, Reprint Hildesheim 1967, Band IV, S. 478.
54 Ebd., S. 479.
55 K. Viëtor, *Geschichte der deutschen Ode*, München 1923, Reprint Darmstadt 1961, S. 162.
56 Hoffmann, a.a.O., S. 36.
57 Ebd., S. 37; zum Begriff der »inneren Struktur« vgl. K. Kropfinger, »Bemerkungen zur Geschichte des Begriffswortes ›Struktur‹ in der Musik«, in: *Zur Terminologie der Musik des 20. Jahrhunderts*, hrsg. von H. H. Eggebrecht, Stuttgart 1974, S. 190.
58 Hoffmann, a.a.O., S. 35f.
59 Sulzer, a.a.O., S. 479.
60 Zitiert nach Viëtor, a.a.O., S. 140.
61 Zitiert nach Viëtor, a.a.O., S. 134.
62 J. A. Scheibe, *Der critische Musicus*, Hamburg 1739, S. 599.
63 Ebd., S. 624.
64 Ebd., S. 600.
65 Hoffmann, a.a.O., S. 382; auf die Ähnlichkeit des kategorischen Grundmusters in der Rezension der Fünften Symphonie und in dem Aufsatz über Spontinis *Olympia* machte P. Schnaus aufmerksam (*E. T. A. Hoffmann als Beethoven-Rezensent der Allgemeinen Musikalischen Zeitung*, Freiburger Schriften zur Musikwissenschaft [8], München 1977, S. 121).
66 F. Rochlitz, »Vom zweckmäßigen Gebrauch der Mittel der Tonkunst«, in: *Für Freunde der Tonkunst*, Leipzig ²1830, Band II, S. 166.
67 Ebd., S. 167.
68 Ebd., S. 169.
69 Ebd., S. 169.
70 Sulzer, a.a.O., Band II, S. 99.
71 F. Schiller, »Vom Erhabenen«, in: *Sämtliche Werke*, hrsg. von G. Fricke, München ⁴1967, Band V, S. 502.
72 Hoffmann, a.a.O., S. 36.
73 E. Burke, *Vom Erhabenen und Schönen*, Berlin 1956, S. 91.
74 Ebd., S. 92.
75 Ebd., S. 93.
76 Ebd., S. 110.
77 F. Schiller, »Über das Erhabene«, in: *Sämtliche Werke*, Band V, S. 796.
78 Hoffmann, a.a.O., S. 36.
79 Jean Paul, *Vorschule der Ästhetik*, 1804, hrsg. von N. Miller, München 1963, S. 101.
80 Hoffmann, a.a.O., S. 37.
81 Jean Paul, a.a.O., S. 57; auf die Abhängigkeit der Hoffmannschen Bestimmung der »hohen Besonnenheit« von Jean Paul machte F. Schnaus (a.a.O., S. 81f.) aufmerksam.
82 Ebd., S. 57.
83 Hoffmann, a.a.O., S. 36f.
84 Eggebrecht, »Das Ausdrucks-Prinzip im musikalischen Sturm und Drang« S. 323ff.
85 Hoffmann, a.a.O., S. 50.
86 Jean Paul, a.a.O., S. 93.

87 Ebd., S. 94.
88 F. Schiller, »Über naive und sentimentalische Dichtung«, in: *Sämtliche Werke*, Band V, S. 719.
89 Ebd., S. 718.
90 Ebd., S. 734.
91 Hoffmann, a.a.O., S. 34.
92 Ebd., S. 36.
93 Schiller, »Vom Erhabenen«, a.a.O., S. 489; Schiller stützte sich auf Kant, der in § 28 der *Kritik der Urteilskraft* schrieb (1790): »So gibt auch die Unwiderstehlichkeit ihrer [der Natur] Macht uns, als Naturwesen betrachtet, zwar unsere physische Ohnmacht zu erkennen, aber entdeckt zugleich ein Vermögen, uns als von ihr unabhängig zu beurteilen, und eine Überlegenheit über die Natur, worauf sich eine Selbsterhaltung von ganz anderer Art gründet, als diejenige ist, die von der Natur außer uns angefochten und in Gefahr gebracht werden kann, wobei die Menschheit in unserer Person unerniedrigt bleibt.«
94 Hoffmann, a.a.O., S. 36; daß Hoffmann das ethische Moment, das durch Beethoven musikalisch ausgeprägt wurde, ins Metaphysische umfärbte, ist von Schnaus (a.a.O., S. 143) beobachtet, aber nicht auf die Ästhetik des Erhabenen bezogen worden.
95 L. van Beethoven, *Sämtliche Briefe und Aufzeichnungen*, hrsg. von F. Prelinger, Band II, Wien 1907, S. 305.
96 Hoffmann, a.a.O., S. 50; daß es unter »Kennern und Liebhabern« noch um 1800 keineswegs selbstverständlich war, die »innere Struktur« eines Symphoniesatzes zu erkennen, daß vielmehr die »anscheinende Unordnung«, die zu den Merkmalen des erhabenen Stils gehörte, immer noch Verwirrung stiftete, bezeugt Christian Friedrich Michaelis: »Übrigens will ich nicht leugnen, daß Manche durch den Eindruck erhabener Tonstücke nur in eine wilde oder leere Aufwallung gesetzt werden können, woran vielleicht Mangel an Entwicklung der Vernunft oder fehlerhafte Beschaffenheit oder Darstellung der Komposition Schuld ist« (*Geist der Tonkunst*, Leipzig 1800, S. 126f.).
97 Ebd., S. 43.
98 Seifert, a.a.O., S. 157.
99 Hoffmann, S. 204.
100 Ebd., S. 34.
101 Ebd., S. 466.
102 Ebd., S. 468.
103 F. Blume, *J. S. Bach im Wandel der Geschichte*, Kassel 1947, S. 13f.
104 L. Tieck, in: Wackenroder, a.a.O., S. 245.
105 F. Rochlitz, *Für Freunde der Tonkunst*, Leipzig ²1830, Bd. I, S. 217.
106 E. T. A. Hoffmann, *Musikalische Novellen*, hrsg. von E. Istel, Regensburg (1919), S. 72.
107 Wackenroder, a.a.O., S. 205.
108 J. F. Reichardt, *Briefe, die Musik betreffend*, hrsg. von G. Herre und W. Siegmund-Schultze, Leipzig 1976, S. 175.
109 Ebd., S. 177.
110 Hoffmann, *Musikalische Novellen*, S. 71.
111 L. Schrade, »Johann Sebastian Bach und die deutsche Nation«, in: *Deutsche Vierteljahrsschrift für Literaturwissenschaft und Geistesgeschichte* 15 (1937), S. 241.
112 Ebd., S. 231.
113 Zu Triest vgl. auch M. Ruhnke in: *Festschrift Friedrich Blume zum 70. Geburtstag*, Kassel 1963, S. 309f. Nach H. Moderow (*Die Evangelischen Geistlichen Pommerns von der Reformation bis zur Gegenwart*, Teil I, Stettin 1903, S. 471) wurde Johann Karl Friedrich Triest am 16. Juni 1764 als Sohn eines Steuerbeamten in Stettin geboren, studierte in Halle (Saale) bis 1785, wurde am 11. Mai 1787 Pastor an St. Gertrud in Stettin und 1810 Archidiakon an St. Jakobi, starb aber schon am 11. August desselben Jahres.

114 J. K. F. Triest, »Bemerkungen über die Ausbildung der Tonkunst in Deutschland im achtzehnten Jahrhundert«, in: *Allgemeine Musikalische Zeitung* 3 (1800/01), Sp. 259.
115 Schrade, a.a.O., S. 237ff.
116 Reichardt, a.a.O., S. 174.
117 Schrade, a.a.O., S. 236.
118 Triest, a.a.O., Sp. 273f.
119 Ebd., Sp. 228, Anmerkung.
120 I. Kant, *Kritik der Urteilskraft*, § 14.
121 Ebd., § 16.
122 Ebd.
123 Ebd., § 53.
124 Triest, a.a.O., Sp. 228, Anmerkung.
125 Ebd., Sp. 274.
126 Wackenroder, a.a.O., S. 224.
127 Ebd., S. 205.
128 Ebd., S. 254.
129 Ebd., S. 255.
130 Triest, a.a.O., Sp. 261.
131 Ebd., Sp. 242.
132 Ebd., Sp. 273.
133 Ebd., Sp. 274f.
134 Ebd., Sp. 246.
135 Ebd., Sp. 248f.
136 Ebd., Sp. 297.
137 Ebd.
138 Ebd.
139 Ebd., Sp. 298.
140 Ebd., Sp. 299.
141 Ebd., Sp. 300.
142 Kant, a.a.O., § 53.
143 Triest, a.a.O., Sp. 300f.
144 Sulzer, a.a.O., Bd. IV, S. 478.
145 Ebd., S. 479.
146 Wackenroder, a.a.O., S. 245.
147 Triest, a.a.O., Sp. 301.
148 Rochlitz, a.a.O., S. 207.
149 Ebd., S. 218.
150 R. Schumann, *Gesammelte Schriften über Musik und Musiker*, hrsg. von M. Kreisig, Leipzig 1914, Bd. I, S. 357.
151 Ebd., S. 251.
152 Ebd., S. 343.
153 Fr. Th. Vischer, *Ästhetik oder Wissenschaft des Schönen*, München [2]1923, Band V, S. 19.
154 G. F. W. Hegel, *Wissenschaft der Logik* (Sämtliche Werke [Jubiläumsausgabe] 8), S. 303.
155 Ebd., S. 302.
156 J. N. Forkel verstand die Musikgeschichte als Prozeß, in dem Inhalt und Form, Ausgedrücktes und Ausdrückendes, Gefühl und Tonverbindung sich durch Wechselwirkung immer höher entwickeln. Die Differenzierung der Gefühlskultur und die des Tonsystems erschienen als zwei Seiten derselben Sache, so daß zusammen mit der Bestimmtheit des einen Moments auch die des anderen wächst. »Sowohl zu dieser Vermehrung, als zur genauesten Bestimmtheit der musikalischen Kunstausdrücke, hat nichts so viel beigetragen,

als die Erfindung der Harmonie nach ihrer heutigen Beschaffenheit. Bloß durch sie konnte die Musik das werden, was sie nun ist, nämlich eine wahre Empfindungsrede. Ich will zuerst von ihrem Einfluß auf die genauere Bestimmtheit der musikalischen Ausdrücke reden« (*Allgemeine Geschichte der Musik,* Band I, Leipzig 1788, Reprint Graz 1967, S. 13).

157 Vischer war ein Philosoph des mittleren Ausgleichs. Einerseits erkannte er, daß dunkel Gefühltes durch Musik eine Form erhalten kann, in der es als bestimmte Empfindung erscheint: daß »das Gefühlsleben nicht nur mit der Subjektivität dessen, der es darstellen soll, verwachsen, sondern auch in seiner Formbestimmtheit vor der Darstellung so dunkel ist, daß sie der Künstler selbst erst ahnt« (a.a.O., S. 51). Andererseits hielt Vischer dennoch am Begriff des »unbestimmten Gefühls« fest: Die Bestimmtheit und Individualität, die zu den Bedingungen des Kunstcharakters musikalischer Werke gehört, sei zwar momentan erreichbar, bleibe aber transitorisch. »Das Individuelle wird daher in der Musik seinen Ausdruck finden, aber nur wie ein Geahntes, das im Augenblick, wo man es fassen will, wieder als zu unbestimmt ins Dunkel entschwindet« (a.a.O., S. 69).

158 *Briefe Mendelssohns aus den Jahren 1830—1847*, hrsg. von Paul und Charlotte Mendelssohn Bartholdy, Berlin 1870, S. 482.

159 E. Hanslick, *Vom Musikalisch Schönen*, Leipzig 1854, Reprint Darmstadt 1965, S. V.

160 Ebd., S. 24.

161 Ebd., S. 25.

162 Ebd., S. 14.

163 Ebd., S. 20.

164 Ebd., S. 36.

165 R. Wagner, »Über Franz Liszts symphonische Dichtungen«, in: *Gesammelte Schriften und Dichtungen*, hrsg. von W. Golther, Berlin etc. o. J., Band VII, S. 194.

166 Wackenroder, a.a.O., S. 255.

167 Ebd., S. 245.

168 Ebd., S. 252.

169 J. Mattheson, *Der vollkommene Capellmeister*, Hamburg 1739, Reprint Kassel 1954, S. 82.

170 Wackenroder, a.a.O., S. 254.

171 Ebd., S. 254.

172 J. J. Breitinger, *Critische Dichtkunst*, Zürich und Leipzig 1740, Reprint Stuttgart 1966, Band I, S. 136f.

173 Ebd., S. 13ff.

174 Ebd., S. 60.

175 O. Walzel, *Das Prometheussymbol von Shaftesbury zu Goethe*, München 1932, S. 45f.

# III. ÄSTHETIK DES MUSIKALISCHEN ALLTAGS

## ROMANTIK UND BIEDERMEIER

### 1

Der Ausdruck »musikalisches Biedermeier«, von dem nicht feststeht, in welchem Ausmaß er greifbare Sachverhalte trifft oder aber ein bloßes Begriffsgespenst ist, scheint auf drei Voraussetzungen zu beruhen: Erstens ist die Restaurationszeit zwischen 1815 und 1848 — und zwar sowohl in Wien als auch in Berlin und Leipzig — kulturgeschichtlich durch Züge bestimmt, denen das Wort »Biedermeier« (mit den Assoziationen von Enge, Gemütlichkeit und Bildungseifer) entspricht. (Die dichtungs- und musikgeschichtliche Signatur eines Zeitalters braucht allerdings mit der kulturgeschichtlichen nicht übereinzustimmen: Für Grillparzer und Stifter, Mörike und die Droste ist die Kategorie »Biedermeier« zweifellos zu eng.)

Zweitens mangelt es nicht an musikalischen Phänomenen, für die sich immer schon — 1913 bei Walter Niemann[1], 1924 bei Hans Joachim Moser[2], also vor der Verfestigung des Biedermeier-Begriffs zum geistes- und literaturgeschichtlichen Epochennamen um 1930[3] — der Ausdruck »Biedermeier« (als Vokabel der Alltagssprache) aufdrängte: Lortzings Singspiele, Silchers Chorsätze oder der andächtig-bornierte Historismus Eduard Grells. »Biedermeier« und »Romantik« schlossen sich dabei nicht aus: Die Repräsentanten eines musikalischen »Biedermeier« figurieren bei Niemann zugleich als »Neben- oder Nachromantiker«, und Moser spricht bei Spohr einerseits von einer Biedermeier-Attitüde, andererseits von »romantischer Kammermusik«.[4]

Drittens erscheint das »Biedermeierproblem« wissenschaftlich als Kehrseite des »Romantikproblems«: als Ausdruck der Verlegenheit, in die ein Musikhistoriker gerät, wenn er einerseits — konventionell — die Restaurationszeit insgesamt (jedenfalls in Deutschland) musikgeschichtlich als Epoche der Romantik charakterisiert, sich andererseits jedoch den Argumenten und eindringlichen Beschreibungen Gustav Beckings[5] nicht verschließt, die zeigen, daß »eigentlich« nur Weber und Schubert, Schumann und Mendelssohn »Romantiker« im ungeschmälerten Sinne des Wortes waren. (Beckings »erste Romantikergeneration« mit E. T. A. Hoffmann und dem Prinzen Louis Ferdinand ist eine fragwürdige Konstruktion.[6]) Kann man aber Spohr und Marschner, Lortzing und Friedrich Schneider, Loewe und Robert Franz als bloße »Nebenmeister« abtun, deren nicht-romantische (oder, um den Beckingschen Rigorismus zu mildern: partiell oder überwiegend nicht-romantische) Tendenzen wegen der geringeren Statur der Komponisten wenig oder nichts an der »geistesgeschichtlichen« Prägung des Zeitalters durch die Romantik ändern?

Walter Niemann sprach von »Nebenromantikern«[7] — als handle es sich um Romantiker niedrigeren Ranges, aber jedenfalls um Romantiker —, Ernst Bücken von »Realisten«[8] — gemeint ist nicht ein musikalischer Realismus im Sinne Mussorgskys, sondern die Fügsamkeit der Komponisten gegenüber den sozialen Realität —, Horst Heussner von musikalischem Biedermeier als einem Stil eigenen ästhetischen Rechts, der nicht an romantischen Kriterien gemessen werden dürfe.[9] Verfehlt ist der vom Begriff der »Generation« ausgehende Versuch Heinz Funcks[10], die »zwischen 1815 und 1830 (auch schon früher) geborenen deutschen Musik« dem Biedermeier »zuzurechnen«: »Biedermeierzeit ist in der Musikgeschichte die etwa von 1835 bis 1860, z. T. bis 1870 währende Epoche.« Erstens wurden die 1830er und 1840er Jahre kompositionsgeschichtlich durch Mendelssohn und Schumann, die 1850er und 1860er Jahre durch Wagner und Liszt geprägt, so daß von einer »Biedermeierzeit«, einer vor allem durch das Biedermeier bestimmten Epoche zwischen 1835 und 1860 (1870) schwerlich die Rede sein kann. Und zweitens sind zwischen 1815 und 1830 zwar Carl Reinecke, Theodor Kirchner und Cornelius Gurlitt, aber auch Bruckner, Peter Cornelius und Joachim Raff geboren; und Kreutzer und Lortzing waren Jahrzehnte älter.

Der Begriff des »musikalischen Biedermeier« krankt daran, daß er als Sammelname für Phänomene gebraucht wurde, die nichts als das negative Merkmal gemeinsam haben, daß man sie — aus verschiedenen Gründen — nicht zur Romantik zählen mochte. Der innere Abstand zwischen Spohr und Lortzing, Schneider und Kirchner oder Silcher und Robert Franz ist jedoch zu groß, als daß es möglich wäre, einen Stilbegriff — einen zusammenfassenden Ausdruck für einen musikalischen Merkmalkomplex — zu fomulieren, der sie sämtlich umfaßt, ohne leer und nichtssagend zu sein. Charakteristisch ist, daß Heussner, der sowohl Spohr als auch Lortzing und Nicolai zu den Biedermeierkomponisten zählt[11], sich unwillkürlich dazu gedrängt fühlt, aus der Kompositionsgeschichte — der Bestimmung des Biedermeier als Stil — immer wieder in die Institutionsgeschichte auszuweichen, und daß dort, wo er kompositions- und gattungsgeschichtlich argumentiert — erwähnt werden das Vordringen des Liedes und des lyrischen Klavierstücks, der Hang zur Genreszene in der Oper und im Singspiel und die Neigung zu liedhafter und pittoresker Thematik in der Symphonie[12] — die Grenze zwischen Biedermeier und Romantik ins Unkenntliche verfließt. (Ist wirklich

Schuberts *Winterreise* durch »biedermeierliche Elemente geprägt«?[13]) Anders als in der Literaturgeschichte, in der man die Restaurationsepoche insgesamt als »Biedermeierzeit« apostrophieren kann[14], da — jedenfalls in Deutschland — die Romantik nach 1815 zerfiel oder ins Epigonale geriet, ist in der Musikhistorie die Beschreibung des ganzen Zeitalters unter dem primären Gesichtspunkt des »Biedermeier« — und nichts anderes versucht Heussner, wenn er sogar Phänomene wie den Virtuosenkult einschließt[15] — insofern fragwürdig, als die Restaurationszeit kompositionsgeschichtlich eine Epoche der Romantik darstellt, deren Grenzen durch Schuberts Opus 1 einerseits und den Tod Mendelssohns und Schumanns andererseits bezeichnet werden.

Außerdem sollte nicht vergessen werden, daß in der Restaurationszeit — in der die Oper, nicht die Symphonie oder gar das Streichquartett, als entscheidende musikalische Gattung empfunden wurde — die italienische und die französische Oper auch in Deutschland — trotz des patriotischen Enthusiasmus über den *Freischütz* — das Publikum beherrschten und daß italienischer oder fanzösischer Einfluß sich gerade bei Komponisten wie Nicolai und Flotow, die als Repräsentanten des Biedermeier erscheinen, aufdringlich fühlbar macht. Wirkungsgeschichtlich — und die Meinung, daß die Rezeptionsgeschichte (als bloßer Appendix) von geringerer Bedeutung sei als die Kompositions-, die Ideen- und die Institutionsgeschichte, ist ein fragwürdiges Vorurteil — war die Restaurationszeit eher die Epoche Rossinis und später Meyerbeers als das Zeitalter Beethovens und Schumanns, als das sie im Rückblick — bei der für die Verwandlung von Gegenwart in Vergangenheit charakteristischen Stilisierung der Kompositionsgeschichte zur Musikgeschichte schlechthin — erscheint.

Der Versuch, die Koexistenz des Heterogenen als »Gleichzeitigkeit des Ungleichzeitigen« aufzufassen: als äußerlich chronologisches Zusammentreffen von Phänomenen, die verschiedenen Entwicklungsstufen angehören, wäre verfehlt. Niemand vermag zu sagen, ob Meyerbeers »juste milieu« (wie Schumann es nannte) innerlich »früher« oder »später« ist als Schumanns Romantik oder Silchers Biedermeier. (Ob ein Phänomen die Zeit seiner Entstehung überdauert oder nicht, ist kein Kriterium der »inneren Chronologie«: Das Überlebende kann als »Fortschritt« erscheinen, der sich gegenüber »Veraltetem« durchsetzt, aber auch als ein »altes Wahres«, das sich gegenüber einer »Mode« behauptet).

Andererseits sind die auseinanderstrebenden Tendenzen — und es ist das Nebeneinander schroffer Gegensätze, das die Signatur des Zeitalters bildet — nicht einfach als divergierende »Stile« bestimmbar, sofern man unter »Stil« einen von innen heraus zusammenhängenden Komplex musikalischer Merkmale versteht. Zwar braucht sich die Einheit eines Stils keineswegs in einem substantiellen Moment zu zeigen, das in sämtlichen Äußerungen einer

Zeit wiederkehrt, sondern kann sich auch in einem Funktionszusammenhang bekunden (so ist etwa der innere Zusammenhalt des musikalischen Barock nur funktional — als ein Gefüge sich ergänzender Antithesen —, nicht substantiell beschreibbar.) Aber sogar bei großzügiger Auslegung des Stilbegriffs scheint es, als bildeten die Phänomene, die das musikalische Biedermeier ausmachen, weniger einen »Stil«, in dem — wie in der musikalischen Romantik — Kompositions- und Ideengeschichte ineinandergreifen, als vielmehr eine »Musikkultur« oder eine musikalische »Lebenswelt«, in der die Kompositionsgeschichte wesentlich und von innen heraus — und nicht bloß empirisch zufällig und unter äußerem Zwang — mit der Institutionsgeschichte zusammenhängt.

## 2

Die romantische Musikästhetik Wackenroders und Tiecks, E. T. A. Hoffmanns und Robert Schumanns ist im späteren 19. und im 20. Jahrhundert in einem Ausmaß trivialisiert worden, daß es schwer fällt, sich in ein Zeitalter zurückzudenken, in dem sie herausfordernd paradox wirkte. Im frühen 19. Jahrhundert aber stand Tiecks These, daß Musik eine »abgesonderte Welt für sich selbst« sei, also das ästhetische Autonomieprinzip, quer zu der Gewohnheit, den Sinn von Musik in den Texten, Vorgängen oder Tätigkeiten zu suchen, mit denen sie verbunden war. Und die Behauptung E. T. A. Hoffmanns, daß Musik eine Wahrheit offenbare, die anders als durch tönende Formen nicht zugänglich sei, verstieß gegen die Überzeugung der Gebildeten, daß Musik, gemessen an Dichtung oder Philosophie, eine inferiore Äußerungsform sei, »mehr Genuß als Kultur«, wie Kant es ausdrückte.

Zwischen der romantischen Theorie des souveränen Genies und des autonomen Kunstwerks einerseits und der gesellschaftlichen Wirklichkeit des 19. Jahrhunderts andererseits — einer Wirklichkeit, in der nach der Auflösung des Adelskultur die Hervorbringung von Kunstwerken ähnlichen Bedingungen unterworfen war wie die Produktion anderer Gebrauchsgegenstände — scheint ein Widerspruch zu bestehen: Die »ästhetische Religion« der Romantik ist — im Rückblick aus einem Zeitalter der Ideologiekritik — dem Verdacht ausgesetzt, haltlos, anmaßend und der Realität entfremdet zu sein. Der Einfluß des Autonomieprizips auf die Entwicklung der Kompositionstechnik — ein Einfluß, der in Beethovens Formgedanken ebenso unverkennbar ist wie in Wagners Harmonik oder in der Brahmsschen Motivarbeit — und die Ausbreitung der Genieästhetik im allgemeinen Bewußtsein sind jedoch greifbare Tatsachen, und zwar »soziale Tatsachen« (sogar nach den strengen Normen Emile Durkheims). Die Souveränität des Genies wurde auch vom konservativen Teil des Publikums, der den Resultaten der Autonomie oft genug ratlos oder feindselig gegenüberstand, kaum jemals prinzipiell, sondern höchstens kasuell bestritten. Das romantische Autonomieprinzip und der emphatische Kunstbegriff der »Kunstperiode« sind also musikgeschichtlich — jedenfalls kompositions-, ideen- und rezeptionsgeschichtlich — nicht weniger »real« als die »realistischeren« Gegenpositionen, die durch das (von Schumann so genannte) »juste milieu« der Großen Oper einerseits und durch das musikalische Biedermeier andererseits repräsentiert wurden. Ein Komponist konnte sich, formelhaft gesprochen, in der Restaurationsepoche in die ökonomisch-sozialen Tendenzen des beginnenden Industriezeitalters — sofern er ihnen nicht den romantischen Autonomieanspruch einer »abgesonderten Welt« entgegensetzte — entweder einfügen — wie die Manieristen der Großen Oper, die »an art and a business« (Corsten) war — oder sich ihnen dadurch entziehen, daß er — und das wäre als Biedermeier aufzufassen — Rückhalt an vorindustriellen Institutionen und Traditionen suchte.

Die Differenzen zwischen den Positionen zeigen sich deutlich am wechselnden Verhältnis zur Kategorie des musikalisch Neuen. Daß ein Komponist durch Neuheit aufzufallen trachtet, kann — mindestens partiell — als ökonomisch-sozialer Zwang verstanden werden, den die ästhetische Originalitätsidee nicht begründete oder verursachte, sondern lediglich ausdrückte oder maskierte. Die Konsequenzen aber, die aus der Voraussetzung gezogen wurden, waren verschieden. Ein Komponist konnte erstens, wie Meyerbeer seit *Robert le diable*, an einer frappanten Neuheit, die Erfolg hatte, als Manier — mit geringen Modifikationen — festhalten, oder zweitens, wie Wagner und Liszt, unter dem Diktat eines ästhetischen Gewissens, das es verbot, zum Epigonen seiner selbst zu werden, zu immer extremeren kompositionstechnischen Folgerungen fortschreiten, oder drittens, wie manche Komponisten des Biedermeier, in den vorgezeichneten Grenzen von Gattungstraditionen, Formmodellen und Techniken nach Einfällen suchen, die es erlaubten, im Einzelnen originell zu sein, ohne daß prinzipiell Neues gesagt wurde. (Daß die Unterscheidung eine idealtypische Konstruktion ist, deren Kategorien weniger zur eindeutigen Klassifizierung von Komponisten als vielmehr zur Beschreibung wechselnder Mischungsverhältnisse taugen, braucht kaum erwähnt zu werden: Bei Mendelssohn kann man sämtliche Tendenzen nebeneinander entdecken, wenn auch nicht mit gleichen Anteilen.)

Der Versuch einer Grenzziehung zwischen Romantik und Biedermeier — die Bemühung, einige Voraussetzungen kenntlich zu machen, die dem Gebrauch der Termini in der musikhistorischen Umgangssprache zugrundeliegen — verwickelt sich in die Schwierigkeit, daß es sich um Phänomene oder Komplexe von Phänomenen handelt, die sich nicht unmittelbar vergleichen und konstrastieren lassen, weil man, um ihnen gerecht zu werden, den Gesichtspunkt wechseln muß.

Niemand zweifelt, daß man sinnvoll von romantischer Musikästhetik und Musikexegese und von romantischen Kompositionen sprechen kann (mag man auch darüber streiten, ob Schubert außerdem ein »Klassiker«[16] und Wagner ein »Realist«[17] ist). Aber weder die Musiktheorie des frühen 19. Jahrhunderts noch die musikalischen Institutionen der Restaurationszeit fordern zur Verwendung des Epithetons »romantisch« heraus (während von einem barocken System musikalischer Institutionen durchaus die Rede sein kann). Die Beethoven-Interpretationen von Adolf Bernhard Marx[18] sind im Ton und in der Metaphorik romantisch; in der Marxschen Kompositonslehre aber sucht man vergeblich nach romantischen Zügen. Und vollends fehlt zwischen der Romantik als kompositions- und ideengeschichtlichem Stil einerseits und dem System der musikalischen Institution andererseits ein innerer Zusammenhang, wie er im 17. und noch im 18. Jahrhundert selbstverständlich war. Niemand wird behaupten wollen, daß die Liedertafeln, die Singakademien und die periodischen Musikfeste der Restaurationszeit ein institutionelles Korrelat zu Kompositionen romantischen Charakters darstellten (in dem Sinne, wie die Gattung Große Oper, als Ausdruck des Geistes der Juli-Monarchie, mit der Institution eine Einheit bildete: Aufführungen von *Robert le diable, Les Huguenots* und *Le Prophète* außerhalb von Paris waren bloße Reflexe der Premieren). Sogar die »Schubertiaden« waren, trotz des romantischen Wesens der Werke, um die sich der Zirkel der Eingeweihten versammelte, als Institution ein Biedermeierphänomen[19] (allerdings mit einem Einschlag von Bohème, wie er unter Komponisten, die in der Regel als ausübende Musiker einen Lebensunterhalt fanden, selten war). Und es ist bezeichnend, daß die einzige zweifellos romantische Institution, der »Davidsbund«, lediglich in Schumanns Phantasie existierte.

Umgekehrt war für das musikalische Biedermeier einerseits eine die Kompositionstechnik prägende innere Nähe zu bestehenden musikalischen Institutionen, andererseits eine seltsame Schwäche des musikästhetischen Ehrgeizes — wenn nicht sogar ein Mißtrauen der »guten Musiker« gegen »das Schreiben« — charakteristisch. Oder genauer: Es dürfte sinnvoll sein, musikalische Werke, die in innerem wie äußerem Konnex zu Institutionen wie den Liedertafeln, den Singakademien und den Musikfesten entstanden sind — also die Oratorien von Spohr, Friedrich Schneider und Loewe oder die Chorsätze von Silcher — unter einem Begriff, dem des »musikalischen Biedermeier«, zusammenzufassen, obwohl von einer Einheit des Stils schwerlich die Rede sein kann. (Schneider und Silcher oder Spohr und Lortzing haben stilistisch wenig oder nichts gemeinsam.) Der »Stilzerfall« im 19. Jahrhundert — den man als »Dekadenz« beklagen oder aber als »Emanzipation« von der Autorität eines herrschenden Stils rühmen kann — zwingt dazu, die Musikgeschichtsschreibung anders als durch Stilbegriffe (die entweder erzwungen wirken oder durch Aufsplitterung ihren Sinn, das kompositionstechnische Korrelat zu einem »Geist der Zeit« zu sein, einbüßen) zu fundieren. Und wenn sich zeigt, daß die Nähe oder Ferne zu den charakteristischen Institutionen einer Epoche (oder den charakteristischen Umformungen von Institutionen älteren Ursprungs) ein Unterscheidungsmerkmal zwischen zwei Gruppen von Komponisten bildet — und zwar ein Merkmal, das insofern wesentlich ist, als es mit anderen Kriterien zusammentrifft —, so ist es methodologisch gerechtfertigt, Klassifikationsbegriffe zu prägen und von musikalischem Biedermeier als einem Kontrastphänomen zur gleichzeitigen musikalischen Romantik zu sprechen, obwohl es sich nicht um einen kompositionstechnisch präzisierbaren Stil handelt.

Die philosophische (nicht immer literarische) Zurückhaltung, das zweite Unterscheidungsmerkmal, besagt keineswegs, daß es ausgeschlossen wäre, aus Briefen, Autobiographien und publizistischen Äußerungen eine »Musikästhetik des Biedermeier« zusammenzustückeln (eine Ästhetik, die vielleicht sogar, als »Musikerästhetik«, vor Hermann Kretzschmar, dem Verächter der »Philosophenästhetik«[20], Gnade fände). Doch macht es eine entscheidende Differenz aus, daß sie aus Andeutungen konstruiert oder rekonstruiert werden müßte, während die romantische Ästhetik als musikgeschichtliche Tatsache offen zutage liegt, als Tatsache, deren Geschichtswirkung kaum geringer als die der romantischen Werke gewesen ist.

Die musikalische Romantik ist demnach primär ideen- und kompositionsgeschichtlich, das musikalische Biedermeier dagegen institutions- und kompositionsgeschichtlich zu bestimmen. Das System der (romantischen) Ideen und das der (nicht-romantischen) Institutionen klaffen in der Restaurationszeit auseinander: Weder sind die Institutionen Träger der herrschenden Ideen noch die Ideen eine Funktion der bestehenden Institutionen.

## 3

Daß Ideen- und Kompositionsgeschichte — unter dem Diktat des Zeitgeistes — immer bruchlos zusammenstimmen, war ein Vorurteil der Geistesgeschichte, das weniger in der musikgeschichtlichen Wirklichkeit als in methodologischen Postulaten begründet war. Bei unbefangener Betrachtung ist es kaum zu leugnen, daß die Ideen, von denen die romantische Musikästhetik getragen wurde, neben den Werken, die nach dem (allerdings nicht restlos einhelligen) Konsensus der Historiker die musikalische Romantik repräsentieren, eine selbständige Existenz und Bedeutung behaupten. Zwar versuchte Gustav Becking die Tatsache, daß die romantische Musikästhetik Wackenroders und Tiecks zwei Jahrzehnte früher entstand als die romantische Musik Webers und Schuberts, daß also Ideen- und Kompositionsgeschichte auseinanderklaffen, dadurch zu verleugnen oder zu verdecken, daß er von einer ersten, mit Wackenroder und Tieck (allerdings auch mit Beethoven) gleichaltrigen Generation romantischer Komponisten sprach, zu der er E. T. A. Hoffmann und den Prinzen Louis Ferdinand zählte. Doch impliziert, schroff gesagt, die Begründung der These bereits deren Widerlegung. Denn Becking schrieb nicht den musikalischen Werken Hoffmanns und des Prinzen Louis Ferdinand, sondern lediglich dem Erlebnis, das durch die Musik ausgelöst wurde — der Ahnung des »Geisterreichs« — romantischen Charakter zu. »Für das Geisterreich ist eben realer Ausdruck nirgends vorhanden; er wird nur ›gemeint‹, man muß es frei hinzuhören.«[21] Auch nicht-romantische Musik — Werke von Palestrina, Bach oder Mozart — aber wurden durch Hoffmanns Enthusiasmus in das romantische »Dschinnistan« hineingezogen. Als Anlässe zu romantischen Ahnungen stehen Hoffmanns nicht-romantische Kompositionen neben anderen nicht-romantischen Werken. Und daß Hoffmann der Komponist ist, dürfte schwerlich ein genügender Grund sein, um Werke, deren Stil es nicht zuläßt, zur Romantik zu zählen, während man sich sträuben würde, Musik von Mozart nur darum, weil Hoffmann sie romantisch — als Ausdruck »unendlicher Sehnsucht« — hörte, als Romantik zu etikettieren. Sofern man nicht die Intention oder den Wachtraum des Komponisten als einzige oder letzte ästhetische Instanz gelten läßt, ist also Beckings These — durch die die Einheit des Zeitgeistes gerettet werden sollte — hinfällig. Und das Eingeständnis, daß die Ideen- und die Kompositionsgeschichte in der Romantik partiell unabhängig voneinander waren, ist unvermeidlich.

Erst bei Weber und Schubert, Schumann und Mendelssohn, die als »zweite« und »dritte« Generation der Romantiker klassifiziert werden, ist nach Becking die Romantik in der Musik selbst — im kompositorischen Gefüge — »realisiert«, statt daß sie »hinzugehört« werden muß. (Wagner überschreitet, obwohl kaum jünger als Mendelssohn und Schumann, die Grenzen dessen, was Becking unter »musikalischer Romantik« versteht; die Tatsache, daß die deutsche Musik in den 1830er und 1840er Jahren primär durch Mendelssohn und Schumann, in den 1850er und 1860er Jahren dagegen durch Liszt und Wagner geprägt wurde, so daß man geradezu behaupten kann, daß Wagner und Liszt einer anderen Epoche angehören als Schumann und Mendelssohn, durchkreuzt das Beckingsche Generationenschema.)

Der kompositionsgeschichtliche Romantikbegriff fällt mit dem ideengeschichtlichen nicht zusammen (ohne daß darum die Ideengeschichte in geringerem Maße Musikhistorie wäre als die Kompositionsgeschichte). Und eine ähnliche partielle Divergenz der Gesichtspunkte zeigt sich, wenn man das musikalische Biedermeier zu beschreiben versucht. Die Erwartung, daß die Kompositions- und die Institutionsgeschichte, deren enge Verknüpfung das Wesen des musikalischen Biedermeier ausmacht, stets restlos zusammenstimmen, schlösse einen falschen Anspruch an die musikgeschichtliche Wirklichkeit ein, die in einfachen Formeln nicht aufgeht.

Die Musikvereine und Liedertafeln, die Singakademien und Musikfeste der Restaurationszeit sind chronologisch nicht umstandslos als »Biedermeier-Institutionen« etikettierbar. Die Entstehungszeit der Singakademien in Berlin, Leipzig und Dresden reicht hinter das Epochenjahr 1815 zurück; und die Musikfeste, deren Zentrum die Aufführung Händelscher Oratorien bildete, stützten sich auf das Vorbild der Londoner »Handel Commemorations« in den 1780er Jahren.[22] Auch haben die Institutionen der Restaurationszeit das Jahr 1848 — scheinbar unangekränkelt — überdauert. Charakteristisch für die Biedermeierzeit ist jedoch erstens die rasche Ausbreitung der Musikvereine (wie denn überhaupt der Ursprung mancher Phänomene geistes- und sozialgeschichtlich eher eine bloße Antizipation darstellt, während die Durchsetzung in der Breite der Wirklichkeit das eigentlich entscheidende Moment für eine historische Kennzeichnung bildet) und zweitens die im engeren Sinne bürgerliche Prägung der Institutionen: die Tatsache, daß es primär bürgerliche Vereine — und nicht, wie im 20. Jahrhundert, kommerzielle Agenturen (die es allerdings schon gab) und staatliche Instanzen — waren, von denen — neben den Hoftheatern als einem Relikt der Vergangenheit — die deutsche Musikkultur der Restaurationszeit getragen wurde.

Der Komponist war nicht mehr von Auftraggebern abhängig, denen er unter ökonomisch-sozialem Zwang oder aus geistiger Unterwerfung Einfluß auf seine Werke gestattete, stand andererseits aber noch nicht ausschließlich einem anonymen Publikum gegenüber, das entweder undifferenziert — sozusagen »statistisch« durch Beifall oder Kartenkauf — oder aber »übersetzt« durch die Presse reagierte. Vielmehr bildeten die bürgerlichen Institutionen der Restaurationszeit — Institutionen, in denen der Einfluß von Honoratioren überwog — geschichtlich eine Vermittlung zwischen der Adelskultur einerseits (von der noch Beethoven in den ersten Jahrzehnten getragen worden war) und der modernen Massenkultur andererseits (an deren Grundcharakter der Anonymität die Aufspaltung des Publikums in Sonderauditorien, etwa für Alte oder für Neue Musik, wenig ändert).

Das musikalische Vereinswesen bürgerlicher Prägung ist einerseits älter als die Restaurationszeit und hat andererseits die Jahrhundertmitte überlebt. Es ist im Schatten der Adelskultur entstanden und behauptet im 20. Jahrhundert eine sozial breite Existenz. Nur in der Biedermeierzeit war es jedoch musikgeschichtlich repräsentativ, und zwar erstens kompositionsgeschichtlich — als Instanz, an der sich bedeutende musikalische Werke wie die Oratorien von Spohr und Mendelssohn orientierten —, zweitens sozialgeschichtlich — als Träger einer Musikkultur von Rang neben den Hoftheatern — und drittens geistesgeschichtlich — als institutioneller Ausdruck herrschender Tendenzen des Zeitalters: vor allem des patriotischen Republikanismus, der sich noch nicht in der Form der Partei, sondern in der des Vereins organisierte — eines Vereins, in dem der Musik eine durchaus nicht periphere Funktion zufiel.

Konstruiert man aus der unübersichtlichen Vielfalt der Phänomene einen Idealtypus[23], so kann man behaupten, daß für den Musikverein der Biedermeierzeit das Ineinandergreifen von geselliger Kultur, Bildungsfunktion und bürgerlicher Repräsentanz charakteristisch war. Die Geselligkeit stand keineswegs — sei es als Appendix oder als (eingestandene oder uneingestandene) Hauptsache — bloß neben der Musik, sondern machte sich auch in ihr geltend: offen im Männerchorgesang, weniger unverhohlen im Symphoniekonzert (das noch kein Symphoniekonzert im modernen Sinne des Wortes war). Dessen »gemischtes«, aus Symphoniesätzen, Opernfragmenten und virtuosen oder gefühlvollen Solopiècen zusammengestücktes Programm — wie es bis ungefähr zur Jahrhundertmitte überwog — verrät, daß die Bildungs- und die Unterhaltungsfunktion noch nicht voneinander getrennt wurden. Und daß sie ineinander übergingen, war kennzeichnend für die bürgerliche Geselligkeit, wie sie in der Biedermeierzeit praktiziert wurde. Erst in der zweiten Jahrhunderthälfte — und der Wandel bedeutet nichts Geringeres als eine Funktionsveränderung der Institution Konzert — spaltete sich das Konzert mit gemischtem Programm in die Extreme des Symphoniekonzerts hohen Anpruchs einerseits und des Unterhaltungskonzerts andererseits (das durchaus nicht für ein anderes Publikum bestimmt zu sein braucht, sondern lediglich eine andere Funktion von Musik erfüllt): Artifizielle und triviale Musik traten als Gegensätze, die für ein empfindliches ästhetisches Gefühl unvereinbar sind, auseinander.[24]

Das Moment der Repräsentanz ist in der Musikkultur des Berliner Großbürgertums, bei der »bürgerlichen Aristokratie«, die Privatkonzerte wie die »Sonntagsmusiken« im Hause Mendelssohn arrangierte, unverkennbar, ohne aufdringlich hervorzutreten. Einen Augenblick lang, der ein glücklicher Augenblick in der Geschichte des Bürgertums war, ist es offenbar gelungen, das schwierige Gleichgewicht zwischen einer Bildung, die sich in Geselligkeit bewährt, einer Geselligkeit, die Repräsentanz erreicht, und einer Repräsentation, die sich von Bildung getragen weiß, zu wahren.

Durch eine andere, aber nicht weniger bezeichnende Art von Repräsentanz wurden die großen Musikfeste, vor allem die Niederrheinischen seit 1817, geprägt. Sowohl die Oratorien von Händel als auch die Symphonien von Beethoven — also die Hauptstützen der Programme — erfüllten im Bewußtsein der Hörer und der Ausführenden die Funktion, erstens von der Würde und dem geistigen Rang der Musik einen anderen Begriff zu vermitteln, als er in Kants schnöder Formel »freilich mehr Genuß als Kultur«[25] zu Worte kam, und zweitens ein Gefühl der Zusammengehörigkeit in Töne zu fassen, für das dem deutschen Bürgertum der Restaurationszeit sonst der öffentliche Ausdruck verwehrt war. Der musikalische Enthusiasmus war politisch gefärbt.

Der Zusammenhang zwischen Geselligkeit, Bildungsfunktion und bürgerlicher Repräsentanz, der für die musikalischen Institutionen der Biedermeierzeit charakteristisch war, ist nach der Jahrhundertmitte immer schwächer geworden: sei es durch Trivialisierung der Geselligkeit in den Chören (Schwund des Bildungseifers), durch den Rückzug der Honoratioren aus den Musikvereinen und die Reduzierung des politischen Moments, das in anderen als musikalischen Formen zur Geltung kam (Einbuße an Repräsentanz), oder durch die Umwandlung der Konzerthörerschaft in ein anonymes Großstadtpublikum (Zerfall der Geselligkeit). Private und öffentliche Musikkultur, die in der Biedermeierzeit ineinander übergingen, trennten sich immer schroffer voneinander (außer in peripheren Zirkeln, in denen das früher Repräsentative als Relikt einer toten Vergangenheit überlebte). Die Wiener Hauskonzerte Theodor Billroths, deren Geselligkeitsstil an die Mendelssohnschen »Sonntagsmusiken« erinnert, waren ein Rest Biedermeierkultur inmitten des späten 19. Jahrhunderts. (Typisch für die Zeit war der Bau großer Konzertsäle.)

## 4

Daß im musikalischen Biedermeier zwischen den bürgerlich geprägten Institutionen einerseits und einigen nicht-romantischen kompositorischen Tendenzen andererseits ein enger Zusammenhang bestand, ist unverkennbar; doch fällt es schwer, das Gemeinte in Begriffe zu fassen, wenn man es vermeiden möchte, Anpassung an Institutionen umstandslos mit niedrigerem kompositorischem Niveau gleichzusetzen, also das musikalische Biedermeier von der Romantik als Inbegriff von Werken geringeren Ranges abzuheben. (Andererseits ist allerdings der Schein, daß man in einer vergleichbaren Stilbeschreibung ästhetische Urteile vermeiden könne, eine Täuschung.)

Der Stilkritiker Ernst Bücken sprach — auf der Suche nach einer zum Begriff der »Romantik« gegensätzlichen Kategorie — von musikalischem »Realismus«.[26] Was er — am Beispiel Spohrs und Loewes — beschrieb oder skizzierte, ist jedoch weniger ein musikalischer Stil als vielmehr einerseits eine Lebensform — bestimmt durch »praktische Nüchternheit«[27] — und andererseits (im Widerspruch zum intendierten Sinn des Stilbegriffs »Realismus«) ein ästhetischer Rang: Der »Biedersinn«, den Bücken dem Larghetto aus Spohrs Erster Symphonie (1811) zuschreibt — er vergleicht das Thema mit dem des langsamen Satzes aus Beethovens Fünfter Symphonie[28] —, ist ein Deckwort für schlichte Trivialität. Man mag es »realistisch« nennen, wenn ein Komponist kurzatmige und »quadratische« Phrasen schreibt, die das Publikum mühelos erfassen kann, aber das Resultat der »realistischen« Beschränkung auf das Naheliegende war in dem Spohr-Zitat kein »Realismus« als musikalischer Stil, sondern ein von Haydn abhängiges Epigonentum, bei dem die Bescheidenheit in Dürftigkeit umschlägt. In Bückens Wortgebrauch steckt eine logische Erschleichung: Der Ausdruck »Realismus« wird benutzt, um eine Gesinnung zu bezeichnen; dadurch aber, daß er in anderen Zusammenhängen — in Bezug auf Mussorgsky oder Janáček — einen Stil umschreibt, entsteht die Täuschung, daß auch bei Spohr der »Realismus« — der Sinn für Forderungen des Tages — ein musikalischer Stil sei. Die prinzipielle ästhetische Unterordnung des Biedermeier unter die Romantik, die durch die Prägung des (scheinbaren) Stilbegriffs »Realismus« gerade vermieden werden sollte, bildet dessen Hintergrund.

Die Art der Verflechtung von Kompositionsgeschichte und Institutionensystem im musikalischen Biedermeier — die Bücken vielleicht gemeint, aber durch Verzerrung der Kategorie »Realismus« verfehlt hat — ist nicht als »Stil« faßbar, sondern muß als Kennzeichen einer Stufe in der geschichtlichen Entwicklung von der funktionalen Bestimmtheit artifizieller Musik zu deren ästhetischer Autonomie begriffen werden: als Übergangsform zwischen dem älteren, bis ins 18. Jahrhundert herrschenden Prinzip, daß sich Funktionalität und Kunstanspruch nicht ausschließen, sondern gegenseitig stützen[29], und der romantischen, durch die l'art pour l'art-Doktrin ins Extrem getriebene Maxime, daß der Kunstcharakter musikalischer Werke deren Autonomie und Geschlossenheit in sich — Kants »Zweckmäßigkeit ohne Zweck« — voraussetzte, so daß funktionale, von außermusikalischen Vorgängen und Handlungen abhängige Musik — liturgische Musik ebenso wie Tanzmusik — dazu tendiere, in Trivialität zu verfallen.

Daß ein geistliches Oratorium, das für ein Musikfest komponiert wurde, zur Konzert- und nicht zur Kirchenmusik gehört, also autonome und nicht funktionale Kunst darstellt, scheint festzustehen. Das Gefühl aber, der Konzertsaal verwandle sich in eine Kirche — ein Gefühl, von dem Mendelssohn bei der Aufführung der *Matthäus-Passon* ergriffen wurde[30] —, und die unter den Gebildeten der Restaurationszeit vorherrschende Überzeugung, daß nicht in liturgischen Handlungen, sondern in religiöser Gestimmtheit die Substanz des Christentums aufbewahrt sei, lassen die Grenzen dessen, was nach den Begriffen des 19. Jahrhunderts — die ein Historiker nicht a priori im Namen theologischer Normen des 20. Jahrhunderts verwerfen darf — Kirchenmusik heißen kann, verfließen. Nicht, daß Schneiders *Weltgericht* und Mendelssohns *Paulus* zur funktionalen Musik zu zählen wären; aber von ästhetischer Autonomie — der ideengeschichtlichen Entsprechung zur Institution des modernen, von Geselligkeits-, Repräsentations- und Unterhaltungsfunktionen weitgehend abstrahierten Konzerts — kann gleichfalls schwerlich die Rede sein.

Für das entgegengesetzte Extrem in der Reihe der musikalischen Institutionen und Gattungen, für den Salon und die Salonpièce als Inbegriff von

Profanität, gilt Ähnliches wie für das Musikfest und das geistliche Oratorium. Angesichts der Salonmusik, auch der »besseren« (Friedrich Wieck), von ästhetischer Autonomie zu sprechen — von selbst- und weltvergessener Kontemplation, die ein musikalisches Werk als tönende Gedankenentwicklung begreift —, wäre ein Sakrileg an den Kategorien der »Kunstreligion«. Andererseits aber sind die Repräsentations- und Unterhaltungszwecke, die ein Salonstück erfüllt, nicht im gleichen Sinne »Funktionen« wie die musikalische Begleitung einer liturgischen Handlung oder eines festlichen Aufzugs, in dem sich Macht durch Prunk dokumentiert und in »repräsentativer Öffentlichkeit« nach außen wendet.[31] Im bürgerlichen Salon, dem Reflex des aristokratischen, ist die Repräsentation als Schaustellung von ästhetischer Bildung — »bessere Salonmusik« war für den »gebildeten Dilettanten« bestimmt[32] —, die Unterhaltung als Anlehnung an Konzertattitüden, nicht ungebrochen funktional; vielmehr handelt es sich, sofern man die Bildungsidee als geistiges und das Konzertwesen »idealtypisch« als institutionelles Korrelat der ästhetischen Autonomie gelten läßt[33], um eine Abhängigkeit funktionaler Musik von Teilmomenten der autonomen (und durch die partielle Nachahmung autonomer Musik — eine Imitation, die bei der Caféhausmusik am deutlichsten hervortritt — unterwirft sich die funktionale Musik einem ästhetischen Urteil, dem sie an sich — als Bereich mit eigenem Recht — nach der Meinung ihrer Apologeten entzogen ist).

Sind demnach Institutionen und Gattungen, die zwischen Funktionalität und ästhetischer Autonomie vermitteln — und zwar innerhalb des Bereichs der artifiziellen Musik —, für die Restaurationszeit charakteristisch, so könnte man einwenden, daß damit nicht ein Begriff von musikalischem Biedermeier umschrieben, sondern lediglich eine Bedingung genannt sei, der die gleichzeitige musikalische Romantik ebenfalls »unterworfen« war. Entscheidend ist jedoch gerade, daß diese sich dem System der Institutionen — ohne es ändern zu können — nicht »unterwarf«. Zur Signatur der musikalischen Romantik gehört — unausgesprochen, aber deutlich fühlbar bei Schubert, explizit polemisch bei Schumann und Wagner, mit gespaltenem Bewußtsein bei Mendelssohn, der manchmal zum Biedermeier neigte — der Widerspruch gegen herrschende Einrichtungen und Denkweisen, die es — als »juste milieu« (Schumann) — verhinderten, daß die Idee romantischer Musik — die Teilhabe an der »ästhetischen Wahrheit« einer »abgesonderten Welt für sich selbst«, an E. T. A. Hoffmanns »Dschinnistan« — sich in der Rezeption adäquat und ungebrochen zu verwirklichen vermochte. Dagegen ist das musikalische Biedermeier duch Anpassung an das Gegebene gekennzeichnet: eine Anpassung, von der nicht a priori feststeht, daß sie — wie es die romantische Doktrin behauptet — den ästhetischen Wert der Werke schmälert. Spohr und Schneider, Loewe und Lortzing komponierten — ohne die Unterwerfung unter das »Realitätsprinzip« als Einbuße und Zugeständnis zu empfinden — für das bestehende System musikalischer Einrichtungen und innerhalb der Grenzen des durch die Institutionen geprägten allgemeinen musikalischen Bewußtseins. (Mendelssohn verhielt sich zwiespältig: Er unterschied zwischen Werken, die er durch den Druck publizierte — also als »Werke« im romantisch-emphatischen Sinne, als »Texte« anerkannt sehen wollte —, und Stücken, die er zwar aufführen, aber nicht drucken ließ; und man könnte die Kompositionen, die er zurückhielt oder zu deren Druck er sich — wie im Falle der Männerchorlieder — nur widerstrebend auf Drängen des Verlegers entschloß, als den »Biedermeier-Anteil« an seinem Oeuvre bezeichnen: weniger im Sinne eines Stils, der kompositionstechnisch bestimmbar wäre, als eines Verhaltens zur Musik.)

Obwohl demnach das musikalische Biedermeier, das Komponisten mit extrem verschiedener Schreibweise umfaßt, kaum als »Stil« — als Komplex wiederkehrender Merkmale, die von innen heraus miteinander verbunden sind — bestimmbar ist, lassen sich dennoch einige allgemeine Züge nennen, durch die sich das Biedermeier von der Romantik abhebt: Züge, die mit der Affinität zu den bestehenden Institutionen und musikalischen Bewußtseinsfomen unmittelbar zusammenhängen.

Erstens ist der musikalische Periodenbau im Biedermeier regelmäßiger als in der Romantik, schematischer auch als in der Klassik, deren musikalische Syntax — trotz des Symmetrieprinzips — nach Thrasybulos Georgiades[34] zur »Diskontinuität« tendiert: zu einer »nicht-quadratischen« Struktur, die aber nicht als Ausnahme von der Norm der »Quadratur« (als artifizielle Überformung eines einfachen Grundrisses wurde sie von Hugo Riemann gedeutet), sondern als Gebilde eigenen ästhetisch-kompositionstechnischen Rechts zu verstehen ist. Und zwar zeigt sich im musikalischen Biedermeier der Hang zu syntaktischer Regelmäßigkeit nicht allein in Variationenzyklen und »Handstücken«, Singspielen und »Liedern im Volkston«, in denen die Simplizität ein Gattungsmerkmal darstellt, sondern in kaum geringerem Maße auch in Symphonien und Oratorien: In die Gattungen, die den »hohen« Stil repräsentieren, dringt eine Syntax ein, die ursprünglich für das »mittlere« oder »niedere« Genre charakteristisch war.

Zweitens ist im musikalischen Biedermeier die Harmonik im Großen, im tonalen Umriß, fast immer schematisch; zu Ungewöhnlichem tastet sie sich, wenn überhaupt, lediglich im Detail vor (Ähnliches gilt, in seltsamer Berührung der Extreme, für die italienische Oper der Restaurationszeit). Daß sich Spohrs Chromatik — oft als exzessiv gerühmt oder beklagt — in Momentanwirkungen erschöpft, unterscheidet sie prinzipiell von Schuberts weitgespannten — und für die Hörer kaum durchschaubaren, also »realitätsfremden« — Entwürfen, in denen die Tonalität durch chromatische und enharmonische Experimente ins Zwielicht gerät.[35]

Drittens bekannten sich die Romantiker — Weber allerdings erst nach an fänglichem Widerstreben — als »Beethovener«: als Anhänger nicht allein der früheren, sondern auch und vor allem der späteren Werke Beethovens, die um 1830 sowohl für Schumann als auch für Mendelssohn (Streichquartette opus 12 und 13) geradezu einen Anstoß zum Komponieren bedeuteten. Dagegen fühlten sich die Komponisten des Biedermeier — Spohr ebenso wie Lortzing und Nicolai — primär zu Mozart hingezogen, um dessen Nachfolge sie sich — in bescheidener Distanz — bemühten.

Mozart repräsentiert im musikgeschichtlichen Bewußtsein der Restaurationszeit eine Klassik, die als »überzeitlich« paradigmatisch — und nicht als bloßer Epochenstil — empfunden wurde. Nicht, daß die Klassik in ihren einzelnen kompositionstechnischen Merkmalen umstandslos ohne ästhetischen Schaden imitierbar gewesen wäre (das musikalische Biedermeier sollte mit dem trivialen Mozart-Epigonentum des frühen 19. Jahrhunders nicht gleichgesetzt werden). Doch konnte ein Komponist, ohne darum in dürftige Stilkopien zu verfallen, an der ästhetischen Idee der »noble simplicité« festhalten, als deren vollendete Ausprägung und Verwirklichung Mozarts Werke gerühmt wurden. Dagegen galt Beethoven als »Romantiker«: als »Originalgenie«, das ein später geborener Komponist — wenn er ein authentischer »Beethovener« sein wollte — nicht nachahmen durfte — es sei denn um den Preis eines ohnmächtigen Epigonentums —, sondern dem er gerade umgekehrt in der Bemühung, stets Neues und Eigenes zu sagen, nachfolgen mußte. Beethoven, der weniger einen Stil als eine ästhetische Moral repräsentierte, war das Vorbild dafür, sich von Vorbildern unabhängig zu machen. Das musikalische Biedermeier, gekennzeichnet durch primäre Mozart-Verehrung[36], tendierte demnach — auch wo es der Versuchung, epigonal zu werden, widerstand — zum Klassizismus: zur Neuformulierung klassischer, der Geschichte enthobener ästhetischer Ideen in einer veränderten musikalischen Sprache. Spohr versuchte gleichsam — um es pointiert auszudrücken — mit anderen Worten dasselbe zu sagen wie Mozart. Dagegen machte sich die Romantik — wenn auch nicht rückhaltlos — die ästhetische Norm der »Geniezeit«, das Postulat der Originalität zu eigen.

Schumanns Berufung auf Bach war zwiespältig: Einerseits wollte Schumann durch Versenkung in eine »poetische« — dem »juste milieu« der Gegenwart überlegene — Vergangenheit eine »neue poetische Zeit« heraufbeschwören[37]: Das Studium Bachs diente, wie das Beethovens, als Anstoß, originell zu werden und zu sich selbst zu kommen. Andererseits zielte er zwar nicht — oder lediglich in Nebenwerken, in denen die Bach-Rezeption äußerlich und darum unbedeutend ist — auf eine Stilrestauration, aber doch auf die Übertragung einer Bachschen Idee in eine andere musikalische Sprache: der Idee eines Tonsatzes, der durch Strenge nicht an Expressivität verliert, sondern gerade dadurch, daß er gestaltenreich und kontrapunktisch ist, »poetisch« gerät.

Johan Christian Berger: Jenny Lind bei einem Kirchenkonzert in Stockholm (1850; Musikmuseet, Stockholm). Ein Kirchenkonzert war nicht Teil eines Gottesdienstes, sondern ein profanes Ereignis, für das der Kirchenraum benutzt wurde. Die Musik aber, die man sang oder spielte, wurde — gleichgültig, ob sie geistlicher oder weltlicher Herkunft war — im Sinne der Wackenroderschen Kunstreligion sakralisiert. Der Lichtstrahl, der bei dem Konzert Jenny Linds durch das Kirchenfenster bricht, ist das Symbol einer Transzendenz, die der Musik als Kunst zugeschrieben wird. In paradoxer Vertauschung ist Kunst in der Kirche, die den liturgischen Raum seiner ursprünglichen Funktion entfremdet, ihrerseits von einem Schein des Religiösen — der sich bildlich in einem fiktiven Naturereignis, dem imaginierten Lichtstrahl, ausdrückt — umgeben.

## 5

Der Ausdruck »Romantik« bezeichnete im frühen 19. Jahrhundert — kaum anders als der Terminus »Klassik« — nicht allein eine Stil- oder Geschmacksrichtung, sondern zugleich einen ästhetischen Rang. Die Verquickung von historisch-deskriptiven Momenten mit ästhetisch-normativen, die für den Klassik-Begriff charakteristisch ist (und deren Auflösung zwar eine Klärung[38], aber auch eine Schmälerung bedeutet), ist beim Romantik-Begriff lediglich dadurch modifiziert, daß das Romantische nicht als Muster zur Nachahmung oder als Norm, der man sich unterwirft, sondern als Idee oder Sphäre erscheint, an der ein Werk teilhat oder von der es ausgeschlossen ist. »Der romantische Geschmack ist selten«, heißt es in E. T. A. Hoffmanns Rezension der Fünften Symphonie von Beethoven, »noch seltener das romantische Talent: daher gibt es wohl so wenige, die jene Lyra, welche das wundervolle Reich des Unendlichen aufschließt, anzuschlagen vermögen.«[39] Die ästhetische Kategorie des »Romantischen« ist bei Hoffmann — wenn auch in geringerem Maße als bei Friedrich Schlegel oder in Hegels Ästhetik — geschichtsphilosophisch gefärbt: Die musikalische Romantik, in der sich »das eigentümliche, nur in ihr zu erkennende Wesen der Kunst rein ausspricht«[40], stellt eine späte, erst in der Instrumentalmusik um 1800 erreichte Entwicklungsstufe dar. Wie im Begriff der »Klassik« ist also in der »Romantik« die ästhetische Vorstellung, daß das eigentliche Wesen der Kunst zur Erscheinung gebracht werde, mit der historischen eines Epochenstils und der geschichtsphilosophischen eines Kulminationspunktes in der Entwicklung der Kunst verknüpft. Und gemeint sind dieselben Komponisten: Mozart und vor allem Beethoven. Entscheidende Differenzen — durch die es möglich wurde, den Begriff auf Beethoven und die »Beethovener« (die »Romantiker« nach späterem Wortgebrauch) einzuschränken — bestehen einerseits in der Umdeutung der klassischen »Musterhaftigkeit« einer Schreibweise zur romantischen »Teilhabe« an einer Sphäre — Hoffmanns Dschinnistan — und andererseits in dem Gegensatz zwischen der klassischen Idee der »Vollendung« und der romantischen des »Unendlichen«.[41]

Ist demnach der Begriff der »Romantik« ursprünglich ästhetisch positiv akzentuiert, so ist der des »Biedermeier« in der Umgangssprache der Musikhistoriker eher negativ gefärbt. Walter Niemanns Synonym für »Biedermeier«, der Terminus »Nebenromantik«[42], schließt unverhohlen ein Urteil ein, und wenn Hans Joachim Moser — nicht ohne fühlbare Sympathie, aber doch mit einer gewissen Herablassung — von »Kleinmeistern des Biedermeier« sprach[43], so meinte er, es sei charakteristisch für das musikalische Biedermeier, durch »Kleinmeister« repräsentiert zu werden. Doch sollte man — so naheliegend sie ist — der Versuchung, die Differenz zwischen Romantik und Biedermeier schlicht als ästhetischen Rangunterschied zu bestimmen, ausweichen, und zwar weniger aus generellen als aus spezifischen Gründen: nicht so sehr, weil das Biedermeier ein eigener »Stil« wäre[44] und man Stile prinzipiell nicht ästhetisch gegeneinander abwägen dürfe, sondern vielmehr, weil im besonderen Falle die historische Legitimität des Verfahrens, das Biedermeier den Urteilskriterien der Romantik — der Originalitätsidee und dem Autonomiegedanken — zu unterwerfen, nicht eindeutig feststeht.

Friedrich Blume hat die Entgegensetzung von »Genialität und Epigonentum« im Hinblick auf das 19. Jahrhundert als »Scheinantithese« verworfen[45], weil sie eine dem Historiker nicht anstehende Arroganz gegenüber nicht-origineller Musik verrate: einer Musik, die jedes Zeitalter brauche und die darum ästhetisch legitim sei. Blumes Argumentation muß jedoch, um triftig zu sein, historisch differenziert werden. Zweifellos galt im 17. und noch im frühen 18. Jahrhundert — in der Barockzeit, auf die sich Blume beruft — die Abhängigkeit von Mustern nicht als verwerfliches Epigonentum, sondern als rühmliche Pietät. Im 20. Jahrhundert aber verhält es sich offenkundig gerade umgekehrt: Man kann ohne Übertreibung von — ästhetischer wie praktischer — Überflüssigkeit des Nicht-Originellen und Mittelmäßigen in der Neuen Musik sprechen.

Das frühe 19. Jahrhundert erscheint im Hinblick auf das Problem des Konventionellen und Epigonalen als in sich gespaltene Übergangszeit. Es gehört zur musikgeschichtlichen Charakteristik der Restaurationsepoche, daß sich einerseits in der Literatur über Musik — nicht nur in der philosophischen und dichterischen, sondern auch in der publizistischen — die romantischen Vorstellungen von Originalität und ästhetischer Autonomie fast unangefochten durchsetzten, während andererseits in der musikalischen Praxis die Nicht-Originalität und die Erfüllung außermusikalischer Funktionen noch einen Rest der Legitimität bewahrten, die sie jahrhundertelang gehabt hatten. »Kapellmeistermusik« war zwar kein Ruhmestitel mehr, aber immerhin noch kein Schimpfwort. Mochte ideengeschichtlich die Romantik vorherrschen — in der kompositions- und institutionsgeschichtlichen Alltagswirklichkeit behauptete das musikalische Biedermeier einen unverächtlichen Platz.

Daß die romantische Kritik, die auf eine rigorose Unterscheidung zwischen Kunst und Nicht-Kunst, zwischen »poetischer« und »prosaischer« Musik (Schumann) zielt, den musikalischen Erscheinungsformen des Biedermeier nicht gerecht zu werden vermag, zeigt sich am Auseinanderklaffen der Urteile über Werke, die auf der Rhetorik der »Töne«[46] oder der »Genera des Schönen«[47] beruhen. Ein »Ton« — etwa der »naive« oder der »sentimentale«, der »pathetische« oder der »anmutige« — wurde im Biedermeier (nicht anders als in den Jahrzehnten und Jahrhunderten vor der »Erlebnisästhetik« der »Geniezeit«) als Schreibweise aufgefaßt, die ein Dichter oder Komponist artifiziell wählt, nicht als Ausdrucksform, zu der er sich von innen heraus gedrängt fühlt. Daß ein Lied oder ein Klavierstück im »Volkston« oder im »Salonton« gehalten ist, schließt kein Bekenntnis des Komponisten über seine Gefühle oder Neigungen ein, sondern besagt lediglich, daß er einen »Ton« — in dem durch Tradition musikalische Merkmale mit Assoziationen und Stimmen verquickt sind — anzuschlagen weiß. Das Kriterium der Originalität — die Forderung, ein Komponist solle Eigenes, Unkonventionelles sagen — steht quer zur Rhetorik der »Töne«; und von »Unechtheit« kann nicht die Rede sein, da »Echtheit« — unverstellter Ausdruck seiner selbst — gar nicht intendiert ist. (Der »Wechsel der Töne«, der Übergang vom Pathos zum Volkston oder von der Naivität zum Konservationston, ist kein Zeichen von ästhetisch-moralischer Unentschiedenheit und Schwäche, sondern ein Kunstprinzip.)

Friedrich Schneiders *Weltgericht* — zwischen 1820 und 1836 (dem Jahr des Mendelssohnschen *Paulus*) das repräsentative deutsche Oratorium — beruht, wie Martin Geck unter Berufung auf Ferdinand Hands *Ästhetik der Tonkunst* gezeigt hat[48], auf dem Prinzip des »Wechsels der Töne«. Die Form des Werkes ist durch den kunstvollen Kalkül bestimmt, mit dem das Erhabene, das Pathetische, das Wunderbare, das Schreckliche, das Sentimentale und das Anmutige in einem System von Kontrasten gegeneinandergesetzt wurden. Die Ästhetik der »Genera des Schönen« ist von Schneider — sei es bewußt oder unwillkürlich — gleichsam »auskompniert« worden.

Obwohl Geck die Wirksamkeit der »Töne«-Rhetorik, die ein Gegenprinzip zur Originalitätsidee darstellt, im *Weltgericht* entdeckte, machte er es andererseits, gestützt auf Kriterien der romantischen Ästhetik, Schneider zum Vorwurf, daß er nicht expressiv, von innen heraus komponiert habe, sondern ein bloßer »Arrangeur von Gefühlsreizen« sei.[49] Das »Auskomponieren« der »Genera des Schönen« erscheint dem nachgeborenen Romantiker als »Unechtheit«, die Bemühungen um einen artifiziellen »Wechsel der Töne« als Lust am Effekt, die Abhängigkeit von Stiltraditionen als »Trivialität«: »Das ›Weltgericht‹ — ein Abend festlicher Trivialmusik.«[50] Nicht, daß Schneider gerechtfertigt werden soll: Strittig ist lediglich das Verfahren, über ein Werk, das auf der »Töne«-Rhetorik des Biedermeier beruht, unter Berufung auf die romantische Unterscheidung zwischen »Echtheit« und »Unechtheit« zu urteilen.

Das musikalische Biedermeier steht im Schatten der Romantik. Die »Töne«-Rhetorik wurde vergessen, die Affinität des Komponierens zu bürgerlichen Institutionen wie dem Musikfest, der Singakademie und der Liedertafel — um vom Salon zu schweigen — geriet unter Trivialitätsverdacht, und die Übergangsphänomene zwischen ästhetischer Autonomie und Funktionalität wurden — ebenso wie die geistigen Grundlagen dieser Zwischenformen: die Gefühlsreligion und die Vermittlung zwischen bürgerlicher Repräsentation, Bildungseifer und Geselligkeit — von den Nachgeborenen als »schlechtes 19. Jahrhundert« empfunden und abgetan. Was oberhalb des Souterrains der Musikkultur an Ideen und Werken überdauerte, war romantischen Ursprungs. Erscheint darum im Rückblick die Restaurationszeit als Zeitalter der musikalischen Romantik, so war sie in der Wirklichkeit des frühen 19. Jahrhunderts, wie sie sich den Zeitgenossen zeigte, eher eine Epoche des musikalischen Biedermeier.

## Trivialmusik und ästhetisches Urteil

»Die Gunst des Publikum ist meine einzige Lotterie.« Sir Walter Scott

»Der Kerl schreibt ja für Geld.«
Ludwig van Beethoven

### 1

»Trivialmusik« ist kein neutraler Terminus. Die Bezeichnung schließt ein Urteil ein, von dem nicht feststeht, ob es legitim ist oder einen beziehungslos über der Sache schwebenden und sie nicht treffenden Hochmut verrät. Auch ist der Gehalt des Urteils nicht eindeutig: Es kann primär moralisch oder ästhetisch-kompositionstechnisch begründet sein.

»Trivial« bedeutet »gemein, flach, alltäglich, abgenutzt«. Hans Georg Nägeli empörte sich 1826 über einige Takte der *Jupiter-Symphonie*, deren festliche Simplizität er als verschlissen empfand. »In der ersten Beziehung, dem Ausgehen aus dem Grundton, beachte man im ersten Allegro Takt 19—21 und vergleiche damit Takt 49—54; ferner im zweyten Theil Takt 87—89 und 117—122. Solch ein bloßes Alterniren zwischen einem Dreyklang und einem Sextquartenakkord ebendesselben Grundtones ist schon an sich trivial, ja einer der verbrauchtesten und gemeinsten Gemeinplätze, wie ihn sonst auch nur die gemeinsten Autoren in Orchester-Compositionen anbringen, um dabey bequem die Hörner mit ihren Tuttitönen eintreten zu lassen. Hier aber erscheint diese Trivialität noch dazu doppelt parallelisiert, also viermal in ebendemselben Tonsatz.«[51] Nägelis Vorwurf ist borniert und dennoch aufschlußreich. Er verrät eine Hörweise, die am Detail haftet und von den Einzelheiten Originalität erwartet. Die einfache harmonische Formel erscheint Nägeli als banal, weil er den Zusammenhang vernachlässigt, der sie begründet und rechtfertigt. Mangel an Konnex aber ist ein Merkmal trivialer Musik. Und in Nägelis Fehlurteil steckt, verzerrt durch Unverständnis der symphonischen Form, eine Einsicht in die Natur des Trivialen: Trivial ist eine Musik, die das Detail hervorkehrt, ohne originell zu sein.

Das ästhetische Urteil ist, sobald es sich dem musikalischen Souterrain zuwendet, fast immer moralisch gefärbt oder sogar bestimmt. Ethische Begründungen, in der hohen Kunst veraltet und seit Kant als irrelevant ausgeschlossen, überdauern in der unteren. Daß triviale Musik niedrig und schlecht sei[52], daß sie, als Kitsch, »das Böse im Wertsystem der Kunst« darstelle[53], wird mit einer Entrüstung behauptet, wie sie das bloß Verschlissene und Dürftige kaum hervorzubringen vermag. Verworfen wird das primitiv Reizvolle, das grell und bunt Verlockende.[54] Das religiöse Mißtrauen gegen profane Lust und das pragmatische gegen zerstreute Wachträume verbinden sich mit einer ästhetischen Empfindsamkeit, die Stumpfes und Undifferenziertes nicht erträgt, zu dem Urteilsspruch »trivial«.

## 2

Das Urteil, das der Terminus »Trivialmusik« ausdrückt, ist nicht unantastbar. Der Einwand, Trivialmusik sei Gebrauchsmusik, deren Bedeutung durch eine ästhetisch-kompositionstechnische Analyse verzerrt werde, muß ernst genommen werden. Funktionale Musik zu betrachten, als wäre sie autonom, ist, so scheint es, widersinnig.

Doch ist es zweifelhaft, ob der Kontrast zwischen Gebrauchsgegenstand und Kunstwerk ein Letztes ist, hinter das die Analyse nicht zurückgreifen kann. Die Gegenthese wäre, daß Trivialität ein defizienter Modus einer Musik sei, die zugleich und ineins funktional und artifiziell war; daß sie den Rest darstelle, den die autonome Musik nach ihrer Trennung von der Gebrauchsmusik zurückließ.

Die angemessene »Zugangsweise« zur Gebrauchsmusik ist nach Heinrich Besseler der »Mitvollzug«. Funktionale, »umgangsmäßige« Musik werde nicht als Gegenstand, sondern als Teilmoment eines primär außermusikalisch bestimmten Vorgangs wahrgenommen. Ein Modellfall ist das Verhalten eines Tänzers. »Er hört nicht zu, sondern verhält sich aktiv-ausströmend, ohne die Musik ausdrücklich als objektiv vorhanden zu nehmen. Sie ist für ihn gar nicht gegenständlich da. [ . . . ] Von Zuhören in konzerthaftem Sinne ist hier keine Rede. Man könnte das Leitenlassen der eigenen musikalisch-tänzerischen Aktivität allenfalls als Mithören bezeichnen.«[55] Ein ästhetisches Urteil, das Distanz voraussetzt, wäre inadäquat. Da die Musik nicht gegenständlich erfaßt wird, »bestimmt sich der Wert einer Tanzmusik als solcher einzig und allein danach, wie weit sie die Ansprüche der zugehörigen Gesellschaft erfüllt«.[56] Als »umgangsmäßig« — die Antithese von »umgangsmäßiger« und »gegenständlicher« Musik erinnert an Heideggers Unterscheidung zwischen »zuhandenem Zeug« und »vorhandenem Ding« — ist auch der Arbeitsgang, das Gesellschaftsglied — »Zugangsweise ist stets das Mitmachen«[57] — und die liturgische Musik zu begreifen. »Auch hier ist das Musikalische nur Schmuck und Steigerung einer außermusikalischen Grundhaltung, des Betens, und die angemessene Zugangsweise zur Musik das Mitvollziehen dieser Grundhaltung, das Mitbeten.«[58]

Besseler nutzt die Mehrdeutigkeit des Ausdrucks »Mitvollzug«, um in ein und demselben Gang des Gedankens der Passivität des Zuhörens die Aktivität musikalischen Handelns, dem isolierten Einzelnen die zusammengeschlossene Gruppe und der autonomen Musik die funktionale entgegenzusetzen. Doch ist die Unterscheidung zwischen »umgangsmäßiger« und »gegenständlicher« Musik — die Antithese von Funktion und Objekt, durch die sämtliche Gebrauchsmusik dem ästhetischen Urteil, also auch der Behauptung, daß sie trivial sei, entzogen werden soll — eher eine Konstruktion von »Idealtypen« (deren heuristischer Wert unleugbar ist) als eine Beschreibung der musikalischen Wirklichkeit.

1. Die von Besseler erwähnten Funktionen »umgangsmäßiger« Musik, Tanz, Geselligkeit und Liturgie, sind geschichtlichen Veränderungen unterworfen. Im 17. und 18. Jahrhundert tendieren sie unverkennbar zur Repräsentation, zur Darstellung nach außen. Als Zeremoniell aber werden sie »gegenständlich«, also zusammen mit der Musik, die gleichfalls repräsentativen Charakter annimmt, einem ästhetischen Urteil zugänglich.

Zur historischen Analyse fordert auch die Tatsache heraus, daß liturgische Musik als Kunst nicht zu allen Zeiten möglich ist. Ein Versuch, die Bedingungen des Kunstcharakters von Kirchenmusik zu beschreiben, müßte sowohl die Geschichte der Liturgie und der Frömmigkeit als auch die Entwicklung der musikalischen Technik und des ästhetischen Bewußtseins berücksichtigen. Konvergieren die verschiedenen Momente in den glücklichen Epochen einer musikalisch-liturgischen Gattung, so klaffen sie in den dürftigen auseinander — zu erwarten, daß der »Geist der Zeit« sie stets gleichmäßig erfülle, wäre eine Illusion. Gemessen aber an der Möglichkeit, Kunst zu sein, verfällt liturgische Musik, die es nicht ist, dem Urteil, daß sie trivial sei.

2. Reine Funktionalität ist ein Extremfall. Zwischen einer Musik, die als bloßes Vehikel dient und für sich genommen nichtig ist, und der entgegengesetzten Möglichkeit strenger Autonomie vermitteln Zwischenstufen, die einen großen Teil der musikalischen Realität ausmachen. Schließen aber Funktion und Kunstcharakter sich nicht aus, so muß die funktionale Betrachtung der Musik durch das umgekehrte Verfahren, eine Analyse der Funktionen unter musikalischen Gesichtspunkten, ergänzt werden.

Man kann, grob schematisch, von der Hypothese ausgehen, daß der

Kunstcharakter funktionaler Musik gefährdet ist, wenn einerseits die Bedeutung der Funktion — der soziale Rang oder der »substantielle Gehalt«, um mit Hegel zu sprechen — gering ist und andererseits der Musik enge Grenzen gezogen werden duch den Zweck, den sie erfüllen soll. Tanzmusik ist im allgemeinen arm an Gehalt und zugleich durch die Fixierung des rhythmischen Musters, der Gliederung und des Umfangs — eine Fixierung, von der die Melodik und die Harmonik mitbetroffen sind — formal eingeschränkt. Umgekehrt wird eine Meßkomposition vom hohen Rang der Funktion getragen und ist formal an nichts als den Text und einige Normen des Kirchenstils gebunden, die selten rigoros waren.

Bei Musik, die restlos im Gebrauchswert aufgeht, mag ein Urteil, das auf ästhetischer Distanz beruht, irrelevant oder verfehlt sein. Läßt man aber gelten, daß funktionale Rangunterschiede — wie der zwischen Tanz- und Meßkompositionen — oft mit musikalischen zusammentreffen, so wird durch eine Berücksichtigung der Funktion das ästhetische Urteil, ein Stück sei trivial, eher gestützt als durchkreuzt oder ausgelöscht.

3. Die Gebrauchsmusik wäre der adäquate Gegenstand einer »Kunstgeschichte ohne Namen«, denn es gehört zu ihren Merkmalen, gleichgültig gegenüber der Herkunft der Melodien zu sein, die sie benutzt. Die Methoden der Aneignung — Parodie und Kontrafaktur, Adaption und Arrangement — sind charakteristischer als die der Hervorbringung; entscheidend ist nicht die ursprüngliche Bestimmung eines Gebildes, sondern dessen Brauchbarkeit.[59]

Fragwürdig wird das »umgangsmäßige« Verhalten, wenn es Musik antastet, die als autonomes Werk konzipiert ist. Originalität und Integrität sind Grundbegriffe der Ästhetik des 19. Jahrhunderts, einer Kunsttheorie, die den Unterschied zwischen autonomer und funktionaler Musik zum Bewußtsein brachte. Daß Musik in einen um die ursprüngliche Gestalt und Bedeutung eines Werkes unbekümmerten Gebrauch hineingezogen wird, ist nach ästhetischen Normen eine Entstellung: eine Trivialisierung. Das Herausbrechen von Stücken aus dem Zusammenhang — ein Paradigma ist die Verwandlung von Schuberts *Lindenbaum* in ein volkstümliches Lied —, Eingriffe in den Notentext und Veränderungen der Besetzung werden unter der Herrschaft der Ästhetik suspekt.

Man könnte einwenden, daß das ästhetische Urteil — das Verdikt »trivial« — »umgangsmäßiger« Musik auch dann inadäquat sei, wenn die funktionale Musik parasitär von den Werken und Mitteln der autonomen zehrt. In letzter Instanz entscheidend sei die »Daseinsweise« von Musik; es sei verfehlt, über die eine Existenzform nach den Normen der anderen — die Unantastbarkeit des Textes ist unleugbar eine Norm »gegenständlicher« Musik — zu urteilen.

Diese These zwingt, wenn man sie bis in ihre extremen Konsequenzen verfolgt, dazu, den Begriff der »Identität« musikalischer Gebilde preiszugeben. Das Menuett aus Mozarts Es-Dur-Symphonie ist unter der Voraussetzung, daß die »Daseinsweise« die letzte Instanz darstellt, nicht mehr »dasselbe« Werk, wenn es aus dem symphonischen Zusammenhang herausgelöst und als Tanzmusik benutzt wird; es verwandelt sich in ein anonymes Stück funktionaler Musik.

Umgekehrt setzt das ästhetische Urteil, das die Adaption als Trivialisierung verwirft, die Vorstellung der Identität voraus. Um entstellt zu erscheinen, muß das Menuett »dasselbe« und nicht ein »anderes« Stück sein.

Die Schwierigkeit scheint unlösbar zu sein. Denn unverkennbar ist der Begriff der »Daseinsweise« von der funktionalen und der des identischen Werkes von der autonomen Musik abstrahiert, so daß eine neutrale Entscheidungsinstanz fehlt. (Zu meinen, daß auch die »Gegenständlichkeit« einzig als »Daseinsweise« erklärbar sei, wäre ein Irrtum. Die Identität musikalischer Werke ist nicht als »Daseinsweise« faßlich; doch gehört sie zu den Grundkategorien der Ästhetik autonomer Musik. Der Begriff der »Daseinsweise« reicht also nicht aus.) Weder ist die Philosophie der »Lebenswelt« auf Transzendentalphilosophie reduzierbar noch umgekehrt.

»Umgangsmäßige« Musik ist, nach Besseler[60], »ursprünglicher« als »gegenständliche«. Tendiert aber die Entwicklung zur Objektivierung, so fällt den ästhetischen Kategorien, die an autonomen Werken entwickelt worden sind, schließlich der Vorrang zu. Das Verfahren, Arrangements als Texte zu publizieren, die den Namen des Bearbeiters tragen, als wäre er ein Autor, drückt, sei es auch unbewußt, die Unterwerfung der Gebrauchsmusik unter die herrschenden Normen der Ästhetik, unter die Begriffe der Identität, der Unantastbarkeit und der Originalität aus. Die »umgangsmäßigen« Praktiken suchen sich anzugleichen; gerade als Parvenus aber werden sie trivial.

Daß sich die ästhetischen Normen als Urteilsinstanzen durchsetzen, so daß es gerechtfertigt erscheint, Gebrauchsmusik als trivial abzutun, ist demnach historisch zu verstehen. Ästhetische Urteile sind zugleich geschichtliche.

4. Bei manchen Formen des Musizierens ist es zweifelhaft, ob das »umgangsmäßige« Verhalten früher ist als das »gegenständliche«. Es scheint eher, als sei nicht der Objektivierung ein »Mitvollzug«, sondern der Trennung der Hörweisen deren Ungeschiedenheit vorausgegangen.

Musikalischer Vortrag, vom Spiel des Virtuosen bis hinab zu dem des Bettelmusikanten, bei dem der Reiz der Musik in die Negation, eine Belästigung zu sein, umschlägt, ist vermutlich kaum weniger alt als das »umgangsmäßige« Musizieren. Das »Mitgehen« mit der Person und den Praktiken des Spielers ist von der Aufmerksamkeit für die Musik als Gegenstand nicht zu trennen; und es wäre, wie beim Geschichtenerzählen, inadäquat, ein primäres Moment von einem sekundären zu unterscheiden. Daß sich der Musiker — als Interpret — einem Werk, das ihm als Text gegeben ist, unterwirft, ist ein geschichtlich spätes Phänomen. Aus der gleichen Spaltung in Gegenstand und Darstellung ist aber auch eine Virtuosität hervorgegangen, welche die Musik zum beinahe gleichgültigen und für sich genommen nichtigen Substrat technischer und gestisch-mimischer Entfaltung absinken läßt.

Das gesellige Musizieren, dessen höchste Formen das mehrstimmige Lied des 16. und das Streichquartett des späten 18. Jahrhunderts darstellen, ist mehrfach mit einem Gespräch verglichen worden, mit dem es auch die Eigenschaft teilt, daß sich nicht entscheiden läßt, ob der Gegenstand die Substanz der Geselligkeit ist oder umgekehrt. Mittel und Zweck voneinander abheben zu wollen, wäre inadäquat. Erst die Aufhebung des Schwebezustands, der für geselliges Musizieren charakteristisch ist, läßt entweder die Musik als Werk oder die Geselligkeit als »Daseinsweise» hervortreten. (Gemessen an der Konversation ist sowohl die an ein Thema gebundene Diskussion als auch ein leeres Gerede, das restlos in der sozialen Funktion der Geselligkeit aufgeht, eine Verfallsform.) Das Kommerslied, das von Besseler als »umgangsmäßig« beschrieben wurde[61], ist ein defizienter, nicht ein »ursprünglicher« Modus geselligen Musizierens.

Bachs Inventionen sind keine Etüden. (Der Gedanke des 19. Jahrhunderts, Kunst an Gebilden zu üben, die es nicht sind, war den früheren Jahrhunderten fremd.) Die Etüde entstand aus der Spaltung des Spielstücks in »gegenständliche« Werke und »umgangsmäßige« Übungen. Die Wahrnehmung, die das Üben begleitet, ist lediglich ein »Mithören« und im Extremfall der technisch nützlichen, aber musikalisch absurden Etüde tendenziell ein Nichthören. Das »Mithören« aber stellt — nicht anders als das »Mitmachen« einer Musik, die als bloße Funktion der Geselligkeit erscheint — eine Verfallsform der musikalischen Wahrnehmung dar.

Die Abspaltung des »Mitvollzugs« von der Objektivierung ist einer der Ursprünge des musikalisch Banalen. Die Reste, die von der autonomen Musik nach ihrer Trennung von der funktionalen zurückgelassen werden — das Virtuosenstück, das Kommerslied oder die Etüde —, verfallen der Trivialität.

5. Trivialmusik ist zu einem großen Teil funktionale Musik, die sich gegenständlich, als Vortrags- oder Konzertstück, präsentiert; und das quid pro quo ist eines der Merkmale des musikalisch Banalen. Die ursprüngliche Funktion eines Tanzes oder Marsches verblaßt zum Erinnerungsbild, ist jedoch auch in ihrer verdünnten, sekundären Existenz für die Wirkung kaum weniger bestimmend als die musikalische Beschaffenheit. Die Folgerung aber, daß darum ein ästhetisches Urteil unzulässig sei, wäre verfehlt. Denn

Reflexe von Funktionen spielen auch in manche autonome Musik hinein, sind also kein unterscheidendes Merkmal des zum Konzertstück entfremdeten Marsches und bewahren ihn nicht vor dem Urteil, daß er trivial sei.

6. Unterhaltungsmusik ist entweder Folie der Konversation oder deren Ersatz. »In der Oper versammelte sich in Italien ein Publikum, welches seinen Abend mit Unterhaltung zubrachte; zu dieser Unterhaltung gehörte auch die auf der Szene gesungene Musik, der man von Zeit zu Zeit in Pausen der Unterbrechung der Konversation zuhörte; während der Konversation und der gegenseitigen Besuche in den Logen fuhr die Musik fort, und zwar mit der Aufgabe, welche man bei großen Diners der Tafelmusik stellt, nämlich durch ihr Geräuch die sonst schüchterne Unterhaltung zum lauteren Ausbruch zu bringen.«[62] Als Ausfüllung von Lücken des Gesprächs oder der Tätigkeit ist die Unterhaltungsmusik weder »umgangsmäßig« und funktional noch »gegenständlich« und autonom. Ist sie einerseits zu vage, um Objekt zu sein, so erscheint andererseits der Zustand der Zerstreutheit, den sie voraussetzt und perpetuiert, als Karikatur des »Mithörens«.

## 3

Über Trivialmusik nach Kriterien zu urteilen, die von Kunstwerken abstrahiert sind, ist nach John H. Mueller eine »unselige Anmaßung«.[63] Wer an »absolute Normen« glaube, sei metaphysisch verblendet (die Metaphysik erscheint bei Mueller, als wäre er Marxist, in der Rolle einer scheinhaften überweltlichen Rechtfertigung irdischer Privilegien). Um Wissenschaft zu sein, müsse Ästhetik Soziologie werden; und als empirische Sozialforschung könne sie nichts anderes feststellen als »Gruppennormen«, die nicht aufeinander reduzierbar seien.

Die Meinung, ein Werk von Bach sei »langweilig«, und das Urteil, ein Schlager sei »primitiv«, stehen demnach — als Konsequenzen aus zwei »Gruppennormen«, von denen keine sich einen Vorrang anmaßen darf — gleichberechtigt nebeneinander. Unterschlagen oder verleugnet wird die einfache Differenz zwischen Urteilen, die auf Einsicht in die Beschaffenheit des Objekts, und solchen, die auf Unverständnis beruhen. Zwei Voraussetzungen greifen, in seltsamer Verschränkung, ineinander: ein ästhetischer Irrationalismus, der Musik einzig als Auslösung von Gefühlsregungen, nicht als intentionalen Gegenstand zu begreifen vermag, und ein methodischer Empirismus, der sich, aus Furcht vor Ungewissem und Spekulativem, an »Meinungen« und »Entscheidungen« (den Entschluß, ein Konzert zu hören oder nicht zu hören) als letzte Instanz klammert und die Frage nach dem Verhältnis eines Urteils zur Sache als metaphysische Ausschweifung verdächtigt. Das Unsicherste, die vage »Meinung«, soll als das Sicherste gelten.

Mueller schreibt der empirischen Musiksoziologie universale Geltung zu. Ihre ästhetischen und methodischen Voraussetzungen oder Vorurteile — die Befangenheit in abgesunkener Gefühlsästhetik und der Ursprung aus der Marktforschung — prädestinieren sie jedoch zur Theorie der Trivialmusik.

1. Mueller verbindet die Methode der empirischen Sozialforschung, Meinungen und Entscheidungen zu registrieren, mit dem Anspruch, eine Ästhetik zu begründen.[64] Die »Quaestio facti« und die »Quaestio iuris« fließen ineinander, so daß die Verbreitung eines Urteils als einzig verläßliche Rechtsquelle erscheint. Doch ist der Schein der Vorurteilslosigkeit eine Täuschung. Der beschreibende Soziologe kehrt seine Kunstfremdheit hervor, wenn er musikalische Werke, die sich nicht in das bestehende institutionelle System fügen, als »unsoziale Angelegenheit« abtut.[65] Das Urteil, scheinbar deskriptiv, ist in Wahrheit latent normativ und impliziert eine Parteinahme für den Massengeschmack.

2. Der Ausdruck »Qualität« ist äquivok; er bedeutet »Beschaffenheit«, aber auch »Wert«. Und Mueller nutzt den Doppelsinn, um die Differenz zwischen Geschmacksurteilen, die eine »Gruppennorm« repräsentieren, und Erkenntnisurteilen, die sich auf Eigenschaften eines musikalischen Werkes beziehen, zu unterdrücken und beide zu bloßen Projektionen zu erklären. »Wir schreiben dem Kunstwerk Qualitäten zu, die in Wirklichkeit in unseren Köpfen existieren.«[66] »Wegen der menschlichen Neigung, in das Objekt etwas ›hineinzulesen‹, was eigentlich in unseren Köpfen herumschwirrt, wird oft angenommen, der Wert einer Komposition sei ihr immanent.«[67] Der Gedanke, daß die Relevanz eines Werturteils von der Zulänglichkeit des zugrundeliegenden Sachurteils abhängt — etwa von der Fähigkeit des Urteilenden, zu unterscheiden, ob die Teile eines Werkes beziehungslos nebeneinanderstehen oder durch entwickelnde Variation miteinander verbunden sind —, ist Mueller fremd. Der Begriff des »qualifizierten Hörers« erscheint in hämischen Gänsefüßchen[68]; Einsicht wird als Anmaßung denunziert.

3. Eine qualitative Analyse musikalischer Meinungen würde die Relevanz der statistischen Methode schmälern, und um den Anspruch der empirischen Sozialforschung, das Fundament einer wissenschaftlichen Ästhetik zu sein, vor Zweifeln zu bewahren, ist Mueller gezwungen, den Begriff des »ästhetischen Gegenstandes« zu verleugnen und das musikalische Hören auf das Schema »Reiz und Reaktion« zu reduzieren. Musik sei kein Objekt, das erfaßt oder verfehlt werden kann, sondern eine Versuchsanordnung. »Die Musikgeschichte [ist] eine Geschichte von Experimenten, die nach dem Stempel sozialer Billigung verlangen.«[69]

Die Auflösung des ästhetischen Gegenstandes in ein Ensemble von Reizen ist jedoch ein Merkmal der Trivialmusik; und eine soziologische Theorie, die musikalische Werke als Versuchsanordnungen, als Provokationen zu »spontanem Genuß« und »ästhetischer Zerstreuung«[70] begreift, ist nichts anderes als eine Apologie des musikalisch Banalen. Sie begründet nicht eine Ästhetik als strenge Wissenschaft, sondern verkleidet eine »Gruppennorm«. Der Vorwurf, eine Ideologie zu sein, den der Empirismus gegen die metaphysische Ästhetik erhebt, fällt auf ihn selbst zurück.

4. »Der Geschmack von kleinen und finanziell schwachen Minderheiten kann nicht fortdauern, außer vielleicht am Rande der breiten Gesellschaft. Die großen musikalischen Geschmackssysteme sind durch materielle Stützen, die sich in enormen finanziellen Anlagen verkörpern, stabilisiert, handele es sich da um Konzertsäle, Instrumentenbau, pädagogische Einrichtungen, Notendruck und anderes mehr.«[71] Das Zugeständnis, daß »Geschmackssysteme« durch Interessen gestützt werden, zeigt die Schwäche der empirischen Methode: Es durchkreuzt die Voraussetzung, daß Meinungen und Entscheidungen eine letzte Instanz darstellen, und widerspricht der Behauptung, der ästhetische Genuß sei »spontan«. Dennoch hält Mueller an dem Anspruch, daß die empirische Sozialforschung — das Sammeln von Reaktionen innerhalb des bestehenden institutionellen Systems — das Fundament einer wissenschaftlichen Ästhetik darstelle, unbeirrt fest. Den Platz des begründenden Prinzips, den die vertriebene Metaphysik leer gelassen hat, besetzen die »enormen finanziellen Anlagen«. Daß die »volonté de tous«, die vorherrschende musikalische Meinung, von außerästhetischen Interessen abhängt, hindert Mueller nicht, sie zur »volonté générale«, zur ästhetischen Vernunft, zu erklären.

Widerspruch gegen das musikalisch Banale und Verschlissene ist unter den Voraussetzungen der empirischen Methode unmöglich. Um als Entstellung und Trivialisierung erkennbar zu sein, muß die Formung der Meinung am Objekt, am Sach- und Bedeutungsgehalt der ästhetischen Gegenstände, gemessen werden.

## 4

Kritik am Trivialen, die über eine Geste der Verachtung oder des Abscheus hinausreicht, ist oft durch die Idee einer universalen, unzerspaltenen Musik fundiert worden. Der Trennung von hoher und niederer Kunst wird die Schuld an der Ausbreitung des Banalen zugeschrieben. Eine Volkstümlichkeit, die zur Trivialität herunterkomme, sei das Reversbild, die konstrastierende Ergänzung einer Bildungskraft, die sich in Esoterik verschließe.

1. Universalität ist jedoch eher eine Utopie als eine vergangene Realität. Verwirklicht wurde sie, als gefährdetes Gleichgewicht heterogener Teile, in wenigen Werken um 1800, wie der *Schöpfung* und der *Zauberflöte*. Und fast gleichzeitig erklärte Kant in der *Kritik der Urteilskraft* den »sensus communis« zur Instanz des ästhetischen Urteils.

Den Jahrhunderten vor der philanthropischen Aufklärung war der Gedanke einer universalen Kunst auch dann fremd, wenn seine Realisierung greifbar nahe lag. Verachtung der niederen Musik verstand sich in einer Zeit, deren soziales Denken vom Begriff des Privilegs geprägt war, von selbst. Daß volkstümliche Lieder manchmal als Material zu Kunstwerken benutzt wurden, änderte wenig oder nichts an dem Abstand, der im Bewußtsein die notierte, artifizielle Musik von schriftlosen, usuellen Praktiken trennte. Distanz wird durch Herablassung sogar eher betont als ausgelöscht.

Nicht die Spaltung, sondern das Bewußtsein, daß sie ein Unglück sei, ist das Neue in der Musikgeschichte des 19. Jahrhunderts. Die Idee des Universalen wurde zur ästhetischen Gewissensinstanz[72]; und die wachsende Scheu vor Banalem — eine Empfindlichkeit, die zur Esoterik treibt — ist seither von dem entgegengesetzten Gefühl begleitet, daß die Distanz ausgeglichen oder aufgehoben werden müsse. Der Topos, daß die Zukunft das Unrecht, das die Gegenwart einem Werk antue, korrigieren werde, drückt außer dem Bedürfnis, verstanden zu werden und den eigenen Tod zu überleben, auch die Sehnsucht nach einem Zustand jenseits der Trennung von hoher und niederer Kunst aus.

2. So vielfältig im 19. Jahrhundert die Bemühungen um eine »Hebung« der Trivialmusik sind, so heftig ist andererseits die Polemik gegen ein Juste-Milieu, in dem eine philanthropisch oder kommerziell motivierte Herablassung mit Parvenus der niederen Musik, die nach Nobilitierung streben, zusammentrifft. Das Mediokre ist die Karikatur des Universalen.

Schumann wendet sich gegen ein musikalisches Juste-Milieu, das sich von Henri Herz bis zu Meyerbeer erstreckt, Wagner gegen das »Mittelmäßige«, das »uns nicht etwas unbekannt Neues, das Bekannte aber in gefälliger und schmeichelnder Form bringt«.[73] Die maskierte Trivialität erregt einen Zorn, wie ihn die unverstellte, sei sie zynisch oder naiv, kaum jemals provoziert. »Es bleibt nämlich übrig, mit der Täuschung des Publikums zugleich auf die Täuschung des wahren Kunsturteils auszugehen, ungefähr wie leichte und fehlerhafte Ware für schwere und solide anbringen zu wollen, um die allerwiderwärtigste Erscheinung zutage zu fördern.«[74] Daß dem Bedeutenden das Mediokre — als äußere Konkurrenz und innere Gefährdung — näher steht als das Schlechte, ist zweifellos eines der Motive der Polemik. Zugleich aber scheint das Mittelmäßige als Entstellung und Verfallsform des Universalen, an dem man als Idee festhielt, auch wenn es in der Wirklichkeit kaum erreichbar war, empfunden und verabscheut worden zu sein.

5

Die Trivialmusik zwingt dazu, sich auf die Inhaltsästhetik einzulassen. Eine abstrakt formale Analyse wäre ein unzulängliches Verfahren. Die Dürftigkeit des Trivialen, die dabei zutage träte, ist zwar charakteristisch, bleibt aber außerhalb des Verhältnisses zu den dargestellten »Inhalten« unbegreiflich.

1. Nicht zufällig stützen sich Versuche, Triviales gegenüber seinen Verächtern zu rechtfertigen, stereotyp auf das Argument, daß die musikalische Erscheinungsform, der Gegenstand der Kritik, sekundär und der »Inhalt« — bei Liedern der Zusammenhang zwischen melodischem Charakter, Text und Funktion — entscheidend sei. Der Männergesang des 19. Jahrhunderts ist nach Philipp Spitta[75] nur als Einheit von musikalischen und patriotischen Momenten begreiflich. Und die herausfordernde Konfrontation einer schlecht komponierten Nationalhymne und eines gut komponierten Cancan wäre nicht zu Unrecht weniger als Bekenntnis zur Ästhetik denn als eines zur Anarchie empfunden worden.

Text, Funktion und melodisch-rhythmischer Charakter bilden einen Komplex, dessen Momente durch Wechselwirkung miteinander verbunden und voneinander abhängig sind. (Das Parodieverfahren, gerade in der Trivialmusik häufig, scheint den Zusammenhang zu durchkreuzen; doch würde es die Wirkung mancher Kontrafakturen schmälern oder sogar aufheben, wenn der frühere »Inhalt« gänzlich ausgelöscht wäre: Sowohl die profane Parodie in Couplets als auch die geistliche in Heilsarmeeliedern zehrt vom ironischen oder emphatischen Kontrast zum Verdrängten.)

Musikalische Charaktere, die von sozialen oder institutionellen Funktionen abhängen — und Funktionen haften oft zäher im Bewußtsein als Texte —, sind geschichtliche Eigenschaften. Experimentalpsychologisch zu demonstrieren, daß sie keine Natureigenschaften des melodisch-rhythmischen Gebildes sind, ist nicht schwierig, aber müßig. Läßt man Hörer über Melodien urteilen, deren Texte und Funktionen sie nicht kennen, so ist der »Inhalt« der Musik durch die Versuchsanordnung zum Verschwinden gebracht, ohne daß seine geschichtliche Existenz widerlegt wäre.

Melodien, die mit Texten und Funktionen verwachsen sind, werden erst dann als trivial kenntlich, wenn die »Inhalte« — Gefühlsreligion, Revolutionspathos oder Turnerpatriotismus — verblassen oder suspekt erscheinen. Die musikalische Form, die der kompositionstechnischen Analyse und der ästhetischen Kritik überlassen bleibt, ist ein toter Rest.

2. Daß Form und Inhalt untrennbar sind, ist ein Gemeinplatz, den niemand leugnet, der aber nicht genügt, um den Gegensatz zwischen Form- und In-

haltsästhetik aufzulösen oder zu einem bloßen Scheinproblem herabzusetzen. Der »pathologische« Musikgenuß, gegen den Hanslick polemisierte, war kein Phantom, sondern alltägliche Wirklichkeit; und daß er suspekt geworden ist, darf über seine geschichtliche Existenz und Bedeutung nicht hinwegtäuschen.

Durch den Streit, in welchem Ausmaß Musik einen Inhalt — einen Bild- oder Gefühlskomplex — darzustellen oder zu suggerieren vermag, ist der Unterschied, ob die Form als Funktion des Inhalts aufzufassen sei oder umgekehrt, verdeckt worden, obwohl er von kaum geringerer Bedeutung sein dürfte als die Frage nach den ästhetischen Grenzen der Musik. Ein Inhalt ist, um in der Sprache der Gestaltpsychologie zu reden, entweder »Grund« oder »Figur«. Als »Figur« bildet er den primären Gegenstand der Aufmerksamkeit, und die musikalische Form, der Inbegriff der Tonbeziehungen, erscheint als bloße Folie und Stütze. Derselbe Inhalt kann aber, ohne daß er verleugnet werden müßte, auch als Hintergrund erfahren werden. Statt in einer Stimmung aufzugehen, richtet sich das musikalische Hören, von ihr getragen, auf die Form als tönenden Gegenstand. Der Inhalt wird zur Funktion der Form.

Die Inhaltsästhetik, das Prinzip, daß die Form als »Grund«, der Inhalt als »Figur« aufzufassen sei, ist so fragwürdig, wie Hanslick behauptete: aber nicht, weil sie als Irrtum widerlegbar wäre, sondern weil sie zur Banalität tendiert. Der Umkreis der Inhalte, die eincr musikalischen Darstellung oder Umschreibung zugänglich sind, ist eng begrenzt. Den Schein, reich und differenziert zu sein, verdanken die Inhalte, die für sich genommen vage bleiben, den Formen. Ein musikalisches Hören, das sich an Inhalte klammert und die Formen zur Folie herabsetzt, bewirkt also eine Verarmung; es läßt, zusammen mit den Formen, auch die Inhalte zu dürftigen und abstrakten Umrissen schrumpfen.

Die Schwäche der Inhaltsästhetik besteht demnach in einer Verkennung der Dialektik, der die Inhalte in der Musik unterworfen sind: einer Vernachlässigung des paradoxen Sachverhalts, daß sie gerade dann, wenn sie hervortreten, zu Schemen werden. Aus dem Mangel, der ihr anhaftet, resultiert aber die Affinität der Inhaltsästhetik zur Trivialmusik, in der die Reduktion des Hörens — die Herabsetzung der Erscheinungsform zu einem bloßen Stoff, von dem Gefühle und Stimmungen zehren — auf die musikalischen Gebilde selbst übergreift. Die Unterhaltungsmusik vollstreckt gleichsam das Urteil, das die Inhaltsästhetik gefällt hat. Und es scheint, als müsse man Hanslicks rigorose Formästhetik, um ihrer geschichtlichen Bedeutung gerecht zu werden, als Polemik gegen die Trivialisierung der Musik verstehen.

# Über die »mittlere Musik« des 19. Jahrhunderts

## 1

Der Terminus »Trivialmusik« — halb Modewort und durch gedankenlosen Gebrauch verschlissen, halb Chiffre für den verqueren Sachverhalt, daß sich eine Wissenschaft gerade durch banale Gegenstände in methodologische Paradoxien treiben läßt — ist zu einem Sammelnamen für musikalische Gebilde geworden, deren Kunstcharakter geleugnet werden soll, so daß sich der Bereich, den er umfaßt, von Küchenliedern und Gassenhauern über die Salon- und die Promenadenmusik bis zu Werken von Tschaikowsky und Dvořák erstreckt, die nach den ästhetisch-kompositionstechnischen Kriterien der Beethoven-Tradition dem Verdacht ausgesetzt sind, Kitsch zu sein. Der Begriff krankt, da er negativ bestimmt ist, an dem Mangel, daß er heterogene, untereinander beziehungslose Phänomene bündelt und zusammenzwingt, deren einziges gemeinsames Merkmal es ist, daß sie nicht zur Kunst gezählt werden; und es ist demnach kaum erstaunlich, daß die Diskussion über das musikalisch Triviale, sofern sie auf die Formulierung greifbarer Kriterien zielt, in Verwirrung geraten ist. »Die« Trivialmusik in dem weitgespannten Sinne, der dem Terminus zugewachsen ist, ist ein Phantom, ein Begriffsgespenst. Und daß sich Reflexionen über Trivialmusik des 19. Jahrhunderts, statt sich in den vergeblichen Versuch einer zusammenfassenden Charakteristik zu verlieren, auf einen Teilbereich beschränken, und zwar auf die Zwischenschicht, die man als »mittlere Musik« bezeichnen kann, braucht nicht umständlich begründet und gerechtfertigt zu werden. Das Repertoire der Unterhaltungs- und Salonmusik, das unter den Begriff der »mittleren Musik« fällt, ist immer noch bunt genug.

Von der niederen Musik, die es immer gab, allerdings in schriftloser und anonymer Überlieferung, unterscheidet sich die »mittlere«, die ein charakteristisches Phänomen des 19. und 20. Jahrhunderts ist, durch das äußere Merkmal, daß sie notiert und gedruckt wird und sich als Werk eines Komponisten präsentiert, mag auch der Werkcharakter nach streng ästhetischen Kriterien zweifelhaft sein. Andererseits bleibt sie von dem emphatischen Kunstbegriff, der sich im späten 18. Jahrhundert herausbildete, ausgeschlossen, ohne daß sie unter musikalischen Handwerksgesichtspunkten schlecht komponiert sein müßte. »Mittlere Musik« ist, wie die Trivialmusik insgesamt, Nicht-Kunst. (Die niedere Musik älterer Epochen ist »kunstlos«, sofern sie gegen Zunftregeln verstößt, die Trivialmusik »kunstfremd«, da sie ästhetisch fragwürdig ist.)

Der emphatische Kunstbegriff, der die Vorstellung einschließt, daß ein musikalisches Werk ein autonomes Gebilde sei, eine »Welt für sich selbst«, wie es Ludwig Tieck ausdrückte, ist die zentrale Kategorie der Ästhetik des 18. bis 20. Jahrhunderts. (Die Kunsttheorie und die Philosophie des Schönen, die aristotelische und die platonische Tradition früherer Jahrhunderte sind nicht im gleichen Sinne Ästhetik wie die Disziplin, die um 1750 entstand.) Unter der Herrschaft der Ästhetik über das musikalische Bewußtsein geriet die funktionale Musik, die einen Zweck erfüllt, statt in sich selbst zu beruhen, an die Peripherie der Kunst oder wurde sogar aus deren Bereich verstoßen. Gebrauchsmusik und Musik als Kunst, in früheren Jahrhunderten ungeschieden, trennten sich voneinander und wurden von den Rigoristen des »l'art pour l'art« als Gegensatz verstanden.

War bis zum 18. Jahrhundert die Musik insgesamt, sowohl die artifizielle als auch die niedere, an Funktionen gebunden, so geriet im Zeitalter der Ästhetik, durch die Spaltung in autonome Kunst und Gebrauchsmusik, die funktionale Musik, sogar die geistliche, unter Trivialitätsverdacht. Der Begriff der Kunst, und zwar der modern ästhetische, von der älteren Kunsttheorie abweichende Begriff, haftete am autonomen Werk.

Andererseits ist die Vorstellung, in älterer Zeit sei der Abstand, den man zwischen artifizieller und niederer Musik empfand, geringer gewesen als im 19. Jahrhundert, fragwürdig; die musikalische Klassenlosigkeit ist ein Phantom, eine rückwärts gewandte Utopie. Neu im 19. Jahrhundert ist einzig die Trennung der autonomen von der funktionalen Musik; kompositionstechnisch-soziale Hierarchien gab es jedoch auch in der Musik früherer Epochen, und zwar innerhalb der funktionalen Musik.

Die »mittlere Musik« des 19. Jahrhunderts ist, nicht anders als die von der autonomen Kunst abgespaltene Gebrauchsmusik, ein Phänomen des Zeitalters der Ästhetik; sie bildet gleichsam den dunklen Schatten der autonomen Werke. Verfehlt wäre es jedoch, sie umstandslos als Gebrauchsmusik zu etikettieren, um sie dadurch vor dem Zugriff der ästhetischen Kriterien, die zwar für autonome, aber nicht für funktionale Musik gelten, zu schützen. Die Salon- und Unterhaltungsmusik ist vielmehr ambivalent; sie ist »mittlere« Musik auch im Sinne des Zwitterhaften. Sie erscheint einerseits, anders als die Kirchen-, Repräsentations- oder Tanzmusik, nicht als bloße Begleitung, Stütze oder tönende Ausstattung eines außermusikalischen Vorganges, ist also nicht eigentlich funktional, steht aber andererseits, im Unterschied zur Konzertmusik, auch nicht als Gegenstand ästhetischer Kontemplation für sich, sondern ist in ihrer Bedeutung oder Rolle offen und unbestimmt: Sie kann, ohne Verstoß gegen ihren Sinn, entweder als Konzertstück gehört oder zum tönenden Hintergrund einer Konversation herabgesetzt oder auch, in wechselnden Mischungen, zugleich in der einen und der anderen Weise wahrgenommen werden.

Man könnte einwenden, daß Unterhaltung, kaum anders als die liturgischen oder profanen Zwecke älterer Musik, eine Funktion sei, durch die ein

Stück Musik oder Kompetenz des ästhetischen Urteils entzogen werde, und zwar eine Funktion, die sogar formbestimmend wirke. Denn die Potpourri-Anlage, die Reihung oder Klitterung heterogener, zwar für sich reizvoller, aber zusammenhangloser musikalischer Augenblicke, sei als »idealtypische« Form der Unterhaltungsmusik die genaue Entsprechung eines zerstreuten, sporadischen Hörens, das sich abwechselnd der Musik zuwendet und von ihr abkehrt. Und sofern man die Repräsentations- und Tafelmusik des 18. Jahrhunderts zur funktionalen Musik zähle, müsse man der Promenaden- und Caféhausmusik des 19. Jahrhunderts, der bürgerlichen Imitation und Verfallsform aristokratischer Modelle, das gleiche zugestehen.

Die Argumentation krankt jedoch, so triftig sie erscheinen mag, an dem Mangel, daß sie den ästhetischen Ehrgeiz der »mittleren Musik« verkennt oder unterschätzt, einen Ehrgeiz, durch den die unterhaltende Musik in Abhängigkeit von der artifiziellen gerät. Die Caféhausmusik zehrt auch dann, wenn sie nicht unmittelbar auf Adaption beruht, von fremder Substanz: von der Konzert- und Kammermusik, deren Attitüde sie nachahmt oder parodiert und aus deren musikalischen Strukturen sie einzelne Momente herauslöst, um sie als Clichés, als isolierte Effekte zu verschleißen. Die Potpourri-Anlage ist also nicht allein eine funktional begründete, aus dem Unterhaltungszweck und den Bedingungen des Nebenbei-Hörens erklärbare Form, sondern erscheint als Negation und Zerstückelung von Formen der Konzert- und Kammermusik, an denen sie insofern gemessen werden darf, als sie substantiell von ihnen abhängig ist.

Ähnlich schwierig oder unmöglich wie eine funktionale Unterscheidung ist eine soziale Abgrenzung der »mittleren« Musik von der artifiziellen, von der Musik als Kunst im emphatischen Sinne. Die Vermutung, der Kitsch sei im 19. Jahrhundert die Kunst oder das Kunstsurrogat des Kleinbürgertums, nicht aber der »gebildeten Stände« gewesen, ist kaum beweisbar und auch wenig wahrscheinlich, sofern man »Bildung« handgreiflich als soziologischen Statusbegriff definiert und nicht bei der Tautologie Zuflucht sucht, »gebildet« sei, wer artifizielle Musik verstehe und die »mittlere«, den Kitsch, von sich fernhalte. Operiert man mit groben soziologischen Kategorien, so scheint es, als seien die Musik als Kunst und die »mittlere« Musik, die Kammermusik von Brahms und das *Gebet einer Jungfrau*, für dieselbe bürgerliche Schicht bestimmt gewesen. Die schroffste Divergenz im musikalischen Bewußtsein des 19. Jahrhunderts, die Kluft zwischen Kunst und Nicht-Kunst, war demnach ausschließlich ästhetisch, nicht sozial begründet. Und durch die soziale Indifferenz wurde der ästhetische Gegensatz, zu dessen frühesten Dokumenten Robert Schumanns Polemik gegen die »prosaische« Musik gehört, eher verschärft als gemildert.

Ludwig Richter: Hausmusik (1855; Staatliche Kunstsammlungen Dresden, Kupferstich-Kabinett; Photo von der Deutschen Fotothek, Dresden). Der Titel *Hausmusik*, den der Kulturhistoriker Wilhelm Heinrich Riehl 1855 einer Sammlung von *Fünfzig Liedern deutscher Dichter* gab, war das Stichwort einer Gegenkultur, die durch »einfache und ehrliche Musik« dem Einfluß der »blasierten musikalischen großen Welt« widerstehen sollte. Die »Hausmusik«, eine Kunst aus dem Geiste des Biedermeier, war das Gegenteil einer »Salonmusik«, deren Liebhaber sich nach Paris, der »Hauptstadt des 19. Jahrhunderts«, versetzt fühlten, wenn sie, unzulänglich genug, den Gestus der Virtuosität imitierten. Musik, die man Hausmusik nennen kann, gab es immer schon; als aber das Wort 1855 im Umlauf gebracht wurde — und man kann nicht leugnen, daß es ein sprachlicher Fund war —, nahm es eine ideologische Färbung an.

## 2

Ob es einem Historiker erlaubt ist, von dem Unterschied zwischen Kunst und Nicht-Kunst auszugehen, als sei er ein Faktum, steht nicht fest. Die schroffe Trennung mag Skeptiker zum Widerspruch herausfordern. Als Denkschema oder Vorurteil des 19. Jahrhunderts sei die ästhetische Dichotomie nicht Voraussetzung, sondern Gegenstand einer historischen Untersuchung und Kritik. Außerdem bestehe zwischen Kunst und Nicht-Kunst, zwischen ästhetischem Wert und Unwert, keine spezifische und prinzipielle, sondern eine graduelle Differenz; der Übergang sei fließend. Und daß der Versuch, eine starre Grenze zu ziehen, verfehlt sei, zeige sich an Schwankungen der ästhetischen Einschätzung: Nicht selten sei dasselbe musikalische Werk abwechselnd zur Kunst und zum Kitsch gezählt worden.

Die Argumentation ist jedoch schief. Erstens ist die Auslegung der ästhetischen Dichotomie als Werturteil in einem handgreiflichen Sinne, also die Gleichsetzung von Nicht-Kunst mit schlechter Musik, nicht triftig. Mit dem Wort »schlecht« kann sowohl kompositionstechnische Brüchigkeit als auch moralische oder ästhetische Fragwürdigkeit gemeint sein. Vom musikalischen Handwerk ist jedoch, wenn Robert Schumann zwischen Kunst und Nicht-Kunst, zwischen »poetischer« und »prosaischer« Musik unterscheidet, kaum die Rede: Metier wird in der Kunst vorausgesetzt, ohne entscheidend zu sein — auch Kitsch kann technisch makellos sein. Moralische Momente sind in dem Verdikt über »prosaische« Musik, über eine Nicht-Kunst, die sich als Kunst drapiert, zwar enthalten, werden aber, seit Kant sie vom ästhetischen Urteil ausschloß, selten unverhohlen zitiert. Primär zielt der Kunstbegriff jedenfalls auf eine Qualität jenseits von technischen Voraussetzungen und moralischen Implikationen, eine Qualität, die Schumann mit dem Wort »poetisch« meint. Das »Poetische«, E.T.A. Hoffmanns »Dschinnistan«, erscheint als Sphäre, an der ein musikalisches Werk entweder teilhat oder die ihm versperrt ist, nicht als Eigenschaft, die es in größerem oder geringerem Maße besitzt. Und so wenig es zu bestreiten ist, daß zwischen technisch guter und schlechter Musik ausschließlich graduell unterschieden werden kann, so unleugbar ist es andererseits, daß unter den Voraussetzungen des emphatischen Kunstbegriffs, der sich im späten 18. Jahrhundert herausbildete, Kunst von Nicht-Kunst durch einen qualitativen Sprung getrennt ist. Wer also die Dichotomie als Vorurteil verwirft, das sich ein Historiker nicht zu eigen machen dürfe, gerät in die Verlegenheit, zugleich den Kunstbegriff des 19. Jahrhunderts preisgeben zu müssen.

Zweitens war die Dichotomie kein bloßes Gedankengespinst einiger Esoteriker, sondern drang ins allgemeine Bewußtsein und sogar in die musikalische Praxis ein, so daß es schwerfällt, sie als bloße Ideologie, als Vorurteil und Irrtum des 19. Jahrhunderts über sich selbst abzutun. Aus der ästhetischen Spaltung resultierte eine institutionelle. Die Veränderung des Repertoires der Symphoniekonzerte seit der Mitte des Jahrhunderts, die Ausschließung oder Zurückdrängung der Opernfragmente, Romanzen und Effektstücke, die früher als unterhaltende Intermezzi zwischen symphonische Werke oder Sätze eingestreut worden waren, muß als Eingriff rigorosen Kunstempfindens in die Praxis verstanden werden. Man wurde allergisch gegen das unvermittelte Nebeneinander divergierender Stücke, die sich gegenseitig ihr ästhetisches Daseinsrecht streitig machten, goutierte allerdings die »mittlere Musik«, die man aus der Nähe der Kunst verstieß, an anderer Stelle. Die Dichotomie ist also nicht nur proklamiert, sondern auch praktiziert worden; und die Entstehung einer Hierarchie, eines Stufensystems von Konzerttypen war wiederum nicht ohne Einfluß auf die ästhetisch-kompositionstechnischen Entscheidungen der Komponisten. Zwischen Komposition, Institutionen und Kritik entstand eine Wechselwirkung, durch die sich die Kluft zwischen Kunst und Nicht-Kunst vertiefte.

Drittens ist es zwar unleugbar, daß die Grenze zwischen artifizieller und »mittlerer« oder trivialer Musik immer wieder anders gezogen worden ist — nicht allein vom Troß des Publikums, sondern auch von Urteilsfähigen; der Schluß aber, daß dadurch die spezifische, prinzipielle Differenz zur graduellen gemildert werde, ist irrig. Die logische Schwierigkeit ist die gleiche wie beim Konsonanzproblem, bei dem sie jedoch mit geringerer Mühe durchschaubar ist. Zwischen Konsonanz und Dissonanz besteht zwar »von Natur« eine graduelle, satztechnisch aber — in der artifiziellen Mehrstimmigkeit — eine spezifische Differenz; die Zusammenklänge zerfallen in zwei gegensätzliche Klassen. Und daß die Grenze zwischen Konsonanz und Dissonanz in den einzelnen Epochen verschieden gezogen worden ist — die Verschiebungen waren möglich wegen der bloß graduellen Differenzierung des »von Natur« gegebenen Substrats —, ändert nichts an dem Sachverhalt, daß der Unterschied auf jeder Entwicklungsstufe (außer in der Neuen Musik des 20. Jahrhunderts, in der er aufgehoben ist) als spezifischer behandelt und wahrgenommen wurde. Die musikalische Anschauungsform — die Auffassung als Antithese, nicht als Übergang — bleibt prinzipiell die gleiche. Analoges aber gilt für die ästhetische Dichotomie. Zwar sind die Kriterien, die über die Klassifikation als Kunst oder Nicht-Kunst entscheiden, geschichtlichen Veränderungen unterworfen; dennoch ist es weniger die tragende Grundvorstellung von artifizieller Musik, die sich wandelt — jedenfalls nicht innerhalb der Epoche, die von der Mitte des 18. bis zum Anfang des 20. Jahrhunderts reicht —, als daß sich die Wahrnehmung einzelner musikalischer Gebilde, die entweder als Kunst oder als Kitsch etikettiert werden, verschiebt und modifiziert. Ein Stück von Tschaikowsky, das aus dem Repertoire der Symphoniekonzerte in das der Unterhaltungsmusik absinkt, scheint sich gleichsam zu verfärben und in seiner inneren Zusammensetzung zu verändern.

Der Kontext, in den es gerät, wird zu einem Merkmal des Werkes selbst. (Die ästhetische und die institutionelle Dichotomie beeinflussen sich gegenseitig.)

## 3

Die musikalischen Gattungen des 19. Jahrhunderts, die am ehesten der Trivialisierung, dem ästhetischen und institutionellen Absinken ausgesetzt waren, sind die gleichen, die als charakteristisch romantisch empfunden wurden: das Lied, das lyrische Klavierstück und die Symphonische Dichtung. Der Kitsch erscheint als Reversbild der Romantik. Und man kann sogar zweifeln, ob die »mittlere« Musik historisch als Verfallsform der romantischen oder umgekehrt die romantische Musik als Nobilitierung der »mittleren« zu verstehen sei. Jedenfalls ist romantische Musik im unverschlissenen Sinne des Wortes nichts anderes als eine geringe Anzahl *poetischer* Werke, die sich aus einer unabsehbaren Masse *prosaischer* Stücke herausheben, mit denen sie einige äußere Merkmale teilen.

»Mittlere« Musik muß also an den Prinzipien und Strukturen der romantischen, nicht der klassischen oder klassizistischen Musik gemessen werden. Das Urteil über sie auf ästhetisch-kompositionstechnische Kriterien zu stützen, die von der Sonatenform Beethovens und der Beethoven-Tradition — zu der außer Brahms auch Schönberg zu zählen ist — abstrahiert sind, wäre inadäquat und verquer. Und die pauschalen Einwände gegen die musikalische Form, mit denen man manchmal das Verdikt über triviale Musik zu begründen versucht, gehen ins Leere. Auch in Werken der Romantik, deren Rang unbestritten ist, in Klavierstücken von Schubert, Schumann oder Chopin, ist das Verhältnis zur Form — und zwar sowohl zum architektonischen als auch zum logischen Moment der Form — nicht selten prekär. Erstens gefährdet die Überzeugung vom Primat des Inhalts die architektonische Form, die entweder erstarrt oder sich auflöst: Einerseits scheint es, als dürfe die Form schematisch sein, da es einzig auf den Inhalt ankomme; andererseits geraten, durch rigorose Angleichung der Form an den Inhalt, manche Stücke ins Amorphe. Zweitens verliert das logische Moment der Form an Bedeutung gegenüber assoziativen Verknüpfungen, ohne daß jedoch von Zerfall die Rede sein könnte; daß musikalischer Sinnzusammenhang und innere Konsequenz in Werken außerhalb der klassischen und klassizistischen Tradition oft nicht aus thematisch-motivischer Arbeit erwachsen, besagt keineswegs, daß sie fehlen oder gefährdet sind.

Schumanns *Träumerei*, Modell oder latente Utopie ungezählten Kitsches, ist von Alban Berg, der in einer Polemik gegen Pfitzners Einfallstheorie den artifiziellen Charakter des Stücks hervorkehren wollte, primär unter dem Gesichtspunkt der »entwickelnden Variation« analysiert worden. Halb ver-

# Träumerei

Robert Schumann

borgene Motiv- oder Intervallzusammenhänge — in Takt 1 sollen die Töne e—f—a als Variante der Quartsprungs c—f gelten — sind nach Berg das ausschlaggebende Merkmal, durch das sich Schumanns Melodie von einem Stück Trivialmusik wie Hildachs *Lenz* unterscheidet.

Die *Träumerei* ist jedoch kein klassizistischer Sonatensatz, sondern ein romantisches Charakterstück; und die Kunstqualität haftet, wenn man die Gattung und die Stiltradition berücksichtigt, weniger an den von Berg entdeckten — oder vielmehr konstruierten — Intervallzusammenhängen als an den rhythmisch-harmonischen Strukturen, die den Eindruck des Schwebenden und Ferngerückten vermitteln. Der erste Takt erscheint, wegen des verzögerten Harmoniewechsels, als 5/4-Takt, der zweite als 3/4-Takt, da man wiederum den Harmoniewechsel als Zeichen eines Taktanfangs empfindet. Die Sequenzen in Takt 3, 2/4 + 2/4, machen jedoch deutlich, daß das Irreguläre, 5/4 + 3/4, auf den Hintergrund eines regelmäßigen Taktes, 4/4 + 4/4, bezogen werden soll: Gleichmaß und Wechsel halten sich in der Schwebe.

Ein zweites Moment, das den »poetischen« Charakter des Stücks bestimmt, ist die stete, gleichsam träumerisch kreisende Wiederkehr des Gleichen. Die Melodie besteht aus nichts als acht modifizierten Wiederholungen eines Gedankens, gruppiert nach einem Schema, das den Umriß der dreiteiligen Liedform $A^1$ : || B $A^2$ andeutet: $a^1$ $a^{2,1}$ $a^1$ $a^{2,1}$ $a^{3,1}$ $a^{3,2}$ $a^1$ $a^{2,2}$. Daß Schumann, um Monotonie zu vermeiden, den Gedanken variiert, ist selbstverständlich; nicht alltäglich aber — und für den Rang des Stücks entscheidend — ist die Kunst der funktionalen Differenzierung. So erscheint etwa die Schlußphrase $a^{2,2}$ erstens (nach dem Schema der Liedform) als Reprise, zweitens (um der musikalischen Konsequenzlogik willen) als Fortsetzung und drittens (nach der Regel, daß der Höhepunkt einer Melodie in den letzten Teil fallen soll) als Kulmination: Der Sextsprung c”-a” ist melodisch mit der analogen Stelle in der zweiten Phrase ($a^{2,1}$) identisch; der Spitzenton a” ist jedoch nicht, wie in Phrase $a^{2,1}$, als Oktave über dem Grundton, sondern vielmehr, analog zu $a^{3,1}$ und $a^{3,2}$, als None harmonisiert: In der Reprise wird gleichsam eine Konsequenz aus den Varianten des Mittelteils gezogen; und da der Ton a” einerseits durch das emphatischste Intervall der Melodie, die Sexte, erreicht wird und andererseits mit der drastischen Dissonanz, der None, verbunden ist, erscheint er als Höhepunkt des Stücks.

Gounods *Méditation* oder *Ave Maria*, eine Zusatzmelodie zum ersten Präludium aus Bachs *Wohltemperiertem Klavier*, ist als Kitsch in Verruf, ohne daß es geglückt wäre, außer der stilistischen Diskrepanz zwischen dem Opernpathos des Arrangements und der »noble simplicité« des Modells noch andere ästhetisch-kompositionstechnische Merkmale zu nennen, die das Verdikt begründen. Nach musikalischen Handwerksregeln ist die Melodie, die eines der berühmtesten Stücke des 19. Jahrhunderts war, makellos komponiert.

# Ave Maria

## Meditation über das erste Präludium von Joh. Seb. Bach

Charles Gounod

15
cresc.
dim.
p
pp
Ped.
20
f
mf
cresc. molto
25

dim. p
2.× sempre cresc. molto
espr.
30
cresc. molto
cresc. molto
Ped.
più f
tutta forza
35
molto maestoso
1.
2.
dim.
40
dim.

Die fünf Teile (Takt 5—8, 9—15, 16—23, 24—28 und 29—37) sind plastisch voneinander abgesetzt und dennoch eng verknüpft. Der erste erscheint als Einleitung, der zweite als Exposition einer Phrase, die dann im dritten bis fünften Abschnitt variiert wird: Der meditative Charakter des Stücks beruht, in entfernter Analogie zur *Träumerei*, auf steter Wiederholung und Modifikation eines einzigen Gedankens; man könnte geradezu von kunstvoll differenzierter Monotonie sprechen. Das Motiv der Takte 9—10 ist in Takt 16—17 dadurch abgewandelt, daß Gounod den Oktavsprung des ersten Taktes auf den zweiten überträgt und umgekehrt die Tonwiederholung des zweiten Taktes auf den ersten; von Takt 16—17 wird in Takt 25 das eine Partikel, der Oktavsprung, und in Takt 29 das andere, der Terzgang (und zwar in Umkehrung), abgespalten.

Das Stück ist also, so scheint es, als Kunstwerk analysierbar. Unter den Gesichtspunkten aber, die den artifiziellen Charakter der *Träumerei* hervortreten ließen, zeigen sich bei der *Méditation* Brüche und Unstimmigkeiten. Erstens klaffen rhythmische Artikulation und harmonische Fundierung auseinander, statt sich, wie in der *Träumerei*, gegenseitig zu stützen: Melodie und Akkordgrundlage, also Zusatz und Modell, sind manchmal in ihrer Relation zueinander verschoben, also zwar äußerlich miteinander verträglich, aber nicht ineinander begründet. Melodisch entsprechen sich die Takte 9—12 und 16—19, harmonisch dagegen die Takte 9—12 und 17—20.

Zweitens sind die Differenzierungen der unablässig wiederkehrenden Phrase nicht funktional begründet, sondern erwachsen aus der Suche nach dem Effekt, der »Wirkung ohne Ursache«, um Wagners Definition, die selbst einen Effekt darstell, zu zitieren. Daß, wie erwähnt, eine Tonwiederholung mit einem Oktavsprung vertauscht werden kann und umgekehrt ein Oktavsprung mit einer Tonwiederholung, zeigt, daß das ausgreifende Pathos des Oktavsprungs, dem die Melodie einen nicht geringen Teil ihres zur Schau gestellten Sentiments verdankt, kompositionstechnisch ein bloßer Zusatz, also ästhetisch eine leere Geste ist. Die Differenz zwischen Kunst und Kitsch steckt im Detail.

## Anhang

1. Musikalische Werke jenseits der Dichotomie von Trivialmusik und Musik als Kunst sind manchmal als »mehrschichtig« gerühmt worden. Von der »objektiven« ästhetisch-sozialen Mehrschichtigkeit kann jedoch eine »subjektive« unterschieden werden. »Mittlere Musik« war im 19. Jahrhundert, kaum anders als die Werke, die einen emphatischen Kunstanspruch erfüllen, Musik des Bürgertums. Mehrschichtig ist also nicht die Musik, sondern das musikalische Bewußtsein des Publikums: Waren die Werke wie *Die Zauber-*

*flöte* und *Die Schöpfung* für divergierende Schichten des Publikums ohne Mißverständnis, Anmaßung oder Herablassung zugänglich, so umfaßt umgekehrt ein Publikum, das nebeneinander, wenn auch in verschiedenen Situationen, Sonaten von Brahms und dürftige Salonstücke rezipiert, divergierende Schichten von Musik. Eine einfache Zuordnung von ästhetischen und sozialen Schichten, wie sie der These zugrundeliegt, daß die Differenzierung in Kunst und Nicht-Kunst nichts als das Urteil oder Vorurteil einer »Geschmacksträgerschicht« sei, bedeutet also eine Verzerrung der musikgeschichtlichen Wirklichkeit.

2. Der Begriff des »ästhetisch Trivialen« ist nicht nur äquivok und in sich gespalten, sondern umfaßt Gegensätzliches und Widersprüchliches. Von der Verachtung, die in dem Wort »trivial« steckt, ist einerseits Epigonales, Erstarrtes und Ausgehöhltes, andererseits das Niedere, der ästhetisch-moralische Souterrain betroffen. Pointiert ausgedrückt: Schund und ein verschlissener Klassizismus fallen zusammen unter das Verdikt, trivial zu sein. So weitgespannt demnach der Trivialitätsbegriff ist, so deutlich zeichnet sich andererseits im alltäglichen Wortgebrauch eine stilgeschichtliche Differenzierung von Trivialität und Kitsch ab. Kitsch ist fast immer abgesunkene Romantik oder heruntergekommener Manierismus, deren Attitüden festgehalten werden, während die Substanz erloschen ist. Dagegen drängt sich die Vokabel trivial eher bei epigonalem Klassizismus auf. Kitsch und Triviales unterscheiden sich also weniger durch den Grad an ästhetischer Verelendung als dadurch, daß sie Verfallsformen verschiedener Stile sind.

3. Niemand leugnet, daß die ästhetische Dichotomie, die Spaltung der Musik in Kunst und Nicht-Kunst, als Denkform des 19. Jahrhunderts Gegenstand einer historischen Untersuchung sein kann, die nach geistes- und sozialgeschichtlichen Voraussetzungen und Konsequenzen des Urteilsschemas fragt. Umstritten aber ist, ob der qualitative Sprung, die spezifische Differenz zwischen Kunst und Nicht-Kunst oder »Poetischem« und »Prosaischem« in analysierbaren Merkmalen der Sache selbst begründet ist oder ob sich an den Phänomenen ausschließlich graduelle Unterschiede zeigen lassen, denen erst sekundär im ästhetischen Bewußtsein des 19. Jahrhunderts das Dichotomie-Schema aufgeprägt wurde, indem ausgewählte — und bei einem Geschmackswechsel mit anderen vertauschbare — technische und stilistische Merkmale zum Zeichen der Grenze zwischen Trivialität und Kunst erklärt wurden. (Die Grenze gerade zwischen Gounods *Ave Maria* und Schumanns *Träumerei* zu ziehen, sei, trotz des demonstrierbaren graduellen Rangunterschieds zwischen den Werken, bloße Willkür.) Die Verfechter der These, daß die spezifische Differenz ein Stück Ideologie, begründet in Selbsttäuschung und Anmaßung, und einzig die graduelle Abstufung greifbare Wirklichkeit sei, vergessen allerdings, daß die Urteilsgründe, auf die sich eine Gradabstufung stützt, im gleichen Sinne historisch sind wie die

Kriterien, von denen eine Unterscheidung zwischen Kunst und Nicht-Kunst, »Poetischem« und »Prosaischem« ausgeht. Der qualitative Sprung zwischen einer Chopin- und einer Czerny-Etüde gehört ebenso zur geschichtlichen, durch Tradition vermittelten musikalischen Wirklichkeit (und eine unmittelbare musikalische Realität gibt es nicht) wie eine Gradabstufung von Chopin-Etüden untereinander. Das ästhetische Urteil, ein Werk sei relativ geglückter oder mißlungener als ein anderes, ist nicht weniger prekär oder legitim als die Behauptung, ein Stück Musik sei Kunst im emphatischen Sinne oder sei es nicht.

4. Methodologische Puristen, die dazu neigen, das Werturteil aus der Kunstwissenschaft auszuschließen, als wäre es ein metaphysischer Rückstand und Makel, stützen sich manchmal auf das Argument, daß der Trivialitäts- oder Kitschverdacht, der sich an ein Stück Musik hefte, insofern unbegründbar sei, als schlechterdings alles, was man dem Kitsch vorwerfe, auch einmal gegen Werke gesagt worden sei, an deren Kunstcharakter niemand zu zweifeln wage. Der Einwand geht jedoch ins Leere. Denn erstens sind ästhetische Begriffe, Kriterien und Argumente in ihrer Geltung geschichtlich und regional eingeschränkt; so ist etwa die Kategorie des Epigonalen, eines der Begründungsmomente für Trivialität, bei Werken vor der Mitte des 18. Jahrhunderts untriftig, und in manchen Gattungen ist der Traditionalismus sogar im 19. Jahrhundert so legitim geblieben, wie er es im 17. Jahrhundert war. Zweitens setzen sich die Verfechter des Urteilsverzichts — wenn sie etwa der Behauptung, triviale Musik tendiere zur Potpourri-Form, mit dem prompten Hinweis begegnen, auch von Beethoven sei die Potpourri-Form nicht immer verschmäht worden — über die Kompliziertheit der Struktur vernünftiger ästhetischer Urteile hinweg. Richard Hohenemsers These, musikalische Trivialität sei auftrumpfende Selbstverständlichkeit — also Selbstverständlichkeit nicht als solche, sondern verbunden mit prätentiöser Emphase —, ist prinzipiell einleuchtend und hat als zusammengesetzte Bestimmtheit die logische Struktur, die man von einem fundierten Werturteil erwarten darf. Daß die Definition bei manchen Gebilden versagt, ist unleugbar, sollte aber ein Grund sein, sie zu differenzieren, und nicht, sie zu verwerfen und preiszugeben. Eine der ergänzenden Bedingungen, die Hohenemser nicht sah, scheint es zu sein, daß die auftrumpfende Selbstverständlichkeit einen isolierten Effekt bildet — statt, wie manchmal bei Gluck oder bei Beethoven, im Kontext begründet zu sein — und daß sie nicht parodistisch gemeint ist. (Die Vorstellung, Parodie bedeute eine ästhetische Zuflucht vor dem Vorwurf der Trivialität, die immer offen steht, wäre eine Übertreibung: Die parodierte Trivialität mancher Schlager ist primär trivial, und die Parodie dient als Vehikel der Trivialität, nicht umgekehrt.)

5. Das rigorose Postulat, man müsse im Grunde, bevor man angesichts eines musikalischen Gebildes von Kitsch rede, die Kriterien nennen und recht-

fertigen, auf die sich das Urteil stützt, ist verquer. Das Wort »Kitsch« erfüllt eine zweifache Funktion. Im Streit der Kunstparteien ist es kaum mehr als »ein Geräusch, das Mißbilligung ausdrückt«. (Allerdings ist es, wie gesagt, tauglicher zum Verdikt über expressive oder manieristische als über abstrakte oder klassizistische Musik.) Die aktuelle Funktion ist aber nicht die einzige. Denn ebenso, wie sich durch Tradition, durch die Anhäufung und wechselseitige Korrektur von Urteilen aus Jahrzehnten oder Jahrhunderten, in Umrissen ein Konsensus über das »imaginäre Museum« der Kunstwerke herausbildet, entsteht andererseits eine zwar nicht ungestörte, aber genügend feste Übereinstimmung darüber, welche musikalischen Gebilde — sofern sie überhaupt entgegen der Erwartung, daß vor allem das Schlechte von der »Furie des Verschwindens« ergriffen werde, überliefert worden sind — zum Kitsch gezählt werden müssen. Der Konsensus, der aus Tradition erwächst, ist jedenfalls das primär Gegebene, und die Formulierung von Kriterien des Kitsches ist, sofern sie überhaupt gelingt, nichts anderes als das Resultat einer Analyse des Konsensus, einer Analyse, die im überlieferten Komplex von Meinungen nach den latenten Voraussetzungen sucht. Aus Vorurteilen gehen — durch Reflexion — Urteile hervor.

6. Die These, Kitsch lebe ausschließlich von der seelischen Funktion, die er erfüllt, soll erklären, warum mancher Schund populär ist und anderer nicht. Die psychologische Begründung genügt jedoch nicht, um dem Phänomen des Kitsches gerecht zu werden. Erstens ist die Anzahl latenter Wünsche deren Primitivität mit der des Kitsches konvergiert, gering; und der Rekurs auf verdrängte Bedürfnisse vermag nicht zu erklären, warum unter den ungezählten Stücken, die auf die gleiche seelische Funktion zielen, das eine Erfolg hat und die übrigen nicht. Zweitens ist ein Stück wie Schumanns *Träumerei*, dessen Kunstcharakter niemand leugnet, zur Projektion von Verdrängtem kaum weniger tauglich als das *Gebet einer Jungfrau*. Die Konsequenz wäre, wenn man auf der ausschließlich psychologischen Bestimmung beharrt, daß Musik, solange sie als Kitsch benutzt werde, zum Kitsch gehöre.

7. Die Behauptung, daß ein Stück Musik technisch makellos und dennoch ästhetisch fragwürdig sein könne, also das Phänomen des gut komponierten Kitsches, scheint dem Postulat, daß ästhetische Urteile, um kritisch zu sein, durch technische Analysen fundiert sein müssen, strikt zu widersprechen. Der Begriff der »musikalischen Technik« ist jedoch nicht eindeutig, und der äquivoke Wortgebrauch verwirrt die Argumentation. Technik im Sinne grober, kodifizierbarer Handwerksregeln, deren Berücksichtigung nicht zu verhindern vermag, daß Kitsch entsteht, muß von differenzierteren technischen Momenten unterschieden werden, die sich erst bei einer Analyse individueller Gebilde zeigen und bei denen kleinste Differenzen manchmal genügen, um die Grenze zwischen Kunst und Nicht-Kunst, zwischen musikalischer

»Poesie« und »Prosa« zu bezeichnen. Keine Zunftregel verbietet, bei der Wiederkehr einer musikalischen Phrase Oktavsprünge mit Tonrepetitionen zu vertauschen. Dennoch erscheint in Gounods *Méditation* der Sachverhalt, daß emphatische Oktavsprünge durch unscheinbare Tonwiederholungen ersetzbar sind, ohne daß der musikalische Sinnzusammenhang durch die Abweichungen gestört würde, als technische Bestätigung für den ästhetischen Eindruck, daß die Expressivität der Oktavsprünge einen Zusatzeffekt ohne Rückhalt an der Substanz der Musik darstellt. (Die Argumentation gerät auch dadurch in Verwirrung, daß der Kunstbegriff ähnlich äquivok ist wie der Begriff der »musikalischen Technik«: Der ältere, nüchtern aristotelische Kunstbegriff, der erst im späteren 18. und im 19. Jahrhundert durch den modernen emphatischen abgelöst wurde, war, mindestens im Groben, als Summe von Handwerksregeln bestimmbar; Nicht-Kunst war also im 16. und 17. Jahrhundert nichts anderes als das schlecht oder unzulänglich Komponierte, das gegen Zunftregeln verstieß, ohne daß, wie es bei manchen Lizenzen möglich war, die Abweichungen von der Norm als musikalisch-rhetorische »Figuren«, als Mittel der Textdarstellung legitimiert werden konnten.)

8. Der Versuch, ästhetisch-kompositionstechnische Kritierien des Kitsches zu formulieren, ist einerseits schwierig und andererseits dem Argwohn ausgesetzt, widersinnig zu sein: Er begegnet dem Einwand, daß Kitsch nicht als Phänomen mit greifbaren Merkmalen, sondern ausschließlich als Vokabel existiere, deren soziale Funktionen man untersuchen müsse: Funktionen der Abwehr von Veraltetem und der Begründung oder Rechtfertigung eines Elitebewußtseins. (Um die entgegengesetzten Vorstellungen zu etikettieren, könnte man von einem Substanz- und einem Funktionsbegriff des Kitsches sprechen.) Die Verfechter einer ausschließlich funktionalen Definition — gegen eine partiell funktionale sträubt sich niemand — irren sich allerdings, wenn sie in ihren Gegnern dogmatische Begriffsrealisten vermuten, die den Kitsch, wie die Kunst, zu einer Idee hypostasieren, an der ein musikalisches Gebilde teilhat oder nicht. Die These, daß Kitsch an der Sache selbst und nicht allein an der Auffassung der Sache dingfest zu machen sei, besagt vielmehr nichts anderes, als daß es sich um eine Qualität handelt, die einem Phänomen durch Tradition zugewachsen ist, und zwar ebenso wie die Form- und Strukturmerkmale, durch die sich Musik überhaupt erst von dem akustischen Substrat, das ihr zugrundeliegt, unterscheidet. Beide Momente sind geschichtlichen Ursprungs und Wesens; und das Vorurteil, daß ästhetische Merkmale »subjektiv«, strukturelle dagegen »objektiv« seien, ist ein Irrtum oder mindestens die Übertreibung einer graduellen Differenz zu einer prinzipiellen. Die ästhetische Qualität des »Poetischen«, die einem Klavierstück von Schumann anhaftet, ist im selben Sinne »objektiv« — gegenständlich und intersubjektiv verbindlich — wie der strukturelle Sachverhalt, daß eine

Dominante-Tonika-Kadenz trotz des Fehlens einer Pause eine Zäsur bedeutet und daß umgekehrt eine Pause manchmal nicht als musikalisches Interpunktionszeichen fungiert, sondern ins Innere eines Motivs fällt.

9. Die wissenschaftliche Tendenz, den Kitschbegriff zu suspendieren, scheint mit der Tatsache zusammenzuhängen, daß der emphatische Begriff der »Kunst«, die Gegeninstanz zu dem des »Kitsches«, in der kompositorischen Praxis und der ästhetischen Reflexion der letzten Jahrzehnte zu zerbröckeln schien. (Der Einfluß der Praxis besagt nichts gegen die wissenschaftliche Tendenz, deren Legitimität nicht vom Motivations-, sondern vom Begründungszusammenhang abhängt.) Aus Argwohn gegen die Idee der Kunst, die man als verschlissen empfindet, scheut man vor einem Verdikt über Kitsch zurück. Gerade der Kitsch aber ist von den Bestrebungen der Avantgarde, die im Extrem zur Aufhebung des Kunstbegriffs führen, am wenigsten berührt. Er ist immer noch, nicht anders als vor Jahrzehnten, der Parasit einer Musikkultur, in der die Kategorien der romantischen Ästhetik herrschen. Und daß die Ästhetik des ausdrucksvoll Schönen, gegen die Arnold Schönberg schon 1911 polemisierte, tot und vergangen ist, sofern man die Avantgarde als Repräsentanten der Gegenwart gelten läßt, besagt nichts über den Kitsch, für den die Gesichtspunkte des 19. Jahrhunderts, die Kriterien, durch die sich musikalische »Poesie« von »Prosa« unterscheidet, immer noch ungeschmälert triftig sind. Der Kitsch darf, als Residuum des 19. Jahrhunderts, mit veraltetem Maß gemessen werden und muß es sogar.

## ANMERKUNGEN

1 W. Niemann, *Die Musik seit Richard Wagner*, Berlin und Leipzig 1913, S. 13 (Kullak) und 23 (Grell und Bellermann).

2 H. J. Moser, *Geschichte der deutschen Musik*, Band III, Stuttgart und Leipzig 1928 (1. Aufl. als Band II,2, 1924), S. XI (»Kleinmeister des Biedermeier«: Kreutzer, Flotow, Nicolai), 128f. (»Lortzings treuherziges Biedermeier«) und 151 (»Das Biedermeier gebiert einen ganz andersartigen Virtuosentypus; kleinbürgerliche, bescheidene, ehrenhafte Leute«).

3 Die literaturwissenschaftliche Biedermeierforschung wurde zusammengefaßt in: F. Sengle, *Biedermeierzeit*, Band I (Allgemeine Voraussetzungen, Richtungen, Darstellungsmittel) und Band II (Die Formenwelt), Stuttgart 1971 und 1972.

4 Moser, a.a.O., S. 151: »Das Biedermeier gebiert einen ganz andersartigen Virtuosentypus [ . . . ] Man sehe Spohr, wie er in Schlafrock und Käppchen monatelang an seiner Geige bastelt oder einen Reisewagen zur Unterbringung der Harfe und Geige austüftelt«, und S. 153: »Dieser philiströse Zug der Kleineren erklärt auch, weshalb von romantischer Kammermusik außer Beethoven, Spohr und Schubert so wenig über den Tagesverbrauch hinaus Bedeutung erringen konnte.«

5 G. Becking, *Der musikalische Rhythmus als Erkenntnisquelle*, Augsburg 1928, S. 128ff.

6 Ebd., S. 178ff.

7 Niemann, a.a.O., S. 27ff.

8 E. Bücken, »Romantik und Realismus (Zur Periodisierung der ›romantischen‹ Epoche)«, in: *Festschrift für Arnold Schering*, Berlin 1937, S. 46ff.

9 H. Heussner, »Das Biedermeier in der Musik«, in: *Die Musikforschung* 12 (1959), S. 422ff., bes. S. 424: »Es geht jedoch gar nicht so sehr um die Erkenntnis einer ›Generation‹ oder einer ›Epoche‹, die der Romantik entgegen- oder nachgesetzt werden soll, sondern um die eines Stils und der ihn bedingenden geistigen Haltung.«

10 H. Funck, »Musikalisches Biedermeier«, in: *Deutsche Vierteljahrsschrift für Literaturwissenschaft und Geistesgeschichte* 14 (1936), S. 398ff., bes. S. 401.

11 Heussner, a.a.O., S. 429.

12 Ebd., S. 429f.

13 Ebd., S. 431, Anm. 50.

14 F. Sengle, a.a.O., Band I, S. VIIff.

15 Heussner, a.a.O., S. 425.

16 W. Vetter, *Der Klassiker Schubert*, Band I und II, Leipzig 1953; vgl. auch Thr. Georgiades, *Schubert. Musik und Lyrik*, Göttingen 1967, S. 128.

17 W. Gertler, *Robert Schumann in seinen frühen Klavierwerken*, Leipzig 1931, S. 14. (Nach Gertler, a.a.O., S. 15, ist sogar Schumanns Beschwörung einer »neuen poetischen Zeit« — als Versuch, die Romantik zu »realisieren« — »im Grunde unromantisch«.)

18 A. B. Marx, *Ludwig van Beethovens Leben und Schaffen*, Band I und II, Berlin 1859.

19 R. Lach, »Wien als Musikstadt«, in: O. Abel, *Wien, sein Boden und seine Geschichte*, Wien 1924.

20 H. Kretzschmar, »I. Kants Musikauffassung und ihr Einfluß auf die folgende Zeit, in: ders., *Gesammelte Aufsätze*, Band II, Leipzig 1911, S. 242ff.

21 Becking, a.a.O., S. 182.

22 H. Riemann, *Geschichte der Musik seit Beethoven (1800—1900)*, Berlin und Stuttgart 1901, S. 210f.

23 M. Weber, »Die ›Objektivität‹ sozialwissenschaftlicher und sozialpolitischer Erkenntnis«, in: ders., *Gesammelte Aufsätze zur Wissenschaftslehre*, Tübingen [3]1968, S. 190ff.

24 M. Lichtenfeld, »Triviale und anspruchsvolle Musik in den Konzerten um 1850«, in: *Studien zur Trivialmusik des 19. Jahrhunderts*, hrsg. von C. Dahlhaus, Regensburg 1967, S. 143ff.

25 I. Kant, *Kritik der Urteilskraft*, Berlin 1790, § 53.

26 Bücken, a.a.O., S. 46.

27 Ebd., S. 47.

28 Ebd., S. 48.

29 H. H. Eggebrecht, »Funktionale Musik«, in: *Archiv für Musikwissenschaft* 30 (1973), S. 1ff., bes. S. 9, Anm. 31.

30 Mendelssohn schrieb 1830 an Franz Hauser: »[ . . . ] sie sangen mit einer Andacht, als ob sie in der Kirche wären. So gingen dann auch die beiden ersten Aufführungen ganz herrlich und es zeigte sich wieder, daß das Publicum immer gut ist, sie fühlten, daß hier nicht Musik und Concert, sondern Religion und Kirche sei« (zit. nach S. Grossmann-Vendrey, *Felix Mendelssohn Bartholdy und die Musik der Vergangenheit* [Studien zur Musikgeschichte des 19. Jahrhunderts 17], Regensburg 1969, S. 49.

31 J. Habermas, *Strukturwandel der Öffentlichkeit*, Neuwied 1962, S. 17ff.

32 I. Fellinger, »Die Begriffe ›Salon‹ und ›Salonmusik‹ in der Musikanschauung des 19. Jahrhunderts, in: *Studien zur Trivialmusik des 19. Jahrhunderts*, a.a.O., S. 135.

33 C. Dahlhaus, »Autonomie und Bildungsfunktion«, in: *Aktualität und Geschichtsbewußtsein in der Musikpädagogik*, hrsg. von S. Abel-Struth, Mainz 1973, S. 20ff.

34 Thr. Georgiades, »Aus der Musiksprache des Mozart-Theaters«, in: *Mozart-Jahrbuch* 1950, S. 76ff.

35 E. Seidel, *Die Enharmonik in den harmonischen Großformen Franz Schuberts*, Diss. Frankfurt a. M. 1962.
36 Heussner, a.a.O., S. 427f.
37 R. Schumann, *Gesammelte Schriften über Musik und Musiker*, hrsg. von H. Simon, Leipzig o.J., Band I, S. 50.
38 L. Finscher, »Zum Begriff der Klassik in der Musik«, in: *Deutsches Jahrbuch für Musikwissenschaft* 11 (1967), S. 9ff.
39 E. T. A. Hoffmann, *Schriften zur Musik. Nachlese*, hrsg. von F. Schnapp, München 1963, S. 36.
40 Ebd., S. 34.
41 F. Strich, *Deutsche Klassik und Romantik. Oder Vollendung und Unendlichkeit*, München 1922. Man kann Strichs Stilvergleich als übertreibend antithetisch empfinden und dennoch einräumen, daß er ein Teilmoment triftig bezeichnet.
42 Niemann, a.a.O., S. 27ff.
43 Moser, a.a.O., S. XI und S. 127ff.
44 Heussner, a.a.O., S. 424.
45 F. Blume, »Die Musik von 1830 bis 1914. Strukturprobleme einer Epoche«, in: *Kongreßbericht Kassel 1962*, S. 46f.
46 F. Sengle, *Die literarische Formenlehre*, Stuttgart 1967, S. 28ff.
47 F. Hand, *Ästhetik der Tonkunst*, Band I, Leipzig 1837, passim.
48 M. Geck, »Friedrich Schneiders ›Weltgericht‹. Zum Verständnis des Trivialen in der Musik«, in: *Studien zur Trivialmusik des 19. Jahrhunderts*, a.a.O., S. 102ff.
49 Ebd., S. 105.
50 Ebd., S. 108.
51 H. G. Nägeli, *Vorlesungen über Musik mit Berücksichtigung der Dilettanten*, Stuttgart und Tübingen 1826, S. 164f.; vgl. K. G. Fellerer, »Mozart in der Betrachtung H. G. Nägelis«, in: *Mozart-Jahrbuch* 1957, S. 30f.
52 E. Eggli, *Probleme der musikalischen Wertästhetik im 19. Jahrhundert. Ein Versuch zur schlechten Musik*, Winterthur 1965, S. 88.
53 H. Broch, »Einige Bemerkungen zum Problem des Kitsches«, in: *Dichten und Erkennen* (Essays I), Zürich 1955, S. 307. »Die schlechte Gesinnung und die innere Lüge aber ist zwar auch didaktisch, sucht Proselyten, wirft sich aber ebendarum mit voller Eitelkeit, doch immer unorganisch und absichtlich, in die bestehende Form« (F. Th. Vischer, *Ästhetik oder Wissenschaft des Schönen*, Band II, München $^{2}$1922, S. 459).
54 M. Greiner, *Die Entstehung der modernen Unterhaltungsliteratur*, Hamburg 1964, S. 143.
55 H. Besseler, »Grundfragen des musikalischen Hörens«, in: *Jahrbuch Peters* 32 (1925), S. 38; zweifelhaft ist allerdings, ob nicht bereits die Rhythmisierung des ursprünglichen Impulses, die ihm Dauer verleiht, eine erste Stufe der »Vergegenständlichung« bedeutet; die Gefühlsregung wird durch die Ordnung des Tanzes zugleich weitergetragen und als Objekt vom Subjekt abgelöst.
56 Ebd., S. 39; vgl. auch C. Vega, »Mesomusic. An Essay on the Music of the Masses«, in: *Ethnomusicology* 10 (1966), S. 1ff.
57 Besseler, a.a.O., S. 41.
58 Ebd., S. 42.
59 »Eigentümlich ist der Unterhaltungsmusik ein Mangel an originalen Kompositionen« (K. Lindemann, *Der Berufsstand der Unterhaltungsmusiker in Hamburg*, Diss. Hamburg 1938, masch., S. 34).
60 Besseler, a.a.O., S. 46.
61 Ebd., S. 41.
62 R. Wagner, *Gesammelte Schriften und Dichtungen*, hrsg. von W. Golther, Berlin etc. o. J., Band VII, S. 124. »In Mailand, wo man nicht gewohnt ist, nach deutscher Art sich

viel zu geniren, und die Natur zu verbergen, ist es daher auch schon längst Sitte geworden, daß die Gebildeten sich, mir nichts dir nichts, im Theater dem Kartenspiel ergeben, aber tüchtig klatschen, wenn in der Musik etwas zum Herzen dringt, oder ein musikalischer Seiltänzersprung gemacht wird« (A. F. J. Thibaut, *Über Reinheit der Tonkunst*, Freiburg und Leipzig [7]1893, S. 49).

63 J. H. Mueller, *Fragen des musikalischen Geschmacks* (Kunst und Kommunikation 8), Köln und Opladen 1963, S. 141.

64 Ebd., S. 106.

65 Ebd., S. 104.

66 Ebd., S. 113.

67 Ebd., S. 141.

68 Ebd., S. 141; Emerson und Thoreau »erkannten, welche Eigenschaften den Gliedern der amerikanischen Gesellschaft, die nicht von der Ungerechtigkeit erstarrter Traditionen, sondern von der Unverantwortlichkeit der fließenden Massenmeinung bedroht wurde, am meisten not taten« (W. H. Auden, *Des Färbers Hand und andere Essays*, Gütersloh 1962, S. 431).

69 Ebd., S. 119. »Die mächtigsten Wirkungen haben Dichtkunst und Musik gerade dort hervorgebracht — und tun dies vielleicht noch heute —, wo sie auf einer sehr niedrigen und unvollkommenen Stufe stehen« (E. Burke, *Vom Erhabenen und Schönen*, Berlin 1956, S. 60).

70 Ebd., S. 150. Goethe schrieb am 9. August 1797 an Schiller: »Sehr merkwürdig ist mir aufgefallen, wie es eigentlich mit dem Publiko einer großen Stadt beschaffen ist. Es lebt in einem beständigen Taumel von Erwerben und Verzehren, und das, was wir Stimmung nennen, läßt sich weder hervorbringen noch mitteilen. Alle Vergnügen, selbst das Theater, sollen nur zerstreuen [ . . . ].«

71 Ebd., S. 147. »In der Tat ist es der Zirkel von Manipulation und rückwirkendem Bedürfnis, in dem die Einheit des Systems immer dichter zusammenschießt« (M. Horkheimer/Th. W. Adorno, *Dialektik der Aufklärung*, Amsterdam 1947, S. 145).

72 »Wir müssen [ . . . ] wenigstens an dem Glauben festhalten, daß wir, wie wir eine einheitliche Sprache besitzen, so auch zu einer einheitlichen Kultur gelangen können« (H. Kretzschmar, »Volksmusik und höhere Tonkunst«, in: *Gesammelte Aufsätze aus den Jahrbüchern der Musikbibliothek Peters*, Leipzig 1911, S. 453); vgl. auch A. Halm, *Von zwei Kulturen der Musik*, Stuttgart [3]1947, S. 199ff.

73 R. Wagner, a.a.O., Band X, S. 65.

74 Ebd., S. 77.

75 Ph. Spitta, *Musikgeschichtliche Aufsätze*, Berlin 1894, S. 319f.; vgl. auch H. Heine, *Zeitungsberichte über Musik und Malerei*, Frankfurt a. M. 1964, S. 23f.; schon 1814 hieß es in der *Allgemeinen Musikalischen Zeitung* in einer Rezension über A. Methfessels *Sechs deutsche Kriegslieder*: »Über das Ganze muß noch jenes wunderbare Geistige verbreitet seyn, was sich nicht in Worte fassen läßt, was aber Jedermann, wird das Lied von großen Massen ausgeführt, sogleich bemerkt, sogleich empfindet, und was man ehemals Salbung nannte, ohne mehr damit auszusagen, als, es sey ein wunderbar Ding.«

# IV. VON DER SYSTEMPHILOSOPHIE ZUR KULTURKRITIK

## DIE KATEGORIE DES »CHARAKTERISTISCHEN« IN DER ÄSTHETIK DES 19. JAHRHUNDERTS

### 1

Von einem Grundbegriff der Ästhetik des 19. Jahrhunderts zu erwarten, daß er eindeutig, fest umrissen und genau begrenzt sei, wäre Zeichen eines Mangels an philosophischer Erfahrung. Und der Versuch, das schwer Greifbare in das Gehäuse einer Definition einzusperren, würde sich, wenn er gelänge, dadurch rächen, daß ästhetische Kategorien, um die sich in der geschichtlichen Wirklichkeit ein verwirrender Reichtum an Gedanken und Vorstellungen gesammelt hat, in der Systematik zu unansehnlichen Banalitäten schrumpfen. Eine Kategorie wie die des »Charakteristischen« läßt sich also, wenn ihre Bedeutung nicht verfehlt oder geschmälert werden soll, nicht durch den unmittelbaren Zugriff einer terminologischen Bestimmung und Festlegung erfassen, sondern muß auf dem Umweg einer Beschreibung der Funktionen, die sie in wechselnden geschichtlichen Zusammenhängen erfüllt hat, zugänglich gemacht und erschlossen werden.

»Der Begriff des Charakteristischen ist bis jetzt noch in keiner Ästhetik genügend erörtert«, schrieb 1886 Eduard von Hartmann[1], dem niemand Mangel an Belesenheit vorwerfen kann. Es ist nicht zu leugnen, daß Untersuchungen über das Charakteristische, die ähnlich umfassend wären wie die Reflexionen über das Erhabene oder das Häßliche — um vom Schönen zu schweigen —, in der Ästhetik vermieden wurden, sogar von Autoren wie Friedrich Schlegel, Jean Paul oder Arnold Ruge, die des Klassizismus unverdächtig sind. Vom Charakteristischen ist, wenn überhaupt, lediglich sporadisch und ohne begriffsanalytischen Ehrgeiz die Rede, als verstehe sich von selbst, was mit dem Wort gemeint ist.

1. Christian Gottfried Körner verstand in dem Aufsatz *Über Charakterdarstellung in der Musik*, der 1795 in Schillers Zeitschrift *Die Horen* erschien, den Charakter, das Ethos, als Gegensatz und Widerpart zum Affekt, dem Pathos.[2] Ist der Affekt, der als »Sturm der Leidenschaft« über eine Seele

hereinbricht, ebenso heftig wie vorübergehend, so erscheint demgegenüber der Charakter als das Feste und Beständige. Der Ausdruck eines Inneren, durch den sich das charakteristisch Schöne vom leer und formell Schönen unterscheidet, muß — wie es Wilhelm von Humboldt, gleichfalls 1795 in den *Horen* formulierte — »von einem Bilde des vorübergehenden Affects zu einem Bilde des bleibenden Charakters erhoben werden, und zwar eines Charakters, der nicht bloss von einer Seite, sondern von allen harmonisch ausgebildet ist«.[3] Der Affekt, den die barocke Ästhetik hervorkehrte, erscheint als »ichfremde«, gleichsam von außen kommende Gewalt, während der Charakter, wie ihn die klassizistische, antibarocke Ästhetik verstand, von innen heraus wirkt.

In den »pièces caractéristiques« des frühen 19. Jahrhunderts, einem populären musikalischen Genre, sind es jedoch — außer Tonmalereien — gerade Affektschilderungen, die das »Charakteristische« ausmachen, von dem in den Titeln der Stücke die Rede ist. Muzio Clementis *Didone abbandonata* (1821), das Muster einer »Sonate caractéristique«, wurde von Friedrich Rochlitz, zweifellos zu Recht, als Ausdruck wechselnder Affekte, nicht eines beharrenden Charakters, beschrieben.[4] Und in Beethovens opus 81 (1809/10), gleichfalls einer »Sonate caractéristique«, werden Situationen und Gefühle musikalisch ausgemalt.

2. In dem Streit über das ästhetische Daseinsrecht des Zufälligen war die Funktion, die der Begriff des »Charakteristischen« erfüllte, zwiespältig. Man kann, ohne dem Terminus Gewalt anzutun, sowohl das Spezifische als auch das Individuelle »charakteristisch« nennen; und manche Ästhetiker beriefen sich auf das Charakteristische als das Individuelle, um das Zufällige zu rechtfertigen. Das «Ich« in Goethes *Der Sammler und die Seinigen* (1798/99) fordert, der Künstler müsse sich, statt das zufällig Einzelne darzustellen, »nach mehr Individuen, nach Varietäten, nach Arten, nach Gattungen« umtun, »dergestalt daß zuletzt nicht mehr das Geschöpf, sondern der Begriff des Geschöpfs vor ihm stünde, und er diesen durch seine Kunst darzustellen vermöchte«; und der »Gast«, ein Verfechter des Charakteristischen, erwidert: »Das Kunstwerk würde gewiß charakteristisch ausfallen.«[5] Für Hegel, der zum Klassizismus tendierte, ohne sich durch ein Dogma den historischen Sinn verkümmern zu lassen, bedeutete das Postulat, ein Kunstwerk müsse »charakteristisch« sein, einerseits den Ausschluß von Zufälligkeiten, die nicht »zur Sache« gehören: »Nach der Bestimmung des Charakteristischen aber soll nur dasjenige mit in das Kunstwerk eintreten, was zur Erscheinung und wesentlich zum Ausdruck gerade nur dieses Inhalts gehört.«[6] Andererseits konzedierte er der »romantischen« (nach-antiken) Kunst, die er wie Friedrich Schlegel insgesamt als »charakteristisch« begriff[7], eine Ausprägung des »Inneren«, des »Inhalts« nicht allein im Spezifi-

schen, sondern auch im individuell Zufälligen: »Die romantische Kunst [ . . . ] verwebt ihr Inneres auch mit der Zufälligkeit der äußeren Bildung und gönnt den markierten Zügen des Unschönen einen ungeschmälerten Spielraum.«[8] Die Bedeutungsfärbungen, in denen sich die Kategorie des Charakteristischen präsentiert, die Betonung entweder des Spezifischen oder des Individuellen, sind also davon abhängig, ob der Begriff in klassizistischem oder romantischem Kontext erscheint.

3. Das Charakteristische ist stets, unabhängig vom ästhetischen Schulstreit, als das fest Umrissene und deutlich Ausgeprägte im Gegensatz zum vage Verfließenden begriffen worden. (Unter Berufung auf die Kategorie des »Charakteristischen« protestierte Carl Seidel 1829[9] gegen E. T. A. Hoffmanns Beethoven-Deutung, die er als Auflösung des musikalisch Bestimmten ins poetisierend Unbestimmte empfand.) Die Bestimmtheit aber, die zum Wesen des Charakteristischen gehört, ist in der Ästhetik des späten 18. und das 19. Jahrhunderts verschieden und sogar entgegengesetzt aufgefaßt worden: einerseits klassizistisch als geistige Formung und Prägung von innen heraus, andererseits realistisch als Deutlichkeit in der Darstellung von äußerlich Gegebenem. Friedrich Schlegel kontrastierte 1798 in den *Athenäum-Fragmenten* »geistige Charakteristik« und »sinnlichste Nachahmung«[10], verstand also das Prinzip des Charakteristischen als Gegeninstanz zur Nachahmungsästhetik, die er verachtete; und Wilhelm von Humboldt setzte 1795 dem formal Schönen, das sich in der »äußeren Gestalt« erschöpft, eine Expressivität entgegen, die im »innern Charakter« begründet ist: »Wo der Ausdruck vorwaltet, da beherrscht das Gemüth die Züge und hindert sie, ihrer eigenen Freiheit zu folgen. Daher erklärt sich eine solche Bildung nicht, wie die bloß ästhetische, durch sie selbst, und die Aufmerksamkeit wird von der äußern Gestalt auf den innern Charakter gezogen.«[11] Das Charakteristische erscheint als Geistiges. Dagegen ist für Friedrich Theodor Vischer — in schroffem Kontrast zu Schlegels Terminologie — der »charakteristische Stil«, der Gegensatz zum »idealen«, nichts anderes als der »zeichnende, malende Stil«: »Hier schreitet die Musik bis zu den äußersten Grenzen des ihr Möglichen fort, sie wird darstellend, objektivierend, sie wird epische, dramatische, orchestische, Natur und Individualitäten schildernde Charakter- und Genremusik.«[12] Das polemische Verhältnis zum Nachahmungsprinzip, das dem Begriff des »Charakteristischen« bei Friedrich Schlegel zugrundelag, ist in ein apologetisches umgeschlagen.

## 2

Die inneren Widersprüche und Unstimmgkeiten, an denen die Kategorie des Charakteristischen krankt, wenn man sie systematisch statt historisch zu erfassen versucht, sind das Resultat ästhetischer Auseinandersetzungen, für die es bezeichnend ist, daß Grundbegriffe, die zum Arsenal des Gegners gehörten, nicht preisgegeben, sondern umgedeutet wurden. Man setzte nicht dem Schönen das Charakteristische, sondern einer bestimmten Auffassung des Schönen und des Charakteristischen eine andere entgegen.

1. Bei Goethe, Wilhelm von Humboldt und August Wilhelm Schlegel, von deren Vorstellungen die Ästhetik nach 1800 jahrzehntelang zehrte, erscheint das Charakteristische als Voraussetzung und Teilmoment des Schönen. August Wilhelm Schlegel formulierte in einem der Stücke, die er zu Friedrich Schlegels *Athenäum-Fragmenten* beitrug, apodiktisch: »Charakterlose Schönheit läßt sich nicht denken.«[13] Von der Tendenz zum Charakteristischen, die als Gefährdung der Idee des Schönen empfunden wurde, grenzte sich die klassizistische Ästhetik, nicht polemisch, sondern synkretistisch ab: nicht durch Ausschließung, sondern durch das Postulat, daß das Charakteristische, statt sich zu verselbständigen und dadurch einseitig zu werden, ein Teilmoment des Schönen bilden müsse. Humboldt verstand das Schöne, die ästhetische Norm, als Mitte und Ausgleich zwischen dem Anmutigen, das dazu neige, leer und bedeutungslos zu sein, und dem Charakteristischen, das ins Häßliche umschlage, wenn es ins Extrem getrieben werde.[14] Und das »Ich« in Goethes *Der Sammler und die Seinigen* verklammert — im Gegenzug zu dem »Gast«, der sich als »Charakteristiker« präsentiert — die tragenden Kategorien der klassizistischen Ästhetik, die in der Wirklichkeit der Kunstpraxis auseinanderstrebten, in einer besonnen ausgleichenden Formel: »Das Charakteristische liegt zum Grunde, auf ihm ruhen Einfalt und Würde; das höchste Ziel der Kunst ist Schönheit und ihre letzte Wirkung Gefühl der Anmut.«[15]

Als Inbegriff des musikalisch Schönen, das nach klassizistischer Auffassung Momente von Charakteristik einschließen, sich aber nicht in sie auflösen darf, erscheint in Hegels Ästhetik das Melodische: »Die wahrhaft musikalische Schönheit liegt nach diesen Seiten darin, daß zwar vom bloß Melodischen zum Charaktervollen fortgegangen wird, innerhalb dieser Besonderung aber das Melodische als die tragende, einende Seele bewahrt bleibt.«[16] Bezeichnend ist, daß sich Hegel, aus klassizistischem Instinkt, für Rossini und gegen Weber entschied.[17]

2. Die hervorstechende Ausprägung des Charakteristischen war von Humboldt und von Goethe — der in *Der Sammler und die Seinigen* das intellektuelle Porträt eines »Charakteristikers« entwarf — zwar als Tendenz der Gegenwart erkannt, aber (in der Theorie) als bloße »Einseitigkeit« in die überzeitliche Norm des Charakteristisch-Schönen aufgehoben worden. Dagegen erscheint in Friedrich Schlegels Abhandlung *Über das Studium der griechi-*

*schen Poesie* (1797) die Vorherrschaft des Charakteristischen als Signatur der Neuzeit, als Sachverhalt, der geschichtsphilosophisch begriffen werden muß, statt in ein ästhetisches System »integriert« zu werden. »Ferner das totale Übergewicht des Charakteristischen, Individuellen und Interessanten« — also Gleichsetzung des Charakteristischen mit dem Individuellen, nicht mit dem Spezifischen — »in der ganzen Masse der modernen« — neuzeitlichen, nach-antiken — »Poesie, vorzüglich aber in den späteren Zeitaltern.«[18] »Selbst in der Musik hat die Charakteristik individueller Objekte ganz wider die Natur dieser Kunst überhand genommen.«[19] Schlegel, 1797 noch halb klassizistisch gestimmt, polemisierte zwar, kaum anders als Goethe, gegen die Hegemonie des Charakteristischen. Entscheidend ist jedoch, daß er das Charakteristische nicht als unselbständiges Moment des Schönen begriff — eines Ideals, in das es, um nicht einseitig (Hegel würde sagen: »abstrakt«) zu bleiben, aufgehoben werden müsse —, sondern daß er vielmehr das selbständig Charakteristische als ästhetisches Prinzip einer Epoche erkannte, die durchschritten werden muß, auch wenn sie manchen Betrachtern als unglückliche Zwischenzeit erscheinen mag. Die normative Ästhetik ist, allerdings nicht restlos, in Geschichtsphilosophie aufgelöst. Und gegenüber dem durch Schlegel erreichten Stand der Einsicht bedeutete es einen Rückfall ins Normative — schlimmer noch: ins verlegen und eingeschüchtert Normative —, wenn ein halbes Jahrhundert später Friedrich Theodor Vischer zwar einerseits die Verselbständigung des Charakteristischen als ästhetisches Bedürfnis zu rechtfertigen versuchte, andererseits aber der Einseitigkeit des Charakteristischen die Universalität des Schönen entgegensetzte (so daß sich der Verdacht aufdrängt, Vischer lasse den Begriff des »schönen Stils«, der ein Stil neben anderen ist, und die übergeordnete Kategorie des »Schönen«, den Inbegriff des Ästhetischen schlechthin, ineinanderfließen): »Der schöne Stil [ . . . ] befriedigt zwar für sich allein nicht alle Anforderungen, da man das Hohe und Ideale, das Charakteristische, das Anmutige usw. nicht bloß als Element, sondern auch in eigener, selbständiger Ausprägung vernehmen will, aber er ist der Gipfel des musikalischen Stils durch seine Universalität.«[20] Es ist immer noch der Himmel des Systems, der sich über den Tatsachen der Geschichte wölbt.

3. Die »Querelle des anciens et des modernes« warf — trotz des Mangels an nachahmbarer antiker Musik — ihren Schatten auch über die Musikästhetik. Erschien bei dem noch klassizistisch gestimmten Friedrich Schlegel 1797, in der Abhandlung *Über das Studium der griechischen Poesie*, das Vordringen des Charakteristischen in der Musik als Verstoß »wider die Natur dieser Kunst«, so deutet Josef Bayer ein halbes Jahrhundert später, 1856, die Hegemonie des Charakteristischen gerade umgekehrt als das Erreichen einer höheren Entwicklungsstufe. Bayer, ein eklektischer Ästhetiker, identi-

fizierte die Epochen der Kunstgeschichte, den archaischen, den klassischen und den modernen Stil, mit den Grundbegriffen des ästhetischen Systems, mit dem Erhabenen, dem Schönen und dem Charakteristischen, hielt allerdings andererseits daran fest, daß das Schöne zugleich als umfassende, übergeordnete Kategorie, als Inbegriff des Ästhetischen schlechthin, zu verstehen sei. Entscheidend ist jedoch, daß der charakteristische Stil bei Bayer, anders als bei Schlegel, nicht als Verfall durch falsche Verselbständigung eines abhängigen Moments, sondern als Ausdruck einer Erhebung zum Geistigen erscheint. »Wenn die Melodie sich mit der Harmonie und dem Rhythmus ins Gleichgewicht setzt, so erzeugt dies die reine Mitte der musikalischen Schönheit, gleichsam eine Reproduktion des plastischen Ideals im Reiche der Töne.« Wenn aber die Musik »zum vollen Ausdrucksvermögen der Tonmittel gelangt ist, dann erhebt sie sich, ebenso wie die Malerei, vom schönen Stil zum charakteristischen. [ . . . ] Die Schönheit« — als übergeordnete Kategorie verstanden — »wird auf dieser Stufe« — der des charakteristischen Stils — »keine rein sinnliche und unmittelbare, sondern eine geistige und vermittelte sein.«[21] Die Abhängigkeiten von Hegel sind ebenso unverkennbar wie die Unterschiede, die als Verflachungen erscheinen, ohne daß Bayers Ästhetik dadurch ihre Bedeutung als Dokument einer Tendenz einbüßen würde. Bayers Stile, der archaisch-erhabene, der klassisch-schöne und der modern-charakteristische, Stile, die ihre paradigmatische Ausprägung in der Architektur, der Plastik und der Malerei fanden, sind nichts anderes als Hegels Kunstformen, die symbolische, die klassische und die romantische. Über Hegels These aber, daß der Übergang zur Vorherrschaft des »Geistigen« eine Entfremdung der Kunst von sich selbst (durch Schmälerung des sinnlichen Moments) und schließlich ein »Ende der Kunst« (durch deren Aufhebung in Religion und Philosophie) bedeute, setzte sich Bayer hinweg, um als Apologet des Modernen — im Gegenzug zu Hegels Klassizismus und Vergangenheitssehnsucht — den charakteristischen Stil als höhere Stufe innerhalb der Kunst rühmen zu können.

4. Die überlieferten geschichtsphilosophischen Schemeta, denen man als hybrider Metaphysik mißtraute, wurden in der Epoche des Neukantianismus entweder verworfen oder dadurch »gerettet«, daß man sie zu Typologien umformte. Johannes Volkelt, der Repräsentant einer Ästhetik, die den Namen »Schulästhetik« verdient, deutete das Schöne und das Charakteristische nicht als ästhetische Signaturen verschiedener Zeitalter, sondern als Kategorien oder Prinzipien des Ästhetischen, die nebeneinander bestehen. Andererseits fühlte sich Volkelt der normativen Ästhetik nicht weniger entfremdet als der Geschichtsphilosophie. Er bestimmte das Charakteristische, anders als Goethe und Humboldt, nicht als Teilmoment des Schönen, der allein herrschenden Norm, sondern als Alternative und Gegentypus. Das We-

sen des Ästhetischen besteht nach Volkelt in der »organischen Einheit« eines Phänomens.[22] Die Einheit aber ist entweder eine mühelos erreichte oder eine schwierige, gegen Widerstände durchgesetzte; und die mühelose nennt Volkelt »schön«, die schwierige »charakteristisch«.[23] Er war überzeugt, als erster die fundamentale Bedeutung des Gegensatzes zwischen dem Schönen und dem Charakteristischen, die Tauglichkeit der Differenz zur Einteilung des Ästhetischen erkannt zu haben.[24] Doch handelt es sich — unabhängig davon, ob man die Unterscheidung zwischen müheloser und schwieriger Einheit für grundlegend hält — um eine Verwendung des Wortes »charakteristisch«, die aus der terminologischen Tradition herausfällt, also eher um eine Uminterpretation des Begriffs als um eine Entdeckung von dessen eigentlicher Bedeutung.

## 3

Die Bedeutungsfärbung, in der die Kategorie des »Charakteristischen« erscheint, ist manchmals abhängig von der polemischen oder apologetischen Funktion, die sie erfüllt. Ob ein Musikästhetiker aus dem Komplex von Bestimmungsmerkmalen, die der in sich widersprüchliche Begriff umfaßt, das Moment des Geistigen — des »innern Charakters«, wie Humboldt es nannte — oder das des tonmalerisch-Realistischen herausgreift, ist eine Entscheidung, die mit geschichtsphilosophischen Voraussetzungen des ästhetischen Entwurfs zusammenhängt. Friedrich Schlegel, der 1797 in der Abhandlung *Über das Studium der griechischen Poesie* mit der »Charakteristik individueller Objekte« in der Musik, einer Charakteristik, die er verwarf, das Nachahmungsprinzip meinte[25], sprach ein Jahr später in den *Athenäum-Fragmenten* von »geistiger Charakteristik« im Gegensatz zu »sinnlichster Nachahmung«[26] und deutete die »reine Instrumentalmusik« — offenbar unter dem Eindruck von Wackenroders und Tiecks Enthusiasmus — als tönende Philosophie, um sie dem »platten Gesichtspunkt der sogenannten Natürlichkeit«, unter dem sie als »Sprache der Empfindung« erscheint, fernzurücken.[27] Nicht, daß sich Schlegels musikästhetische Überzeugungen geändert hätten: Immer war es das Geistige in der Musik, das er rühmte, und das Nachahmungsprinzip, das er als unzulänglich und veraltet abtat. Der Begriff des »Charakteristischen« aber wechselte Funktion und Bedeutung, weil Schlegel die moderne Kunst, in der das Charakteristische, Interessante und Frappante vorherrscht, 1797 als Verfall, 1798 dagegen als Vorschein eines künftigen romantischen Zeitalters empfand und darum an der Kategorie des »Charakteristischen« 1797 das negative Moment — das Tonmalerisch-Realistische —, 1798 dagegen das positive — das Geistige — hervorkehrte.

Eine ähnlich zwiespältige Funktion wie bei Friedrich Schlegel erfüllt die Kategorie des »Charakteristischen« bei Franz Brendel, in dessen Äußerungen über Berlioz und Liszt gleichfalls der Sachgehalt des Begriffs sich je nach dem ästhetischen Urteil, das gefällt werden soll, und dem geschichtsphilosophischen Schema, das die Urteilsbegründung fundiert, ändert oder verschiebt. In der Berlioz-Kritik, die er 1851 in den Vorlesungen über *Geschichte der Musik* vortrug, betonte Brendel an der Kategorie des »Charakteristischen« das Moment des Tonmalerisch-Realistischen, und der Gesichtspunkt, unter dem er über Berlioz urteilte, war der streng klassizistische: Gemessen an der von Goethe und Humboldt formulierten Norm des Charakteristisch-Schönen, das zwischen dem formell Schönen und dem Charakteristischen vermittelt, erscheint der Berliozsche »Realismus« als Einseitigkeit, als Abweichung von der ästhetischen Universalität der Beethovenschen Symphonien: »Berlioz' Darstellung ferner ist überwiegend realistisch, ganz so, wie es auch in Poesie und Malerei bei den Franzosen der Fall ist. [ . . . ] Die Seite des Charakteristischen in der Darstellung bildet den Schwerpunkt seines Schaffens. Nur in den höchsten stehenden, universellsten Künstlernaturen verbinden sich die beiden Hauptfaktoren aller Kunst, das eben bezeichnete Element und jenes der überwiegend formellen sinnlichen Schönheit. Bei anderen, hoch, aber einseitig Begabten trennen sich dieselben. So bei Berlioz, wo die Schärfe der Zeichnung und die realistische Einkleidung sich vielleicht hier und da auf Kosten der Schönheit geltend macht.«[28]

War demnach für Brendel 1851[29] der Begriff des (einseitig) »Charakteristischen«, mit dem er die Vorstellung von Tonmalerei und musikalischer Realistik verknüpfte, eine eher negative Kategorie, so änderten sich 1859, in der panegyrischen Schrift *Franz Liszt als Symphoniker*, sowohl die Urteilstendenz und die geschichtsphilosophische Konstruktion als auch der Sachgehalt des Wortes »charakteristisch«. Liszts symphonische Dichtungen, die »Neue Musik« der 1850er Jahre, verwirklichen für Brendel, den Ideologen der Neudeutschen, das Prinzip des Charakteristischen, das nicht mehr als ästhetische Einseitigkeit und als Abfall von der Idee des Klassisch-Schönen, sondern als höchste Ausprägung von Modernität erscheint, einer Modernität, die insofern das Ziel und die Vollendung der bisherigen Musikgeschichte bildet, als in ihr das Geistige selbständig hervortritt. Der Liszt-Apologet Brendel, der das Geistige in der Kunst rühmt, betont am Begriff des »Charakteristischen« andere Momente als der Berlioz-Kritiker, der sich durch den musikalischen Realismus der *Symphonie fantastique* befremdet fühlt. »Es ergibt sich hieraus, wie das Kunstschaffen auf früheren Stufen in der positipositiven Erfüllung des Naturgesetzes besteht, später in der fortgesetzten Negation desselben, des Sinnlichkeitsstandpunktes überhaupt. Das ist das Marxsche Prinzip des Charakteristischen [ . . . ] Auf diesem Wege kann es demnach auch wohl geschehen, daß nicht mehr bloß durch technisch harmonische Analyse, sondern durch die Idee unmittelbar eine Kombination zu rechtfertigen ist. [ . . . ] Wo das Ohr der Richter ist, gelten andere Gesetze, als da, wo das Charakteristische als Prinzip auftritt.«[30] Brendel fühlte sich als Hegelianer; doch wo Hegel vor einer Abstraktion gewarnt hätte, durch die sich die Kunst ihrem Wesen entfremdet, sprach Brendel überschwenglich von einer Emanzipation des Geistes in der Musik.

Adolf Bernhard Marx, auf den sich Brendel 1859 berief, hatte 1855 in dem von Liszt enthusiastisch gerühmten Buch *Die Musik des neunzehnten Jahrhunderts und ihre Pflege* eine Theorie des musikalisch Charakteristischen entworfen, die in ihrer Zwiespältigkeit als Zusammenfassung der durch Widersprüche gekennzeichneten Begriffsgeschichte erscheint. Einerseits betonte Marx, der in unbeirrbarem Fortschrittsglauben die Geschichte der Musik als Entwicklung von »elementar-sinnlichen« Äußerungsformen über eine »abstrakt-verständige« Tonkunst bis zu »seelischem« und schließlich »geistigem« Ausdruck konstruierte[31], an der modernen Tendenz zu musikalischer Charakteristik das »geistige« Moment, durch das sich die Musik sowohl über bloße »Verständigkeit« als auch über die einseitige Bestimmung, nichts als eine »Sprache des Herzens« zu sein, erhoben habe. Andererseits sah er einen entscheidenden Zug der charakteristischen Musik, die das gegenwärtige Zeitalter repräsentiert, in einem Hang zum Malerischen, Koloristischen: in einer Kunst der Instrumentation, die es dem Komponisten erlaubt, »Lokaltöne« zu treffen. »Ist es nicht vornehmlich diese lebenerfüllte Welt der Instrumente, der C. M. Weber und nach seinem Vorbilde Meyerbeer und Wagner jene Lokaltöne danken, die manchem ihrer dramatischen Bilder so spezifische — auf gar nichts Anderes als auf diesen Moment zutreffende Färbung verleihn?«[32]

Der Begriff des »Charakteristischen«, des musikalisch »Bestimmten«, wie er von Marx aufgefaßt wurde[33], scheint selbst an Unbestimmtheit zu kranken. Und um die auseinanderstrebenden Momente, das »geistige« und das »koloristische«, miteinander zu vermitteln oder zu verklammern, faßte Marx sie einerseits unter dem Begriff des musikalisch »Inhaltlichen« zusammen, den er dem bloß Formalen, Strukturellen entgegensetzte. Andererseits romantisierte er, kaum anders als Wackenroder, Tieck und E. T. A. Hoffmann, die Orchesterinstrumente zu Geisterstimmen. »Noch ganz andere Wesen umschweben die Phantasie des Tondichters, unfaßbare gestaltlose, Stimmen der Natur, Klang aus höheren Regionen. Das sind die Stimmen des Orchesters. [ . . . ] Sobald das Tonspiel Bedeutung, geistig-bestimmten Inhalt gewinnt, kann auch nicht gleichgültig bleiben, wer in ihm das Wort führt. So gewiß die Menschenstimmen [ . . . ] eignen Charakter kundgeben: so gewiß muß der auf das Charakteristische gerichtete Sinn auch in Geigen und Flöten, Hörnern und Trompeten verschieden organisierte Wesenheiten erkennen und unter ihnen nach jedesmaligem Antrieb wählen.«[34] Daß Marx das »geistige« und das »koloristische« Moment der musikalischen Charakteristik — den usurpatorischen Griff der Lisztschen Programmusik zur Weltliteratur und die Lust am Ausmalen von »Lokaltönen« — ineinanderfließen läßt, ist primär in der Neigung begründet, die Ästhetik aus abstrakten Antithesen wie dem Gegensatz zwischen »Bestimmtheit« und »Unbestimmtheit« oder »Inhalt« und »Form« zu konstruieren: Sowohl das »geistige« als auch das »koloristische« Moment heben sich einerseits durch »Bestimmtheit« von der »Unbestimmtheit« oder »Inhalt« und »Form« zu konstruieren: Sowohl das »geistige« als auch das »koloristische« Moment heben sich einerseits durch »Bestimmtheit« von der »Unbestimmtheit« bloßer Gefühlsregungen oder Simmungen ab und bilden andererseits als »inhaltliche« Merkmale einen Widerpart zur musikalischen »Form«, die als »reine Form dem Verdacht ausgesetzt war, »leer« zu sein.

## 4

Bildete demnach die Darstellung eines Inhalts — eines Ethos, einer »poetischen Idee« oder eines Sujets, das zu musikalischer Koloristik herausforderte — das hervorstechende ästhetische Bestimmungsmerkmal des charakteristischen Stils — des Gegensatzes zum formal schönen Stil —, so war es in kompositionstechnischer Hinsicht, negativ formuliert, die Zerissenheit der Melodik, die sowohl von Hegel als auch — Jahrzehnte später — von Wagner als unauffälligster Mangel des (einseitig) Charakteristischen in der Musik empfunden wurde.

Hegel, der sich durch die »Gewaltsamkeit« der musikalisch-dramatischen Kontraste in Webers *Freischütz* irritiert fühlte[35], bestimmte das musikalisch Charakteristische als Momentaneffekt, der ein untergeordnetes Moment bleiben müsse, und das Melodische als die »zusammenfassende Einheit«, in der die Einzelheiten aufgehen sollen. »Ebenso wichtig ist ferner das Verhältnis, in welches hier das Charakteristische auf der einen oder das Melodische auf der anderen Seite treten müssen. Die Hauptforderung scheint mit in dieser Beziehung die zu sein, daß dem Melodischen, dals der zusammenfassenden Einheit, immer der Sieg zugeteilt werde und nicht der Zerspaltung in einzeln auseinandergestreute charakteristische Züge.«[36] Die Verselbständigung des Charakteristischen erscheint als Einseitigkeit — in Hegels Sprache: als »Abstraktion« —, aus der eine Verhärtung der Musik, eine Entfremdung von ihrem Wesen resultiert. »Sobald sich hier die Musik auf die Abstraktion charakteristischer Bestimmtheit einläßt, wird sie unvermeidlich fast zu dem Abwege geführt, ins Scharfe, Harte, durchaus Unmelodische und Unmusikalische zu geraten und selbst das Disharmonische zu mißbrauchen.«[37] Hegels Polemik gegen Weber, verknüpft mit einer Rossini-Apologie[38], ist ein

Stück klassizistische Romantik-Kritik, die sich zum Ausdruck des Entsetzens gesteigert hätte, wenn Hegel noch die Erfahrung der musikalischen Neuromantik hätte machen müssen.

Der Vorwurf, die Melodie in Fragmente zerschlagen zu haben, den Hegel gegen Weber erhob, kehrt an einer Stelle wieder, an der man ihn kaum erwartet hätte: in Wagners *Oper und Drama*, und zwar im Zusammenhang einer Argumentation, durch die Webers Musik als Moment einer geschichtlichen Entwicklung bestimmt werden soll, aus der die Notwendigkeit des Musikdramas resultiert. Wagner benutzte, um seine geschichtsphilosophische Konstruktion zu stützen, Gedankenmotive der klassizistischen Weber-Kritik.

Wagners Terminologie ist denn auch weniger in einem ästhetischen System begründet als durch Forderungen des Tages bestimmt. Der Begriff des »Charakteristischen« war ein Schlagwort der Meyerbeer-Apologie, das Wagner aufgriff, um es gegen Meyerbeer zu verwenden, indem er der charakteristischen Musik — nicht anders als Hegel, aber offenbar unabhängig von ihm — vorwarf, melodisch zerrissen zu sein. »Wir sahen endlich, wie dem Komponisten« — gemeint ist Meyerbeer — »aus der verzweifeltsten Richtung der Instrumentalmusik« — der Berliozschen — »eine absonderliche Art von Mosaikmelodie zugeführt wurde, welche durch ihre willkürlichsten Zusammensetzungen ihm das Mittel bot, jeden Augenblick — sooft ihn danach verlangte — fremdartig und seltsam zu erscheinen, — ein Verfahren, dem er durch die wunderlichsten, auf rein materielles Auffallen berechnete Verwendung des Orchesters das Gepräge speziellster Charakteristik aufdrücken zu können glaubte.«[39]

Wagner setzte, wenn er sich gegen Meyerbeer wandte, das Wort »charakteristisch« in Anführungszeichen[40]: als zitierte Vokabel, deren ursprünglich apologetische Funktion er in eine polemische umkehrte. Kaum anders aber sprach er von Weber; und es ist schwierig, den Terminus »charakteristisch«, den er — ohne Anführungszeichen — für Webers Musik benutzte[41], und den Vorwurf der »Mosaikmelodik«, den er gegen die *Euryanthe* erhob[42], von dem gleichen Terminus und dem gleichen Vorwurf in Bezug auf Meyerbeer so deutlich und triftig zu unterscheiden, wie es in Wagners Absicht liegen mußte, da er Weber verehrte und Meyerbeer verabscheute. Die einzige Differenz, die sich unmißverständlich abzeichnet, ist eine moralische: Bei Weber ist von einem Irrtum[43], bei Meyerbeer von einer »Wirkung ohne Ursache«, also einer Täuschung, die Rede.[44] In der Sache aber besteht — ungeachtet der eine Moralzensur implizierenden Anführungszeichen — kaum ein Unterschied. Sowohl bei Weber als auch bei Meyerbeer ist nach Wagners Auffassung[45] das musikalisch Charakteristische insofern ausgehöhlt und innerlich haltlos, als es nicht im Drama begründet ist, sondern von der Musik selbst hervorgebracht werden soll: einer Musik, die einerseits, da sie nicht dramatisch »motiviert« ist, als »absolute Melodie« erscheint, die sich aber andererseits — im Unterschied zur »absoluten Melodie« Rossinis — nicht bei sich selbst wohl und befriedigt fühlt, sondern nach dem Charakteristischen oder dessen Schein strebt und darum — statt sich ungehemmt als »absolute Melodie« zu entfalten — in Stücke auseinanderfällt, die zwar jedes für sich interessant und frappant wirken, denen aber der innere Zusammenhalt fehlt, der (nach Hegel) das Wesen des Melodischen ausmacht.

Wagners ästhetisch-geschichtsphilosophische Begriffskonstruktion zielte auf die Synthesis, die er selbst im musikalischen Drama vollzog — Geschichte erscheint dem besitzergreifenden Blick zurück als Vorgeschichte. Dem bloß formal Schönen — der »absoluten Melodie« Rossinis — setzte Wagner das verselbständigt Charakteristische — die »zerbrochene Melodie« Webers und Meyerbeers — entgegen, um die eigene Konzeption einer »unendlichen« — im Drama begründeten und dadurch innerlich zusammenhängenden, also weder »absoluten« noch »zerbrochenen« — Melodie als Ausgleich und Aufhebung auseinanderstrebender Einseitigkeiten rühmen zu können. Empfand Wagner die Musik Webers und Meyerbeers als unmotiviert charakteristisch, so schwebte ihm als Idee, die er selbst zu realisieren trachtete, eine motiviert charakteristische, in jedem Augenblick expressive und beredte Melodik ohne Formeln und nichtssagendes Flickwerk vor.

## Hegel und die Musik seiner Zeit

### 1

Das Verhältnis der großen deutschen Philosophen des 18. und 19. Jahrhunderts zur Musik — Nietzsche stellt die Ausnahme dar — ist durch eine seltsam schiefe Relation zwischen musikalischer Erfahrung, philosophischer Einsicht und musikgeschichtlicher Wirkung charakterisiert. Daß die musikalische Erfahrung dürftig — wie bei Kant und Schelling — oder in Vorurteilen befangen — wie bei Hegel und Schopenhauer — gewesen ist, verhinderte keineswegs, daß die Philosophen, gewissermaßen unter Systemzwang, zu musikästhetischen Erkenntnissen gelangten, die von den Musikern, wenn auch zunächst widerstrebend, schließlich übernommen und in das Denken »über« und manchmal sogar in das Denken »in« Musik integriert wurden. Hermann Kretzschmars Unterscheidung zwischen einer »Musikerästhetik«, die sich durch Sachnähe auszeichnet, und einer »Philosophenästhetik«, die in der dünnen Luft der Abstraktionen schwebt, ist geschichtsblind, weil sie die zwar paradoxe, aber offenkundige Tatsache verkennt, daß gerade von den abstraktesten Spekulationen die handgreiflichsten musikgeschichtlichen Konsequenzen ausgegangen sind. Daß die Geschichtswirkung zum Teil auf

Wilhelm Schadow: Mignon (1828; Museum der bildenden Künste, Leipzig). Mignon, das rätselhafte Wesen aus Goethes *Wilhelm Meister,* ist bei Schadow, dem Düsseldorfer Akademiedirektor, zu einer Allegorie der Kunst — oder der Poesie als dem gemeinsamen Wesen sämtlicher Künste — geworden. Die Requisiten, Engelsflügel, Lilien und Laute, sprechen eine Sprache, die durch Überdeutlichkeit die Wirkung der »edlen Einfalt« verdirbt, die von dem Bild ausgehen soll. Das Ideenkunstwerk, das Schadow propagierte, ist in Gefahr, in die Salonmalerei umzuschlagen, die er verpönte. Der gemalte Gedanke, den der Klassizismus mit dem »sinnlichen Scheinen der Idee« verwechselte, tendiert zum Kitsch.

Mißverständnissen beruhte, mag zunächst irritierend wirken, ist jedoch für einen Historiker, der sich über das Ausmaß von Zufällen in der Geschichte nicht durch Doktrinen hinwegtäuscht, ein gewohntes Phänomen, durch das er sich keineswegs beunruhigt und zu interpretatorischen Kunstgriffen herausgefordert fühlt, um die störende Diskrepanz aus der Welt zu schaffen.

Wenn also begreiflich gemacht werden soll, daß das Thema »Hegel und die Musik seiner Zeit« nicht kulturgeschichtlich harmlos, sondern ideengeschichtlich prekär ist, dürfte ein scheinbarer Umweg, ein Exkurs über die Kant- und Schopenhauer-Rezeption, das am unmittelbarsten zugreifende Verfahren sein.

Daß durch Kants *Kritik der Urteilskraft* der sogenannte musikästhetische Formalismus begründet wurde, ist eine rezeptions- oder wirkungsgeschichtliche Tatsache, die zu leugnen widersinnig wäre, die aber zu der Intention, von der Kant ausging, seltsam quer steht. In den Kapiteln, in denen Kant, nicht ohne Zeichen von Verlegenheit, über Musik spricht, ist er unverhohlen Anhänger der Affektenlehre. Die Geschichtswirkung des Buches aber, auch die musikästhetische, ging von den Paragraphen aus, die das ästhetische Urteil, verkürzt ausgedrückt, »rein formal« bestimmen. Und daß Kants Begriffsanalyse zur Ursprungsurkunde des musikästhetischen Formalismus wurde, beruhte auf dem Irrtum, daß man, entgegen Kants Absicht, das ästhetische Urteil umstandslos mit dem Kunsturteil gleichsetzte. Anders ausgedrückt: Das Kunsturteil, das nach Kants Überzeugung ethische und praktische Bestimmungsmerkmale implizierte, wenn Kunst nicht bloßer »Genuß«, sondern »Kultur« sein sollte, wurde reduziert auf das ästhetische Urteil, das ethische und praktische Momente von der Erkenntnis des »Schönen an sich« ausschloß. Und das Ergebnis der irrtümlichen Reduktion war der musikästhetische Formalismus, den Kant nicht gewollt, aber herbeigeführt hat. Und zwar machte das Mißverständnis dadurch Geschichte, daß Kants Theorie des ästhetischen Urteils zur philosophischen Rechtfertigung einer Idee taugte, die gleichzeitig, in den 1790er Jahren, von Wackenroder und Tieck literarisch konzipiert wurde: der Idee einer autonomen, absoluten Instrumentalmusik, die sich weder durch die Funktionen, die sie erfüllt, noch durch die Affekte, die sie darstellt oder hervorruft, zu legitimieren braucht. Musik, proklamierte Tieck, ist »eine abgesonderte Welt für sich selbst«, und die Musik, die er meinte, war die »reine Instrumentalmusik«, die im Gegenzug zur traditionellen Ästhetik der Vokalmusik in der Romantik zum Paradigma des Philosophierens über Musik erhoben wurde. Daß die Idee der absoluten Musik weniger aus musikalischen Erfahrungen stammte als in literarischen Voraussetzungen wurzelte — sie entstand durch Übertragung des poetischen »Unsagbarkeitstopos« auf die Musik —, verhinderte nicht, daß von ihr eine geradezu überwältigende Geschichtswirkung ausging, eine Geschichtswirkung, zu deren Gründen das Prestige gehörte, das der Gattung der Symphonie in den 1790er Jahren durch Haydns Londoner Erfolge im Bewußtsein der Gebildeten ganz Europas zugewachsen war.

Die Konfiguration von Kants begrifflichen Distinktionen, Wackenroders und Tiecks durch Jean Paul inspirierter Schwärmerei und der von Haydn mit zäher Konsequenz erreichten Nobilitierung der Symphonie von einem flüchtigen Divertissement zu einem mit Literatur und Malerei vergleichbaren Kulturphänomen von Rang ist gewiß seltsam und paradox; aber man kann kaum leugnen, daß aus ihr die Vorstellungen über Musik resultierten, die dann, in Wechselwirkung mit der Überwältigung durch Beethoven, zur herrschenden musikästhetischen Doktrin des gesamten 19. Jahrhunderts geworden sind.

Als ähnlich widerspruchsvoll erweist sich, wenn man sich durch harmonisierende Interpretation nicht täuschen läßt, das Verhältnis zwischen Intention und Geschichtswirkung bei Schopenhauers Musikphilosophie, zweifellos der einflußreichsten des 19. Jahrhunderts. Was Schopenhauer 1819, im ersten Band von *Die Welt als Wille und Vorstellung*, entwarf, war nichts anderes als eine unter dem Einfluß von Wackenroder und Tieck konzipierte Metaphysik der absoluten Instrumentalmusik. Dadurch aber, daß sich Wagner seit 1854 Schopenhauers Philosophie zu eigen machte, geriet sie in einen musikgeschichtlichen Kontext, in dem sie eine zwar bedeutsame, jedoch seltsam entfremdete, mit dem ursprünglichen Sinn kaum noch zusammenhängende Funktion erfüllte.

Für Wagner bedeutete die Schopenhauer-Rezeption nichts Geringeres als einen, allerdings uneingestandenen, Umsturz früherer musikästhetisch-dramaturgischer Überzeugungen. Erklärte er noch 1851, in *Oper und Drama*, die Musik als Mittel zum Zweck des Dramas, so sprach er zwei Jahrzehnte später, durchaus im Geiste Schopenhauers, gerade umgekehrt vom Drama als einer »ersichtlich gewordenen Tat der Musik«. Die Musik drückt die eigentliche Substanz einer Handlung aus, zu der die szenischen Vorgänge und deren sprachliche Fassung lediglich einen äußeren Reflex darstellen. Pointiert ausgedrückt: Das Drama illustriert die Musik, nicht die Musik das Drama.

Daß Wagner Schopenhauerianer wurde, ist selbstverständlich nicht als bloßer Einfluß »von außen« zu erklären, sondern hängt — abgesehen von politischen Implikationen, die mit den ästhetischen verquickt sind — mit Erfahrungen über das Verhältnis zwischen Musik und Drama zusammen, die sich Wagner bei der Komposition von *Tristan und Isolde* aufdrängten: Erfahrungen, die seiner früheren, in *Oper und Drama* proklamierten Theorie zuwiderliefen. Als musikgeschichtliche Konsequenz der Wagnerschen Schopenhauer-Rezeption aber ergab sich die seltsame Tatsache, daß im späteren 19. Jahrhundert gerade die mit Literatur verquickten musikalischen Gattungen, das Musikdrama und die Symphonische Dichtung, die das vokale und das instrumentale Terrain der an Wagner und Liszt anknüpfenden »musikalischen Fortschrittspartei« bildeten, ästhetisch unter den Prämissen einer Philosophie sowohl konzipiert als auch rezipiert wurden, die ursprünglich, wie gesagt, eine Metaphysik der autonomen, absoluten Instrumentalmusik war. Und die ästhetische Interpretation war keineswegs, wie ein Verächter der Philosophie glauben könnte, ein ideologischer Appendix jenseits der eigentlichen musikalischen Realität, die sich in Werken manifestiert, sondern bildete vielmehr eine die kompositorische Praxis, das Denken »in« Musik tiefgreifend beeinflussende Maxime, die ein Musiktheoretiker ebenso erst nehmen muß wie das, was »in den Noten steht«. Sie besagt zum Beispiel, daß Richard Strauss, obwohl er Programmusik schrieb, auf der Behauptung beharrte, daß die musikalische Form im Grunde autonom sei und sein müsse: einer Behauptung im Geiste Schopenhauers, denn sofern die Musik das »Wesen«, das Programm aber lediglich die »Erscheinung« der Dinge ausdrückt, ist es unumgänglich, daß die Musik als Struktur in sich begründet und konsistent sein muß. Und Gustav Mahler konnte, gleichfalls als Schopenhauerianer aus Pietät gegenüber Wagner, programmatische Inhalte seiner früheren Symphonien zunächst behaupten und später widerrufen, ohne dadurch an die Substanz der Werke zu rühren, denn das Programm stellte für ihn eine bloße »Außenseite« der Musik dar, auf die es in letzter, metaphysischer Instanz nicht ankam, gleichgültig, welche psychologische Funktion es bei der Konzeption oder der Rezeption von Musik erfüllte: Man konnte zwar, als Komponist wie als Hörer, ein Programm als Vehikel der musikalischen Imagination benutzen, mußte sich aber bewußt halten, daß das Ziel der ästhetischen Kontemplation in nichts anderem bestand, als sich der Hilfskonstruktionen zu entledigen, um zum eigentlichen Verständnis der Musik, einer Musik, in der nach Schopenhauer das Wesen der Welt tönende Gestalt annahm, vorzudringen.

## 2

Der Exkurs über die verschlungenen Wege, auf denen die Kantsche und die Schopenhauersche Philosophie in die Musikgeschichte eingriffen, war notwendig, um sinnfällig und plausibel zu machen, daß man, wenn grobe Simplifikationen vermieden werden sollen, zwischen der musikalischen Erfahrung, die einer Ästhetik zugrundeliegt, den philosophischen Intentionen, die sie verfolgt, und den musikgeschichtlichen Wirkungen, die von ihr ausgehen, genauer unterscheiden muß, als es gewöhnlich geschieht.

Wenn also das Thema »Hegel und die Musik seiner Zeit« nicht bloß ein Anlaß ist, ein kulturgeschichtliches Genrebild zu malen, sondern darüber hinaus ein ideengeschichtliches Interesse beansprucht, so liegt der Grund dafür in der Erwartung, daß eine genügend differenzierte Analyse Aufschlüsse über das prekäre Verhältnis zwischen musikalischer Erfahrung, philosophischer Motivation und Geschichtswirkung verspricht, die von den Einsichten, die aus der Kant- und Schopenhauer-Rezeption zu gewinnen waren, in charakteristischer und bedeutsamer Weise abweichen. Man müßte also, um die Hypothese einzulösen, zeigen können, daß das Verhältnis Hegels zu den wesentlichen musikalischen Ereignissen der 1820 Jahre in Berlin — zum »Rossini-Taumel«, zur Beethoven-Rezeption, zur *Freischütz*-Premiere und zur Wiederentdeckung der *Matthäus-Passion* — mit den philosophischen Beweggründen der Hegelschen Musikästhetik so eng verflochten ist, daß die Geschichtswirkung, der Einfluß auf das Denken »über« und das Denken »in« Musik, gerade aus der wenngleich paradoxen Relation zwischen Erfahrung und Spekulation hervorging. (Daß die Wiederentdeckung der *Matthäus-Passion* — die eigentlich die erste Entdeckung eines Werkes war, das hundert Jahre früher ohne Resonanz blieb — unter den Begriff »Musik der 1820er Jahre« subsumiert wurde, sollte nicht befremden. Eine Epoche wird durch das, was sie rezipiert, in kaum geringerem Maße geprägt als durch die Werke, die sie hervorbringt. Um an der Gegenwart zur exemplifizieren: Für die 1960er und 1970er Jahre war die Mahler-Renaissance, die mit der Jugendstilmode zusammentraf, nicht weniger charakteristisch als die kompositorischen Tendenzen, die unter dem Einfluß John Cages in der postseriellen Musik dominierten; und erst dann, wenn man beide Phänomene, die Affinität zu Mahler und die modernen Montage- und Collagetechniken sowie die »Neue Tonalität«, die in Wahrheit eine »Neue Expressivität« ist, zueinander in Beziehung zu setzen und als zwei Seiten derselben Sache zu begreifen vermag, kann es vielleicht gelingen, die musikgeschichtliche Signatur der Gegenwart zu entziffern.)

## 3

Nichts wäre falscher, als Hegel zu unterstellen, daß er bedeutsame Vorgänge, die sich in greifbarer Nähe ereigneten, nicht wahrnahm. Daß er einen Namen, wie den Hölderlins, nicht nannte — man kann auch sagen: zu nennen vermied —, besagt keineswegs, daß er die Sache, für die der Name einstand, ignorierte. Die Ereignisse oder Werke, über die er schweigt oder zu schweigen scheint, sind jedenfalls für die Motive, die sein Denken bestimmten, manchmal nicht weniger charakteristisch und aufschlußreich als die Vorgänge, die er erwähnt, oder die Dokumente, die er zitiert.

Hegels Schweigen über Beethoven, das von den Exegeten zwar konstatiert, aber nicht interpretiert wurde, ist also, wie man ohne Übertreibung sagen kann, ein beredtes Schweigen, das dazu herausfordert, entziffert zu werden. Wenn der Wiener Musikhistoriker Raphael Kiesewetter bei dem Versuch, die musikalische Signatur der frühen Restaurationszeit in eine Formel zu fassen, von einem »Zeitalter Beethovens und Rossinis« sprach, so ergriff Hegel angesichts der Dichotomie, die nichts Geringeres als einen Gegensatz zwischen zwei Auffassungen davon, was Musik überhaupt sei, einschloß oder ausdrückte, unzweideutig Partei für Rossini und gegen Beethoven. Der Vorwurf innerer Leere, den ästhetische Puristen, die in Berlin den Ton angaben, gegen Rossini erhoben, wurde von Hegel, dessen intellektuelle Redlichkeit eine Verleugnung musikalischer Sympathien nicht zuließ, mit Entschiedenheit abgewehrt. »Die Gegner verschreien namentlich Rossinis Musik als einen leeren Ohrenkitzel; lebt man sich aber näher in ihre Melodien hinein, so ist diese Musik im Gegenteil höchst gefühlvoll, geistreich und eindringend für Herz und Gemüt wenn sie sich auch nicht auf die Art der Charakteristik einläßt, wie sie besonders dem strengen deutschen musikalischen Verstande beliebt.« Der »Rossini-Taumel«, der damals ganz Europa ergriff, ließ also auch Hegel, der einen Aufenthalt in Wien vor allem zum Genuß von Rossini-Opern benutzte, nicht unberührt; und es entbehrt nicht der Ironie, in einer Ästhetik, die aus einer *Phänomenologie des Geistes* hervorging, einen Ausfall gegen den »strengen deutschen musikalischen Verstand« zu lesen.

Von Beethoven dagegen ist, wie gesagt, nirgends die Rede, und die Vermutung liegt nahe, daß das auffällige Schweigen aus einem zwiespältigen Gefühl erwuchs, einem Gefühl, das aus eingewurzeltem Mißtrauen gegen die von Beethoven eingeschlagene Richtung der Instrumentalmusik und der Scheu, unverhohlen gegen ein musikalisches Phänomen von unbezweifelbarem Rang zu polemisieren, irritierend gemischt war. Die Hypothese, die zunächst unter Gottfried Benns Verdikt zu fallen scheint, daß Psychologie bloße Unverschämtheit sei, verfestigt sich zu philologisch fundierter Wahrscheinlichkeit, sobald man sich bewußt macht, daß Hegels Theorie der Instrumentalmusik eine versteckte Replik auf E. T. A. Hoffmanns Beethoven-Apologie enthält, die 1810 in der *Allgemeinen Musikalischen Zeitung* erschienen war und deren wesentliche Teile von Hoffmann später in den ersten Band der *Phantasiestücke* übernommen wurden, so daß man schwerlich unterstellen kann, Hegel, der unersättliche Leser, habe Hoffmanns Aufsatz nicht gekannt. Schließlich lebte man in Berlin, auch wenn man innerlich Distanz hielt, in unmittelbarer Nähe zueinander.

Die Passage der *Ästhetik*, die Hegels Meinung über die reine Instrumentalmusik am bündigsten zusammenfaßt, geht aus von der Differenz zwischen der Sprache, die den tönenden Laut als bloßes Mittel zum Zweck der begrifflichen Verständigung benutzt, und der Musik, in der die Töne dazu tendieren, nicht als Zeichen zu dienen, sondern eine selbständige Existenz und Bedeutung in Anspruch zu nehmen. »Sehen wir nun auf den Unterschied in dem poetischen und musikalischen Gebrauch des Tons, so drückt die Musik das Tönen nicht zum Sprachlaut herunter, sondern macht den Ton selbst für sich zu ihrem Elemente, so daß er, insoweit er Ton ist, als

Zweck behandelt wird. Dadurch kann das Tonreich, da es nicht zur bloßen Bezeichnung dienen soll, in diesem Freiwerden zu einer Gestaltungsweise kommen, welche ihre eigene Form als kunstreiches Tongebilde zu ihrem wesentlichen Zweck werden läßt. In neuerer Zeit besonders ist die Musik in der Losgerissenheit von einem für sich schon klaren Gehalt so in ihr eigenes Element zurückgegangen, doch hat dafür auch desto mehr an Macht über das ganze Innere verloren, indem der Genuß, den sie bieten kann, sich nur der einen Seite der Kunst zuwendet — dem bloßen Interesse nämlich für das rein Musikalische der Komposition und deren Geschicklichkeit, welche nur Sache der Kenner ist und das allgemeinmenschliche Kunstinteresse weniger angeht.«

Daß Hegel, der Anti-Romantiker, sich in den zitierten Sätzen insgeheim auf Hoffmanns Rezension von Beethovens Fünfter Symphonie bezog, ist insofern überaus wahrscheinlich, als Hoffmann und Hegel denselben musikgeschichtlich bedeutsamen Vorgang schildern, einen Vorgang, der für das Bewußtsein der Zeitgenossen primär durch Beethovens Oeuvre repräsentiert wurde; doch ergreifen sie in entgegengesetztem Sinne Partei.

Das »rein Musikalische«, in dem Hegel das Resultat einer Schrumpfung, also einen defizienten Modus der Musik sah, ist nichts anderes als die autonome Instrumentalmusik, von der Hoffmann enthusiastisch proklamierte, daß sie, »jede Hülfe, jede Beimischung einer andern Kunst verschmähend, das eigentümliche, nur in ihr zu erkennende Wesen der Kunst rein ausspricht«. Die »Losgerissenheit von einem für sich schon klaren Gehalt«, die Hegel beklagte, wurde von Hoffmann als Emanzipation und als Verwandlung der Musik in eine Chiffre des »Unsagbaren« gerühmt: Die Musik, die man wegen ihres Mangels an »Bestimmtheit« im 18. Jahrhundert als unter der Wortsprache stehend empfand, wurde nun aus dem gleichen Grunde — durch Umkehrung nicht der Prämissen, aber der Konsequenzen — über die Wortsprache erhoben. »Die Musik schließt dem Menschen ein unbekanntes Reich auf; eine Welt, die nichts gemein hat mit der äußern Sinnenwelt, die ihn umgibt, und in der er alle durch Begriffe bestimmbaren Gefühle zurückläßt, um sich dem Unaussprechlichen hinzugeben.« Die »Begriffslosigkeit« der Musik, die in der Epoche der Aufklärung den Argwohn herausforderte, sie sei nichts als ein leeres Geräusch, wurde von Hoffmann zu einem Ausdruck von »Ahnungen« umgedeutet, in denen sich, wenn auch vage, ein Stück Metaphysik vernehmbar macht. Und der Verlust an »allgemeinmenschlichem Kunstinteresse« schließlich, den Hegel diagnostizierte, ein Verlust, der im 20. Jahrhundert als Spaltung des Publikums in Eingeweihte und Uninteressierte schroff zutagetrat, ist von Hoffmann als unvermeidlicher Preis erkannt worden, den die Musik dafür zahlen muß, daß sie »ihr eigentümliches Wesen rein ausspricht«. Heißt es von Haydn noch, er sei »kommensurabler für die Mehrzahl« als Mozart oder gar Beethoven, so erschließt sich Beethovens Musik, wie Hoffmann meint, einzig durch ein »sehr tiefes Eingehen in die innere Struktur«.

Die Tendenzen, die Hegel als Gefahren ansah: der Rückgang der Musik »in ihr eigenes Element«, die »Losgerissenheit« von einem »durch Begriffe bestimmbaren Gefühl« und die Berufung auf das Urteil des »Kenners« statt auf die Empfindungen des »Liebhabers« — um es in der Sprache des 18. Jahrhunderts auszudrücken —, sind sämtlich die gleichen, in denen auch Hoffmann die Zeichen der Zeit erkannte, einer Zeit aber, mit der er sich, im Gegensatz zu Hegel, in Übereinstimmung fühlte. Und daß es die romantische Musikästhetik war, auf deren Metaphysik der Instrumentalmusik sich Hegel verhohlen polemisch bezog, mag insofern überraschend sein, als es zeigt, daß die Dialektik von Emanzipation und Entfremdung, Autonomie und Substanzverlust, von der man meinen könnte, sie sei erst in der Neuen Musik des 20. Jahrhunderts hervorgetreten, bereits im Zeitalter der Romantik als zentrales Problem einer geschichtsphilosophisch fundierten Musikästhetik begriffen worden ist.

Der philosophische Kontext aber, aus dem heraus Hegels Dialektik der autonomen Instrumentalmusik verstanden werden muß, besteht, obwohl er von den Exegeten verkannt wurde, offenkundig in nichts anderem als der berühmten, unablässig zitierten These vom Ende der Kunst — oder genauer: vom Substanzverlust der Kunst.

Wieder einmal zu repetieren, was die These besagt und was sie nicht besagt, wäre überflüssige Pedanterie. Es mag genügen, an die Implikationen zu erinnern, daß der Verlust an religiöser Substanz einen Gewinn an artifizieller Virtuosität keineswegs ausschließt, sondern geradezu dessen Kehrseite bildet. »Uns gilt die Kunst nicht mehr als die höchste Weise, in welcher die Wahrheit sich Existenz verschafft [. . .] Man kann wohl hoffen, daß die Kunst immer mehr steigen und sich vollenden werde, aber ihre Form hat aufgehört, das höchste Bedürfnis des Geistes zu sein.«

Der geschichtliche Vorgang, den Hegel als »Ende der Kunst« apostrophierte, ist der gleiche, den Ästhetiker und Kunsthistoriker in der Regel als Übergang von der Funktionalität zur Autonomie, als »Befreiung« der Kunst zu sich selbst, zu selbständiger Existenz und Bedeutung schildern. Und wenn Hegel in dem Satz, der vom Substanzverlust der Kunst spricht, andererseits die Möglichkeit, daß die Kunst »immer mehr steigen und sich vollenden« werde, keineswegs ausschließt, so bedeutet die zwiespältige, dialektische Formulierung nichts anderes, als daß die Autonomie der Kunst ein Fortschritt der (formalen) Artifizialität sei, der durch eine Einbuße an (religiösem) Gehalt bezahlt werden müsse. Die Einheit von Substanz und Kunstform, die Hegel in der antiken »Kunstreligion« — in der leibhaften Gegenwart des Gottes in der Götterstatue — realisiert sah, ist auseinandergebrochen. Und mit pointierender Übertreibung, aber durchaus nicht im Widerspruch zu Hegel, könnte man behaupten, die These vom Ende der Kunst besage, daß das Ende der Kunst als Religion den Anfang der Kunst als Kunst bezeichne. Jedenfalls geraten in Hegels Denken metaphysische Bedeutsamkeit und ästhetisch-technischer Kunstcharakter — das also, was unter den Prämissen der Neuzeit die Kunst zur Kunst macht — in Gegensatz zueinander.

Der Zusammenhang zwischen musikalischer Erfahrung und philosophischer Motivation, dessen Rekonstruktion eingangs als Ziel der Untersuchung bezeichnet wurde, dürfte demnach offenkundig geworden sein. Hegel fühlte sich, wie es scheint, zu Rossini hingezogen und von Beethoven abgestoßen. Das Schweigen über Beethoven, das dadurch zum Sprechen gebracht werden kann, daß man Hegels Theorie der autonomen Instrumentalmusik als versteckte Polemik gegen E. T. A. Hoffmanns Beethoven-Apologie entziffert, besagt jedoch vor allem, daß Hegel die absolute Musik, die sich von einem durch Begriffe bestimmbaren Gefühlsinhalt losreißt und gerade darum, als reine Form oder Struktur, metaphysische Würde als Sprache jenseits und über die Wortebene beansprucht, als Irrweg ansah, auf dem das »allgemeinmenschliche Kunstinteresse« erlahmen mußte. Nicht, daß er Beethovens Größe, über die es in den 1820er Jahren kaum noch einen Meinungsstreit gab, verkannt hätte; aber er diagnostizierte sie, in seltsamer Analogie zur Schönberg-Kritik mancher Konservativer im 20. Jahrhundert, als eine Größe, die ins Verhängnis führte.

Die Dialektik, daß die Musik durch denselben Schritt, durch den sie »zu sich selbst« gelangt, an Substanz einbüßt, war also im Kontext der Hegelschen Ästhetik oder Geschichtsphilosophie der Kunst eine spezifische, auf einen Teilbereich übertragene Fassung der These vom Ende der Kunst, einer These, die gleichfalls, wie gesagt, als Reversseite eines Schwunds an religiösem Gehalt einen Zuwachs an Artifizialität konstatierte oder voraussah oder zumindest nicht ausschloß.

Der im Gegenzug zu Hegel 1854 von Eduard Hanslick formulierte Satz, daß musikalische Form als solche »Geist« sei, ein Satz, der die bündigste Formel für den musikgeschichtlichen Vorgang darstellt, der sich in Beethovens Instrumentalmusik vollzog, war genau das, was Hegel leugnete und unter den Prämissen seines Systems leugnen mußte. Hegel verstand wahrscheinlich durchaus, was musikgeschichtlich vorging und sich in Beethovens Symphonien manifestierte, aber er sträubte sich dagegen.

## 4

Glaubte demnach Hegel, in der absoluten Musik, die sich von einem durch Begriffe bestimmbaren Inhalt oder Affektausdruck losreißt, einen Irrweg zu erkennen, auf dem ein Gewinn an formaler Differenzierung mit einem Verlust an »allgemeinmenschlichem Kunstinteresse« bezahlt werden mußte, so sah er in dem entgegengesetzten Extrem, wie es ihm gleichfalls in den 1820er Jahren entgegentrat: in der rückhaltlosen Unterwerfung der Musik unter die Zwecke szenischer oder textlicher Charakteristik, geradezu eine Gefährdung des Wesens der Musik: einen Mißbrauch, dem er mit offener Polemik entgegentrat. Der Gegenstand, der Hegels Tadel herausforderte, war, frappierend genug, Webers *Freischütz*, dessen Berliner Premiere im Juni 1821 zu einem Triumph geworden war, der noch im selben oder im nächsten Jahr auf nahezu sämtliche deutschen Bühnen übergriff. Daß Hegels schroffes Urteil von einer Parteinahme für die Spontini- und gegen die Weber-Anhänger bestimmt wurde, ist unwahrscheinlich, obwohl man sich vom Einfluß der Berliner Spontini-Partei, nicht allein in Hofkreisen, sondern auch in bürgerlichen Zirkeln, keine einseitige oder zu schwache Vorstellung machen sollte. (In die simple Formel, daß einer französisch-italienisch orientierten Hofoper eine bürgerliche Nationaloper gegenüberstand, läßt sich die Kontroverse jedenfalls nicht fassen.) Hegels Verdikt erinnert, statt bloßer Parteistandpunkt zu sein, eher an die fassungslose Entrüstung Franz Grillparzers über Webers Musik, der er vorwarf, daß um der Charakteristik willen die Melodie zerrissen und zerstückelt werde, daß also der übergreifende Zusammenhang, der melodische Konnex über weite Strecken, durch Momentaneffekte zerstört oder zurückgedrängt werde. (Sogar Wagner, der sich als Erbe der deutschen romantischen Oper fühlte und enthusiastisch zu Weber als seinem Vorbild bekannte, sprach 1851, in *Oper und Drama*, von »seltsamer Mosaikmelodik«.)

Den philosophischen Kontext, aus dem heraus Hegels Weber-Kritik verstanden werden muß, bildete die Auseinandersetzung über das Charakteristische in der Kunst, die in den 1790er Jahren in den Zirkeln der Weimarer Klassik ebenso wie in denen der Jenenser Romantik, wenn auch unter verschiedenen Prämissen und mit abweichenden Resultaten, geführt worden war. Es genügt, an Goethes Dialog *Der Sammler und die Seinigen* (1798/99), Humboldts Aufsatz *Über die männliche und die weibliche Form* (1795) und Friedrich Schlegels Abhandlung *Über das Studium der griechischen Poesie* (1797) zu erinnern. Ohne daß die Diskussion, in der sich ein genaues, gerade die 1790er Jahre besonders auszeichnendes Gefühl für Subtilitäten der ästhetischen Theorie manifestierte, bis in Einzelheiten und Verzweigungen verfolgt werden müßte, kann man in einem auf Hegel zielenden ideengeschichtlichen Exkurs davon ausgehen, daß sich ein Meinungsstreit primär an dem Problem entzündete, ob das Charakteristische lediglich als unselbständiges, untergeordnetes Teilmoment des Schönen zulässig sei oder ob die Kunst von einem Entwicklungsgesetz beherrscht werde, das dazu zwinge, vom Schönen zum Charakteristischen oder von der Unselbständigkeit zur Selbständigkeit

Anselm Feuerbach: Die musikalische Poesie (1856; Staatliche Kunsthalle, Karlsruhe, Photo vom Archiv für Kunst und Geschichte, Berlin). Unter »musikalischer Poesie« verstand man im 18. Jahrhundert Dichtungen, die dazu bestimmt waren, vertont zu werden. Bei Feuerbach aber ist die Dame, die aus einem venezianischen Gemälde des 16. Jahrhunderts stammen könnte und deren Geige aussieht, als sei sie ursprünglich eine Laute gewesen, das Symbol einer Dichtung, die in der Musik ihr verborgenes Wesen erkannt zu haben glaubt. Was Walter Pater 1873 in den Satz faßte, daß alle Kunst danach strebe, der Musik ähnlich zu werden, ist von Feuerbach einige Jahre früher gemalt worden.

des Charakteristischen fortzuschreiten. Man kann, wenn man zusammenfassende ideengeschichtliche Formeln nicht verschmäht, die eine Auffassung klassizistisch-normativ und die andere romantisch-geschichtsphilosophisch nennen.

Die *Freischütz*-Kritik ist demnach Zeichen und Ausdruck eines klassizistischen Grundgefühls, das Hegel mit Goethe und Humboldt teilte. Die Verselbständigung des Charakteristischen erscheint als Einseitigkeit — in Hegels Sprache: als »Abstraktion« —, aus der eine Verhärtung der Musik, eine Entfremdung von ihrem eigentlichen Wesen, resultiert. »Ebenso wichtig ist ferner das Verhältnis, in welches hier das Charakteristische auf der einen und das Melodische auf der anderen Seite treten müssen. Die Hauptforderung scheint mir in dieser Beziehung die zu sein, daß dem Melodischen, als der zusammenfassenden Einheit immer der Sieg zugeteilt werde und nicht der Zerspaltung in einzeln auseinandergestreute charakteristische Züge. So sucht z. B. die heutige dramatische Musik oft ihren Effekt in gewaltsamen Kontrasten, indem sie entgegengesetzte Leidenschaften kunstvollerweise kämpfend in ein und demselben Gang der Musik zusammenzwingt. [ . . . ] Solche Kontraste der Zerrissenheit, die uns einheitslos von einer Seite zur anderen herüberstoßen, sind um so mehr gegen die Harmonie der Schönheit, in je schärferer Charakteristik sie unmittelbar Entgegengesetztes verbinden, wo dann von Genuß und Rückkehr des Inneren zu sich in der Melodie nicht mehr die Rede sein kann. Überhaupt führt die Einigung des Melodischen und Charakteristischen die Gefahr mit sich, nach der Seite der bestimmteren Schilderung leicht über die zart gezogenen Grenzen des musikalisch Schönen hinauszuschreiten. [ . . . ] Sobald sich hier die Musik auf die Abstraktion charakteristischer Bestimmtheit einläßt, wird sie unvermeidlich fast zu dem Abwege geführt, ins Scharfe, Harte, durchaus Unmelodische und Unmusikalische zu geraten und selbst das Disharmonische zu mißbrauchen.« Daß Hegel mit den »Kontrasten der Zerrissenheit«, die in der »heutigen dramatischen Musik« die »zusammenfassende Einheit« der Melodie zerstören, Webers *Freischütz* meinte, zeigt eine Passage im ersten Band der *Ästhetik*, die den Gegenstand des Abscheus beim Namen nennt. »Lachen und Weinen können jedoch abstrakt auseinanderfallen und sind nun auch fälschlich in dieser Abstraktion als ein Motiv für die Kunst benutzt worden, wie der Lachchor z. B. in Webers *Freischütz*. Lachen überhaupt ist der Ausbruch des Herausplatzens, das jedoch nicht haltungslos bleiben darf, wenn nicht das Ideal verlorengehen soll.« Daß Hegel, wie es scheint, das »haltungslose Herausplatzen« des Spottchores musikalisch-strukturell nicht zu begreifen vermochte — es handelt sich, technisch gesprochen, um eine metrisch irreguläre Dehnung des Quintsextakkords der IV. Stufe: um eine Argumentation in dem in der Tat irritierenden Verhältnis 8:1 —, daß er darum meinte, der Spottchor sei nichts als rohe, aus der musikalischen

Struktur herausfallende Realistik, ist einem musikalischen Laien, als der sich Hegel offen bekannte, schwerlich zu verübeln. Die negative musikalische Erfahrung aber, die Hegel mit modern-romantischer Musik in Gestalt des *Freischütz* in den 1820er Jahren machte, ist wiederum, kaum anders als bei der Auseinandersetzung mit der absoluten Musik in der Interpretation E. T. A. Hoffmanns, eng mit philosophischen Motiven, die der Hegelschen Musikästhetik zugrundeliegen, verquickt, ohne daß es einstweilen möglich wäre, die chronologischen und philologischen Probleme, die damit verknüpft sind, restlos zu entwirren.

Daß das Hegelsche System der Ästhetik zugleich eine Geschichtsphilosophie der Kunst oder umgekehrt die Geschichtsphilosophie der Kunst zugleich ein System der Ästhetik darstellt, ist ein Gemeinplatz der Philosophiegeschichte, der jedoch nicht zu der harmonisierenden Phrase verleiten sollte, daß System und Geschichtsphilosophie immer bruchlos zusammenstimmen. Als Musikästhetiker war Hegel, wie gerade die *Freischütz*-Kritik und deren Fundierung durch eine prinzipielle Skepsis gegenüber der Kategorie des Charakteristischen zeigt, primär Klassizist und nicht Geschichtsphilosoph. Die Möglichkeit, in der Entwicklung zu einer selbständigen, nicht dem Schönen untergeordneten Ausprägung des Charakteristischen die ästhetische Signatur der Moderne zu sehen, lag für Hegel zum Greifen nahe, da sie bereits um 1800 von Friedrich Schlegel, wenn auch aphoristisch, in krassen, herausfordernden Formulierungen skizziert worden war. Und in der Musikästhetik der Jahrhundertmitte, deren philosophisches Rüstzeug die Hegelsche Dialektik bildete, in den Abhandlungen und publizistischen Äußerungen von Adolf Bernhard Marx und Franz Brendel, wurden die Tendenzen der »musikalischen Fortschrittspartei« — die Bemühungen um musikalisch-szenische Drastik bei Meyerbeer, die Programmusik Franz Liszts, das musikalische Lokalkolorit in der romantischen Oper und die Berliozsche Emanzipation der Klangfarbe zu einem selbständigen Parameter des Tonsatzes — unter Berufung auf die von Hegel noch zurückgedrängte Kategorie des Charakteristischen ästhetisch gerechtfertigt und erklärt.

Hegel dagegen beharrte, anders als die Hegelianer der Vormärz-Epoche, auf der These, daß das musikalisch Charakteristische einzig als unselbständiges Teilmoment des Schönen ästhetisch zulässig sei, daß also, mit anderen Worten, der Momentaneffekt in der Einheit und Kontinuität des Melodischen aufgehoben sein müsse. Vergröbernd könnte man also, wie es scheint, behaupten, Hegel habe sich, im Gegensatz zu seinen späteren Adepten, für das normativ-klassizistische und gegen das geschichtsphilosophische Moment der Ästhetik entschieden, einer Ästhetik, die in paradoxer Verschränkung zugleich und ineins Konstruktion eines Systems und Darstellung von Geschichte zu sein versuchte.

Die schlichte These, daß die Identität von System und Geschichte bloßer

Schein gewesen sei, der ständig von innen heraus gefährdet war und angesichts konkreter Sachverhalte wie der modernen Tendenz zum Charakteristischen eine einseitige Entscheidung, entweder für den Klassizismus oder für den Historismus, erzwang, greift jedoch zu kurz. Wenn Hegel, wie sich zeigte, der irritierenden absoluten Musik mit der dialektischen Formel begegnete, daß die Musik durch ihre Vollendung als selbständige Kunst andererseits einen Verlust an geistiger Substanz erleide, so ist die Interpretation des Charakteristischen, die sich zwar nicht in der Form einer Zitatensammlung vorführen, aber immerhin plausibel rekonstruieren läßt, nicht weniger differenziert und aufschlußreich.

Das musikalisch Charakteristische ist von Apologeten wie Marx und Brendel, die sich, wie erwähnt, begrifflich an Hegel orientierten, als Fortschreiten zur Ausprägung des Geistigen in der Musik, als Überwindung dessen, was Marx den »Sinnlichkeitsstandpunkt« nannte, gerühmt worden. Hegel dagegen interpretierte den historischen Vorgang, den spätere Adepten als Fortschrittsgeschichte empfanden, gerade umgekehrt als Verfallsgeschichte. »Die romantische Kunst [ . . . ] verwebt ihr Inneres auch mit der Zufälligkeit der äußeren Bildung, und gönnt den markierten Zügen des Unschönen einen ungeschmälerten Spielraum.« Die simple Erklärung, daß unter den Prämissen einer Geschichtsphilosophie, die zugleich und ineins eine klassizistisch-normative Ästhetik war, eine nach-klassische Periode notwendig als Epoche des Niedergangs erscheinen mußte, genügt allerdings nicht, um Hegels Intention gerecht zu werden; sie wäre zwar nicht falsch, aber doch schief. Denn die Pointe der Hegelschen Dialektik des musikalisch Charakteristischen liegt gerade darin, daß die Erhebung des Geistes über die Sphäre der Kunst, der Übergang des Primats von der Kunst zur Philosophie, in der Kunst, die trotz des Substanzverlustes weiterbesteht, einen Zustand herbeiführt, der zwar einerseits als Verfall durch Rückzug des Geistes aus der Kunst erscheint, andererseits aber auch eine Parallele zur primär philosophischen Ausprägung des Geistes darstellt. Erleidet die Kunst einen Schwund an geistiger Substanz, so partizipiert sie doch andererseits an dem vor allem durch die Philosophie repräsentierten Zeitgeist. Und in der doppelten Bestimmtheit besteht — wie man über Hegel hinausgehend, aber in der Richtung seines Denkens — behaupten kann, das Wesen des musikalisch Charakteristischen, das im frühen und mittleren 19. Jahrhundert die Entwicklung der Musik determinierte, eine Entwicklung, die sich, gemäß Hegels Anspruch, das eigene Zeitalter in Begriffe zu fassen, mit den Kategorien seiner Philosophie interpretieren läßt. Was die Hegelianer um die Jahrhundertmitte musikästhetisch proklamierten, war, als musikalisches Denken im Geiste Hegels, zugleich illegitim und legitim: illegitim, weil die Einheit von geistiger Substanz und künstlerischer Gestalt, die Hegel einzig in der antiken Götterstatue realisiert sah, ebenso dem musikalisch Charakteristischen als ästhetischer Tendenz der Moderne zugeschrieben wurde; dennoch legitim, weil auch für Hegel zwischen dem musikalisch Charakteristischen, das er verabscheute, und dem Geistigen, das aus der Kunst in die Philosophie abwanderte, die Art von innerer Affinität bestand, die der Begriff des »Zeitgeistes«, die Modevokabel der Vormärz-Epoche, ausdrückt. Es mag, wenn man nach klassizistischen Normen urteilt, verzerrter Geist sein, der sich im Charakteristischen als der Kunst eines primär philosophischen Zeitalters ausprägt, aber es ist Geist.

## 5

Mendelssohns Wiederentdeckung der *Matthäus-Passion* — die Entdeckung, daß Bachs Werk nicht nur als totes Monument verehrt, sondern als lebendiges Kunstwerk für die musikalische Praxis wiedergewonnen werden konnte —, war ein Ereignis, das 1829, wie Eduard Devrient, der Sänger der Jesus-Partie, sich erinnerte, »in dem Bildungskreise Berlins eine ganz außerordentliche Sensation machte«. Auch Hegel besuchte, wie Schleiermacher, Droysen und Heine, offenbar die erste Aufführung am 11. März, zumindest aber die Wiederholung am 21. März, denn auf das anschließende Bankett bezieht sich eine maliziöse Hegel-Anekdote, die Therese Devrient in ihren Memoiren erzählt.

Daß Hegel, wie Zelter am 22. März an Goethe schrieb, gesagt haben soll: »das sey keine rechte Musik; man sey jetzt weitergekommen, wiewohl noch lange nicht aufs Rechte«, ist ein Zeugnis, das zunächst überaus unwahrscheinlich anmutet, das aber dennoch, wie später gezeigt werden soll, eine ernsthafte Interpretation duchaus verdient.

Die Passage in der *Ästhetik*, in der Hegel Bachs Kirchenmusik, besonders »die erst im Protestantismus vollendete Form des Oratoriums«, enthusiastisch rühmt, spricht eine gänzlich andere Sprache als der von Zelter überlieferte Satz. Allerdings muß berücksichtigt werden, daß die *Vorlesungen über Ästhetik* zum letztenmal im Wintersemester 1828/29 gehalten wurden, so daß die Möglichkeit offen bleibt, daß Hegel zunächst, in der *Ästhetik*, auf Grund der in Berlin kursierenden überschwenglichen Gerüchte über Bach urteilte und erst später eine musikalische Erfahrung im Sinne von Zelters Bericht in Wort faßte: eine Erfahrung, deren philosophische Entzifferung, wie gesagt, durchaus lohnt, obwohl sie notwendig spekulativ bleibt.

In der *Ästhetik* schlug Hegel den gleichen Ton an, mit dem Adolf Bernhard Marx in der *Berliner Allgemeinen musikalischen Zeitung* der Mendelssohnschen Tat publizistisch die Wege ebnete. »Als erste Hauptart können wir die kirchliche Musik bezeichnen, welche, insoweit sie es nicht mit der subjektiv-einzelnen Empfindung, sondern mit dem substantiellen Gehalt alles Empfindens oder mit der allgemeinen Empfindung der Gemeinde als Gesamtheit zu tun hat, größtenteils von epischer Gediegenheit bleibt, wenn sie auch keine Begebnisse als Begebnisse berichtet [ . . . ] Ihre eigentliche Stellung, soweit sie sich auf die priesterliche Fürbitte für die Gemeinde bezieht, hat sie innerhalb des katholischen Kultus gefunden, als Messe, überhaupt als musikalische Erhebung bei den verschiedenartigsten kirchlichen Handlungen und Festen. Auch die Protestanten haben dergleichen Musiken von größter Tiefe sowohl des religiösen Sinnes als der musikalischen Gediegenheit und Reichhaltigkeit der Erfindung und Ausführung geliefert: wie z. B. vor allen Sebastian Bach, ein Meister, dessen großartige, echt protestantische, kernige und doch gleichsam gelehrte Genialität man erst neuerdings wieder vollständig hat schätzen lernen. Vorzüglich aber entwickelt sich hier im Unterschiede zu der katholischen Richtung zunächst aus den Passionsfeiern die erst im Protestantismus vollendete Form des Oratoriums.«

Vor dem Hintergrund der philosophischen Systematik, von der die Hegelsche Musikästhetik getragen wurde, scheint allerdings der Unterschied, ob die *Matthäus-Passion* für Hegel, als er sie hörte, statt bloß über sie zu lesen, eine reine oder eine getrübte Ausprägung des Religiösen in der Musik darstellte — getrübt durch das, was Moritz Hauptmann den »französischen Schaum« nannte —, von geringerer Bedeutung zu sein als die generelle, Palestrina wie Bach umfassende ästhetisch-geschichtsphilosophische Interpretation, die er der Kirchenmusik insgesamt, der katholischen ebenso wie der protestantischen, zu geben versuchte.

Erscheint die Musik allgemein in Hegels System prinzipiell und in erster Instanz als Kunst der »abstrakten«, gegenstandslosen »Innerlichkeit«: als Kunst, in der Herz und Gemüt sich selbst, in Töne gefaßt, vernehmen, so sah Hegel in der Kirchenmusik darüber hinaus die Möglichkeit realisiert, »die Sache selbst« und nicht nur deren subjektiven Reflex im Gefühl des Einzelnen »zum Tönen zu bringen«. »In alten Kirchenmusiken, bei einem Crucifixus z. B., sind die tiefen Bestimmungen, welche in dem Begriffe der Passion Christi als dieses göttlichen Leidens, Sterbens und Begrabenwerdens liegen, mehrfach so gefaßt worden, daß sich nicht eine subjektive Empfindung der Rührung, des Mitleidens oder menschlichen einzelnen Schmerzes über dies Begebnis ausspricht, sondern gleichsam die Sache selbst, d. h. die Tiefe ihrer Bedeutung durch die Harmonien und deren melodischen Verlauf hinbewegt.« Der Hörer soll also »den Schmerz der Kreuzigung, der Grablegung nicht anschauen, sich nicht nur eine allgemeine Vorstellung davon ausbilden, sondern in seinem innersten Selbst soll er das Innerste dieses Todes und dieser göttlichen Schmerzen durchleben, sich mit dem ganzen Gemüte darein versenken, so daß nun die Sache etwas in ihm Vernommenes wird, das alles Übrige auslöscht und das Subjekt nur mit diesem einen erfüllt.«

Die Einheit von geistiger, religiöser Substanz und tönender Form, die Hegel demnach in manchen Werken der älteren Kirchenmusik zu entdecken glaubte, erinnert als ästhetisch-geschichtsphilosophische Interpretation unwillkürlich an die Vorstellung einer leibhaftigen Gegenwart des Gottes in der antiken Götterstatue: an die Idee also, für die Hegel in der *Phänomenologie des Geistes* den Terminus »Kunstreligion« prägte. Es scheint demnach, ohne daß man sich in verwickelte Erörterungen über die Struktur der Hegelschen Systematik einlassen müßte, daß im Bereich der Musik die ältere Kirchenmusik eine ähnliche »klassische« Kulmination — zwischen der früheren Entwicklungsstufe des »Symbolischen« einerseits und der späteren des »Romantischen« andererseits — bedeutete wie in der Kunstentwicklung insgesamt die antike Skulptur als Inbegriff des »Klassischen«. Mit anderen Worten: Das Schema der Weltgeschichte der Kunst kehrt in verkürzter Proportion innerhalb der Musik — als einer insgesamt »romantischen«, der dritten Periode angehörenden Kunst — wieder.

Daß unter den Bedingungen einer insgesamt »romantischen Kunst«, die als solche die Kunst eines christlichen Zeitalters war, die »klassische« Identität von religiöser Substanz und anschaulicher Form eine andere Gestalt und Bedeutung annehmen mußte als in der Antike, ist selbstverständlich; und man kann die Veränderung, formelhaft gesprochen, als Verlagerung vom Objektiven ins Subjektive kennzeichnen. Entscheidend ist jedoch, daß sich in der systematischen Struktur der Musikästhetik die Tatsache auswirkte, daß Hegels Geschichtsphilosophie der Kunst, wie die Geschichtsphilosophie generell, in letzter Instanz religionsphilosophisch inspiriert war. Und im Hinblick auf die Verquickung von Kunst- und Religionsgeschichte läßt sich, wie es scheint, dem von Zelter überlieferten Satz über die *Matthäus-Passion*, so borniert er zunächst anmutet, eine philosophische Wendung geben. Allerdings muß die Interpretation, um ans Ziel zu gelangen, einen scheinbaren Umweg einschlagen, auf dem noch einmal Hegel und E. T. A. Hoffmann konfrontiert werden.

Hoffmanns Abhandlung über *Alte und neue Kirchenmusik* aus dem Jahre 1814, die Hegel zweifellos kannte, geht von einem vertrackten Problem aus, das die Struktur des Aufsatzes determiniert, aber auch schwer durchschaubar macht: von dem Zwiespalt nämlich, daß Hoffmann einerseits die Kirchenmusik von Palestrina bis Bach als unwiederholbare, für die Gegenwart verlorene Realisierung religiöser Substanz in der Musik rühmte, andererseits aber in der Instrumentalmusik Beethovens einen musikalischen Fortschritt sah, der sich nicht auf technisch-formale Momente beschränkte, sondern metaphysische Bedeutsamkeit beanspruchte. Hoffmann läßt denn auch am Ende der Abhandlung, wenngleich in vager Form, die Möglichkeit einer Restitution authentisch religiöser Substanz aus dem Geiste einer metaphysisch interpretierten Instrumentalmusik offen.

Bezieht man nun den Satz, den Zelter als Hegelschen Ausspruch über die

*Matthäus-Passion* überliefert, auf das skizzierte Hoffmannsche Problem, so besagt er nichts Geringes, als daß auch Hegel am Ende seines Lebens, nach Abschluß der *Ästhetik*, immerhin die Möglichkeit erwog, daß die religiöse Substanz der Musik nicht ausschließlich in der älteren Kirchenmusik, deren protestantisches Hauptwerk ihn als musikalische Erfahrung offenbar enttäuschte enthalten sei, sondern unter den Prämissen der Beethovenschen Instrumentalmusik, deren metaphysische Deutung durch Hoffmann Hegel früher suspekt gewesen war, restituierbar sein könnte.

Der Interpretationsversuch, dessen philologisches Fundament unleugbar äußerst schwach ist, gehört zweifellos zu denen, die nahezu automatisch den Vorwurf der »Überinterpretation« auf sich ziehen: einen Vorwurf, den allerdings wohl jeder, der von der Stelle zu kommen trachtet, statt lediglich Texte zu paraphrasieren und mit eigenen, schwächeren Worten zu umkreisen, mit Gelassenheit ertragen sollte.

## Zu Schellings Theorie des musikalischen Rhythmus

Die »Philosophenästhetik«, wie sie von Hermann Kretzschmar mit polemischem Unterton genannt wurde, ist bei ihren Verächtern unter den Musikhistorikern und -theoretikern dem Verdacht einer Ausschweifung in sachfremde Spekulation ausgesetzt. Daß Philosophen selten Musiker von Metier sind, sollte jedoch nicht verhindern, daß ihre Theoreme, sofern sie tragfähige Einsichten enthalten, ohne Ressentiment — und mit Nachsicht gegenüber Beimischungen von Dilettantismus — betrachtet werden, auch wenn sie, statt aus unmittelbarer musikalischer Erfahrung zu stammen, auf dem Umweg der Deduktion aus vorgezeichneten Kategorien eines philosophischen Systems gewonnen wurden. Manchmal sind es, wie an Schellings scheinbar verworrener und paradoxer Theorie des musikalischen Rhythmus gezeigt werden soll, weniger die allgemein ästhetischen Erörterungen als die an musikalische oder musiktheoretische Grundbegriffe anknüpfenden Reflexionen, die es verdienen, aufmerksam studiert und aus der Terminologie einer Philosophenästhetik in die musiktheoretische Umgangssprache — die dadurch eine Bereicherung erfährt — übersetzt zu werden. Nicht in den Systementwürfen, die man den Philosophen ohnehin als Domäne zugesteht — mit dem Hintergedanken, sich um die Resultate nicht im Ernst kümmern zu müssen —, sondern in den musiktheoretischen Details, wo der gesunde Musikerverstand von einem Philosophen wenig oder nichts Brauchbares erwartet, stecken nicht selten die wesentlichen Erkenntnisse — oder die aufschlußreichen Fehlschläge des Denkens —, die über den Nutzen und Nachteil einer Ästhetik entscheiden. Die Sachnähe, derer sich Musiker rühmen, bedeutet oft genug, daß ihnen an den Gegenständen, mit denen sie täglich umgehen, am Ende nichts mehr auffällt, was der Rede wert wäre. Und umgekehrt ist es nicht ausgeschlossen, daß erst aus der vermeintlichen Distanz, die das als abstrakt gescholtene philosophische Denken zu den musikalischen Phänomenen hält, Probleme sichtbar werden, die auf dem Grunde scheinbarer Selbstverständlichkeiten verborgen liegen.

Die *Philosophie der Kunst*, die Friedrich Wilhelm Joseph Schelling 1802/03 in Jena vortrug und 1804/05, in veränderter Fassung, in Würzburg wiederholte, ist erst 1859 aus dem Nachlaß herausgegeben worden[46], so daß die unmittelbare Wirkung gering blieb und die mittelbare, posthume durch den Zerfall des spekulativen Denkens um 1850 verhindert wurde. In den Sturz der Hegelschen Philosophie ist die Schellingsche mit hineingerissen worden. Und daß man sich angesichts der Gleichgültigkeit, die das lesende Publikum im Zeitalter eines mit Kantianismus gemischten Positivismus den systematischen Prämissen der Schellingschen Philosophie entgegenbrachte, um die musiktheoretischen Konsequenzen, die ohnehin unter Dilettantismusverdacht standen, erst recht nicht kümmern mochte, war nahezu selbstverständlich.

Die Theorie des Rhythmus, die Schelling in § 79 der *Philosophie der Kunst* entwickelte — und die in Hegels Ästhetik, wie noch gezeigt werden soll, deutliche Spuren hinterließ — ist Teil einer schematisch-dialektischen Konstruktion, die aus »Rhythmus« (§ 79) und »Modulation« — im Sinne von Diastematik (§ 80) — die »Melodie« (§ 81) als Inbegriff der musikalischen Teilmomente entstehen läßt. So trivial aber das dialektische Grundmuster anmutet, so frappierend sind die latenten Voraussetzungen, die er in der Kategorie entdeckte.

Unter »Rhythmus« verstand er — nach dem herrschenden Wortgebrauch des 18. und des frühen 19. Jahrhunderts — nicht die Ordnung der Tondauern schlechthin, für die der Terminus erst in der neueren Musiktheorie usurpiert wurde, sondern eine periodische, gleichmäßige Wiederkehr von Ereignissen, und zwar unabhängig von deren Größenordnung: Das Gleichmaß ganzer Perioden ist ebenso ein Rhythmus wie das Gleichmaß einzelner Schlag- und Zählzeiten. Im Unterschied zu den Rhythmuslehren der Ästhetiker und Musiktheoretiker des 18. Jahrhunderts, die in einer einfachen, gleichmäßigen Schlagfolge ein elementares Phänomen sahen, hinter das die Reflexion nicht zurückgreifen kann, entdeckte Schelling im schlichten Gleichmaß ein Problem, das die philosophische »Anstrengung des Begriffs« lohnte. Was in der Musiktheorie als unbefragte Prämisse erschien, konstituierte sich in der Philosophie, die gewissermaßen einen Schritt zurückging, als prekäres Resultat.

»Denn, um mich jetzt zum Behuf des Beweises nur des allgemeinsten Begriffs von Rhythmus zu bedienen, so ist er in diesem Sinn nichts anderes als die periodische Einteilung des Gleichartigen, wodurch das Einförmige desselben mit Mannigfaltigkeit, die Einheit also mit Vielheit verbunden wird. Z. B. die Empfindung, welche ein Tonstück im Ganzen erregt, ist eine durchaus homogene, einartige; sie ist z. B. fröhlich oder traurig, allein diese Empfindung, die für sich durchaus homogen gewesen wäre, bekommt durch die rhythmischen Einteilungen Abwechslung und Mannigfaltigkeit.«

Zunächst scheint es, als beschreibe Schelling — nach dem Vorbild Johann Georg Sulzers in der *Allgemeinen Theorie der Schönen Künste*[47] — die Differenzierung einer gleichmäßigen Schlagfolge in schwere und leichte oder betonte und unbetonte Zählzeiten. »Periodisch« wäre demnach die Wiederkehr im Wechsel zwischen Hebung und Senkung. Die — mit »z. B.« eingeleitete — Erläuterung, daß durch »periodische Einteilung« eine »homogene Empfindung«, die durch »ein Tonstück im Ganzen erregt« werde, »Abwechslung und Mannigfaltigkeit« erhalte, zeigt jedoch, daß nicht ein Alternieren zwischen Schwer und Leicht, sondern lediglich eine regelmäßige Gliederung von zunächst Ungegliedertem — die Einteilung eines musikalischen Verlaufs in Abschnitte von gleicher Länge — gemeint ist, daß also die »Mannigfaltigkeit«, die der Rhythmus konstituiert, zunächst in der bloßen Unterschiedenheit von Teilen — anstelle eines homogenen, zäsurlosen Flusses — besteht. Und im fünften Absatz von § 79 vergleicht Schelling den Rhythmus, von dem »bis jetzt« die Rede war, mit »gleich großen, gleich entfernten Punkten«: Die Differenzierung in betonte und unbetonte Zeiten, die er »Takt« nennt, wird erst im nächsten Absatz behandelt. »Wir haben bis jetzt nur die unvollkommenste Art des Rhythmus bezeichnet, wo die ganze Einheit in der Mannigfaltigkeit nur auf der Gleichheit der Zwischenzeiten in der Succession beruht. Bild davon: gleich große, gleich entfernte Punkte. Unterster Grad des Rhythmus.«

Der Rhythmustheorie, die Schelling skizziert, liegt also ein Paradox zugrunde, das zunächst unauflösbar erscheint — und das Vorurteil unterstützt, das einer philosophischen Einmischung in die Musiktheorie ohnehin entgegenschlägt — die in sich wiedersprüchliche Behauptung, daß »Mannigfaltigkeit« durch Gleichmaß — durch »periodische Einteilung« im Sinne »gleich großer, gleich entfernter Punkte« — entstehe. Vielfalt soll aus ihrem schlichten Gegenteil, aus Monotonie, resultieren.

Um der frappierenden These, in der sich die Begriffe »Gleichheit« und »Verschiedenheit« ineinander zu verwirren scheinen, eine verständliche, nachvollziehbare Dialektik abzugewinnen, muß man zu rekonstruieren versuchen, welche Phänomene für Schelling die Kategorie des Nicht-Rhythmischen — des Substrats, das durch Rhythmus geordnet werden soll — einschließt. Rhythmus ist für Schelling — nach der antiken Tradition, die er als Selbstverständlichkeit voraussetzt — Ordnung der Bewegung, und Bewegung zeigt sich zunächst als homogener, ungegliederter Fluß von Ereignissen, der mit einer ununterbroche-

Carl Gustav Carus: Goethe-Denkmal (1832; Kunsthalle, Hamburg; Photo © Ralph Kleinhempel). Das Hochgebirge, mit Klüften und Nebelschwaden, ist als Umgebung Teil des Denkmals, das Carus, ohne Aussicht auf Realisierung, in einem Gemälde entwarf. Der innere Widerspruch, den er in Goethe zu erkennen glaubte, war so kraß und unversöhnlich, daß die bildliche Darstellung in Stücke zu zerfallen scheint, zwischen denen der Zusammenhang zerrissen ist. Symbol der Harmonie aber, die sich dennoch inmitten des Chaos ahnen läßt, ist eine Harfe: das Instrument, das im Klassizismus als Inbegriff der Musik schlechthin galt und nicht nur als Symbol zitiert, sondern auch im Salon praktiziert wurde.

nen Linie verglichen werden kann. Daß Schelling die »periodische Einteilung«, die er Rhythmus nennt, in erster Instanz auf eine »homogene, einartige Empfindung« bezieht, ist also ein Tribut an die antike Überlieferung, den Begriff des »Rhythmus« an den der »Bewegung« — im Zeitalter der Empfindsamkeit interpretiert als Gefühlsbewegung — anzuknüpfen.

Daß erst durch »Einteilung des Gleichartigen« — des ungegliederten Homogenen — »Abwechslung und Mannigfaltigkeit« entstehen, ist dann geradezu ein Gemeinplatz. Allerdings leuchtet es als Bedingung von »Abwechslung« nicht unmittelbar ein, daß die »Einteilung«, wie Schelling sagt, »periodisch« — also gleichmäßig im Sinne von »gleich großen, gleich entfernten Punkten« — sein soll, denn »Mannigfaltigkeit« scheint eher durch eine ungleichmäßige als durch eine gleichmäßige Gliederung hervorgebracht zu werden: Daß die Rhythmisierung des Homogenen, Ungegliederten in einem schlichten Gleichmaß der Zäsuren bestehen müsse, ist zunächst nicht plausibel. Als Gegensatz zum Gleichmäßigen aber begreift Schelling, der gewissermaßen von den Extremen her denkt, das Regellose, nicht das bloß Ungleichmäßige (und dennoch Geordnete). »Man denke sich anfänglich die Elemente des Rhythmus als an sich ganz gleichgültige, wie z. B. die einzelnen Töne einer Saite für sich, oder wie der Schlag einer Trommel ist. Wodurch kann eine Folge solcher Schläge bedeutend, aufregend, wohlgefällig werden? — Schläge oder Töne, die sich ohne die geringste Ordnung succedirten, sind von keiner Wirkung auf uns. Sobald aber selbst in die ihrer Natur oder dem Stoff nach bedeutungslosesten, nicht einmal an sich angenehmen Töne eine Regelmäßigkeit kommt, daß sie immer in gleicher Zeit wiederkehren und eine Periode zusammen bilden, so ist hier schon etwas von Rhythmus, obgleich nur ein sehr entfernter Anfang — wir werden unwiderstehlich zur Aufmerksamkeit fortgezogen.« Das Regellose ist, wie Schelling erkennt, das nicht aufeinander Bezogene: Wo keine Ordnung herrscht, fallen die Phänomene in beziehungslose Verschiedenheit auseinander — die »einzelnen Töne«, in deren wechselnder Dauer kein gemeinsames Maß oder Bezugssystem erkennbar ist, bleiben »gleichgültig« gegeneinander.

Schellings Konstruktion, die dem Regellosen das schlichte Gleichmaß, die Proportion 1:1, entgegensetzt, läßt allerdings die Frage offen, warum ein Verhältnis wie 2:1 nicht gleichfalls als Rhythmus gelten soll (erst verwickeltere Proportionen, die nicht mehr als solche wahrgenommen werden, bewirken einen Umschlag des rhythmisch Regulierten ins Regellose, genauer: ins ästhetisch Regellose, dem durchaus eine mathematische Regulierung, jedoch eine, die nicht sinnfällig wird, zugrundeliegen kann). Und es scheint, daß die Ursache des verengten Rhythmusbegriffs in einer Fehlinterpretation der antiken Quantitätsrhythmik lag. Die Gewohnheit des 18. und 19. Jahrhunderts, griechische Metren auf ein Gerüst gleichmäßiger Zählzeiten zu beziehen, verhinderte die Einsicht, daß Längen und Kürzen ursprünglich als nicht aufeinander reduzierbare Quanten nebeneinander gestellt wurden, daß also 2:1 nicht ein dreiteiliger, aus gleichen Zählzeiten zusammengesetzter, sondern ein elementarer, ungleichmäßig zweiteiliger — nicht »durchgezählter« — Rhythmus war. Man löste im 18. und 19. Jahrhundert, befangen im rhythmischen System des eigenen Zeitalters, die Jamben, Trochäen und Daktylen in Schlagzeiten auf, so daß auch die antiken Metren unter die Schellingsche Formel gebracht werden konnten, daß durch gleichmäßige Wiederkehr — nämlich der Zählzeiten — in einer Folge wechselnder Zeitwerte — die als bloße Quanten ohne gemeinsame Bezugseinheit zusammenhanglos nebeneinanderstehen würden — Ordnung und Konnex gestiftet werde. Das Verhältnis zwischen Länge und Kürze wurde nicht unmittelbar, sondern erst vermittelt durch das Gleichgewicht des Zählens von Eins bis Drei, als Rhythmus faßlich.

Der unzusammenhängenden Vielfalt stellt Schelling die zusammenhängende gegenüber, deren Konnex wie er meint, aus schlichtem Gleichmaß erwächst, einem Gleichmaß aber, das in sich die Unterschiedenheit eines Ersten und eines Zweiten enthält. »In alles, was an sich eine reine Identität der Beschäftigung ist, sucht der Mensch daher, von Natur getrieben, Vielheit oder Mannigfaltigkeit durch Rhythmus zu legen. Wir halten es in allem an sich Bedeutungslosen, z. B. im Zählen, nicht lange bei der Gleichförmigkeit aus, wir machen Perioden.« Daß Schelling von »Perioden« in der »Gleichförmigkeit« des Zählens spricht, aber nicht etwa, wie die Rhythmustheorien des 18. Jahrhunderts, einen Wechsel betonter und unbetonter oder schwerer und leichter Zeiten, sondern lediglich eine Wiederkehr analoger Stellenwerte — die Gliederung in ein Erstes und ein Zweites und wiederum ein Erstes und ein Zweites — meint, mag zunächst befremdend und verwirrend wirken, erscheint jedoch begreiflich, wenn man bedenkt, daß bereits in der abstrakten Unterschiedenheit des Einen und des Anderen — ohne quantitative, qualitative oder dynamische Abstufung — ein Ansatz von »Mannichfaltigkeit« steckt, und zwar einer »Mannichfaltigkeit«, die durch ihr scheinbares Gegenteil, das Gleichmaß, zum Bewußtsein gebracht wird. Die Vorstellung, von der Schelling ausgeht, ist offenbar die, daß eine »reine Identität« von Ereignissen — und »Identität« heißt nicht »Gleichheit«, sondern »Selbigkeit« — weder Gleichmaß noch Unterschiedenheit in sich enthält, daß vielmehr Gleichmaß und Unterschiedenheit — und zwar das eine zusammen mit dem anderen — erst durch Aufhebung der »reinen Identität« entstehen. »Jetztpunkte«, die sich ununterschieden aneinanderreihen, sind nicht etwa »gleich«, sondern für ein im jeweiligen Augenblick gefangenes, gewissermaßen gedächtnisloses Bewußtsein immer »derselbe«. »Gleichheit« setzt Unterschiedenheit — Abhebung eines in der Erinnerung festgehaltenen Ersten von einem Zweiten — und den Vergleich des Unterschiedenen voraus, »Selbigkeit« dagegen ist schlichte Ununterschiedenheit. Als solche ist sie nichtrhythmisch, so daß demgegenüber bereits die elementare Unterschiedenheit eines Ersten und eines Zweiten als Rhythmus, wenn auch als »unterster Grad«, erscheint. Daß das Eine und das Andere, statt quantitativ oder qualitativ zu differieren, von Schelling als »gleich große, gleich entfernte Punkte« bestimmt werden, besagt nichts anderes, als daß er im schlichten Gleichmaß von Ereignissen das Mittlere und Vermittelnde zwischen beziehungsloser Verschiedenheit einerseits und ununterschiedener »Selbigkeit« andererseits sah: gewissermaßen den Ausweg zwischen einer Divergenz ohne gemeinsames, verklammerndes Maß und einer »reinen Identität«, die den zweiten »Jetztpunkt« mit dem ersten zusammenfallen läßt. Neben dem homogenen Fluß und der zusammenhanglosen Verschiedenheit gehört also die ununterschiedene »Selbigkeit« in den Bereich des Nicht-Rhythmischen, das durch Rhythmus — durch »periodische Einteilung« — geordnet werden soll, um Musik zu werden.

Die Arten des Nicht-Rhythmischen, die Schelling in einer eher assoziativen als deduktiven Reihung nebeneinanderstellte, ohne sie anders als dadurch, daß sie sämtlich Negationen des Rhythmus sind, aufeinander zu beziehen, wurden in Hegels *Ästhetik* — deren Rhythmustheorie auf Schelling fußt, ohne daß er genannt würde — in einen Zusammenhang gebracht, der insofern, als die einzelnen Momente sich als Teile eines Argumentationsganges gegenseitig erhellen, eine Kommentierung und Interpretation des von Schelling Gemeinten darstellt. Und man könnte geradezu behaupten, daß Schelling von Hegel besser verstanden wurde, als er sich selbst verstand.

Bei Hegel erscheint die Folge der »Jetztpunkte«, von denen jeder ein anderer und dennoch immer »derselbe« ist, als elementare Zeiterfahrung, von der die Reflexion ausgeht. (Hegel knüpft also, anders als Schelling, zunächst nicht an Aristoteles an, der Zeit und Bewegung aufeinander bezog, sondern an Augustin, dessen Betroffenheit über die Paradoxien des »Jetzt« den zweiten »locus classicus« des antiken Philosophierens über die Zeit darstellte.) »Drittens kommt es zwar, der Äußerlichkeit wegen, in deren Elemente die Zeit sich bewegt, nicht zur wahrhaft subjektiven Einheit des ersten Zeitpunkts mit dem anderen, zu dem sich das Jetzt aufhebt, aber das Jetzt bleibt dennoch in seiner Veränderung immer dasselbe; denn jeder Zeitpunkt ist ein Jetzt und von dem anderen, als bloßer Zeitpunkt genommen, [ . . . ] ununterschieden.«[48] (Die »subjektive Einheit«, die einer bloßen Folge von »Jetztpunkten« noch fehlt, ist die Einheit des Bewußtseins, in dessen Erinnerung ein erster Augenblick neben einem zweiten weiterbesteht, statt von ihm, wie es Hegel beschreibt, ausgelöscht zu werden.)

Aus der »Selbigkeit« der »Jetztpunkte«, deren erster ebenso im zweiten untergeht wie der zweite im dritten, resultiert in Hegels Argumentationsgang der undifferenzierte, homogene Zeitfluß, das Phänomen also, von dem Schelling ausging und von dem er in erster Instanz den Rhythmus als »Eintheilung des Gleichartigen« abzuheben versuchte. Die »reine Identität« der Zeitpunkte schlägt in »ununterschiedene Dauer« um. »Umgekehrt aber, da die Zeit das ununterbrochene Entstehen und Vergehen solcher Zeitpunkte ist, welche, als bloße Zeitpunkte genommen, in dieser unpartikularisierten Abstraktion keinen

Unterschied gegeneinander haben, so erweist sich die Zeit ebensosehr als das gleichmäßige Hinströmen und die in sich ununterschiedene Dauer.«[49]

Von der unbestimmten Dauer, in deren haltlosem Zeitfluß jeder »Jetztpunkt« immer »derselbe« ist wie jeder andere, unterscheidet Hegel dann die bestimmte Dauer eines Tones, eine Dauer, deren Ende für ein Bewußtsein, das Zeit in der Erinnerung festhält, einen qualitativ anderen Zeitpunkt markiert als der Anfang. Durch bloße Verschiedenheit der Zeitquanten von Tönen — ohne gemeinsames Maß, auf das sie sich beziehen lassen und durch das sie miteinander verklammert werden — würde allerdings lediglich die eine Art von Unbestimmtheit mit einer anderen — die des undifferenziert Homogenen mit der des zusammenhanglos Heterogenen — vertauscht werden. Erst dadurch, daß der Mannigfaltigkeit von Tondauern die Einheit einer Zählzeit substruiert wird, entsteht ein Rhythmus, den das rezipierende Bewußtsein im Gedächtnis — einem Gedächtnis, durch das es sich überhaupt erst als identisches Selbst im Wechsel von Eindrücken und Empfindungen konstituiert — zu bewahren vermag. »Die Dauer eines Tones geht diesem Prinzipe gemäß nicht ins unbestimmte fort, sondern hebt mit seinem Anfangen und Ende, das dadurch ein bestimmtes Anfangen und Aufhören wird, die für sich nicht unterschiedene Reihe der Zeitmomente auf. Wenn nun aber viele Töne aufeinanderfolgen und jeder für sich eine von dem anderen verschiedene Dauer erhält, so ist an die Stelle jener ersten leeren Unbestimmtheit umgekehrt auch nur wieder die willkürliche und damit ebenso unbestimmte Mannigfaltigkeit von besonderen Quantitäten gesetzt. Dieses regellose Umherschweifen widerspricht der Einheit des Ich ebensosehr als das abstrakte Sichfortbewegen [ . . . ].«[50]

Philosophische Reflexion, die sich in elementare Phänomene versenkt, weil sie die Fallgruben ahnt, die sich gerade unter dem Alltäglichsten auftun, löst bei ungeduldigen Lesern nahezu mechanisch den Argwohn aus, sie betrachte Selbstverständlichkeiten so lange, bis sich zeige, wie erstaunlich sie genau genommen sind. Und die Entdeckung, daß in der Tat scheinbare Selbstverständlichkeiten nicht selten eine bloße Fassade vertrackter Probleme sind, wird als lästig empfunden und hindert den gesunden Menschenverstand nicht, das Elementare weiterhin mit dem Unproblematischen gleichzusetzen und es, unbekümmert um Theorie, als schlichte Gegebenheit zu behandeln, wie es sich in alltäglicher Praxis präsentiert.

Es geschieht jedoch keineswegs selten, daß Momente, von denen man zunächst glauben mochte, sie existierten lediglich in der Abstraktion und nirgends sonst — seien also in der Praxis bedeutungslos und des Gedankens nicht wert, den die Reflexion an sie verschwendet —, auf einer späteren Entwicklungsstufe einen Platz in der Wirklichkeit einnehmen, der sie aus Gegenständen bloßer Spekulation zu Objekten unmittelbarer Erfahrung werden läßt. Und von den Arten des Nicht-Rhythmischen, die Schelling als latente, durch »periodische Eintheilung« negierte Voraussetzung des Rhythmus entdeckte — von der »un-

unterschiedenen Dauer«, der »unbestimmten Mannigfaltigkeit« und der »reinen Identität« bloßer »Jetztpunkte« —, kann man ohne Übertreibung behaupten, daß sie in der postseriellen Musik der letzten Jahrzehnte — nach dem Zerfall der Takt- und Zählrhythmik — gleichsam aus der Spekulation in die Wirklichkeit herausgetreten sind und als sinnfällige Möglichkeiten moderner Zeiterfahrung musikalisch realisiert wurden: einer Zeiterfahrung, die dadurch, daß sie den »Rhythmus« negiert, keineswegs aufhört, ein musikalisches — aus dem Gang der Musikgeschichte verständliches — Phänomen zu sein. Das Nicht-Rhythmische, bei Schelling und Hegel lediglich Konstrastfolie eines Rhythmus, durch den sich Musik überhaupt erst als solche konstituiert, ist in der kompositorischen Praxis der Gegenwart selbst Musik: ein Substitut von Rhythmus geworden. Abstrakte Momente, die von einer scheinbar wirklichkeitsfremden philosophischen Reflexion unter der Oberfläche elementarer musikalischer Gegebenheiten entdeckt und hervorgezogen wurden, erweisen sich unversehens als konkrete Momente eines Phänomens, dessen Etikettierung als »Metamusik« sik« durchaus nicht besagt, daß der Anspruch, als Musik zu gelten, preisgegeben wurde.

## Klassizität, Romantik, Modernität

### 1

Die Geschichtsphilosophie einer Epoche, das Kategoriensystem, mit dem man sich selbst und die Vergangenheit begriff, ist Gegenstand einer Historie der Historie, die zu rekonstruieren sucht, welche Tatsachen eine Zeit kannte, welche Prinzipien sie voraussetzte und über welche Methoden sie verfügte. Der Gedanke, eine vergangene Geschichtsphilosophie der historischen Deutung der Epoche, in der sie entstand, zugrunde zu legen, sie also nicht als bloßes Material, sondern als Interpretationsschema zu behandeln, dürfte allerdings Historikern fremd sein. Daß er absurd ist, steht jedoch nicht fest. Zu fragen wäre, wie er sich zu dem Satz verhält, daß eine Zeit aus sich selbst verstanden und nach ihren eigenen Kriterien beurteilt werden müsse, einem Satz, an dem niemand zweifelt, der für sich in Anspruch nimmt, historisch zu denken.

Das Postulat der Autonomie der Epochen ist mehrdeutig. In der Geschichte einer Technik oder einer Wissenschaft besagt es, daß das Veralten eines Gebildes den Ruhm des Entdeckers oder Erfinders nicht schmälert; was uns primitiv oder dürftig erscheint, kann in dem Jahrhundert, aus dem es stammt, ingeniös gewesen sein, und es wäre verblendeter Hochmut, wenn sich die Zwerge, die nach einem mittelalterlichen Gleichnis auf den Schultern von Riesen stehen, für bedeutender hielten, weil ihr Blick weiter reicht. Die historische Gerechtigkeit gegenüber Werken der Technik oder Wissenschaft bleibt jedoch abstrakt; Nutzen und Wahrheit früherer Erfindungen und Gedanken sind abgetan: geschwunden oder banal geworden. Dagegen ist in der Kunst mit der Forderung, sich vergangene Gesichtspunkte zu eigen zu machen, gemeint, daß es möglich deren Entstehungszeit Jahrhunderte zurückliegt, gelten zu lassen, sondern auch den Gehalt zu bewahren oder zu restaurieren, sei es auch in einer sekundären, vom Bewußtsein des geschichtlichen Abstands begleiteten Weise.

Es ist demnach eine eingeschliffene, wenn auch selten explizierte Denkgewohnheit, Typen von Historizität, von historischen Daseins- und Verlaufsformen, zu unterscheiden. Die Geschichte einer Wissenschaft oder einer Technik ist einem anderen Formgesetz unterworfen als die einer Kunst; das Prinzip des Fortschritts, im einen Fall primär und zentral, ist im anderen sekundär und peripher. Man sollte außerdem die Möglichkeit nicht ausschließen, daß in manchen früheren Epochen, in schroffem Kontrast zur Gegenwart, die Geschichte einer Kunst und die einer Technik analog verliefen und einen Typus von Historizität ausprägten, der vom uns gewohnten der Kunst ebenso verschieden ist wie von dem der Technik.

Ob die Philosophie, also auch die der Geschichte, eher einer Wissenschaft oder Technik gleicht, die fortschreitet und ihre Vergangenheit als Schutthalde hinter sich zurückläßt, oder einer Kunst, die sich zwar ändert, aber ohne daß alles Frühere aufgehoben und zum Veralten verurteilt wäre, steht nicht fest. Die Philosophien unterscheiden sich nicht nur durch ihren Inhalt, sondern auch durch den Begriff von Philosophie, von dem sie ausgehen. Nimmt man jedoch an, daß die Geschichtsphilosophie einer Zeit ähnlich den Kunstwerken und der Ästhetik, die von ihr hervorgebracht worden sind, in ihrem Gehalt unüberholbar sei, so gerät das gewohnte Verfahren, historischen Darstellungen eine den beschriebenen Epochen fremde Geschichtsphilosophie, etwa die Idee der Entwicklung oder die des gleichen Rechtes aller Zeiten, zugrunde zu legen, ins Zwielicht des methodisch Fragwürdigen.

So dogmatisch eng es wäre, sich bei der Beschreibung eines Stücks musikalischer Vergangenheit in den Grenzen des Kategoriensystems der Zeitgenossen zu halten, so unleugbar dürfte es andererseits sein, daß die geschichtsphilosophische Denkform einer Epoche — und über eine Geschichtsphilosophie verfügten auch Zeiten, denen man historisches Bewußtsein im modernen Sinne abzusprechen gewohnt ist — nicht ohne Einfluß auf deren historische Daseins- und Verlaufsform bleibt. Der bestürzend rasche Wechsel der musikalischen Techniken und Stile seit einem Jahrhundert ist zweifellos mit der Ausbreitung des geschichtlichen Denkens, der Vorstellung also, daß die Entstehungszeit eines Werkes zu dessen Substanz gehöre, so daß Kunst neu sein müsse, um authentisch zu sein, durch Korrelation verbunden.

Einwände, haltlose und auch triftige, liegen nahe. Ein erster besagt, daß die

Historie als Wissenschaft ohne Geschichtsphilosophie bestehen könne, von deren Problematik also nicht betroffen sei. Doch muß das Eruieren von Tatsachen, das exakten Methoden folgt, unterschieden werden von der Geschichtserzählung oder -konstruktion, der Darstellung weitgespannter Zusammenhänge, die ohne philosophische Voraussetzungen, seien es explizite oder unausgesprochene, kaum denkbar ist. Bereits der einfachen Reihung von Komponistenbiographien liegt eine Theorie zugrunde, und zwar eine, die nichts weniger als selbstverständlich ist: die Vorstellung, daß erstens die Musikgeschichte primär von einzelnen, nicht von Gruppen gemacht werde, und daß zweitens ein Kunstwerk, um mit Dilthey zu sprechen, Ausdruck eines »Lebensmoments« sei, daß also biographischem Wissen ästhetische Relevanz zukomme.

Ein zweites, triftigeres Gegenargument wäre, daß Geschichtsphilosophie, mindestens partiell, eine Wissenschaft, also Korrekturen zugänglich sei, so daß ohne Anmaßung von einer vergangenen Epoche gesagt werden dürfe, sie habe sich über ihren eigenen Typus von Historizität getäuscht.[51] So war etwa die Geschichtsphilosophie, die der Ausdruck »Renaissance« einschließt, ein Irrtum; denn die Apologeten des Alten in der musikalischen »Querelle des Anciens et des Modernes« verkannten und mißdeuteten die Antike, deren Wiederkehr sie postulierten oder ersehnten. Die scheinbar fremden und äußeren Normen, die sie ihrer Epoche auferlegten, waren in Wirklichkeit deren eigene und innere; das Maß der Oper bildete nicht die antike Tragödie, sondern eine Irrtum über sie, der jedoch eine wahre Theorie der Oper darstellte.

So wenig eine vergangene Geschichtsphilosophie, sei es die Kontrastierung des Antiken und Modernen, ein Fortschritts- oder ein Verfallsschema, als Theorie über ein Zeitalter beim Wort genommen werden darf, so falsch und anmaßend wäre es andererseits, sie als bloßen Irrtum, den die moderne Historie hinter sich gelassen habe, zu vernachlässigen. Der Typus von Historizität, den eine Epoche repräsentiert, und die Geschichtsphilosophie, die sie hervorbringt, fallen nicht zusammen, sind aber auch nicht unabhängig voneinander. Für den Historiker ist früheres geschichtliches Denken sowohl Material als auch ein Interpretationsschema, an dem er sich, mindestens heuristisch, zu orientieren vermag. Und um die Musikgeschichte des 19. Jahrhunderts zu verstehen und nicht bloß zu registrieren, muß man die Philosophie berücksichtigen, in der die Zeit sich selbst in Begriffe zu fassen suchte: eine Philosophie, die um die Termini Klassizität, Romantik und Modernität kreiste.

## 2

Zur Eröffnung des Jahrgangs 1835 der *Neuen Zeitschrift für Musik* schrieb Robert Schumann: »In der kurzen Zeit unseres Wirkens haben wir mancherlei Erfahrungen gemacht. Unsere Gesinnung war vorweg festgestellt. Sie ist einfach, und diese: an die alte Zeit und ihre Werke mit allem Nachdruck zu erinnern, darauf aufmerksam zu machen, wie nur an so reinem Quelle neue Kunstschönheiten gekräftigt werden können, — sodann, die letzte Vergangenheit, die nur auf Steigerung äußerlicher Virtuosität ausging, als eine unkünstlerische zu bekämpfen, — endlich eine neue poetische Zeit vorzubereiten, beschleunigen zu helfen.«[52] Dem Programm, das Schumanns Sätze skizzieren, liegt eine geschichtsphilosophische Konzeption zugrunde[53], die drei Wurzeln hat: die tief eingreifende, das musikalische Denken der Romantiker Schumann, Mendelssohn und Chopin weithin bestimmende Erfahrung des Alten, der Musik Bachs[54]; das Leiden an einer Gegenwart, die als »prosaisch« und »mechanisch« empfunden wird, und die Erwartung einer »poetischeren« Zukunft. Traditionsbewußtsein, Zeitkritik und Fortschrittsglaube greifen ineinander und ergänzen sich, statt sich zu widersprechen.

Die Gegenwart — Schumann spricht von einer »letzten Vergangenheit«, einer Epoche, die tot und abgetan ist, es aber noch nicht weiß — stellt die Antithesis der geschichtsphilosophischen Trias dar, die unglückliche Mitte zwischen einer »klassischen Zeit«, die vergangen, und einer »romantischen«, die noch unerreicht ist. Das Bestehende und Herrschende, das Schumann als das »Moderne« bezeichnet, erweist sich, gemessen sowohl am Früheren als auch am Künftigen, an dem was sich nicht mehr, und an dem, was noch nicht ist, als seicht, verworren und nichtig. Das repräsentative Werk der Zeit sind Meyerbeers *Hugenotten*, die Schumann zu einer Polemik von bestürzender Heftigkeit herausforderten.

Den geschichtsphilosophischen Entwurf ergänzt eine Typologie der Komponisten, die Schumann im selben Jahr, 1835, exponierte. In dem Aufsatz *Der Psychometer* ist von »Klassikern«, »Juste-Milieuisten« und »Romantikern« als den Parteien die Rede, zwischen denen ein Komponist sich entscheiden müsse.[55] Daß die Parteien geschichtliche Stufen repräsentieren, ist bereits von den Namen ablesbar und wird zudem in einer Rezension von Werken Kalliwodas aus dem Jahre 1836 unmißverständlich ausgesprochen: »Die Gegenwart wird durch ihre Parteien charakterisiert. Wie die politische kann man die musikalische in Liberale, Mittelmänner und Reaktionäre oder in Romantiker, Moderne und Klassiker teilen. Auf der Rechten sitzen die Alten, die Kontrapunktler, die Antichromatiker, auf der Linken die Jünglinge, die phrygischen Mützen, die Formenverächter, die Genialitätsfrechen, unter denen die Beethovener als Klasse hervorstechen. Im Juste-Milieu schwankt Jung wie Alt vermischt. In ihm sind die meisten Erzeugnisse des Tages begriffen, die Geschöpfe des Augenblicks, von ihm erzeugt und wieder vernichtet.«[56]

Die Gleichsetzung von »Klassikern« und »Reaktionären« mag bei flüchtigem Lesen befremden und provozierend wirken. Doch braucht kaum gesagt zu werden, daß nicht die classici auctores selbst, sondern deren bornierte Anhänger und Epigonen, die außer dem Alten nichts dulden wollen, gemeint sind:

die »Kantoren«, die Schumann mit herausfordernder Ironie vor einer Ouvertüre von Berlioz warnt, angesichts derer sie »in Ohnmacht fallen« und »über Sansculottismus schreien« würden.[57] Indem er sie »Klassiker« nennt, zahlt Schumann seinen Gegnern den Hohn heim, den sie ihrerseits mit der Bezeichnung »Romantiker« verbanden.[58] Das entscheidende Moment an dem »alten Wahren«, auf das sich die »Klassiker« oder »Reaktionäre« berufen, ist allerdings weniger, daß es alt ist, als daß es eine musikalische Wahrheit ausprägt, die als zeitlos gelten soll[59], und ein Vorbild darstellt, das der Geschichte enthoben bleibt und ihre Wandlungen unverblaßt überdauert. Die blinden Lobredner des Klassischen denken »unhistorisch«; sie sperren sich gegen das geschichtliche Bewußtsein, das im 18. Jahrhundert entstand und im 19. mit Verzögerungen, im 20. entschieden zur herrschenden Denkform wurde.

Demgegenüber sind die »Romantiker« oder »Liberalen«, wie Schumann — der außer sich selbst Chopin, Mendelssohn und einige geringere Komponisten zu ihnen zählte — sie um 1835 verstand, zwar Gegner und Verächter des Reaktionären, aber nicht des Alten. So wenig das, was aussteht, die ersehnte »neue poetische Zeit«, eine Reproduktion von Vergangenem und Gewesenem sein kann, so unumgänglich ist es andererseits, daß sich »neue Kunstschönheiten« an der »alten Zeit und ihren Werken« kräftigen.[60] Schumann verehrte vergangene Größe, aber im Bewußtsein des geschichtlichen Abstands, der die Gegenwart von ihr trennt, eines Abstands, den er, pointiert gesagt, »mitkomponierte«, wenn er auf alte Techniken und Stile zurückgriff. Was aus der Geschichte in die Gegenwart herüberreicht, wird nicht als zeitloses Vorbild, aber auch nicht als tote Vorzeit, sondern als eigene Vergangenheit verstanden: zwar als Vergangenheit, die unwiederholbar ist, aber als eigene, die man bewahren muß, um nicht substanzlos zu sein.

Charakteristisch für die Produkte der »Modernen«, die Schumann verabscheut und die ihn manchmal dazu herausfordern, sich an Friedrich Schlegels Maxime von der Unkritisierbarkeit des Schlechten[61], ist die Stückelung: der Mangel an Zusammenhang, die Mischung von Heterogenem. Von den »Dutzend- und Juste-Milieu-Ouvertüren« heißt es in einer Rezension über Marschners Festouvertüre opus 78, daß in ihnen »1/4 italienisch, 1/4 französisch, 1/8 chinesisch, 3/8 deutsch und die Summe null« sei.[62]

Der Begriff des »Modernen« ist allerdings zwiespältig und in sich widerspruchsvoll. Einerseits meint er, in geschichtsphilosophischer Deutung, eine Zwischenzeit, ein Nicht-mehr und Noch-nicht, das in sich substanzlos ist und erst als Antithesis, als dialektische Vorstufe einer »neuen poetischen Zeit«, einen Sinn erhält. Andererseits rückt in Schumanns Beschreibung des musikalischen Juste-Milieu das Moderne in die Nähe der Mode, eines Phänomens, das mit der Vorstellung einer geschichtsphilosophischen Stufe kaum vereinbar ist, wie sich drastisch an der Divergenz der den Erscheinungen zugrunde liegenden Zeitbegriffe zeigt.

Die Mode ist abruptem Veralten unterworfen: Was gestern aktuell war, ist heute obsolet und beinahe unerträglich. »Ce qui paraîtra bientôt le plus vieux, c'est ce qui d'abort aura paru le plus moderne«, heißt es in Gides *Faux-Monnayeurs*.[63] So unerbittlich aber das Gesetz ist, das den Fetisch vom vergangenen Jahr der Lächerlichkeit preisgibt, so zufällig und austauschbar sind die Merkmale, die das jeweils »Neue vom Tage« von dem, was »aus der Mode« ist, unterscheiden. Und daß der Wechsel, der sie beherrscht, nicht in der Sache begründet, sondern willkürlich ist, bedeutet, paradox formuliert, daß sie außerhalb der Geschichte steht; denn in der Mode ist die Zeit, im Gegensatz zur irreversiblen historischen, prinzipiell umkehrbar.

Die Zeitlosigkeit, die in Schumanns Geschichtsphilosophie der »Klassiker« dem »alten Wahren« zuschreibt, bildet einen schroffen Gegensatz zum Momentanen, Vorübergehenden und Flüchtigen der Mode. Andererseits stimmen jedoch die Extreme, das Phänomen der Klassizität und das der Mode, in dem negativen Moment überein, daß sie sich, das eine durch prätendierte Aufhebung, das andere durch mögliche Umkehrung der Zeit, den Kategorien des historischen Bewußtseins entziehen.

Schumanns geschichtsphilosophischer Entwurf ist doppeldeutig. Die Typen, die er einander entgegensetzt, sind Repräsentanten historischer Stufen, einer Trias von Zeitaltern, unterscheiden sich jedoch zugleich, sei es bewußt oder unbewußt, in ihrem Verhalten zur Geschichte überhaupt. Die »Klassiker« oder »Reaktionäre« verschließen sich, indem sie sich auf ein als zeitlos empfundenes Vorbild berufen, dem Geschichtsverlauf, der Vergangenes nicht bestehen läßt, wie es war, sondern in dessen Gehalt verändernd eingreift: einen Gehalt, zu dem Entstehungszeit als eines seiner Momente gehört. Die »Modernen«, die »Juste-Milieuisten« der 1830er Jahre, sind Auguren oder Anhänger einer Mode, deren Heute Gestern und deren Gestern Heute sein könnte, ohne daß Entscheidendes anders wäre, als es ist. Die »Romantiker« schließlich fühlen sich von dem Bewußtsein getragen, in einer Gegenwart zu leben, die insofern wahre, substantielle und nicht bloß wirkliche, empirische Gegenwart ist, als sie die Vergangenheit in sich aufbewahrt und die Zukunft antizipiert. »Es gibt«, heißt es 1805 in Achim von Arnims Aufsatz *Von Volksliedern*, »eine Zukunft und eine Vergangenheit des Geistes, wie es eine Gegenwart des Geistes gibt, und ohne jene, wer hat diese?«[64]

## 3

Franz Brendel charakterisierte Schumann, dessen Nachfolger als Redakteur der *Neue Zeitschrift für Musik* er war, als »entschieden modern«, im Unterschied zu Mendelssohn, der »obschon nach der einen Seite hin ganz modern, nach der anderen minder entschieden und ausschließlich nur als Fortsetzung Beethovens erscheint, im Gegenteil zugleich auch der romantischen Richtung sich anschließt«.[15] Gegenüber dem Wortgebrauch Schumanns sind die Positionen des »Romantischen« und des »Modernen« vertauscht. Als »modern« bezeichnet Brendel nicht eine Zwischenzeit, die Stufe des unglücklichen und zerrissenen Bewußtseins zwischen Vergangenheit und Zukunft, sondern den Teil der Gegenwart, der die Zukunft verbürgt und in sich trägt; die Komponisten, die er meint, sind Liszt, Wagner und Berlioz, nicht Rossini oder Meyerbeer.

Daß er den Begriff des »Modernen«, den Schumann um 1835 als Schmähwort benutzte, ein Jahrzehnt später ins Positive wendete, obwohl er glaubte, in der Sache mit Schumann übereinzustimmen, ist zweifach begründet. Erstens war Schumanns Einfall, musikalischen Sansculottismus »Romantik« oder musikalische Romantik »Sansculottismus« zu nennen, eine terminologische Gewaltsamkeit. Das Wort »romantisch« wurde zwar in Frankreich seit Victor Hugo mit politischem Liberalismus assoziiert, beschwor aber im Bewußtsein der deutschen Zeitgenossen die Vorstellung einer Kunst herauf, die sich einem romanesk stilisierten Mittelalter verbunden fühlte. Es war um 1810, in der Sprache August Wilhelm Schlegels und der Madame de Staël, gleichbedeutend mit »progressiv« und »modern«, aber nicht, weil es Sympathie für den Sansculottismus ausgedrückt hätte, sondern weil es die Parole der damals Jüngeren darstellte, die sich gegen den Klassizismus der Älteren wandten.

Zweitens war Brendel ein weniger von Zweifeln angekränkelter Apologet des Fortschritts als Schumann. So borniert ihm, dem Historiker, ein Komponist erschienen wäre, der die Vergangenheit verachtete, so fremd war ihm andererseits der Gedanke, wie Schumann im Werk Bachs ein Vorbild zu sehen, einen »reinen Quell«, an dem »neue Kunstschönheiten gekräftigt werden können«. Er war vielmehr überzeugt, daß die früheren Stufen der Geschichte in der Gegenwart, als deren Repräsentanten er Liszt, Wagner und Berlioz rühmte, aufgehoben seien, und proklamierte, daß »die mit dem Namen der neudeutschen Schule gegenwärtig bezeichnete Fortschrittspartei nur in dem Sinne Partei ist, in welchem jede große weltgeschichtliche Erscheinung, die den Beruf besitzt, das Alte vollständig in sich aufzunehmen und später, unbeschadet des historischen Rechtes desselben, allein an dessen Stelle zu treten, anfangs mit diesem Namen bezeichnet werden kann«.[66] Daß Brendel dem Alten »historisches Recht« zugesteht, ist kaum mehr als das Siegel auf der Urkunde, die das Vergangene für tot erklärt.

Fortschrittspathos und geschichtliches Bewußtsein ergänzen sich eher, als daß sie sich ausschließen. Brendel ist Historiker; er versucht, wenn auch manchmal ohne Glück, Geschichtliches zu begreifen oder zu rekonstruieren, und zwar in dem Bewußtsein, daß es der eigenen Zeit ferngerückt und entfremdet ist. Von der Vergangenheit, auch der als Vorstufe der Gegenwart begriffenen, fühlt sich Brendel durch eine Divergenz getrennt, die unaufhebbar ist und die zu verkennen oder zu leugnen naiv wäre. Er betont den geschichtlichen Ab-

Joseph Fischer: Fürst Nikolaus II. Esterházy (1809; Országos Széchényi Könyvtár, Budapest). Der Fürst, der für sich, in einer Einsamkeit, die nur ein Hund teilt, Klarinette spielt, ist als Privatmann von einem bürgerlichen Musikliebhaber, der sich in weltvergessene Kontemplation zurückzieht, nicht zu unterscheiden. Es scheint, als sei die ästhetische Kultur, die in den Jahrzehnten zwischen Revolution und Restauration die Standesunterschiede zwar nicht aufhob, aber einen Augenblick lang suspendierte, nicht nur in den Salons wirksam geworden, sondern auch dorthin gedrungen, wo der Einzelne mit sich allein war.

stand: als Theoretiker und Apologet des Fortschritts, um den Platz zu schaffen für das Neue; als Historiker, weil ihm, wie Schleiermacher, bewußt ist, daß historisches, indirektes Verstehen erst notwendig wird, wenn das unmittelbare, unreflektierte versagt. Gerade darum, weil er die Gegenwart primär auf die Zukunft bezieht und von der Überlieferung losreißt, kann er Historiker sein, der die Vergangenheit distanziert betrachtet und unangetastet läßt, statt sie sich umdeutend anzueignen.

Demgegenüber ist Tradition, wie Schumann sie verstand, eine Übersetzung des Vergangenen in die eigene Sprache: eine Übersetzung aber, in der die Fremdheit des Originals kenntlich bleibt. So schroff sich Schumann gegen die »Klassiker« und »Reaktionäre« wandte, die sich an das Alte klammern, als sei es, nach Glareans Worten, eine »ars perfecta, cui nihil addi potest«, so wenig war er andererseits ein Historiker, der die Fremdheit der Vergangenheit hervorkehrt. Schumanns Empfinden für die Tradition hielt sich vielmehr in einer schwierigen, gefährdeten Mitte zwischen Reflexion und Unmittelbarkeit, dem Bewußtsein historischen Abstands und dem Gefühl der Affinität zur »alten Zeit und ihren Werken«, der Liebe zum Fernen als einem Unerreichbaren und der Bemühung, das Vergangene in die Gegenwart herüberzuziehen.

## 4

Der Terminus »modern« ist äquivok. Die geschichtliche Zäsur, die er bezeichnet, wechselt zwischen den Extremen des 5. und des frühen 19. Jahrhunderts, und zwar manchmal beim selben Autor. Die geschichtsphilosophische Norm unter Musikhistorikern war, in der Entstehung der Oper und dem Veralten des strengen Satzes zum stile antico den Anfang der Neuzeit zu sehen. Krause[67] und Fischer[68] unterschieden drei Zeitalter: das antike, das christliche und das moderne. Und Schilling[69] hob das dreigliedrige Schema ausdrücklich vom zweiteiligen, der Antithese von antiker und moderner Musik, ab; die »eigentliche Geschichte der modernen Musik« beginne um 1600.

Brendels Abrenzung der Modernität ist so wenig eindeutig wie das Urteil, das er über sie fällt. Einerseits meint er, wenn vom Anfang der »modernen Zeit« die Rede ist, die Epochenzäsur um 1600[70]; andererseits heißt es von Mozart, daß er »in seiner geschichtlichen Stellung den Wendepunkt zwischen alter und neuer Zeit bezeichnet, den Punkt, bis wohin die ältere sich erstreckt, und von welchem aus die neuere beginnt«.[71] Und ist die Charakteristik Schumanns als »entschieden modern« ein Lob[72], so drückt andererseits das Wort »modern« ein Unbehagen an Tendenzen der eigenen Zeit aus, wenn der italienischen Oper seit 1730 »moderne Sentimentalität und Flüchtigkeit, Haschen nach Effekt« vorgeworfen wird.[73]

Die Nachlässigkeit oder Gleichgültigkeit gegenüber Äquivokationen wird in

Köstlins Entwurf einer Musikgeschichte, den Friedrich Theodor Vischer in seine *Ästhetik oder Wissenschaft vom Schönen* einfügte, zur schieren Verworrenheit. Das duale Schema August Wilhelm Schlegels, das triadische der Renaissancetheorektiker und der Wortgebrauch der Jung- und Neudeutschen stehen unverbunden nebeneinander. Erstens wird dem »antik-plastischen Prinzip« ein »modern-germanisches« entgegengesetzt[74] und die »Einführung der Harmonie« im 9. Jahrhundert zum Beginn der »Musik der Neuzeit« erklärt.[75] Zweitens aber hebt Köstlin die »moderne Zeit« außer vom »Altertum« auch vom »Mittelalter« ab.[76] Und drittens spricht er von einer »Modernität«, die das Zeichen der Zeit nach Beethovens Tod sei, einer Zeit, die nach Hegels geschichtsphilosophischem Schema die Stufe des unglücklichen Bewußtseins darstelle.[77]

Das Selbstbewußtsein der Modernen, die sich vorurteilslos genug glaubten, um, wie Brendel es ausdrückte, »die Forderungen der Zeit klar zu erkennen«[78], war in den 1830er und 1840er Jahren, in seltsamem Widerspruch zum Fortschrittspathos, angekränkelt durch Hegels schroffes Diktum vom unaufhaltsamen Substanzverlust der Kunst. »[ . . . ] und vor allem«, heißt es in der *Ästhetik*, »erscheint der Geist unserer heutigen Welt, oder näher unserer Religion und unserer Vernunftbildung, als über die Stufe hinaus, auf welcher die Kunst die höchste Weise ausmacht, sich des Absoluten bewußt zu sein. [ . . . ] Was durch sie in uns erregt wird, bedarf noch eines höheren Prüfsteins und anderweitiger Bewährung. Der Gedanke und die Reflexion hat die schöne Kunst überflügelt.«[79] Obwohl Hegel seine These eher religions- als kunstphilosophisch begründete, so daß es möglich gewesen wäre, sie auf Grund einer von der Religionsgeschichte unabhängigen Deutung des Gehalts der Kunst zu verwerfen oder mindestens zu modifizieren, war sie von tief eingreifender Wirkung, weil sie die Zeit, nämlich deren Ungenügen an sich selbst, in Begriffe faßte. Brendels Überzeugung, daß der Fortschritt auch in der Kunst das Gesetz der Geschichte sei, hinderte ihn nicht, Hegels Gedanken in einem Satz zu wiederholen, der, ohne daß Hegel genannt würde, von einem Zitat kaum zu unterscheiden ist.[80]

Allerdings ist die Meinung, daß Hegel von einem Ende der Kunst gesprochen habe, die in den modernen Werken gleichsam als Schatten ihren eigenen Tod überdauere, eine grobe Simplifizierung, die sich durch ihre Vernachlässigung des Systemzusammenhangs diskreditiert. Hegels Denken über Kunst kreiste — und zwar nicht nur in der *Phänomenologie*, sondern, wenngleich verdeckter, auch in der *Ästhetik* — weniger um die Kunst als solche als um die Kunst als Religion. Und durchschaut man die religionsphilosophische Motivierung als einseitig, so braucht Hegels provozierende These nicht als letztes Wort über die Kunst hingenommen zu werden; es ist möglich, sie durch immanente Kritik, also ohne daß das System gesprengt würde, weiterzutreiben, und zwar in Anlehnung an die Dialektik der Reflexion, eine Dialektik, deren Modell Hegel in der Geschichtsphilosophie entwarf.

Die Reflexion, die nichts im Dunkel der Unmittelbarkeit läßt, ist die Signatur des modernen Zeitalters, dessen Tendenzen sich, wie Amadeus Wendt 1836 erkannte, auch in der Musik durchsetzen. »Denn erstens«, schreibt er, »werden wir überhaupt von einer Zeit getragen, in welcher die Reflexion alle Zustände durchdringt und keine irgend bedeutende Erscheinung des geistigen Lebens sich der Frage entziehen kann, welche Bedeutung sie im Ganzen der geistigen Entwicklung habe. Dann aber wird kaum von einem Kundigen geleugnet werden, daß gerade in der Musik mit Beethoven eine große Epoche herbeigeführt worden ist, eine Epoche, durch welche die weltliche Musik den Gipfel ihrer Energie und Bedeutsamkeit erstieg. Ist eine solche Epoche vorübergegangen und haben die Ideen, welche sie ans Licht rief, in ihrer Unmittelbarkeit das Publikum durchdrungen, dann macht sich die Reflexion auf ihre Wirkung und Bedeutung um so mächtiger geltend, je mehr die Gegenwart bestrebt ist, dieselben in mannigfaltigen Gestalten durchzuarbeiten, andernteils aber das Bedürfnis der Zeit nach neuer Entwicklung hindrängt.«[81] An der Art, wie Wendt und später auch Brendel[82] Hegels Gedanken aufnehmen, daß die Reflexion ein Ende und zugleich einen Anfang bezeichne, daß sie Altes auflöse und Neues vorbereite, zeigt sich die Wirkung der Geschichtsphilosophie auf die Kritiker und Historiker der Musik. »Dieses Denken, diese Reflexion«, heißt es bei Hegel, »hat dann vor dem Unmittelbaren, das es als ein besonders Prinzip erkennt, keinen Respekt mehr; es entsteht eine Trennung des subjektiven Geistes von dem allgemeinen [ . . . ] wir haben schon bemerklich gemacht, daß dieses das Verderben des Volkes ist. [ . . . ] Darin aber liegt der Beginn eines höheren Prinzips. Die Entzweiung enthält, führt mit sich das Bedürfnis der Vereinigung, weil der Geist einer ist.«[83] Andererseits ist nach Hegel die Entzweiung nicht ein bloß Negatives, das ertragen werden kann, weil es vorläufig ist und den dialektischen Umschlag herbeizwingt und wenigstens erwarten läßt, sondern ein Zustand eigenen Rechts, der auch Positives hervorbringt. »Zugleich aber tritt bei diesem Zurücktreten des Geistes in sich nun das Denken als besondere Wirklichkeit hervor, und es entstehen die Wissenschaften.«[84]

Aus ähnlichen Motiven, in einem Geiste, der der Reflexion das ihre läßt und dennoch eine Epoche, in der sie vorherrscht, als bloße Zwischenzeit begreift, erwähnt Brendel »die große Zahl von Schriften über Musik, welche in den letzten Jahren erschienen ist«; es sei »nicht zu viel gesagt, wenn man behauptet, daß der Schwerpunkt der Gegenwart, was Tonkunst betrifft, zum Teil wenigstens auf diesem Gebiete zu suchen ist.«[85] Gehört das, was über Literatur geschrieben wird, selbst zu ihr, so neigt Brendel in einem Analogieschluß, der zunächst paradox anmutet, dazu, die Theorie und Kritik der Musik zur Musik zu zählen. Nicht durch eine Absage an das Denken, durch das Bemühen, an Stelle der verlorenen Unmittelbarkeit wenigstens deren Schein zu retten, sondern gerade umgekehrt durch Radikalismus der Reflexion glaubt Brendel über die Stufe der Entzweiung hinauszugelangen. »Unsere Mängel selbst«, hatte

Friedrich Schlegel 1794 geschrieben, »sind unsere Hoffnungen: denn sie entspringen eben aus der Herrschaft des Verstandes, dessen zwar langsame Vervollkommnung gar keine Schranken kennt.«[86] Und Brendel war überzeugt, die eigene Zeit, deren Schwäche und Zerrissenheit er sich nicht verhehlte und die er dennoch als Fortschritt über die Vergangenheit hinaus empfand, »sei nicht allein als die des Untergangs, der Auflösung der bisherigen Kunst, sondern zugleich als eine neu schaffende zu begreifen; vollständig sei dieselbe nur unter diesem Gesichtspunkt zu fassen und es erkläre sich hieraus dieses Durcheinander des Verschiedenartigsten, daß sie an Gesundheit, Kraft, Produktivität gegen die Vorzeit zurückstehe, in der Tiefe aber einen Kern von unendlicher schöpferischer Bedeutung berge«.[87] Das Vermittelnde zwischen dem Alten und dem Neuen aber ist nach Brendel die Theorie und Kritik der Musik; sie stellt, nicht anders als der Geist der Entzweiung in Hegels Geschichtsphilosophie, »das Verderben« und zugleich den »Beginn eines höheren Prinzips« dar. »Das Wesen der gegenwärtigen Kunst« — Brendel meint Wagner und Liszt — »besteht vor allem darin, daß sie nicht mehr in alter naturalistischer« — d. h. instinktiver — »Weise auf den gegebenen Grundlagen weiter baut, im Gegenteil, daß Theorie und Kritik zwischen das Frühere und das Gegenwärtige getreten sind, daß unsere Kunst Theorie und Kritik in sich als Voraussetzung hat.«[88] Und eine ähnliche Bedeutung wie der Theorie und Kritik schreibt Brendel der Historie zu. Wie die Kenntnis der Welt- und Kulturgeschichte »den Gebildeten erst zu dem macht, was er ist, so befreit auch die Kunstgeschichte den Künstler von einem bloß instinktartigen Erfassen seiner Aufgaben«.[89] Die Vergangenheit soll nicht unreflektiert als Tradition angeeignet, sondern mit historischem Bewußtsein durchdrungen werden. »Die Geschichte«, schrieb Droysen, »ist das Bewußtwerden und Bewußtsein der Menschheit über sich selbst.«[90] Sie ist »Selbsterkenntnis«, in der man die Vergangenheit als den Weg begreift, auf dem man wurde, der man ist, und sich zugleich von ihr emanzipiert.

## 5

Es scheint, als sei Brendel gemeint, wenn Nietzsche im *Fall Wagner* höhnisch notiert: »Dieselbe Art Mensch, die für Hegel geschwärmt, schwärmt heute für Wagner; in seiner Schule schreibt man sogar Hegelisch!«[91] Nüchterner gesprochen, mit Lotzes Worten: »[ . . . ] entschieden aber hat seine [Hegels] Schule in dem letzten Vierteljahrhundert die deutsche Ästhetik beherrscht.«[92] Wie Hegel suchte man in der Ästhetik zugleich systematisch historisch zu denken, das System als Geschichte und die Geschichte als System zu begreifen.

Die Hegemonie Hegels war aber, so drückend man die Größe des Philosophen der Philosophen fühlen mochte, nichts weniger als selbstverständlich. Wer nicht vom Rausch der Spekulation erfaßt war, einem Rausch, dem um die Jahrhundertmitte Ernüchterung folgte, mußte Hegels Philosophie, die zusammenzwang, was sich in Platons Denken ausschloß: die Idee und das Werden, als Herausforderung und Zumutung empfinden. So alltäglich die Einsicht war, daß Wirkliches sich unaufhaltsam wandelt, so beunruhigend und schwer faßlich war die Vorstellung einer Wahrheit, die nicht feststeht, sondern Veränderungen unterworfen ist. Was als Geistesgeschichte im 20. Jahrhundert nicht selten zur Trivialität geworden ist, war, als es von Hegel konzipiert wurde, ein Paradox.

Daß es gerade die Theorie und Geschichte der Kunst war, in der Hegels Philosophie, wenn auch verblaßt, den Sturz der Metaphysik um 1850 überdauerte, ist nicht in einem Zufall der Wissenschaftsentwicklung, sondern in der Natur einer Disziplin begründet, in der die Trennung von historischem und systematischem Denken gewaltsam wäre. Der Historiker der Politik kann das moralische Urteil suspendieren, kaum jedoch der Kunsthistoriker das ästhetische. Der Begriff der »Geschichtswirkung«, die entscheidende Kategorie der politischen Historie, reicht in der Kunstgeschichte nicht aus, um den Phänomenen gerecht zu werden. Denn daß ein Werk folgenlos bleibt und gleichsam außerhalb der Entwicklung steht, statt verändernd in sie einzugreifen, besagt nicht, daß es unbedeutend ist und vernachlässigt werden darf; es kann vielmehr höchsten Rang behaupten, einen Rang, den man als geschichtliches Faktum anerkennen muß, und zwar durch ein Urteil, das ästhetisch, nicht historisch — durch die Kategorie der Geschichtswirkung — fundiert ist. Sofern aber Kunstgeschichte kaum denkbar ist ohne Ineinandergreifen von Historie und Ästhetik, ist das Problem der Hegelschen Geschichtsphilosophie, das des Zusammenhangs zwischen System und Prozeß, unveraltet. Ein Empiriker, der das verschmäht und verächtlich abtut, was er für vage Spekulation hält, ist auch als Empiriker, im eigenen Bereich, beengt.

Sowohl der Zwang zur Ergänzung und Wechselwirkung von geschichtlichem und ästhetischem Denken, der in der Sache, im Gegenstand der Kunstgeschichte, gelegen ist, als auch die beinahe labyrinthische Problematik, in die man bei dem Versuch gerät, zusammenzufassen oder gar ineins zu setzen, was nach platonischer philosophischer Tradition auseinanderstrebt, zeigen sich vielleicht nirgends deutlicher als in den unablässig wiederholten und abbrechenden Bemühungen, den Gehalt des Begriffs der »Klassik« oder »Klassizität« zu entwickeln und der Kategorie geschichtsphilosophisch auf den Grund zu gehen, statt sie als bloßes Etikett, das einem Bündel von Merkmalen aufgeklebt wird, zu mißbrauchen. Allerdings sind die Resultate, zu denen die Philosophie der Musikgeschichte im 19. Jahrhundert gelangte, so verwirrend, daß Valérys Argwohn, es handle sich bei der Vokabel »Klassik« um nichts als ein leeres Wort, mit dem man unmöglich ernsthaft denken könne[93], begreiflich erscheint, wenn es auch andererseits naiv wäre, die Mischung von Resignation und Rankune, die abgefeimte Simplizität, mit der Valéry spricht, so hinzunehmen, wie sie sich gibt.

Der Sinn der Verschränkung von Geschichtsphilosophie und Ästhetik war niemals eindeutig, weder bei Hegel noch bei den philosophierenden Musikhistorikern, die sich auf ihn stützten. Aus dem Versuch, Klassik oder Klassizität zu bestimmen, resultiert zunächst der Widerspruch, daß sie als Norm, die zeitlos, zugleich aber als Epoche, die unwiederholbar ist, begriffen werden soll. Wenn Hegel von klassischer Kunst spricht, deren Paradigma die antiken Götterstatuen darstellen, so meint er das Wort im unverwässerten klassizistischen Sinne: Die klassische Kunst erscheint als point de la perfection der Geschichte, die symbolische als Vorstufe, die romantische als Nachleben. »Die klassische Kunstform nämlich hat das Höchste erreicht, was die Versinnlichung der Kunst zu leisten vermag, und wenn an ihr etwas mangelhaft ist, so ist es nur die Kunst selber und die Beschränktheit der Kunstsphäre.«[94] Hegels Formulierungen lassen es jedoch, so oft auch derselbe Sachverhalt ausgesprochen wird, unentschieden, ob die romantische Kunst, die als Kunst nach Hegel niedriger steht als die klassische, ihr andererseits als Gestalt der Idee überlegen ist; ob sie an der Erhebung der Religion und Philosophie über die Stufe der antiken Kunst, einer Erhebung, die in das romantische Zeitalter fällt, teilhat. Ist einerseits von einem Substanzverlust der nachantiken Kunst die Rede, so legt Hegel, ohne ihn unmißverständlich auszusprechen, andererseits den Gedanken nahe, daß die Kunst des Mittelalters und der Neuzeit, die von christlichem und philosophischem Geist geprägt ist, über den Geist der Antike hinausgelangt ist.

Ist bei Hegel der Charakter des Romantischen, das er dem Modernen gleichsetzt, zwiespältig, so erscheint in dem System des abtrünnigen Hegelianers Christian Weiße das Moderne unzweideutig als Ziel und Kulmination der Geschichte: als Synthese des Klassisch-Antiken und des Romantisch-Mittelalterlichen.[95] Erst in der Gegenwart, deren Sinnbild die Eule der Minerva ist, kommt der Geist vergangener Epochen, der Antike und des Mittelalters, zum Bewußtsein seiner selbst; nicht an sich, in unmittelbarer Existenz, sondern für uns, in der Reflexion, ist die Antike klassisch, das Mittelalter romantisch. Und das zweite Dasein des Vergangenen, das Nachleben des Gewesenen in der Form der Bildung, ist nach Weiße, der sich entschlossen alexandrinisch gibt, das höhere. Daß die geglaubten Götter der Antike zu zitierten Allegorien verblaßt sind, begreift er im Gegensatz zu Hegel, der die Abspaltung der Kunst von der Religion als Substanzverlust ansah, als Emanzipation[96]: eine Differenz im geschichtsphilosophischen Urteil über das Moderne, die entscheidender ist als die äußerlichen Unterschiede, durch die sich Weißes System vom Hegelschen abhob — die Trennung der Begriffe »Modern« und »Romantisch« und die Herabsetzung der symbolisch-orientalischen Kunst, die bei Hegel den Anfang der Geschichte des Geistes in der Kunst bildete, zu einer bloßen Vorstufe.

War sich Weiße, als Philosoph von Metier, der Schwierigkeiten bewußt, in die ein Versuch geraten mußte, der Hegelschen Geschichtsphilosophie der Kunst eine Rechtfertigung des Modernen abzuzwingen, so fühlten sich manche Musikhistoriker und -kritiker der Ungebrochenheit des Zeitgeistes, den sie repräsentierten, so sicher, daß sie zwischen der Lehre Hegels und der eigenen Überzeugung vom Fortschritt der Kunst, zwei Dogmen, denen sie mit gleichem Enthusiasmus anhingen, keinen Widerspruch zu entdecken vermochten. Wolfgang Robert Griepenkerl übertrug die Entgegensetzung von Klassik und Romantik auf die Musik, von der er allerdings andererseits meinte, daß sie erst in der modernen, nachantiken Zeit, also nach Hegels Terminologie in der »romantischen« Epoche, zur Kunst im emphatischen Sinne geworden sei, so daß sich ihm die Vorstellung einer Klassik innerhalb des romantischen Zeitalters aufdrängte. »Die Musik als eine Kunst erst des modernen Bewußtseins erreicht in Mozart den in der Entwicklung des Ideals organisch notwendigen Punkt des Klassischen, das Wort in seiner historischen Bedeutung genommen, wie dies überhaupt nur geschehen sollte. [ . . . ] Das romantische Prinzip ist es, das in der Musik zuerst durch Beethoven in seiner ganzen Ausdehnung vertreten wird. Das Wesen des Romantischen besteht aber darin, daß sich die Idee in der äußeren Erscheinung nicht mehr begrenzt, nicht mehr wie im Klassischen befriedigt fühlt; sondern kraft ihrer Unendlichkeit und Freiheit, die sie in der christlichen Weltanschauung gewonnen, vermag sie es, die Form zu durchbrechen und als des Geistes Adler auch die letzte Höhe des Endlichen zu verlassen.«[97] Griepenkerls Bestimmung des Romantischen ist unverkennbar von Hegel abhängig; und sogar die paradoxe Vorstellung einer Klassik in der Romantik, einer klassischen Epoche inmitten einer insgesamt romantischen, durch die »christliche Weltanschauung« geprägten Kunst, ist bei Hegel, zwar nicht in der Musik-, aber in der Dichtungsästhetik vorgebildet. Andererseits setzt sich Griepenkerl in dem Überschwang, mit dem er als »Beethovener« die Romantik Beethovens als Durchbruch des Geistes durch die Form rühmt, über Hegels These vom Substanzverlust der modernen Kunst ohne Zögern hinweg. Daß die Romantik oder Modernität in der Geschichte des Geistes ein Fortschritt ist, bedeutet für Griepenkerl, daß sie es auch in der Kunst sei.

Scheute Griepenkerl vor äquivokem Gebrauch von Worten manchmal nicht zurück, so ist Brendel von einer Großzügigkeit im Umgang mit geschichtsphilosophischen Begriffen wie »Klassik« und »Romantik«, daß man sich dazu herausgefordert fühlt, von terminologischen Wucherungen zu reden. Die enthusiastische Lust am Spekulativen, an der Konstruktion der Geschichte, verwirrt die Sprache. Und der Begriff des »Klassischen« muß unter der Last der Bedeutungen, die Brendel ihm aufbürdet, zusammenbrechen. Einerseits ist er zwiespältig konzipiert, da er zwar nicht mehr eine aus der Geschichte herausragende Norm bezeichnet, aber auch noch nicht zum bloßen Epochennamen verblaßt ist; er hält sich in einer unentschiedenen Mitte. Andererseits wird er so verschwenderisch verwendet, daß er schließlich beinahe nichts mehr besagt, da er zu vieles umfaßt. Erstens ist das Klassische, wie in der Kunsttheorie August Wilhelm Schlegels, das Antike und Plastische im Unterschied zum Romantischen, Modernen und Malerischen.[98] Zweitens ist »klassisch« ein Epitheton des »schönen« oder »freien« Stils, dem der »erhabene« oder »gebundene« wie ihn Bach und Händel repräsentieren, vorausgeht.[99] Drittens aber erreicht jeder Stil, auch der »erhabene« oder »gebundene«, eine eigene Klassik oder Klassizität.[100] Viertens ist von einer nationalen Klassik, einer Klassik der italienischen Musik die Rede, die in eine andere Epoche fällt als die der deutschen.[101] Und fünftens erheben sich außer den Nationen auch die Gattungen, die Kirchenmusik, die Oper und die Instrumentalmusik, jede für sich zu einer Klassik oder Klassizität.[102]

Die Aufspaltung des Klassikbegriffs, die von Brendel ins Extrem getrieben wurde, war eine Konsequenz der Organismusidee[103], der Vorstellung, daß Geschichte, auch die der Musik, sowohl im Großen — in den Weltadern der Antike und der Neuzeit — als auch in kürzeren Phasen auf periodischer Wiederkehr beruhe und nach dem immer gleichen Schema von Wachstum, Blüte und Verfall ablaufe. Historie wurde, obwohl sie von Menschen gemacht war, als Naturgeschichte verstanden. Und von einer Klassik oder Klassizität sowohl der italienischen als auch der deutschen Musik, des Kirchen-, aber auch des Opern- und des Instrumentalstils zu sprechen, war insofern sinnvoll möglich, als man voraussetzte, daß jede natürliche Entwicklung, die nicht gestört oder abgebrochen werde, einen ähnlichen, den übrigen Entwicklungen analogen point de la perfection erreiche. Um mit Herder zu sprechen: »Aber das haben alle Gattungen menschlicher Aufklärung gemein, daß jede zu einem Punkt der Vollkommenheit strebet«, aber, heißt es bei Herder weiter, »wenn er durch einen Zusammenhang glücklicher Umstände hier oder dort erreicht ist, sich weder ewig erhalten noch auf der Stelle wiederkommen kann, sondern eine abnehmende Reihe anfängt. Jedes vollkommene Werk nämlich, sofern man von Menschen Vollkommenheit fordern kann, ist ein höchstes in seiner Art; hinter ihm sind also bloß Nachahmungen oder unglückliche Bestrebungen, es übertreffen zu wollen, möglich«.[104] Die Organismustheorie der Geschichte ist antiken Ursprungs[105]; von den Humanisten wurde sie aufgegriffen, von Glarean auch auf die Musik übertragen.[106]

Seit dem zweiten Drittel des 19. Jahrhunderts aber war die Vorstellung der Vergleichbarkeit der Entwicklungsprozesse und des »Punktes der Vollkommenheit«, den sie erreichen, Zweifeln ausgesetzt, denen schließlich die geschichtsphilosophischen Konstruktionen, die jeder Nation oder Gattung eine besondere Klassik vindizierten, zum Opfer fielen. Indem man sich zu der

These bekannte, daß nichts in der Geschichte sich wiederhole, verschloß man sich die Möglichkeit, von Vor- und Verfallstufen zu sprechen: nicht etwa, weil man a priori überzeugt gewesen wäre, daß es unvollkommene Phasen in der Geschichte nicht gebe — die Voraussetzung eines gleichen Ranges sämtlicher Zeiten wäre nicht weniger metaphysisch und dogmatisch als die eines ungleichen —, sondern weil man sich, wegen der Unvergleichbarkeit der Entwicklungsstufen, außerstande sah, einen Vorrang der einen oder anderen empirisch zu demonstrieren. Der Urteilsverzicht — und mit ihm die Aushöhlung der Kategorie des Klassischen — war methodologisch motiviert; er bildete, als Restriktion, die sich die Historiker auferlegten, das Zeichen des Übergangs von der Geschichtsphilosophie zur Historie als positiver Wissenschaft.

## Geschichtliche und ästhetische Erfahrung

Der »Historismus«, das Übergewicht von Werken aus der Vergangenheit im Konzert- und Opernrepertoire, ist ein sozialgeschichtliches und ein ästhetisches Phänomen. Der äußeren Tatsache, deren Erklärung von einer Analyse der musikalischen Institutionen ausgehen müßte, entspricht eine innere: die Prägung des Bewußtseins durch Werke, deren Umwelt zerfallen ist.

Die Bezeichnung »Historismus« ist nicht willkürlich und dennoch fragwürdig. Einerseits ist es unverkennbar, daß zwischen dem zähen Traditionalismus, der die musikalische Praxis beherrscht, und der Entstehung des historischen Bewußtseins seit dem 18. Jahrhundert ein Konnex besteht. Die Historie als Wissenschaft vom Vergangenen und der Historismus als dessen Verfestigung oder Restauration in der Praxis greifen ineinander; und die Tatsache eines Zusammenhangs wäre auch dann nicht aufgehoben, wenn sich zeigen sollte, daß sie Mißverständnisse einschließt.

Andererseits ist aber die Isolierung musikalischer Werke, die Abstraktion von der Umwelt, gerade »unhistorisch«. Daß ein Kunstwerk eine in sich abgeschlossene Welt für sich sei, deren ästhetisches Wesen sich von den geschichtlichen Entstehungsbedingungen restlos gelöst habe, ist ein Gedanke der romantischen Kunstphilosophie, nicht der Historie, die sich selbst zur Bedeutungslosigkeit verurteilen würde, wenn sie die Genesis und den Kontext eines Werkes für gleichgültig erklärte.

Ein zweites Merkmal, das die Historie als Wissenschaft vom Historismus der musikalischen Praxis unterscheidet, ist die Erfahrung des äußeren Abstands, der uns von der Vergangenheit trennt, als innere Distanz. Sofern sie über das Sammeln und die chronologische Verknüpfung von Fakten hinausreicht, ist die Musiktheorie eine hermeneutische Disziplin: ein Versuch, aus überlieferten Texten das Bewußtsein einer vergangenen Epoche zu erschließen. Hermeneutik als Methode, die Regeln unterworfen ist, wäre überflüssig, wenn es ein unbefangenes Hören gäbe, dem sich alle Musik, auch die zeitlich oder geographisch entlegenste, ohne Umwege erschließt. Voraussetzungslosigkeit ist jedoch eine Fiktion. Das unmittelbare Verständnis erweist sich gerade als ein befangenes, geprägt durch Gewohnheiten, die das Fremde und Vergangene umfärben oder sogar verzerren: also ein Mißverständnis. Erst die Einsicht in die Wahrscheinlichkeit primären Nicht-Verstehens, die Skepsis gegenüber den eigenen unmittelbaren Reaktionen, macht historisches Verständnis möglich. Das Vergangene muß zunächst als fremd empfunden werden, um dann auf dem Umweg einer Rekonstruktion seiner Voraussetzungen indirekt begreiflich zu werden.

Die Differenz zwischen Historie und Historismus zeigt sich noch schroffer, wenn man in einem Gedankenexperiment, das zwar spekulativ, aber nicht sinnwidrig ist, dem Historismus der Praxis eine Theorie unterlegt, die sich auf die Begriffe »Natur«, »Vernunft« und »Geschmack« stützt. Die Idole des 18. Jahrhunderts waren im 19., als der Historismus entstand, bereits ein wenig verwittert. Dennoch ist ihre Brauchbarkeit zur Rechtfertigung eines Kanons von Meisterwerken oder einer unveränderlichen musikalischen Sprache ebenso unzweifelhaft wie ihre antithetische Stellung zum Begriff der Geschichte. Daß ein Sachverhalt oder ein Text »historisch« zu verstehen sei, bedeutete in der Hermeneutik des 18. Jahrhunderts, daß er als Unnatur, Vernunftwidrigkeit oder Geschmacklosigkeit erschiene, die erst durch Kenntnis der geschichtlichen Umstände verständlich und verzeihlich werde. Die »historische Bedingtheit« war ein Entschuldigungsgrund.

An der Stelle von Vernunft und Natur erscheint in der Kunsttheorie der Begriff des »Schönen«, sei es in psychologischer oder in metaphysischer Interpretation. Und als Metaphysik ist die Ästhetik ein Widerpart zur Historie. Der tragende Gedanke der platonisierenden Ästhetik, die Vorstellung, daß ein Kunstwerk in dem Maße seiner Teilhabe an der Idee des Schönen der Geschichte enthoben sei, ist mit historischer Hermeneutik unvereinbar. Um so enger ist der Zusammenhang mit dem Historismus der musikalischen Praxis, der gegen die »Mode«, als die ihm das Gegenwärtige erscheint, das »zeitlos Schöne« ausspielt.

Ist demnach der Historismus das Korrelat einer Metaphysik des Schönen, so ist die historische Hermeneutik in der Nachfolge Hegels mit einer Geschichtsphilosophie des Schönen verbunden, die ästhetische und geschichtliche Erfahrung ineins setzt. Die geschichtliche Umwelt bildet nicht eine äußere und zufällige Entstehungsbedingung, die im Resultat aufgehoben und ästhetisch gleichgültig ist, sondern greift in den Gehalt ein. Die Gegenwart eines Werkes in seiner Zeit erscheint als Wesensmoment, als »substantielle Gegenwart«.

Manche Werke sind erst Jahrzehnte nach ihrer Entstehung adäquat rezipiert worden: adäquat nicht im Sinne von Gewöhnung, sondern im Sinne eines Verständnisses, das die Neuheit eines Werkes noch als solche erfaßt. Trotz der Verzögerung wird im allgemeinen die Entstehungszeit als »substantielle Gegenwart« begriffen. Doch wäre eine Umkehrung der Blickrichtung vermutlich nicht ohne Erkenntniswert. Denkbar ist eine Chronologie, die nicht von der Entstehung, sondern von der Rezeption der Werke ausgeht, um deren innere Übereinstimmung mit einer Zeit zu zeigen.

Die doppelte Bestimmbarkeit der »substantiellen Gegenwart« ändert aber nichts an dem Prinzip, daß Kunstwerke »geschichtlich« sind, einem Prinzip, das die Ästhetik als Geschichtsphilosophie mit der Historie als Hermeneutik teilt.

Neben der hermeneutisch anspruchsvollen Historie existiert jedoch eine antiquarisch bescheidene, die, obwohl sie im Schatten steht, von kaum geringerer Bedeutung ist. Ihr genügt es, die Entstehung der Werke darzustellen, und zwar in dem Bewußtsein, daß sie über deren ästhetischen Gehalt wenig oder nichts besagt. Vom Wesen zu reden, überläßt sie der Ästhetik, die sich, getrennt von der Historie, wiederum zu einer Metaphysik des Schönen verfestigen kann. Die Erhebung zum Schönen ist gleichsam das Reversbild der Resignation, von der die methodische Askese der antiquarischen Bemühungen geprägt ist. Daß Ästhetik und Historie unvermittelt nebeneinanderstehen, wird nicht als Mangel empfunden, denn für eine platonisierende Ästhetik ist die scharfe Abgrenzung der Disziplinen der Reflex und die Konsequenz der schroffen Zäsur zwischen Kunstwerk und Alltagswelt.

In der Affinität zu einer dogmatischen Ästhetik begegnen sich die antiquarische Historie und der Historismus, die Verehrung des Vergangenen als unvergänglich. Unter den Voraussetzungen der hermeneutischen Historie erschien der Historismus als Mißverständnis: als Verleugnung des geschichtlichen Bewußtseins. Mit der antiquarischen Historie aber teilt er sowohl den Zug zum Vergangenen als auch die Begründung der Kunst durch eine Metaphysik des Schönen.

Der neben August Wihelm Ambros bedeutendste Musikhistoriker des 19. Jahrhunderts, Philipp Spitta, bekennt sich in einem Aufsatz über *Kunstwissenschaft und Kunst*, der 1892 in dem Sammelband *Zur Musik* erschienen ist, unzweideutig zur antiquarischen Historie und zur schroffen Trennung von der Ästhetik und dem Kunsturteil. »Die Arbeitswege der Kunstwissenschaft und der Kunst dürfen niemals ineinander laufen. Zur Verhütung gegenseitiger Schädigung muß zwischen beiden Gebieten die Scheidelinie scharf gezogen sein« (S. 13). Ein Ineinandergreifen der Disziplinen, eine Verschränkung von Ästhetik als Geschichtsphilosophie und Historie als Hermeneutik, erscheint Spitta als Verirrung. »Geschichtliche Gesichtspunkte werden aufgestellt und sollen als Maßstab des Urteils dienen, wo allein die ästhetischen ein Recht haben« (S. 6).

Jakob Götzenberger: Abendmusik bei Professor Thibaut in Heidelberg. Der »Singverein«, den der Heidelberger Rechtsgelehrte Anton Friedrich Justus Thibaut leitete und dessen Ziel es war, ältere Musik, von Palestrina bis Händel, zu restituieren, war, obwohl privat, ein Anziehungspunkt für Reisende, unter ihnen nicht nur Mendelssohn und Schumann, sondern auch Hegel. In dem Buch *Über Reinheit der Tonkunst* (1825), das bis zum Jahrhundertende in nicht weniger als sieben Auflagen erschien, trat Thibaut für einen »praktizierenden Historismus« ein, dessen Maxime, daß musikalische Werke, die aus der Vergangenheit stammen, dennoch zur ästhetischen Gegenwart gehören können, inzwischen längst zu einer Selbstverständlichkeit geworden ist, zu Beginn des 19. Jahrhunderts aber noch eine Herausforderung der herrschenden Denkgewohnheit, Musik als rasch vergänglich zu betrachten, darstellte.

Den Gegenstand der Ästhetik, des Kunsturteils, bestimmt Spitta als »Sein«, den der Historie als »Werden«. »Kunst und Wissenschaft verhalten sich zu einander, wie Sein und Werden. Das Urteil, welches ein Künstler über ein Kunstwerk hat, wird entscheidend bedingt nur durch die fertige, in sich abgeschlossene Erscheinung« (S. 4). Den Gelehrten dagegen »fesselt der Teil, nicht das Ganze, das Bedingte und nicht das Unbedingte. So will er auch gegenüber dem Kunstwerke und seinem Schöpfer, der Künstlerpersönlichkeit, nicht sowohl wissen, was sie sind, als wie sie geworden sind« (S. 5).

Das ästhetische »Sein«, der Gegenbegriff zum geschichtlichen »Werden«, erscheint bei Spitta in eigentümlicher Verdoppelung: als Idee des Schönen und zugleich als »Lebensmoment« einer Individualität, um mit Schleiermacher zu sprechen. Einerseits denkt Spitta, wenn er von »absoluten« Urteilen spricht, offenbar an das Prädikat »schön«, von dem man sagen kann, daß es weniger eine Eigenschaft bezeichne, die an einem Gegenstand haftet, als eine Idee. Denn das Urteil, etwas sei schön, schließt, sofern es kein leeres Gerede ist, immer ein, daß der Gegenstand uns eine Vorstellung davon vermittelt, was Schönheit überhaupt ist, während es eine seltene Ausnahme darstellt, daß wir mit der Behauptung, ein Geräusch sei laut, zugleich meinen, durch das Geräusch gehe uns auf, was Lautheit sei.

Andererseits betrachtet Spitta Kunstwerke als Ausdruck einer Individualität und eines »Lebensmomentes«. »Der Künstler muß verlangen, daß der Beschauende das Werk mit dem Auge des Künstlers sieht« (S. 10). »Er [der Tonkünstler] will aus dem Augenblicke heraus begriffen werden, in welchem er sein Werk der Welt erscheinen läßt« (S. 388). Die Vorstellung, daß die Gegenwart eines Werkes in seiner Zeit zu dessen Substanz gehöre, ist also Spitta nicht fremd. Dennoch zögert er, die Historie als Hermeneutik und die Hermeneutik als Historie aufzufassen. Historie sei Darstellung des »Werdens«; zu beurteilen, »wie weit des Künstlers Kraft fortzeugend sich erstreckt hat«, »das allein« sei die Frage, »auf die es bei der Geschichtsbetrachtung ankommt« (S. 88). Tragende Kategorie der Historie ist in Spittas Konzeption der Begriff der »Geschichtswirkung«, der aus der politischen Historie stammt. Das Verstehen der Individualität von Personen und Werken, das Schleiermacher und Dilthey zum Prinzip einer hermeneutischen Historie erhoben, wird von Spitta, obwohl er in Berlin Diltheys Kollege war, der ästhetischen Betrachtung überlassen, und zwar primär dem Urteil der Zeitgenossen. »Die Zeitgenossen eines großen Künstlers können nichts tun, als seine Individualität verstehen lernen« (S. 388). Die Individualität, die sich in einem Kunstwerk ausdrückt, fällt unter den Begriff des »Seins« , also in den Bereich der Ästhetik, in den die Historie nicht eingreifen darf.

Die ästhetische Erfahrung, in der Teilhabe am Schönen und das Verstehen einer Individualität miteinander verschränkt sind, schließt für Spitta kein

Werturteil über ein Werk ein. Zwar müsse der Künstler »aus dem Augenblicke heraus begriffen werden, in welchem er sein Werk der Welt erscheinen läßt«. Doch sei »die vorschnelle Wertabschätzung vom Übel«. Das Urteil über den Rang eines Komponisten bleibe »der Nachwelt überlassen. Diese wird zu beurteilen vermögen, wie weit des Künstlers Kraft fortzeugend sich erstreckt hat, und das allein ist die Frage, auf die es in der Geschichtsbetrachtung ankommt« (S. 388).

Die Berufung auf die Nachwelt ist bei Spitta kein leerer Topos. Verknüpft mit der Vorstellung, daß die Entstehungszeit zur Substanz eines Werkes gehöre, der Nachwelt also ein verblaßtes Bild überliefert werde, bedeutet sie, daß Erfahrung und Urteil divergieren. Das adäquate Verständnis ist Sache der Zeitgenossen; die Wertschätzung aber fällt dem Historiker zu. Das Schwinden der inneren Beziehung erscheint als Bedingung eines sicheren Urteils.

Andererseits ist für Spitta die unmittelbare Erfahrung, das Begreifen »aus dem Augenblicke heraus«, nicht die einzige Form ästhetischer Gegenwart eines Werkes. »Es gibt«, schreibt er, »einige wenige alte Kunstwerke, die auch auf die Gegenwart, mochte sie zeitlich noch so weit von ihnen getrennt sein, immer mit überzeugender Kraft gewirkt haben. Auf sie pflegt man sich zu stützen, wenn man behauptet, das wahrhaft Schöne bleibe zu allen Zeiten dasselbe. Zutreffender aber wäre es wohl zu sagen: es wird in ihnen die Fülle des Kunstgehalts sowohl der schaffenden Persönlichkeit als ihrer ganzen Zeit mit einer solchen Energie zur Erscheinung gebracht, daß diese den Beschauer oder Hörer unwiderstehlich in die Vergangenheit zurückzieht, aber in der Weise, daß ihm das Fremde sofort vertraut, das zeitlich Zufällige als künstlerisch notwendig erscheint« (S. 11f.).

Spittas dialektische Formel, daß das Fremde vertraut erscheine, umschreibt die ästhetische Erfahrung, die dem romantischen Historismus zugrunde liegt. Vom naiven Traditionalismus, dem unreflektierten Verharren in einer als zeitlos gültig verstandenen Überlieferung, unterscheidet er sich durch innere Gebrochenheit. Daß die Teilhabe am Schönen in der Rückwendung zum Vergangenen gesucht wird, ist doppeldeutig. Die Werke, die aus einer früheren Epoche in die Gegenwart hereinreichen, stehen nicht nur für sich selbst ein, sondern führen zugleich ihre Zeit, und zwar als temps perdu, mit sich. Klammerte sich gerade der naive Historismus an eine Metaphysik des zeitlos Schönen, so genießt der sentimentale das Vergangene und fremd Gewordene als Vergangenes, in der Form der Erinnerung. Romantischer Historismus ist die Erfahrung der Ferne als Nähe, des Fremden als vertraut.

Der rezeptive Historismus ist dem produktiven, der kompositorischen Nachahmung alter Stile und Techniken, zugleich verwandt und entgegengesetzt. Der Virtuose, der sich vergangene Schreibweisen imitierend aneignet und im fremden Tonfall spricht, als wäre es der eigene, und der Ästhet, der sich in alles, auch das Entlegenste, »einfühlt«, sind einander ähnlich. Andererseits muß aber gerade dem romantischen Historisten, der vergangene Musik als vergangene, im Bewußtsein des geschichtlichen Abstands hört, deren produktive Wiederholung, gleichgültig ob sie Restauration oder Renaissance genannt wird, suspekt sein; denn was er genießt, ist die Fremdheit und Unwiederholbarkeit des Vergangenen. Die sentimentalische Sehnsucht heftet sich an das, was nicht wiederkehrt.

## Musikkritik als Sprachkritik

Die Epoche des Vormärz, eine politisch wie intellektuell unruhige Periode, die philosophisch durch Hegel geprägt wurde, begriff sich selbst als ein Zeitalter der Kritik. Von der Kritik, auch der Musikkritik, die noch primär Kompositionskritik war, wurde erwartet, daß sie die Wirklichkeit nicht bloß reflektierte, sondern auch verändernd in sie eingriff.

### Kritik als Geschichtsphilosophie?

Franz Brendel, der als Nachfolger Robert Schumanns die *Neue Zeitschrift für Musik* redigierte und ein Stück Geist des Vormärz über den Zerfall der Revolution von 1848 und den »Sturz des Hegelianismus« hinweg in die 1850er Jahre hinüberrettete, behauptete in seiner *Geschichte der Musik in Italien, Deutschland und Frankreich* (1852) geradezu, daß Theorie und Kritik in der Entwicklung der Musik eine vermittelnde Instanz zwischen dem Alten und dem Neuen seien. »Das Wesen der gegenwärtigen Kunst besteht vor allem darin, daß sie nicht mehr in alter naturalistischer« — Brendel meint: instinktiver — »Weise auf den gegebenen Grundlagen weiterbaut, im Gegenteil, daß Theorie und Kritik zwischen das Frühere und das Gegenwärtige getreten sind, daß unsere Kunst Theorie und Kritik in sich als Voraussetzung hat.«

Brendels Gedanke ist, ideengeschichtlich betrachtet, eine Variante der Hegelschen These vom »Ende der Kunst«, der These, daß im modernen Zeitalter der »wesentliche Gehalt« aus der Form der Kunst in die der Philosophie übergehe. »Und vor allem«, heißt es in Hegels *Ästhetik*, »erscheint der Geist unserer heutigen Welt, oder näher unserer Religion und unserer Vernunftbildung, als über die Stufe hinaus, auf welcher die Kunst die höchste Weise ausmacht, sich des Absoluten bewußt zu sein [ . . . ] Was durch sie in uns erregt wird, bedarf noch eines höheren Prüfsteins und anderweitiger Bewährung. Der Gedanke und die Reflexion hat die schöne Kunst überflügelt.« Brendel argumentiert — im Gegenzug zu Hegel und zugleich in Abhängigkeit von ihm —, daß die Kunst, statt in Reflexion aufgelöst zu werden, ihrerseits fähig sei, das Moment der Reflexion in sich aufzunehmen.

Brendels These — ein Stück verschollenes 19. Jahrhundert, wie es scheint — aus der Vergessenheit auszugraben, wäre ein überflüssiges, bloß antiquarisches Unterfangen, wenn nicht die Tendenz, die Brendel beim Namen nannte, das »Gesetz der fortschreitenden Reflexion« (Jürgen Habermas), gerade in der Neuen Musik des 20. Jahrhunderts zu einer extremen Ausprägung gekommen wäre, wie sie im 19. Jahrhundert nicht einmal ein Anhänger der musikalischen »Fortschrittspartei« zu ahnen vermochte. Wer der aktuellen Geschichte des Komponierens nicht mit Gleichgültigkeit oder begriffsloser Entrüstung, sondern mit Anteilnahme oder zumindest Betroffenheit gegenübersteht, ist demnach dazu herausgefordert, sich die Rolle bewußt zu machen, die Theorie und Kritik im musikalischen Entwicklungsprozeß spielen. (Über »Intellektualismus« zu klagen und »Umkehr« zu predigen, ist sinnwidrig, denn von der »Herrschaft des Verstandes« gilt, was Friedrich Schlegel bereits 1794 schrieb: »Unsere Mängel selbst sind unsere Hoffnungen.«)

## Implizite und explizite Kritik

Mit der »Kritik«, in der Brendel ein treibendes Moment der musikgeschichtlichen Entwicklung sah, ist zweierlei gemeint: die Reflexion von Komponisten, die in musikalischen Werken Gestalt annimmt, ebenso wie die von Publizisten, die sich in öffentlichen Urteilen dokumentiert. Und daß die explizite Kritik der Publizisten an die gewissermaßen implizite der Komponisten anknüpft oder anknüpfen sollte, erscheint zunächst als schiere Selbstverständlichkeit, erweist sich jedoch bei näherem Hinsehen als durchaus prekäre Forderung, die der Einschränkung bedarf. Eine Publizistik, die sich darauf beschränkt, dem Publikum die Absichten von Komponisten zu übersetzen, um dann ein lediglich punktuelles Urteil zu fällen — die also den internen Prozeß ständiger Kritik und Selbstkritik, der die musikalische Entwicklung weitertreibt, öffentlich nachvollzieht —, würde wesentliche Funktionen verfehlen. Die Trivialität, daß Kritik einerseits eine vermittelnde Rolle spielt, andererseits aber auch eine Gegeninstanz darstellt, bezieht sich nicht allein auf die einzelnen Fälle, sondern auch auf die tragenden Prinzipien.

Die interne Kritik der Komponisten ist in der Neuen Musik des 20. Jahrhunderts durch Tendenzen bestimmt, zu deren Charakteristik sich die Schlagwörter »Technifizierung« und »Historisierung« aufdrängen. Die musikalische Technik, die sich im 19. Jahrhundert, als sie noch »Handwerk« hieß, gewissermaßen von selbst verstand, wurde in der Neuen Musik gerade darum ein Gegenstand unablässiger Erörterung, weil sie problematisch geworden ist. Das Komponieren unterliegt einem »Reflexionszwang«, dessen Ausdruck die Kommentare sind, in denen Komponisten weniger zum Publikum sprechen, als daß sie sich, wenn auch öffentlich, mit sich selbst verständigen. Der Satz, daß man, statt sich auf das einmal gelernte Metier verlassen zu können, im Grunde für jedes Werk die kompositorische Technik neu erfinden müsse, stellt jedenfalls kaum eine Übertreibung dar. Daß die Komponistensprache in den letzten Jahrzehnten zu einem Technikerjargon wurde, der auf Uneingeweihte nicht selten abstoßend oder bestürzend wirkt, ist demnach weniger einer vermeintlichen Arroganz der Komponisten als einer prekären Situation, die ebenso zur Esoterik wie zur Publizität zwingt, zur Last zu legen.

Die »Historisierung« des Denkens (die nicht mit einer Rückwendung zur Vergangenheit gleichgesetzt werden darf) zeigt sich an einer Neigung, die so verbreitet ist, daß es kaum noch auffällt, wie seltsam sie ist: an der Neigung, auch die Gegenwart und das eigene Handeln in ihr immer schon historisch zu sehen. Im Extrem wird das ästhetische Urteil darüber, ob ein Werk etwas taugt oder nicht, durch die Überlegung ersetzt, welchen »Stellenwert« es in dem geschichtlichen Prozeß einnimmt, der nicht mehr als bloße Bedingung der Entstehung von Kunst, sondern gewissermaßen als deren eigentliche Substanz erscheint. Das gerade entstandene Werk wird weniger ästhetisch — als in sich beruhendes Gebilde — als unter dem Gesichtspunkt geschichtlicher »Aktualität« betrachtet: als Ausdruck und Dokument einer Gegenwart, die ihrerseits nichts anderes als ein flüchtiger Augenblick ist, der sich darin erschöpft, den nächsten Augenblick herbeizuführen und in ihm »aufgehoben« zu sein. Die Werke werden schließlich, statt isoliert und in sich geschlossen aus der Geschichte hervorzustechen, zu bloßen Markierungen und Wegzeichen eines Entwicklungsprozesses, der durch sie hindurch und über sie hinweg geht.

Die »Technifizierung« der Sprache, in der man sich über Musik und deren Entwicklung verständigt, steht in schroffem Widerspruch zu den Voraussetzungen, von denen die Musikkritik ursprünglich, im 18. und 19. Jahrhundert, ausging. Im Zeitalter der Aufklärung und der Romantik war Musikkritik in der Regel eine Sache gebildeter Laien; und wenn ein Komponist, wie Robert Schumann oder Hugo Wolf, über Musik schrieb, so war die stilistische Attitüde von der eines musikliebenden Schriftstellers wie Friedrich Rochlitz oder Ludwig Rellstab kaum verschieden: Die Experten orientierten sich, um nicht als engstirnig zu gelten, am Bildungsideal der Dilettanten, nicht umgekehrt. Das Fachurteil, von dem man argwöhnte, daß es lediglich den »mechanischen« Teil der Musik betreffe, galt geringer als das ästhetisch fundierte Laienurteil, das dem »poetischen« Moment der Musik gerecht zu werden versuchte.

Als Instanz, deren Spruch den Ausschlag gibt, ist der Konsensus gebildeter Laien im 20. Jahrhundert durch eine Konfiguration abgelöst worden, in der einerseits das Expertenurteil und andererseits die Rücksicht auf Verwaltungsgesichtspunkte dominiert. (Man kann, wenn man die Entwicklung mit Sympathie betrachtet, von einem Ausgleich zwischen »Sachverstand« und »Politik« sprechen.) Nicht, daß die Meinung des Publikums ohne Einfluß bliebe; aber die Publizistik ist weniger — wie im 19. Jahrhundert — der öffentliche Ausdruck von Urteilen, die unter den gebildeten Musikliebhabern im Umlauf sind, als daß sich umgekehrt das Publikum an dem orientiert, was die Kritik sagt: eine Kritik, die man als Expertise respektiert, auch wenn sie den eigenen Eindrücken zuwiderläuft. Und gegenüber Verwaltungsinstanzen ist das Publikum — etwa bei der Disposition von Opernspielplänen — vollends machtlos, und zwar auch dann, wenn es seine Meinung drastisch durch den Besuch oder Nichtbesuch von Vorstellungen ausdrückt. (Im Budget eines subventionierten Theaters ist der Kartenverkauf nicht ausschlaggebend.)

Es scheint demnach, als gerate die Publizistik in das Dilemma, daß sie einerseits von Institutionen, in denen Verwaltungsgesichtspunkte wie die der Sozialgesetzgebung vorherrschen, wirkungslos abprallt und andererseits kaum einen Ausweg findet zwischen der Forderung, für das Publikum zu sprechen, und dem entgegengesetzten Postulat, sich auf die Probleme der Komponisten, also auch auf deren Technikerjargon, im Ernst einzulassen. Der Rückweg zu einer Kritik, die den Konsensus gebildeter Laien in Worte faßt, ist offenkundig versperrt. (Man braucht die verbreitete Scheu, überhaupt noch von »gebildeten Laien« zu sprechen, keineswegs zu teilen und wird dennoch zugeben müssen, daß es schwierig geworden ist, genau zu sagen, was man darunter versteht.)

## Sprachgewohnheiten

Das Dilemma der Kritik ist allerdings nicht unausweichlich. Denn ein Ansatz, durch den sie, bei entschiedener Parteinahme für das Publikum, sogar in einer Situation, in der scheinbar ausschließlich Expertisen und Verwaltungsinstanzen den Ton angeben, Einfluß gewinnen kann, liegt in der Sprachkritik: in der Analyse und Veränderung der Redeweisen, durch die man sich über Musik verständigt. Nichts wäre falscher, als die Wirkung von Sprachgewohnheiten für geringfügig zu halten. Die Konsequenzen, die etwa aus der simplen Tatsache erwachsen, daß man zwar einen Schlager zusammen mit einem Streichquartett als »Musik« bezeichnet, aber keineswegs Boulevardzeitungen ebenso zur »Literatur« zählt wie moderne Lyrik, sind weitreichend und geradezu unabsehbar. (Manche Rundfunkstatistiken, die der Neuen Musik empfindlich schaden, würden ihre sprachliche Voraussetzung verlieren, wenn es den umfassenden Musikbegriff nicht gäbe, der uns ebenso selbstverständlich erscheint, wie uns ein analoger Literaturbegriff absurd vorkäme.)

Dadurch, daß Kritik in die Sprache eingreift, durch die man musikalische Sachverhalte in Worte faßt, verändert sie zugleich die Sache selbst: eine Sache, die keineswegs im tönenden Faktum restlos aufgeht, sondern vielmehr durch gedankliche Formung des akustischen Substrats entsteht. Die Kategorien aber, durch die sich das akustisch Gegebene überhaupt erst aus einem Objekt der Physik in ein musikalisches Gebilde verwandelt, sind zu einem nicht geringen Teil sprachlich vermittelt: Man hört unter dem Einfluß der Terminologie, durch die man musikalische Sachverhalte auszudrücken lernte.

Das besagt nun nicht, daß der Versuch lohnen würde, in einer Musikkritik, die sich als Sprachkritik versteht, den musikalischen Technikerjargon des 20. Jahrhunderts durch ein Vokabular zu ersetzen, das aus der Ästhetikersprache des 19. Jahrhunderts stammt. Gemeint ist lediglich, daß sowohl in der modernen Experten- als auch in der Laiensprache Implikationen stecken, die man explizit machen sollte, um sie dann entweder zu bestätigen und zu festigen oder aber zu verändern und zu bekämpfen. Und der Vorgang, daß Sprachkritik in den Gang der Musikgeschichte eingreift, ist keineswegs ungewöhnlich. Der Einfluß, der von bedeutenden Musikkritikern des 19. und 20. Jahrhunderts ausging, läßt sich zu einem nicht geringen Teil als Durchsetzung neuer Sprachkonventionen bestimmen. Und man kann ohne Übertreibung behaupten, daß es musikgeschichtliche Entscheidungen gibt, die von Kritikern herbeigeführt werden, weil sie in der Sprache fallen (die zu den Fundamenten der Sache selbst gehört und nicht bloß einen Reflex darstellt).

## Das »Rein Musikalische«

Eduard Hanslick, zweifellos der einflußreichste Musikkritiker des späten 19. Jahrhunderts, war wegen der zentralen These seines Buches *Vom Musikalisch-Schönen* (1854), der These, daß der »Inhalt« der Musik in »tönend bewegten Formen« bestehe, zeitlebens das Ziel ungezählter Angriffe. Niemand aber scheint im 19. Jahrhundert bemerkt zu haben, daß sich, während man noch gegen Hanslick polemisierte, insgeheim eine der wesentlichen Voraussetzungen seiner Ästhetik im allgemeinen Bewußtsein unaufhaltsam durchsetzte: die Voraussetzung nämlich, daß die Instrumentalmusik Inbegriff des »rein Musikalischen« sei, daß also, schroff ausgedrückt, ein Text oder ein Programm einen »außermusikalischen« Zusatz zur »eigentlichen Musik« darstelle. (Hanslick hielt Programme für willkürlich, Texte für austauschbar.) Wenn Franz Brendel, als Apologet der Programmusik, demgegenüber behauptete, daß ein Programm durchaus zur »Musik« als »ästhetischem Gegenstand« gehöre, so blieb seine Meinung sogar bei den Anhängern der musikalischen »Fortschrittspartei«, deren Exponent er war, ohne Resonanz. Brendel sprach gewissermaßen ins Leere. Genau genommen war jedoch seine Interpretation die Konsequenz des älteren, traditionellen Musikbegriffs, der davon ausging, daß sich Musik nicht im tönenden, instrumental darstellbaren Faktum erschöpfe, sondern prinzipiell — wie es Platon ausdrückte — außer Harmonie und Rhythmus auch den »Logos«, die Sprache, umfasse. Musik ohne Text erschien bis zum frühen 19. Jahrhundert als defizienter Modus von Musik (nicht umgekehrt Musik mit Text als Musik mit sprachlichem, »außermusikalischem« Zusatz).

Der Einfluß der These, daß die Instrumentalmusik, die absolute Musik, das »rein Musikalische« repräsentiere, kann schwerlich überschätzt werden und erstreckt sich ebenso auf die Rezeption wie auf die Komposition von Musik. War es im 18. und im frühen 19. Jahrhundert üblich, Vokalmusik primär als Textdarstellung oder -illustration aufzufassen und Instrumentalmusik mit einem imaginären, hinzuphantasierten Programm auszustatten, so ist es im 20. Jahrhundert gerade umgekehrt zur Gewohnheit geworden, die Texte von Opern und Liedern zu vernachlässigen und Vokalmusik abstrakt zu hören, als handle es sich um Instrumentalmusik. Die Substanz der Hanslickschen These aber, von der man ohne Übertreibung behaupten kann, daß sie Musikgeschichte gemacht hat, steckt in der Sprache, die Hanslick dem musikalischen Publikum zu suggerieren verstand: in dem unscheinbaren Begriff des »rein Musikalischen«.

## Musikalische Logik

Eine mit dem Einfluß der Hanslickschen These vergleichbare, zwar geringere, aber dennoch weitreichende geschichtliche Wirkung übte ein Begriff aus, der aus dem 18. Jahrhundert stammte, jedoch erst durch Hugo Riemann im späten 19. Jahrhundert zu einer der Selbstverständlichkeiten wurde, die unauffällig, aber nachdrücklich das Denken über Musik und sogar das musikalische Hören bestimmen: der Begriff der »musikalischen Logik«. Daß absolute Musik ein tönender Gedankengang sei, daß man also die motivisch-thematische und harmonische Entwicklung eines Satzes mit einer Abhandlung vergleichen könne, in der jede Einzelheit eine Konsequenz des Vorausgegangenen und eine Voraussetzung des Folgenden bildet, ist eine Vorstellung, die durchaus nicht selbstverständlich erscheint, seit dem späten 19. Jahrhundert aber zu den eingewurzelten ästhetischen Prinzipien gehört, die ein Musikliebhaber auch dann respektiert, wenn er nicht imstande ist, die damit verbundenen Forderungen restlos zu erfüllen. Daß Musik, sofern sie nicht aus dem Souterrain der Trivialmusik stammt, dazu da sei, »verstanden« — und nicht etwa »genossen« — zu werden, ist ein nahezu unangefochtener Gemeinplatz der Kritik, dessen prinzipielle Berechtigung auch diejenigen anerkennen, die von bestimmten Werken oder von der Neuen Musik insgesamt behaupten, daß sie deren Sinn »nicht verstehen«.

Hugo Riemann war ein musikalischer Konservativer, der die Tonalität für ein Stück Naturrecht hielt, das nicht verletzt werden dürfe. Der Begriff der »musikalischen Logik« aber wurde gerade in der Neuen Musik, die Riemann verabscheute, zur entscheidenden ästhetischen Parole und Rechtfertigungsinstanz. Die »Zweite Wiener Schule«, die bei ihren Gegnern »Schönberg-Clique« hieß, ist ohne das Prinzip einer Logik, die als innerer Zwang in der Musik wirksam ist, überhaupt nicht denkbar. Und der Streit für und wider Arnold Schönberg war zu einem nicht geringen Teil ein Streit darüber, ob die Zwölftontechnik — als »musikalische Logik« — ein legitimer oder ein illegitimer Erbe der thematisch-motivischen Arbeit sei, wie sie von Beethoven und Brahms entwickelt worden war. Schönberg fühlte sich als Testamentsvollstrecker der Klassik auf Grund der Idee von musikalischer Logik, die von Hugo Riemann, einem Verfechter des Konservatismus, als geschichtliche Substanz der Wiener Klassik entdeckt worden war.

## Musikalisches Material

Daß die Kategorie des »musikalischen Materials«, wie sie 1949 in Theodor W. Adornos *Philosophie der neuen Musik* entwickelt wurde, die Geschichder Neuen Musik nicht allein reflektierte, sondern auch tiefgreifend beeinflußte, ist von Gegnern wie von Anhängern rasch erkannt worden: Adornos Einwirkung auf die Sprache, in der über Musik geredet wurde — und dadurch auf die Musik selbst —, war also, im Unterschied zu den Einflüssen, die von Hanslicks Begriff des »rein Musikalischen« und von Riemanns Prinzip der »musikalischen Logik« ausgingen, nicht latent, sondern manifest. Die These, daß das musikalische Material keinen bloßen Stoff darstelle, der zu beliebiger Formung bereitliege, sondern einerseits immer schon geschichtlich geprägt sei und andererseits — bei Strafe des Mißlingens der Werke — durch seine Prägung auf die Komponisten einen Zwang zu bestimmten Fortentwicklungen ausübe, ist in dem Prozeß, der von der dodekaphonen zur seriellen und von der seriellen zur aleatorischen Musik führte, unmittelbar wirksam geworden. Das Denken über Musik griff — für jedermann sichtbar — in deren Geschichte ein. Daß die musikalische Entwicklung in den 1950er Jahren einem Stück Wissenschaftsgeschichte glich, in dessen Verlauf Probleme zu Lösungen und Lösungen wiederum zu Problemen führten, und daß die Ereignisse von den Komponisten selbst in diesem Sinne aufgefaßt und vollzogen wurden, dürfte zu einem nicht geringen Teil dem Einfluß Adornoschen Denkens, das sich die Komponisten zu eigen machten, zu verdanken sein. Der Begriff der »Tendenz des Materials«, der Adornos Thesen zum Schlagwort zusammenfaßte, wurde jedenfalls zur Parole der Avantgarde, und als Parole führte er die Entwicklung, die er zu beschreiben behauptete, selbst herbei. Die musikgeschichtlichen Entscheidungen, die in den Werken fielen, waren in der Sprache, die von Adornos Denken geprägt wurde, vorgezeichnet.

Daß sich weitreichende geschichtliche Wirkungen, wie sie von Hanslick, Riemann und Adorno ausgingen, nicht willkürlich erzwingen lassen, braucht kaum gesagt zu werden: Eine Kritik, die mit Vorsatz versuchte, die Sprache umzustülpen, in der man sich über Musik verständigt, bliebe machtlose Intention, die nichts ausrichtet. Daß aber überhaupt in einer Kritik, die in die Sprache eingreift, eine Chance liegt, die Sache selbst zu beeinflussen, und zwar von Grund auf, ist eine der Ursachen, warum die musikalische Publizistik in der gegenwärtigen prekären Situation, in der sie durch den Technikerjargon der Komponisten ebenso gefährdet erscheint wie durch den Bildungsverfall des lesenden Publikums, keineswegs zu resignieren braucht. Sie ist durchaus nicht so schwach, wie sie in verzagten Stimmungen zu sein glaubt.

## Anmerkungen

1 E. von Hartmann, *Die deutsche Aesthetik seit Kant*, Teil I, Leipzig (1886), S. 376, Anm. 2.

2 Chr. G. Körner, »Über Charakterdarstellung in der Musik«, (1795), in: W. Seifert, *Christian Gottfried Körner. Ein Musikästhetiker der deutschen Klassik*, Regensburg 1960.

3 W. von Humboldt, »Über die männliche und weibliche Form« (1795), in: ders., *Werke*, Band I, Stuttgart 1960, S. 330.

4 Die Beschreibung ist abgedruckt in: A. Schering, *Beethoven und die Dichtung*, Berlin 1936, Anhang Nr. IV, S. 573ff.

5 J. W. von Goethe, *Der Sammler und die Seinigen*, 1798/99, Sechster Brief.

6 G. W. F. Hegel, *Ästhetik*, hrsg. von F. Bassenge, Frankfurt am Main o. J., Band I, S. 29.

7 H. Kuhn, »Die Vollendung der klassischen deutschen Ästhetik durch Hegel«, in: ders., *Schriften zur Ästhetik*, München 1966, S. 117.

8 Hegel, a.a.O., Band I, S. 507.

9 C. Seidel, *Charinomos. Beiträge zur allgemeinen Theorie und Geschichte der schönen Künste*, Magdeburg 1828, S. 10: »In ähnliche Widersprüche und Ungereimtheiten verfallen aber natürlich alle diejenigen, welche, beständig nur redend von erhabener Unbegreiflichkeit und dunkler überirdischer Sehnsucht der Musik, das Charakteristisch-Schöne dem Idealen der Tonkunst mehr oder minder für außerwesentlich halten.«

10 F. Schlegel, »Athenäum-Fragmente« (1798), in: *Charakteristiken und Kritiken* I (Gesamtausgabe II), München 1967, S. 208.

11 Humboldt, a.a.O., S. 329.
12 F. Th. Vischer (der eigentliche Autor des Paragraphen ist Karl Köstlin), *Aesthetik oder Wissenschaft des Schönen*, München ²1923, Band V, S. 242.
13 A. W. Schlegel, in: F. Schlegel, a.a.O., S. 218.
14 Humboldt, a.a.O., S. 330.
15 Goethe, a.a.O., Fünfter Brief.
16 Hegel, a.a.O., Band II, S. 317.
17 Ebd., Band I, S. 161 und Band II, S. 316 (über Weber) sowie Band II, S. 317 (über Rossini).
18 F. Schlegel, *Über das Studium der griechischen Poesie* (1797), hrsg. von P. Hankamer, Godesberg 1947, S. 58 (vgl. auch S. 72).
19 Ebd., S. 75.
20 Vischer, a.a.O., S. 242f.
21 J. Bayer, *Aesthetik in Umrissen*, Prag 1856, Band II, S. 94.
22 J. Volkelt, *System der Ästhetik*, München ²1925, Band II, S. 23.
23 Ebd., S. 23f.
24 Ebd., S. 54.
25 Schlegel, *Über das Studium*, S. 75.
26 Schlegel, »Athenäum-Fragmente«, a.a.O., S. 208.
27 Ebd., S. 254: »Es pflegt manchem seltsam und lächerlich aufzufallen, wenn die Musiker von den Gedanken in ihren Kompositionen reden; und oft mag es auch so geschehen, daß man wahrnimmt, sie haben mehr Gedanken in ihrer Musik als über dieselbe. Wer aber Sinn für die wunderbaren Affinitäten aller Künste und Wissenschaften hat, wird die Sache wenigstens nicht aus dem platten Gesichtspunkt der sogenannten Natürlichkeit betrachten, nach welcher Musik nur eine Sprache der Empfindung sein soll, und eine gewisse Tendenz aller reinen Instrumentalmusik zur Philosophie an sich nicht unmöglich finden. Muß die reine Instrumentalmusik sich nicht selbst einen Text erschaffen? und wird das Thema in ihr nicht so entwickelt, bestätigt, variiert und konstrastiert, wie der Gegenstand der Meditation in einer philosophischen Ideenreihe?«
28 F. Brendel, *Geschichte der Musik in Italien, Deutschland und Frankreich*, Leipzig ⁴1867, S. 564; vgl. auch S. 552.
29 Das Urteil wurde in die späteren Auflagen des Buches übernommen.
30 F. Brendel, *Franz Liszt als Symphoniker*, Leipzig 1859, S. 18f; vgl. auch S. 11: »Ebenso spitzt sich die Kunst in ihrer Fortentwicklung selbst zu immer größerer Bestimmtheit des Ausdrucks zu, sie ringt nach Bewußtsein, nach Anschluß an die Poesie.«
31 A. B. Marx, *Die Musik des neunzehnten Jahrhunderts und ihre Pflege*, 2. unveränderte Auflage Leipzig 1873, S. 58.
32 Ebd., S. 58.
33 Ebd., S. 52: »Sobald unsre Kunst aus der Sphäre der schwankenden Stimmungen in die höhere eintritt, wo festgehaltne psychologisch entfaltete Stimmungen zu wahren Lebens- und Charakterbildern werden, ist für sie der Tag höherer Wahrheit und höhern Daseins, der Schöpfungstag angebrochen [ . . . ] Sobald der Gedanke bestimmt und charakteristisch wird, geht dem Tondichter auch das Charakteristische der Tonverhältnisse auf.«
34 Ebd., S. 57.
35 Hegel, a.a.O., Band I, S. 161 und Band II, S. 316.
36 Ebd., Band II, S. 316.
37 Ebd., Band II, S. 316.
38 Ebd., Band II, S. 317.
39 R. Wagner, »Oper und Drama«, in: ders., *Gesammelte Schriften und Dichtungen*, hrsg. von W. Golther, Berlin etc. o. J., Band III, S. 297.
40 Ebd., S. 287 und S. 301.

41 Ebd., S. 288: »Wir sahen ferner, daß der Einspruch Webers gegen Rossini nur gegen die Seichtigkeit und Charakterlosigkeit dieser Melodie, keineswegs aber gegen die unnatürliche Stellung des Musikers zum Drama selbst gerichtet war. Im Gegenteile verstärkte Weber das Unnatürliche dieser Stellung nur noch dadurch, daß er durch charakteristische Veredelung seiner Melodie sich eine noch erhöhte Stellung gegen den Dichter zuteilte, und zwar gerade um so viel erhöht, als seine Melodie die Rossinische eben an charakteristischem Adel übertraf« (vgl. S. 299ff. über Meyerbeer).

42 Ebd., S. 291: »[ . . . ] brach er diese Melodie selbst in Stücke, und die einzelnen Teile seines melodischen Gebäudes fügte er dann, je nach deren deklamatorischen Erfordernis der Textworte, zu einem künstlichen Mosaik zusammen [ . . . ].«

43 Ebd., S. 289.

44 Ebd., S. 301.

45 Ebd., S. 287ff.

46 F. W. J. Schelling, *Philosophie der Kunst*, Stuttgart und Augsburg 1859, Reprint Darmstadt 1960; die Theorie des musikalischen Rhythmus entwickelt Schelling in § 79, S. 135—138; zur Datierung vgl. auch M. Adam, *Schellings Kunstphilosophie*, Leipzig 1907, S. 41f.

47 J. G. Sulzer, *Allgemeine Theorie der Schönen Künste*, Leipzig 1792, Reprint Hildesheim 1967, Band 4, S. 90ff.; dazu W. Seidel, *Über Rhythmustheorien der Neuzeit*, Bern und München 1975, S. 85ff. Sowohl die Definition des Rhythmus, mit der Schelling einsetzt, als auch die Bestimmung einer undifferenzierten, akzentlosen Schlagfolge als »unterster Grad« oder »unvollkommenste Art« des Rhythmus sind nichts anderes als geringfügig modifizierte Sulzer-Zitate. »Man sieht daraus, daß er« — der Rhythmus — »im Grunde nichts anderes sey, als eine periodische Eintheilung einer Reihe gleichartiger Dinge, wodurch das Einförmige derselben mit Mannichfaltigkeit verbunden wird; so, daß eine anhaltende Empfindung, die durchaus gleichartig (homogen) gewesen wäre, durch die rhythmischen Eintheilungen Abwechslung und Mannichfaltigkeit bekommt« (Sulzer, a.a.O., S. 96). »So ist er« — der Rhythmus — »in diesem Sinn nichts anderes als eine periodische Eintheilung des Gleichartigen, wodurch das Einförmige desselben mit Mannichfaltigkeit, die Einheit also mit Vielheit verbunden wird. Z. B. die Empfindung, welche ein Tonstück im Ganzen erregt, ist eine durchaus homogene, einartige; sie ist z. B. fröhlich und traurig, allein diese Empfindung, die für sich durchaus homogen gewesen wäre, bekommt durch die rhythmischen Eintheilungen Abwechslung und Mannichfaltigkeit« (Schelling, a.a.O., S. 136). »Wenn wir uns also, um wieder auf die Schläge der Trommeln zu kommen, eine Folge von gleichen Schlägen nach gleichen Zeittheilen auf einander kommend, unter dem Bilde gleichgroßer und in gleicher Entfernung voneinander gesetzter Punkte vorstellen, [ . . . ]: so haben wir einen Begriff von der einfachsten Ordnung in der Folge der Dinge, den untersten und schwächsten Grad des Rhythmus« (Sulzer, a.a.O., S. 92). »Wir haben bis jetzt nur die unvollkommenste Art des Rhythmus bezeichnet, wo die ganze Einheit in der Mannichfaltigkeit nur auf der Gleichheit der Zwischenzeiten in der Succession beruht. Bild davon: gleich große, gleich entfernte Punkte. Unterster Grad des Rhythmus« (Schelling, a.a.O., S. 137). Mit der Trivialität, daß sie von Sulzer abhängig war, ist jedoch nicht das letzte, sondern lediglich das erste Wort über Schellings Rhythmustheorie gesagt. Denn durch die Umstellung der Zitate bezieht sich die Definition, die bei Sulzer auf eine taktmäßig gegliederte Schlagfolge zielte, bei Schelling auf eine undifferenzierte, akzentlose Schlagfolge, also auf eine erste, elementare Gliederung der Zeit. Und die Umdeutung des scheinbar wörtlich Übernommenen durch den veränderten Kontext ließ Schelling auf ein Problem stoßen, das Sulzer nicht einmal ahnte und das, nachdem es von Schelling in vagen Umrissen erkannt worden war, schließlich in Hegels Rezeption der Schellingschen Rhythmustheorie eine Fassung erhielt, in der seine philosophische Bedeutung erkennbar wurde.

48 Hegel, *Ästhetik*, Band II, S. 277; dazu A. Nowak, *Hegels Musikästhetik*, Regensburg 1971, S. 76.
49 Ebd., S. 283.
50 Ebd., S. 284; dazu Nowak, a.a.O., S. 105.
51 Ein Analogon wäre das ökonomische Denken, das gleichfalls von Einfluß auf die Praxis ist und dennoch falsch sein kann. Um die spanische Geschichte im Cinquecento zu verstehen, muß man die Irrtümer durchschauen, die in der Geldtheorie des Jahrhunderts herrschten.
52 R. Schumann, *Gesammelte Schriften über Musik und Musiker*, hrsg. von M. Kreisig, Leipzig [5]1914, Band I, S. 37f.
53 Vgl. W. Wiora, »Die Musik im Weltbild der deutschen Romantik«, in: *Beiträge zur Geschichte der Musikanschauung im 19. Jahrhundert*, hrsg. von W. Salmen, (Studien zur Musikgeschichte des 19. Jahrhunderts 1), Regensburg 1965, S. 19—22.
54 Vgl. G. von Dadelsen, »Robert Schumann und die Musik Bachs«, in: *Archiv für Musikwissenschaft* 14 (1957), S. 46—59.
55 Schumann, a.a.O., Band I, S. 103.
56 Ebd., S. 144f.
57 Ebd., S. 147.
58 Ebd., S. 400: »Wo stecken nur die Teufelsromantiker? Der alte gute Musikdirektor Mosewius in Breslau erklärt sich plötzlich als ihren entschiedensten Gegner; auch die Allgemeine musikalische Zeitung wittert deren immer. Wo stecken sie aber nur? Sind es vielleicht Mendelssohn, Chopin, Bennett, Hiller, Henselt, Taubert? Was haben die alten Herren gegen diese einzuwenden? Gelten ihnen Vanhal, Pleyel oder Herz und Hünten mehr?«
59 G. W. Fink, *Der neumusikalische Lehrjammer*, Leipzig 1842, S. 20.
60 Schumann, a.a.O., Band I, S. 37f.
61 W. Benjamin, »Der Begriff der Kunstkritik in der deutschen Romantik«, in: ders., *Schriften*, Frankfurt a. M. 1955, Band II, S. 485.
62 Schumann, a.a.O., Band I, S. 146; F. Brendel sagt Analoges von den »Nachfolgern Mozarts« unter den deutschen Opernkomponisten, die »ohne dessen Universalität behaupten zu können, dennoch die Mischung der verschiedenen Elemente beibehielten, und wenn sie z.B. wieder einer mehr rein deutschen Richtung huldigten, dennoch auch der italienischen Koloratur Zugang gestatteten, so daß auf diese Weise die verschiedenen Stile prinziplos durcheinander gemengt wurden« (»Ein Programm«, in: *Neue Zeitschrift für Musik,* Januar 1845, auch in: *Gesammelte Aufsätze zur Geschichte und Kritik der neueren Musik*, Leipzig 1888, S. 44). Der »vermischte goût«, im 18. Jahrhundert als Ideal gerühmt, wurde im 19. als Unentschiedenheit verpönt.
63 Nach H. R. Jauss, »Literarische Tradition und gegenwärtiges Bewußtsein der Modernität«, in: ders., *Aspekte der Modernität*, Göttingen 1965, S. 153.
64 Nach Wiora, a.a.O., S. 19.
65 F. Brendel, *Grundzüge der Geschichte der Musik*, Leipzig [5]1861 ([1]1848), S. 55.
66 Ebd., S. 61.
67 K. Chr. F. Krause, *Darstellungen aus der Geschichte der Musik*, Göttingen 1827; nach W. D. Allen, *Philosophies of Music History*, New York [2]1962, S. 92.
68 J. M. Fischer, *Die Grundbegriffe der Tonkunst in ihrem Zusammenhange, nebst einer geschichtlichen Entwicklung derselben*, Leipzig 1836; nach Allen, a.a.O., S. 94.
69 G. Schilling, *Geschichte der heutigen oder modernen Musik*, Karlsruhe 1841.
70 Brendel, *Grundzüge*, S. 22.
71 Ebd., S. 45.
72 Ebd., S. 55.
73 Ebd., S. 28.
74 F. Th. Vischer, a.a.O., Band V, § 826 und § 827.
75 Ebd., § 824.

76 Ebd., § 822.
77 Ebd., § 831: »Eine überaus regsame Produktion in allen Zweigen des freien Stils bereichert auch neben jenen Hauptrichtungen die Musik mit Werken, die mehr oder weniger Einen Zug mit diesen und untereinander gemein haben, die Modernität, d. h. die mit Stoff und Form absolut frei waltende Subjektivität.« § 832: »Während die Musik bei Meyerbeer in der Oper den Gipfel der Modernität erreicht, erlebt sie in Mendelssohn eine Nachblüte, in welcher sie sich der einseitigen Modernität zu begeben, sich mit reinem Gefühlsausdruck und tiefem Gehalt wieder zu erfüllen, durch strengere Formen festere Haltung und objektivere Gedankenentwicklung neu zu gewinnen strebt [ . . . ] das Modernitätsprinzip bleibt eben damit, daß der Komponist diese zurückhaltende Stellung des gebildeten Künstlers einnimmt, doch wieder stehen.«
78 Brendel, »Ein Programm«, a.a.O., S. 45.
79 Hegel, a.a.O., Band I, S. 21.
80 F. Brendel, *Geschichte der Musik in Italien, Deutschland und Frankreich*, Leipzig $^{4}$1867 ($^{1}$1852), S. 664: »In den Jahrzehnten der Neuzeit bildet die Kunst überhaupt nicht mehr die höchste Spitze des Bewußtseins, wie wir dies in Griechenlands schönen Tagen gewahren. War sie dort die Blüte der nationalen Entwicklung, konzentrierte sich in ihr das Gesamtbewußtsein, so ist dieselbe seit dem Eintritt des Christentums nur Moment, nur Teil des allgemeinen Geisteslebens. In der früheren christlichen Zeit bezeichnete die Religion, in der späteren bis auf die Gegenwart die Wissenschaft, die Arbeit des Verstandes, die höchste Spitze des Bewußtseins, und es ist darum eine Stellung der Kunst nicht mehr möglich, der zufolge Alle in derselben ihren innersten Mittelpunkt finden. Jenem Jugendrausche der Menschheit gegenüber erscheint bei uns Alles verständig-nüchterner.«
81 A. Wendt, *Über den gegenwärtigen Zustand der Musik, besonders in Deutschland, und wie er geworden*, Göttingen 1836, S. 1f.
82 Brendel, *Geschichte*, S. 240: »[ . . .] erst bei Erreichung des Zieles, erst da, wo die geschichtliche Bewegung, wenigstens augenblicklich, Halt macht, erscheint die Möglichkeit, den durchlaufenen Weg zu überblicken, die einzelnen Stadien abzugrenzen, ihre Bedeutung zu ermessen. Die Gegenwart bezeichnet, was Musik betrifft, einen solchen Halt- und Wendepunkt« (vgl. auch »Ein Programm«, a.a.O., S. 29)
83 G. W. F. Hegel, *Vorlesungen über die Philosophie der Geschichte*, hrsg. von G. Lasson, Leipzig 1917, Band I, S. 48f.
84 Ebd., S. 48.
85 Brendel, *Geschichte*, S. 675.
86 F. Schlegel, »Über die Grenzen des Schönen«, in: ders., *Prosaische Jugendschriften*, hrsg. von J. Minor, Wien 1882, Band I, S. 21f.
87 Brendel, *Geschichte*, S. 671.
88 Ebd., S. 624.
89 Brendel, *Grundzüge*, S. 7.
90 J. G. Droysen, *Grundriß der Historik*, Reprint Halle 1925, hrsg. von E. Rothacker, § 83 (88).
91 F. Nietzsche, »Der Fall Wagner«, in: ders., *Werke*, hrsg. von K. Schlechta, Darmstadt 1966, Band II, S. 924.
92 H. Lotze, *Geschichte der Ästhetik in Deutschland*, München 1868, S. 168.
93 P. Valéry, *Mauvaises Pensées*, Paris 1942, S. 35: »Il est impossible de penser sérieusement avec les mots comme Classicisme, Romantisme, Humanisme, Réalisme. On ne s'enivre ni ne se désaltère avec des étiquettes de bouteille.«
94 Hegel, a.a.O., Band I, S. 85.
95 Chr. H. Weisse, *System der Ästhetik*, Leipzig 1830, Band I, S. 260f.
96 Ebd., S. 309f.
97 W. R. Griepenkerl, *Ritter Berlioz in Braunschweig*, Braunschweig 1843, S. 14f; über Griepen-

kerl vgl. Th. W. Werner in: *Zeitschrift für Musikwissenschaft* 2 (1919/20), S. 361ff., der allerdings die Abhängigkeit von Hegel verkannte.

98 Brendel, *Geschichte*, S. 141.

99 Brendel, *Grundzüge*, S. 40.

100 Brendel, *Geschichte*, S. 245.

101 Ebd., S. 244; vgl. auch K. R. Köstlin in F. Th. Vischer, a.a.O., § 827.

102 Brendel, *Grundzüge*, S. 18; Köstlin, a.a.O., § 828.

103 Brendel, *Geschichte*, S. 661. Nach Hegel ist eine Interpretation der Kunsthistorie als Naturgeschichte — des Gemachten als eines Gewachsenen — einseitig, wenn nicht irrig: »Denn in der Kunst haben wir es [ . . . ] mit einer Entfaltung der Wahrheit zu tun, die sich nicht als Naturgeschichte erschöpft, sondern in der Weltgeschichte offenbart« (a.a.O., Band II, S. 586).

104 J. G. Herder, »Ideen zu einer Philosophie der Geschichte der Menschheit«, in: ders., *Sämtliche Werke*, hrsg. von B. Suphan, Band XIV, S. 148; vgl. L. Treitler, »On Historical Criticism«, in: *The Musical Quarterly* 53 (1967), S. 196ff.

105 J. Kamerbeek, »Legatum Velleianum«, in: *Levende Talen* 177, Dezember 1954, S. 476ff.

106 H. Glareanus, *Dodekachordon*, Basel 1547, S. 246f.

# V. »ARBEITEN DES GEISTES IN GEISTFÄHIGEM MATERIAL«

## EDUARD HANSLICK UND DER MUSIKALISCHE FORMBEGRIFF

Der paradoxe Satz, durch den Eduard Hanslicks Buch *Vom Musikalisch-Schönen* berühmt wurde: »Tönend bewegte Formen sind einzig und allein Inhalt und Gegenstand der Musik«[1], ist die Pointe einer Polemik. Und um den negativen Sinn des Satzes, das Aburteil über die »verrottete Gefühlsästhetik«[2], kreiste ein halbes Jahrhundert lang der Streit der Musikästhetiker. Hanslicks Formbegriff dagegen wurde hingenommen, als sei er selbstverständlich.

Der Ausdruck »die Musik« ist in Hanslicks Formulierung eine Abbreviatur; gemeint ist »das Musikalisch-Schöne«. Und der Satz über die »tönend bewegten Formen« ist als Gegenthese zu Daniel Schubarts Gefühlsästhetik zu verstehen. Schubart fragte wie Hanslick: »Was ist das musikalische Schöne?« Aber er antwortete entgegengesetzt: Das Schöne ist Ausdruck, und Ausdruck ist »Herzenserguß«.[3]

Repräsentierte Schubart den musikästhetischen Sturm und Drang[4], so beruht Hanslicks Ästhetik auf der These der Klassik, daß das Schöne in sich vollendet sei.[5] Das musikalische Kunstwerk, schreibt Hanslick, erscheint »als ein von unserm Fühlen nicht bedingtes, specifisch ästhetisches Gebild, das die wissenschaftliche Betrachtung abgelöst von dem psychologischen Beiwerk seines Entstehens und Wirkens in seiner inneren Beschaffenheit erfassen muß«.[6] Hanslick leugnet nicht, daß Musik als Herzenserguß oder als tönendes Symbol entstehen oder wirken könne[7]; das musikalisch Schöne, das ästhetische Moment der Musik sei jedoch die »tönend bewegte Form«.

Die These wurde, obwohl sie philosophisch gemeint war, von Hanslicks Kritikern — Hermann Lotze, August Wilhelm Ambros und Hugo Riemann — als psychologischer Satz behandelt und verworfen oder eingeschränkt.[8] Und Hanslick, durch den Zeitgeist beunruhigt, verleugnete schließlich selbst zwar nicht seine musikästhetischen Überzeugungen, aber deren Voraussetzungen. In den späteren Auflagen des Buches fehlen die Sätze, die Ästhetik und Psychologie voneinander trennen[9], und das Wort »Metaphysik« ist durch »Naturwissenschaft« ersetzt.[10]

Hanslick war aber in der Absage an die Metaphysik[11] nicht konsequent und konnte es nicht sein. Dem Satz über die »tönend bewegten Formen«

geht — auch in den späteren Auflagen — eine Bestimmung der Tonformen als »musikalische Ideen« voraus[12], ohne die er unverständlich wäre. Der Ausdruck »Idee«, schreibt Hanslick, bezeichne »immer den in seiner Wirklichkeit rein und mangellos gegenwärtigen Begriff«.[13] Die Abhängigkeit von Hegels Logik, von der Definition der Idee als »Einheit des Begriffes und der Objektivität«[14], ist offenkundig.

Nichts anderes als eine Umschreibung des Begriffs der »musikalischen Idee« ist der Satz: »Die Formen, welche sich aus Tönen bilden, sind [ . . . ] sich von innen heraus gestaltender Geist.«[15] Hanslick sagt nicht nur, daß Form Ausdruck des Geistes, sondern daß sie selbst Geist sei. In seiner Ästhetik ist also »Form«, analog zu »Idee«, ein zwischen Wesen und Erscheinung vermittelnder Begriff. Und der Satz, daß die »tönend bewegten Formen« der »Inhalt« der Musik seien, ist mehr als ein die Gefühlsästhetik herausforderndes Paradox. Von Formen, die er als Ideen begreift, kann Hanslick sagen, daß sie ein Inhalt seien, der im Tonmaterial erscheint und sich verwirklicht.[16]

Hanslicks Formbegriff ist von seinen Kritikern nicht verstanden worden. Hugo Riemann bestimmte das »rein Formale« musiktheoretisch als Inbegriff der »vielfältigen Beziehungen der Tonhöhe und Tondauer« und warf Hanslick vor, »die Hauptsache zu übersehen, daß nämlich die Melodiebewegung zuerst und vor allem frei ausströmende Empfindung sein muß«[17], »spontaner Erguß der Empfindung des Künstlers«.[18] Riemanns Definition des »rein Formalen« ist so allgemein, daß es scheint, als könne sie auch zu Hanslicks ästhetischem Formbegriff das musiktheoretische Korrelat bilden.

Eine genauere Analyse zeigt aber, daß der ästhetische Gegensatz auch einen musiktheoretischen einschließt. Riemann versteht unter dem »rein Formalen« die harmonischen und rhythmischen Funktionen der Töne und Tongruppen, die durch Kategorien wie Tonika und Dominante, schwere und leichte Zeit, Auftakt und Endung bestimmbar sind. Vom »rein Formalen« melodischer Perioden unterscheidet er den »Inhalt der Sätze«, das »Thematische«[19], das durch die Allgemeinbegriffe der Theorie nicht erfaßt werden kann. Als konkrete Gestalt, als melodisches Individuum, sei ein Thema primär Gefühlsausdruck, »spontaner Erguß der Empfindung«. Dem Irrationalen, dem »tönenden Gefühl«, steht das Rationale in der Gestalt von Gesetzen gegenüber. Riemann war überzeugt, daß das »rein Formale«, die harmonischen und rhythmischen Funktionen, auf Gesetzen beruhe, die in der Natur der Sache und des Menschen begründet sind.

Der Gegensatz zu Hanslick ist schroff. Die Konsonanzgrade, die in der Natur begründet und mathematisch formulierbar sind, zählt Hanslick, im Unterschied zu Riemann, zum bloßen Stoff der Musik, nicht zur Form. »Die Mathematik regelt bloß den elementaren Stoff zu geistfähiger Behandlung und spielt verborgen in den einfachsten Verhältnissen, aber der musikalische Gedanke kommt ohne sie ans Licht.«[20] Zur Form wird nach Hanslick die Harmonie erst jenseits des von Natur Gegebenen, und als Form ist sie nicht Gesetz, sondern »Erzeugnis menschlichen Geistes«[21], vom »allgemeinen, musikalisch befähigten Geist mit Vernünftigkeit, aber nicht mit Notwendigkeit unbewußt ersonnen«.[22]

An der Harmonie, dem System der Tonfunktionen, das Riemann als »rein formal« und durch Naturgesetze reguliert begriff, unterscheidet also Hanslick ein stoffliches und ein formales Moment: Naturgesetzen unterworfen ist die Harmonie als Stoff; als Form ist sie geschichtlich wirkender Geist. Daß Geist Form und Form Geist sei, besagt musiktheoretisch, daß der Bereich des Naturgesetzlichen auf das Elementare begrenzt wird. Dem Stofflichen setzt Hanslick den musikalischen »Sprachgeist« entgegen, dessen Wirken er, unter Berufung auf Jacob Grimm[23], sowohl in der Ausbildung von Tonsystemen[24] als auch in der Prägung individueller musikalischer Gedanken erkennt. Musik ist »Sprache«[25], das Komponieren »ein Arbeiten des Geistes in geistfähigem Material«.[26]

Der Gedanke, den Begriff der »musikalischen Form« auf den des musikalischen »Sprachgeistes« zu gründen, tendiert allerdings zur Auflösung der Ästhetik in Historie. Hanslick scheute die Konsequenz; er warf sogar Hegel vor, daß er seinen »vorwiegend kunstgeschichtlichen Standpunkt unmerklich mit dem rein ästhetischen verwechselt« habe.[27] Auf das »rein Ästhetische« stützt sich Hanslicks Polemik gegen die Gefühlsästhetik, deren entscheidendes Argument der Einwand ist, daß »die Wirkung der Musik auf das Gefühl weder die Notwendigkeit noch die Stetigkeit, noch endlich die Ausschließlichkeit« besitze, »welche eine Erscheinung aufweisen müßte, um ein ästhetisches Princip begründen zu können«.[28] Andererseits kann aber Hanslick dem Zugeständnis nicht ausweichen, daß auch der Geist, der sich in Formen verwirklicht, also das musikalisch Schöne, sterblich sei. »Es gibt keine Kunst, welche so bald und so viele Formen verbraucht, wie die Musik. [...] Man kann von einer Menge Kompositionen, die hoch über dem Alltagsstand ihrer Zeit stehen, ohne Unrichtigkeit sagen, daß sie einmal schön w a r e n.«[29] Der Widerspruch ist unaufhebbar. Eine Ästhetik des musikalischen Sprachgeistes verwandelt sich zwangsläufig in Historie; als Historiker aber wäre Hanslick eigentlich gezwungen, Daniel Schubarts Ästhetik, sofern sie eine vergangene Epoche repräsentiert, neben der eigenen gelten zu lassen.

Umgekehrt ist demnach auch Hanslicks Ästhetik geschichtlich zu verstehen. Die Methode, musikästhetische Texte nach »Richtungen« zu klassifizieren[30] und Hanslick zusammen mit Kant, Herbart und Nägeli zu den »Formalisten« zu zählen, ist von geringem Nutzen. Der Formbegriff Hanslicks bleibt undurchsichtig, solange er nicht geschichtlich begriffen wird: als

Antwort auf eine Frage, die in wechselnder terminologischer Fassung seit den 1790er Jahren die Musikästhetik beherrschte.

Der Begriff der »Tonsprache«, in Hanslicks Ästhetik mit dem der Form eng verknüpft, ist eine vermittelnde Kategorie, die den Gegensatz zwischen »tönendem Gefühl« und »tönender Mathematik« aufheben soll. Eine ähnliche Funktion erfüllte er schon 1788 bei Johann Nikolaus Forkel[31], der aber »Tonsprache« und »Form« noch nicht aufeinander bezog. Die Kategorie »Tonsprache« sollte vielmehr den Streit um den Vorrang der Melodie oder der Harmonie schlichten, der im 18. Jahrhundert die Musikästhetiker in Parteien spaltete.

Der Harmoniebegriff schloß die Vorstellung von Kontrapunkt und Mathematik ein; der Kontrapunkt galt als Zusammenfügung von Intervallen, ein Intervall als Erscheinungsausform einer Zahlenproportion. Den Widerpart zum Harmoniebegriff bildete die Vorstellung, daß Töne Empfindungslaute, »natürliche Zeichen der Leidenschaften« seien[32]: seit den *Réflexions critiques* des Abbé Dubos aus dem Jahre 1719 einer der Topoi der Musikästhetik. Daß der Unterschied zwischend den beiden Momenten eines melodischen Intervalls, zwischen dem Tonfall und der harmonischen Tonrelation, im 18. Jahrhundert zu einer Antithese auseinandergezerrt wurde, war weniger in der Natur der Sache als in der Verknüpfung mit ästhetischen und geschichtsphilosophischen Gedankenmotiven und Kontroversen begründet; mit dem Streit über antike und moderne Musik, über sensus und ratio, Genie und Regel, Vokal- und Instrumentalmusik.

Forkel versuchte das Problem durch die salomonische Entscheidung zu lösen, daß zwischen Empfindungsausdruck und Harmonie eine lückenlose Korrelation bestehe.[33] Töne seien Empfindungslaute, und einer musikalischen Beziehung der darstellenden Töne entspreche ein innerer Zusammenhang der dargestellten Empfindungen. Forkels Modell ist die Sprache: Wie die Grammatik der Gedankensprache die Relation zwischen den Merkmalen eines Gegenstandes ausdrückte, so die Grammatik der Musik die Verhältnisse zwischen den Teilmomenten eines Gefühls.[34]

Unter »Form« versteht Forkel ausschließlich die »äußere Form«, das Gleichmaß der Takte und die Symmetrie der melodischen Phrasen. Die »innere Bedeutung« oder »innere Tonführung«, die er der »äußeren Form« entgegensetzt[35], ist der harmonisch regulierte Empfindungsausdruck.

In Forkels Theorie der »Tonsprache« fehlt das Moment der Spontaneität und Aktivität.[36] Forkel betrachtet die »Tonsprache« als Vorrat von »Kunstausdrücken«, von einfachen oder zusammengesetzten Zeichen für einfache oder zusammengesetzte Empfindungen. Hanslick dagegen betont, daß das Wesen einer Sprache, auch der musikalischen, Tätigkeit sei, »Arbeiten des Geistes in geistfähigem Material« und Wirken der »Vernünftigkeit« des »allgemeinen, musikalisch befähigten Geistes«. Eine Sprache wird erst durch

Stilistik, nicht schon durch bloße Grammatik erfaßt. Das »Arbeiten des Geistes« aber begreift Hanslick, in unmittelbarer oder indirekter Abhängigkeit von Humboldt[37], als »Form«.

Den Gedanken, daß Form Spontaneität und Spontaneität Form sei, verdankt die Musikästhetik der *Kritik der Urteilskraft*. Allerdings bedeutete Kants Formbegriff eher eine Herausforderung als eine Lösung. Musik ist nach Kant ein »Spiel der Empfindungen«.[38] Im Begriff der »Empfindung« fließen Sinnesqualität und Gefühl ineinander[39]: Entscheidend war die Differenz zwischen Rezeptivität und Spontaneität, affizierendem Stoff und aufgeprägter Form; und sowohl die Sinnesqualitäten als auch die Gefühle zählten zum affizierenden Stoff. Das Musikalisch-Schöne bestimmte Kant als »Form im Spiele vieler Empfindungen«[40], und unter »Form« verstand er die »mathematische Form« der Tonbeziehungen.[41] Den Sachgehalt der Musikästhetik teilt Kant also mit Forkel: Töne sind Empfindungslaute[42], Melodie und Harmonie die »Form der Zusammenfassung dieser Empfindungen«; und die innere Einheit eines musikalischen Werkes, die »ästhetische Idee eines zusammenhängenden Ganzen«, ist abhängig von »einem gewissen Thema, welches den in dem Stücke herrschenden Affekt ausmacht«.[43] Irritierend aber war, daß Kant einerseits das Musikalisch-Schöne als »mathematische Form« und andererseits die »mathematische Form« als verschwindendes, in der Gefühlswirkung untergehendes Moment bestimmte.[44] Musik sei darum »mehr Genuß als Cultur«.[45]

Auch Schiller sah in der affizierenden Macht der Musik deren primäre Eigenschaft. »Aber weil in dem Reiche der Schönheit alle Macht, insofern sie blind ist, aufgehoben werden soll, so wird die Musik nur ästhetisch durch die Form.«[46] Kants Mißtrauen ist jedoch nicht ausgelöscht; »auch die geistreiche Musik«, heißt es in den Briefen über die ästhetische Erziehung des Menschen, stehe »durch ihre Materie noch immer in einer größern Affinität zu den Sinnen, als die wahre ästhetische Freiheit duldet«. Das Formprinzip wird darum von Schiller nur als Postulat formuliert: »Die Musik in ihrer höchsten Veredlung muß Gestalt werden und mit der ruhigen Macht der Antike auf uns wirken.«[47]

Schillers Zweifel an der ästhetischen Realität musikalischer Form, wie er sie verstand, mag im Hinblick auf die musikalischen Werke des 18. Jahrhunderts befremdend sein, verliert aber den Schein des Paradoxen, wenn man an die Ästhetik und Theorie der Musik denkt. Die »mathematische Form« war von Kant als aufgehobenes Moment bestimmt worden; und die »äußere Form« musikalischer Werke wurde, sogar in Kompositionslehren, deren Gegenstand sie bildete, als »etwas Zufälliges« abgetan.[48] Zur »äußeren Form« zählt Heinrich Christoph Koch 1787 außer der Periodengliederung, dem Modulationsgang, der Kadenzdisposition und der Anordnung der Teile auch die Ausarbeitung der melodischen Gedanken. Die Form ist »zufällig«, »wesentlich« allein die »Anlage«, die »alles festsetzen soll, was zum innerlichen Charakter und zur Wirkung, die das Ganze tun soll, gehöret«.[49] Die »Anlage« umfaßt die melodischen Gedanken, ohne Ausarbeitung und Verbindungsstücke[50]; und der Zusammenhang der Gedanken wird nicht als Form, sondern als Zusammenstimmen der Empfindungsgehalte begriffen.[51] Die Einheit des Ganzen ist in der Einheit des Affekts begründet[52]; und die »äußere Form« darf, da sie »zufällige« ist, schematisch sein und soll es sogar.[53] Das Korrelat der Gefühlsästhetik ist der Schematismus der musikalischen Formenlehre; noch Adolf Bernhard Marx, der die grundlegende Formenlehre schrieb, sah in einer »Folge von Gemütszuständen« das »höchste Vollbringen« eines musikalischen Werkes.[54]

Schillers Formbegriff fand also in der Musikästhetik und -theorie wenig Resonanz; weder die »mathematische« noch die »äußere« Form vermochte den Begriff einer Form zu erfüllen, »die mit der ruhigen Macht der Antike auf uns wirken« soll. Form ist innere Einheit, die in allem Einzelnen lebendig und wirksam ist.[55] Die Musikästhetik und -theorie des 18. Jahrhunderts aber bestimmte die innere Einheit als Affekt oder Gefühl; und der Affekt fiel unter den Begriff der Rezeptivität, nicht der Spontaneität.

Schelling versuchte das von Schiller formulierte Problem durch die These zu lösen, daß das Wesen der Musik, »die Musik in der Musik«, der Rhythmus sei.[56] Unter »Rhythmus« versteht Schelling musiktheoretisch dasselbe wie Forkel: das Gleichmaß der Takte, Taktgruppen und Perioden.[57] Die ästhetische Deutung aber schlägt ins entgegengesetzte Extrem um. War der Rhythmus für Forkel bloße »äußere Form«, so erscheint er bei Schelling als »innere«. Und umgekehrt wird der Empfindungsausdruck, in dem Forkel die »innere Bedeutung« der Musik sah, von Schelling zur »stoffartigen«, »bloß natürlichen Rührung« herabgesetzt.[58] Der Rhythmus, die »Einbildung der Einheit in die Vielheit«[59], sei das »plastische« Moment der Musik[60]; und sofern die Musik wesentlich Rhythmus ist[61], zählt Schelling sie zu den »bildenden«, den »plastischen« Künsten.[62]

Als »plastische«, »bildende« Tätigkeit wird das Komponieren auch von Hanslick bestimmt. Er stützte sich aber nicht auf Schelling, dessen *Philosophie der Kunst* erst 1859 gedruckt worden ist, sondern entwickelte den Begriff des »Musikalisch Plastischen« im Widerspruch gegen Hegels *Ästhetik* und Hans Georg Nägelis *Vorlesungen über Musik* aus dem Jahre 1826. Der Zusammenhang zwischen den verschiedenen Theorien, die zunächst kaum vergleichbar zu sein scheinen, ist in der Einheit eines Problems begründet: des Problems, den Widerpart zur affizierenden Wirkung der Musik zu bestimmen, ohne in die von Kant als unzulänglich durchschaute Vorstellung der »mathematischen Form« zurückzufallen.

Nägeli scheint Hanslicks These vorauszunehmen, wenn er schreibt, die Tonkunst habe »keinen Inhalt«, sondern »nur Formen, geregelte Zusammenverbindung von Tönen und Tonreihen zu einem Ganzen«.[63] Doch bildet nicht der Begriff der »Form«, sondern der des »Spiels« Nägelis zentrale Kategorie und den Gegensatz zum Affektbegriff. Die Tonkunst »strebt den Affekt hinwegzuspielen«.[64] Die Abhängigkeit von Schiller ist offenkundig; auch in Nägelis Ästhetik ist »Spiel« ein »mittlerer Zustand«[65], eine »freie Stimmung«[66] zwischen Leiden und Tätigkeit, Rezeptivität und Spontaneität. Andererseits erhält das Wort »Stimmung«, das Schiller im Sinne von »Ausgleich« verwendet, bei Nägeli eine Bedeutung, in der Schillers Begriff des Spiels und Wackenroders Beschreibung des »Wunders der Tonkunst« ineinanderfließen. Die Seele »schwebt, von diesem Formenspiel getragen, in der ganzen unermeßlichen Region der Gefühle, bald in ebbender, bald in flutender Bewegung auf und nieder«.[67] Nicht der feste Umriß plastischer Form, sondern die an »keine vorhandene Kunstregel und Kunstform« gebundene »Phantasie« bezeichnet für Nägeli »die höchste Freiheit und Idealität«.[68]

Hegel teilt das Mißtrauen gegen den blinden Affekt. Andererseits erscheint ihm die Distanzierung von der »elementarischen Macht« des Tones[69], der Übergang vom »Ergriffensein des Innern zu einem Vernehmen seiner, zu einem freien Verweilen bei sich selbst«[70], nicht als genügende Bestimmung des ästhetischen Zustands. Das »sich selbst Vernehmen«, Nägelis Auf- und Niederschweben des Gefühls, fällt unter das Urteil, »abstrakt« zu sein.[71] Daß Musik die Kunst der »abstrakten Innerlichkeit« sei, ist Hegels Variante zu Kants Vorwurf, sie sei »mehr Genuß als Cultur«. Zum »eigentlich Kunstgemäßen« erhebe sie sich erst durch einen Inhalt, durch Vermittlung der »unaufgeschlossenen Tiefe der Empfindung«[72] mit der »substantiellen inneren Tiefe eines Inhalts«.[73]

Hegels Voraussetzung, daß das »Vernehmen seiner selbst«, das auf- und niederschwebende Gefühl, abstrakt und gehaltlos sei, wurde von Hanslick übernommen.[74] Hanslicks Widerspruch aber entzündete sich an Hegels Vorstellung von musikalischer Objektivität. Nach Hegel steigert sich das »sinnliche Dasein« der Musik »nicht, wie in der bildenden Kunst, zu einem dauernden äußerlichen Bestehen im Raume und zur Anschaubarkeit einer für sich seienden Objektivität, sondern verflüchtigt umgekehrt seine reale Existenz zu einem unmittelbaren zeitlichen Vergehen derselben«.[75] Hanslick dagegen leugnet, daß zwischen Raum- und Zeitgestalten eine prinzipielle Differenz bestehe; auch die Musik sei eine plastische, eine bildende Kunst. Und als plastische Gestalt erfüllt eine »tönend bewegte Form« die Funktion, die Hegel dem Inhalt zuschrieb: der »abstrakten Innerlichkeit« eine »für sich seiende Objektivität« entgegenzusetzen. Die These »Tönend bewegte Formen sind einzig und allein Inhalt und Gegenstand der Musik« besagt also, gegen Hegel gewendet, daß musikalische Objektivität in der Form begründet sei.

Im Unterschied zu Schelling bestimmt Hanslick nicht den Rhythmus, sondern das Thema als das »plastische« Moment der Musik, als »Einbildung der Einheit in die Vielheit«. »Alles« in einem Tongebilde sei »Folge und Wirkung des Themas, durch es bedingt und gestaltet, von ihm beherrscht und erfüllt«.[76] In Hanslicks Themabegriff treffen die Bestimmungen zusammen, die in der Musikästhetik seit den 1790er Jahren die Gegeninstanzen zur »elementarischen Macht« des Tones gebildet hatten: Objektivität, innere Einheit und Spontaneität.

## »Reine, absolute Tonkunst«

Nach der herrschenden ästhetischen Auffassung, die sich im alltäglichen Wortgebrauch manifestiert, sind die Texte von Vokalwerken ein Teil der Musik. Dagegen zählt man die literarischen Vorlagen von Programmusik sowie die Zwecke, die durch funktionale Musik erfüllt werden, zu den »außermusikalischen« Momenten, die zwar mit der Musik verbunden sind, aber nicht zu deren Substanz gehören. Die »eigentliche« Tonkunst wird durch den Terminus »autonom« von der funktionalen Musik und durch den Begriff »absolut« von der Programmusik abgegrenzt. Oder genauer: Programmusik und funktionale Musik bestehen, obwohl sie ästhetisch eine Einheit von Musik und Programm oder pragmatisch ein Ganzes von Musik und Funktion bilden, in der Sprache, in der man über sie redet, aus einem »musikalischen« und einem »außermusikalischen« Teil. Und sogar die Vokalmusik gerät, wenn auch in geringerem Maße als die Programmusik, in den Zwiespalt, einerseits insgesamt als »Musik«, andererseits aber als eine Zusammensetzung von »Text und Musik« zu gelten.

Sowohl die Vokal- als auch die Instrumentalmusik kann entweder funktional oder autonom sein. Und zur autonomen Kunst gehört auch die Programmusik, die zwar von einem »Außenhalt« abhängig ist, aber in der Regel keine »außermusikalischen« Zwecke erfüllt. (Man verwirrt die Begriffe, wenn man nicht nur der autonomen Musik eine funktionale, sondern außerdem der Autonomie- eine Heteronomieästhetik entgegenstellt: Aus der doppelten Terminologie ergibt sich der paradoxe Satz, daß Programmusik eine autonome Kunst mit heteronomer Ästhetik ist.)

In den humanistischen Disziplinen ist es Tradition, dem Geist der Umgangssprache zu vertrauen, solange es irgend möglich ist, die skizzierte Struktur des Musikbegriffs erweist sich jedoch, obwohl sie scheinbar unverfänglich ist, bei einer genaueren Analyse als seltsam vertrackt.

Erstens ist im frühen 19. Jahrhundert eine Kontroverse über den Vorrang der Vokal- oder der Instrumentalmusik ausgetragen worden: darüber also, welche Gattung als die »eigentliche« Musik gelten sollte. Und der Streit ist zwar inzwischen, wie es scheint, veraltet und vergessen, wurde aber niemals entschieden oder geschlichtet: Dadurch, daß man, in positivistischem Geiste, normative Momente aus der Wissenschaft verbannt, ist das Problem zwar zum Verschwinden zu bringen, aber nicht zu lösen.

Zweitens ist die Gewohnheit, Texte bei Vokalmusik als »musikalische« oder »interne«, bei Programmusik dagegen als »außermusikalische« oder »externe« Bestandteile aufzufassen, keineswegs selbstverständlich. Eduard Hanslick jedenfalls, der die Problematik am prononciertesten darstellte, weigerte sich, der Vokalmusik einen anderen ästhetischen Status als der Programmusik einzuräumen.

Drittens besteht zwischen autonomer und absoluter Musik eine sachliche Affinität, über die man sich nicht dadurch, daß man Begriffe trennt, hinwegsetzen kann: eine Affinität, die insofern musikgeschichtlich real ist, als aus ihr rezeptionsästhetische Konsequenzen gezogen worden sind: Die Tendenz, unter der Herrschaft des Autonomieprinzips die Texte nicht nur der Programm-, sondern auch der Vokalmusik ästhetisch in den Hintergrund zu drängen, ist unverkennbar.

Viertens ist der logische Status des Begriffs der »funktionalen Musik« in einem Ausmaß, das die wissenschaftliche Brauchbarkeit des Terminus ge-Terminus gefährdet, zwiespältig und verworren. Sogar in der Ethnologie fehlt für den Sachverhalt, daß in manchen Kulturen ein abstrahierter Musikbegriff nicht existiert, sondern Musik und Funktion ein unzerlegbares Ganzes bilden, ein angemessenes Wort.

Fünftens enthält die in den zwanziger Jahren entstandene terminologische Differenz zwischen »Umgangsmusik« und »angewandter« Musik sachliche Implikationen, deren Tragweite, wie es scheint, noch kaum erkannt worden ist. Beide Kategorien erweisen sich, wenn auch mit entgegengesetzten Vorzeichen, als latent normativ.

## 1

In der musikästhetischen Umgangssprache bezeichnet man sowohl die Vokalmusik im Ganzen als auch den Teil von ihr, den man vom Text abheben kann, als »Musik«. Und der doppelte, gespaltene Wortgebrauch ist so fest eingewurzelt, daß man kaum noch empfindet, wie seltsam er streng genommen ist.

Die Abstrahierbarkeit eines Teilmoments »Musik« von einer Vokalmusik, die als Ganzes wiederum »Musik« heißt, bedeutet allerdings nicht, daß es die Instrumentalmusik ist, die das Teilmoment repräsentiert und gewissermaßen dessen Verselbständigung darstellt. Mit dem Teilmoment »Musik« für sich, losgelöst von der Vokalmusik, meint man vielmehr einen abstrakten Tonsatz, der mit der instrumental ausgeführten Musik nicht zusammenfällt.

Die Dichotomie von Vokal- und Instrumentalmusik ist — wenn man die Termini beim Wort nimmt — weniger in dem Gegensatz zwischen Textgebundenheit und Textlosigkeit als vielmehr in der Differenz zwischen der Hervorbringung durch »natürliche« und durch »künstliche Tonwerkzeuge« begründet — im Mittelalter sprach man von »musica naturalis« und »musica artificialis«. Daß pragmatisch fast immer die vokal ausgeführte Musik mit der textierten identisch ist, bedeutet keineswegs, daß sie auch logisch gleichgesetzt werden dürfen.

Den abstrakten Tonsatz, der in der älteren Musiktheroie »Harmonie« genannt wurde, muß man sich als tönendes Phänomen jenseits des Unterschieds zwischen vokaler und instrumentaler Erzeugung vorstellen. Und die Identifikation mit der absoluten — funktionslosen und nicht-programmatischen — Instrumentalmusik ist genau genommen unzulässig: eine Ungenauigkeit, an der die formalistische Ästhetik krankt. Daß die Instrumentalmusik textlos ist, besagt nicht, daß sie die »reine, absolute Tonkunst« darstellt, als die sie von Eduard Hanslick apostrophiert wurde. Zwischen Textgebundenheit oder Textlosigkeit einerseits und vokaler oder instrumentaler Ausführung andererseits besteht, wie gesagt, ein logischer Unterschied, der nicht dadurch verschwindet, daß praktisch die textgebundene Musik mit der vokalen und die textlose mit der instrumentalen in der Regel zusammenfällt (sofern man nicht die Programmusik als »textiert« bezeichnet).

Hanslicks These, die Instrumentalmusik sei eine »reine, absolute Tonkunst«, bedeutet also, wenn man sie — ein wenig pedantisch — analysiert, auf der einen Seite, daß die textlose Musik die »eigentliche« sei, und suggeriert auf der anderen, daß die Instrumentalmusik den abstrakten Tonsatz, der streng genommen jenseits der Alternative zwischen vokaler und instrumentaler Hervorbringung steht, »reiner« darstelle als die Vokalmusik. Das eine ist ein Postulat, das Epoche machte, das andere dagegen eine Verwirrung der Begriffe.

Das Postulat war polemisch gemeint. Die Behauptung Ludwig Tiecks, E. T. A. Hoffmanns, Arthur Schopenhauers und Eduard Hanslicks, daß die Instrumentalmusik die »eigentliche« Tonkunst sei, von der sich das Wesen der Musik ablesen lasse, muß als Antithese zu einer Überzeugung verstanden werden, die jahrtausendelang selbstverständlich war. Daß die Sprache — der Logos — neben der Harmonia und dem Rhythmos zu den konstitutiven Merkmalen der Musik gehöre, war ein Topos, der von der Antike bis zum 18. Jahrhundert niemals angefochten worden ist. Zwar wurde die Existenz einer selbständigen, sich formal von der Vokalmusik allmählich emanzipierenden Instrumentalmusik im 17. und 18. Jahrhundert keineswegs geleugnet oder ignoriert; aber man weigerte sich, ihr eine eigene ästhetische

Bedeutung zuzuschreiben; sie galt vielmehr, da ihr die Sprache fehlte, als defizienter Modus der Vokalmusik.

Im 19. Jahrhundert verkehrte man die Akzentuierung ins Gegenteil. Die Vokalmusik wurde, pointiert ausgedrückt, von einem Modell der Instrumentalmusik zu einer Instrumentalmusik mit »außermusikalischem« Zusatz, dem Text, herabgesetzt. Wenn Hanslick allerdings die Instrumentalmusik als »reine, absolute Tonkunst« bezeichnete, setzte er sich darüber hinweg, daß angesichts der Ausführung durch »künstliche Tonwerkzeuge« von »reiner« Darstellung eines abstrakten Tonsatzes eigentlich nicht die Rede sein konnte: Die Ästhetik der Instrumentalmusik hatte im 19. Jahrhundert, wie umgekehrt die der Vokalmusik in früheren Epochen, einen usurpatorischen Zug.

## 2

Der musikästhetische Formalismus, mit dem Eduard Hanslick 1854 Epoche machte, ist an der Oberfläche eine Polemik gegen die »verrottete Gefühlsästhetik«, im Grunde aber ein Postulat über die Grenze des Musikbegriffs. Die Ästhetik der nicht-programmatischen Instrumentalmusik, der »reinen, absoluten Tonkunst«, soll als Ästhetik »der« Musik schlechthin gelten. Daß es ästhetische Eigentümlichkeiten der Vokal- und der Programmusik gibt, durch die sie sich von der »reinen« Instrumentalmusik unterscheiden, wurden von Hanslick keineswegs geleugnet; aber er weigerte sich, aus ihnen Konsequenzen für die Ästhetik »der« Musik zu ziehen.

Man könnte ihm entgegenhalten, es sei doch eine schiere Selbstverständlichkeit, daß eine Musikästhetik, um ihren Namen zu verdienen, sowohl die Vokal- als auch die Instrumentalmusik umfassen müsse. Hanslick ist aber gegenüber dem naheliegenden Einwand des gesunden Menschenverstandes insofern im Recht, als »die« Musik zwar ein formaler, jedoch kein substantieller, inhaltlich erfüllter Oberbegriff der Vokal- und der Instrumentalmusik ist. Eine konkrete Vorstellung davon, was »die« Musik ist, kann nur entweder von der Vokal- oder der Instrumentalmusik abstrahiert werden: Man muß sich, wenn man Wirkungen »der« Musik beschreibt, entscheiden, ob man den Einfluß von Texten ein- oder ausschließt. Wer die Darstellung benennbarer Gefühle als zum Wesen »der« Musik gehörig betrachtet, redet — ob er es weiß oder nicht — von der Vokal- oder der Programmusik; wer dagegen, wie Hanslick, die Affektbestimmtheit leugnet, geht von der »reinen« Instrumentalmusik aus. Auf der Grundlage einer Theorie der Vokalmusik wäre die Polemik gegen die »verrottete Gefühlsästhetik« gar nicht möglich gewesen.

»Was die Instrumentalmusik nicht kann, von dem darf nie gesagt werden, die Musik könne es; denn nur sie ist reine, absolute Tonkunst [ . . . ] Man wird stets einräumen müssen, daß der Begriff ›Tonkunst‹ in einem auf Textworte componirten Musikstück nicht rein aufgehe. In einer Vocalcomposition kann die Wirksamkeit der Töne nie so genau von jener der Worte, der Handlung, der Decoration getrennt werden, daß die Rechnung der verschiedenen Künste sich streng sondern ließe. Sogar Tonstücke mit bestimmten Überschriften oder Programmen müssen wir ablehnen, wo es sich um den ›Inhalt‹ der Musik handelt. Die Vereinigung mit der Dichtkunst erweitert die Macht der Musik, aber nicht ihre Gränzen.«

Hanslicks Wortwahl ist suggestiv. So unverfänglich es nämlich in der musikästhetischen Umgangssprache ist, von einem Text zu sagen, er gehöre zur Musik, so schief wäre es sprachlich, von der »Dichtkunst« als einem Teil der »Tonkunst« zu reden. Doch sollte Hanslicks Rhetorik nicht darüber hinwegtäuschen, daß der Argumentation ein Zirkelschluß zugrundeliegt. Hanslick setzt voraus, daß einzig die Instrumentalmusik »spezifisch musikalisch« sei — allgemeiner: daß ausschließlich die Eigenschaften, die eine Sache für sich allein besitzt, ihr Wesen ausmachen —, um dann zu behaupten, daß darüber hinausgehende Wirkungen der Vokal- oder Programmusik nicht zu den Wirkungen der »Musik selbst« gehören.

Zählt man demgegenüber die Vokalmusik im Ganzen — den Text eingeschlossen — zu »der« Musik, so daß die Affektbestimmtheit der Vokalmusik, durch die sie sich von der Instrumentalmusik unterscheidet, einen Wesenszug der Musik »im eigentlichen Sinne« bildet, so bricht Hanslicks Ästhetik zusammen. Das Spezifische, so zeigt sich, braucht nicht immer das Wesentliche zu sein.

Die These, daß die Sprache ein »außermusikalisches« Moment sei, ist bei der Programmusik generell akzeptiert worden, im Hinblick auf die Vokalmusik dagegen nicht. Programme gelten als ästhetisch fragwürdiger »Außenhalt« einer Musik, die, was Richard Strauss leugnete, in sich selbst — als Form — nicht fest genug begründet ist. Von Vokalmusik aber erwartet man gar nicht, daß sie als »Tonkunst« ohne Text zu bestehen vermag. Mit anderen Worten: Der Programmusik macht man eine Abhängigkeit »von außen« zum Vorwurf, die bei der Vokalmusik als selbstverständlich und unbedenklich gilt.

Die Unterscheidung zwischen dem Text der Vokal- und dem der Programmmusik läßt sich, wie es scheint, dadurch rechtfertigen, daß man behauptet, der Text gehöre zwar bei Vokal-, aber nicht bei Programmusik zum »ästhetischen Gegenstand«. Die Tatsache, daß er, um ästhetisch präsent zu sein, bei Programmusik mitgelesen werden muß, statt akustisch wahrgenommen zu werden, ist jedoch nicht so ausschlaggebend, wie sie zunächst erscheint, denn das Mitlesen des Textes war im 18. und 19. Jahrhundert auch bei Vokalmusik nicht ungewöhnlich.

Einerseits läßt es sich also rechtfertigen, daß Hanslick die gesamte textierte Musik — die Vokal- ebenso wie die Programmusik — unter demselben Gesichtspunkt, dem der Affektbestimmtheit, behandelt. Andererseits zeigt sich, wenn man sich durch rhetorische Kunstgriffe nicht täuschen läßt, daß Hanslicks Ästhetik nicht deskriptiv verfährt, sondern auf einem Postulat beruht: dem Postulat, daß Texte »außermusikalische« Momente darstellen, deren spezifische Wirkungen nicht zu denen der »Musik selbst« gezählt werden dürfen.

Der Begriff des »Außermusikalischen«, von dem Hanslicks Argumentation getragen wird, ist insofern eine prekäre, zwiespältige Kategorie, als er Sachverhalte bezeichnet, die eng mit Musik verbunden sind oder waren, von denen man aber gleichwohl behauptet, daß sie nicht zur »Musik selbst« gehören. Oder genauer: Momente, die einmal konstitutive Merkmale der Musik gewesen sind, wie der Rhythmos und der Logos — die Tanzbewegung und die Sprache — in der Antike, wurden durch den Begriff des »Außermusikalischen« von der »eigentlichen« Musik ausgeschlossen, obwohl sie nach wie vor auf Musik bezogen blieben. (Man kann auch sagen, daß sie an die Peripherie des Musikbegriffs gedrängt wurden; jedenfalls wäre es absurd, unter dem »Außermusikalischen« die Gesamtheit dessen, was nicht Musik ist, zu verstehen: In gewissem Sinne gehört auch das »Außermusikalische« zur Musik.)

Der enge Musikbegriff, der Funktionen wie den Tanz und Teilmomente wie die Sprache »draußen hält«, hat als Vorstellung, die in Umlauf blieb, den Ausdruck »Tonkunst«, in dem er eine angemessene Formulierung fand Formulierung fand, überdauert. (Der Terminus »artifizielle Musik«, der an die Stelle von »Tonkunst« treten sollte, konnte sich kaum in der Bildungs- und um so weniger in der Umgangssprache durchsetzen.) So veraltet das Wort »Tonkunst« wirken mag — die Spuren der Hanslickschen Ästhetik, in deren Zentrum es stand, sind keineswegs ausgelöscht: Sogar Hörer, deren Praxis sich auf »Umgangsmusik« (Heinrich Besseler) beschränkt, neigen in der Theorie, wenn sie den Musikbegriff definieren sollen, unwillkürlich dazu, in der einen oder anderen Umschreibung auf die Bestimmtheit als »Tonkunst« zurückzugreifen.

## 3

Daß die Musikgeschichte nicht nur die Kompositions-, sondern auch die Rezeptionsgeschichte umfaßt, ist eine Feststellung, die in wissenschaftstheoretischen Erörterungen der letzten Jahrzehnte bis zum Überdruß wiederholt wurde, aus der aber einstweilen kaum wissenschaftspraktische Konsequenzen gezogen worden sind. Und es ist darum nicht überflüssig, an die Tatsache zu erinnern, daß man um 1800 dazu neigte, textlose Musik in der ästhetischen Imagination zu textieren, also die kompositionsgeschichtliche Entwicklung zur »reinen, absoluten Tonkunst« bei der Rezeption gewissermaßen rückgängig zu machen, während es im 20. Jahrhundert gerade umgekehrt üblich wurde, die Texte der Vokal- und vor allem der Programmusik zu vernachlässigen und textierte Musik in textlose zu verwandeln.

Die Tendenz, sich beim Hören von Vokal- und Programmusik am Paradigma der absoluten Instrumentalmusik zu orientieren, wirkt zunächst paradox, läßt sich aber, wie es scheint, durch die Hypothese erklären, daß zwischen autonomer und absoluter Musik eine Affinität besteht, die unter der Herrschaft des Autonomieprinzips — eines Autonomieprinzips, das auch die Programm- und einen Teil der Vokalmusik umfaßt — dazu führte, daß die absolute Musik zur ästhetischen und wahrnehmungspsychologischen Norm wurde, deren Geltung auf die textierte Musik übergriff.

Die Affinität darf nicht als einfache Korrelation mißverstanden werden: Ästhetisch autonom sind, wie gesagt, auch manche Gattungen der Vokalmusik, und umgekehrt ist ein großer Teil der Instrumentalmusik funktional gebunden. Nicht von einer festen Entsprechung ist also die Rede, sondern von einer geschichtlich begründeten inneren Nähe, die allerdings so ausgeprägt ist, daß sie zu rezeptionsästhetischen Konsequenzen von großer Tragweite führte.

Die Affinität zwischen Instrumentalmusik und ästhetischer Autonomie läßt sich — ebenso wie die entgegengesetzte zwischen Vokalmusik und Funktionalität — verständlich machen, wenn man davon ausgeht, daß es die »großen Formen« sind, an denen sich die Ästhetik einer Epoche primär orientiert, daß also die Verfahrensweisen, mit denen Zusammenhänge über weite Strecken ausgeprägt werden, rezeptionsästhetisch ausschlaggebend sind.

Bis zum 16. und im wesentlichen noch im 17. Jahrhundert waren die großen Formen der Musik einerseits vokal geprägt und andererseits funktional begründet. Es war primär der Text, der einen Zusammenhang in größeren Dimensionen verbürgte und in dem sich zugleich die geistliche oder weltliche Bestimmung eines Werkes manifestierte: Das Fundament der Struktur war auch das der Funktion. Dagegen sind die großen Formen des 18. und 19. Jahrhunderts, deren Modell und Paradigma der Sonatensatz bildet, essentiell instrumental und von »außermusikalischen« Funktionen weitgehend unabhängig.

Man kann den geschichtlichen Wandel an den Veränderungen zeigen, denen der Begriff des »Zugrundeliegenden« unterworfen war. Als »soggetto« figuriert bei Gioseffo Zarlino 1558 sowohl der Cantus firmus als auch der Text. Und zwar bildet der Text einerseits — wie der Cantus firmus — ein Gerüst der Form im Ganzen und drückt andererseits die Funktion aus, die das

Theophil Hansen: Entwurf des neuen Gebäudes der Gesellschaft der Musikfreunde in Wien (1864; Gesellschaft der Musikfreunde, Wien). Im Historismus des 19. Jahrhunderts bildete sich ein Kanon heraus, aufgrund dessen man glaubte, unter vergangenen Stilen, die man für beliebig verfügbar hielt, eine Wahl treffen zu können, die der Funktion eines Gebäudes und der Idee, die es ausdrücken sollte, in besonderem Maße adäquat war. Man baute Museen im ägyptischen Stil, Theater mit griechischer Tempelfront, gotische Kirchen und Renaissance-Schlösser. Für das Konzerthaus aber gab es keine Lösung, an die sich historische Assoziationen knüpfen ließen. Und das Gebäude der Gesellschaft der Musikfreunde erscheint mit der Staffelung einer Renaissancefassade und einer Tempelfront als Ausdruck stilistischer Verlegenheit.

Werk erfüllen soll. (In Sätzen ohne Cantus firmus, die aus aneinandergefügten Imitationsgruppen bestehen, ist der Text — bei schwacher Ausprägung einer Tonart und ungenügender Entwicklung von Mitteln, die Anfang, Mitte und Ende als »Zeiten der Form« charakterisieren — nicht selten das einzige Gerüst, das die Form im Ganzen zusammenhält: Abstrakt musikalische Verknüpfungstechniken über weite Strecken sind möglich, aber nicht notwendig, um Form zu konstituieren — daß sie oft fehlen, bedeutet keinen »Formzerfall«.)

Dem »soggetto« des 16. Jahrhunderts steht als Ausprägung des der Musik »Zugrundeliegenden« das Thema des 18. Jahrhunderts gegenüber (das zunächst gleichfalls »Subjekt« hieß). Und bei dem Terminus »Thema« assoziiert man unwillkürlich — anders als bei dem Wort »Melodie«, der Gegenkategorie zu »Thema« im 18. und 19. Jahrhundert — Instrumentalmusik. Ein Thema aber fundiert ein Werk nicht als Gerüst, das den Tonsatz trägt, sondern als Vorwurf, der ausgearbeitet wird. Mit anderen Worten: Die große Form ist seit dem 18. Jahrhundert weniger eine Struktur, die auf einem Fundament ruht, als ein Prozeß, der sich — wie Heinrich Christoph Koch sagen würde — aus einer zu Anfang exponierten »Anlage« entwickelt.

Macht man sich bewußt, daß zwischen Vokalmusik, Gerüstsatz, architektonischer Struktur und Funktionalität einerseits, Instrumentalmusik, thematischer Abhandlung, Prozessualität und ästhetischer Autonomie andererseits geschichtliche Korrelationen bestehen, die das musikalische Denken — das Denken »in« Musik — von Grund auf bestimmen, so ist es nicht erstaunlich, daß sich die von Epoche zu Epoche wechselnden Rezeptionsweisen als abhängig von den Prinzipien erweisen, die den großen Formen zugrundeliegen.

Auch Vokalmusik kann — ebenso wie Programmusik — ästhetisch autonom sein. Die kompositionsgeschichtliche Substanz der autonomen Musik bildet jedoch die »reine, absolute Tonkunst«, zu deren Wesen es gehört, große Formen — im Sinne von Abhandlungen — aus Themen zu entwickeln.

Mit der Prämisse, daß es die großen Formen einer Epoche sind, die darüber entscheiden, welche Rezeptionsweise dominiert, ist allerdings weniger die wahrnehmungspsychologische Realität als vielmehr ein herrschendes ästhetisches Postulat gemeint, das auch von denen anerkannt wird, die es nicht zu erfüllen vermögen. Daß das »Formhören« in der Regel schwach entwickelt ist, leugnet niemand, der nicht den ästhetischen Wachtraum eines Zeitalters mit der psychologischen Wirklichkeit verwechselt. Die Forderung aber, daß ein Sonatensatz als große Form und nicht als bloßes Potpourri aufgefaßt werden müsse, bleibt von den Mängeln, die der Realität des musikalischen Hörens anhaften, prinzipiell unangefochten.

## 4

Bei der Beschreibung von Kulturen, die eine funktionslose Musik nicht oder nur als Randphänomen kennen, müßte man eigentlich, um nicht einer »Verhexung« des Denkens durch die Sprache zu verfallen, den Musikbegriff so weit fassen, daß er außer dem tönenden Faktum auch dessen Zweck umfaßt. Und der erweiterte Musikbegriff wäre keineswegs eine abstrakte Konstruktion ohne historisch-philologische Rechtfertigung: Die gemessene Zeit und die Tanzbewegung waren im ursprünglichen griechischen Begriff des Rhythmos untrennbar miteinander verquickt; und der Rhythmos in seiner doppelten Bedeutung, die man noch nicht als doppelte empfand, gehörte zu den konstitutiven Bestimmungsmerkmalen des Musikbegriffs, der demnach ein funktionales Moment implizierte.

Darüber hinaus erweist sich die Formulierung, daß durch Musik »eine Funktion erfüllt« werde, bei Kulturen, denen der enge Musikbegriff der Autonomieästhetik fremd ist, streng genommen als ungenau oder schief. Musik und Funktion gehören vielmehr in einer Weise zusammen, für die man einen Oberbegriff brauchen würde, den die europäischen Sprachen nicht bereit halten. Wer von »Tanz« spricht, meint in der Regel nicht das Ganze von Musik und Bewegung, das in der Antike »Rhythmos« hieß, sondern lediglich die Bewegung, die durch eine »Musik zum Tanz« grundiert wird.

Den gesuchten Oberbegriff in dem Ausdruck »funktionale Musik« zu sehen, wäre verfehlt. In der Alltagssprache, die ein Reflex der herrschenden Denkweise ist, drückt der Terminus »funktionale Musik« keineswegs aus, daß Musik und Funktion ein Ganzes bilden; er bezeichnet oder postuliert vielmehr eine Unterordnung der Musik unter die Funktion: Das tönende Phänomen erscheint als Mittel zu einem Zweck, der außerhalb seiner selbst liegt. Das Verhältnis zwischen Musik und Funktion wird also, solange das Sprechen darüber im Mittel-Zweck-Schema befangen bleibt, nach wie vor als Relation eines »internen« Moments zu einem »externen« aufgefaßt. Zwar verlagert sich der Akzent auf das »externe«; der entscheidende Schritt, den zu vollziehen uns schwer fällt, bestünde jedoch darin, die Dichotomie zwischen »innermusikalischem« Phänomen und »außermusikalischer« Funktion aufzuheben: eine Dichotomie, die erst seit dem 18. Jahrhundert eine ästhetische Realität erfaßt.

Durch ein einziges Wort auszudrücken, daß Musik und Funktion ein Ganzes bilden, ist schwierig, weil der Ausdruck »funktionale Musik« in seinen Konnotationen durch die Autonomieästhetik geprägt ist, die er negiert; aber man sollte wenigstens versuchen, ein sprachliches Äquivalent zu einem Sachverhalt zu finden, der außerhalb Europas die Regel darstellt.

Wäre die Einheit von Musik und Funktion terminologisch faßbar, so könnte man, ohne mißverstanden zu werden, davon sprechen, daß innerhalb des Ganzen der Akzent wechselt. Solange man aber bei dem Ausdruck »funktionale Musik« an eine Musik denkt, die der Funktion untergeordnet ist, erweist es sich als fast unmöglich, beschreibend einem Typus von geselliger Musik gerecht zu werden, für den es charakteristisch ist, daß das tönende Phänomen im Vordergrund stehen kann, ohne daß er darum aufhört, ein Ganzes von Musik und Funktion zu sein.

Außer Funktionen gelten auch Texte unter den Voraussetzungen einer Autonomieästhetik, die sich an der »reinen, absoluten Tonkunst« orientiert, als »außermusikalisch«; doch erscheinen die Funktionen, wenn man sich vom Zeugnis der Alltagssprache leiten läßt, als das dem engen Musikbegriff Fernerliegende: Die Implikationen des »Rhythmos« sind im 19. Jahrhundert noch gründlicher vergessen worden als die des »Logos«. Die Kategorien »Tanzmusik« und »Vokalmusik« differieren darum in ihrer logischen Struktur. »Tanzmusik« ist eine Musik, die zum Tanzen bestimmt ist, ohne daß die Tanzbewegung — wie beim antiken Rhythmos — in den Musikbegriff eingeschlossen würde. »Vokalmusik« dagegen ist keine auf einen Text »angewandte« Musik, sondern die Sprache gehört, wenn nicht zur »eigentlichen« Musik, so doch zum »ästhetischen Gegenstand«.

Der Begriff der »funktionalen Musik« ist als Negation des ästhetischen Autonomieprinzips entstanden und trägt seine Herkunft gleichsam mit sich. Er erweist sich als inadäquat, sobald man sich auf den Boden des Bereichs stellt, den er bezeichnen soll. Kirchen- und Tanzmusik unter dieselbe Kategorie, die der »funktionalen Musik«, fallen zu lassen, ist nur möglich, solange man das Funktionale negativ bestimmt: als das nicht Autonome. Akzentuiert man dagegen die Funktionen in ihren konkreten Ausprägungen — statt der abstrakten Tatsache, daß überhaupt irgendwelche Funktionen erfüllt werden —, so treten die Unterschiede zwischen den musikalischen Gattungen in den Vordergrund. Von Funktionalität braucht, solange sie sich von selbst versteht, nicht die Rede zu sein. Und so zeichnen sich innerhalb ihres Bereichs, solange er noch das Ganze ist, schärfer die Differenzen ab, die zwischen Kirchen- und Tanzmusik unüberbrückbar erscheinen. Der Terminus »funktionale Musik« ist charakteristisch für eine Sicht von außen. Er ist die Gegenkategorie zur Autonomieästhetik in der Epoche von deren Herrschaft.

## 5

Eduard Hanslick meinte, wenn er von der »reinen, absoluten Tonkunst« sprach, die Instrumentalmusik der Wiener Klassik und der aus ihr hervorgegangenen Tradition. Die »eigentliche« Musik, wie er sie verstand, stellt das späte Resultat einer langen Entwicklung dar: einer Entwicklung, die zu einem »point de la perfection« — einem aus dem Geschichtsprozeß herausgehobenen Augenblick der Vollendung — führte.

Der »reinen« Tonkunst steht in der Sprache des Klassizismus eine »angewandte« gegenüber, deren Begriff nicht weniger als die gesamte funktionale Musik umfaßt. Das »Angewandte« aber ist das logisch Sekundäre: Der Sache, wie sie für sich erscheint, ist der Gebrauch, den man von ihr macht, nachgeordnet.

Wer von »reiner« und »angewandter« Tonkunst spricht, postuliert also eine logische Ordnung, die zur chronologischen — historischen — quer steht: Der spätere Typus, die »reine, absolute Tonkunst«, soll als der essentielle, »eigentliche« gelten, zu dem sich der frühere wie eine Vorform verhält, in der das Wesen noch eingehüllt und unentwickelt ist.

Der Versuch, eine entgegengesetzte Blickrichtung wissenschaftlich zu erproben, fiel nicht zufällig in die zwanziger Jahre, in denen man die ästhetische Bedeutung der Gebrauchsmusik zu erhöhen trachtete. Wenn Heinrich Besseler von »Umgangsmusik« im Unterschied zu »Konzertmusik« (später sagte er »Darbietungsmusik«) sprach, verkehrte er die Rangordnung, die im 19. Jahrhundert zwischen »reiner« und »angewandter« Tonkunst etabliert worden war, ins Gegenteil. Das normative Moment wurde allerdings nicht explizit akzentuiert; dennoch ist die Tendenz unverkennbar. Die Unterscheidung zwischen Umgangs- und Konzertmusik, die sich an Martin Heideggers Entgegensetzung von »zuhandenem Zeug« und »vorhandenem Ding« orientierte, war von der Vorstellung getragen, daß aus einem früheren Musikbegriff, der Musik und Funktion in unzerlegbarer Einheit umfaßte, ein späterer herausabstrahiert wurde, der die Musik von der »Lebenswelt« im Sinne Edmund Husserls abtrennte. Und dem Früheren fällt als dem »Ursprünglichen« eine nicht nur historische, sondern ontologische Priorität zu.

Dem Hanslickschen Klassizismus, der für das 19. Jahrhundert charakteristisch ist, steht bei Besseler ein »Ursprungsdenken« gegenüber, in dem sich die »Gegenaufklärung« und der Anti-Klassizismus des 20. Jahrhunderts manifestieren. Daß die »Umgangsmusik« der geschichtlich frühere Typus ist, bedeutete in einer Zeit, in der die »Wesensform« einer Sache mit deren Herkunft gleichgesetzt wurde, daß die funktionale Musik — und nicht die »reine, absolute Tonkunst« — die »eigentliche« sei.

Daß sich das »Ursprungsdenken«, das im Begriff der »Umgangsmusik« verborgen ist, und der Klassizismus, in dem die Idee einer »reinen, absoluten Tonkunst« wurzelt, als Statuierungen entgegengesetzter Normen gegenüberstehen, muß einer wissenschaftlichen Gesinnung, die nach »Wertfreiheit« verlangt, suspekt sein: Die Überzeugung, daß das Wesen einer Sprache in deren Herkunft zu suchen sei, ist ebenso wenig empirisch begründbar wie die kontrastierende Auffassung, daß das Essentielle erst auf einer späteren Entwicklungsstufe hervortrete. Und es mag naheliegen, eine neutrale, nicht durch eine Kontroverse über Wesensbestimmungen belastete Terminologie zu postulieren. Nach positivistischen Kriterien ist das Problem, ob sich das Wesen einer Sache bei ihrem Ursprung oder an einem »point de la perfection« zeige, ein bloßes Scheinproblem. Oder genauer: Daß einerseits das »Vorhandene« vom »Zuhandenen« abstrahiert und insofern sekundär ist und daß andererseits das vorhandene »Ding« das logisch Primäre darstellt, dessen Gebrauch als »Zeug« eine Anwendung von Gegebenem darstellt, ist eine Doppelseitigkeit, die sich scheinbar auch ohne Beeinflussung durch Normen formulieren läßt. In Wahrheit aber ist die Entscheidung, ob man dem existentiellen oder dem logischen Moment einen ontologischen Vorrang einräumt, unumgänglich.

Das »Ursprungsdenken« enthält insofern ein utopisches Moment, als es unterstellt, der Vorgang des Herausabstrahierens »vorhandener Dinge« aus »zuhandenem Zeug« sei revozierbar. Ist jedoch der Schritt, der eine Distanzierung und Objektivierung bedeutet, erst einmal vollzogen, so erscheinen dem Bewußtsein die »vorhandenen Dinge« unabweislich als das logisch Erste. Und analog dazu wäre zu fragen, ob nicht auch die Entdeckung des Klassizismus, daß das tönende Phänomen ästhetisch für sich — ohne einen Gebrauch, den man davon macht, und einen Zweck, den es erfüllen soll — zu existieren vermag, eine Struktur sichtbar werden läßt, die man, nachdem sie zutage getreten ist, nicht mehr auslöschen kann. Daß Hörer, deren musikalische Praxis in Gebrauchsmusik besteht, dennoch den Musikbegriff, wenn sie ihn definieren sollen, im Sinne der »reinen, absoluten Tonkunst« in Worte fassen, wäre demnach ein Zeichen dafür, daß es sich bei Hanslicks Ästhetik um die Eruierung einer Grundstruktur handelt, an deren fundamentaler Bedeutung die Tatsache, daß sie erst unter den geschichtlichen Bedingungen des Klassizismus kenntlich geworden ist, nichts ändert. Jedenfalls für uns, die »Nachgeborenen«, ist die Auffassung, daß »Musik« im tönenden Phänomen für sich besteht, nicht mehr widerrufbar.

# Sprache und Tonsprache

## 1

Die romantische Ästhetik — bei deren Unklarheiten man niemals sicher sein kann, daß sie nicht tiefsinnig sind, und deren Tiefsinn immer dem Verdacht ausgesetzt bleibt, bloße Unklarheit zu sein — verstrickte sich in das seltsame Paradox, daß die Substanz der Dichtung als »musikalisch« und umgekehrt das Wesen der Musik als »poetisch« empfunden wurde. Die Erklärung, daß die Metaphern eine Qualität bezeichnen, die Kunst von Pseudo-Kunst unterscheidet, ist zwar nicht untriftig, reicht aber aus, um verständlich zu machen, daß die Ästhetik der einen Kunst — als wäre sie an die Grenze ihrer internen Möglichkeiten gelangt — den Namen der anderen entlieh.

Die Differenz, um die es sich handelt, ist nicht die graduelle zwischen geglückten und mißlungenen Werken, sondern die prinzipielle zwischen Dichtung und Nicht-Dichtung oder Musik und Nicht-Musik. (Benedetto Croces Dichotomie von »poesia« und »non-poesia« bildet ein genaues Analogon zu Robert Schumanns Entgegensetzung von »poetischer« und »prosaischer« Musik.) Die Frage aber, die durch die Metaphern, wenn nicht beantwortet, so doch bewußt gemacht und als Problem offen gehalten werden soll, ist zweifellos in der Dichtungstheorie eine andere als in der Musikästhetik. (Schumanns Dictum, die Ästhetik der einen Kunst sei die der anderen, nur das Material sei verschieden, ist insofern, als es über Differenzen hinwegtäuscht, im schlechten Sinne »romantisch«.)

Dichter, die — wie Kleist — von einer Poetik aus dem Geiste der Musik schwärmten, waren davon fasziniert, daß Musik sich zugleich und ineins als Sprache der Gefühle und als strenger Kalkül präsentiert: als Ausdruck des Unsagbaren, für Worte Unzugänglichen (Jean Paul, *Hesperus*, 1795), und als Gegenstand einer Harmonielehre, von deren mathematischer Fundierung man überzeugt war (gleichgültig, ob zu Recht oder zu Unrecht). Die Koinzidenz der Extreme erschien als »Wunder der Tonkunst« und zugleich als dämonisches Moment (Wilhelm Heinrich Wackenroder, *Herzensergießungen eines kunstliebenden Klosterbruders*, 1797).

Dagegen war der Begriff der »poetischen« Musik im Kontext einer Ästhetik begründet, deren zentrales Problem die Rechtfertigung einer selbständigen, »absoluten« — von Texten, Programmen, liturgischen oder profanen Handlungen, szenischen Vorgängen und sogar von begrifflich bestimmbaren Affekten losgelösten — Instrumentalmusik bildete (Ludwig Tieck, *Phantasien über die Kunst*, 1799; E. T. A. Hoffmann, Rezension von Beethovens Fünfter Symphonie, 1810): einer Musik, die von sich aus, statt Sprache bloß zu begleiten und zu illustrieren, eine »Klangrede« darstellte (Johann Mattheson, *Der vollkommene Capellmeister*, 1739).

Der Begriff der »Klangrede« oder »Tonsprache« ist allerdings, so unbefangen er seit zwei Jahrzehnten gebraucht wird, nichts weniger als eindeutig und kann eine Sprache der Gefühle, eine Sprache des Unsagbaren, für Worte nicht Zugänglichen oder eine Sprache bezeichnen, die zwar Gedanken, aber spezifisch musikalische ausdrückt. Und sofern man vor einer groben ideengeschichtlichen Simplifizierung, mit der man an die Grenze des historiographisch Zulässigen gerät, nicht zurückscheut, ließe sich die Theorie der Gefühlssprache als empfindsame, die Idee eines tönenden Diskurses als klassische und die Erhebung der »reinen«, absoluten Instrumentalmusik ins Metaphysische als romantische Ästhetik charakterisieren: Musik vermag zu »rühren«, sofern sie Ausdruck eines gerührten Herzens ist (Carl Philipp Emanuel Bach, *Versuch über die wahre Art das Clavier zu spielen*, 1753); sie soll als »musikalische Logik« verstanden werden (Johann Nikolaus Forkel, *Über die Theorie der Musik*, 1777); und sie kann, als Sprache jenseits oder über der Wortsprache, zu ästhetisch-religiöser »Andacht« stimmen (Wilhelm Heinrich Wackenroder, *Herzensergießungen eines kunstliebenden Klosterbruders*, 1797).

Der Gemeinplatz, daß Musik eine Empfindungssprache sei — gefärbt durch eine Beimischung Wackenroderscher Kunstreligion, die mit anderen Sakralisierungen von Profanem das Geschick einer unaufhaltsamen Trivialisierung teilte —, bildete das Zentrum der Populärästhetik des 19. Jahrhunderts, die in Relikten — zusammen mit den Resten der sozialen Schicht, von der sie getragen wurde: des Bildungsbürgertums — bis zur Gegenwart überdauert. Dagegen ist die klassische Musikästhetik, die von der Vorstellung einer musikalischen Logik und eines tönenden Diskurses ausging, kaum angemessen rezipiert worden: Eduard Hanslick, der sie in publizistisch wirksamer, wenn auch polemischer Form darstellte (*Vom Musikalisch-Schönen*, 1854), erregte Anstoß, statt als Theoretiker der klassischen Überlieferung anerkannt zu werden. Die Interpretation wurde, wegen einiger pointierter Formulierungen, als destruktiv empfunden.

Das Bildungsbürgertum, dessen Ästhetik einerseits, wie man meinte, vom imaginären Museum klassischer Meisterwerke inspiriert war und umgekehrt dazu diente, die Einrichtung eines festen Repertoires, wie es das 18. Jahrhundert noch nicht kannte, zu begründen und zu rechtfertigen, sträubte sich andererseits gegen das musikalische »Bildungswissen«, ohne dessen Aneignung und Gebrauch doch streng genommen die klassische Tradition, in deren Besitz man sich sicher und bestätigt fühlte, zu einem wesentlichen Teil unzulänglich blieb. (Charakteristisch für die Ambivalenz gegenüber dem, was Forkel »musikalische Logik« nannte und Friedrich Schlegel mit einer philosophischen Meditation verglich, ist der seltsame Sachverhalt, daß Robert Schumann seine eigene detaillierte Strukturanalyse der Berliozschen *Symphonie fanstastique* als bloße anatomische »Section« abtat, also als eigentlich kunstfremd verdächtigte, so daß man nicht weiß, ob man die abstoßende Metapher oder aber die Tatsache, daß Schumann die Analyse überhaupt schrieb und publizierte, als ausschlaggebend ansehen soll.)

Die musikalische Klassik ist während des ganzen 19. Jahrhunderts im Zeichen der romantischen — oder romantisch-empfindsamen — Ästhetik, der Ästhetik Wackenroders, Tiecks und E. T. A. Hoffmanns, rezipiert worden, obwohl die grundlegenden Kategorien einer klassischen Musikästhetik, wenn auch verstreut und wenig entwickelt, bereit lagen. Und sofern die Rekonstruktion dessen, was fragmatisch und halb latent blieb, historiographisch dringlicher ist als die bloße Wiederholung des ohnehin Populären und durch Popularität Verschlissenen, dürfte es gerechtfertigt sein, statt der Kategorie des »tönenden Gefühls« (Friedrich Theodor Vischer) — die noch bei Hugo Riemann, obwohl er als Theoretiker eine »musikalische Logik« postulierte, das Zentrum der Ästhetik bildete — den Begriff des »musikalischen Gedankens« — als zentrale Kategorie der klassischen Interpretation des Sprachcharakters der Musik — in den Vordergrund zu rücken.

## 2

In der Theorie der Tonsprache, die Eduard Hanslick 1854 in Umrissen skizzierte, erscheint der Sprachcharakter der Musik als Verhältnis zwischen »Gedanken«, die durch Töne ausgedrückt werden, und »Sätzen«, in denen sie Gestalt annehmen. »In der Musik ist Sinn und Folge, aber musikalische; sie ist eine Sprache, die wir sprechen und verstehen, jedoch zu übersetzen nicht im Stande sind. Es liegt eine tiefsinnige Erkenntnis darin, daß man auch in Tonwerken von ›Gedanken‹ spricht, und wie in der Rede unterscheidet da das geübte Urteil leicht echte Gedanken von bloßen Redensarten. Eben so erkennen wir das vernünftig Abgeschlossene einer Tongruppe, indem wir sie einen ›Satz‹ nennen.« Das »vernünftig Abgeschlossene« resultiert in der einfachen Periodenstruktur, die Hugo Riemann als »normatives Grundschema« der musikalischen Syntax beschrieb, aus motivischer Analogie der Halbsatzanfänge einerseits und harmonischer Komplementarität der Halbsatzschlüsse andererseits. Und sowohl Motiv- als auch Akkordbeziehungen fielen unter den Begriff der »musikalischen Logik«, dessen Erklärung und Rechtfertigung allerdings bei harmonischen Strukturen leichter gelingt als bei diastematisch-rhythmischen. Daß sich ein Akkord als tönendes Phänomen von der harmonischen Funktion unterscheiden läßt, die er im Zusammenhang einer Tonart erfüllt, leuchtet unmittelbar ein: Die Differenz zwischen dem akustisch Präsenten und dem musikalisch Repräsentierten ist offenkundig. Dagegen war die Trennung zwischen einer wahrnehmbaren Außen- und einer logischen Innenseite der Melodik, die Heinrich Christoph Koch 1787 im zweiten Band seines *Versuchs einer Anleitung zur Composition* unternahm, mit Schwierigkeiten belastet, durch die sie sich dem Verdacht aussetzte, bloße Metaphorik zu sein.

Koch vergleicht unter dem »logischen Gesichtspuncte« die beiden Phrasen eines musikalischen Satzes mit einem Subjekt und einem Prädikat. »Der in den ersten zwey Tacten desselben enthaltne Hauptgedanke oder das Subject desselben« erhalte »durch die zwey folgenden Tacte oder durch ein Prädicat eine gewisse Richtung, eine gewisse Bestimmung. Wem dieses zu subtil oder zu spitzfindig zu seyn scheint, der versuche es, die zwey letzten Tacte auf verschiedene Arten anders zu bilden, das ist, mit dem Subjecte andere Prädicate zu verbinden.« Ohne daß sie den Implikationen der Termini »Subjekt« und »Prädikat« gerecht würde, besagt Kochs Beschreibung doch zumindest, daß insofern, als der Sinn des Anfangs von der Fortsetzung abhängt, ein unveränderliches Moment der ersten Phrase — die Tongestalt — von einem veränderlichen — der musikalischen Bedeutung — unterscheidbar ist. Auch die Melodik ist demnach, nicht anders als die Harmonik, »zweischichtig«: Der Sinn einer Phrase ist ebenso vom motivischen Kontext abhängig wie die harmonische Funktion eines Akkords vom tonalen Zusammenhang.

Daß die Übertragbarkeit des Unterschieds zwischen Wortlaut und Bedeutung bereits genügt, um den Begriff der »Tonsprache« zu rechtfertigen, steht allerdings nicht so fest, wie Koch meinte. Und ob sie als ausreichend gelten soll oder nicht, läßt sich wahrscheinlich nicht systematisch-generell, sondern nur historisch-kasuell — im Hinblick auf eine bestimmte Sprachauffassung und eine entsprechende Entwicklungsstufe des musikalischen Denkens als eines Denkens »in« Musik — entscheiden und plausibel machen.

Von Hanslicks Formbegriff, der zentralen Kategorie seiner Ästhetik, ist die Richtung ablesbar, in der die sprachphilosophischen Prämissen, die der Idee der Tonsprache zugrundeliegen, gesucht werden müssen. Hanslicks Beschreibung bleibt zwar insofern vage und zwiespältig, als sie einerseits die schlichte Interpretation zuläßt, daß Form die Erscheinungs- oder Ausdrucksform eines Gedankens sei, und andererseits an die scholastische Kategorie der »forma formans«, der von innen heraus hervorbringenden Form erinnert. Wesentlich ist jedoch die entscheidende Akzentuierung der geistigen Tätigkeit, die im tönenden Phänomen Gestalt annimmt. »Der Begriff der ›Form‹ findet in der Musik eine ganz eigentümliche Verwirklichung. Die Formen, welche sich aus Tönen bilden, sind nicht leere, sondern erfüllte, nicht bloße Linienbegrenzung eines Vacuums, sondern sich von innen heraus gestaltender Geist.« »Das Componieren ist ein Arbeiten des Geistes in geistfähigem Material.«

## 3

Die Möglichkeit, von musikalischen Gedanken zu reden, die in einer musikalischen Sprache ausgedrückt werden, setzte ideengeschichtlich einerseits eine Sprachtheorie voraus, die statt des Objektbezugs sprachlicher Äußerungen deren Form hervorhob, und zeichnete sich andererseits aufgrund der Herausbildung kompositorischer Verfahrensweisen ab, die eine Unterscheidung zwischen musikalischen Gedanken und den Tongestalten, in denen sie erscheinen, nahelegten oder sogar erzwangen. Mit anderen Worten: In der Korrelation zwischen dem Gegenstand, auf den sich ein Gedanke bezieht, dem Gedanken selbst und dem Wortlaut, in dem er Gestalt annimmt, mußte einerseits der Objektbezug, den die Musik nicht kennt, in den Hintergrund treten und andererseits die Unterscheidung zwischen Wortlaut und Bedeutung, die in der Musik zwar möglich, aber nicht zu allen Zeiten selbstverständlich ist, bestimmend für das musikalische Denken werden.

In Wilhelm von Humboldts Abhandlung *Über die Verschiedenheiten des menschlichen Sprachbaues*, die vermutlich in den späten 1820er Jahren entstand, ist in dem Kapitel »Von der Natur der Sprache« ausschließlich von Wechselwirkungen zwischen Gedanke und »Tonsystem« (dem System der Phoneme), nicht vom Gegenstand sprachlicher Äußerungen die Rede. Und der grundlegende Paragraph enthält nicht einen einzigen Satz, der nicht ohne Änderung auf die Tonsprache übertragbar wäre. »Die Sprache ist das bildende Organ des Gedankens. Die intellectuelle Thätigkeit, durchaus geistig, durchaus innerlich, und gewissermaßen spurlos untergehend, wird durch den Ton der Rede äußerlich und wahrnehmbar für die Sinne, und erhält durch die Schrift einen bleibenden Körper. Das auf diese Weise Erzeugte ist das Gesprochene und Aufgezeichnete aller Art, die Sprache aber der Inbegriff der durch die intellectuelle Thätigkeit auf diesem Wege hervorgebrachten und hervorzubringenden Laute, und der nach Gesetzen, Analogieen und Gewohnheiten, die wiederum aus der Natur der intellectuellen Thätigkeit und des ihr entsprechenden Tonsystems hervorgehen, möglichen Verbindungen und Umgestaltungen in dem Ganzen alles Gesprochenen oder Aufgezeichneten enthalten sind. Die intellectuelle Thätigkeit und die Sprache sind daher Eins und unzertrennlich von einander; man kann nicht einmal die Erstere als das Erzeugende, die andre als das Erzeugte schlechthin ansehen. Denn obgleich das jedesmal Gesprochene allerdings ein Erzeugnis des Geistes ist, so wird es doch, indem es zu der schon vorher vorhandenen Sprache gehört, außer der Thätigkeit des Geistes, durch die Laute und Gesetze der Sprache bestimmt, und wirkt, indem es gleich wieder in die Sprache überhaupt übergeht, wieder bestimmend auf den Geist zurück.«

Daß es absurd wäre, vom Gegenstandsbezug der Wortsprache schlechterdings zu abstrahieren, braucht kaum gesagt zu werden. Andererseits ist jedoch eine Sprachtheorie, für die das Objekt sprachlichen Ausdrucks nicht fertig — vor aller Sprache — gegeben ist, sondern erst durch die Sprache — als Einheit von »intellectueller Thätigkeit« und »Tonsystem« — geformt und konstruiert wird, musikästhetisch brauchbarer als eine primär gegenstandsbezogene Auffassung, in der die Sprache als bloßes Abbild einer bereits feststehenden Struktur der Welt erscheint.

Ist demnach die Tonsprache keine genaue und vollständige Entsprechung der Wortsprache, so ist sie ihr dennoch unter den Prämissen des Zeitalters der Klassik in genügendem, den Begriff des »Sprachcharakters« der Musik rechtfertigendem Maße analog, wenn man an der Wortsprache die relative

Selbständigkeit der Sprachform gegenüber der Objektwelt betont — also die Differenz zwischen den Erfahrungs- und Gedankenwelten, die durch voneinander verschiedene Sprachen ausgedrückt und konstituiert werden — und sofern es andererseits gelingt, in der Musik eine ähnliche Unterscheidbarkeit und Wechselwirkung zwischen »intellectueller Thätigkeit« und »Tonsystem« nachzuweisen, wie sie Humboldt als konstitutiv für die Sprache ansah und wie sie Hanslick in der Musik zu erkennen glaubte, ohne daß er allerdings einen Versuch unternahm, seine Hypothese analytisch einzulösen.

## 4

Unter einem musikalischen Gedanken versteht man im allgemeinen, ohne den Terminus mit ästhetischen Reflexionen zu belasten, nichts anderes als ein Thema, das den Gegenstand und Ausgangspunkt thematisch-motivischer Arbeit oder entwickelnder Variation bildet. Der Begriff des »Themas« ist jedoch vertrackter, als er in der musiktheoretischen Umgangssprache erscheint; und daß es keine überflüssige Pedanterie ist, von der Tongestalt eines Themas den dahinter stehenden musikalischen Gedanken zu unterscheiden, also den Terminus in ein reales und ein intentionales Moment zu zerlegen, zeigt sich spätestens, wenn man versucht, das Substrat zu bestimmen, das der thematisch-motivischen Arbeit — oder der entwickelnden Variation, wie das Verfahren von Arnold Schönberg genannt wurde — zugrundeliegt.

Musikalische Form- und Strukturanalysen, die einem Thema oder Motiv dessen Varianten gegenüberstellen und den thematischen Prozeß als Entwicklung interpretieren, beruhen auf der scheinbar unverfänglichen, in Wahrheit jedoch problematischen Prämisse, daß die Grundgestalt, die am Anfang steht, gegenüber späteren Abwandlungen einen prinzipiellen Vorrang besitzt. Nimmt man den Begriff der Entwicklung beim Wort, so besagt er, daß die zeitliche und die substantielle Nähe oder Ferne miteinander übereinstimmen. Und die Zeichen, mit denen man Varianten chiffriert — $a^1$ $a^2$ $a^3$ $a^4$ —, suggerieren durch Nicht-Unterscheidung zwischen der chronologischen und der logischen Ordnung eine solche Konvergenz. Die Implikation, daß das zeitlich Frühere zugleich das sachlich Näherliegende sei, ist jedoch nichts weniger als selbstverständlich. Und daß Musik ein Vorgang in der Zeit ist, zwingt keineswegs dazu, ausschließlich Verknüpfungen nach dem simplen Schema, daß das Zweite aus dem Ersten und das Dritte aus dem Zweiten folgt, für möglich zu halten: Die Gedächtnisleistung, die man braucht, um im chronologisch Späteren das logisch Frühere zu erkennen, ist gering oder jedenfalls zumutbar. Die Variante $a^2$ kann, obwohl sie $a^3$ vorausgeht, durchaus die inhaltlich entlegenere sein.

Außerdem steht die »eigentliche« Fassung eines musikalischen Gedankens nicht immer an erster Stelle, und bei manchen Werken — wie dem ersten Satz der d-Moll-Klaviersonate opus 31,2 von Beethoven — ist es zweifelhaft, ob eine »eigentliche« Ausprägung, die als »Bezugsgestalt« der übrigen fungiert, überhaupt existiert. (»Bezugsgestalt« ist die in der Enzyklopädie *Die Musik in Geschichte und Gegenwart* vorgeschlagene Interpretation des Themabegriffs: eine Interpretation, die dem dominierenden Wortgebrauch, aber nicht immer der musikalischen Realität entspricht.) Es ist durchaus möglich, daß die »Urgestalt« erst am Ende erscheint oder daß die verschiedenen Gestalten, die ein musikalischer Gedanke annimmt, »nur aufeinander bezogen« sind (um Schönbergs Definition der Zwölftonreihe zu zitieren und zugleich anzudeuten, daß die musikalische Denkform, die der Dodekaphonie zugrundeliegt, im Bereich der thematisch-motivischen Prozesse bereits früher ausgeprägt war).

Unter der Voraussetzung aber, daß die Formulierung, in der ein Thema erscheint, nicht die primäre oder zentrale zu sein braucht und daß es eine primäre oder zentrale manchmal gar nicht gibt, ist es unabweislich, thematische Strukturen — ebenso wie harmonische — als »zweischichtig« aufzufassen. Von der Tongestalt, die der Notentext fixiert, muß der musikalische Gedanke unterschieden werden, der im akustisch realen Phänomen nicht aufgeht und manchmal ausschließlich als das gemeinsame Modell verschiedener Ausprägungen oder Varianten bestimmt werden kann. (Daß die thematische Struktur nicht in einer Grundform, sondern einzig in wechselnden Gestalten präsent ist, stellt den besonderen Fall dar, der den allgemeinen Sachverhalt am deutlichsten zeigt.)

Neben der Art von thematischem Prozeß, die der Terminus »Entwicklung« bezeichnet, bleiben demnach, wenn man zwischen Tongestalt und musikalischem Gedanken unterscheidet, die Möglichkeiten offen, daß

1. die logische Ordnung von der chronologischen abweicht, also die substantiell nähere Variante die zeitlich entferntere ist oder umgekehrt (was zur Verdoppelung des analytischen Chiffrensystems zwingt);
2. die »eigentliche« Gestalt eines Themas nicht am Anfang steht, sondern erst allmählich, im Verlauf des Satzes, entsteht;
3. eine primäre Ausprägung des musikalischen Gedankens, die eine »Bezugsgestalt« späterer Varianten darstellt, gar nicht existiert und statt dessen ein Zusammenhang zwischen »nur aufeinander bezogenen« Phänomenen — gleichsam zwischen »Variationen ohne Thema« — die musikalische Form bestimmt;
4. Motive, die zunächst unabhängig voneinander und ohne erkennbaren inneren Zusammenhang exponiert wurden, sich durch spätere Angleichung aneinander als Bestandteile ein und derselben thematischen Konfiguration erweisen.

Die Unterscheidung zwischen Tongestalt und musikalischem Gedanken bildet demnach ein Korrelat zu der Differenz zwischen chronologischer und logischer Ordnung, die zu den Eigentümlichkeiten komplizierterer sprachlicher Gebilde gehört: Die Reihenfolge der Teile in der logischen Tiefenstruktur von Sätzen oder Satzkomplexen ist in der grammatischen Oberflächenstruktur nicht selten partiell verschoben oder sogar ins Gegenteil verkehrt. Und daß man von den Motivbeziehungen in der Instrumentalmusik seit dem 18. Jahrhundert dasselbe behaupten kann, ist vielleicht die triftigste Rechtfertigung der Gewohnheit, Musik als Tonsprache zu bezeichnen, die Gedanken ausdrückt, »aber musikalische«.

## Das »Verstehen« von Musik und die Sprache der musikalischen Analyse

### 1

In dem *Fragment über Musik und Sprache*, dem Eröffnungsstück des Bandes *Quasi una fantasia*, schrieb Theodor W. Adorno: »Sprache interpretieren heißt: Sprache verstehen; Musik interpretieren: Musik machen.«[77] Es wäre absurd, Adorno zu unterstellen, er spiele das bloße »Machen« von Musik gegen eine Reflexion aus, die ein Werk begreifend zu durchdringen versucht. Der Satz zielt vielmehr auf einen »Vollzug« von Musik, der über ein sprachanaloges »Verstehen« hinausreicht, statt hinter ihm zurückzubleiben. »Musikalische Interpretation ist der Vollzug, der als Synthesis die Sprachähnlichkeit festhält und zugleich alles einzelne Sprachähnliche tilgt.«[78]

Die Abgrenzung sprachlichen »Verstehens« von musikalischem »Vollzug« ist allerdings prekär. Auch das »Verstehen« von Sprache ist zunächst, solange die Verständigung im Gespräch nicht auf Hindernisse stößt, durch die sie unterbrochen wird, ein unreflektierter »Vollzug«; man »versteht« eine Sprache, wenn man sich — um mit Wittgenstein zu reden — ein »Sprachspiel« als ein Stück »Lebensform« zu eigen gemacht hat. (Um Adorno zu parodieren: Eine Sprache verstehen heißt: sie gebrauchen.) Dagegen setzt das reflektierte »Verstehen«, das ein Hermeneut meint, wenn er vom »Verstehen eines Textes« spricht, innere Distanz zum Gesprochenen oder Geschriebenen voraus, das der Hörer oder Leser nicht mehr unmittelbar, in direktem Zugriff, sich anzueignen vermag, sondern gleichsam durch »Übersetzung« sich begreiflich machen muß. Die Verständigung als einfacher »Vollzug« geht über in eine »Interpretation«, die eine »Kunst« — deren »Kunstlehre« die Hermeneutik ist — darstellt. Das primäre, »natürliche« Verstehen wird durch ein sekundäres, »artifizielles« abgelöst.

Die Unterscheidung zwischen »Vollzug« und »Interpretation«, durch die sich der Begriff des Verstehens in einen Doppelbegriff spaltet, ist in der Musik nicht weniger triftig als in der Sprache. Das Verstehen von Musik ist zunächst, sowohl beim Hören als auch beim Spielen, ein unreflektierter »Vollzug«. Man gibt sich nicht Rechenschaft, sondern »hält« sich gleichsam »auf« in einem Zusammenhang von Tönen, der — nicht anders als ein »Sprachspiel« — ein Stück »Lebensform« bildet.

»Verstehen« aber bedeutet: »Verstehen von etwas als etwas«. Und das »etwas«, »als« das Musik »verstanden« werden soll, scheint sich dem Zugriff, der es dingfest machen möchte, zu entziehen. Man kann sogar zweifeln, ob es überhaupt sinnvoll ist, bei einer begriffs- und gegenstandslosen Kunst wie der (nicht-programmatischen) Instrumentalmusik von »Verstehen« zu sprechen.

Was in alltäglicher Sprache mit dem Begriff des »Verstehens von Musik« gemeint ist, zeigt sich weniger bei einer »semantischen« als bei einer »pragmatischen« Analyse: bei einer Beschreibung der Situationen, in denen von einem »Verstehen von Musik« die Rede ist. Sagt man in der Umgangssprache, in der Relation Spieler—Hörer oder Lehrer—Schüler, ein Stück Musik sei »verstanden« oder »nicht verstanden« worden (vom Spieler oder vom Hörer), so ist in der Regel nichts anderes gemeint als ein adäquates Erfassen oder Darstellen des nicht oder nicht genau Notierten. Besteht Übereinstimmung darüber, daß das Tempo, das für das Stück gewählt wurde, angemessen war, daß die Gliederung in Phrasen und Perioden deutlich hervortrat, die Hauptstimme sich von den Nebenstimmen plastisch abhob und die agogischen Dehnungen und rhetorischen Akzente weder vernachlässigt noch übertrieben wurden, so gilt die Musik als »verstanden«, ohne daß über ihren »Sinn« eine verbale Äußerung notwendig gewesen wäre. Das Prädikat »verstanden« drückt aus, daß über die Darstellung dessen, was nicht in den Noten steht, Einverständnis herrscht. Erst wenn die Übereinstimmung gestört ist oder aussetzt — das Verhältnis zwischen Spieler und Hörer ist mit der Situation des Gesprächs, an der das Funktionieren von Sprache beobachtet werden kann, durchaus vergleichbar —, muß das »Verstehen«, für das der »Vollzug« genügte, durch ein »Verstehen«, das auf (verbaler) »Interpretation« beruht, ergänzt und unterstützt werden.

Die scheinbar vertrackte (oder aber nichtssagende) Formel, daß Musik — genauer: »absolute« Musik — »nichts als sich selbst bedeute«, impliziert einerseits, daß der tönende Vorgang, das akustische Ereignis, überhaupt eine »Bedeutung« hat oder ausspricht — statt sich in sich selbst zu erschöpfen —, daß man also in der Musik zwischen Präsentem und Repräsentiertem unterscheiden kann, besagt aber andererseits, daß die »Bedeutung« eine musikalische, nicht eine außermusikalische sei. Eine Akkordprogression als Tonika—Subdominante—Dominante—Tonika zu hören, ist, um mit Carl Stumpf zu reden, »eine Sache der Auffassung und des beziehenden Denkens«, und es ist eine durchaus unmetaphorische, dem Sachverhalt angemessene Ausdrucksweise, von einem musikalischen »Verstehen« zu sprechen, durch das »etwas« — das akustisch Gegebene, physikalisch Meßbare — »als etwas« — als funktionale Kadenz — erfaßt wird. Und zwar braucht ein Hörer, um den tonalen Funktionszusammenhang zu »verstehen«, die Namen der Akkordbedeutungen und das Stück Theorie, das sie implizieren, nicht zu kennen: Die Fähigkeit, zwischen regulären und sprachwidrigen Gebilden zu unterscheiden, setzt keineswegs ein Bewußtsein syntaktischer Kategorien voraus. So schwierig es ist, genau zu bestimmen, was der Ausdruck »Bedeutung von Akkorden« besagt, und so begründet das Mißtrauen gegenüber dem Begriff des »objektivierten Geistes« sein mag — daß es sich weder um eine bloße Theorie »über« die Sache, die lediglich »Eingeweihten« zugänglich ist, noch ausschließlich um eine Gewöhnung an eingeschliffene Formeln handelt, die mit irgendwelchen anderen — nach genügend langem Gebrauch ebenso plausiblen — vertauschbar wären, dürfte feststehen. Die »Bedeutungen« sind einerseits aus Möglichkeiten (nicht Zwängen erwachsen, die in der »Natur der Sache« liegen, und sind andererseits geschichtlich, durch Tradition konstituiert.

Die Umgangssprache, die das adäquate Erfassung oder Darstellen von nicht Notiertem als ein »Verstehen« von Musik begreift, ist ungenau und dennoch sinnvoll: ungenau, weil unter der Kategorie des »nicht Notierten« akustisch greifbare, »reale« Gegebenheiten wie agogische Dehnungen und rhetorische Akzente mit »nicht-realen«, »intentionalen« Momenten wie den Ton- und Akkordfunktionen zusammengeworfen werden; dennoch sinnvoll, weil es sich sowohl bei den Vortragsdifferenzierungen als auch bei den Ton- und Akkordbedeutungen um Merkmale handelt, auf denen der Eindruck der »Sprachähnlichkeit« von Musik beruht. Das »Verstehen« von »nicht Notiertem« erscheint demnach als ein »Verstehen« der Musik als »Tonsprache«.

## 2

Der Topos, daß Musik eine Sprache sei, ist so oft benutzt oder mißbraucht worden, daß die Gereiztheit, mit der manche Ästhetiker dazu neigen, ihn als schief abzutun, durchaus verständlich erscheint. Andererseits darf die Zähigkeit, mit der er sämtliche Anfechtungen, denen er ausgesetzt war, überdauerte, als Zeichen — wenn auch nicht als Beweis — dafür gelten, daß er eine Funktion erfüllt, in der er kaum ersetzbar ist. Charakteristisch ist, daß Eduard Hanslick die Metapher zwar einerseits als irreführend verwarf[79], sie aber andererseits nicht entbehren mochte[80], so daß er von Hans Heinrich Eggebrecht[81] als Verteidiger, von Günter Mayer[82] dagegen als Kritiker des Begriffs der »Tonsprache« zitiert werden konnte.

Hanslicks divergierende Äußerungen haben allerdings nicht gleiches Gewicht. Das Argument, das er der Analogie von Musik und Sprache entgegensetzte, fällt zurück hinter die Einsicht in deren Verwandtschaft, die er in der Abhandlung *Vom Musikalisch-Schönen* zuvor erreicht hatte. »Der wesentliche Grundunterschied besteht aber darin, daß in der Sprache der Ton nur Mittel zum Zweck eines diesem Mittel ganz fremden Auszudrückenden ist, während in der Musik der Ton als Selbstzweck auftritt.«[83] Die Behauptung ist unanfechtbar, sofern sie auf nichts als den Gemeinplatz zielt, daß die Musik — die »absolute« Musik — eine begriffs- und gegenstandslose Kunst ist. Sie ist jedoch irrig, wenn sie besagen soll, daß in der Musik kein Unterschied zwischen Präsentem und Repräsentiertem — zwischen dem akustisch Gegebenen und dessen musikalischer Bedeutung — bestehe. Hanslick spricht vom »Ton«, als habe er seine eigene Einsicht vergessen, daß der Ausdruck in der Sprache lediglich das Lautmaterial, in der Musik aber sowohl das »reale« als auch das »intentionale« Moment — sowohl das Erklingende als auch dessen (musikalische) Funktion — bezeichnet.

Daß die Gegenstandslosigkeit der Musik deren Sprachähnlichkeit verringert, so daß lediglich von einer partiellen Analogie die Rede sein kann, ist kaum zu leugnen. (Die »neudeutsche« Doktrin, wie sie am deutlichsten von Wagner 1857 in dem offenen Brief *Über Franz Liszts symphonische Dichtungen* formuliert wurde, ist primär eine Theorie der Vokal- und der Programmusik, so daß die Divergenz der Meinungen zum Teil in den Gegenständen, auf die sie sich beziehen, begründet ist.) Setzt man jedoch voraus, daß die durchgängige (nicht nur sporadische) Ausprägung eines Unterschieds zwischen Präsentem und Repräsentiertem genügt, um die Charakterisierung der Musik als »Sprache« zu rechtfertigen — und wer die Voraussetzung bestreitet, wäre gezwungen, eine Lyrik, die »gegenstandslos« ist, ohne daß die Wörter ihre »Bedeutung« einbüßen, vom Begriff der »Sprache« auszuschließen —, so ist der Terminus »Tonsprache« keineswegs bloß die vage Metapher, als die er oft geschmäht worden ist, sondern vielmehr eine triftige Umschreibung des Sachverhalts, daß Musik, analog zur Sprache oder »als« Sprache, »mehrschichtig« ist: daß das tönende »Material«, das akustisch Gegebene, einen »Sinn« ausdrückt. Hanslick sprach sogar, nicht anders als später Arnold Schönberg, von »musikalischen Gedanken«: »In der Musik ist Sinn und Folge, aber musikalische; sie ist eine Sprache, die wir sprechen und verstehen, jedoch zu übersetzen nicht im Stande sind. Es liegt eine tiefsinnige Erkenntnis darin, daß man auch in Tonwerken von › Gedanken ‹ spricht, und wie in der Rede unterscheidet da das geübte Urteil leicht echte Gedanken von bloßen Redensarten.«[84] Die Nicht-Übersetzbarkeit von Musik, die Untrennbarkeit musikalischen Sinns von der Formulierung, durch die er ausgedrückt wird, bedeutet zwar eine Schmälerung, aber keine Aufhebung des Sprachcharakters. (Nicht sämtliche konstitutiven Merkmale eines Begriffs müssen bei allen Gegenständen, die unter den Begriff fallen, gegeben sein — um Ludwig Wittgenstein[85] zu zitieren: »Statt etwas anzugeben, was allem, was wir Sprache nennen, gemeinsam ist, sage ich, es ist diesen Erscheinungen gar nicht Eines gemeinsam, weswegen wir für alle das gleiche Wort verwenden, — sondern sie sind mit einander in vielen verschiedenen Weisen verwandt. Und dieser Verwandtschaft wegen nennen wir sie alle ›Sprachen‹.«)

Die Sprachähnlichkeit der Musik, die es erlaubt, von einer Verwandtschaft zwischen Musik und Sprache oder von Musik »als« einer »Sprache« zu reden, muß primär als geschichtliches Phänomen — als Resultat einer Entwicklung, in der die Musik zunächst mit Sprache verbunden war, um dann selbst als Sprache zu erscheinen — begriffen werden.

Hanslicks Einwand, »daß, wo es sich um das Specifische einer Kunst handelt, ihre Unterschiede von verwandten Gebieten wichtiger sind, als die Ähnlichkeiten«[86], ist insofern brüchig, als es eine Tautologie mit einem Irrtum verquickt: die Tautologie, daß »Unterschiede« hervortreten, wenn man das »Specifische« einer Sache beschreibt, mit dem Irrtum, daß die Merkmale, durch die sich eine Kunst von anderen unterscheidet, prinzipiell die ausschlaggebenden Momente seien, die ihr Wesen ausmachen. (Hegel, gegen den Hanslick insgeheim polemisiert, hatte das Gegenteil behauptet.) Und zwar ist Hanslicks These aus historischen Gründen fragwürdig: Sie widerspricht der Tendenz der geschichtlichen Entwicklung. Die »Emanzipation der Instrumentalmusik«, als deren theoretischer Reflex Hanslicks Ästhetik der »absoluten« Musik erscheint (die »verrottete Gefühlsästhetik«, die er bekämpfte, war primär eine Ästhetik der Vokalmusik, der Oper und des Liedes), bedeutete gerade nicht, daß sich die Musik in sich selbst als »tönend bewegte Form« zurückzog, sondern daß sie sich ohne Schmälerung ihres Kunstcharakters und ihres ästhetischen Anspruchs von der Sprache trennen konnte, weil sie selbst zu einer Sprache geworden war, die einen »Sinnzusammenhang« darstellte, statt sich bloß als »angenehmes Geräusch« zu präsentieren (um an das Vorurteil der Ästhetik des 18. Jahrhunderts gegen die Instrumentalmusik zu erinnern). Es ist das »Spezifische« der Musik, auch der »absoluten«, in entscheidenden Merkmalen nicht »spezifisch« musikalisch zu sein.

## 3

Die Sprache, »als« die Musik erscheint, ist nicht unabhängig von der Sprache, »in« der über Musik geredet wird. (Die Literatur über Musik ist zweifellos, so geringschätzig manche Praktiker von der »nachhinkenden« Theorie und Ästhetik denken, nicht nur ein Dokument über die Musikgeschichte,

Music Hall in Cincinnati (1896). Daß ein Konzertsaal, dessen Proportionen nach akustischen Kriterien bestimmt wurden, sich an der Außenseite als Kirche präsentiert — wenn auch mit seltsam niedrigen Türmen, die aussehen, als habe man sie wegen ihrer Funktionslosigkeit klein gehalten —, ist zweifellos als Ausdruck der Idee gemeint, die man seit Schleiermacher »Kunstreligion« nannte. Die Mode aber, auch das Triviale — Bahnhöfe, Kasernen oder Gefängnisse — pompös zu verkleiden, war gegen Ende des Jahrhunderts selbst so trivial geworden, daß ein Konzertsaal, wenn er sich gotisch verhüllte, den Verdacht erweckte, ein Bahnhof zu sein.

sondern ein Teil von ihr.) Einer der Zugänge zur »Sprache« der Musik ist darum eine Analyse der Sprache von Texten über Musik.

Sprache ist nicht nur eine Ansammlung von Namen für Dinge und Eigenschaften von Dingen, sondern ein System von Zeichen, deren grammatischer Zusammenhang darauf zielt, einem gegenständlichen Zusammenhang — einem Relationsgefüge in der Sache selbst — zu entsprechen. Die Unterschiede und Beziehungen zwischen den sprachlichen Zeichen sind als Korrelate zu Unterschieden und Beziehungen zwischen den bezeichneten Gegenständen und Merkmalen gemeint.

Untersucht man unter dem Gesichtspunkt der intendierten, aber nicht immer erreichten Entsprechung von gegenständlicher und grammatischer Struktur die Sprache musikalischer Analysen, so zeigt sich als deren auffälligstes Merkmal eine Substantivierung, von der nicht feststeht, ob oder in welchem Maße sie in der Sache begründet ist oder auf einer »Verhexung durch die Sprache« beruht. In Walter Riezlers[87] Analyse des ersten Satzes der *Eroica* von Beethoven, einer durchaus nüchternen Beschreibung ohne pseudo-poetische Ausschweifungen, wechselt nahezu von Satz zu Satz das grammatische Subjekt, als dessen »Tätigkeit« die Musik erscheint. Subjekt ist entweder der Komponist (der ein Thema »aufstellt« oder einen Satz »abschließt«) oder der Hörer (der sich in einer Tonart »befindet«), entweder die Musik im ganzen (die sich »durch einen Engpaß hindurchzwängt«) oder ein Instrument (das eine Melodie »vorträgt«), ein Thema (das zu einem Ton immer wieder »zurückkehrt«) oder ein Intervall (das einen Zentralton »umkreist«). Die Symphonie präsentiert sich demnach, wenn man die Beschreibung beim Wort nimmt, abwechselnd als Werk des Komponisten, als Geschehen, in das sich der Hörer hineinversetzt, als Hervorbringung von Instrumentalisten, als Vorgang, der sich aus sich selbst bewegt, oder als »Drama«, dessen Akteure Themen und Motive sind.

Die Beschreibung ist jedoch zweifellos nicht als Aufforderung gemeint, während des Hörens der *Eroica* ständig den Gesichtspunkt zu wechseln. Vielmehr könnte die Analyse, ohne ihre Substanz einzubüßen, umformuliert werden: Ob das Instrument, das ein Thema vorträgt, oder das Thema selbst das grammatische Subjekt des Satzes bildet, der den Sachverhalt beschreibt, ist, wie es scheint, gleichgültig. Und manchmal schließen sich die ästhetischen Gesichtspunkte, die Riezlers Sprache andeutet, ohne sie eigentlich zu meinen, geradezu aus: Musik kann schwerlich zugleich als Werk des Komponisten und als Vorgang, der sich aus sich selbst bewegt, aufgefaßt werden. (Daß sie das Werk eines Komponisten »ist«, besagt nicht, daß sie immer als solches im ästhetischen Bewußtsein präsent sein müsse: daß stets die Herkunft ein Teilmoment der ästhetischen Gegenwart sei.) Die grammatische Struktur der Analyse ist also, wie bereits die flüchtigste Untersuchung zeigt, kein Korrelat der ästhetischen Gestalt, in der sich das Werk als Gegenstand musikalischer

Wahrnehmung präsentiert, sondern das Resultat eines Zwanges zur Substantivierung, der von der Sprache, und zum Wechsel der Substantivierungsformen, der von den humanistischen Stilregeln ausgeht.

In der ursprünglichen Erfahrung von Musik, die man durch das Abtragen sprachgebundener Schichten der musikalischen Wahrnehmung zugänglich machen kann, ist, wie es scheint, die Subjekt-Prädikat-Relation, die aus der grammatischen Struktur des Redens über Musik stammt, nicht enthalten. Die Sprache, in der musikalische Analysen formuliert werden, verdeckt den Sachverhalt, daß Musik zunächst als subjektloser Vorgang erscheint; die Substantivierung ist eine Überformung der primären Art und Weise, in der tönende Phänomene gegeben sind. (Daß der Wechsel der Substantivierungsformen in der Riezlerschen Beschreibung nicht stört und kaum auffällt, obwohl die Willkür offenkundig sein dürfte, ist ein Zeichen dafür, daß die Substantivierung als »uneigentlich« empfunden und darum nicht beim Wort genommen wird.)

Von bloßer »Verhexung durch die Sprache« zu reden, wäre jedoch eine Übertreibung. Eine Überformung, wie sie der musikalischen Wahrnehmung durch sprachgebundene, reflexive Momente widerfährt, braucht keine Verfälschung oder Verzerrung zu sein. Und daß ein bestimmter Typus von musikalischer Erfahrung als der primäre und zunächst naheliegende erscheint, besagt keineswegs, daß er der einzig angemessene und ästhetisch legitime sei. Daß dem Ursprünglichen das letzte Wort gehören müsse, ist ein Vorurteil, das weniger in der Natur der Sache als in dem »Unbehagen an der Kultur« begründet sein dürfte, von dem im 20. Jahrhundert sogar die Schulphilosophie befallen wurde.

Die Substantivierung von Musik ist, obwohl sie mit der primären, unmittelbaren Erfahrung kontrastiert, ästhetisch durchaus ernst zu nehmen. (Und nicht der Rückgriff auf die Subjekt-Prädikat-Relation als solche, sondern deren unreflektierter, willkürlicher Gebrauch wäre der Sprache musikalischer Analysen vorzuwerfen.) Die ästhetischen Gesichtspunkte, die durch die zitierten Riezlerschen Formulierungen angedeutet werden, sind sämtlich in musikalischen Erfahrungen begründet: wenn nicht in »ursprünglichen«, so doch in geschichtlich geprägten.

Daß die Vorstellung des Komponisten als eines handelnden Subjekts sich in die ästhetische Kontemplation eindrängt, ist durchaus verständlich und nahezu unvermeidlich bei symphonischen Sätzen, deren Verlauf weniger aus sich selbst als vielmehr durch Eingriffe »von außen«, durch ständig neue Impulse bewegt zu werden scheint. Und die Gewohnheit, von der »Geschichte eines Themas« zu sprechen, als handle es sich um die Entwicklung eines Charakters — eine Gewohnheit, die Komponisten wie Arnold Schönberg mit Ästhetikern wie August Halm teilen —, liegt bei Werken, deren innerer Zusammenhalt auf thematischer Arbeit und »entwickelnder Variation« beruht, so nahe, daß die Vermeidung der Metapher eher gezwungen wirken würde als deren Gebrauch. Die Substantivierung ist also, sofern Erfahrungen wie die des »eingreifenden« Komponisten oder des »sich entwickelnden« Themas gemeint sind, durchaus nicht »uneigentlich«, sondern adäquat.

Sie ist Ausdruck einer tiefgreifenden geschichtlichen Veränderung der Musik im späteren 18. Jahrhundert: einer Veränderung, die durch die Sprache, in der über Musik reflektiert und geredet wurde, zwar nicht hervorgeht, aber zweifellos beeinflußt wurde. Die Ablösung des spätbarocken »style d'une teneur« durch einen »diskontinuierlichen« musikalischen Satz[88], dessen Verlauf ständigen »Eingriffen« unterworfen ist, ferner die »Emanzipation« der Instrumentalmusik und der Beginn eines »Zeitalters der thematischen Prozesse« (Karl Heinrich Wörner) sowie schließlich die Entstehung einer ästhetisch-analytischen Literatur, die das in Musik eingeschlossene »Denken« explizit zu machen versucht (der Terminus »musikalische Logik« wurde 1788 von Johann Nikolaus Forkel geprägt), sind verschiedene Momente desselben Vorgangs. Die sekundäre, den ursprünglichen Wahrnehmungsmodus überformende Substantivierung der ästhetischen Vorstellung — Voraussetzung analytischer Formulierungen, deren grammatische Struktur, mindestens partiell, in der Sache begründet und nicht bloßes Vehikel einer »Verhexung durch Sprache« ist — erscheint als Korrelat einer »emanzipierten« Instrumentalmusik, aus der ein Subjekt zu reden scheint und die sich andererseits als »Geschichte« oder sogar als »Drama« der Themen begreifen läßt, einer Instrumentalmusik, die sich von der Wortsprache ohne Einbuße an ästhetischer Bedeutung zu trennen vermochte, weil sie selbst sprachähnlich geworden war.

Der ständige Wechsel der Substantivierungen, der die grammatische Struktur der Riezlerschen Analyse als gegenständlich inadäquat, also als »uneigentlich« erkennbar machte, erscheint, wenn die Subjekt-Prädikat-Relation — zwar nicht immer, aber manchmal — ästhetisch beim Wort genommen werden soll, als Mangel, der vermieden werden müßte. Er ist jedoch kein Zufall oder ein bloßes Resultat von Nachlässigkeit, sondern vielmehr Ausdruck einer unlösbaren Schwierigkeit: der Schwierigkeit, daß Vorstellungen, die sich logisch ausschließen, wie die eines »eingreifenden« Komponisten und die eines »Dramas« der Themen, in der ästhetischen Erfahrung, wenn auch schattenhaft, gleichzeitg gegeben sein können. Der willkürliche Austausch der Satzsubjekte, das logische Ärgernis der Riezlerschen Beschreibung, stellt demnach sozusagen den verqueren Reflex einer paradoxen Simultaneität divergierender Bestimmungen dar, einer Simultaneität, die zwar sprachlich kaum faßbar, aber ästhetisch in der musikalischen Wahrnehmung dennoch real ist.

## 4

Die moderne Hermeneutik, wie sie durch Hans-Georg Gadamers Abhandlung *Wahrheit und Methode* am sichtbarsten repräsentiert wird, geht von dem Gedanken aus, daß das Verstehen von Sachverhalten durch die Sprache nicht allein ausgedrückt, sondern überhaupt erst konstitutiert werde.[89] Sprache formuliert nicht nachträglich Bestimmungen, die bereits vorsprachlich verstehbar wären, sondern erscheint als Bedingung von Verstehbarkeit schlechthin.

Eine Sprachkritik, wie sie Heinrich Schole[90] gegen August Halms[91] Analyse des ersten Satzes der d-Moll-Sonate opus 31,2 von Beethoven richtete — Schole warf Halms Beschreibung »Mythologie und Wortdialektik« vor —, zielt also zugleich auf den Typus von musikalischem Verstehen, den Halms Sprache repräsentiert.

Der Anfang der Sonate — der gebrochene Dreiklang im Largo (Takt 1), das Kontrastmotiv im Allegro (Takt 3), die transponierte Wiederkehr des Largomotivs (Takt 7), die Extension des Allegromotivs (Takt 9) und die Exposition des Hauptthemas (Takt 21) — erscheint in Halms »energetischer« Terminologie als ein »Kräftespiel«: »Das Anfangsthema, ein Akkord, schreitend wie eine langsame Melodie, barg einen andern Gegensatz in sich. Aufwärts gehend, verkündet es ein Streben, das es aber in das Gewand der Ruhe verbirgt; sein ihm unmittelbar folgendes Gegenspiel war Verharrenwollen im Habit der Hast. Das wird nun im nächsten Verlauf richtiggestellt; und zwar so, daß die Eindeutigkeit errungen wird. Das hastige Wesen wird aus seinem Zirkel« — gemeint ist, daß es »von a anhebend, auf dasselbe a zurückkommt«[92] — »befreit, es stürmt weit aus den anfänglichen Grenzen hinaus; an seiner Kraft nimmt nun auch das Anfangsthema teil: und das ist sein ›Sich-durchsetzen‹ im 21. Takt.«[93]

Halm versteht das Largomotiv, den gebrochenen Dominantsextakkord, als Vorform des Hauptthemas, und seine Analyse, deren Sprache Schole befremdete, ist nichts anderes als ein Versuch, das »Hervorgehen« des Hauptthemas aus dem rudimentären Ansatz als das Resultat eines musikalischen »Diskurses« zu begreifen: einer Auseinandersetzung zwischen den zu Anfang exponierten Tempo- und Motivcharakteren.

Scholes Kritik, so einleuchtend sie zunächst erscheint, ist insofern borniert, als Schole die einzelnen Motive isoliert, um dann mühelos demonstrieren zu können, daß kein Hörer, der die Halmsche Analyse nicht kennt, aus dem Merkmalkomplex Largo—gebrochener Dominantsextakkord—Aufwärtsbewegung ein »Streben im Gewand der Ruhe« heraushört.[94] Die Polemik verfehlt, als Argumentation »von außen«, Halms Intention: die Absicht, musikalischen Zusammenhang in Worte zu fassen. Nicht »an sich«, außerhalb des Kontextes der d-Moll-Sonate, repräsentiert das Largomotiv ein »Streben im Gewand der Ruhe« und das konstrastierende Allegromotiv ein »Verharren-wollen im Habit der Hast«, sondern ausschließlich unter dem Gesichtspunkt, daß durch Vermittlung des Allegro aus dem Largomotiv das Hauptthema hervorgeht. Das Allegromotiv erscheint, wie Halm es ausdrückt, als »verstärkender Gegensatz«; es bildet »die Materie« — den Widerstand —, »deren die Kraft« — die Entwicklungstendenz vom Largomotiv zum Hauptthema — »bedarf, um zu wirken, um sich erst selbst« — als das Thema, das im Largomotiv vorgezeichnet ist — »zu fühlen«.[95] Halm versucht durch eine metaphorische Sprache — die Schole als »mythologisierend« empfand — eine musikalische Entwicklung fühlbar zu machen, die durch eine schlicht deskriptive Terminologie — etwa durch die triviale Feststellung, daß das Hauptthema wie das Largomotiv eine Akkordbrechung ist und wie das Kontrastmotiv im Allegro steht — nicht adäquat zu erfassen wäre. Und wenn er von einem Gegensatz, einer Gespaltenheit des Largomotivs »in sich« spricht, so ist nichts anderes gemeint, als daß unter dem Gesichtspunkt einer »Entwicklung« vom Largomotiv als Voraussetzung zum Hauptthema als Ziel zwischen den Bestimmungsmerkmalen Largo—stationärer Akkord einerseits und Aufwärtsbewegung—gebrochener Dominantsextakkord andererseits eine innere Gegensätzlichkeit empfunden werden kann: ein Moment der Unruhe und des Unaufgelösten, das eine Fortsetzung und Konsequenz verlangt oder herausfordert. Dem Anfang wächst vom Resultat her eine Bedeutung zu, die er von sich aus nicht hatte; am akustisch Gegebenen werden auf Grund des formalen Zusammenhangs andere Merkmale pointiert als bei isolierter Wahrnehmung.

Die »Entwicklung«, die Halm in Worte faßte und durch seine Worte als musikalisches Phänomen bewußt machte, ist kein Sachverhalt, der »in den Noten steht«: In den Allegropartien zwischen Largomotiv und Hauptthema ist das Largomotiv weder explizit noch in Andeutungen enthalten, so daß von »entwickelnder Variation«, die vom Anfang zum Thema führt, nicht die Rede sein kann. Will man dennoch begreiflich machen, daß das Allegro bis Takt 20 keine bloße Introduktion zu einem Thema (Takt 21) bildet, dessen Dreiklangsbrechung an die des Largomotivs erinnert, sondern daß vielmehr das »Hervorgehen« des Hauptthemas aus dem Largomotiv durch das kontrastierende Allegromotiv und dessen Extensionen vermittelt wird, so ist eine Redeweise, die sich dem Verdacht der »Mythologisierung« und der »Wortdialektik« aussetzt, nahezu unvermeidlich. Begreift man das Komponieren, das »Arbeiten des Geistes in geistfähigem Material«[96], als musikalisches »Denken«, so erscheint das Verstehen von Musik, der hörende und lesend-hörende Nachvollzug, als »Denken des Gedachten«. Und das Denken »über« Musik ist von dem Denken »in« Musik nicht so schroff geschieden, wie die Verächter von Theorie und Ästhetik, die das »Musik-Machen« eifersüchtig vor dem Zugriff der Reflexion zu schützen versuchen, glauben oder zu glauben behaupten. Man versteht Musik genauer, wenn man die Mühe nicht scheut, sich die Struktur der Sprache, in der über sie geredet wird, bewußt zu machen.

## ÜBER DIE »VERROTTETE GEFÜHLSÄSTHETIK«

Die Gefühlsästhetik, die Eduard Hanslick 1854, im Vorwort zu der Abhandlung *Vom Musikalisch-Schönen,* »verrottet« nannte, präsentiert sich ein Jahrhundert später immer noch als vorherrschende Popularphilosophie der Musik. Und musikalische Hermeneutik ist zu einem nicht geringen Teil Auslegung und Paraphrasierung der Affekte, Gefühle, Ausdruckscharaktere und Stimmungen, von denen man glaubt, daß sie den Gehalt der Musik ausmachen. Im allgemeinen Bewußtsein des Musikpublikums — dessen Kategorien ein Historiker nicht ignorieren darf, von denen er vielmehr ausgehen muß, um sie zu differenzieren, aufzuheben oder zu verwerfen — ist der analytische Ansatz mit der Ästhetik des Formalismus, der hermeneutische mit der Inhaltsästhetik verknüpft. Man mag die Dichotomie als unglückliche Spaltung — als ein Stück »schlechtes neunzehntes Jahrhundert« — empfinden, muß sie jedoch als geschichtliches Faktum hinnehmen: als ästhetische Denkform, die Musikgeschichte gemacht hat.

Daß die Gefühlsästhetik der unablässigen, von Verachtung getragenen Polemik, der sie ein Jahrhundert lang ausgesetzt war, standgehalten hat — zwar eingeschüchtert, aber nicht entkräftet (sie wird eher praktiziert, als daß man sich zu ihr bekennt) —, braucht zwar keineswegs ein Zeichen für die Untriftigkeit der Argumente zu sein, die ihr entgegengehalten wurden: Sachliche Stringenz von Einwänden und soziale Wirkungslosigkeit schließen sich nicht aus. Daß der philosophische Urteilsspruch über die Gefühlsästhetik vom Musikpublikum nicht vollstreckt wurde, ist aber jedenfalls ein Anlaß, die Gründe, auf denen er beruht, noch einmal zu untersuchen. Nicht, daß neue Argumente zu erhoffen wären; über die alten zu reflektieren, ist jedoch, so verschlossen sie erscheinen mögen, nicht überflüssig. Denn die »verrottete Gefühlsästhetik« ist keineswegs tot und abgetan; und es ist nicht ausgeschlossen, daß sie die Einwände, mit denen ihr das ästhetische Daseinsrecht bestritten wird, überdauert.

### 1

Der Drang, sich durch Musik in eine Stimmung oder Gestimmtheit versetzen zu lassen, fordert den Argwohn heraus, daß die Musik lediglich als Vehikel mißbraucht werde, um einen Zustand herbeizuführen, in dem die Stimmung selbst — und nicht die Musik — den Gegenstand der Aufmerksamkeit und des Genusses bildet. Der Hörer wendet sich, statt auf das musikalische Werk gerichtet zu sein, auf sich selbst zurück; er versenkt sich in den eigenen Gefühlszustand, der durch Musik ausgelöst wurde, ohne daß sich das tönende Phänomen für das Bewußtsein des »Stimmungshörers« — der kein Zuhörer, sondern ein »Nebenbei-Hörer« ist — als Werk, als ästhetisches Objekt konstituiert.

Daß ein Typus ästhetischer Wahrnehmung in ein Extrem getrieben werden kann, in dem er ins Gegenteil seiner selbst — in nicht-ästhetische Wahrnehmung — umschlägt, ist allerdings kein genügender Grund, um den Typus insgesamt zu verwerfen. So abgenutzt und heruntergekommen das Wort »Stimmung« erscheinen mag: Es sollte — durch eine geringe Anstrengung des historischen Bewußtseins — möglich sein, sich den früheren Sinn wieder zu eigen oder wenigstens aus der Distanz verständlich zu machen und das ursprünglich Gemeinte in seiner ästhetischen Legitimität zu erkennen. Stimmung ist, als ästhetisches Moment, eine Gefühlslage, die man zu erreichen sucht, damit man Musik als „abgesonderte Welt für sich selbst" (Ludwig Tieck) zu erfassen vermag, sie gleicht einer Hülle, mit der sich die musikalische Wahrnehmung umgibt, um sich gegenüber der Außenwelt abzuschirmen und das musikalische Gebilde als »isoliertes, abgeschlossenes Werk« — nach Walter Benjamin das »höchste Wirkliche der Kunst« — zu erfahren. Die melancholische oder heitere Färbung der Gefühlslage ist ein durchaus sekundäres Moment gegenüber dem Grundphänomen, daß man sich überhaupt in eine ästhetische, zur Rezeption von Musik als ästhetischem Gegenstand geeignete Stimmung oder Gestimmtheit versetzt fühlt. Stimmung oder Gestimmtheit ist also keine ästhetisch verwerfliche Alternative zur Wahrnehmung musikalischer Gebilde als Werk und Struktur, sondern gerade umgekehrt eine der tragenden Voraussetzungen für die Konstitution jener »Welt«, in der sich ein ästhetischer Gegenstand überhaupt erst als solcher zu zeigen vermag.

## 2

Daß die Gefühlsästhetik und die Hermeneutik lediglich subjektiv, die Formästhetik und die Strukturanalyse dagegen objektiv fundiert seien, ist eine Behauptung, die durch beharrliche Repetition mit dem Schein des Selbstverständlichen ausgestattet wurde, über das man nicht nachzudenken braucht. Dennoch ist sie fragwürdig. Ohne daß man zu Reflexionen darüber, was mit den Ausdrücken »subjektiv« und »objektiv« überhaupt gemeint sei, gezwungen wäre — zu Reflexionen, die rasch ins Unwegsame geraten würden

—, kann an den einfachen Sachverhalt erinnert werden, daß musikalische Strukturmerkmale ebenso wenig wie expressive Züge zum akustischen Substrat der Musik, zur tönenden Realität gehören: Sowohl die Formen als auch die Ausdruckscharaktere sind vielmehr intentionale Momente. Ob ein Akkord die Dominante oder die Tonika repräsentiert und ob ein Tonabstand als motivisches oder als totes Intervall fungiert, ist »Sache der Auffassung und des beziehenden Denkens«, um mit Carl Stumpf zu reden: Resultat kategorialer Formung der akustischen Materie. Sind demnach musikalische Strukturen nicht so objektiv, wie die Anhänger einer naiven Widerspiegelungstheorie meinen, so ist andererseits die Gefühlsästhetik nicht so subjektiv, wie sie in der Projektionstheorie erscheint. Sowohl Struktur- als auch Gefühlsmomente konstitutieren sich in einer Subjekt-Objekt-Relation, die sich phänomenologisch als Intentionalität beschreiben läßt, und die Differenzen, die im musikästhetischen Parteienstreit zu sich ausschließenden Gegensätzen auseinandergezerrt wurden, sind in Wahrheit bloße Gradunterschiede. Es wäre an der Zeit, die nutzlose Polemik über Prinzipien durch die leidenschaftslose Untersuchung von Abstufungen zu ersetzen.

Wer ein Stück Musik als melancholisch empfindet, meint nicht, daß es melancholisch »sei«, sondern daß es »so wirke«. Und zwar mutet es melancholisch an, ohne daß der Hörer selbst melancholisch gestimmt sein müßte und ohne daß er dazu gezwungen wäre, aus dem Eindruck von Melancholie auf einen vergangenen Seelenzustand des Komponisten zu schließen. Die Melancholie erscheint als — intentionale, nicht reale — Bestimmung der Musik selbst, als Bestimmung allerdings, die dem ästhetischen Gegenstand erst zuwächst, wenn er von einem fühlenden Hörer wahrgenommen wird. Der Ausdruckscharakter inhäriert, phänomenologisch betrachtet, dem Objekt, aber ausschließlich in der aktuellen Relation zu einem Subjekt.

## 3

Der Gefühlsästhetik wurde immer wieder entgegengehalten, das expressive Moment, in dem sie das Wesen der Musik suche, sei in zu geringem Maße intersubjektiv — »subjektiv allgemein«, um mit Kant zu reden —, jedenfalls in geringerem als die Strukturmerkmale, auf die sich die Formästhetik stützt, um den Kunstcharakter musikalischer Werke zu bestimmen. Die Argumentation muß allerdings — wenn die Auseinandersetzung nicht zum schiefen Dialog werden soll, dessen Repliken quer zueinander stehen, statt ineinanderzugreifen — entwirrt werden, und zwar dadurch, daß man das empirisch-deskriptive Moment — die Behauptung über Grade von Intersubjektivität — vom metaphysisch-normativen — von den Thesen über das Wesen oder den Kunstcharakter von Musik — trennt: Der — vermutete oder experimentalpsychologisch festgestellte — Mangel der Gefühlsgehalte an Intersubjektivität wäre kaum von Interesse, wenn es sich lediglich um einen peripheren, beiläufigen Effekt von Musik und nicht — nach dem Anspruch der Gefühlsästhetik — um das Wesen der Musik als Kunst handeln würde. (Hanslick machte es der Gefühlsästhetik nicht allein zum Vorwurf, daß sie ein vages, bloß intermittierendes, nicht durchgängiges Merkmal zur Wesensbestimmung der Musik erhebe, sondern wandte vor allem ein, daß die Gefühlswirkung von Musik, so eindringlich sie sein möge, ästhetisch, für die Definition des Musikalisch-Schönen, irrelevant sei.)

Kann man über den normativen Aspekt der Argumentation zwar streiten, aber nicht (im scholastischen Sinne des Wortes) disputieren (den Streit begründet entscheiden), so bedarf andererseits die empirische Behauptung über den Mangel an Intersubjektivität — ohne daß sie bestritten werden soll — eines historischen Kommentars. Das mitfühlende Verständnis für musikalisch dargestellte Affekte war im 18. und 19. Jahrhundert an ästhetisch-soziale Voraussetzungen gebunden, die zu einem großen Teil verloren gegangen sind: Es scheint, als sei das Vokabular der musikalischen »Empfindungssprache« (Johann Nikolaus Forkel) durchaus »intersubjektiv« verstanden worden, weil sich erstens die Werke in den Grenzen einer einzigen musikalischen Sprache hielten — Musik aus früheren Stilepochen kannte man kaum —, zweitens das Publikum, in dessen Umkreis man sich intersubjektiv über musikalische Gefühlsgehalte verständigte, klein war und von gleichen oder ähnlichen Bildungsvoraussetzungen getragen wurde und drittens die musikalische Sprache auf Traditionen beruhte, die allmählich entstanden waren und nur zögernd und partiell durchbrochen wurden.

## 4

Von der Expressivität der Musik — von den Affekten, die durch sie dargestellt werden, den Ausdruckscharakteren, die an ihr haften, und den Gefühlswirkungen, die von ihr ausgehen — ist abwechselnd behauptet worden, daß sie »bestimmter« und daß sie »unbestimmter« seien als die Charakteristik von Gefühlen durch die Wortsprache. Der musikästhetische Parteienstreit ist allerdings ein schiefer Dialog. Denn der Begriff der »Unbestimmtheit« besagt, daß ein musikalisch ausgedrücktes Gefühl gegenstandslos, ein Affekt »in abstracto« (Schopenhauer) sei und daß ein Gefühl, dessen Gegenstand nicht bestimmt werde, auch selbst unbestimmt bleibe. Mit der These dagegen, daß musikalischer Gefühlsausdruck zu bestimmt sei, als daß er in Worte übersetzt werden könne, ist gemeint, daß er Gefühlen bis in Verästelungen und Modifikationen nachgehe, die der Wortsprache — außer in wenigen lyrischen Augenblicken — unerreichbar seien.

Der Schein, es handle sich um These und Gegenthese, ist demnach eine Täuschung. Unbestimmtheit durch Gegenstandslosigkeit und Bestimmtheit im Sinne von Differenzierung schließen sich keineswegs aus; und man könnte geradezu behaupten, daß der musikalische Ausdruck an Konnotationen gewinne, was er an Denotationen verliert.

Andererseits ist in der skizzierten Explikation der Bestimmtheit musikalischen Ausdrucks der Vergleich mit der Wortsprache untriftig. Setzt man voraus (und nichts anderes läßt sich rechtfertigen), daß Ausdruckscharaktere, die an der Musik selbst haften — nicht reale Gefühle des Komponisten oder des Hörers —, den eigentlichen Gegenstand der Gefühlsästhetik bilden, so zeigt sich, daß die Gefühle, derer sich die Musik mit der von Mendelssohn gerühmten Bestimmtheit bemächtigt, keineswegs Regungen sind, die auch außerhalb der Musik und ohne sie existieren und deren tönendes Abbild die Musik wäre, sondern Qualitäten, die erst als durch Musik ausgeprägte Gefühle überhaupt Gefühle sind. Daß sie sich nicht in Sprache übersetzen lassen, daß die Sprache sie nicht erreicht, bedeutet demnach nichts anderes, als daß sie das, was sie sind, einzig in musikalischer Ausdrucksform zu sein vermögen, und besagt keineswegs, daß bei der Charakteristik realer Gefühle die Wortsprache, weil sie ärmer und undifferenziert sei, hinter der Musik zurückbleibe. Musik ist nicht die bestimmtere Darstellung von auch sprachlich faßbaren Regungen, sondern der andere Ausdruck anderer Gefühle.

## 5

Daß sich Ausdruckscharaktere, die an einem musikalischen Gebilde haften, nicht zulänglich in Sprache übersetzen lassen, ist ein — entweder apologetisch benutzter oder polemisch gewendeter — Gemeinplatz, an dem niemand mehr zweifelt, seit die von Hermann Kretzschmar und Arnold Schering entwickelten Methoden musikalischer Hermeneutik als fragwürdig erkannt wurden. Die gewöhnliche, durch Simplizität bestechende Erklärung aber, daß die Unübersetzbarkeit aus der Unbestimmtheit — also der Gegenstandslosigkeit — resultiere, dürfte irrig sein. Denn Übersetzungen zielen nicht auf die Gegenstände oder Sachverhalte, die durch Wörter oder Sätze bezeichnet werden, sondern auf die Bedeutung und den Sinn. Die Gegenstandslosigkeit der Musik kann demnach kein Hindernis für eine Übersetzung von Bedeutungen — sofern sie gegeben sind — sein.

Versteht man das in Töne gefaßte Gefühl als Bedeutung eines musikalischen Motivs, so ist musikalischer Ausdruck gerade umgekehrt wegen seiner Bestimmtheit, die eine spezifisch musikalische Bestimmtheit ist, unübersetzbar. Sofern ein musikalisch ausgedrücktes Gefühl erst durch den musikalischen Ausdruck überhaupt zu dem Gefühl wird, als das es sich zeigt, ist eine Transformation in Sprache ausgeschlossen.

Andererseits ist musikalischer Gefühlausdruck ohne ein psychisches fundamentum in re nicht denkbar; das musikalisch geprägte Gefühl, die »tönende Innerlichkeit«, ist zwar ein anderes, aber kein schlechthin anderes Gefühl als das alltäglich reale. Die Anknüpfung an — »in letzter Instanz« — psychisch Reales ist ebenso unumgänglich wie in hermetischer Dichtung der Konnex mit der Umgangssprache. Der ästhetisch entscheidende Vorgang aber, der den Kunstcharakter der Gebilde ausmacht, ist die Entfernung von der Realität des Gefühls oder der Umgangssprache.

Das Wort »melancholisch« ist eine karge Abbreviatur für den Ausdruckscharakter eines Stücks Musik, das melancholisch anmutet. Die Sprache der Hermeneutik verfährt abstrahierend, die Musik dagegen individualisierend. Hanslick betonte die Differenz, teilte aber andererseits mit der Gefühlsästhetik, gegen die er polemisierte, eine brüchige Voraussetzung: Er identifizierte das Gefühl in abstracto, das durch ein Wort bezeichnet werden kann, mit dem durch Musik überhaupt erreichbaren Gefühlsgehalt, um schließen zu können, daß die Individualisierung der Musik nicht eine Differenzierung des Ausdruckscharakters bedeute, sondern als »rein musikalisches« Moment aufzufassen sei.

## 6

Hanslicks Polemik gegen die »verrottete Gefühlsästhetik« stützte sich weniger auf Tatsachen, die man beschreiben kann, als auf Normen, für die man sich entscheiden muß. Hanslick leugnete weder die Gefühlswirkungen, die von Musik manchmal ausgehen (er ironisierte sie lediglich), noch die Möglichkeit, daß Komponisten oder Interpreten durch Töne »sich selbst ausdrücken«. Er behauptete jedoch, daß das expressive Moment für die Bestimmung des Musikalisch-Schönen ohne Bedeutung sei. (Das Rückgrat von Hanslicks Abhandlung bildet eine These über das Musikalisch-Schöne, nicht eine Beschreibung der Rezeption von Musik.)

Das Musikalisch-Schöne muß nach Hanslick »rein musikalisch« erfaßt werden. Hanslick war ein Dogmatiker der absoluten Musik, ein Anhänger der (bereits von E. T. A. Hoffmann und Hans Georg Nägeli formulierten) Maxime, daß man von »der« Musik nur behaupten dürfe, was für die Instrumentalmusik (ohne Programm) zutreffe. Die Einschränkung des Musikbegriffs auf das tönende Faktum — die Gewohnheit, Texte, Programme und dargestellte Affekte als »außermusikalische« Zutaten zu bezeichnen — ist jedoch nichts weniger als selbstverständlich. Der Musikbegriff von Jahrtausenden, der antike und der mittelalterliche ebenso wie der neuzeitliche bis zum 18. Jahrhundert, war weiter gefaßt und schloß Texte, Programme und dargestellte Affekte ein.

Die Behauptung, expressive Momente seien — wie die Texte, durch die sie gegenständlich bestimmt werden — »außermusikalisch«, stützt sich also einerseits auf eine geschichtlich eng begrenzte Vorstellung davon, was Musik sei. Andererseits ist es sogar innerhalb der Epoche, die Hanslicks reduzierten Musikbegriff (allerdings nicht seine ästhetischen Thesen) akzeptierte und umgangssprachlich verfestigte, durchaus zweifelhaft, ob Hanslicks Auffassung die Wirklichkeit der musikalischen Rezeption trifft. Hanslick ging wie die Gefühlsästhetik davon aus, daß zwischen dargestelltem Gefühl und darstellender Musik ein Abbild-Verhältnis bestehe, und er wandte gegen die Gefühlsästhetik lediglich ein, daß es für die Bestimmung des Musikalisch-Schönen nicht auf die »Außenbeziehung« eines musikalischen Motivs zu einem Gefühl, sondern auf die Funktion des Motivs im Ganzen der musikalischen Form ankomme. Eine phänomenologische Analyse zeigt jedoch, daß es sich, wie erwähnt, nicht um eine »Außenbeziehung« — zu einem realen Gefühl des Komponisten oder des Hörers — zu handeln braucht, sondern daß ein Hörer, den ein Stück Musik melancholisch anmutet, eine Qualität meint, die an der Musik selbst haftet. Sind aber musikalische Ausdruckscharaktere nicht die »außermusikalischen« Momente, als die sie von Hanslick — in Übereinstimmung mit der Gefühlsästhetik seiner Zeit — aufgefaßt wurden, so erweist sich die These, daß das »rein Musikalische« mit dem musikalisch Formalen — unter Ausschluß des Expressiven — zusammenfalle, als brüchig.

## Gefühlsästhetik und musikalische Formenlehre

### 1

Die formale Analyse musikalischer Werke ist unpopulär. Das Widerstreben, dem sie begegnet, zeigt sich an den Metaphern, die für sie im Umlauf sind. In einem Aufsatz über die *Symphonie fantastique* schrieb Schumann: »Berlioz kann kaum mit größerem Widerwillen den Kopf eines schönen Mörders seziert haben — er studierte in seiner Jugend Medizin — als ich seinen ersten Satz. Und hab' ich noch dazu meinen Lesern mit der Sektion etwas genützt?« Fast scheint es, als fühle Schumann, der Anatom, sich selbst als Mörder; die Sektion setzt den Tod des Werkes, das sie zergliedert, voraus.

Der Vergleich der musikalischen Analyse mit der medizinischen wurde zum Topos. Franz Brendel, Schumanns Nachfolger als Redakteur der *Neuen Zeitschrift für Musik*, sprach von der Form als der »Knochen- und Muskelstruktur« eines musikalischen Werkes. Und die Metapher drückte Geringschätzung aus: der »Geist« sei das »Ursprüngliche«, die »Form« das »Sekundäre«.[97] Ähnlich urteilte August Wilhelm Ambros, neben Philipp Spitta der bedeutendste Musikhistoriker des 19. Jahrhunderts. Er nannte die musikalische Formenlehre »eine Art vergleichender Anatomie«[98], die ihm, wenn nicht als nutzlos, so doch als inferior erschien. Er behandelte sie mit maskierter Herablassung. »Daß ich von manchem großen Werke nicht mit der Kälte des Anatomen, sondern mit der Wärme des Liebenden gesprochen habe, möge mir verziehen werden«.[99] Zwar sei die Musik »eine architektonische Kunst«[100]; »aber der Leib des Tonstückes verlangt auch eine Seele«.[101] Sogar Adolf Bernhard Marx, der der Formenlehre Hunderte von Seiten gewidmet hatte, sah in ihr nichts als das Fundament einer »Ästhetik der Tonkunst«, die zu schreiben er sich nicht berufen fühlte.[102] Musik, die den Namen verdiene, sei Ausdruck einer »inneren Welt«[103]; sie offenbare »eine Folge von Gemütszuständen und die Ahnung, ja selbst das lichtere Bewußtsein eines bestimmten Daseins, soweit dasselbe dem Gemütsleben zugewendet und angehörig ist«.[104]

Die musikalische Formenlehre des 19. Jahrhunderts, die Beschreibung von Typen wie Sonatensatz, Variation und Rondo, ist also nicht für sich, als isolierte Disziplin verständlich. Man wird ihr erst gerecht, wenn man erkennt, daß sie als Ergänzung der Ästhetik, der Theorie der Musik als »Empfindungssprache«, gedacht war. Der Schematismus, der der Formenlehre immer wieder zum Vorwurf gemacht worden ist, und der ästhetische Sentimentalismus gehören zusammen. Das eine ist die Kehrseite und die Rechtfertigung des anderen. Zwar war die Unterscheidung von Inhalt und Form nicht als Trennung gemeint; daß Inhalt und Form eine Einheit bilden, leugnete niemand. Doch stellte man sich, wie erwähnt, die Untrennbarkeit nach dem Modell von Leib und Seele vor und betrachtete den Leib mit Geringschätzung. Die Form galt als bloße Hülle des Inhalts und die Formenlehre als Analogon zur Anatomie oder Physiologie; die Seele überließ man der Ästhetik, die gleichsam die Theologie der Kunstreligion darstellt. »Und so herrscht denn in der Musik ebensosehr die tiefste Innigkeit und Seele als der strengste Verstand, so daß sie zwei Extreme in sich vereinigt, die sich leicht gegeneinander verselbständigen« (Hegel).

Sofern aber die musikalische Form, wie Brendel es ausdrückte, das Sekundäre war, durfte sie konventionell sein. Die Unterscheidung zwischen Form und Geist, zwischen dem tönenden Faktum und dem Gefühls- und Symbolgehalt, der den Kunstcharakter eines Werkes ausmachte oder verbürgte — die Erfahrung also, daß das Hörbare nichts als ein äußeres Zeichen sei, bedeutete eher Gleichgültigkeit als Opposition gegen die überlieferten Regeln und Schemata. Es wäre eine Verzerrung der geschichtlichen Wirklichkeit, zu meinen, daß es primär die Betonung des Inhalts, des Sujets oder der »poetischen Idee«, gewesen sei, die zu tief eingreifenden Veränderungen der musikalischen Formen geführt habe. Die Sonaten der Romantiker Weber und Chopin sind formal konventioneller als die des Klassikers Beethoven. Wie August Halm erkannte, wurde die Sonate sich durch Beethoven gleichsam ihrer Form bewußt. Das Bewußtwerden aber bedeutete, daß die Form zum Problem wurde, das immer wieder andere Lösungen herausforderte. Ist die Gefühlsästhetik das Korrelat eines formalen Schematismus, so steckt umgekehrt in der Konzentration auf die Form der Trieb zu deren Veränderung.

## 2

Die musikalische Formenlehre ist aus der Rhetorik hervorgegangen. Siegfried Dehn, einer der einflußreichsten Musiktheoretiker des 19. Jahrhunderts, sprach noch 1840 von »Rhetorik oder Formenlehre«. Die Gleichsetzung der beiden Termini ist allerdings das Zeichen einer Schrumpfung und Veränderung eines ursprünglich reicheren Begriffs von musikalischer Rhetorik: einer Verengung, die in der Abspaltung der Ästhetik von der Kompositionslehre begründet war. Bis zur Mitte des 18. Jahrhunderts war in der musikalischen Rhetorik, nach dem Vorbild der sprachlichen, die Theorie der Form eng verbunden mit Unterweisungen in der Kunst oder Technik, die Gefühle und Leidenschaften der Hörer zu bewegen. Formen- und Affektenlehre griffen ineinander.

Johann Matthesons Buch vom *Vollkommenen Capellmeister* — und das hieß zugleich: vom vollkommenen Komponisten — ist 1739, am Ende einer Epoche, erschienen. Es war die letzte geschlossene, noch nicht in Tonsatzübungen, Formenlehre und Ästhetik zerspaltene Theorie der Komposition. Als Rhetorik und Poetik, als Lehre von der Herstellung musikalischer Reden und Werke, umfaßte es alles, was die Musik zur Kunst machte: zur Ars im Unterschied zum begriffslosen Usus bloßer Musikanten. Die Grundlage bilden Regeln der musikalischen Syntax, der Gliederung einer »Klangrede«, wie Matthesons Terminus lautet, in Kommata, Semikola und Perioden. Der Anordnung der Teile eines musikalischen Werkes legte Mattheson das klassische Schema der Gerichtsrede zugrunde. »Unsre musicalische Disposition ist von der rhetorischen Einrichtung einer bloßen Rede nur allein in dem Vorwurff, Gegenstande oder Objecto unterschieden; dannenhero hat sie eben diejenigen sechs Stücke zu beobachten, die einem Redner vorgeschrieben werden, nemlich den Eingang, Bericht, Antrag, Bekräfftigung, Widerlegung und den Schluß. Exordium, Narratio, Propositio, Confirmatio, Confutatio et Peroratio«.[105] Zwar ist Matthesons Versuch, nach dem rhetorischen Modell eine Arie von Marcello zu analysieren, gewaltsam.[106] Das mehrfach wiederkehrende Thema der Arie, das Ritornell, soll nacheinander als Exordium, Narratio, Propositio und Confirmatio gelten, ohne daß der Austausch der Vokabeln in einem Wechsel der musikalischen Funktionen des Themas begründet wäre. Entscheidend ist aber nicht das Mißlingen des Experiments, sondern die Voraussetzung, von der es ausging. Die Erklärung als »Klangrede« besagt, daß Mattheson musikalische Formen als sedimentierte Inhalte begriff. Eine Disposition als Form zu verstehen, hieß zugleich, sich der Inhalte zu vergewissern, die eine Anordnung von Teilen zu einer sinnvollen »Klangrede« machen. Die Reihenfolge von Exordium und Narratio, Propositio und Confirmatio ist im Inhalt begründet und darum als Form nicht umkehrbar.

Von einer Form, die als Niederschlag von Inhalten aufgefaßt wurde, führte ein bruchloser Übergang zu der Vorstellung, daß es das Ziel der Musik sei, Affekte darzustellen und zu bewirken. Eine Musik, die nicht die Leidenschaften rührt, war für Mattheson toter Schall. Allerdings setzte die musikalische Rhetorik, so sehr sie den Effekt hervorkehrte, eine gegenständliche, objektivierende Auffassung musikalischer Gefühlscharaktere voraus. Die spätere Gewohnheit, von »Ausdruck« oder »Stimmung« zu sprechen, ist, wenn Musik des frühen 18. Jahrhunderts beschrieben werden soll, irreführend oder mindestens mißverständlich. Die Bezeichnung »Ausdruck« läßt an ein Subjekt denken, das hinter dem Werk steht und in der musikalischen »Empfindungssprache« von sich selbst redet, das Wort »Stimmung« an einen Gefühlskomplex, in den sich der Hörer versenkt, zurückgewendet auf seinen eigenen Zustand. Musikalische Gefühlscharaktere werden aber, wie Kurt Huber gezeigt hat, primär gegenständlich aufgefaßt.[107] Der Eindruck des Ernsten, Trüben und Matten wird zunächst unwillkürlich dem Tongebilde als Eigenschaft zugeschrieben. Das melodische Motiv drückt nicht Mattigkeit aus oder versetzt in eine matte Stimmung, sondern erscheint selbst als matt. Erst später, wenn überhaupt, wird der gegenständliche Gefühlseindruck als Zustand erfahren oder als Zeichen gedeutet: Sowohl der Übergang in eine Stimmung, die der Hörer als seine eigene empfindet, als auch die Vorstellung, daß der Gefühlscharakter Ausdruck einer Person sei, sind sekundär.

## 3

Die musikalische Rhetorik und Poetik, bei Mattheson noch eine geschlossene Theorie der Komposition, brach ein halbes Jahrhundert später, in Heinrich Christoph Kochs *Versuch einer Anleitung zur Composition*[108], in Stücke auseinander. Form, heißt es bei Koch, sei nichts als »Einkleidung« (II, S. 241); sie bilde den »mechanischen« Teil der Komposition im Unterschied zum »poetischen« Gehalt. Indem aber das »Mechnische« und das »Poetische« auseinandertreten, ist der Begriff der »Poiesis« seinem ursprünglichen Sinn, an dem noch Mattheson festhielt, entfremdet; er zielt nicht mehr auf das Machen und Herstellen eines Werkes, sondern auf dessen Seele, die der mechanische Teil wie eine Hülle umgibt. Gegenüber dem »inneren Charakter«, dem »Geist der Tonstücke«, stellt die »äußerliche Beschaffenheit«, die »mechanischen Regeln« unterworfen ist, ein sekundäres und beinahe gleichgültiges oder sogar verächtliches Moment dar.[109]

Was Koch als Seele einer Komposition rühmte, ist weniger ein gegenständlich erfaßter Gefühlscharakter als eine Ausdrucksbewegung, die dem Komponisten oder dem reproduzierenden Musiker als spontaner »Herzenserguß« zugeschrieben wurde. Vor einem Sentimentalismus, der das ästhetische Subjekt, das — wie das »lyrische Ich« eines Gedichts — aus Musik redet, dem empirischen des Komponisten gleichsetzt, scheuten sogar Theorielehrer wie Kirnberger, die noch in der Furcht des Kontrapunkts aufgewachsen waren, nicht zurück. Töne wurden als »natürliche Zeichen« realer seelischer Vorgänge oder Zustände aufgefaßt.

Eine Möglichkeit, den Bruch zwischen Gefühlsästhetik und Formenlehre zu vermeiden, war in dem Begriff der »Anlage« eines musikalischen Werkes vorgezeichnet. Die Anlage ist nach Sulzers *Allgemeiner Theorie der Schönen Künste*, die Koch zitiert, »die Darstellung der wesentlichen Theile eines Werks [ . . . ] Sie bildet die Seele desselben, und setzt alles feste, was zu seinem innerlichen Charakter, und zu der Würkung, die es thun soll, gehört«.[110] Um den Begriff ins Musikalisch-Kompositonstechnische zu wenden, fügte Koch hinzu, »daß wir unter der Anlage eines Tonstückes, die schon mit einander in Verbindung gebrachten Hauptgedanken des Satzes, die sich zusammen dem Tonsetzer als ein vollkommenes Ganzes darstellen, nebst den harmonischen Hauptzügen desselben, verstehen müssen«.[111] Jean-Jacques Rousseau hatte 1768 im *Dictionnaire de musique* »dessein« *als* »l'invention et la conduite de sujet, la disposition de chaque partie, et l'ordonnance générale du tout« definiert.[112] Es scheint demnach zunächst, als sei »Anlage« bei Koch ein vermittelnder Begriff, der das Auseinanderklaffen der musikalischen Poetik oder Kompositionslehre in die Extreme einer haltlosen Gefühlsästhetik einerseits, die Hanslick »pathologisch« nannte, und eines bornierten Kunsthandwerks andererseits verhindern soll. Als bloße »Empfindungssprache« wäre Musik dilettantisch, ein kunstloses Naturerzeugnis, als bloße Form banausisch, ein mechanisches Machwerk. Die Anlage wäre demgegenüber als eine geistig-anschauliche Struktur zu verstehen, die weder das Innere noch das Äußere einer Komposition bildet, sondern als Inbegriff der musikalischen Hauptgedanken die Verbindung beider Momente in sich ausprägt.

Der Ausgleich aber, der Koch vorgeschwebt zu haben scheint, mißlingt. Koch begreift die Anlage nicht als Vermittlung von Inhalt und Form, sondern setzt ihr, als der »Seele« des Werkes, die als »Einkleidung« verstandene

Form entgegen. Unter den Begriff der »äußerlichen Beschaffenheit«, des »Mechanischen«, fällt alles, was durch Wiederholung, Variation, Fortsetzung und Ausarbeitung aus den Themen und Motiven der Anlage abgeleitet wird[113], also die formale »Logik«, um mit Hugo Riemann zu sprechen. Indem aber Koch die Entwicklung musikalischer Gedanken, da sie nicht zur Anlage gehört, als bloß »mechanisch« abtut, verkennt er das musikalische Denken der Komponisten, auf die er sich beruft, Haydn und Mozart, und fällt zurück in eine primitive Ästhetik, die Inhalt und Form unter dem Bilde von Kern und Schale betrachtet.

»Ich komme nun«, schreibt er, »zu der Form der Sätze eines Tonstücks. Es ist nicht zu leugnen, daß eines Theils die Form derselben etwas Zufälliges ist, welches eigentlich wenig oder gar keinen Einfluß auf den innern Charakter des Tonstücks hat, und andern Theils hat man auch eben keinen Grund, wider die Form unserer Sätze, sowohl in den größern als kleinern Tonstücken vieles einzuwenden. Und dieses ist vermutlich der Grund, warum viele große Meister z. B. ihre Arien beynahe alle nach einer und derselben Form gearbeitet haben«.[114] Kochs Gefühlsästhetik ist das Korrelat eines Schematismus der Formenlehre. Da die äußere Einkleidung als gleichgültig erscheint, darf sie konventionell sein und soll es sogar. Die starre Objektivität des Schemas und die zerfließende Subjektivität der musikalischen Empfindungssprache sind komplementär aufeinander bezogen. »Mechanische Beschaffenheit« und »innerer Charakter« gehören, sei es auch im Modus der Entzweiung, zusammen. Der Sentimentalität des Inhalts entspricht die Rationalität der Form, dem Herzenserguß die achttaktige Periode, die Richard Wagner »quadratisch« nannte.

Von einem Gefühl für die lebendige Wechselwirkung der Momente oder gar einer deutlichen Einsicht ist bei Koch, obwohl der Begriff der Anlage eine Handhabe gab, wenig oder nichts zu spüren. Sie zu erkennen und in Begriffe zu fassen, war eine Aufgabe, die der Musiktheorie des 19. Jahrhunderts überlassen blieb.

## 4

Der Ausdruck »Musikwissenschaft« bezeichnet in der *Lehre von der musikalischen Komposition*, die Adolf Bernhard Marx zwischen 1837 und 1847 in vier Bänden erscheinen ließ, die Ästhetik, die Philosophie der Tonkunst.[115] Und daß Marx, Professor der Musik und Universitätsmusikdirektor in Berlin, als philosophierender Musiktheoretiker Hegelianer war, verstand sich in den 1830er Jahren beinahe von selbst. Die musikalischen Formen begriff er als Hervorbringungen der Vernunft in der Musikgeschichte. »Alle Formen insgesammt«, heißt es in der Einleitung zur Formenlehre,

Philipp Otto Runge: Die Quelle und der Dichter (1805; Kunsthalle, Hamburg). In Runges Privatmythologie fließen Nordisches und Antikes, Erinnerungen an Ossian und an Homer, seltsam ineinander: Der Dichter mit Kithara oder Phorminx, dem Instrument des Rhapsoden, trifft die Quellnymphen, die sich in Putten verwandelt haben, in einem Eichenwald. Der Synkretismus aber bedeutet, so befremdend er ist, nichts anderes, als daß sämtliche Symbole, die das Geheimnisvolle der dichterischen Inspiration sinnfällig machen, versammelt oder miteinander verwoben werden. Der Hang zum Mythischen war unter den Merkmalen der Romantik insofern das entscheidende, als sich an ihm um die Jahrhundertmitte die Geister schieden: Wurde von Wagner — und in anderer Weise von Liszt — der Mythos monumentalisiert, so versuchte Hanslick, ihn aus der Ästhetik auszutreiben.

»sind uns der Inbegriff aller der Weisen, in denen die künstlerisch schaffende Vernunft ihr Werk, die Gesammtheit der Kunstwerke hervorbringt«.[116] Die »künstlerisch schaffende Vernunft«, die Marx meint, ist weniger die subjektive des Künstlers als die objektive der Kunstgeschichte, die sich der Komposition als Werkzeuge bedient. In den »classici auctores«, schreibt Marx an anderer Stelle, erreicht »die Kunst ihre höchsten Lebensmomente, die selbst nichts anders, als eine Verkörperung, Individualisierung der allgemeinen Kunstidee sind«.[117]

»Inhalt und Form« sind für Marx »untrennbar Eins«.[118] Er verschmäht und verpönt es, feste Schemata zu lehren, die als Rezepte brauchbar sind; die Formen der Werke sollen »aus ihrem Inhalt erläutert werden«.[119] Und die Einheit von Inhalt und Form begreift er als »innere Vernünftigkeit«. Es genügt Marx nicht, nüchtern und banal das empirisch Gegebene zu beschreiben und zu analysieren; er zielt emphatisch auf die Wahrheit der Wirklichkeit. »Der Begriff der Form in seiner Wahrheit«, heißt es in der Sprache Hegels, sei erst erfaßt, wenn man verstehe, wie in der »Abweichung« die »Grundform«, im Besonderen das Allgemeine, im »konkret Wahren« das »Allgemein-Wahre« erscheine und sich verwirkliche.[120]

Die Formen, die Marx beschreibt und als Ausdruck bildender Energien begreift, beruhen in ihren Grundzügen auf dem Prinzip des Gleichgewichts: einer Balance, die dadurch erreicht wird, daß der Anfang nach dem Kontrast eines Mittelteils oder den Verwicklungen einer Durchführung wiederkehrt. Das Modell, von dem Marx ausgeht, ist der Typus ABA, den er »Liedform« nennt, um ihn als einfach und natürlich zu charakterisieren. Musikalische Form enthält ein quasi-räumliches Moment, auf das der im 19. Jahrhundert zu einem Topos verfestigte Vergleich mit der Architektur zielt; im Rückblick auf den Verlauf scheinen die Teile nebeneinander zu stehen. Den architektonischen Zügen wirken jedoch, vor allem im Durchführungsteil der Sonatenform, dynamische entgegen, die nicht selten sogar als dramatisch empfunden worden sind. Der entscheidende Augenblick der Sonatenform, der Moment, in dem die entgegengesetzten Tendenzen am drastischsten aufeinandertreffen, ist, wie August Halm erkannte, die Wendung zur Reprise und deren Eintritt. Einerseits stellt die Wiederkehr des Anfangs die Symmetrie der Form her; andererseits erscheint die Reprise als Resultat der Durchführung, als Ziel, dem sie zustrebt. Das Thema, zu Beginn eine bloße Setzung, ist am Ende ein Ergebnis. Das architektonische und das dynamische Moment sind in der Sonatenform, die Marx als höchste bisher erreichte Kunstform rühmt, in lebendiger Wechselwirkung miteinander verschränkt.

In Goethes Aufsatz *Einwirkung der neueren Philosophie* heißt es: »Bei physischen Untersuchungen drängte sich mir die Überzeugung auf, daß bei aller Betrachtung der Gegenstände, die höchste Pflicht sei, jede Bedingung, unter welcher ein Phänomen erscheint, genau aufzusuchen und nach möglichster Vollständigkeit der Phänomene zu trachten; weil sie doch zuletzt sich aneinander zu reihen, oder vielmehr über einander zu greifen genötigt werden, und vor dem Anschauen des Forschers auch eine Art Organisation bilden, ihr inneres Gesamtleben manifestieren müssen.« Daß Marx, sei es unmittelbar oder indirekt, unter dem Einfluß von Goethes morphologischem Denken stand, ist unverkennbar. Denn seine Formenlehre ist von dem Prinzip getragen, daß musikalische Formen genetisch, nicht bloß klassifizierend erfaßt werden müssen. Sie entstehen in einem Prozeß des Werdens, der zwar bestimmte, deutlich umrissene Typen ausprägt, stets jedoch über das fest und starr Gewordene hinausdrängt. Andererseits betrachtet Marx, der Enthusiast der »inneren Vernünftigkeit« der Geschichte, die Entwicklung nicht als willkürlich wuchernd. Vielmehr erscheinen ihm die verschiedenen Formen, so groß ihre äußeren Differenzen sind, als Abwandlungen einer einzigen Grundform oder Grundregel, die durch sie alle hindurchgeht und sie zu einer Reihe zusammenschließt. Die Formlehre, schreibt er mit einem von Hegel entlehnten Pathos, würde »nichts als eine Sammlung von todten Modellen sein [ . . . ], wofern nicht allen Formen ein tiefer, lebendiger und belebender Grundgedanke unterläge. Dieser Grundgedanke, der alle bis auf heute schon vorhandne und alle möglicher Weise noch künftig hervortretende Formen trägt, kann hier im Voraus nur angedeutet, aber erst mit der Vollendung der ganzen Formlehre dargelegt und erwiesen werden«.[121] Die musikalischen Satztypen von der Liedform über die verschiedenen Ausprägungen des Rondos bis zur Sonatenform bilden nach Marx eine Entwicklungsreihe, der das Gesetz des Fortschreitens von der Koordination und lockeren Fügung der Teile zu deren Subordination und engerem Zusammenschluß zugrundeliegt. »Nicht mehr das Einzelne (einzelne Sätze) in seiner Vereinzelung soll gelten«, heißt es in der Einleitung zu dem Kapitel über die Sonatenform, »sondern der innige Verein der Einzelheiten (einzelnen Sätze) zu einem Ganzen, also das Ganze in seiner innern Einheit wird zur Hauptsache«[122] (unter »Sätzen« versteht Marx die einzelnen Teile oder Perioden der Sonatenform).

Allerdings hat Marx eine bruchlose Ausprägung dessen, was ihm vorschwebt, nicht erreicht. Einerseits erscheint ihm das Allgemeine, das die spezifischen Formen einzelner Werke zu einer Einheit zusammenschließt, als Ergebnis einer Abstraktion vom Besonderen. »Der Inbegriff nun der Grundzüge, in denen eine Masse einzelner Kunstwerke übereinstimmt, heißt Kunstform«.[123] Die Satztypen, die in der Formenlehre beschrieben werden, waren demnach abstrakte Gattungsbegriffe, Resultat des Verfahrens, von den unterscheidenden Merkmalen einer Gruppe musikalischer Werke abzusehen und die gemeinsamen festzuhalten. Andererseits aber betrachtet Marx das Allgemeine gerade nicht als Gattungsbegriff, sondern als Regel, unter deren Gesichtspunkt Formen als Glieder einer Entwicklungsreihe erscheinen. »Jede Form für sich allein ist nur einseitig«[124], formuliert er apodiktisch. Sie bedarf der Ergänzung durch andere — zwar nicht in der Kunst als einer Gesamtheit isolierter, in sich geschlossener und gegeneinander ästhetischer Gegenstände, aber in der Wissenschaft oder Philosophie, die das Gegebene in Begriffe faßt und das in der Empirie verborgene und zerstreute System ans Licht zieht. In der »Reihe der Grundgestalten«, wie Marx die Formen nennt, sieht er das Werk einer »stetigen Vernünftigkeit«.[125] Musikalische Formen sind »von innen heraus sich gestaltender Geist«, wie Eduard Hanslick es ausdrückte; und sie bilden ein Kontinuum.

Abstrahierende und genetische Betrachtungsweisen stehen bei Marx nebeneinander. Durch Abstraktion werden die Formen ärmer an Eigenschaften: Sie schrumpfen zu Schemata. Dagegen wächst ihnen in einer morphologischen Theorie, die sie als Glieder einer Reihe aufeinander bezieht und die eine Form aus der anderen hervorgehen läßt, ein immer größerer Reichtum an Bestimmungsmerkmalen zu. Die »stetige Vernünftigkeit«, von deren unaufhaltsamem Wirken Marx überzeugt war, bedeutet einen Fortschritt zum Differenzierteren, in dem das Einfache, die Grundform, nicht ausgelöscht, sondern bewahrt ist.

Daß Marx jedoch, zum Teil aus pädagogischen Motiven, nicht selten in das abstrahierende Verfahren zurückfällt, läßt zusammen mit dem Schematismus der überlieferten Formenlehre auch dessen Kehrseite, eine ins Vage verfließende Gefühlsästhetik, wieder hervortreten. Die »analyse pittoresque et poétique«, um mit Jerôme de Momigny zu sprechen, war Marx nicht fremd. Von dem Leib-Seele-Schema, der Vorstellung, daß Form das Äußere, Empfindung das Innere der Musik sei, vermochte er sich nicht zu trennen.

## 5

Im frühen 19. Jahrhundert, im Werk Beethovens, das Marx seiner Formenlehre als Anschauungsmodell zugrundelegte, stand das Allgemeine, die Form als Typus, in lebendiger Wechselwirkung mit dem jeweils Besonderen, der Thematik eines Satzes. Die Thematik entfaltete sich in den Grenzen und unter dem Gesetz der Form, und die Form wurde durch die Thematik erfüllt und von innen heraus gerechtfertigt. Um die Mitte des Jahrhunderts aber ist das Gleichgewicht zwischen dem architektonischen und dem dynamischen Moment gestört. Entweder breitete sich die thematisch-motivische Entwicklung über den ganzen Satz aus, und der formale Grundriß verlor an Bedeutung oder wurde sogar unkenntlich. Oder aber die Formen erstarrten, wenn man sie unversehrt zu bewahren suchte, zu toten Schemata.

Sowohl bei Brahms als auch bei seinem musikalischen Antipoden Liszt ist der musikalische Verlauf weniger architektonisch als dynamisch, durch die

Entwicklung der Themen und Motive, bestimmt. Und es lag nahe, die Formenlehre, sofern sie nicht retrospektiv und von historischem Interesse getragen war, durch Analysen einzelner Werke zu ersetzen; denn die Thematik und ihre Ausarbeitung ist das jeweils Besondere und Unwiederholbare, das sich dem Zugriff klassifizierenden Denkens entzieht. Gegen die Konsequenz aber, die Formenlehre aufzulösen oder als bloße Heuristik zu behandeln, sperrte sich Hugo Riemann, der bedeutendste Musiktheoretiker der Zeit um 1900. Er versuchte, die Überlieferung zu retten, indem er zur fundamentalen Differenz, von der alle Erkenntnis musikalischer Formen ausgehen müsse, den Unterschied zwischen Thema und Nicht-Thema erklärte.[126] Der Terminus »Nicht-Thema« aber ist fragwürdig. Als negativer Begriff faßt er Heterogenes zusammen, Unwesentliches neben Wesentlichem. Introduktionen, Überleitungen und Anhänge sollen nach Riemann in dieselbe Kategorie gehören wie die Durchführung und Verarbeitung, die »entwickelnde Variation« der Themen und Motive; denn was aus einem Thema abgeleitet wird, ist nicht selbst Thema.

Die scheinbar unvergänglichen Termini erweisen sich als Ausdruck und Rechtfertigung einer konservativen Tendenz. Riemann suchte das architektonische Moment, das in der kompositorischen Praxis, wenn man von Bruckner absehen darf, in den Hintergrund geraten war, theoretisch als das primäre festzuhalten und den dynamischen Zug der musikalischen Form als sekundär abzutun. Darum betonte er den Unterschied zwischen Thema und Nicht-Thema, zwischen den hervor- und den zurücktretenden Teilen einer quasi-räumlich aufgefaßten Form, und unterdrückte die Differenz zwischen füllenden, ergänzenden oder ornamentalen Partien einerseits und der thematisch-motivischen Entwicklung andererseits, die längst zum entscheidenden Moment des musikalischen Verlaufs geworden war. Der Ausdruck »Nicht-Thema« war, ohne daß sich Riemann dessen bewußt geworden wäre, ein Mittel, um die musikalische Formgeschichte eines halben Jahrhunderts zu verleugnen.

Die architektonisch, als überschaubare Disposition von Teilen begriffene musikalische Form bildet bei Riemann, kaum anders als ein Jahrhundert früher bei Koch, das Korrelat einer Gefühlsästhetik, deren Dogma Riemann in die emphatischen Worte faßt, daß »absolute Musik«, die »frei dem Herzen entströmt«, nichts anderes als ein »spontaner Erguß der Empfindung des Künstlers« sei.[127] Die Gefühlsästhetik krankt aber, sofern von Musik als Kunst die Rede ist, an einem inneren Widerspruch, den Riemann nicht verschweigt. »Es läßt sich gar nicht leugnen«, schreibt er, »daß bis zu einem gewissen Grade in der Tat für die Betrachtung des Wesens der Musik die Gefahr besteht, in Formalismus zu verfallen, und über dem Verfolgen der vielfältigen Beziehungen der Tonhöhe und der Tondauer die Hauptsache zu übersehen, daß nämlich die Melodiebewegung zuerst und vor allem frei ausströmende Empfindung sein muß. Andererseits ist freilich die durch Harmonie und Metrum bedingte Form der Musik unentbehrlich, ja sie macht wie gesagt erst die Kunst zur Kunst«.[128] Was die Kunst zur Kunst macht, ist also nach Riemann nicht die Haupt-, sondern eine Nebensache, wenn auch eine unumgängliche. Kunst zu sein ist ein sekundäres Moment der Kunst: Schärfer kann das Dilemma, in das die Gefühlsästhetik gerät, nicht formuliert werden. Verfängt sich aber ein Theoretiker vom Range Riemanns in ein Paradox von so erstaunlicher Drastik, so ist der Grund weniger in subjektivem Versagen als in einer objektiven Schwierigkeit zu suchen. Der Irrtum eines bedeutenden Mannes ist ein bedeutender Irrtum, an dem sich zeigt, daß das komplementäre Verhältnis zwischen Formenlehre und Gefühlsästhetik, die Ergänzung der einen durch die andere, an der Riemann festzuhalten versuchte, nicht zu retten war.

## 6

August Halms Buch *Von zwei Kulturen der Musik,* heute zu Unrecht fast vergessen, war einer der Neuansätze der Zeit vor dem ersten Weltkrieg, die dann in den zwanziger Jahren zu tief eingreifender Wirkung kamen. Es besiegelte, in einer Polemik gegen Paul Bekkers Beethoven-Hermeneutik, der sogar der Angegriffene sich beugte, den Ruin der Gefühlsästhetik. Der Begriff der »poetischen Idee«, das Zentrum der Inhaltsästhetik, das sie unablässig, sei es in Systemen oder in Feuilletons, umkreist hatte, wird mit einer verächtlichen Geste abgetan. Die poetische Idee sei »belanglos; ob sie selbst berechtigt wäre: sie dient nicht zum Verständnis«.[129] Nicht von Empfindungen ist bei Halm die Rede, sondern von Energien, die in der Musik, einem tönenden »Kräftespiel«, wirksam seien. Rudolf Schäfke faßte Halms Ästhetik mit denen von Ernst Kurth und Heinrich Schenker zu einer »Richtung« zusammen, die er »Energetik« nannte. Arnold Schering, dem die halb lebensphilosophische, halb physikalische Metaphorik suspekt war, sprach von »musikalischer Ingenieurwissenschaft«.

Die »Mechanik« der Musik, seit dem späten 18. Jahrhundert der mit Geringschätzung behandelte Gegensatz zum »inneren Charakter«, die Kontrastfolie, von der sich die musikalische »Poesie« abhob, kam wieder zu ästhetischen Ehren. Über den ersten Satz der d-Moll-Sonate aus Beethovens opus 31 schrieb Halm: »Beethoven gibt uns hier, wie in vielen Fällen, weniger Themen, als vielmehr nur Motive, und diese als Substrat, als Material eines Tuns oder Getan-Werdens, eines mechanischen Geschehens, als Zeichen und Zeugen eines dynamischen Zustands, als Kraftsymbole«.[130] Die Lust an einer herausfordernd nüchtern-technischen Sprache ist allerdings zu einem nicht geringen Teil durch den Trieb und Zwang zur Polemik motiviert.

Halm darf nicht immer beim Wort genommen werden; er gebraucht sogar den Begriff des »Mechanischen« und den des »Organischen«, die man einander entgegenzusetzen gewohnt ist, nicht selten als Synonyme: Der Oberbegriff, der sie wie eine Klammer zusammenhält, ist der des Dynamischen. Als Ordnung eines dynamischen Geschehens aber ist eine Form nicht ein Gerüst oder Schema, das ausgefüllt wird, sondern ein Gesetz, das Energien regelt. »Die musikalischen Formen«, definiert Halm, »sind Lebensgesetze der Tonkunst.«[131] Und die formale Analyse, die Schumann nur widerstrebend praktizierte, wird zum einzig relevanten Verfahren erklärt. »Gestehe ich nun gleich jetzt schon, daß ich die Absicht habe, zu zeigen, daß das Musikalische, das Technische, das Artistische auch hier das Interessantere, weil das Wesentliche und Eigentliche ist [ . . . ].«[132] Der Gegensatz zur Überlieferung ist schroff: Der verachtete »mechanische« Teil wird gerühmt, der gerühmte »poetische« verachtet.

Zusammen mit der Gefühlsäthetik, der nun der Makel des Dilettantischen im pejorativen Sinne des Wortes anhaftet, ist auch ihr Korrelat, der Schematismus der Formenlehre, tot und abgetan. Die Energetik ist keine Lehre von Formen, deren Umrisse feststehen, sondern ein Inbegriff von Anweisungen zur Analyse individueller Gebilde. Was Riemann zu vermeiden suchte, die Aufhebung der Formenlehre in Interpretationen einzelner Werke, wird von Halm vollzogen.

# Ästhetische Prämissen der »Sonatenform« bei Adolf Bernhard Marx

## 1

Die Interpretationsmodelle, aufgrund derer musikalische Phänomene wie »die« Sonatenform — von der Charles Rosen[133] mit unbezweifelbarem Recht behauptete, daß sie lediglich im Plural existiere — zu Gegenständen einer Theorie werden, die in der Unendlichkeit des Besonderen die Umrisse eines Allgemeinen zu entdecken glaubt, enthalten fast immer unausgesprochene ästhetische Prämissen, ohne die sie nicht restlos verständlich sind, deren Rekonstruktion jedoch manchmal schwierig ist und erst dadurch gelingt, daß man Metaphern, die ein Autor scheinbar beiläufig und ohne weitreichenden theoretischen Anspruch gebraucht, ernster nimmt, als sie es auf den ersten Blick verdienen.

Die musikalische Formenlehre von Adolf Bernhard Marx ist durch ein Bild, das durch die Verbindung von Prägnanz und Banalität zum Schlagwort prädestiniert war, geradezu berüchtigt geworden: Der Gedanke, das Hauptthema der Sonatenform als »männlich« und das Seitenthema als »weiblich« zu charakterisieren[134], wurde ein Jahrhundert lang unsäglich trivialisiert und forderte andererseits den Spott der Gebildeten heraus, der die Kehrseite der Popularität darstellt.

Versucht man — entgegen dem inneren Widerstand, der sich der Befassung mit Heruntergekommenem in den Weg stellt — den theoretischen Sach- und Wahrheitsgehalt und die ästhetischen Voraussetzungen der Metapher zu eruieren, so erweist es sich als zweckmäßig, zunächst negativ zu argumentieren und von Kriterien auszugehen, die in der Marxschen Theorie der Sonatenform vermieden werden oder fehlen.

Das allgemeine Prinzip musikalischer Form, der »Urgegensatz« von »Ruhe—Bewegung—Ruhe«[135], manifestiert sich nach Marx in der Dreiteiligkeit von Exposition, Durchführung und Reprise. Die Durchführung erscheint als »Bewegungsteil«[136], dessen modulatorisches Gefälle nicht etwa als Konsequenz aus dem Tonartenkontrast der Exposition hervorgeht, sondern lediglich einen Gegensatz zur »Ruhe« des ersten Teils bildet. Die Dominanttonart des Seitenthemas ist demnach weniger eine Antithese, die einen Modulationsprozeß auslöst, als eine »nächstgehörige Tonart«[137], deren Differenz gewissermaßen in einer übergeordneten Verwandtschaft aufgehoben ist.

Der Grund der überraschenden Tendenz, den Kontrast der Tonarten als untergeordnetes Moment einer Zusammengehörigkeit oder Komplementarität zu betrachten, tritt bei der Interpretation des Seitenthemas zutage. »Im Allgemeinen wissen wir vom Seitensatze Folgendes: Erstens. Er hat mit dem Hauptsatz durch innere Stimmung, wie äußerlich durch den Sitz seiner Modulation und gleiche Taktart (beides nicht ohne Ausnahmen) ein Ganzes zu bilden, folglich eine gewisse Einheit und Einigkeit zu bewahren, dabei aber Zweitens sich von ihm entschieden als ein Anderes, als ein Gegensatz loszulösen durch den Inhalt, namentlich durch die Modulation, gern auch durch die Form; Haupt- und Seitensatz stehn als Gegensätze einander gegenüber, die in einem umfassenden Ganzen zu höherer Einheit sich innig vereinen. In diesem Paar von Sätzen ist Drittens der Hauptsatz das zuerst, also in erster Frische und Energie Bestimmte, mithin das energischer, markiger, absoluter Gebildete, das Herrschende und Bestimmende. Der Seitensatz dagegen ist das nach der ersten energischen Feststellung Nachgeschaffene, zum Gegensatz Dienende, von jenem Vorangehenden Bedingte und Bestimmte, mithin seinem Wesen nach notwendig das Mildere, mehr schmiegsam als markig Gebildete, das Weibliche gleichsam zu jenem vorangehenden Männlichen. Eben in solchem Sinn ist jeder der beiden Sätze ein Andres und erst beide miteinander ein Höheres, Vollkommeneres. Aber in diesem Sinn und der Tendenz der Sonatenform ist auch Viertens begründet, daß beide gleiche Berechtigung haben.«[138]

Die Kriterien, die Marx nennt, waren 1845 nichts weniger als selbstverständlich.

1. Die »nächste Verwandtschaft der Tonarten« in der Exposition zu akzentuieren, war, wie gesagt, ungewöhnlich und stand einer Erklärung der Durchführung als Konsequenz der Exposition hinderlich im Wege, so daß sich Marx auf das generelle Schema »Ruhe—Bewegung—Ruhe« zurückgeworfen sah. Eine analoge Interpretation der Thematik aber befähigte ihn dazu, eine Einsicht vorauszunehmen, die ein Jahrhundert später von Arnold Schmitz[139] in den Begriff der »kontrastierenden Ableitung« gefaßt wurde (einen Begriff, dessen analytische Brauchbarkeit nicht davon abhängt, ob Beethoven mit dem Wort von den »zwei Prinzipen« den von Schmitz beschriebenen Sachverhalt meinte und ob der Ausdruck überhaupt von Beethoven stammt oder von Anton Schindler interpoliert wurde). »So sind Haupt- und Seitenpartie nicht bloß durch die im Ganzen herrschende Stimmung, durch nächste Verwandtschaft der Tonarten und Gleichheit des Taktes, sondern selbst durch gemeinschaftliche oder zurückgerufene Motive einander angehörig und dabei doch in einem solchen Gegensatze, daß auf der einen Seite gegeben wird, was auf der andern versagt bleiben mußte.«[140] (Der Prototyp gegensätzlicher Verwandtschaft oder verwandtschaftlichen Gegensatzes ist bei Marx wie bei Schmitz die Exposition aus Beethovens f-Moll-Sonate opus 2,1.)

2. Die »Einheit und Einigkeit« muß andererseits, um nicht »starr« zu bleiben[141], durch Gegensätze — zwischen »energischer« und »kantabler« Melodik (»Inhalt«), offenem »Satz« und geschlossener »Periode« (»Form«), Grund- und Dominanttonart (»Modulation«) — belebt und näher bestimmt werden.

3. Die ästhetische Metaphorik suggeriert zunächst die Vorstellung einer Hierarchie der Themen.

4. Im Gegenzug postuliert jedoch Marx eine Gleichberechtigung, die von keinem früheren Theoretiker oder Ästhetiker behauptet worden war und die auch später keineswegs die Popularität der Metaphorik selbst erreichte, denn die eingeschliffenen Termini »Haupt- und Seitensatz« oder »Haupt- und Seitenthema« wirkten dem Marxschen Theorem, das eine Art Korrektur aus Gerechtigkeitssinn darstellte, ebenso entgegen wie die sozialpsychologischen Implikationen des Bildes, in dessen Ausmalung die patriarchalischen Vorurteile des 19. Jahrhunderts einflossen.

Versucht man, die Idee einer Themenrelation, die sich erstens durch die Metaphern »männlich« und »weiblich« ausdrücken läßt, zweitens aber Gleichberechtigung voraussetzt, drittens den Kontrast — ohne daß er aufgehoben wäre — der Komplementarität unterordnet und viertens in einer gemeinsamen, jedoch in entgegengesetzte Richtungen entwickelten Substanz wurzelt, ideengeschichtlich zu lokalisieren, so stößt man auf Wilhelm von

Humboldts Abhandlung *Über die männliche und weibliche Form*, die 1795 in Schillers Zeitschrift *Die Horen* erschien, so daß es nicht unwahrscheinlich ist, daß Marx, der ein unermüdlicher Leser war, sie kannte. Die scheinbar triviale Metapher, durch die Marx in der Umgangssprache der Musiklehrer unermeßlichen Schaden anrichtete, erweist sich also unversehens als Schlüsselbegriff latenter ästhetischer Prämissen, die seiner Formtheorie zugrundeliegen.

Der Gedanke, von dem Humboldt ausging, war die Idee einer inneren Ergänzung des Gegensätzlichen, die es erlaubt, in der Phantasie »zusammenzuschmelzen«, was in der Wirklichkeit getrennt bleiben muß. »Die Züge beider Gestalten beziehen sich daher wechselweise aufeinander; der Ausdruck der Kraft in der einen wird durch den Ausdruck der Schwäche in der andern gemildert, und die weibliche Zartheit richtet sich an der männlichen Festigkeit auf. So wendet sich das Auge von jeder einzelnen unbefriedigt zur andern, und jede wird nur durch die andere ergänzt.«[142] »Aber die höchste und vollendete Schönheit erfordert nicht bloße Verneinung, sondern das genaueste Gleichgewicht [ . . . ], und dieses erhält man nur, wenn man das Charakteristische beider Geschlechter in Gedanken zusammenschmelzt, und aus dem innigsten Bande der reinen Männlichkeit und der reinen Weiblichkeit die Menschlichkeit bildet.«[143]

Das Besondere, die Trivialität Überschreitende des Humboldtschen Theorems, dessen Wiederkehr bei Marx einen unmittelbaren Einfluß wahrscheinlich macht, besteht in der Vorstellung einer gemeinsamen Substanz, die sich in einseitige Richtungen auseinanderentwickelt, und in dem daraus resultierenden Postulat, in der ästhetischen Intuition ein Gleichgewicht wiederherzustellen, das in der Realität gestört erscheint. »Da nun auf diese Art jedes der beiden Geschlechter zwar die ganze Menschheit in allen ihren Eigentümlichkeiten, aber nach einer mehr einseitigen Richtung zeigt; so muß notwendig immer das eine zu dem andern leiten. Gerade dadurch, daß Eine Seite überwiegend ist, entsteht unvermeidlich das Verlangen, auch einmal die andere herrschend zu sehen, und so wenn nicht in der Wirklichkeit, doch wenigstens in der Phantasie, das gestörte Gleichgewicht wiederum herzustellen.«[144] »Weil aber auf diesem Weg immer ein Übergewicht auf der einen Seite, folglich auf der andern ein Mangel bleibt, so tut keine von beiden dem ästhetischen Gefühl Genüge, welches seiner Natur nach zum Vollendeten strebt, und sich nicht eher, als beim Ideale zur Ruhe gibt. Von der einen Bildung geht es daher zur andern über, und strebt, indem es durch die Eigentümlichkeiten der einen die entgegengesetzten der andern aufhebt, beide in ein Ganzes zu verknüpfen, um wenigstens Augenblicke lang das Ideal festzuhalten.«[145]

Die Idee eines komplementären Gegensatzes, der aus einem gemeinsamen, aber in »einseitige Richtungen« ausgebildeten Ursprung erwächst, so daß einzig die Phantasie eine innere Einheit zu restituieren vermag, die in der Realität unaufhebbar zerspalten bleibt, ist das Interpretationsmodell der Exposition eines Sonatensatzes nichts weniger als selbstverständlich oder auch nur naheliegend: Daß die Exposition bei Marx — wie das in der ästhetischen Intuition »wenigstens Augenblicke lang festgehaltene Ideal« bei Humboldt — als in sich abgeschlossenes Ganzes erscheint — als »Ruhe« vor der »Bewegung« statt als eine die »Bewegung« auslösende Antithese —, ist vielmehr ebenso frappierend wie die damit zusammenhängende Entdeckung des Prinzips der »kontrastierenden Ableitung«. Und je prekärer die Marxsche Formtheorie wirkt, um so wahrscheinlicher ist es, daß es sich bei dem inneren Zusammenhang mit Humboldts Abhandlung um eine Anregung durch Lektüre und nicht um eine zufällige Analogie handelt. Humboldts Theorem ist zu spezifisch und die Marxsche Übertragung zu problematisch, als daß man von Gedanken sprechen könnte, die »in der Luft lagen«.

## 2

Daß Marx die Sonatenform primär im Gegensatz der Themen und nicht der Tonarten begründet sah, ist ihm von den Theoretikern und Historikern des 20. Jahrhunderts, die wie August Halm, Leonard Ratner und Jens Peter Larsen die Harmonik in den Vordergrund rückten, als fundamentaler Irrtum, der ein Jahrhundert lang musiktheoretischen Schaden anrichtete, zum Vorwurf gemacht worden. Die Marxsche Formenlehre wurde zum Prototyp einer starren Dogmatik, an der sich eine historisch begründete Polemik entzünden konnte. Nachdem sie durch die Kritik, die sie erfuhr, jedoch selbst historisch geworden ist, dürfte es angemessen sein, sie nicht länger als System polemisch zu untergraben, sondern als Dokument zu betrachten, also die Voraussetzungen, von denen sie ausging, als charakteristisch für das Zeitalter zu erkennen, aus dem sie stammt.

Daß Marx der Sonatenform des 18. Jahrhunderts nicht gerecht wurde, ist unbestreitbar. Haydns Verfahren, im ersten Satz der Es-Dur-Klaviersonate (Hob. XVI:49) zu Beginn des Seitensatzes das Hauptthema zu rekapitulieren, ist nur verständlich, wenn man vom Primat der Harmonik ausgeht: von der Vorstellung, daß das Seitenthema — gleichgültig, ob es neu ist oder nicht — die Funktion erfüllt, den Eintritt der Dominanttonart — das harmonische Ereignis — durch einen prägnanten musikalischen Gedanken zu markieren. Marx dagegen, der umgekehrt in der Tonartendifferenz ein sekundäres Moment und eine bloße Unterstreichung des Themengegensatzes sah, geriet durch die Haydn-Sonate in terminologische Verlegenheit und Verwirrung und sprach von einem durch die Dominanttonart abgesteckten »Gebiete des Seitensatzes«: einer vorzeitigen Grenzüberschreitung, der »dann erst der Seitensatz folgt«.[146] (Gemeint ist die vom Hauptsatz abweichende Fortsetzung des Anfangsgedankens.) Die verstörte Logik hämisch zu kommentieren, dürfte überflüssig sein.

So wenig aber der Vorrang der Thematik gegenüber der Harmonik, in dem Marx ein generelles, übergeschichtliches Prinzip zu erkennen glaubte, in der klassischen Sonate, die den expliziten Gegenstand der Formenlehre bildete, bereits bestand, so charakteristisch ist er andererseits für die romantische Sonate, die demnach, obwohl bei Marx nirgends von Chopin, Mendelssohn oder Schumann die Rede ist, unausgesprochen und wohl unbewußt die eigentliche geschichtliche Substanz der Theorie darstellt. Man kann also das Marxsche Formmodell, statt lediglich die daraus resultierenden Mängel bei der Analyse Beethovenscher Sonatensätze zu beklagen, als Indiz einer Entwicklung auffassen, in deren Verlauf sich der Schwerpunkt der Sonatenform allmählich von der Harmonik — deren wachsende Komplizierung die Sinnfälligkeit der formalen Funktionen untergrub — zur Thematik verlagerte, so daß schließlich, in der Neuen Musik des 20. Jahrhunderts, das Paradox einer atonalen Sonatenform möglich wurde.

Liegt es demnach nahe, zwischen dem manifesten Gegenstand und dem latenten Anschauungsmodell einer Theorie zu unterscheiden, so darf andererseits der Einfluß, den generelle philosophische und wissenschaftliche — nicht spezifisch musikbezogene — Prämissen und Implikationen ausüben, nicht unterschätzt werden. Die in der allgemeinen Bildung einer Epoche bereitliegenden Formulierungsmöglichkeiten, über die ein Autor verfügt, sind für den Sach- und Wahrheitsgehalt der Einsichten, zu denen er gelangt, kaum weniger bedeutsam als seine Beobachtungen an Notentexten. Die Auswahl, Akzentuierung und Interpretation der Tatsachen, von denen eine Theorie — mit dem Anschein schlichter Induktion — »abgeleitet« wird, ist weitgehend von den Kategorien abhängig, die in der Sprache eines Zeitalters enthalten sind und den Horizont des Denkens begrenzen.

Die Marxsche Formenlehre ist eine genetische Theorie, die das Differenzierte aus dem Einfachen stufenweise hervorgehen läßt. Sie erinnert also, ohne daß von einer unmittelbaren Übertragung der grundlegenden Kategorien die Rede sein müßte, an Goethes Morphologie, deren begriffliches Schema des 19. Jahrhunderts vor Augen stand. »Man gewinnt erst einen Begriff vom Reichtum und der Tiefe der Kunst, wenn man dieses Heer von Gestaltungen in Einem Überblicke zusammenfaßt, in dem die schöpferische Vernunft alle Möglichkeiten ihrer Welt zu durchbilden trachtet, wie die Natur im Heer ihrer Gestalten alle Möglichkeiten des Daseins. Beginne man, wo man wolle: tatgewordenes Denken läßt aus dem einfachsten Motiv den unbestimmbar verlaufenden Gang entstehen, beschließt den Gang zum Satze, vereint Satz und Gegensatz zur Periode, eröffnet die Periode zum zwei-, zum dreiteiligen Liede. Stelle man die Grundzüge der Rondo- und Sonatenformen [ . . . ] zusammen, deren letzte und entwickeltste zurückweist auf die höchste Entwicklung der einfachsten Gestalt (dreiteilige Liedform) und den Urgegensatz aller Musik — Ruhe, Bewegung, Ruhe —: überall waltet stetiges Vernunftgesetz.«[147]

Die Entwicklung von der Liedform über die fünf Rondoformen, die Marx unterscheidet, bis zur Sonatenform, die den genetischen Prozeß — einstweilen — abschließt, besteht einerseits in einem Übergang von bloßer Koordination der Teile zu deren Subordination und andererseits in einem Differenzierungsprozeß, der mit fortschreitender Integration verbunden ist. Statt gleich oder ähnlich nebeneinander zu stehen, werden die Teile funktional abgestuft und dadurch sinnfälliger aufeinander bezogen. Indem sich immer reichere funktionale Unterschiede herausbilden, wird zugleich die Verknüpfung der Teile immer enger: Die funktionale Differenz, durch die sich die Sonatenform von den Rondoformen unterscheidet, bildet das Korrelat einer festeren formalen Integration.

Der nicht unproblematische Gedanke, daß die funktionale Differenzierung, durch die sich die höheren Organismen gegenüber den niederen auszeichnen, notwendig mit einer Subordination der Teile verbunden sei, wurde 1807 von Goethe in dem Aufsatz *Bildung und Umbildung organischer Naturen* formuliert: »Je unvollkommener das Geschöpf ist, desto mehr sind diese Teile einander gleich oder ähnlich, und desto mehr gleichen sie dem Ganzen. Je vollkommener das Geschöpf wird, desto unähnlicher werden die Teile einander. In jenem Falle ist das Ganze den Teilen mehr oder weniger gleich, in diesem das Ganze den Teilen unähnlich. Je ähnlicher die Teile einander sind, desto weniger sind sie einander subordiniert. Die Subordination der Teile deutet auf ein vollkommeneres Geschöpf.«[148]

Im Begriff der »Subordination« fließen allerdings Vorstellungen ineinander, die getrennt werden sollten: der Vorrang eines Teils gegenüber einem anderen und die Unterordnung jedes Teils unter den Zweck des Ganzen, eine Unterordnung, für die eine funktionale Differenzierung — die prinzipiell eine Gleichberechtigung ebenso zuläßt wie eine Hierarchie — durchaus genügt.

Marx unterscheidet zwischen »aneinander gehängten« und »ineinander verwebten Partien«, und die »innige Verwebung« der Teile[149], als deren Paradigma die kontrastierende Ableitung erscheint[150], bildet das Kriterium der genetisch späteren Formen, deren »letzte und entwickeltste« die Sonatenform ist.[151] Der Übergang von den Rondoformen zur Sonatenform aber, von dessen plausibler Konstruktion es abhängt, ob sich die Idee einer genetischen und nicht bloß klassifizierenden Formenlehre verwirklichen läßt, ist nicht anders als dadurch, daß man einen Primat der Thematik gegenüber der Harmonik voraussetzt, verständlich zu machen. Die funktionale Differenzierung und engere Integration der Teile, durch die sich die zweite Rondoform über die im Grundriß gleiche (A B A) erste Rondoform erhebt, resultiert nach Marx[152] aus der wachsenden motivischen Selbständigkeit des Mittelteils, der sich, obwohl er untergeordnet bleibt, von einem Zwischenstück zu einem Seitenthema entwickelt. Und ebenso geht aus den genetisch späteren Rondoformen die Sonatenform dadurch hervor, daß der bloße Wechsel zwischen Ritornell und Couplet allmählich durch eine Relation abgelöst wird, in der ein prägnanter Gegensatz gleichsam die Außenseite einer engen motivischen, von innen heraus wirksamen Beziehung zwischen den Teilen bildet.

Man könnte argumentieren, daß die Wechselwirkung zwischen reicherer Differenzierung und engerer Integration — das Marxsche Entwicklungskriterium — von der eingangs erwähnten Theoretikerkontroverse, ob — wie man im 18. Jahrhundert voraussetzte — die Thematik eine Funktion der Harmonik oder aber umgekehrt — wie bei Marx — die Harmonik eine Funktion der Thematik sei, überhaupt nicht berührt werde. Eine Korrelation zwischen Differenzierung und Integration sei unter beiden Prämissen möglich. Der Einwand verkennt jedoch, daß sich die sieben Entwicklungsstufen von der dreiteiligen Liedform bis zur Sonatenexposition nicht unter tonalen Gesichtspunkten, die sich bei Marx auf die Differenz zwischen Gleichheit und Verschiedenheit (Grundtonart—Dominanttonart) beschränkten, sondern einzig durch Grade der thematischen Differenzierung und Integration voneinander abheben ließen. Ohne Dominanz der Thematik war die Morphologie nicht rekonstruierbar.

Die genetische Konstruktion, die Marx der Formenlehre zugrundelegte, ist wissenschaftstheoretisch mit der Schwierigkeit belastet, daß der Entwicklungsgang, den Marx aus einem »Vernunftgesetz« deduzierte, mit dem realen Geschichtsverlauf, der für Empiriker die letzte Instanz darstellt, nicht übereinstimmt und nicht übereinzustimmen braucht. Die Marxsche Formenlehre fällt also unter Spekulationsverdacht. Die vierte und fünfte Rondoform, die genetisch der Sonatenform vorausgehen sollen, sind geschichtlich zweifellos das Resultat einer sekundären Vermittlung zwischen der (dritten) Rondoform (HS—SS 1—HS—SS 2—HS) und der Sonatenform: Daß in den formalen Grundrissen HS—SS 1—HS—SS 2—HS—SS 1 und HS—SS 1—SS 2—HS—SS 1 der Haupt- und der Seitensatz 1 zu Anfang in der Grund- bzw. der Dominanttonart, am Ende dagegen beide in der Grundtonart stehen, ist ebenso wie die Wiederkehr des Seitensatzes 1 nach dem letzten Ritornell eine Modifikation der Rondoform unter dem Einfluß der Sonatenform, also eine Auswirkung der Sonatenform und nicht deren geschichtliche Prämisse. (Die Beispiele, die Marx analysiert, stammen aus Beethoven-Sonaten.)

Daß das »Vernunftgesetz«, das Marx im System der musikalischen Formen zu entdecken glaubte, in der Geschichte wirksam ist, besagt nach den

Begriffen des frühen 19. Jahrhunderts, in dem sich der moderne Historismus erst allmählich herausbildete, noch nicht, daß die Entwicklung, in der sich die »schöpferische Vernunft« realisiert, in jedem Fall dem Prinzip der Chronologie unterworfen sein muß. Das genetisch Frühere kann vielmehr manchmal das chronologisch Spätere sein; und die Geschichte ist, obwohl das »Vernunftgesetz« in letzter Instanz triumphiert, außer der »Wirklichkeit der Vernunft« (Hegel) auch eine Häufung zufälliger Umstände, die sich der Realisierung dessen, was eigentlich »an der Zeit« wäre, hemmend oder ablenkend in den Weg stellen können. Nicht die äußere Chronologie, sondern die immanente »Vernünftigkeit« ist demnach das Kriterium, an dem die genetischen Deduktionen der Marxschen Formenlehre gemessen werden müssen, wenn man ihnen unter den Voraussetzungen des frühen 19. Jahrhunderts gerecht werden möchte, statt sie mit einem Wahrheitsanspruch zu konfrontieren, dem andere, erst später zur Geltung gekommene — nämlich historistische — Prämissen zugrundeliegen (aufgrund derer eine systematische Ableitung sich durch ihre Übereinstimmung mit dem Geschichtsverlauf legitimieren muß).

Der Übergang von der vierten Rondoform (HS—SS 1—HS—SS 2—HS—SS 1) zur fünften (HS—SS 1—SS 2—HS—SS 1) ist insofern plausibel, als die Möglichkeit, die mittlere Wiederkehr des Hauptsatzes wegfallen zu lassen, aus einer engeren Integration von Hauptsatz und erstem Seitensatz resultiert. »Es wird ein solches Gewicht auf die Vereinigung des Seitensatzes mit ihm« — dem Hauptsatz — »gelegt, daß man Haupt- und Seitensatz vereint als ein einigeres Ganzes ansehen muß und mehr auf sie, als auf die nachfolgende (mittlere) Aufführung des Hauptsatzes ankommt.«[153]

Andererseits ist das klassische Sonatenrondo, von dem man aufgrund seines Schemas (HS—SS—HS—Df—HS—SS) vermuten könnte, daß Marx es genetisch als letzte Stufe vor der Sonatenform auffassen würde, von ihm nicht ohne Grund als »Mischform« charakterisiert worden[154], und zwar unter systematischen, nicht unter historischen Gesichtspunkten. Das Entwicklungskriterium, von dem Marx ausging, war, wie gesagt, die »innige« Verwebung« von Haupt- und Seitensatz; die Wiederkehr des Hauptsatzes nach dem Seitensatz im Sonatenrondo erschien ihm dagegen als Indiz eines bloßen Wechsels der Teile, der einen äußeren Abschluß durch eine Rekapitulation des Anfangs notwendig macht, statt als Komplementarität zu wirken, die in sich selbst beruht. Andererseits unterscheidet sich die Durchführung der Sonatenform vom Seitensatz 2 der fünften Rondoform zweifellos durch eine »innigere Verwebung« mit der Exposition. Das Sonatenrondo ist also insofern eine hybride, in sich widersprüchliche Form, als sie eine engere Verknüpfung von Teilen einerseits erzielt (in Gestalt der Durchführung statt des Seitensatzes 2), andererseits aber durchkreuzt (durch die Wiederkehr des Hauptsatzes zwischen Exposition und Durchführung, die, sofern sie nicht funktionslos ist, nichts anderes als das Zeichen und der Ausgleich einer schwächeren Integration von Haupt- und Seitensatz sein kann).

Die Marxsche Formenlehre ist demnach, so wenig sie einer Kritik von außen standhält, nach immanenten Kriterien, deren geschichtstheoretische Grundlage die Goethesche Morphologie und der Hegelianismus der Restaurationszeit bildeten, durchaus in sich geschlossen.

## 3

Adolf Bernhard Marx war, als Hegelianer nach Hegels Tod, in einem Zwiespalt befangen, aus dem er sich ebensowenig lösen konnte wie die Zeitgenossen, deren geschichtsphilosophische Überzeugungen er teilte. Einerseits glaubte er an die Notwendigkeit eines Fortschritts; andererseits lag über dem Bild, das er von der Zukunft der Musik entwarf, der Schatten des Hegel-Wortes vom Ende der Kunst.

»Die Notwendigkeit des Fortschritts in der Kunst ist schon an einer einfachen Beobachtung festzustellen: an der Unmöglichkeit des Stehenbleibens oder der getreuen Wiederholung dessen, was einem früheren Standpunkt angehört, wär' es auch unsrer Teilnahme noch so nahe geblieben.«[155] War demnach Marx davon überzeugt, daß die Substanz musikalischer Ausdrucksformen geschichtlich, also unwiederholbar und vergänglich ist, so konstruierte er andererseits das »Vernunftgesetz«, das den Gang der Musikgeschichte bestimmt, als zielgerichtete Dialektik von Musik und Sprache, die mit der Aneignung des Geistes der Sprache durch die Musik ein Resultat erreicht, über das hinaus ein Fortschritt nicht mehr möglich erscheint. »Sodann mußte das Wort, der bestimmte Ausdruck des Geistes, nicht bloß äußerlich mit der Weise verbunden, es mußte innerlichst mit ihr verschmolzen, mußte Musik werden; und umgekehrt mußte die Musik im Worte bestimmten Inhalts mächtig werden. [ . . . ] Zuletzt mußte die Musik für sich allein den Geistesgehalt, soweit er ihr zufiel, zu fassen und zu offenbaren trachten. Ein Weiteres kann es nicht geben; überall macht sich Grenznähe merklich.«[156]

Fortschrittspathos und Epigonenresignation durchdringen sich unentwirrbar. Und von dem Dilemma, daß sich die »Vernunft in der Geschichte« in einem abgeschlossenen System klassischer Formen manifestiert, über das sie zugleich hinausstrebt, um nicht zu erstarren, ist die Marxsche Formenlehre bis in die Details geprägt, in denen der Geist einer Theorie manchmal deutlicher zutage tritt als in programmatischen Erklärungen, die über Brüche und Risse hinwegtäuschen.

Die musikalischen Formen sind als System, in dem sie sich gegenseitig ergänzen, und als Entwicklungsstufen des genetischen Prozesses, durch den sie auseinander hervorgegangen sind, Manifestationen einer Vernunft in der Geschichte. »Alle Formen insgesamt sind uns der Inbegriff aller der Weisen, in denen die künstlerische schaffende Vernunft ihr Werk, die Gesamtheit der Kunstwerke hervorbringt.«[157] Die »künstlerisch schaffende Vernunft«, die Marx meint, ist weniger die subjektive des Künstlers als die objektive der Kunstgeschichte, die sich der Komponisten als ihrer Werkzeuge bedient. Und in den Werken der Klassik erreicht »die Kunst ihre höchsten Lebensmomente, die selbst nichts anders, als eine Verkörperung, Individualisierung der allgemeinen Kunstidee« sind.[158] In der Klassik vollendet sich die Genesis der Formen als System. Als Werk der Vernunft ist die Geschichte kein zielloser Prozeß, der sich in eine »schlechte Unendlichkeit« (Hegel) erstreckt, sondern eine Entwicklung zu einem Formenkanon, der »alle Formen insgesamt« umfaßt.

Die Chance einer Zukunft der Musik, die nicht im Epigonalen stecken bleibt, kann demnach, obwohl die Kunst zum Fortschritt gleichsam verurteilt ist, weil Beharren Verfall wäre, nicht in der Hervorbringung neuer Formen liegen. »Nach zwei Seiten ist man gemeint gewesen, Fortschritt zu erblicken. — Zunächst in der Form der Kompositionen. — Wie wäre das möglich oder von Bedeutung? Wer den richtigen Begriff von Form festhält — vernunftmäßige Ausgestaltung des geistigen Inhalts —, der weiß, daß die Grundformen in unserer Kunst wie in der Sprache längst und unabänderlich feststehn, daß ferner große Reihen von zusammengesetzten Formen bereits vielfach angewendet und verändert worden sind, und daß neue Veränderungen und Zusammensetzungen Jedem offenstehn und stets gelingen müssen und gerechtfertigt sind, wenn sie dem Inhalt entsprechen, dagegen bedeutungslos oder falsch sind, wenn nicht. Im besten Falle liegt also der Fortschritt nicht in der Form.«[159] (Die Unterscheidung zwischen »Grundformen« und »zusammengesetzten Formen« läßt die Möglichkeit offen, ein Prinzip wie Liszts »double-function-form« — das Prinzip, daß die Teile der Sonatenform als Satz zugleich Sätze der Sonatenform als Zyklus sind — zu den »Zusammensetzungen« zu zählen, die »Jedem offenstehn«, aber den Bestand der »Grundformen« nicht erweitern.)

Der Gegensatz zwischen geschlossenem System und offener Geschichte, zwischen Klassizismus und Fortschrittspathos manifestiert sich innerhalb der Formenlehre als Widerspruch zwischen der Interpretation der Sonatenform und dem ästhetisch-geschichtsphilosophischen Urteil über die Phantasie. Einerseits soll die Sonatenform als »letzte und entwickeltste« der Gestaltungen gelten, die aus dem »Urgegensatz der Musik«, dem formalen Archetyp »Ruhe—Bewegung—Ruhe« hervorgegangen sind.[160] Und mit den »Mischformen« von Sonate und Rondo sowie Sonate und Fuge[161] ist »der Schluß der Formenlehre (nach ihrem wesentlichen Inhalte)« erreicht.[162] Andererseits rühmt Marx, getragen vom Enthusiasmus der Emanzipation, die

Phantasie, zu deren Paradigmata er Beethovens opus 27, Mozarts c-Moll-Phantasie KV 475 und Bachs *Chromatische Phantasie* zählt, als musikalische Erscheinungsform der realisierten, konkret gewordenen Freiheit. »So sind wir denn in der Tat bereits zu dem Punkte gelangt, wo wir jede der bisher festgestellten Formen — Satz und Gang, Lied und Fuge, Rondo und Sonate, und wie wir sie sonst noch nennen und gegeneinander stellen mögen — frei ergreifen und frei wieder verlassen, wie es uns die höhere Idee eines größeren Ganzen oder auch die ziel- und fessellos schweifende Laune gerade eingibt.«[163] »Hiermit erst, — indem wir erkennen, daß es möglich und statthaft sei, jede voraus bestimmte Form aufzugeben, daranzugeben an die Freiheit unsers Geistes, der kein andres Gesetz erkennt, als sich selber, — hiermit erst ist die ganze Formenlehre an ihr Ziel geführt, sind wir in und mit ihr und durch sie frei geworden.«[164]

Der Widerspruch, in dem sich Marx verfängt, wenn er einerseits die Sonate und andererseits die Phantasie zum Ziel der Formentwicklung erklärt, läßt sich, sofern man Zuflucht bei der Dialektik sucht, dadurch lösen, daß man als das Ende des genetischen Prozesses, in dem die Idee der Form sich realisiert, deren Selbstaufhebung ansieht: Die Phantasie wäre demnach, im Unterschied zur Sonate, nicht eine »letzte und entwickeltste« der Formen, sondern das Paradox einer Form jenseits des Formenkanons.

Daß mit der »Aufhebung« des genetisch Früheren nicht eine Destruktion gemeint ist, braucht in einem Kontext, der vom Geist des Hegelianismus geprägt ist, nicht eigens betont zu werden. Von einem Zerbrechen der Formen, wie es von naiven Apologeten oder Gegnern des musikalischen Fortschritts gefordert oder beklagt wurde, ist bei Marx nirgends die Rede. Die Freiheit, die er postuliert, wird vielmehr erst dadurch zu einer substantiellen, in Vernunft begründeten Freiheit, daß sie das System der Formen — das Werk der bisherigen Geschichte — als Inbegriff von Möglichkeiten, über die sie in wechselnden Zusammensetzungen verfügen kann, bewahrt und festhält. In der Idee der konkreten Freiheit — die sich von einer abstrakten, »ungebildeten«[165] und substanzlosen durch Aneignung der Tradition unterscheidet — sind der objektive Geist, der die Formen hervorbrachte, und der subjektive, der sich nach eigenem Willen zwischen ihnen bewegt, ein und derselbe.

Daß Marx der musikalischen Formenlehre verschiedene und sogar entgegengesetzte Ziele steckte, von denen das eine als Vollendung eines Systems einen Abschluß bedeutet, während das andere einen Weg ins Offene bezeichnet, daß er also dem »Vernunftgesetz«, das ein Ende der Entwicklung in einem klassischen Formenkanon verlangt, den ganz anderen »Geist« entgegensetzte, der nach einem Wort Jacob Burckhardts »ein Wühler« ist, läßt sich als die Art von Widerspruch begreifen, die Hegel lebendig nennen würde. Wesentlicher als die Entdeckung eines Auswegs, der aus dem Dilemma hinausführt, ist jedoch die Einsicht, daß gerade die Schwierigkeit, in die

Marx geriet, als Zeichen und Ausdruck der ideengeschichtlichen Situation verstanden werden kann, aus der die Formenlehre hervorging und deren Spuren sie trägt.

## ANMERKUNGEN

1 E. Hanslick, *Vom Musikalisch-Schönen*, Leipzig 1854, Reprint Darmstadt 1965, S. 32.
2 Ebd., S. V.
3 Chr. Fr. D. Schubart, *Ideen zu einer Ästhetik der Tonkunst*, Reprint Leipzig 1924, S. 7f.
4 H. H. Eggebrecht, »Das Ausdrucks-Prinzip im musikalischen Sturm und Drang«, in: *Deutsche Vierteljahrsschrift für Literaturwissenschaft und Geistesgeschichte* 29 (1955), S. 323—349.
5 Hanslick zitiert (a.a.O., S. 78) Schellings Wort von der »erhabenen Gleichgültigkeit des Schönen«.
6 Hanslick, a.a.O., S. 52; Goethe schrieb am 19. Januar 1830 an Raumer: »Wir kämpfen für die Vollkommenheit eines Kunstwerks in und an sich selbst, jene denken an dessen Wirkung nach außen.«
7 »Dem Spieler ist es gegönnt, sich des Gefühls, das ihn eben beherrscht, unmittelbar durch sein Instrument zu befreien und in seinen Vortrag das wilde Stürmen, das sehnliche Ausbrennen, die heitere Kraft und Freude seines Innern zu hauchen« (a.a.O., S. 57). »Dieser geistige Gehalt verbindet nun auch im Gemüth des Hörers das Schöne mit allen andern großen und schönen Ideen. Ihm wirkt die Musik nicht blos und absolut durch ihre eigenste Schönheit, sondern zugleich als tönendes Abbild der großen Bewegungen im Weltall« (S. 104). Das erste Zitat erinnert an die Ausdrucksästhetik Schubarts, die primär eine Ästhetik der musikalischen Reproduktion war, das zweite an die Symbolästhetik F. Th. Vischers und H. Lotzes. Hanslick konzediert die Tatsache der Gefühls- und Symbolwirkung, leugnet aber, daß sie Grundlage der Ästhetik sein dürfe.
8 R. Schäfke, *Eduard Hanslick und die Musikästhetik*, Leipzig 1922, S. 32ff.
9 »Das Verhalten unsrer Gefühlszustände zu irgend einem Schönen ist vielmehr Gegenstand der Psychologie als der Ästhetik« (a.a.O., S. 7).
10 In der ersten Auflage (S. 1) beruft sich Hanslick auf die »philosophische Behandlung der Ästhetik, welche auf metaphysischem Wege sich dem Wesen des Schönen zu nähern versucht«, in der neunten Auflage (1896) auf die »naturwissenschaftliche Methode« (S. 2).
11 »Das ›System‹ macht allmählich der ›Forschung‹ Platz« (9. Auflage, S. 3).
12 Ebd. (1. Auflage), S. 32.
13 Ebd., S. 16.
14 Nach H. Kuhn, *Die Vollendung der klassischen deutschen Ästhetik durch Hegel*, Berlin 1931, S. 12.
15 Hanslick, a.a.O., S. 34.
16 »Die höchst eigentümliche Stellung wird dadurch ersichtlich, welche in der Musik der Gehalt zu den Kategorien der Form und des Inhalts einnimmt. Man pflegt nämlich das ein Tonstück durchwehende Gefühl als den Inhalt, die Idee, den geistigen Gehalt, desselben anzusehen, die künstlerisch geschaffenen, bestimmten Tonfolgen hingegen als die bloße Form, das Bild, die sinnliche Einkleidung jenes Übersinnlichen. Allein gerade der specifisch-musikalische Teil ist Schöpfung des künstlerischen Geistes, mit welchem der anschauende Geist sich verständnisvoll vereinigt« (a.a.O., S. 72).
17 H. Riemann, *Katechismus der Musik-Ästhetik*, Leipzig o. J., S. 41.
18 Ebd., S. 31.
19 H. Riemann, *Große Kompositionslehre*, Band I, Berlin und Stuttgart 1902, S. 424.
20 Hanslick, a.a.O., S. 47f.

21 Ebd., S. 85.
22 Ebd., S. 87.
23 Ebd.
24 Ähnlich urteilt H. v. Helmholtz: »Das System der Tonleitern, der Tonarten und deren Harmoniegewebe beruht nicht auf unveränderlichen Naturgesetzen, sondern ist die Konsequenz ästhetischer Prinzipien, die mit der fortschreitenden Entwicklung der Menschheit einem Wechsel unterworfen gewesen sind und weiter noch sein werden« (*Die Lehre von den Tonempfindungen*, Braunschweig 1863, Band II, S. 358). Hanslicks Polemik richtete sich gegen Moritz Hauptmanns *Natur der Harmonik und der Metrik* (Leipzig 1853). Hauptmanns System wiederum bildete die Grundlage für Riemanns Theorie.
25 Hanslick, a.a.O., S. 35; vgl. H. H. Eggebrecht, »Musik als Tonsprache«, in: *Archiv für Musikwissenschaft* 18 (1961), S. 73—100.
26 Ebd., S. 35.
27 Ebd., S. 46.
28 Ebd., S. 9.
29 Ebd., S. 41.
30 F. Gatz, *Musik-Ästhetik in ihren Hauptrichtungen*, Stuttgart 1929.
31 J. N. Forkel, *Allgemeine Geschichte der Musik*, Leipzig 1788, S. 6: Musik ist »Ton- oder Empfindungs-Sprache«.
32 W. Serauky, *Die musikalische Nachahmungsästhetik im Zeitraum von 1700 bis 1850*, Münster 1929, S. 10.
33 Ähnlich ausgleichend urteilt Antonio Eximeno: »E siccome le interiezioni corrispondenti a ciaschedun affetto sono comuni a tutte le nazione, i toni ed i movimenti fondamentali della voce, che contengono i primi principii dell' armonia, sono anch' essi a tutte le nazioni comuni« (*Dell' origine e delle regole della musica*, Rom 1774, S. 387).
34 »In der Sprache hat diese Bemerkung der verschiedenen Eigenschaften und Beziehungen der äußern Gegenstände und Gedanken nach und nach sowohl zu den Biegungen und mannigfaltigen Abänderungen der ursprünglichen Sprachlaute, als auch zur Erfindung der bei uns sogenannten Redeteile Anlaß gegeben, und in der Musik, oder in der Sprache der Empfindung zu einer solchen Zusammenstellung von Tönen, die in Rücksicht auf die Beziehungen unter einander aus Haupt- und Neben-Tönen, oder, um es mit grammatischen Kunstwörtern zu nennen, aus Haupt-, Eigenschafts- und Verbindungstönen bestehen« (Forkel, a.a.O., S. 6).
35 A.a.O., S. 40.
36 »Beim Empfinden« befindet sich die Seele »in einem Zustand des Leidens« (a.a.O., S. 12).
37 Vgl. H. H. Eggebrecht, »Musik als Tonsprache«, S. 73.
38 I. Kant, *Kritik der Urteilskraft*, Berlin 1790, § 51.
39 Kant spricht einerseits von einem »Spiel der Empfindungen«, andererseits von einer »Sprache der Empfindungen« (§ 53).
40 Ebd., § 51.
41 Ebd., § 53: »An dieser mathematischen Form, obgleich nicht durch bestimmte Begriffe vorgestellt, hängt allein das Wohlgefallen, welches die bloße Reflexion über eine solche Menge einander begleitender oder folgender Empfindungen mit diesem Spiele derselben als für jedermann gültige Bedingung seiner Schönheit verknüpft.«
42 Ebd.
43 Ebd.
44 Ebd., § 53: »Aber an dem Reize und der Gemütsbewgung, welche die Musik hervorbringt, hat die Mathematik sicherlich nicht den mindesten Anteil, sondern sie ist nur die unumgängliche Bedingung.«
45 Ebd., § 53.
46 Brief an Chr. G. Körner vom 10. 03. 1795; nach W. Seifert, *Christian Gottfried Körner. Ein Musikästhetiker der deutschen Klassik*, Regensburg 1960, S. 94.

47 22. *Brief über die ästhetische Erziehung des Menschen.*
48 H. Chr. Koch, *Versuch einer Anleitung zur Composition*, Band II, Leipzig 1787, S. 117.
49 Ebd., S. 58.
50 Nachdem er aus einer Arie von Graun die melodischen Gedanken exzerpiert hat, bemerkt Koch: »Sowohl die Wiederholung der zweiten Hälfte eines Hauptgedankens [. . .] als auch die Folge des Satzes vom drei und zwanzigsten Takte an bis zum Schlusse des ersten Solo der Singstimme, so wie überhaupt die Ritornells und das ganze zweite Solo, bis zum Hauptschlusse, gehört zu der Ausführung« (ebd., S. 63).
51 Gegen die Symphonie und das Konzert wendet Koch ein, daß der Wechsel zwischen Allegro und Adagio, »ohne vermittelnde Empfindungen«, der »Natur unsrer Seele, der Natur der Folge der Empfindungen« nicht gemäß sei (ebd., S. 44f.). Ähnlich urteilt Forkel in der Analyse einer Sonate von C. Ph. E. Bach: »Jede unserer Empfindungen, sie mag auch mit so vielen ähnlichen Empfindungen umgeben sein als sie will, macht doch für sich selbst gewissermaßen ein eigenes Wesen aus, dem ein inneres Bestreben anhängt, sich zu erhalten« (*Musikalischer Almanach für Deutschland auf das Jahr 1784*; nach E. Beurmann, *Die Klaviersonaten Carl Philipp Emanuel Bachs*, Diss. Göttingen 1953, masch., S. 161).
52 Die Befangenheit in der Vorstellung, daß die innere Einheit eines Satzes in der Einheit des Gefühls begründet sei, hinderte Koch, den Themenkontrast als konstitutives Merkmal der Sonatenform zu erkennen.
53 Koch, a.a.O., S. 117: »Ich komme zu der Form der Sätze eines Tonstücks. Es ist nicht zu leugnen, daß eines Teils die Form derselben etwas Zufälliges ist, welches eigentlich wenig oder gar keinen Einfluß auf den innern Charakter des Tonstücks hat, und andern Teils hat man auch eben keinen Grund, wider die Form unserer Sätze, sowohl in den größern als kleinern Tonstücken vieles einzuwenden. Und dieses ist vermutlich die Ursache, warum viele große Meister z. B. in Arien beinahe alle nach einer und derselben Form gearbeitet haben.«
54 A. B. Marx, *Die alte Musiklehre im Streit mit unserer Zeit*, Leipzig 1841, S. 44.
55 Dem Formbegriff der Klassik lag das Organismusmodell zugrunde, das von der Musikästhetik verspätet rezipiert wurde.
56 F. W. J. Schelling, *Philosophie der Kunst*, 1859, Reprint Darmstadt 1960, S. 138.
57 Ebd., S. 136—138.
58 Ebd., S. 136: Die Schönheit des Rhythmus »ist nicht stoffartig und bedarf der bloß natürlichen Rührungen, die etwa in Tönen an und für sich liegen, nicht, um absolut wohlzugefallen«. Es ist »roh, die bloß sinnlichen Rührungen, sinnlichen Affekte, oder sinnliches Wohlgefallen, welche Kunstwerke erwecken, für Wirkungen der Kunst als solche zu halten« (S. 2).
59 Ebd., S. 136.
60 Ebd., S. 142. Ansätze zu Schellings Theorie sind in A. W. Schlegels *Briefen über Poesie, Silbenmaß und Sprache* enthalten, die 1795 in Schillers *Horen* erschienen waren.
61 Schelling kontrastiert der rhythmisch bestimmten Musik eine harmonisch determinierte (S. 142); die »rhythmische Musik« aber bleibe »gleichsam der Naturbestimmung der Musik getreuer« (S. 144). Der Unterschied ist mit dem Gegensatz zwischen antiker und moderner Musik, der musikalischen »querelle des anciens et modernes«, verquickt.
62 A.a.O., S. 127f.
63 H. G. Nägeli, *Vorlesungen über Musik*, Stuttgart und Tübingen 1826, S. 32.
64 Ebd., S. 33.
65 18. *Brief über die ästhetische Erziehung des Menschen.*
66 20. *Brief über die ästhetische Erziehung des Menschen.* Bei Nägeli heißt es, die Musik setze »den Affekten Stimmungen entgegen« (a.a.O., S. 32).
67 Nägeli, a.a.O., S. 33.
68 Ebd., S. 120.

69 G. W. F. Hegel, *Vorlesungen über die Ästhetik*, Band III, Jubiläumsausgabe Stuttgart 1954, S. 149.
70 Ebd., S. 181. »[ . . . ] die eigentliche Region seiner Komposition aber bleibt die formellere Innerlichkeit, das reine Tönen, und sein Vertiefen in den Inhalt wird, statt eines Bildens nach außen, vielmehr ein Zurücktreten in die eigene Freiheit des Innern, ein Ergehn seiner in ihm selbst, und in manchen Gebieten der Musik sogar eine Vergewisserung, daß er als Künstler frei von dem Inhalte ist« (S. 135).
71 »Für den Musikausdruck eignet sich deshalb auch nur das ganz objektlose Innere, die abstrakte Subjektivität als solche. Diese ist unser ganz leeres Ich, das Selbst ohne weiteren Inhalt« (ebd., S. 129).
72 Ebd., S. 146f.
73 Ebd., S. 143.
74 Hanslick zählt Hegel zu den »gewichtigen Stimmen«, welche »die Inhaltslosigkeit der Musik behaupten« (a.a.O., S. 95). Dem »abstrakten Gefühlsinhalt« setzt er die »konkrete Kunsterscheinung« entgegen (S. 71).
75 Hegel, a.a.O., S. 148; die Musik läßt »nicht wie die bildende Kunst die Äußerung, zu der sie sich entschließt, für sich frei werden und zu einer in sich ruhig bestehenden Existenz kommen«, sondern hebt »dieselbe als Objektivität auf« und gestattet »dem Äußeren nicht, als Äußeres sich uns gegenüber ein festes Dasein anzueignen« (S. 127). Andererseits fordert Hegel, daß eine Melodie »so gehalten sein muß, daß immer ein in sich totales und abgeschlossenes Ganzes vor unserem Sinne bleibt« (S. 185).
76 Hanslick, a.a.O., S. 101.
77 Th. W. Adorno, »Fragment über Musik und Sprache«, in: *Quasi una fantasia,* Frankfurt am Main 1963, S. 12.
78 Ebd., S. 12.
79 Hanslick, a.a.O., S. 49.
80 Ebd., S. 35.
81 Eggebrecht, »Musik als Tonsprache«, S. 73.
82 G. Mayer, »Semiotik und Sprachgefüge der Kunst«, in: *Beiträge zur Musikwissenschaft* 9 (1967), S. 113.
83 Hanslick, a.a.O., S. 49.
84 Ebd., S. 35.
85 L. Wittgenstein, *Philosophische Untersuchungen,* Oxford 1953, S. 31.
86 Hanslick, a.a.O., S. 49.
87 W. Riezler, *Beethoven*, Berlin und Zürich [3]1936, S. 263—299.
88 Thr. Georgiades, »Aus der Musiksprache des Mozart-Theaters«, in: *Mozart-Jahrbuch* 1950 (1951), S. 85.
89 H.-G. Gadamer, *Wahrheit und Methode,* Tübingen [2]1965, S. 450.
90 H. Schole, *Tonpsychologie und Musikästhetik*, Göttingen 1930, S. 105—117.
91 A. Halm, *Von zwei Kulturen der Musik,* Stuttgart [3]1947, S. 38—81.
92 Ebd., S. 57.
93 Ebd., S. 58.
94 Schole, a.a.O., S. 106—108.
95 Halm, a.a.O., S. 58.
96 Hanslick, a.a.O., S. 35.
97 F. Brendel, *Geschichte der Musik in Italien, Deutschland und Frankreich,* Leipzig [4]1867, S. 242.
98 A. W. Ambros, *Die Gränzen der Musik und Poesie,* Prag 1856, S. 26.
99 Ebd., S. VII.
100 Ebd., S. 31.
101 Ebd., S. 32.
102 A. B. Marx, *Die alte Musiklehre im Streite unserer Zeit,* Leipzig 1841, S. 12.
103 Ebd., S. 26.

104 Ebd., S. 44.
105 J. Mattheson, *Der vollkommene Capellmeister,* Hamburg 1739, S. 23.
106 Ebd., S. 237—239.
107 K. Huber, *Der Ausdruck musikalischer Elementarmotive,* Leipzig 1923, S. 28.
108 Koch, a.a.O., Band II, S. 241.
109 Ebd., S. 7.
110 Ebd., S. 52/53.
111 Ebd., S. 53.
112 J. J. Rousseau, *Dictionaire de musique,* Paris 1768, S. 142.
113 Koch, a.a.O., Band II., S. 62.
114 Ebd., S. 117.
115 Marx, *Musikalische Komposition,* Band III, S. 93.
116 Ebd., Band II, S. 8.
117 Ebd., Band III, S. 92.
118 Ebd., S. 598.
119 Ebd., S. 609.
120 Ebd., S. 598.
121 Ebd., Band II, S. 6.
122 Ebd., Band III, S. 201.
123 Ebd., Band II, S. 5.
124 Ebd., S. 9.
125 Ebd., S. 604.
126 Riemann, *Große Kompositionslehre,* Band I, S. 426.
127 Riemann, *Katechismus der Musik-Ästhetik,* S. 31.
128 Ebd., S. 41.
129 Halm, a.a.O., S. 52.
130 Ebd., S. 77.
131 Ebd., S. 28.
132 Ebd., S. 39.
133 Ch. Rosen, *Sonata Forms,* New York 1980.
134 A. B. Marx, *Kompositionslehre*, Band III (1845), Leipzig $^{3}$1857, S. 282.
135 Ebd., S. 604.
136 Ebd., S. 292.
137 Ebd.
138 Ebd., S. 281f.
139 A. Schmitz, *Beethovens »Zwei Prinzipe«,* Berlin und Bonn 1923.
140 Marx, a.a.O., S. 283.
141 Ebd., S. 596.
142 W. v. Humboldt, »Über die männliche und weibliche Form« (1795), in: ders., *Werke*, Band I, Darmstadt 1960, S. 296.
143 Ebd., S. 296f.
144 Ebd., S. 314f.
145 Ebd., S. 316f.
146 Marx, a.a.O., S. 597.
147 Ebd., S. 604.
148 J. W. v. Goethe, »Bildung und Umbildung organischer Naturen« (1807), in: *Gedenkausgabe des Artemis-Verlages,* hrsg. von E. Beutler, Band XVII, Zürich 1952, S. 15.
149 Marx, a.a.O., S. 176.
150 Ebd., S. 283.
151 Ebd., S. 604.
152 Ebd., S. 105.
153 Ebd., S. 186.
154 Ebd., S. 301 und 307.

155 A. B. Marx, *Die Musik des neunzehnten Jahrhunderts und ihre Pflege. Methode der Musik* (1855), Leipzig $^{2}$1873, S. 96.
156 Ebd., S. 102.
157 Marx, *Kompositionslehre,* Band II (1838), Leipzig $^{5}$1864, S. 8.
158 Ebd., Band III, S. 92.
159 Marx, *Neunzehntes Jahrhundert,* S. 103.
160 Marx, *Kompositionslehre,* Band III, S. 604.
161 Ebd., S. 307—319.
162 Ebd., S. 603.
163 Ebd., S. 335.
164 Ebd., S. 336.
165 Ebd.

# VI. APORIEN DER PROGRAMMUSIK

## THESEN ÜBER PROGRAMMUSIK

### 1

Den Terminus »Programmusik«, der die trügerische Prägnanz eines Schlagworts hat, in das Gehäuse einer festen Definition einzusperren, dürfte schwierig oder sogar unmöglich sein, weil die Vorstellungen, die sich mit dem Wort verbinden, zu einem nicht geringen Teil von den Funktionen abhängen, die es seit der Mitte des 19. Jahrhunderts in dem musikalischen Parteienstreit zwischen den »Neudeutschen« und deren Gegnern erfüllt. Der Inhalt des Begriffs ist durch pragmatische Momente bestimmt. Anhänger der Programmusik tendieren eher zu einer weitgespannten, Skeptiker zu einer enggefaßten Definition, denn für apologetische Zwecke ist es nützlich, Werke wie die Schumannschen Klavierstücke mit charakterisierenden Überschriften, an deren ästhetischer Legitimität niemand zweifelt, der umstrittenen Kategorie zu subsumieren, während es umgekehrt in Darstellungen mit polemischer Absicht naheliegt, den Bereich der Programmusik auf das Genre der Tonmalerei einzuschränken, deren kunsttheoretische Rechtfertigung schwerfällt.

Wilhelm Klatte, ein Liszt-Enthusiast, scheute nicht davor zurück, den Begriff auf die Vokalmusik auszudehnen, sofern in ihr »die Töne erst Sinn, Intensität, ja geradezu bildhafte Wirkung erhalten durch die Unterstützung des Wortes«.[1] Bachs Kantaten wären demnach Paradigmata der Programmmusik. Dagegen versuchte Otto Klauwell, der die Programmusik, deren Geschichte er schrieb, als inferiore Gattung betrachtete, sogar Beethovens *Pastorale* von dem suspekten Begriff fernzuhalten. Von Programmusik könne sinnvoll nur bei Werken die Rede sein, deren musikalische Form für sich unverständlich erscheine und erst durch das Programm begründet werde.[2] Klauwells herausfordernde These ist jedoch logisch eine Erschleichung: Das ästhetische Vorurteil, Programmusik sei formlos — ein Vorurteil, zu dessen Widerlegung die flüchtigste Analyse einiger symphonischer Dichtungen von Liszt genügen würde —, soll dadurch gestützt werden, daß man es zum Definitionsmerkmal macht: Nach Klauwell hört Programmusik, die sich in festgefügter Form präsentiert, dadurch auf, Programmusik zu sein.

Analysiert man, unbekümmert um extreme Positionen der Apologetik und Polemik, den Gebrauch des Wortes »Programmusik«, wie er sich in der musikästhetischen Umgangssprache seit dem späteren 18. Jahrhundert herausgebildet hat, so zeichnen sich einige Tendenzen ab, die benennbar sind, ohne daß es jedoch sinnvoll wäre, sie zu einer Definition zu verfestigen.

Erstens zählt man im allgemeinen zwar die Beschreibung oder Andeutung von Vorgängen oder Handlungen, aber nicht die Schilderung von Zuständen, wie sie für das Charakterstück bezeichnend ist, zur Programmusik. Das musikalische Porträt eines einzelnen Temperaments ist in geringerem Maße Programmusik als das Gespräch zwischen einem Melancholiker und einem Sanguiniker, das Carl Philipp Emanuel Bach in der Form einer Triosonate musikalisch skizzierte.

Zweitens scheint es, mindestens im 19. Jahrhundert, als liege der Terminus »Programmusik« bei Orchesterwerken näher als bei Klavierstücken; auch die äußere Ausdehnung ist nicht gleichgültig. Das Widerstreben, von Programmusik zu sprechen, ist jedenfalls bei Mendelssohns Konzertouvertüren geringer als bei den *Liedern ohne Worte*.

Drittens muß offenbar ein Sujet, um als Programm zu gelten, individualisiert sein. Kuhnaus *Rasender Saul* ist ein Stück Programmusik, aber nicht Beethovens *Malinconia*. (Ohnehin ist die Gattung des Streichquartetts programmatischen Intentionen am weitesten entrückt: Die Quartette von Smetana und Janáček stehen quer zur Gattungstradition.)

## 2

Die Programmusik bedeutet, als scheinbar handfestes musikalisches Genre, für manche Experimentalpsychologen[3] eine Herausforderung zur Erprobung ihrer Methoden, die geradezu unwiderstehlich ist, weil sich das Problem in einer Simplizität präsentiert, der man nicht sogleich anmerkt, wie trügerisch sie ist. So unverfänglich aber der Versuch erscheinen mag, die Assoziationen von Hörern, die ein Stück Musik zuvor nicht kannten, mit den programmatischen Absichten des Komponisten zu vergleichen, so fragwürdig ist er. Das negative Resultat — das Erraten des Programms ist eine seltene Ausnahme — steht a priori fest, besagt jedoch wenig oder nichts (und es ist lediglich die Übereinstimmung mit dem herrschenden ästhetischen Vorurteil, die den Experimentator über die Irrelevanz des Ergebnisses hinwegtäuscht).

Erstens verfehlt der Versuch das ästhetische Wesen einer Programmusik, die sich nicht auf Tonmalerei beschränkt (und ein Historiker sollte sich nicht dadurch überrumpeln lassen, daß er die Voraussetzung der Polemiker, Tonmalerei sei das Paradigma von Programmusik, übernimmt). Nichts ist falscher, als das Programm, den formulierten Text, mit der »poetischen Idee«

zu identifizieren, deren »sinnliches Scheinen«, um mit Hegel zu reden, der tönende Vorgang ist. Den Gehalt des Werkes bildet vielmehr ein Drittes, das aus der Relation zwischen Musik und Programm hervorgeht: zwischen einer Musik, deren Ausdruckscharakter das Programm präzisiert, und einem Programm, dessen »dichterische Absicht«, wie Wagner es nannte, durch die Musik »für das Gefühl verwirklicht« wird.[4] Das Programm darf nicht als Dechiffrierung der Musik mißverstanden werden, sondern ist — zusammen mit dem tönenden Vorgang — selbst Chiffre. Der psychologische Test verwechselt also Voraussetzung und Ergebnis: Das Programm, das einen der Ausgangspunkte des ästhetischen Prozesses und nicht dessen Ziel bildet, das also gegeben sein muß und nicht erraten werden kann, wird der »poetischen Idee« gleichgesetzt, die aus dem Ineinandergreifen von Musik und Programm resultiert.

Zweitens krankt der psychologische Test, der die Programmusik ihrer ästhetischen Unmöglichkeit überführen soll, an dem Mangel, daß er unhistorisch verfährt und verfahren muß. Die Versuchspersonen werden behandelt, als redete aus ihnen nicht der Geist der Epoche, der sie angehören, sondern als repräsentierten sie die Gattung schlechthin. Die Methode der Experimentalpsychologie ist, um mit Windelband zu sprechen, »nomothetisch«, steht also quer zum geschichtlichen Charakter des Gegenstandes, den sie erfassen soll.

Zu fragen wäre nicht, ob generell — von »Hörern überhaupt«, die es im Hinblick auf Musik nicht gibt — aus einem musikalischen Werk das Programm, von dem der Komponist ausging, erschlossen werden kann, sondern welche besonderen, unwiederholbaren Voraussetzungen gegeben sein mußten, damit im 19. Jahrhundert der Versuch, an Gestalten des Mythos oder der Weltliteratur wie Prometheus und Orpheus, Hamlet und Faust musikalisch »weiterzudichten« — und nichts Geringeres war Liszts Absicht —, sinnvoll erscheinen konnte. Ein Test mit Versuchspersonen, die mit der Ästhetik des »rein Musikalischen« aufgewachsen sind, so daß das assoziative Hören entweder unentwickelt oder naturwüchsig ist, erfaßt nicht die Programmusik, wie sie im 19. Jahrhundert wirklich gewesen ist, sondern lediglich deren Petrefakt. Er setzt sich über die fundamentale Tatsache hinweg, daß Liszts symphonische Dichtungen von einer Bildungstradition getragen wurden, deren Zerfall sie nicht ungebrochen überlebt haben. Und niemand kann heute, ein Jahrhundert später, ohne Anmaßung dekretieren, ob Liszts Idee der Programmusik ein hybrider Irrtum war, über den die Geschichte hinweggegangen ist — ob also das Überdauern oder Anstreben eines Phänomens über dessen ästhetisches Recht oder Unrecht entscheidet —, oder ob umgekehrt die Hörer des 20. Jahrhunderts die Fähigkeit und die Legitimation eingebüßt haben, über die symphonischen Dichtungen zu urteilen. Jedenfalls bedeutet die Tatsache, daß der geschichtliche Kontext, von dem sie abhängig waren, nicht mehr existiert, keine Rechtfertigung eines »nomothetischen« Verfahrens, welches die generelle Unmöglichkeit eines Prinzips zu demonstrieren versucht, das lediglich geschichtlich tot und vergangen ist.

Drittens ist die Vorstellung einer unbefangenen Wahrnehmung, gleichsam eines musikalischen »common sense«, auf den man sich berufen kann, um über Sinn oder Unsinn von Programmusik zu urteilen, eine Fiktion. Wo aber die Grenzen zu ziehen sind, durch die sich eine »angemessene«, »vernünftige« Hörweise einerseits von einer primitiven, die nichts begreift, und andererseits von einer durch Vorurteile getrübten unterscheidet, läßt sich, wenn überhaupt, nur kasuell, nicht generell festsetzen. Die »Angemessenheit« der Wahrnehmung, die bei Versuchspersonen vorausgesetzt wird — sonst wären sie falsch ausgewählt —, kann nicht durch allgemein musikalische Kriterien bestimmt, sondern muß als ein der spezifischen Sache adäquates Verhalten aufgefaßt werden. Man ist also zurückgeworfen auf eine historische Analyse, die den ästhetischen Charakter des musikalischen Werkes, wie er sich den Zeitgenossen darstellte, untersucht. (Das besagt nicht, daß die Kriterien der Entstehungszeit die einzig triftigen wären; in der Wirkungsgeschichte musikalischer Werke war keineswegs immer die früheste Rezeption die adäquateste. Daß sich aber die späteren Zeiten durch größere oder geringere innere Nähe oder Ferne zu einem Stück Vergangenheit voneinander unterscheiden, also nicht gleichberechtigt zu einem Urteil berufen sind, dürfte unbestreitbar sein; und es ist demnach schwerlich ein Akt historischer Gerechtigkeit, gerade die ästhetische Überzeugung einer Epoche mit schwacher Affinität zum Genre der Symphonischen Dichtung — maskiert als Resultat eines Experiments — zu verallgemeinern.)

## 3

Die Programmusik war für die Musikästhetik schon immer — seit deren Anfängen im 18. Jahrhundert — ein Ärgernis, das heftige Auseinandersetzungen herausforderte. Allerdings wechselten die Gründe, mit denen man ihr das ästhetische Daseinsrecht absprach, und die Voraussetzungen, auf die sich das Verdikt stützte. Und die Entwicklung der Kritik ist eines der beredtesten Dokumente über die Veränderungen, denen die Sache selbst, der Sinn der Programmusik, in zwei Jahrhunderten unterworfen war.

1. In den ästhetischen Diskursen des 18. Jahrhunderts erscheint die Programmusik als »malendes« Genre, dem das »rührende« entgegengesetzt wurde. (Der Begriff des »Malenden«, der auch Momente einschloß, die man im 19. Jahrhundert »charakterisierend« genannt hätte, war weiter gefaßt als der Terminus »Tonmalerei« im Sprachgebrauch des 19. und 20. Jahrhun-

derts.) Der deskriptive und der expressive Stil sind jedoch, so schroff sie kontrastieren mochten, nichts anderes als verschiedene Lösungen desselben Problems: der Schwierigkeit, in einer Epoche, deren Musikbegriff durch die Oper geprägt war, die Existenz einer unabhängigen Instrumentalmusik ästhetisch zu rechtfertigen. (Der Satz des Fontanelle war offenbar »communis opinio« der Gebildeten unter den Verächtern der Instrumentalmusik.) Mit der Behauptung, auch eine nicht sprachgebundene Musik könne »malen« oder »rühren«, versuchte man dem Vorwurf zu begegnen, daß sie ein leeres, nichtssagendes Getön oder Geräusch sei. (Eine Formästhetik existierte nicht.)

Charles Batteux, dessen *Traité des beaux arts* (1746) die Diskussion um die Jahrhundertmitte beherrschte, verwarf die »malende« Musik als inferiores Genre.[5] Und bei Quantz erscheint sie, zusammen mit der »gearbeiteten«, »gelehrten« Musik als Relikt einer vergangenen, »barocken« Epoche, die zur Künstlichkeit neigte.[6] Einzig die »rührende«, nicht die »malende« Musik soll als »musique naturelle« gelten. Die »Nachäffung äußerer bildlicher Vorstellungen« ist nach Johann Nikolaus Forkel[7] einer Instrumentalmusik, die sich zur Affektdarstellung zu erheben vermag, unwürdig.

Nur die Vermittlung zwischen deskriptivem und expressivem Stil konnte den deskriptiven vor dem Urteil retten, eine Entfremdung der Musik von ihrem Wesen zu sein. Und die ausgleichende Formel, daß weniger ein Gegenstand als die Empfindung, die er hervorrufe, geschildert werden müsse, reicht bis zur Jahrhundertmitte, bis zu D'Alemberts *Discours préliminaire* (1751) zurück.[8] Als Beethoven sie aufgriff, war sie bereits ein Topos.

2. Die romantische Musikästhetik begegnete, nicht anders als die empfindsame, der »malenden« Musik mit Mißtrauen oder Spott, stützte sich aber, um ihr Urteil zu begründen, auf andere Voraussetzungen. Nicht das »Rührende«, sondern die Idee einer »reinen Instrumentalmusik«, die man zu metaphysischen Würden erhob, bildete die Gegeninstanz zu einer »malenden« Musik, die man als ästhetische Verirrung oder als niederes Genre, das lediglich zu Späßen taugte, ansah. Friedrich Schlegel deutete, im Gegensatz zur Ästhetik der Empfindsamkeit, die Instrumentalmusik als tönenden Diskurs: »Wer aber Sinn für die wunderbaren Affinitäten aller Künste und Wissenschaften hat, wird die Sache wenigstens nicht aus dem platten Gesichtspunkt der sogenannten Natürlichkeit betrachten, nach welcher die Musik nur eine Sprache der Empfindung sein soll, und eine gewisse Tendenz aller reinen Instrumentalität zur Philosophie an sich nicht unmöglich finden.«[9] Ähnlich urteilte Schelling, und E. T. A. Hoffmann zog aus der Entgegensetzung des »plastischen« und des »musikalischen« Prinzips bei August Wilhelm Schlegel die Konsequenz, daß es der Instrumentalmusik verwehrt sei, fest umrissene Gegenstände darzustellen. »Wie wenig erkannten d i e Instrumental-

komponisten dies eigentümliche Wesen der Musik, welche versuchten, jene bestimmbaren Empfindungen, oder gar Begebenheiten darzustellen, und so die der Plastik geradezu entgegengesetzte Kunst plastisch zu behandeln.«[10] Das »rührende« und das »malende« Genre, die Opponenten im ästhetischen Parteienstreit des 18. Jahrhunderts, verfallen in der romantischen Musikästhetik zusammen dem Urteil, veraltet zu sein und hinter der metaphysischen Bedeutung, welche die Instrumentalmusik durch Haydn, Mozart und Beethoven erreicht habe, zurückzubleiben. Andererseits ist die »reine Instrumentalmusik«, wie sie E. T. A. Hoffmann verstand, mit »absoluter Musik« im Sinne Eduard Hanslicks nicht gleichzusetzen. Daß Hoffmann die »malende« Musik verwarf, schloß nicht aus, da er es als den Sinn »reiner Instrumentalmusik« begriff, die »Phantasie des Zuhörers« unwiderstehlich hineinzuziehen »in das bunte Gewühl phantastischer Erscheinungen«.[11]

3. Liszts Konzeption der Programmusik steht der Ästhetik E. T. A. Hoffmanns nicht so fern, wie man unwillkürlich vermutet, solange man in der starren, ungeschichtlichen Antithese von absoluter und Programmusik befangen ist. Die Tonmalerei, die Hoffmann verpönte, ist in den symphonischen Dichtungen ein durchaus sekundäres Moment; die Überzeugung, daß die Instrumentalmusik ein Organon der Metaphysik sei, teilte Liszt mit Hoffmann; und die Programmatik der symphonischen Dichtungen unterscheidet sich von der Phantastik, für die Hoffmann plädierte, lediglich durch die Tendenz, die unbestimmten, ahnungsvollen Assoziationen zu präzisieren und an fest umrissene Begriffe oder Gestalten anzuknüpfen. Jedenfalls weicht die romantische Polemik gegen »malende« Musik in wesentlichen Zügen von der Opposition ab, der Liszts symphonische Dichtungen ausgesetzt waren: einer Opposition, deren zentrales Schlagwort der Begriff der »absoluten Musik« war.

Der Terminus »absolute Musik« bezeichnet bei Wagner, von dem er stammt, eine unmotivierte und dadurch haltlose Musik, eine Musik, die keinen Grund hat, da zu sein: einerseits die Melodik Rossinis, die sich von ihrem Fundament, der Sprache, losgerissen hat, und andererseits eine vom Tanz und der Pantomime abstrahierte, also ihrem Ursprung entfremdete Instrumentalmusik.[12] Die polemische Vokabel ist dann in der Hanslick-Tradition zu einem affirmativen Terminus umgeprägt worden, der nichts anderes besagt, als daß Musik, um sinnvoll zu sein, nicht einer außermusikalischen Stütze und Motivierung bedarf, sondern in sich selbst begründet sein kann. »Absolute Musik« ist das Stichwort einer Ästhetik der »reinen Instrumentalmusik«, in der alles, was nicht Ton ist, als »außermusikalisches Moment« erscheint. Ist von Musik schlechthin und ohne Zusatz die Rede, so ist immer — in Anlehnung an E. T. A. Hoffmann und im Widerspruch zur älteren, Jahrtausende zurückreichenden Tradition — die Instrumental- und nicht die

Vokalmusik gemeint. Primärer Gegenstand der Musikästhetik ist im 19. Jahrhundert, im Unterschied zum 18., die Beethovensche Symphonie statt der italienischen Oper.

Die ästhetischen Voraussetzungen, von denen die Kritik am »malenden« Genre des 18. und an der Programmusik des 19. Jahrhunderts getragen wurde — der Hang zum »Rührenden«, die Idee einer tönenden »Sanskritta«, die ein metaphysisches »Dschinnistan« erschließt, und der Begriff einer absoluten, als geschlossene Form in sich selbst begründeten Instrumentalmusik —, divergieren schroff, und die Veränderungen der Positionen, von denen die Polemik ausging, sind Zeichen für Wandlungen der Sache selbst. (Es wäre sinnwidrig, einen abstrakten, unhistorischen Begriff von Programmusik zu formulieren, unabhängig von den Auseinandersetzungen, die in der geschichtlichen Wirklichkeit ausgetragen wurden.)

Die Ästhetik der Empfindsamkeit polemisierte gegen die Barocktradition: gegen eine unmittelbare Vergangenheit, die in Relikten überdauerte. Unter Berufung auf die Idee des musikalisch Natürlichen verwarf man die Künstlichkeit der Hypotyposis-Figuren: eine Künstlichkeit, die den Verstand staunen macht, aber das Herz leer läßt. Umgekehrt die Ästhetik der absoluten Musik im späteren 19. Jahrhundert: Sie warnte, getragen von konservativ-klassizistischen Neigungen, vor einem Weg in die Zukunft, der fürchten ließ, daß er ein Irrweg sei.

Geschichtlich verschieden war andererseits der Umkreis der Phänomene, die der Begriff der »musikalischen Malerei« oder der Programmusik umfaßte. Um 1750, bei Batteux und Quantz, war es neben der Tonmalerei im engeren, späteren Sinne die gesamte musikalische Allegorik und Wortausdeutung, die als »malende« Musik unter das Urteil fiel, veraltet zu sein. Zu Anfang des 19. Jahrhunderts empfand man dagegen das Ausmalen von Details und eine ängstliche Pedanterie der Charakteristik als Störungen einer »romantischen« Instrumentalmusik, die als tönende Chiffre ein geahntes Jenseits beschwor: Die musikalische »Poesie«, die ins Unendliche ausschweifte, sollte sich nicht erniedrigen zu nüchterner »Prosa«. Musik mit einem Sujet wurde von E. T. A. Hoffmann und von Schumann keineswegs prinzipiell, sondern nur dann verworfen, wenn sie ins Kleinliche und Triviale geriet. Demgegenüber ist es im späteren 19. und im 20. Jahrhundert das »Außermusikalische« schlechthin, dem man als einem heterogenen Zusatz mißtraut, als werde durch ein Motto, ein Sujet oder ein Programm das musikalische Formhören, auf das es primär ankommt, durchkreuzt oder verwirrt.

## 4

Die Vorstellung von Programmusik, die sich im späteren 19. Jahrhundert, in dem Streit um Liszts symphonische Dichtungen herausbildete, ist durch den Gegensatz zur Idee der absoluten Musik geprägt: einen Gegensatz, der zur Substanz des Begriffs gehört. Programmusik ist weniger eine Kategorie, deren Bestimmungsmerkmale sich einer systematischen Untersuchung erschließen, als ein Stichwort für einen Gedankenkomplex, der für die Neudeutsche Schule als historisches Phänomen charakteristisch ist.

Wer dennoch eine systematische Begriffsexplikation für unumgänglich hält, müßte mindestens einräumen, daß die absolute und die Programmusik nicht zwei Klassen bilden, in die man die Instrumentalmusik teilen kann, sondern entgegengesetzte Extreme darstellen, die eher bloße Denkmöglichkeiten sind, als daß sie jemals ungetrübt realisiert worden wären. Die musikalische Wirklichkeit breitet sich in ungezählten Übergangsformen zwischen den Idealtypen der absoluten und der Programmusik aus.[13]

Dem Versuch, die verschiedenen Arten von »malender«, »poetischer« und charakteristischer Musik auf einer Skala zwischen absoluter und Programmmusik zu lokalisieren, steht allerdings die Tatsache im Wege, daß die »Zwischenstufen« oder »Modifikationen« früher ausgeprägt waren als die Extreme, auf die sie bezogen werden sollen. Dem 18. und dem frühen 19. Jahrhundert war der Terminus »absolute Musik« ebenso fremd wie die Idee, auf die er zielt. Geschichtlich ist nicht etwa das »Außermusikalische« ein Zusatz zur absoluten Musik, sondern umgekehrt die absolute Musik eine Abstraktions- oder Reduktionsform von Typen der Instrumentalmusik, die schon immer »außermusikalische« Momente — die noch nicht als »außermusikalisch« galten — einschlossen. Programmusik wie die *Biblischen Historien* von Kuhnau oder die Ovid-Sinfonien von Dittersdorf bildete keine Alternative zu einer absoluten Musik, deren Begriff noch nicht existierte, sondern eine der Arten, durch Instrumentalmusik etwas auszudrücken oder darzustellen, was sich nicht in tönenden Formen erschöpfte. Zwar wurden auch im 18. Jahrhundert ästhetische Grenzen gezogen, aber andere, als sie die aus der Sprache des 19. Jahrhunderts entlehnte Antithese von absoluter und Programmusik nahelegen würde: Geht man von dem Gegensatz zwischen »malender« und »rührender« Musik aus — und nichts anderes läßt sich historisch rechtfertigen —, so gerät die Kuhnausche Programmusik in dieselbe Kategorie wie die Kanon-, Tritonus- und Querstands-Allegorik in Bachs Kantaten, deren Klassifikation als Programmusik fragwürdig wäre. Zwar sind die Unterscheidungsmerkmale, die im 19. Jahrhundert für den Begriff der »Programmusik« konstitutiv wurden, in den *Biblischen Historien* vorgezeichnet; aber sie bestimmten im frühen 18. Jahrhundert nicht die ästhetische Diskussion. (Umgekehrt wäre die Frage, ob Liszts *Orpheus* zum »malenden« oder zum »rührenden« Genre gehöre, zwar sachlich möglich, aber historisch inadäquat.)

Der Versuch, den Begriff der »absoluten Musik« — von dem wiederum der Sinn der Kategorie »Programmusik« abhängt — systematisch zu explizieren, verwickelt sich andererseits in die Schwierigkeit, daß es sich nicht allein um kompositorische Sachverhalte in der Musik des 19. Jahrhunderts handelt, sondern auch um Tendenzen der musikalischen Wahrnehmung, die sich weniger bei den Zeitgenossen als bei den Nachgeborenen durchsetzen. Absolute und Programmusik sind zu einem nicht geringen Teil Kategorien der Wirkungsgeschichte. Beethovens Symphonien sind nicht als absolute Musik entstanden, sind aber durch eine Rezeption, als deren theoretischer Ausdruck die Analysen von August Halm, Heinrich Schenker und Rudolf Réti erscheinen, zu absoluter Musik geworden. Man braucht nicht zu entscheiden, in welchem Ausmaß die Analysen im einzelnen triftig sind, um dennoch behaupten zu dürfen, daß sie Dokumente eines Vorgangs sind, den man als Entstehung der absoluten Musik im ästhetischen Bewußtsein bezeichnen kann. Umgekehrt ist das programmatische, assoziative Hören schwächer geworden und hat an ästhetisch-sozialem Prestige eingebüßt. Griff es im frühen 19. Jahrhundert, als es mit den herrschenden Bildungsideen übereinstimmte, auch auf Werke über, denen es Gewalt antat, so wird es heute, anderthalb Jahrhunderte später, sogar dort vermieden oder nicht eingestanden, wo es adäquat wäre.

## 5

Sowohl die Polemik gegen die Programmusik als auch deren Verteidigung wurde im Namen des Geistes geführt, als dessen Objektivierung man die Musik begriff. In einem schiefen Dialog, in dem die Streitenden den Gegner selten dort trafen, wo er wirklich war, warf man sich gegenseitig vor, auf einem »überwundenen Sinnlichkeitsstandpunkt«, wie er von Adolf Bernhard Marx genannt wurde, zu stehen.

Hanslicks Verwerfung der Programmusik gründete in der Überzeugung, daß die »reine, absolute Tonkunst«[14] keine Stütze brauche, sondern für sich bestehen könne, weil sie in einem emphatischen Sinne »Form«, und das bedeutete für Hanslick« »sich von innen heraus gestaltender Geist« sei.[15] Entscheidend war für Hanslick die Bestimmung des Komponierens als »ein Arbeiten des Geistes in geistfähigem Material«[16], nicht der herausfordernde, pointierte Vergleich mit einem Kaleidoskop, der immer wieder und nicht ohne Gehässigkeit zitiert worden ist, obwohl er von Hanslick in einer Weise eingeschränkt wurde, die von einer Zurücknahme kaum zu unterscheiden ist.[17] Erst durch die Deutung der musikalischen Form, des tönenden Phänomens, als Objektivierung von Geist fühlte sich Hanslick genügend gewappnet, um »Oulibicheffs mißverständlicher Ansicht« entgegenzutreten, daß »für einen Componisten der Geist einzig und allein in einer gewissen Anwendung seiner Musik auf ein directes oder indirectes Programm bestehe«.[18] Programme sind überflüssig, da Musik für sich selbst Geist ist oder sein kann.

Franz Brendel, der Ideologe der Neudeutschen Schule, konstruierte 1859, im Gegenzug zu Hanslicks Ästhetik der »reinen, absoluten Tonkunst«. eine Philosophie der Musikgeschichte, die unverkennbar apologetische Funktionen erfüllt. Die Programmusik repräsentiert in Brendels Schema eine Modernität, deren herrschende Tendenz es ist, sich »zu immer größerer Bestimmtheit des Ausdrucks zuzuspitzen«[19], während das Formal-Schöne als niedrigere Entwicklungsstufe erscheint, die vom Geist der Zeit verlassen wurde. Für Hanslick, der sich als Empirist fühlte, muß es schwer erträglich gewesen sein, sich geschichtsphilosophischen Argumenten ausgesetzt zu sehen, die nicht etwa besagten, daß seine Thesen irrig, sondern daß sie veraltet und »überholt« seien. Brendel scheute sich nicht, die großen Worte der Philosophie, die Antithesen Natur und Geist, Sinnlichkeit und Gedanke, Gesetz und Freiheit, schöne und charakteristische Kunst, paradieren zu lassen, um die Stufen einer musikgeschichtlichen Entwicklung, als deren Kulmination er Liszts symphonische Dichtungen rühmte, zu bezeichnen. »Es ergibt sich hieraus«, heißt es in der Schrift über *Franz Liszt als Symphoniker,* »wie das Kunstschaffen auf früheren Stufen in der positiven Erfüllung des Naturgesetzes besteht, später in der fortgesetzten Negation desselben, des Sinnlichkeitsstandpunktes überhaupt. [ . . . ] Auf diesem Wege kann es demnach auch wohl geschehen, daß nicht mehr bloß durch technisch harmonische Analyse, sondern durch die Idee unmittelbar eine Kombination zu rechtfertigen ist.«[20] Der Verstoß gegen musikalische Zunftregeln erscheint als Emanzipation vom Naturgesetz, die poetische Programmusik als Aufhebung des »Sinnlichkeitsstandpunktes« , den man allerdings der musikalischen Handwerkstradition des 15. bis 18. Jahrhunderts, an die Brendel primär dachte, am wenigsten zuschreiben kann. Das Fortschrittspathos wurde allerdings Lügen gestraft: Brendel wurde zum Opfer einer Ironie der Geschichte, denn gerade der verachteten Ästhetik der absoluten Musik, der Deutung musikalischer Formen als »sich von innen heraus gestaltender Geist« gehörte die Zukunft, von der Brendel glaubte, daß sie ein Reservat der Programmusik sein werde.

Die Neigung, musikalische Kompositions- und Rezeptionsformen, die dem eigenen ästhetisch-geschichtsphilosophischen Dogma widersprachen, als inferior und als Ausdruck eines veralteten Bewußtseinsstandes abzutun, ist den Neudeutschen im 20. Jahrhundert heimgezahlt worden. Seit der Zeit um 1910, die nicht nur in der kompositorischen Praxis, sondern auch in der ästhetischen Reflexion tiefgreifende Veränderungen hervorbrachte, gilt assoziativ-programmatisches Hören, gerade bei kritischen Psychologen wie Heinrich Schole[21], als Zeichen geringerer Musikalität. Die Behauptung ist aber, obwohl sie sich auf Beobachtungen stützt, insofern schief, als sie unhistorisch ist. Musikalität ist nicht allein eine Naturkategorie, sondern auch ein geschichtlich geprägtes Phänomen. Und daß das assoziativ-programmatische Hören in einer Epoche, in der es gering geschätzt wird, rudimentär und roh bleibt, ist nicht erstaunlich. An sich ist das assoziativ-programmatische Hören als ästhetische Möglichkeit ebenso kultiviert wie das strukturelle, und unzweifelhaft war es im 18. und 19. Jahrhundert — in einem Zeitalter, dessen Bildungsbegriff durch Dichtung und Philosophie bestimmt wurde — differenzierter und reicher entwickelt als heute.

## 6

Schumann empfand Programme wie das der Berliozschen *Symphonie fantastique* als »unwürdig und charlatanmäßig«. Nicht, daß er Programmusik prinzipiell, gestützt auf eine Ästhetik der absoluten Musik, verworfen hätte. Aber das Berliozsche Programm erschien ihm als aufdringlich biographisch, überflüssig detailliert und in manchen Zügen unpoetisch. Sah demnach Schumann in einem Programm eher eine lästige Zutat als ein substantielles Moment — er wollte sich die poetische Idee eines Werkes nicht erklären lassen, sondern sie erraten —, so war Franz Brendel, Schumanns Nachfolger als Redakteur der *Neuen Zeitschrift für Musik*, gerade umgekehrt davon überzeugt, daß ein Programm zur Sache selbst gehöre: zum Werk als ästhetischem Gegenstand, der sich nicht im bloßen Notentext und dessen tönender Realisierung erschöpfe: »[ . . . ] und wenn ich früher als Grundsatz aufstellte, das Programm dürfe nur als eine Zugabe erscheinen, eben um eine größere Bestimmtheit für die Vorstellung herbeizuführen, so möchte ich dasselbe jetzt sogar bis auf einen gewissen Grad zum Kunstwerk selbst gehörig betrachten [ . . . ].«[22] Brendels Behauptung, daß das Programm, kaum anders als der Text in der Vokalmusik, kein bloßer Kommentar sei, der von außen hinzukomme, sondern einen Teil des Werkes selbst bilde, mag in einer Zeit, in der sich die Ästhetik der absoluten Musik fast zu einer Selbstverständlichkeit verfestigt hat — mindestens in der artifiziellen Musik —, befremdend oder sogar absurd wirken, ist aber nichts als konsequent, wenn man voraussetzt, daß in der Programmusik Lisztscher Prägung die »poetische Idee«, der Sinn des Werkes, aus dem Ineinandergreifen und der Wechselwirkung zwischen tönendem Phänomen und Programm resultiert.

Außerdem war um die Mitte des 19. Jahrhunderts, als Brendel schrieb, die Hanslicksche These, daß einzig die Instrumentalmusik »reine, absolute Tonkunst« sei, daß also, wenn man von Musik schlechthin spreche, stets die Instrumentalmusik gemeint sein müsse, noch nicht zu einer »communis opinio« der Gebildeten geworden. Die ältere Ästhetik der Vokalmusik, deren Anhänger sich musikalischen Sinn kaum anders als sprachabhängig vorzustellen vermochten, war zwar seit der Romantik angekränkelt, aber noch lebendig. Und sie bildete die Folie für Brendels Thesen. Die Theorie der Programmusik zehrte also, so progressiv sie sich dünkte, von einer Tradition, die zum Absterben verurteilt war. (Oder zum Absinken in Trivialästhetik.)

Die Herrschaft des antiken, platonischen Musikbegriffs erstreckte sich nahezu ungebrochen bis ins frühe 19. Jahrhundert. Musik wurde durch Harmonia, Rhythmos und Logos, durch geregelte Tonbeziehungen, Zeitmessung und Sprache konstituiert. Die Sprache galt also nicht als »außermusikalisches« Moment, das zur »eigentlichen« Musik hinzukommt, sondern gehörte zur Substanz des Musikbegriffs. Und die Instrumentalmusik erschien nicht als »reine, absolute Tonkunst«, sondern als Schatten und defizienter Modus der Vokalmusik.

Der Satz, mit dem E. T. A. Hoffmann 1810 den ästhetischen Vorrang der Instrumentalmusik postuliert: »Wenn von der Musik als einer selbständigen Kunst die Rede ist, sollte immer nur die Instrumentalmusik gemeint sein, welche, jede Hülfe, jede Beimischung einer andern Kunst verschmähend, das eigentümliche, nur in ihr zu erkennende Wesen der Kunst rein ausspricht«[23], war, als er geschrieben wurde, nicht trivial, sondern eher paradox und herausfordernd. Und als sich Hanslick ein halbes Jahrhundert später Hoffmanns Überzeugung zu eigen machte, fühlte er sich, da ihm das Befremdliche der These noch bewußt war, dazu gedrungen, den »Logos« im Sinne von Sprache, um den er den Musikbegriff verkürzte, andererseits insofern zu retten, als er die musikalische Form, die ästhetische raison d'être der absoluten Musik, als »Logos« im Sinne von »Geist« begriff, wodurch er in Gegensatz zu der ästhetischen Doktrin geriet, daß Geist in der Musik durch einen Text oder ein Programm vermittelt sein müsse.[24]

Die Konsequenzen, die Hanslick aus dem Dogma vom ästhetischen Vorrang der Instrumentalmusik zog, waren so rigoros, daß sie von späteren Ästhetikern nur zum Teil übernommen wurden. Neben der im 20. Jahrhundert fast allgemein akzeptierten Meinung, daß der Zusammenhang zwischen einem Programm und dem tönenden Gebilde, auf das es sich bezieht, »willkürlich« sei[25], steht bei Hanslick die immer wieder heftig befehdete Behauptung, daß man in der Vokalmusik nicht selten Texte, die extrem verschiedene Affekte ausdrücken, miteinander vertauschen könne, ohne daß dadurch der Melodie, auf die sie gesungen werden, Gewalt geschehe.[26] Beide Thesen aber, die einleuchtende wie die befremdende, beruhen auf demselben Prinzip: auf der Voraussetzung, daß die Sprache ein »außermusikalisches« Moment sei, das erst sekundär mit der Musik verknüpft werde. Ist aber der primäre, selbstverständliche Zusammenhang zwischen Sprache und tönendem Phänomen erst einmal zerissen, so ist jede Zuordnung einer gewissen Willkür überführbar, einer Willkür, die Hanslick für eine Beobachtungstatsache hielt, die aber in Wahrheit eher aus dem Gesichtspunkt resultierte, unter dem er die Vokal- und die Programmusik betrachtete. Es ist historisch inadäquat, Sprache und tönendes Gebilde, die zusammen und in Wechselwirkung miteinander den Musikbegriff der Vokal- und Programmusik ausmachen, voneinander zu trennen, um dann zu fragen, ob aus dem einen Moment, einer isolierten, für sich bestehenden absoluten Musik, das andere erschließbar sei. Man braucht einen Konnex nicht erraten zu können, um ihn dennoch, sobald er gegeben ist, als einleuchtend zu empfinden.

## 7

Das ebenso zähe wie fragwürdige Vorurteil, daß die Theorie der Praxis stets nachhinke — ein Vorurteil, in dem Reflexionsscheu und eine zum Aberglauben abgesunkene Genieverehrung ineinandergreifen —, verstellt die Einsicht, daß in der Entwicklung der Komposition die Praxis schon immer mit Theorie vermittelt sein mußte, um überhaupt Komposition und nicht bloß Improvisation zu sein. Zur Theorie aber gehörte, wenn man den Begriff weit genug faßt, im 19. Jahrhundert außer der Verquickung von musikalischer Handwerkslehre mit spekulativer Akustik auch die Hermeneutik, die poetisierende Auslegung von Instrumentalmusik, die zu den charakteristischen Phänomenen der Restaurationszeit gezählt werden darf. Daß sie im 20. Jahrhundert, in einem Zeitalter, dessen musikalisches Bewußtsein durch die Ästhetik der absoluten Musik geprägt ist, zum Gespött wurde, sollte die Bemühung, ihr historisch gerecht zu werden, nicht verhindern.

Der scheinbar triftigste Einwand, dem sich die musikalische Hermeneutik — und zwar bereits im 19. Jahrhundert — ausgesetzt sah, ist der Vorwurf der Willkür: Die Zuordnung von tönendem Gebilde und poetischem Sujet ist nach der Meinung der Skeptiker nicht in der Sache selbst, sondern in zufälligen Assoziationen begründet. Das Argument ist jedoch schief, weil es von der irrigen Unterstellung ausgeht, daß ein Programm, wie es ein Hermeneut skizziert, als Formulierung der poetischen Idee, die den Gehalt des musikalischen Werkes ausmacht, gemeint sei. Der Anspruch der Hermeneutik war, sofern sie sich nicht selbst mißverstand, geringer: Sie versuchte keineswegs einen Text zu entwerfen oder zu rekonstruieren, zu dem die Musik eine tönende Paraphrase oder Illustration bildete, sondern lediglich Worte zu finden, und seien es stammelnde, die in Relation zur Musik auf eine poetische Idee hindeuteten: eine Idee, die nicht in einem literarischen Sujet aufging, sondern als ungreifbare, den verschiedenen Künsten gemeinsame Substanz verstanden wurden. Der Programmentwurf eines Hermeneuten sollte also nicht danach beurteilt werden, ob er gegenständlich triftig oder untriftig, sondern ob er poetisch oder trivial: dem Wesen des musikalischen Werkes adäquat oder inadäquat war. »Es ist hierbei nicht zu übersehen«, schrieb Wilhelm von Lenz 1855, »wie es nicht darauf ankommt, eine andere Interpretation auszuschließen, sondern nur darauf, den natürlichen Anforderungen an den inneren Zusammenhang der als Erklärung gegebenen Idee, an den in aller Musikpoesie auch notwendig poetisch zu denkenden Gehalt derselben, allen Ansprüchen mit einem Wort zu genügen, welche Kopf und Herz, Verstand und Gefühl an die Interpretation zu machen berechtigt sind.«[27] Ton, Charakter und Färbung der Auslegung sind entscheidend, nicht der erzählbare Inhalt, der austauschbar sein darf.

Die musikalische Hermeneutik aber, ein Stück Theorie der Musik, bildete eine der Voraussetzungen, aus denen die Symphonische Dichtung, die kompositorische Praxis der Programmusik, hervorging. Nicht zu Unrecht erklärte Liszt die Konzeption der Symphonischen Dichtung als Konsequenz aus der Rezeption der Musik Beethovens: »Die seit etwa fünfzehn Jahren immer häufiger werdenden Versuche, [Beethovens] Symphonien, Quartette und Sonaten zu kommentieren und die Eindrücke, welche sie uns geben, die Bilder, die sie in uns wachrufen, in poetischen und philosophischen Abhandlungen zu erklären und zu fixieren, beweisen, wie groß das Bedürfnis ist, den leitenden Gedanken großer Instrumentalwerke genau bezeichnet zu sehen.«[28] (Der »leitende Gedanke« darf, wenn nicht Liszts romantische Konzeption pseudo-realistisch vergröbert und verzerrt werden soll, keineswegs umstandslos mit dem poetischen Moment der Musik gleichgesetzt werden; er ist vielmehr, nicht anders als die »dichterische Absicht«, von der Wagner sprach, ein bloßer Ausgangspunkt: eine Voraussetzung, aus der erst dadurch das Poetische hervorgeht, daß sie, wie Wagner es ausdrückte, durch die Musik »für das Gefühl verwirklicht« wird.)

Die Entstehung der Symphonischen Dichtung, des Lisztschen Typus von Programmusik, ist demnach durch die musikalische Hermeneutik des frühen 19. Jahrhunderts vermittelt. Um mit Brendel zu reden: »Das Wesen der gegenwärtigen Kunst besteht vor allem darin, daß sie nicht mehr in alter naturalistischer« — gemeint ist: in instinktiver, reflexionsloser — »Weise auf den gegebenen Grundlagen weiterbaut, im Gegenteil, daß Theorie und Kritik zwischen das Frühere und das Gegenwärtige getreten sind, daß unsere Kunst Theorie und Kritik in sich als Voraussetzung hat.«[29] So fragwürdig Brendels aus blindem Fortschrittsenthusiasmus geborene Behauptung sein mag, daß erst seit der Mitte des 19. Jahrhunderts die Musik »Theorie und Kritik in sich als Voraussetzung« habe, so triftig ist die Beobachtung, daß es die poetisierende Kritik der Restaurationszeit war, die in der Programmusik in kompositorische Praxis überging.

## 8

Der Streit um die Neudeutsche Schule ist als Auseinandersetzung über Sinn oder Unsinn der Programmusik geführt worden. Für die Symphonische Dichtung, wie Liszt sie verstand, war jedoch der erklärende Text, das in Worte gefaßte Programm, ein durchaus sekundäres Moment. Als einzig entscheidend empfand Liszt die Bestimmtheit des Ausdrucks, die Prägnanz, mit der die Musik ihren Gegenstand der Phantasie und dem Gefühl vermittelte. Ob ein Programmtext unumgänglich oder überflüssig war, ob er ausführlich sein mußte oder sich auf Andeutungen beschränken konnte, hing von der Art des Sujets ab und begründete keinen ästhetischen Gattungsunterschied. *Hungaria* ist ebenso eine symphonische Dichtung wie *Mazeppa, Orpheus* ebenso wie *Die Ideale*. Die Bestimmtheit des Ausdrucks, auf die Liszt zielte, war manchmal auch ohne Programmtext erreichbar, und es wäre kunstfremde Pedanterie gewesen, einen Kommentar zu formulieren, wenn die Musik ihren Inhalt auch ohne literarische Stütze unmißverständlich aussprach. »Zu behaupten«, schrieb Liszt im Hinblick auf Wagners *Tannhäuser*-Ouvertüre, »daß ein erklärender Text zum Verständnisse dieser Symphonie notwendig sei, hieße diejenigen nachahmen, von denen Shakespeare sagt, daß sie die Lilien bleichen, die Veilchen malen und das Gold vergolden wollen.«[30]

Durch die Bestimmtheit des Ausdrucks, die den Zweck darstellte, zu dem ein explizites Programm ein bloßes Mittel bildete, versuchte Liszt eine ästhetische Nobilitierung der Instrumentalmusik zu bewirken. Sie sollte den Verdacht zerstreuen, Instrumentalmusik tendiere zur Inhaltslosigkeit, zum nichtssagenden Getön, einen Verdacht, den Hegel in bösartig skeptischen Sätzen ausgesprochen hatte, die Liszt in seinem Aufsatz über Berlioz zitierte, da er sie als Herausforderung empfand: »[ . . . ] so sagte ich bereits früher, daß die Musik unter allen Künsten die meiste Möglichkeit in sich schließe, sich nicht nur von jedem wirklichen Text, sondern auch von dem Ausdruck irgend eines bestimmten Inhalts zu befreien, um sich bloß in einem in sich abgeschlossenen Verlauf von Zusammenstellungen, Veränderungen, Gegensätzen und Vermittlungen zu befriedigen. Dann bleibt aber die Musik leer, bedeutungslos, und ist, da ihr die eine Hauptseite aller Kunst, der geistige Inhalt und Ausdruck abgeht, noch nicht eigentlich zur Kunst zu rechnen.«[31]

Der Hegelschen Bestimmung der Musik als Kunst der »abstrakten Innerlichkeit«, des begriffslosen Gefühls, setzte Liszt die Forderung nach deutlichem, unmißverständlichem Ausdruck entgegen: Die Musik müsse sich, um nicht inferior zu sein, »mit den Interessen des Gedankens vereinigen«, und sie könne es auf zwei Wegen: die Vokalmusik »durch die Wahl ihrer Texte«, die Instrumentalmusik »durch Programme«.[32] Hatte Hegel, der die Geschichte als zeitliche Erstreckung des hierarchischen Systems der Künste begriff, von einer Aufhebung der Musik in die Dichtung gesprochen, so postulierte Liszt gerade umgekehrt: »Die Musik nimmt in ihren Meisterwerken mehr und mehr die Meisterwerke der Literatur in sich auf.«[33]

Der herausfordernde Satz bedeutet nicht, daß Programmusik das in einer Dichtung Gesagte tautologisch in Töne überträgt — ein ebenso sinnwidriges wie vergebliches Unterfangen —, sondern daß sie sich als Fortsetzung der Dichtung mit anderen Mitteln versteht. Wenn Goethe und Byron »das Ideal von Geistesstimmungen festhalten, welche jetzt in ihrer Zeit die Gebildeten aller europäischen Länder beseelen und beherrschen: — warum sollte sich die Musik dieser neuen Kundgebung des menschlichen Geistes nicht anschließen.«[34] Das in einer Dichtung Gestalt gewordene »Ideal einer Geistesstimmung« — *Faust* oder *Child Harold* —, nicht eine erzählbare Handlung, ist das Moment, von dem die Konzeption einer symphonischen Dichtung ausgeht.

Wenn Liszt am 16. November 1860 an Agnes Street-Klindworth schrieb, »eine Erneuerung der Musik durch ihre innigere Verbindung mit derPoesie« sei der »große Gedanke« seiner Weimarer Zeit gewesen[35], so meinte er mit »Poesie« primär die dichteriche Substanz, die in sämtlichen Künsten den Kunstcharakter der Werke ausmacht — »la poésie, qui est l'essence de tout art«[36] —, und bestimmte dichterische Texte erst insofern, als sie Ausprägungen einer auf das »Poetische« zielenden Intention darstellen, an die der Komponist anknüpfen kann, um gleichsam mit musikalischen Mitteln »weiterzudichten«. Die »immer größere Bestimmtheit des Ausdrucks«, zu der sich nach Brendel »die Kunst in ihrer Fortentwicklung zuspitzt«[37], verwandelt Musik nicht in eine Kopie von Literatur, sondern richtet sich auf eine dichterische Substanz jenseits des Textes. »In bezug hierauf«, schrieb Wagner in dem offenen Brief *Über Franz Liszts symphonische Dichtungen,* »überraschte mich vor allem die große und sprechende Bestimmtheit, mit welcher der Gegenstand sich mir kundgab: natürlich war dies nicht mehr der Gegenstand, wie er vom Dichter durch Worte bezeichnet wird, sondern der ganz andere, jeder Beschreibung unerreichbare, von dem man sich bei einer unnahbar duftigen Eigenschaft kaum vorstellen kann, wie er wiederum ebenso einzig klar, bestimmt, dicht und unverkennbar unserem Gefühle sich darstellen kann.«[38] Die Bestimmtheit des Ausdrucks ist keine pseudo-realistische, sondern eine romantische, die jenes »Poetische« umkreist, zu dessen Wesen nach E. T. A. Hoffmann gerade umgekehrt eine ahnungsvolle Unbestimmtheit gehört.

## 9

Mit der Bestimmtheit, die Liszt postulierte, war keine Tonmalerei, sondern eine Präzisierung der Musik als Sprache gemeint. Die These, daß Musik eine Sprache sei, ist allerdings ebenso oft aufgestellt wie verworfen worden;

Franz Liszt dirigiert auf dem 35. Rheinischen Musikfest in Aachen (1857). Die erhöhte Stellung des Dirigenten, der auf einem Podest aus dem Publikum herausragt, ist einerseits in der Masse der Mitwirkenden, für die er sichtbar sein muß, begründet. Andererseits bedeutete, in einer seltsam paradoxen Verschränkung, die Monumentalisierung der symphonischen Musik im 19. Jahrhundert zugleich eine Subjektivierung. Und für die Person des Komponisten, die in den Werken hörbar anwesend ist, braucht das Publikum einen sichtbaren Statthalter, den Dirigenten, der im Idealfall eben der Komponist selbst ist; und darin, daß er, wie die Phrase lautet, als »Nachschaffender« für den »Schaffenden« eintritt, ist seine ständig wachsende Rolle ästhetisch begründet.

und bei manchen Autoren, wie etwa Hanslick, steht die Behauptung[39] neben der Leugnung.[40] Die systematische Erörtertung, zu der das gegenwärtige Prestige der Semiotik und Linguistik herausfordert, muß jedoch, um nicht fruchtlos zu bleiben, durch historische Untersuchungen ergänzt und fundiert werden. Ohne daß man sich entscheiden müßte, was die Analogie zwischen Musik und Sprache prinzipiell besagt, kann man historisch konstatieren, daß sie im 17. und im frühen 18. Jahrhundert anders verstanden worden ist als im späten 18. und im 19. Jahrhundert.

Ein Vergleich der Umgangssprache mit artifiziellen Sprachen läßt erkennen, daß erstens ein Vokabular um so esoterischer ist, je strenger man sich, wie bei formalisierten Sprachen, um semantische Eindeutigkeit bemüht, und daß zweitens in dem Maße, in dem ein Vokabular vieldeutig ist, die Abhängigkeit vom externen Kontext, von der Situation des Sprechens, wächst. Verständlichkeit ist also entweder semantisch, durch einen Rigorismus, der Esoterik zur Folge hat, oder aber pragmatisch erreichbar.

In der Musik des 17. und des frühen 18. Jahrhunderts, in den *Geistlichen Konzerten* von Schütz und in Bachs Kantaten, steht ein esoterisches, durch die Figurenlehre kodifiziertes Vokabular, das zwar semantisch eindeutig, aber nur für die Zirkel der Eingeweihten faßlich war, neben Ansätzen zu einer musikalischen Umgangssprache, deren Verständlichkeit aus den Funktionen, die durch Musik erfüllt wurden, erwuchs. So entlegen die Tritonus-Allegorik war, durch die Bach zu musikalisch Gelehrten redete, die es unter seinen Hörern kaum gab, so unverkennbar war die Bedeutung von Choralzitaten oder Tanzrhythmen.

Die Bedingungen, unter denen Liszt ein Jahrhundert später das »redende Prinzip in der Musik« zu verwirklichen suchte, waren denen der Bach-Zeit genau entgegengesetzt. Einerseits war das feste Vokabular, der Vorrat musiksprachlicher Topoi, der sich unter der Herrschaft des rhetorischen Musikbegriffs herausgebildet hatte, im späteren 18. Jahrhundert weitgehend zerfallen, und andererseits emanzipierte sich die artifizielle Musik von den Funktionen, von denen sie im frühen 18. Jahrhundert sowohl begrenzt als auch getragen worden war. Die pragmatische Präzisierung der musikalischen Sprache, die Festsetzung von Bedeutungen durch einen externen Kontext, wurde also schwächer. Nicht, daß sie in der autonomen Musik unmöglich wäre. Vielmehr sind in der Instrumentalmusik des 19. Jahrhunderts deutliche Erinnerungen an frühere Funktionen aufbewahrt, und zwar in der Gestalt von Tanz- und Marsch-, Andachts- und Pastoral-Charakteren; die Programmusik zehrt geradezu von der Umwandlung externer Momente in interne, von dem »sekundären Dasein« einstiger äußerer Funktionen, die gleichsam ins Innere der Werke eingewandert sind. Dennoch verblaßte, auf das Ganze der Entwicklung gesehen, die musikalische Pragmatik in dem Maße, in dem sich die Autonomieästhetik durchsetzte. (Auch die Programmusik ist autonome Musik: Den Gegensatz zum Autonomieprinzip bildet die Funktionalität, nicht das sogenannte Heteronomieprinzip, unter dem manche Ästhetiker die Unterwerfung der Instrumentalmusik unter »außermusikalische« Einflüsse — Programme und charakterisierende Titel — verstehen.)

Sowohl die Schwächung des externen Kontextes als auch die Schrumpfung des musiksprachlichen Toposbestandes kann zum Teil durch eine Differenzierung und Präzisierung des internen Kontextes, der innersprachlichen Beziehungen, ausgeglichen werden. Anders ausgedrückt: Je vieldeutiger das Vokabular ist und je unbestimmter die Sprechsituation erscheint, desto genauer und weitgespannter muß der syntaktische Zusammenhang sein, wenn die Sprache verständlich bleiben soll. Und die Konsequenz, daß weniger die musikalischen Themen und Motive für sich genommen, als vielmehr die Wandlungen, denen sie unterworfen sind, und die Relationen, in die sie zueinander gebracht werden, das »Sprechende« eines Stücks Instrumentalmusik ausmachen, ist von Liszt selbst gezogen worden: »Gerade aus den unbegrenzten Veränderungen, die ein Motiv durch Rhythmus, Modulation, Zeitmaß, Begleitung, Instrumentation, Umwandlung usf. erleiden kann, besteht die Sprache, vermittels welcher wir dieses Motiv Gedanken und gleichsam dramatische Handlung aussprechen lassen können.«[41] Ein Thema wird durch die Geschichte, die es hat, beredt. Und Liszts Technik der »Thementransformation«, der »kontrastierenden Ableitung«, ist demnach kein bloßes Formprinzip, durch das extrem verschiedene musikalische Charaktere sowohl hervorgebracht als auch innerlich zusammengehalten werden sollen, sondern zugleich ein Versuch, die Instrumentalmusik durch Präzisierung des internen Kontextes zum Sprechen zu bringen.

Die Akzentuierung der Beziehungen zwischen den Themen und Motiven teilte Liszt jedoch mit den Anhängern einer »reinen, absoluten Tonkunst«: Die »Thementransformation« bei Liszt und die »entwickelnde Variation« bei Brahms sind verschiedene Ausprägungen desselben Prinzips. Und wenn György Ligeti ein Jahrhundert später den Lisztschen Gedanken wiederholt — »Musikalische Momente erhalten Bedeutung nur, indem sie auf andere musikalische Momente hinweisen: nicht die Bedeutung selbst, sondern nur die Bedeutungsverlagerungen und Bedeutungsänderungen sind erfaßbar«[42] —, so läßt sich kaum entscheiden, ob er auf Programmusik zielt oder aber den abstrakten Begriff von musikalischer Sprache voraussetzt, wie er durch Hanslick geprägt worden war.

## 10

Der Begriff der »Programmusik« scheint zu implizieren, daß das Programm erstens die Konzeption des musikalischen Werkes bestimmt oder beeinflußt und daß er zweitens als publizierter Text einen Kommentar zum Werk oder sogar, wie Brendel meinte, einen Teil des Werkes bildet. Die Kategorie verliert ihre festen Umrisse, wenn eine der Bedingungen ausfällt, wenn also entweder, wie im Falle von Webers Konzertstück in f-Moll, der Komponist das Programm, das ihm bei der Entstehung des Werkes vorschwebte, verschweigt oder aber umgekehrt, wie bei *Les Préludes* von Liszt, das veröffentlichte Programm erst nachträglich mit dem bereits abgeschlossenen Werk verbunden wurde.

Anhänger der Programmusik versuchen deren Bereich dadurch zu erweitern, daß sie verschwiegene Programme ausgraben, sei es bei Tartini und Haydn oder bei Bruckner und Mahler, während die Gegner den Sachverhalt, daß manche Programme und charakterisierenden Überschriften spätere Zusätze sind, als Argument zur Reduktion der Programmusik benutzten. (In diesem Zusammenhang scheint es nahezu unumgänglich zu sein, den Brief von Schumann an Heinrich Dorn vom 5. September 1839 zu zitieren.)

Die Auseinandersetzung geht jedoch von einer Prämisse aus, die fragwürdig ist: vom Vorrang der Entstehungs- gegenüber der Wirkungsgeschichte. Eine Umkehrung der Argumentation wäre durchaus nicht paradox. Man kann, um in der Sprache der Phänomenologie zu reden, zwischen der Genesis eines Werkes, die ein biographisches Moment ist, und der ästhetischen Geltung, die zu den sozialen Tatsachen gehört, unterscheiden; und ein Phänomenologe würde die Konsequenz ziehen, daß die Rezeption und die ästhetische Interpretation eines Werkes sich an den Text halten müsse, der publiziert wurde, nicht an Anekdotisches über eine Entstehungsgeschichte, die eine Privatsache des Komponisten sei. Das bedeutet jedoch nichts Geringeres, als daß in genauem Gegensatz zur gewohnten Argumentationsweise ein nachträgliches Programm nicht von den Gegnern, sondern von den Anhängern der Programmusik als Zeugnis für die eigene Sache zitiert werden müßte: als Ausdruck einer ästhetischen Absicht des Komponisten, deren Geltung keineswegs vom biographischen Hintergrund, der das Publikum nichts angeht, abhängig ist. Für eine phänomenologische Ästhetik sind also verschwiegene Programme irrelevant, während die Nachträglichkeit eines Programms nichts an dessen Bedeutung ändert.

Die Argumentation ist allerdings nicht unangreifbar. Man könnte einwenden, daß die Trennung von Genesis und Geltung, von biographischen und ästhetischen Tatsachen ein Interpretationsprinzip des 20. Jahrhunderts sei, das nicht umstandslos auf musikalische Werke des 19. Jahrhunderts übertragen werden dürfe. Der Gedanke, daß das Biographische ästhetisch gleichgültig sei, war dem 19. Jahrhundert fremd. Für die Populärästhetik — die ein Historiker ernst nehmen muß, auch wenn sie ihm trivial erscheint — stand gerade umgekehrt fest, daß man ein musikalisches Werk »verstehe«, wenn man es als ein Stück tönende Biographie zu dechiffrieren wisse. Und sogar

Schumann, der die Detaillierung des Programms der *Symphonie fantastique* als überflüssig und »unwürdig« abtat, meinte andererseits, daß die Entstehungsgeschichte zur ästhetischen Sache selbst gehöre: »Die genaueren Umstände, die allerdings der Person des Komponisten halber, der die Symphonie selbst durchlebt, interessieren müssen, würden sich schon durch mündliche Tradition fortgepflanzt haben.«[43]

Ist also das Prinzip, biographische Momente ästhetisch ernst zu nehmen und verschwiegene Programme darum als ästhetische Tatsachen gelten zu lassen, durch die Maxime gerechtfertigt, daß man ein vergangenes Zeitalter aus sich selbst verstehen müsse, oder bedeutet die geschichtliche Relativierung der Differenz zwischen Genesis und Geltung gerade umgekehrt, daß man eine im 20. Jahrhundert erreichte methodologische Einsicht einem bloßen Vorurteil opfert, das sich nicht bereits dadurch aus einem Irrtum in eine Wahrheit verwandelt, daß es aus der Epoche stammt, die untersucht werden soll? Ein Ende der Auseinandersetzung ist kaum absehbar.

## Dichtung und Symphonische Dichtung

Der von Liszt geprägte Begriff der »Symphonischen Dichtung« besagt — grob und in erster Annäherung interpretiert —, daß es sich einerseits um eine Gattung mit symphonischem Anspruch und andererseits um Werke handelt, die als Dichtungen in Tönen verstanden werden sollen. Und es liegt darum nahe, von der Hypothese auszugehen, daß die poetische Idee ebenso wenig ohne das musikalische Formprinzip verständlich gemacht werden kann wie umgekehrt das musikalische Formprinzip ohne die poetische Idee.

Durch den Anspruch, im System der Gattungen einen Platz neben der Symphonie einzunehmen, grenzte sich die Symphonische Dichtung von der Konzertouvertüre ab, aus der sie hervorgegangen ist. Joachim Raff, damals Liszts musikalischer Adlatus, erwähnte Ende 1849 in einem Brief, er habe Liszts »Concertouvertüren ›Ce qu'on entend sur la montagne‹ und ›die 4 Elemente‹ zum Teil instrumentirt und in's Reine geschrieben«. (Die Symphonische Dichtung, die nachträglich auf Lamartines Ode *Les Préludes* bezogen wurde, war ursprünglich eine Ouvertüre zu Chören über Joseph Autrans *Les quatre Eléments*.)

Die ästhetische Bedeutung des Symphoniebegriffs, von dem Liszt ausging, ist von der Tatsache ablesbar, daß er 1850 im Manuskript der *Berg-Symphonie — Ce qu'on entend sur la montagne* — das Wort »Ouvertüre« durch den Titel *Méditation-Symphonie* ersetzte. Daß der Ausdruck »méditation« den pathetisch-reflexiven Charakter der Ode von Victor Hugo kennzeichnet, die Liszts Werk als Programm zugrundeliegt, ist offenkundig. Es scheint jedoch, als sei darüber hinaus auch das Formprinzip gemeint, das Liszt bei der Auseinandersetzung mit dem Problem, für die poetische Idee der Ode ein musikalisches Äquivalent zu finden, entdeckte. (Die *Berg-Symphonie*, deren Motive Liszt bereits Ende 1847 oder Anfang 1848 der Fürstin zu Sayn-Wittgenstein vorspielte, war die chronologisch erste der Symphonischen Dichtungen, deren spezifisches Formprinzip dann von Liszt gewissermaßen zur Gattungsidee verallgemeinert wurde.) Ohne daß die Methode der Thementransformation, die von Alfred Heuß beschrieben wurde, und das Modell der »double-function-form« (William Newman) — der Mehrsätzigkeit in der Einsätzigkeit durch »Projektion« des Sonatenzyklus in den Umriß des Sonatensatzes — im Detail geschildert werden müßten, läßt sich generell sagen, daß aus der Wechselwirkung zwischen einem Verfahren der Motiventwicklung und einem Formgedanken eine Werkstruktur hervorging, die einerseits genügend flexibel war, um zur musikalischen Darstellung extrem verschiedener poetischer Programme geeignet zu sein, und andererseits den Anspruch einer »großen« — und das hieß: sowohl monumentalen als auch differenzierten, über weite Strecken in sich zusammenhängenden — Form erfüllte: den Anspruch also, der in der musikgeschichtlichen Situation nach Beethoven den Begriff der »Symphonie« rechtfertigte.

Bezeichnete demnach der Ausdruck »méditation« sowohl den Charakter von Hugos Ode als auch die von Liszt im Hinblick auf spezifische Merkmale der dichterischen Vorlage entwickelte — und dann auf andere Werke übertragene — Methode der Thementransformation und Formenverschachtelung, so griff Liszt mit dem Terminus »Dichtung«, den er schließlich wählte, zu einem Wort, dessen Konnotationen nahezu unentwirrbar sind, dessen literarische Vor- und Nachgeschichte jedoch für das Verständnis der ästhetischen Prämissen, von denen die Gattung der Symphonischen Dichtung getragen wurde, keineswegs belanglos ist. Und es ist kaum eine Übertreibung, wenn man behauptet, daß sich aus dem Bedeutungswandel des Terminus »Dichtung« sowohl der Triumph der musikalischen Gattung um die Mitte des 19. Jahrhunderts — zwischen 1850 und 1870 wurde kaum eine Symphonie von Rang komponiert — als auch das spätere Scheitern im Kontext einer Moderne, deren Dichtungsbegriff durch Baudelaire, Mallarmé und Valéry geprägt wurde, verständlich machen läßt. (Daß in Ländern, deren offizielle Ästhetik die poetologischen Prämissen der Moderne ignoriert, die Gattungstradition der Symphonischen Dichtung scheinbar ungebrochen fortgesetzt werden konnte, als wäre der sie fundierende Dichtungsbegriff nicht längst ausgehöhlt, kann als »Ungleichzeitigkeit des Gleichzeitigen«, die »von außen« motiviert ist, unberücksichtigt bleiben.)

Mallarmés berühmtes, von Degas überliefertes Dictum, daß man Verse nicht aus Ideen, sondern aus Worten mache, bezeichnet mit unübertroffener Drastik den Punkt, an dem die ästhetischen Prämissen der Symphonischen

Dichtung und die der modernen Poetik unvereinbar sind. Denn für den Dichtungsbegriff, von dem Liszt ausging — und ausgehen mußte, weil es einen anderen nicht gab und weil er, wenn es ihn gegeben hätte, als ästhetische Grundlage einer musikalischen Gattung unbrauchbar gewesen wäre —, war die Vorstellung konstitutiv, daß die Worte bloße Träger von Ideen seien, in denen die eigentlich »poetische« Substanz einer Dichtung besteht und die sich, losgelöst von der Sprache, auch durch Töne ausdrücken lassen.

Das Sprachverständnis, das Liszt voraussetzte, wenn er dichterische Werke in musikalische transformierte, ist jedoch nach den Kriterien der modernen Dichtungstheorie gerade nicht »poetisch« sondern »prosaisch«: Im alltäglichen Gebrauch ist Sprache dazu da, in der Wirkung, die sie erzielt, aufgehoben zu sein; die Worte, die eine bloß vermittelnde Funktion erfüllen, sind in den Handlungen, Bildern oder Impulsen, die sie hervorrufen, als Worte ausgelöscht. Sprache dient einem Zweck, der außerhalb ihrer selbst liegt.

Demgegenüber ist Dichtung — die, wie Mallarmé es ausdrückte, aus Worten gemacht ist — gerade umgekehrt dadurch charakterisiert, daß das Wort selbst, als Lautgebilde und als Bündel von Konnotationen, eine unabhängige Existenz und Bedeutung erlangt. Und nicht zufällig wurde das dichterische Wort, das nach Jean-Paul Sartre dazu tendiert, nicht die Bezeichnung eines Objekts, sondern vielmehr selbst ein Objekt zu sein, von Valéry als musikähnlich empfunden. »Die bekannten Gegenstände und Wesen sind gewissermaßen — man verzeihe mir den Ausdruck — musikalisiert.« Der 1927 skizzierte Text, aus dem der Satz stammt, ist ein Kommentar über den Begriff der »poésie pure«, die Valéry an anderer Stelle »poésie absolue« nannte. Und das besagt nichts Geringeres, als daß das Anschauungsmodell, von dem er bei seinen poetologischen Reflexionen ausging, die absolute Musik gewesen ist: »Rcin poetisch« nannte er eine Dichtung, die dadurch, daß sie eine ausschließlich aus Worten gemachte »Welt für sich« konstituiert, einer Musik nacheifert, die als »reine, absolute Tonkunst«, wie E. T. A. Hoffmann und Eduard Hanslick behaupteten, zu sich selbst und zu ihrem eigentlichen Wesen gekommen war.

Ist demnach in dem Dichtungsbegriff, der durch Mallarmé zum dominierenden der Avantgarde wurde, eine bewußte Analogie zur absoluten Musik enthalten, so daß die Symphonische Dichtung im geschichtlichen Kontext einer musikalischen Moderne, die mit der dichterischen durch innere Affinität verbunden war, ästhetisch obsolet und substanzlos erscheinen mußte, so zeichnet sich andererseits gerade vor dem Hintergrund des Scheiterns, dem die Gattung unter den Bedingungen der Neuen Musik ausgesetzt war, der konstitutive Zusammenhang, der zwischen dem älteren Dichtungsbegriff und den tragenden Prinzipien der Symphonischen Dichtung bestand, um so deutlicher ab.

Von einer »Literarisierung« der Musik durch Liszt zu sprechen, ist prekär, weil es die falsche Vorstellung suggeriert, daß die Programme Symphonischer Dichtungen Literatur seien, die durch Musik illustriert werde. Man verstellt sich das ästhetische Verständnis der von Liszt begründeten Gattung, solange man nicht erkennt, daß nicht das Programm als sprachlicher Text, sondern die Musik selbst — wenn auch in Relation zum Text — die Dichtung ist, die durch die Gattungsbezeichnung beim Namen genannt werden soll.

Andererseits griffe man — trotz der Tatsache, daß Liszt ein französischer Komponist war — wohl zu kurz, wenn man ausschließlich von der einfachen, in der französischen Umgangssprache eingebürgerten Unterscheidung zwischen Poesie als Verskunst und Prosa als ungebundener Rede ausginge: einer Unterscheidung, die Thomas Mann einmal »bequem und verständig« nannte. Daß die Symphonischen Dichtungen mit benennbaren literarischen Vorlagen sämtlich auf Versdichtungen beruhen, ist für den Dichtungsbegriff, den Liszt zugrundelegte, zwar nicht belanglos, aber auch nicht ausschlaggebend.

Dichtung als »Erdichtetes« von Nicht-Dichtung abzugrenzen — Literatur also, wie Wellek und Warren, durch ihre »Fiktionalität«, ihr von der Geschichtsschreibung differierendes Verhältnis zur Wirklichkeit zu definieren —, ist zwar umgangssprachlich gerechtfertigt, gerät jedoch in Konflikt mit der gleichfalls im allgemeinen Bewußtsein eingewurzelten Gewohnheit, den Ausdruck »Dichtung« nicht deskriptiv, sondern normativ zu verwenden. Oder genauer: Als Sammelname für das, was Hegel »lyrische, epische und dramatische Poesie« nannte, ist der Terminus unverfänglich beschreibend und schließt, ähnlich wie die Definition der Literatur durch das Merkmal der »Fiktionalität«, auch mißglückte oder triviale Gebilde nicht aus. Sagt man aber von einem Drama oder einem Roman, er sei »eine Dichtung«, so stellt man nicht oder nicht nur die Zugehörigkeit zu einem Genus fest, sondern fällt ein Werturteil. Und es war die analytisch kaum greifbare, aber intuitiv unverkennbare Qualität des »Dichterischen« oder »Poetischen«, die Liszt für die Symphonischen Dichtungen in Anspruch nahm.

Ästhetik darf jedoch, wenn die Kategorien nicht durcheinandergeraten sollen, mit Gattungstheorie nicht verwechselt werden. Von der Qualität, die Robert Schumann »poetisch« — im Unterschied zu »prosaisch« — nannte und die Benedetto Croce als »poesia« von »non-poesia« abgrenzte — wobei er »poesia« als Ausdruck einer originalen Intuition zu bestimmen versuchte —, gilt prinzipiell, daß sie ausschließlich ein Merkmal einzelner Werke und nicht ganzer Gattungen sein kann. (Von Croce wurde darum, jedenfalls in der Theorie, die ästhetische Bedeutung der Gattungen strikt geleugnet.) Ein Gattungsbegriff läßt sich mit der Idee des Poetischen nicht begründen: weder beim Lyrischen Klavierstück noch bei der Symphonischen Dichtung.

Zu den Konnotationen von Liszts Dichtungsbegriff, die nicht übergangen werden dürfen — obwohl sie nicht genügen, um ein Gattungsprinzip zu konstituieren —, gehört der religiöse Einschlag. Der seit Klopstock und Herder zum Topos verfestigte Gedanke von der »Heiligkeit« des Dichterwortes stellte für Liszt — dessen primär französische Geistesprägung die Teilhabe an deutschen Ideentraditionen nicht in Vergessenheit geraten lassen sollte — eine unreflektierte Selbstverständlickeit dar, die nicht bloßer Bildungsbesitz, sondern gelebte Überzeugung war. Ohne daß der ideengeschichtliche Vorgang, durch den im 18. Jahrhundert eine ursprünglich religiöse Sprache auf die Kunst (und auf menschliche Beziehungen wie Freundschaft und Liebe) übertragen und umgekehrt die Kunst mit religiöser oder pseudo-religiöser Würde ausgestattet wurde, im einzelnen rekonstruiert werden müßte, kann man sagen, daß für Liszt — der darin den Zeitgeist nicht nur repräsentierte, sondern sogar ins Extrem trieb — Religion und Kunst nahezu ununterscheidbar ineinander übergingen.

In dem Maße jedoch, in dem Dichtung, wie Liszt sie verstand, ein religiöses Moment enthielt, war die ideelle Substanz von der sprachlichen Gestalt, in der sie erschien, prinzipiell ablösbar. Die Programmskizzen, die Liszt — als Abbreviaturen der zugrundeliegenden Gedichte, Dramen oder Gemälde — zur *Berg-Symphonie,* zur *Hunnenschlacht*, zu *Tasso* oder zu den *Idealen* entwarf, zeigen sämtlich, daß er einerseits in die Vorlagen einen religiösen Zug hineintrug oder einen vorhandenen verstärkte und daß er andererseits unter der Poesie, die er in Musik zu transformieren versuchte, weniger das geformte sprachliche Kunstwerk als die »dahinter stehende« Idee verstand. (Schillers Gedicht *Die Ideale* wurde zwar in die Partitur von Liszts Symphonischer Dichtung stückweise eingerückt, aber durch eine Umstellung von Strophen, die eine Zerstörung der »inneren Form« bedeutete, sowie durch einen mit Schillers Text unvereinbaren Schluß gleichfalls zum bloßen Sujet reduziert.)

Daß Liszt Herders Abhandlung *Über Bild, Dichtung und Fabel* aus dem Jahre 1787 kannte, ist unwahrscheinlich (obwohl die Symphonische Dichtung *Prometheus* ursprünglich als Ouvertüre zu Chören aus Herders *Entfesseltem Prometheus* gedacht war). Die Wege der Ideengeschichte sind jedoch nicht allein die der Lektüre, sondern in kaum geringerem Maße die des Gerüchts, so daß Hypothesen über nicht strikt rekonstruierbare Zusammenhänge keineswegs illusorisch zu sein brauchen. Herders Abhandlung, die nach internen — extern allerdings nicht abstützbaren — Kriterien für Liszts Dichtungsbegriff grundlegend war, geht von dem Gedanken aus, daß Dichtung primär nicht eine Kunst, sondern eine Bilder und Mythen schaffende Seelenkraft sei: eine Tätigkeit, deren Hervorbringungen erst auf einer späteren Entwicklungsstufe die Form der Kunst annehmen, in der sie nicht selten ihre eigentliche Substanz einbüßen. Nicht in künstlerischen Gestaltungen, sondern in den Mythen und Bilderwelten, die ihnen als Manifestation eines kollektiven Geistes zugrundeliegen, bestand für Herder die Substanz dessen, was er Dichtung nannte. Und »dichterischer« als der in die Form einer Erzählung gefaßte Mythos selbst ist die Mythen schaffende Einbildungskraft, aus der er hervorgegangen ist.

Im Hinblick auf Herders — in die deutsche ideengeschichtliche Tradition eingeflossenes — Dichtungsverständnis ist es nun auffällig, daß nahezu sämtliche Sujets, die Liszts Symphonischen Dichtungen zugrundeliegen, eigentlich Mythen sind — und daß die Art, wie sie es sind, zu den Bedingungen ihrer Komponierbarkeit gehörte —: nicht nur *Orpheus* und *Prometheus*, sondern auch *Faust* und *Hamlet, Hungaria* und *Héroide funèbre, Tasso, Mazeppa* und die *Hunnenschlacht.*

Erst dadurch, daß Faust und Hamlet aus Goethes und Shakespeares Dramentexten gewissermaßen heraustraten und in der Bilderwelt des kollektiven Gedächtnisses zu mythischen Figuren wurden, wie es ähnlich auch für Don Juan galt, sind sie für Liszt zu möglichen Gegenständen Symphonischer Dichtungen geworden: Nicht Faust als Bühnengestalt, sondern Faust als Allegorie eines Wachtraums, den das deutsche Bildungsbürgertum für das Bewußtsein seiner selbst hielt, ist von Liszt in eine Konfiguration musikalischer Themen und Motive transformiert worden.

Bei *Hungaria* und *Héroide funèbre* verzichtete Liszt, was die Exegeten verwirrte, auf ein explizites Programm, so daß die Werke Symphonische Dichtungen sind, ohne Programmusik (im engeren Sinne) zu sein; und der Verzicht, aus dem ein Widerspruch zwischen Gattungsidee und Werkcharakter zu resultieren schien, war sinnvoll möglich, weil zur Kennzeichnung der gemeinten und musikalische ausgedrückten Mythen — des national-ungarischen und des heroisch-revolutionären (in Erinnerung an das Jahr 1830, in dem Liszt eine Revolutions-Symphonie skizzierte) — die Titel der Werke bereits genügten. Liszts Dichtungsbegriff, der Herders Mythentheorie in sich enthielt, erklärt also das scheinbare Paradox, daß Werke ohne Programm einer Gattung angehören, zu deren konstitutiven Merkmalen das Programm gezählt wurde.

Die Programme zu *Tasso*, zu *Mazeppa* und zur *Hunnenschlacht* — Liszt trug sich ursprünglich mit dem Gedanken, zwischen Kaulbachs Gemälde und der Musik dadurch zu vermitteln, daß er von einem Dichter die Substanz des Sujets in Verse bringen ließ — sind erzählbare Geschichten, von denen man, wenn man vor einer gewissen Trivialisierung nicht zurückscheut, sogar behaupten kann, daß sie in Tönen »nacherzählt« worden seien: Geschichten aber, die durch Liszts musikalische Darstellung in archetypische Bilder — »Lamento e Trionfo«, »Tod und Verklärung«, Schlachtenlärm und Triumph des Kreuzes (»Crux fidelis«) — umgewandelt worden sind: in Bilder, die weit über das hinausgehen, was durch die Vorlagen nahegelegt wurde.

Daß Liszt als »dichtender Symphonist«, wie er sich selbst nannte, von

Gedicht- und Dramentexten, Gemälden und geschichtlich wirkenden Ideen zu den Mythen und Bilderwelten zurückging, die nach Herder deren eigentliche, »dichterische« Substanz darstellen, besagt demnach nichts Geringeres, als daß er Symphonien »als« Dichtungen und nicht bloß »über« Dichtungen konzipierte. Er war überzeugt, sich in Musik und durch sie den Gehalt der Weltliteratur von innen heraus aneignen zu können.

Die Grundlage der Interpretation: die Prämisse, daß Liszt — im Sinne Herders — unter Dichtung eine Bilder und Mythen schaffende Seelentätigkeit verstand, läßt sich aus den Schriften über Berlioz und Schumann — bei denen allerdings nicht feststeht, in welchem Ausmaß er überhaupt der Autor war — zwar nicht unmittelbar demonstrieren, aber indirekt erschließen. In der Abhandlung über Berlioz heißt es: »Im ganzen genommen trägt der spezifische Symphoniker seine Zuhörer mit sich in ideale Regionen, die auszudenken und auszuschmücken er der Phantasie jedes einzelnen überläßt [ . . . ]. Der dichtende Symphonist aber, der sich die Aufgabe stellt, ein in seinem Geist deutlich vorhandenes Bild, eine Folge von Seelenzuständen, die ihm unzweideutig und bestimmt im Bewußtsein liegen, ebenso klar wiederzugeben — warum sollte er nicht mit Hilfe eines Programms nach vollem Verständnis streben?« Auffällig ist einerseits, daß Liszt das ästhetische Daseinsrecht des »spezifischen Symphonikers« nicht leugnet, sondern lediglich einschränkt. Andererseits charakterisiert er das Programm — den sprachlich formulierten Text — als bloße »Hilfe«: Das eigentlich Dichterische, als »Bild« oder »Folge von Seelenzuständen«, konstituiert sich als ästhetischer Gegenstand in der Wechselwirkung zwischen dem Programm und der musikalischen Methode der Thementransformation, durch die aus Motiven, an denen Assoziationen haften, ein ebenso dichter wie differenzierter Kontext musikalischer Charaktervarianten hervorgeht, der das suggeriert, was Kant die »ästhetische Idee eines zusammenhängenden Ganzen einem gewissen Thema gemäß« nannte.

Daß die Programmusik den Fortschritt repräsentierte, war für Liszt musikalische »Parteisache«. »Die Instrumentalmusik wird mit oder ohne Zustimmung derer, die sich in Sachen der Kunst für die höchsten Richter halten, auf dem Weg des Programms immer sicherer und siegreicher vorwärts schreiten.« Mit dem Bekenntnis zur Programmusik verband jedoch Liszt eine Warnung vor einer Trivialisierung des Prinzips. »Die Komponisten aber, die sich auch ferner mit ihren Werken zu ihm bekennen, — möchten sie den schreienden Mißbrauch bedenken, der mit ihm getrieben werden kann, möchten sie sich stets daran erinnern: daß ein Programm oder Titel sich nur dann rechtfertigen lassen, wenn sie eine poetische Notwendigkeit, ein unablösbarer Teil des Ganzen und zu seinem Verständnis unentbehrlich sind.« Der Satz besagt unmißverständlich, daß nicht das Programm als sprachlich formulierter Text, sondern die Wechselwirkung zwischen Programm und musikalischer Struktur — deren »innigere Verbindung«, wie es in einem Brief an Agnes Street-Klindworth heißt — das poetische Moment einer Symphonischen Dichtung konstituiert. Und Liszt verpönte ausdrücklich die Methode, ein Programm als »Außenhalt« einer Musik zu benutzen, die aus sich selbst nicht zu bestehen vermag und einzig als Illustration eines Stücks Literatur einen trügerischen Schein von ästhetischer Konsistenz gewinnt. »Wenn zwischen einer solchen Versündigung an der Kunst und der gänzlichen Ablehnung des Programms gewählt werden müßte, dann wäre unbedingt vorzuziehen, eine ihrer reichsten Quellen eher versiegen zu lassen, als durch Verleugnung ihres Bestehens durch eigene Kraft ihren Lebensnerv zerschneiden zu wollen.«

Es sollte also nicht unberücksichtigt bleiben, daß der »dichtende Symphonist« gerade als »dichtender« ein »Symphonist« im emphatischen, Nach-Beethovenschen Sinne sein mußte und daß es die durch Thementransformation und Formenverschachtelung geprägte musikalische Struktur war, in der sich die dichterische Substanz, wie Liszt sie verstand, ästhetisch realisierte. Wenn Musik, wie Liszt glaubte, eine gesteigerte Sprache ist, so ist sie erst dadurch überhaupt eine Sprache, daß sie aus Themen und Motiven, die mit Assoziationen verknüpft sind, einen semantisch-syntaktischen Zusammenhang entwickelt, der als Ganzes das darstellt, was Liszt »poetische Idee« nannte und was von dem in Beethovens Sprache damit Gemeinten nicht so grundverschieden war, wie es die Gegner der Programmusik im 19. Jahrhundert behaupteten.

## Liszts Idee des Symphonischen

Die Geschichte der Symphonie nach Beethoven, die mit der Gattungsgeschichte vor Beethoven nahezu unvergleichbar ist, weil sie, statt eine Kette ineinandergreifender Ereignisse zu bilden, ständig um Beethoven zentriert blieb, erscheint in manchen Darstellungen als lückenlose Kontinuität, die sie in Wahrheit nicht gewesen ist. Die Jahrzehnte zwischen 1850 und 1870 waren, trotz Gade und Raff, deren Talente nicht geschmälert werden sollen, in der Geschichte der Symphonie eine tote Zeit. Und daß in den 1870er Jahren sozusagen ein *zweites Zeitalter der Symphonie* begann, das sich bis in den Anfang des 20. Jahrhunderts erstreckte, war insofern gänzlich unvorhersehbar, als neue Lösungen des Symphonie-Problems — des Problems, die Beethovensche Gattungsidee mit den Mitteln einer späteren Zeit noch einmal zu realisieren — schlechterdings nicht erwartet werden konnten. Daß es Brahms und Bruckner dennoch gelang — und Bülows Wort über die Erste Symphonie von Brahms scheint das Erstaunen darüber auszudrücken —, war in einer Epoche, die sich eine musikalische Gattungsgeschichte als ein Stück Naturgeschichte, als Leben und Absterben eines Organismus vorstellte, geradezu eine geschichtsphilosophische Regelwidrigkeit. (Vor dem Hintergrund der unterbrochenen Gattungsgeschichte wird es auch verständlich, daß Wagner um 1850 die Symphonie im Musikdrama »aufgehoben« glaubte, am Ende seines Lebens dagegen Symphonien schreiben wollte.)

Schien es demnach um die Jahrhundertmitte, als sei die Geschichte der Symphonie an ein Ende gekommen, das keine Renaissance erwarten ließ, so war andererseits das ästhetische Prestige der Symphonie als herausragender, repräsentativer Gattung der Instrumentalmusik — einer seit Wackenroder und Tieck mit metaphysischer Würde ausgestatteten Instrumentalmusik — einstweilen ungebrochen (und man sollte das Ausmaß, in dem Ideen über eine Sache in die Entwicklung der Sache selbst eingreifen können, nicht unterschätzen). Liszts Idee des Symphonische ist denn auch unverkennbar durch den Versuch geprägt, die ausgehöhlte Form der Symphonie preiszugeben und dennoch die tragenden Prinzipien des symphonischen Stils zu retten. (Daß die Form, die Sonatenform, entgegen Liszts Geschichtsgefühl noch im 20. Jahrhundert ihren Platz zu behaupten vermochte, darf einem Historiker nicht den Blick dafür verstellen, daß um 1850 die Überzeugung, sie sei tot und abgetan, dominierte und geschichtlich wirksam geworden ist.)

Die Idee des Symphonischen, wie sie Liszt konzipierte, blieb keineswegs auf die Symphonie als Gattung beschränkt, sondern konnte gerade darum, weil deren Zerfall sich abzuzeichnen schien, auf andere Gattungen übergreifen, die durch Teilhabe am ästhetischen Prestige der Symphonie gleichsam nobilitiert wurden. Die Symphonische Dichtung ist, wie die Entstehungsgeschichte des *Tasso* zeigt, aus der Ouvertüre, die als Symphonische Dichtung zur »großen Form« wurde, hervorgegangen; die Lisztschen Klavierkonzerte repräsentierten den Typus, für den Henry Litolff wenige Jahre zuvor den Terminus »Symphonisches Konzert« geprägt hatte; und Liszts Missa Solemnis, die *Graner Festmesse*, stellt, pointiert gesagt, nichts anderes als eine mit Vokalstimmen ausgestattete Symphonische Dichtung dar. Im gleichen Maße, in dem um 1850 die Form der Symphonie zu veralten schien, breitete sich demnach das Prinzip des Symphonischen über fast sämtliche musikalischen Gattungen hohen Anspruchs aus. (Man kann ohne Gewaltsamkeit das Wagnersche Musikdrama als eine von der Idee des Symphonischen durchdrungene Oper auffassen, also die chronologische Koinzidenz der *Ring*-Konzeption mit der Entstehung der Symphonischen Dichtung, des Symphonischen Konzerts und der Symphonischen Messe für geschichtsphilosophisch bedeutsam halten.)

Das Symphonische, wie Liszt es verstand, war erstens durch den Anspruch der »großen Form«, zweitens durch die Technik der »thematischen Abhandlung«, drittens durch das Prinzip des »Wechsels der Töne oder der

Charaktere« und viertens durch die Idee einer »redenden Musik« gekennzeichnet.

Die Beethovenschen Symphonien bildeten neben den Händelschen Oratorien, mit denen sie sich in die Programme der Niederrheinischen Musikfeste teilten, für das Bewußtsein des 19. Jahrhunderts den Inbegriff und das Paradigma »großer Form« in der Musik. Äußere Ausdehnung — ein durchaus unverächtliches Kriterium, das man nicht geringschätzen sollte, sofern sich ein Werk von innen heraus als geschlossenes Gebilde und nicht als bloße Aneinanderreihung von Teilen konstituiert — ist in »großen Formen« verbunden und vermittelt mit einer Stilhöhe, die auch in Scherzando-Partien gewahrt bleibt, und einem strengen kompositionstechnischen Anspruch, für den die Chorfuge ebenso einzustehen vermag wie die thematisch-motivische Arbeit in der Instrumentalmusik. Eine Affinität zum Monumentalen, mit dem »große Form« allerdings nicht identifiziert werden kann, ist unverkennbar.

In der Instrumentalmusik hängt die Idee der großen Form eng mit dem Prinzip zusammen, einen musikalischen Diskurs, der sich über Hunderte von Takten erstreckt, aus scheinbar geringfügiger thematischer Substanz zu entwickeln. (Im frühen 19. Jahrhundert kann das »thematische« Denken einerseits vom »melodischen«, das in der Oper, und andererseits vom »motivisch-figürlichen«, das im Charakterstück herrscht, unterschieden werden.) Die Beethovensche thematische Arbeit — die Technik, Modelle zu sequenzieren und einem Abspaltungs- und Liquidationsprozeß zu unterwerfen — war allerdings, wie die Durchführungsteile der Chopinschen Sonaten zeigen, längst in ein Stadium der Mechanisierung geraten. Außerdem sind die Lisztschen Themen selten als Perioden oder Sätze mit Vorder- und Nachsatz konstruiert; sie präsentieren sich vielmehr, ähnlich wie die Wagnerschen Leitmotive, als kürzere und dennoch geschlossene musikalische Gedanken, die kaum ein anderes Fortspinnungsverfahren als das Sequenzieren zulassen, so daß die klassische Durchführungstechnik gewissermaßen dem Durchführungsteil entzogen wird. Sollte also unter den kompositorischen Bedingungen der Jahrhundertmitte die große Form als thematische Abhandlung realisiert werden, so mußte Liszt, um die Funktion der thematischen Arbeit zu bewahren, deren Technik — die bereits zur Motivausspinnung in der Exposition verbraucht wurde — austauschen und ersetzen. Und das Prinzip, mit dem er an der Idee des thematischen Diskurses festhielt, ohne sich epigonal an die klassischen Verfahrensweisen zu klammern, war die von Alfred Heuß in einer exemplarischen Analyse der *Berg-Symphonie* entdeckte Themen- und Motiv-Transformation. Ein musikalischer Gedanke wird abgewandelt, indem das melodische oder diastematische Substrat in verschiedenen Rhythmisierungen und in wechselnden Tempi Gestalt annimmt. Technisch ist die Transformation, wie sie Liszt handhabt, von thematischer Arbeit in Sinne

Haydns und Beethovens schroff unterschieden, am sinnfälligsten dadurch, daß die Transformation, formelhaft gesprochen, in rhythmischer Variabilität bei diastematischer Identität, die thematische Arbeit dagegen umgekehrt in diastematischer Variabilität bei rhythmischer Identität besteht. Die ästhetisch-formalen Funktionen aber, die durch die Techniken erfüllt werden, sind durchaus analog: Durch thematische Zusammenhänge, die als Ausprägung von Logik in der Musik erscheinen, konstituiert sich große Form als musikalischer Diskurs.

Mit dem Verfahren der Themen- oder Motiv-Transformation, das Liszt in der Symphonischen Dichtung ebenso praktizierte wie im Symphonischen Konzert und in der Symphonischen Messe, sind ein ästhetisches und ein formales Moment verknüpft: das ästhetische des »Wechsels der Töne oder Charaktere« und das formale der Mehrsätzigkeit in der Einsätzigkeit. Die Disposition musikalischer Ausdruckscharaktere, der Wechsel zwischen heroischem, martialischem, elegischem, pastoralem und scherzando-Ton, ist keineswegs willkürlich und austauschbar, sondern wird von einer gewissen, wenn auch schwer greifbaren ästhetischen Logik beherrscht: Die eine Aufeinanderfolge kann stringent, die andere potpourrihaft wirken. Ohne ästhetische Stringenz im »Wechsel der Töne« wäre das Schema des klassischen Sonatenzyklus mit Allegro, Adagio, Scherzo und Finale überhaupt nicht denkbar, denn melodische Assoziation, wie sie von manchen Analytikern, nicht immer überzeugend, eruiert wird, genügt nicht, um den Eindruck zyklischen Zusammenhangs, der von der Satzfolge einer Symphonie oder eines Streichquartetts ausgeht, zu begründen. Die Erfahrung aber, daß bestimmte Arten des Charakterwechsels einleuchtender wirken als andere, machte sich Liszt zunutze, um bereits innerhalb eines einzelnen Satzes durch »Wechsel der Töne« Vielfalt und Ausdehnung zu erreichen, ohne sich der Gefahr auszusetzen, ins Potpourrihafte zu geraten. Der ständige Umschlag der Tempocharaktere im A-Dur-Klavierkonzert bedeutet keineswegs einen Zerfall der Form. Die Teile, die sich in verschiedenen Zeitmaßen präsentieren, sind vielmehr einerseits — als kontrastierende Rhythmisierungen derselben melodischen oder diastematischen Substanz — durch Themen-Transformation und andererseits — als Glieder einer Kette von Charakteren — durch ästhetische Stringenz im »Wechsel der Töne« aufeinander bezogen. Formgeschichtlich kann Liszts Verfahren, das an Schuberts *Wanderer-Fantasie*, vielleicht auch an Beethovens *Große Fuge* anknüpft und dessen geschichtliche Konsequenzen bis zu Schönbergs frühen Instrumentalwerken reichen, als Mehrsätzigkeit in der Einsätzigkeit — genauer: als Mehrsätzigkeit der Melodie- und Tempocharaktere in der Einsätzigkeit des Sonaten-Grundrisses — bestimmt werden.

Das »redende Prinzip« schließlich — das am nachdrücklichsten von Wagner in dem offenen Brief *Über Franz Liszts symphonische Dichtungen* erhobene Postulat, daß Musik, um nicht mechanisch und nichtssagend zu bleiben, zu einer Sprache werden müsse, die an Bestimmtheit der Wortsprache nahekommt — ist mit dem Formprinzip der Themen- oder Motiv-Transformation eng verbunden und vermittelt, und zwar dadurch, daß musikalische Expressivität von Liszt als weitgehend abhängig vom Kontext begriffen wurde: Die sprachähnlich Wirkung eines tönenden Motivs und die Bestimmtheit des Ausdrucks, die es erreicht, sind bedingt durch die Umgebung, in der es steht, und durch die Zusammenhänge, in die es verwoben ist. Der elegische Ton, den ein Motiv anschlägt, die Stellung des Motivs in der Coda eines Satzes und schließlich die Funktion im thematischen Prozeß, die es als Reminiszenz an den Hauptgedanken erfüllt — also ein ästhetisches, ein formales und ein thematisches Moment —, ergänzen und stützen sich gegenseitig und konstituieren zusammen und durch ihre Wechselwirkung den Sprachcharakter der Musik.

Sämtliche Bestimmungsmomente des Symphonischen, die der Symphonischen Dichtung, dem Symphonischen Konzert und der Symphonischen Messe gemeinsam sind, erweisen sich demnach als miteinander verkettet: Musik präzisiert sich als Sprache durch Motivzusammenhänge, die aus der Transformationstechnik erwachsen; das Transformationsverfahren impliziert eine Tempodifferenzierung der voneinander abgeleiteten Teile, aus der eine Erweiterung der Form resultiert, ohne daß die formale Einheit — sie bleibt durch ästhetische Stringenz im »Wechsel der Töne« gewahrt — durch Potpourrihaftigkeit gefährdet wäre; Vielfalt und Ausdehnung schließlich konstituieren, sofern sie von thematischer Logik durchdrungen sind, ein geschlossenes Ganzes, das die Idee der großen Form realisiert.

Es wäre schief und einseitig, die musikalische Formkrise, die sich in Liszts Konzeption der Weimarer Zeit manifestiert, ausschließlich oder auch nur primär als Problem der Programmusik zu behandeln. Einerseits sind zu zentralen Werken wie der h-Moll-Sonate und den Klavierkonzerten keine Programme überliefert; andererseits ist die Vorstellung, daß Formzerfall eine Konsequenz des Entlang-Komponierens an einem Programm sei, ebenso irrig und verquer, wie sie unausrottbar sein dürfte. Liszts Symphonien und Symphonische Dichtungen als schildernde Musik aufzufassen, die sprachliche Texte mit musikalischen Bildern ausstattet, ist ein grobes Mißverständnis, obwohl Liszt außer expressiven und symbolischen auch tonmalerische Mittel ohne Scheu benutzte. Entscheidend ist, daß keineswegs das Programm den eigentlichen Sinn des Werkes ausspricht, den dann die Musik gewissermaßen nachstammelt, sondern daß vielmehr das Programm und die Musik zusammen und in Wechselwirkung miteinander auf eine Idee oder einen Mythos jenseits der Worte zielen. Liszt illustrierte nicht den Text von Shakespeares Hamlet oder Goethes Faust durch musikalische Themen und Themenkonstellationen, sondern löste aus einem dichterischen Werk den

Franz Liszt als Dirigent in Pest (1865). Die Uraufführung des Oratoriums *Die Legende von der heiligen Elisabeth* wurde von Liszt, wie die in der Leipziger *Illustrierten Zeitung* erschienene Zeichnung zeigt, als Gottesdienst zelebriert. Musik ist, wie E. T. A. Hoffmann es in dem Aufsatz *Alte und neue Kirchenmusik* ausdrückte, nicht nur Begleitung des Kults, sondern selbst Kult. Ein religiöser Text spricht also — das war die Konsequenz, die Liszt aus der Idee der Kunstreligion zog — das aus, was in der Musik als Substanz immer schon enthalten ist. Die Musik, von sich aus bereits Religion, wird durch ein Sujet wie die Legende von der heiligen Elisabeth in ihrem Wesen bestätigt.

Mythos heraus, an dem er in musikalischer Sprache gleichsam weiterdichtete.

Stellt aber ein Programm weniger das tragende Gerüst eines musikalischen Werkes dar, als daß es einen Ausgangspunkt bezeichnet, an dem die mythologisierende Imagination, die zugleich und ineins eine musikalische ist, einsetzen kann, so bleibt andererseits die musikalische Form, statt an die Disposition des Programmtextes gebunden zu sein, gewissermaßen sich selbst und den Problemen, die aus der Formgeschichte stammen, überlassen. Konzeptionen wie die Themen- oder Motiv-Transformation, die Mehrsätzigkeit in der Einsätzigkeit und der Gedanke, durch ästhetische Stringenz im Wechsel der Töne formalen Zusammenhang zu begründen, sind keineswegs aus der Programmatik der Symphonien und Symphonischen Dichtungen ableitbar, sondern erweisen sich, wie gezeigt wurde, als Lösungen von Problemen, die um die Mitte des 19. Jahrhunderts aus der Entwicklung der musikalischen Syntax, der thematischen Arbeit und der Sonatenform erwuchsen.

Unlegbar ist durch Liszts Versuch, die Idee des Symphonischen gerade dadurch zu retten, daß der Beethovensche Formgrundriß preisgegeben wurde, eine Art der Programmatik, die in der überlieferten Form schwerlich Platz gefunden hätte, überhaupt erst möglich geworden. Doch wäre es verfehlt, daraus den Schluß zu ziehen, daß die Programmatik die geschichtliche Ursache der formalen Neuerungen gewesen sei. Das Verhältnis zwischen ästhetischer Ideengeschichte und kompositionstechnisch-formaler Problemgeschichte ist zu vertrackt, als daß es sich in eine einfache Formel fassen läßt. Und man sollte die Möglichkeit, daß manchmal Inhalte durch Formprobleme statt immer nur Formmittel durch Inhalte herbeigeführt werden, nicht prinzipiell ausschließen. Wenn überhaupt von Wesen und Erscheinung die Rede sein kann, so hieße das, paradox ausgedrückt, daß nicht nur das Wesen die Erscheinung, sondern auch die Erscheinung das Wesen zu produzieren vermag.

Formgeschichtlich ging Liszt von einer Idee aus, die noch ein halbes Jahrhundert später in Schönbergs musikalischem Denken wirksam war: von der Idee einer Vermittlung zwischen der Tradition der Sonate einerseits und der des Charakterstücks andererseits. War die Sonate vom Prinzip der thematischen Logik geprägt, so stellt die Kategorie des »Charakteristischen«, die dem Charakterstück den Namen gab, gewissermaßen die ästhetische Gegeninstanz zum Begriff des »Formprozesses« dar, der das Zentrum einer Ästhetik der Sonate bildete. Nichts wäre allerdings falscher, als die Sonate mit fixierter oder schematischer, das Charakterstück mit lockerer oder aufgelöster Form zu identifizieren. Das Charakterstück ließ vielmehr gerade darum, weil die Form nicht als wesentlich empfunden wurde, neben regelloser Rhapsodik — die selten war — auch die Schematik der einfachen Lied- oder Rondoform zu: Die Form durfte konventionell sein, weil es auf sie nicht ankam. Umgekehrt ist die Sonate bei Beethoven dadurch gekennzeichnet, daß sie immer wieder andere formale Lösungen hervorbringt, von denen keine der anderen gleicht. Mit anderen Worten: Nicht zwischen schematischer Form in der Sonate und aufgelöster im Charakterstück müßte differenziert werden, sondern zwischen primärer und darum problematischer Form in der Sonate und sekundärer und darum unproblematischer Form im Charakterstück, einer unproblematischen Form, die, wie gesagt, sowohl aufgelöst als auch schematisch sein kann. Läßt man aber die Gruppierung der Kategorien, die eine Umgruppierung der gewöhnlichen Begriffe bedeutet, als adäquate Beschreibung der formgeschichtlichen Situation gelten, von der Liszt ausging, so ist es offenkundig, daß Liszt, als er in der Weimarer Zeit mit symphonischem Ehrgeiz komponierte, im ästhetischen Anspruch an die Sonatentradition anknüpfte, obwohl er formal unschematisch verfuhr: Die Formen, die er entwarf, gehören unzweifelhaft, wie die Prinzipien der Thementransformation und der Mehrsätzigkeit in der Einsätzigkeit zeigen, nicht zu den aufgelösten, rhapsodischen, sondern zu den problematischen, als Lösung eines als gravierend empfundenen Formproblems entstandenen Formen. Andererseits ist jedoch durch den Gedanken, die ästhetische Stringenz im Wechsel der Töne oder Charaktere zur Konstituierung von formalem Zusammenhalt zu benutzen, die Tradition des Charakterstücks in Liszts Konzeption des Symphonischen gewissermaßen aufgehoben.

Die Überzeugung, daß es möglich sei, Geschlossenheit des formalen Zusammenhangs mit charakteristischer Prägung im einzelnen zu vermitteln, gehörte ebenso zur Komponistenästhetik des 19. Jahrhunderts wie die an der Einheit von Fuge und Charakterstück bei Bach sich orientierende Vorstellung, daß Expressivität durch rigorose Logik keineswegs ausgeschlossen oder gehemmt, sondern vielmehr vertieft und differenziert wurde. Allerdings fiel im 19. Jahrhundert, obwohl man sich der Dialektik der Momente bewußt war, der Akzent auf die Expressivität und die Charakterdarstellung; das Strukturelle war gewissermaßen eine Privatsache des Komponisten, die das Publikum nichts anging. Die frappierend modernen Form- und Strukturideen, die in den letzten Jahrzehnten in Liszts Werken entdeckt worden sind und die im Zeitalter der Dodekaphonie und der seriellen Musik eine Interpretation als Zeichen eines »strukturellen«, ein Stück Zukunft antizipierenden Denkens herausforderten, bildeten im 19. Jahrhundert ein Vehikel des Versuchs, Musik als Sprache, und zwar als immer bestimmtere Sprache, zu konstituieren.

Die musikgeschichtliche Situation, von der Liszt ausging, war zwiespältig. Denn im gleichem Maße, in dem die Instrumentalmusik nach Bestimmtheit des Ausdrucks suchte, zerfiel die Barocktradition der musikalischen Rhetorik, in der sich an fest umrissene musikalische Formeln benennbare

Bedeutungen knüpften. Was blieb, war ein Reservoir musikalischer Tonfälle und Charaktere, deren Sprache zwar deutlich war, die jedoch lediglich generelle Sphären wie die des Martialischen oder die des Pastoralen bezeichneten. Eine Präzisierung, wie sie Liszt als Forderung der geschichtlichen Stunde empfand, war prinzipiell auf zwei Wegen möglich: definitorisch oder syntaktisch, also entweder, wie in der Tradition der musikalischen Rhetorik, durch Prägung fest umrissener, stehender musikalischer Vokabeln oder aber durch Satzzusammenhänge, in denen der Sinn des Einzelnen, der zunächst vage und mehrdeutig geblieben war, allmählich eingegrenzt wurde. Daß Programme der Fixierung musikalischer Vokabeln dienen, daß sie gewissermaßen die allgemeine, über das einzelne Werk hinausgehende Determination der musikalisch-rhetorischen Figuren durch eine spezifische, auf das individuelle Werk beschränkte Bestimmtheit des musikalischen Ausdrucks ersetzen, ist offenkundig und soll keineswegs geleugnet werden. Doch darf andererseits der Anteil struktureller Zusammenhänge wie der Themen- oder Motiv-Transformation an der Konstituierung musikalischer Sprache bei Liszt nicht verkannt oder geschmälert werden.

Begreift man das strukturelle Moment bei Liszt als Funktion des expressiven, so lassen sich aus dieser Akzentuierung, die mit den ästhetischen Maximen des 19. Jahrhunderts ebenso übereinstimmt, wie sie zu denen des 20. quersteht, Konsequenzen für das musikalische Hören, und zwar das Formhören, ableiten. Man kann, um sich die Problematik in den Grundzügen bewußt zu machen, in grober Annäherung zwischen tektonischem, anknüpfendem und assoziierendem Formhören unterscheiden. (Die Termini sind eher Verlegenheitsvokabeln als präzise Bestimmungen des Gemeinten.) Bei tektonischem Hören wird in ständig wachsenden Größenordnungen jeweils ein Erstes durch ein Zweites ergänzt, eine Phrase durch eine Phrase, eine Periode durch eine Periode und eine Periodengruppe durch eine Periodengruppe, so daß am Ende der musikalische Verlauf wie ein Stück Architektur, zu dem sich die Teile zusammengefügt haben, vor der inneren Wahrnehmung steht. Anknüpfendes Hören erfaßt das Gegenwärtige als Konsequenz des gerade Vergangenen und als Voraussetzung des unmittelbar Folgenden, die Phrasen oder Perioden schließen sich gleichsam wie Glieder einer Kette aneinander, statt wie Teile eines Gebäudes über- und nebeneinander geschichtet zu werden. Bei assoziierendem Hören schließlich bilden die sich ablösenden Motive, die durch Variation, komplementären Kontrast oder konstrastierende Ableitung aufeinander bezogen sind und in unregelmäßigem Wechsel wiederkehren, gewissermaßen ein ständig komplexeres Gewebe von Zusammenhängen, ohne daß für den Gesamteindruck, den Thomas Mann bei Wagner als »Beziehungszauber« charakterisierte, die formale Stellung der Motive oder deren Aufeinanderfolge in der Erinnerung festgehalten werden müßte.

Daß ein assoziierendes Formhören der Wagnerschen Musikdramatik, in der sich ein Netz von Motivbezeichnungen immer dichter zusammenzuziehen scheint, angemessen ist, dürfte schwerlich bestreitbar sein. Die Konsequenz ist allerdings, daß die Suche nach architektonischen Formgrundrissen, selbst wenn sie ertragreicher wäre als die Lorenzsche Unterstellung von Bar- und Bogenformen, ästhetisch sekundär bliebe, weil sie am Formprinzip des Gewebes vorbeigeht.

Bei Liszt ist die Entscheidung, welches Moment unterstrichen werden soll, schwieriger als bei Wagner. Tektonisches Hören findet, obwohl der klassische Periodenbau zerbröckelt ist, einerseits Rückhalt an der Sonatenform, deren Grundriß als Voraussetzung der Mehrsätzigkeit in der Einsätzigkeit erkennbar bleibt, andererseits Unterstützung durch die formal festigende Funktion eines ästhetisch stringenten »Wechsels der Töne und Charaktere«. Andererseits fordert das Prinzip, Bestimmtheit des musikalischen Ausdrucks durch Knüpfen eines Netzes von Motivzusammenhängen zu erreichen, also die programmtisch-definitorische Präzisierung des musikalischen Vokabulars durch eine formal-syntaktische zu ergänzen, bei Konzentration auf die Dialektik von Thementransformation und musikalischer Sprachlichkeit zu einem eher assoziierenden Formhören heraus. Daß aber Liszts Werk verschiedene Zugänge offenhält, hängt mit Veränderungen zusammen, denen die Rezeption in einer Wirkungsgeschichte, die sich über mehr als hundert Jahre erstreckt, unterworfen war. Fiel im 19. Jahrhundert, wie erwähnt, der Nachdruck auf das expressive, im 20. Jahrhundert dagegen auf das strukturelle Moment, so besagt die Unterscheidung — die in ihrer Grobheit allerdings nicht das Ergebnis von Untersuchungen ist, sondern lediglich die Richtung bezeichnet, die bei Analysen einzuschlagen wäre —, daß tendenziell ein assoziierendes Formhören durch ein tektonisches abgelöst worden ist. Statt der Nähe zu Wagner ist es die zu Bartók, die inzwischen in Liszts Werken hervortritt.

# Zur Kritik des ästhetischen Urteils über Liszts »Prometheus«

## 1

Wer sagen sollte, was er von einem ästhetischen Urteil über Musik des 19. Jahrhunderts erwarte, würde vermutlich antworten: begründete Unterscheidung der Werke, die aus der Zeit ihrer Entstehung herausragen, vom Schutt der Überlieferung. Die Begriffe aber, die dazu dienen, die Erwartung zu umschreiben, Begriffe wie »musikalisches Kunstwerk« und »Herausragen aus der Entstehungszeit«, bilden weniger eine feste, unproblematische Voraussetzung, als daß sie zu den Gegenständen der Reflexion gehören: Sie stecken das Thema nicht nur ab, sondern sind selbst das Thema. Als Fundamentalkategorien, über die man nicht zu reden braucht, weil sie selbstverständlich sind, erscheinen sie uns nur, solange wir in der Tradition des 19. Jahrhunderts — die eine Tradition nicht nur von Werken, sondern auch von Begriffen zu deren Deutung ist — noch befangen sind, statt ihr distanziert, als Betrachter, gegenüberzustehen.

Die Distanzierung aber, die noch vor wenigen Jahren schwierig und fast unmöglich gewesen zu sein scheint, fällt heute leicht: ein Zeichen dafür, daß das 19. Jahrhundert — in einem nicht nur chronologischen Sinne — historisch geworden ist. Einerseits zeigen sich der geschichtliche Ursprung und die begrenzte historische Reichweite der ästhetischen Fundamentalkategorien, deren übergeschichtlicher Charakter bloßer Schein ist. Andererseits ist durch die neueste — die serielle und postserielle — Musik die Geltung der ästhetischen Überlieferung zwar nicht aufgehoben — dazu fehlt der Avantgarde die Macht über das allgemeine Bewußtsein —, wohl aber gefährdet.

Die rigoroseste Interpretation, die am nachdrücklichsten von Karlheinz Stockhausen formuliert wurde, schließt eine Negation fast sämtlicher ästhetischer Vorstellungen ein, die uns das 19. Jahrhundert hinterlassen hat. Nach dem antiästhetischen Dogma der Avantgarde — das mit der Bedeutung der von ihr hervorgebrachten Werke nicht übereinzustimmen braucht — ist ein musikalisches Gebilde kein in sich abgeschlossenes Werk, das für sich Bestand und Sinn hat, sondern stellt nichts anderes als ein Teilmoment einer kompositorischen Entwicklung dar, in der — nach Analogie eines Erkenntnisprozesses — die einzelnen Stufen, die man erreicht, nur dazu da sind, überschritten zu werden. Hat aber ein Werk, das kein Werk im Sinne des 19. Jahrhunderts mehr ist, weniger den Charakter eines Resultats, das festgehalten werden kann, als den einer Wegstation, über die hinaus man weitergeht, so kann ein Urteil, das ihm gerecht werden soll, kein ästhetisches, sondern muß ein historisches sein: eine Bestimmung der Position im Prozeß. Das Komponieren ist denn auch denen, die sich zur Avantgarde zählen, primär als Vollzug von Musikgeschichte, nicht als Hervorbringung von Werken bewußt; und manche Komponisten scheuen nicht davor zurück, zu Historikern ihrer selbst zu werden: Worum sie sich bemühen, ist Anteil an der Geschichte. Für sie ist ein musikalisches Gebilde Ausdruck der Gegenwart als eines flüchtigen Augenblicks der historischen Entwicklung; es bewährt sich nicht dadurch, daß es die Zeit seiner Entstehung überdauert, sondern erfüllt gerade umgekehrt seine Funktion am adäquatesten, wenn es den jeweils aktuellen Zustand der Musik ausprägt und bewußt macht, ohne in einer Zukunft, der man ihre eigene Musik gönnt, noch relevant und von Interesse zu sein, es sei denn als geschichtliches Dokument. Im Extrem erinnern die Vorstellungen, die hinter dem Komponieren stehen, eher an Kategorien des geschichtlichen, politischen Handelns als an die des Herstellens von Gebilden oder Werken. Die Poiesis, aristotelisch gesprochen, wird durch Praxis ersetzt.

Daß die Antiästhetik der Avantgarde, die zugleich ein Affekt und eine Theorie ist, mit der kompositorischen Praxis eng zusammenhängt und fast als deren Teilmoment erscheint, hindert nicht, daß sie auch ein Publikum erreicht und beeinflußt, das der neuesten Musik, der Aleatorik und der Klangkomposition, befremdet, mißtrauisch oder sogar feindselig gegenübersteht. Von den theoretischen Konzeptionen der Neuen Musik geht machmal eine nachdrücklichere Wirkung aus als von den Werken, auf die sie sich beziehen.

Ist es demnach keineswegs ausgeschlossen, daß sich antiästhetische Tendenzen — die Bezeichnung impliziert kein Urteil — auch außerhalb des engeren Zirkels der Avantgarde ausbreiten und zu einer Destruktion von musikalischen Grundbegriffen des 19. Jahrhunderts führen, ist also, pointiert ausgedrückt, ein Ende des Zeitalters der Ästhetik, als das man in der Musikgeschichte das 18. und 19. Jahrhundert charakterisieren kann, abzusehen oder mindestens vorstellbar, so zeigt sich andererseits schon bei flüchtiger historischer Reflexion, daß der emphatische Begriff des »musikalischen Kunstwerks« und die Herrschaft des ästhetischen Urteils in der Musik kaum älter als zwei Jahrhunderte sind, also nicht so tief wurzeln, als daß sie nicht rasch absterben könnten. Die ästhetische Tradition des 19. Jahrhunderts ist gefährdet und kann, sofern man sie nicht preisgeben will, nicht als Selbstverständlichkeit, über die man nicht nachzudenken braucht, sondern nur aus historischem Bewußtsein heraus bewahrt werden. Um aber genauer zu erkennen, was die Kategorien, die für das 19. Jahrhundert charakteristisch sind, bedeuten und implizieren, ist es nicht überflüssig, sie von den Vorstellungen abzuheben, die ihnen vorausgingen.

Die Idee des isolierten, individuellen und in sich geschlossenen Werkes ist erst spät, in der Renaissance, von der Dichtung und bildenden Kunst auf die Musik, der sie ursprünglich fremd war, übertragen worden. Und sie blieb im 16. und 17. Jahrhundert auf verstreute Andeutungen beschränkt; im allgemeinen Bewußtsein setzte sie sich erst im 18. Jahrhundert allmählich durch. Die Widerstände, denen sie begegnete, sind durchaus begreiflich. Daß Musik nicht nur ein tönender Vorgang, ein flüchtiges Ereignis, sondern ein Gebilde mit plastischer, überschaubarer Form ist und daß die musikalische Schrift nicht — wie eine Tanzschrift — als bloße Gedächtnisstütze für die Ausführenden fungiert, sondern — analog der Sprachschrift — eine Daseinsform des Werkes darstellt — mit einem Wort: das Verständnis von Musik als Inbegriff von Werken und Texten, wie es sich im 18. Jahrhundert herausbildete —, ist nichts weniger als selbstverständlich und eher erstaunlich. Fast scheint es, als sei die ältere Vorstellungsweise, die in der Trivialmusik ohnehin die herrschende blieb, die näherliegende, so daß eine Preisgabe des Werkbegriffs als Grundkategorie des musikalischen Hörens nicht überraschend wäre. Die »Momentform«, eine Entdeckung Stockhausens, erscheint als moderne Ausprägung eines an den Augenblick gebundenen Musikmachens und -hörens, das archaisch ist.

Als in sich geschlossenes Gebilde aber, das eine Form ausprägt, statt ein bloßer Komplex tönender Momente zu sein, nimmt das musikalische Werk individuellen Charakter an. Und der Gedanke, daß es primär als Individuum — dessen besondere, unwiederholbare Merkmale die entscheidenden sind — und nicht als Exemplar einer Gattung zu verstehen und zu beurteilen sei, ist eines der tragenden Prinzipien der Ästhetik des 19. Jahrhunderts.

Als individuelles Gebilde, auf Grund der Originalität, die seine ästhetische Substanz ist, überdauert ein Werk die Zeit seiner Entstehung und manchmal sogar das Leben der Gattung, aus der es hervorgegangen ist. Dagegen war es in der älteren, funktionalen Musik, also bis ins frühe 18. Jahrhundert, gerade nicht das einzelne, herausragende Werk, sondern die Gattung, die tradiert wurde und von der die Kontinuität der musikalischen Entwicklung abhing. Dem Historismus des 19. und 20. Jahrhunderts, der individuelle Werke aus der Vergangenheit in die Gegenwart herüberzieht, steht ein Traditionsgefühl gegenüber, das Gattungsnormen bewahrt, aber nicht einzelne Werke, es sei denn als pädagogische Muster. Man komponierte, um der Forderung des Tages zu genügen — rasch und dennoch ohne Nachlässigkeit —, und konnte es tun, weil die Gattungstradition einen festen Rückhalt gab. Das Komponieren war in einer Zeit, in der es den Charakter einer notierten Improvisation noch nicht ganz abgestreift hatte, an Modelle und Formeln gebunden, wie sie die Gattungstradition bereithielt, eine Tradition, von der die einzelnen Werke zugleich eingeschränkt und getragen wurden. Die Gattung war ihrerseits durch die Funktion geprägt, die von der Musik erfüllt wurde und ihr das Daseinsrecht gab.

Einem Werk, das primär Exemplar einer Gattung ist, würde ein ästhetisches Urteil, das den Kunstbegriff des 19. Jahrhunderts voraussetzt, nicht gerecht werden. Sofern eine Gattung dadurch bestimmt ist, daß sie eine Funktion oder einen Zweck erfüllt, muß sich das Urteil über einzelne Werke auf deren Angemessenheit oder Unangemessenheit richten; und sofern sie eine Tradition von Normen und Modellen darstellt, ist es die Satztechnik, die der Kritik zugänglich ist. Der Urteilstypus, der die geschichtliche Vorform des ästhetischen bildete, war also ein funktional-satztechnischer. Als Marco Scacchi, Hofkapellmeister in Warschau, um die Mitte des 17. Jahrhunderts einige Motetten des Danziger Organisten Paul Siefert einer polemisch pointierten Kritik unterwarf, bestanden die Mängel, die er in den

Stücken entdeckte, in nichts anderem als Abweichungen von den satztechnischen Normen der Gattung. Von ästhetischen Merkmalen ist nicht die Rede.

Umgekehrt wurden durch das ästhetische Urteil, das sich im 18. Jahrhundert als herrschender Typus musikalischer Kritik allmählich durchsetzte, die funktional-satztechnischen Momente in den Hintergrund gedrängt. Eine Funktion zu erfüllen, wurde zum Merkmal der niederen Musik, die man als trivial verachtete. Und satztechnische Integrität wurde zwar vorausgesetzt, galt aber nicht als entscheidend: Sie genügte nicht, um ein Stück Musik zu einem Kunstwerk im emphatischen Sinne des Wortes zu machen. (Daß Gounods *Ave Maria* makellos komponiert ist, hindert seine Verächter nicht, von Kitsch zu sprechen.)

Ging das funktional-satztechnische Urteil von der Kategorie des »Angemessenen« aus, so kreist das ästhetische um die Idee des Schönen. Daß sie heute verschlissen und fast zu einer Chiffre für musikalischen Kitsch heruntergekommen ist, macht es allerdings schwierig, die Funktion zu verstehen, die sie in der Ästhetik des 19. Jahrhunderts erfüllte. Auffällig ist, wie vage und umfassend der Begriff des »Schönen« gebraucht wurde. Man sprach nicht nur von »charakteristischer« Schönheit, als wäre nicht das Charakteristische eher vom Schönen kategorial unterschieden, sondern versuchte sogar, das Häßliche in die dialektische Konstruktion des Schönen hineinzuziehen: als Teilmoment, das zwar aufgehoben wird, aber unumgänglich ist, wenn das Schöne, wie es in der *Ästhetik des Häßlichen* von Rosenkranz heißt, »die Entscheidung der Idee in ihrer Totalität« umfassen soll. Man kann ohne Übertreibung behaupten, daß die Kategorie des Schönen, weit über klassizistische Vorstellungen hinaus, in der Ästhetik des 19. Jahrhunderts ungefähr die Funktion erfüllte, die heute dem Begriff »Kunstcharakter« zufällt. Das Problem, an dem sich die Ästhetik des Schönen abmühte, ist also keineswegs so veraltet und irrelevant, wie es denen erscheint, die bei dem Wort »schön« an nichts anderes als Kitsch zu denken vermögen.

Die Entscheidung, ob ein musikalisches Werk Kunst ist oder nicht, war das wesentliche Moment, gleichsam die Substanz des ästhetischen Urteils. Demgegenüber zeichnet sich heute, wie erwähnt, eine Tendenz ab, das ästhetische Urteil durch ein historisches zu ersetzten, das die Stellung eines musikalischen Gebildes im Entwicklungsprozeß des Komponierens zu bestimmen versucht. Aktualität wird zur zentralen Kategorie. Andererseits kommt das technische Moment der Musik wieder zu Ehren, wenn auch nicht, wie in der Zeit vor der Epoche der Ästhetik, als Norm und Tradition, sondern als Erfindung und Neuheit. Das Originalitätsprinzip des 19. Jahrhunderts wirkt gewissermaßen nach, allerdings als Prinzip der Technik und der Methode, nicht des Ausdrucks. Expressivität, sofern sie sich überhaupt hervorwagt, tendiert eher zum Kollektiven als zum Individuellen. Die Korrelation von Kunstcharakter und Ausdruck des Individuums, wie sie für das 19. Jahrhundert charakteristisch war — Schumann sprach, um sie in ein einziges Wort zu fassen, vom »Poetischen« in der Musik —, ist zerbrochen, wenn auch wahrscheinlich nicht unwiderruflich.

## 2

Das ästhetische Urteil im skizzierten, historisch geprägten Sinne ist dadurch, daß es in der Musik der letzten Jahre suspendiert wurde, als eine Instanz kenntlich geworden, deren Reichweite begrenzt ist und, wie der flüchtige Rekurs in die Geschichte der musikalischen Kritik zeigt, kaum zwei Jahrhunderte umfaßt. Und es wäre, wie erwähnt, nicht überraschend, wenn der Zweifel am ästhetischen Urteil und dem, was es impliziert, auch auf ein Publikum übergriffe, das zur kompositorischen Praxis der Avantgarde ängstliche Distanz hält. Zu fragen wäre also, was es für das ästhetische Urteil besagt, daß es einerseits an die Musik, welche die Gegenwart repräsentiert, nicht heranreicht, und daß andererseits das musikalische Denken des 19. Jahrhunderts, in dem es sich herausbildete, zu einem Stück Geschichte, einem Gegenstand historischen Bewußtseins geworden ist, und zwar dadurch, daß die grundlegenden Kategorien unter dem Einfluß der Neuen Musik den Schein von Selbstverständlichkeit eingebüßt haben, der ihnen anhaftete, solange sie gleichsam blind tradiert wurden.

Es mag naheliegen, im Hinblick auf die musikalische Überlieferung des 19. Jahrhunderts am ästhetischen Urteil und den Voraussetzungen, die es einschließt, also am Vorrang der Entscheidung zwischen Kunst und Nicht-Kunst, am Originalitätsbegriff und an der Idee des Musikalisch-Poetischen unbeirrt festzuhalten. Denn da es sich um Kategorien des 19. Jahrhunderts handelt, wird die Musik, wenn man von der Differenz zwischen Kunst und Nicht-Kunst ausgeht, an Kriterien gemessen, unter deren Herrschaft sie entstanden ist. Sogar das Prinzip, daß man über eine Zeit und ihre Werke nicht von außen, sondern nur auf Grund der Begriffe, die sie selbst hervorgebracht hat, urteilen dürfe, stammt aus dem 19. Jahrhundert, das eine Epoche des Historismus gewesen ist: Das historische Bewußtsein erfaßt die Zeit, von der es entdeckt oder erfunden wurde.

Ist demnach die Suspendierung des ästhetischen Urteils in der neuesten Musik eines der Momente, durch die das 19. Jahrhundert, in seinen Voraussetzungen fragwürdig geworden, zu einem Stück Vergangenheit wurde, so scheint es andererseits, als führe die Konsequenz der Distanzierung, die Betrachtung des Jahrhunderts mit historischem Bewußtsein wiederum zu einer Restauration des ästhetischen Urteils, sofern von Werken des 19. Jahrhunderts die Rede ist.

Der Einfluß der musikalischen Gegenwart auf die Rezeption vergangener

Werke, sowohl auf deren Auswahl als auch auf die Art, in der sie verstanden und gehört werden, ist jedoch niemals auszuschließen; fraglich ist nur, ob es gelingt, ihn bewußt zu machen und in Begriffe zu fassen.

Kritik im Sinne einer Reflexion über das Verhältnis der musikalischen Vergangenheit zur Gegenwart ist allerdings nur am Einzelfall sinnvoll möglich. Und der Versuch, die abstrakten Erörterungen ins musikalisch Konkrete, wenn auch nicht gerade Handgreifliche zu übersetzen, soll von einem Problem ausgehen, bei dem wohl niemand leugnet, daß es eines ist: von der Frage nach der Beziehung zwischen dem ästhetischen Rang und der geschichtlichen Bedeutung der symphonischen Dichtungen von Liszt.

## 3

Die Symphonische Dichtung *Prometheus*, 1850 komponiert und 1855 umgearbeitet, ist nach dem Sonatensatzschema disponiert. Doch fehlt den harmonischen Einzelereignissen der feste Halt der gewohnten tonalen Ordnung. Der Anfang ist tonal vage und wird auch durch das, was folgt, nicht näher bestimmt. Ein Hauptmotiv, gebildet aus den Tönen e, h und c erscheint über dem Akkordfundament f—a—h—e. Die intendierte, zu Anfang noch nicht kenntliche Haupttonart ist a-Moll. Doch wird weder die Septime e nach d aufgelöst, so daß ein Akkord entstünde, f—a—h—d, der als Subdominante mit charakteristischer Dissonanz auf a-Moll zu beziehen wäre, noch folgt dem hypothetischen oder fiktiven Subdominantakkord, wie es nach den Regeln der tonalen Harmonik zu erwarten wäre, der Dominantakkord. Die Dissonanz ist »emanzipiert«, dem Auflösungszwang entzogen, und sie bleibt ohne tonalen Kontext.

Das Hauptmotiv kehrt auf dem Höhepunkt der Exposition (T. 82) in verwandelter Gestalt wieder, und die Art der Veränderung zeigt den modernen, antizipatorischen Charakter der Lisztschen Variantentechnik. Die Tonfolge des Motivs, e—h—c, wird festgehalten, der Rhythmus dagegen ausgetauscht; aber auch einer der Rhythmen des Anfangsmotivs kehrt wieder: übertragen auf die Fortsetzung der Töne, mit denen er ursprünglich verbunden war. Die Einzelmomente des Motivs, Tonfolge und Rhythmus, sind also ähnlich unabhängig voneinander wie siebzig Jahre später in der Reihentechnik; sie werden voneinander getrennt und auf die beiden Hälften des Themas, zu dem das Motiv erweitert ist, verteilt.

Tonal wird die zweite Gestalt des Themas in der Schwebe gehalten zwischen den Akkorden C-Dur und e-Moll, die sich zum Septakkord c—e—g—h ergänzen. Der Septakkord ist ein Ausschnitt aus dem Akkordfundament des Anfangsmotivs, der sechstönigen Terzenschichtung f—a—c—e—g—h, die als verborgene Grundstruktur des Werkes aufgefaßt werden kann.

Daß ihr fundierende Bedeutung zukommt, läßt sich auch indirekt, durch eine Interpretation der Gesamtform, zeigen. Das Schema des *Prometheus* ist, in groben Umrissen, das eines Sonatensatzes mit Exposition, Durchführungsteil und Reprise. Doch ersetzt Liszt den Durchführungsteil durch eine Fuge. Und der Formgedanke, Fuge und Sonatensatz zu verschränken, ist nur dann sinnvoll, wenn das Fugenthema als Variante auf eines der Sonatenthemen bezogen werden kann. Das einzige gemeinsame Merkmal aber, das die Sonatenthemen mit dem Fugenthema verbindet, ist die abstrakte Terzenstruktur: Die Kette von fünf Terzen, die harmonische Grundlage des Hauptthemas, wird im Fugenthema zu einer Tonfolge auseinandergelegt. Außer dem Verfahren, Rhythmus und Tonfolge eines Motivs voneinander zu trennen, ist also im *Prometheus* noch ein zweites Moment der Reihentechnik vorgebildet: die Verwandlung von Zusammenklängen in Tonfolgen und umgekehrt, die Gleichsetzung des Simultanen und des Sukzessiven.

Die diatonische Terzenschichtung, die Zusammensetzung von abwechselnd großen und kleinen Terzen, ist jedoch nicht das einzige harmonische Schema, auf das sich, noch unterhalb der Themen und Motive und als deren Voraussetzung, die Ordnung des Tonmaterials in Liszts *Prometheus* zurückführen läßt. Die Grundlage des zweiten und dritten Themas, einer Andante- und einer Allegrophrase (T. 27 und T. 48), bildet, gleichsam als chromatisches Gegenstück, der verminderte Septakkord, die Schichtung ausschließlich kleiner Terzen. Die Themen sind kaum etwas anderes als Verkleidungen des Akkords und können als verschiedene Formulierungen des gleichen Gedankens begriffen werden. Um aber die Methode zu verstehen, nach der Liszt die Motivansätze im Andante- und Allegrothema entwickelt, muß man sich die Doppelbeziehung vergegenwärtigen, die zwischen dem verminderten Septakkord und der zwölftönigen chromatischen Skala besteht: Erstens ergänzen sich drei verschiedene verminderte Septakkorde zur Zwölftönigkeit; zweitens kann ein verminderter Septakkord in Dominantfunktion in vier Mollakkorde aufgelöst werden, die zusammen mit dem Septakkord die chromatische Skala ergeben. Beide Schemata werden von Liszt — der auch im *Prometheus*, nicht anders als im *Faust*, die zwölftönige Skala harmonisch auszukonstruieren versucht — in unmittelbarem Zusammenhang miteinander exponiert. Einerseits wird der verminderte Septakkord h—d—f—as im Andantethema auf es-Moll und c-Moll, im Allegrothema auf a-Moll und fis-Moll, die ergänzenden Molltonarten, bezogen. Andererseits wird der Nachsatz des Allegrothemas (T. 54) mit den komplementären verminderten Septakkorden, fis—a—c—dis und cis—e—g—b, bestritten.

Die traditionelle Beziehung zwischen Tonika- und Dominantakkorden ist dabei ins Gegenteil verkehrt: Die Dominantfunktion des verminderten Septakkords ist gleichsam erstarrt, ohne aufgehoben zu sein. Denn der verminderte Septakkord erscheint nicht als bloße Vermittlung, als Kitt zwischen entlegenen Tonarten, die dann durch Kadenzen fixiert werden, sondern als Zentrum des Akkordzusammenhangs, um das sich die Tonarten, auf die er bezogen wird, wie Trabanten versammeln. Das Primäre, die Tonart, wird zum Sekundären und das Sekundäre, der verminderte Septakkord, zum Primären. Das aber bedeutet nichts Geringeres, als daß Liszt aus dem Zerfall der tonalen Harmonik, den er antizipierte, konstruktive Konsequenzen gezogen hat. Daß im verminderten Septakkord, wie in den »vagierenden« Akkorden insgesamt, eine auflösende Tendenz steckt, ist unverkennbar: Er erscheint als zwar banales, aber wirksames Mittel, um den Gang der Harmonik unvermutet in eine Richtung zu lenken, in der man das Gefühl des Zusammenhangs mit dem Ausgangspunkt verliert. Liszt aber verwandelt, in paradoxer Umkehrung, das auflösende Moment in ein befestigendes, zusammenhangbildendes, indem er den tonal vieldeutigen verminderten Septakkord ins Zentrum der Akkordbeziehungen rückt und ihn als das immer Gleiche im Wechsel der Tonarten festhält. Eine ähnliche Funktion erfüllt der Akkord, Jahrzehnte später, bei Bartók.

Wer einwenden wollte, daß alles, was über Liszts *Prometheus* gesagt wurde, bloße Konstruktion sei, dem Werk von außen, von den Kategorien der Gegenwart her aufgezwungen, wäre im Recht, wenn die Einzelmomente verstreute Fakten in verschiedenen Werken wären. Aber sie bilden einen Zusammenhang, der es verbietet, von Zufällen zu sprechen. Die Beobachtung, daß Dissonanzen unaufgelöst bleiben, und zwar als charakteristische Töne des Hauptmotivs; daß nicht die Themen und Motive das letzte, nicht weiter zurückzuverfolgende Material darstellen, sondern eine abstrakte Terzenstruktur; daß Sukzessives und Simultanes, Tonfolge und Akkord, einander gleichgesetzt werden; daß Motive in ihre Einzelmomente, Tonfolge und Rhythmus, auseinandergelegt werden; daß der harmonische Zusammenhang von einem dissonierenden Klangzentrum, dem verminderten Septakkord gestiftet wird — Beobachtungen also, die als vereinzelte noch dem Zufall zugeschrieben werden könnten, bezeugen durch ihr Zusammentreffen, daß es gerade die heute verachtete »neudeutsche« Musik war, in der sich die ersten, vagen Umrisse der musikalischen Moderne abzeichneten. Nicht erst in den späten Klavierkompositionen, sondern bereits in den symphonischen Dichtungen erweist sich Liszt als ein Genie der Antizipation.

## 4

Und doch: der ästhetische Zweifel an Liszt Symphonischen Dichtungen, der Argwohn, sie seien von Rissen und Brüchen durchzogen, ist durch die Demonstration kompositionstechnischer Funde, in denen sich mitten im 19. Jahrhundert das 20. abzeichnet, nicht zu beschwichtigen. Es wäre eine Übertreibung aus apologetischem Überschwang, dem eingewurzelten Vorurteil, Liszts Musik sei literarisch aus formaler Schwäche, einfach die These entgegenzusetzen, sie sei in Wahrheit, um in der Sprache der Avantgarde zu reden, strukturell. Charakteristisch ist vielmehr, daß sie in sich in Extreme zerspalten ist. Zwischen der abstrakten Logik der Experimente mit dem Tonmaterial, die zu untersuchen ein intellektuelles Vergnügen ist, und den elementaren Wirkungen der Rhythmik und Dynamik, die sich auch dem stumpfesten Hörer aufdrängen, scheint eine Vermittlung zu fehlen. Und so ist auch Liszts Publikum, sofern er noch eines hat, geteilt. Wer sich in die verborgenen Strukturen der Werke vertieft — eher als Leser denn als Hörer —, empfindet Unbehagen bei den triumphalen Schlüssen; und wer sich durch die Apotheosen erhoben fühlt, geht an den Labyrinthen der Lisztschen Kompositionstechnik achtlos vorüber.

Der Widerspruch zwischen der ästhetischen Fassade, die schwer erträglich geworden ist, und den latenten kompositorischen Strukturen, die lange unentdeckt blieben, ist aber selbst noch in kompositionstechnischen Kategorien erklärbar, wie denn generell ästhetische Behauptungen, um nicht haltlos zu sein, durch technische Analysen gestützt werden müssen. Der Bruch besteht, formelhaft gesprochen, in nichts anderem, als daß Struktur und Material nicht zusammenstimmen. Das Neue, Vorausgreifende, ein Stück 20. Jahrhundert im 19., wurde von Liszt in einer Sprache ausgedrückt, die rasch obsolet wurde, wenn sie es nicht schon um 1850 war. Der verminderte Septakkord, von dessen Vieldeutigkeit und Beziehungsreichtum Liszt ausging, als er sich zu der Idee des Klangzentrums vortastete, ist geradezu der Inbegriff des musikalisch Veralteten, das immer wieder zitierte Musterbeispiel für die Geschichtlichkeit und Vergänglichkeit musikalischen Materials. Die antizipatorischen Strukturen wurden von Liszt an eine Sprache verschwendet, in der sie gleichsam erstickten. Um ihnen gerecht zu werden, ohne durch die Musik beim Verständnis der Musik gestört zu werden, muß man die Symphonischen Dichtungen lesen, statt sie zu hören. Sie sind, schroff formuliert, einerseits zu Unterhaltungs-, andererseits zu Papiermusik geworden, das Wort »Papiermusik« in einem unverächtlichen Sinne verstanden.

An dem Zwiespalt aber, in den das Urteil über Liszts Symphonische Dichtungen geraten ist, kann gezeigt werden, was der Gegensatz zwischen der Ästhetik des 19. und der Antiästhetik des 20. Jahrhunderts, der zunächst abstrakt skizziert wurde, im besonderen Fall bedeutet und impliziert. Die Strukturen, die im Rückblick, nach dem Zerfall der Fassade, als das einzig noch Relevante der symphonischen Dichtungen erscheinen, waren nach Liszts eigener Ästhetik, die er mit Wagner teilte, gerade das Sekundäre, das im Hintergrund gehalten wurde. Struktur, verstanden als Mechanik des Kunstwerks, durfte nicht hervortreten und sollte nicht als solche wahrgenommen werden. Ihre Funktion, den Inhalt mitzuteilen und ihn, wie Wagner es ausdrückte, »für das Gefühl zu verwirklichen«, erfüllte sie am adäquatesten, wenn sie unauffällig blieb; so war sie, grob gesagt, eine Privatsache des Komponisten, die den Hörer nichts anging. An dem klassizistischen Dogma, daß sich Kunst, um es zu sein, als Kunst verleugnen und als Natur erscheinen müsse, hielten auch die antiklassizistischen Komponisten, Berlioz, Wagner und Liszt, unbeirrt fest. Das Prinzip, daß man die Mittel und Handgriffe verbergen müsse — das Korrelat der Verklärung des Künstlers zum Zauberer —, war eines der entscheidenden in der Ästhetik des 19. Jahrhunderts. Man hielt das Paradoxon, daß in der Kunst die Kunst das Unwesentliche sei, für eine Selbstverständlichkeit.

Demgegenüber ist die Forderung nach Auffälligkeit der Technik, nach dem Hervortreten der Mittel, eines der charakteristischen Postulate des modernen Formalismus, der sich von dem klassizistischen Formalismus Eduard Hanslicks schroff unterscheidet. Das Innere des Kunstwerke, die Mechanik, wird gleichsam nach außen gekehrt; die Methode, die noch für Schönberg, dessen Ästhetik zum Traditionalismus tendierte, eine Privatsache des Komponisten war, soll wahrgenommen werden; und nicht mehr »Idee« ist das Schlüsselwort der Ästhetik, sondern »Struktur«.

Es ist also die moderne Antiästhetik, aus der, im Widerspruch zu Liszts eigener Ästhetik, eine Rechtfertigung der symphonischen Dichtungen deduziert werden könnte. Was sie hervorkehrt, sind die Momente, in denen sich Liszts antizipatorisches Genie bewährt; und was sie vernachlässigt, sind die Züge, die veraltet sind.

Als Werk, als ästhetisches Gebilde, das sich an ein Konzertpublikum wendet, ist Liszts *Prometheus* tot und abgetan; und die Prophezeiung, daß der Versuch einer Restauration, an den niemand denkt, mißlingen würde, wäre kaum ein Wagnis. Geht man dagegen von den Voraussetzungen der modernen Antiästhetik aus, von dem Prinzip, daß das tönende Resultat weniger entscheidend sei als die Methode, die vom Notentext ablesbar ist, und daß es nicht auf das Herausragen eines Werkes aus der Geschichte, sondern auf seine Stellung und Funktion im musikalischen Entwicklungsprozeß ankomme, so kann man *Prometheus* zu den bedeutendsten Dokumenten der Kompositionsgeschichte des 19. Jahrhunderts zählen. So unwiderruflich er ästhetisch zur toten Vergangenheit, zum Schutt der Überlieferung gehört, so fest wäre sein Platz in einer Problemgeschichte der Musik, wenn sie einmal geschrieben würde.

Das Ergebnis ist paradox — also enttäuschend, sofern man von einer historisch-ästhetischen Reflexion etwas Festes und Greifbare erwartet. Urteilt man, wie es die historische Methode vorschreibt, über *Prometheus* nach den Kriterien der Zeit, aus der er stammt, so ist das Werk nicht vor einem Verdikt zu bewahren: Die ästhetische Außenseite, die es dem Hörer zukehrt, erscheint als musikalisches Gegenstück zu der Historien- und Mythenmalerei, die als schlechtes 19. Jahrhundert verpönt ist. Das ästhetische Urteil wendet sich gegen die Epoche, deren primäre Urteilsform es gewesen ist.

Andererseits hält jedoch, wie erwähnt, *Prometheus* Kriterien stand, die sich im 20. Jahrhundert, im Gegenzug zur Ästhetik des 19., herausgebildet haben. Ist es also, so wäre zu fragen, legitim oder widersinnig, bei Werken des 19. Jahrhunderts das ästhetische Urteil, den Urteilstypus des 19. Jahrhunderts selbst, zu suspendieren und statt dessen eine Problemgeschichte des Komponierens zu entwerfen, deren Prinzipien unter dem Einfluß der musikalischen Gegenwart formuliert worden sind? Ein rigoroser Historist müßte Einspruch erheben. Daß jedoch das Verfahren, so befremdend es erscheinen mag, manchmal zu Einsichten führt, die auf anderem Wege kaum zu gewinnen wären, sollte versöhnlich stimmen.

## Anmerkungen

1 W. Klatte, *Zur Geschichte der Programmusik,* Berlin o. J., S. 6.
2 O. Klauwell, *Geschichte der Programmusik von ihren Anfängen bis zur Gegenwart,* Leipzig 1910, S. 76f.
3 M. Schoen, *The Effects of Music,* New York 1972.
4 R. Wagner, »Oper und Drama«, in: ders., *Gesammelte Schriften und Dichtungen,* hrsg. von W. Golther, Berlin etc. o. J., Band IV, S. 207.
5 W. Serauky, *Die musikalische Nachahmungsästhetik im Zeitraum von 1700 bis 1850,* Münster 1929, S. 18.
6 R. Schäfke, »Quantz als Ästhetiker«, in: *Archiv für Musikwissenschaft* 6 (1924), S. 213f.
7 Serauky, a.a.O., S. 153.
8 Ebd., S. 21.
9 F. Schlegel, »Athenäum-Fragmente« (1798), in: ders., *Charakteristiken und Kritiken* I (Gesamtausgabe II), München 1967, S. 254.
10 E. T. A. Hoffmann, *Schriften zur Musik. Nachlese,* hrsg. von F. Schnapp, München 1963, S. 34.
11 Ebd., S. 115.
12 Wagner, »Oper und Drama«, a.a.O., Teil I, passim.
13 W. Wiora, »Zwischen absoluter und Programmusik«, in: *Festschrift Friedrich Blume zum 70. Geburtstag,* Kassel 1963, S. 381; A. Wellek, »Über das Verhältnis von Musik und Poesie«, in« *Studien zur Musikwissenschaft* 25 (1962), S. 574.
14 E. Hanslick, *Vom Musikalisch-Schönen,* Leipzig 1854, Reprint Darmstadt 1965, S. 20.
15 Ebd., S. 34.
16 Ebd., S. 35.
17 Ebd., S. 33: »Der Hauptunterschied ist, daß solch unserm Ohr vorgeführtes Tonkaleidoskop sich als unmittelbare Emanation eines künstlerisch schaffendes Geistes giebt, jenes sichtbare aber als sinnlich-mechanisches Spielzeug.«
18 Ebd., S. 42.
19 F. Brendel, *Franz Liszt als Symphoniker,* Leipzig 1859, S. 11.
20 Ebd., S. 18.
21 H. Schole, *Tonpsychologie und Musikästhetik,* Göttingen 1930, S. 83.

22 Brendel, a.a.O., S. 12f.
23 Hoffmann, a.a.O., S. 34.
24 Hanslick, a.a.O., S. 42.
25 Ebd., S. 93.
26 Ebd., S. 22.
27 W. von Lenz, *Beethoven. Eine Kunststudie,* Kassel 1955, Band II, S. 47.
28 F. Liszt, »Berlioz und seine ›Harold-Symphonie‹«, in: ders., *Gesammelte Schriften,* Leipzig 1910, Band IV, S. 103.
29 F. Brendel, *Geschichte der Musik in Italien, Deutschland und Frankreich,* Leipzig $^{4}$1867, S. 624.
30 F. Liszt, »Tannhäuser«, a.a.O., Band II, S. 15.
31 G. W. F. Hegel, *Vorlesungen über die Ästhetik,* Band III (Jubiläumsausgabe 14), Stuttgart 1954, S. 142f.
32 F. Liszt, »Marx und sein Buch: ›Die Musik des neunzehnten Jahrhunderts und ihre Pflege‹«, a.a.O., Band IV, S. 388.
33 Liszt, »Berlioz und seine ›Harold-Symphonie‹«, a.a.O., S. 108.
34 Ebd., S. 131.
35 *Franz Liszts Briefe,* hrsg. von La Mara, Leipzig 1893, Band III, S. 135.
36 Ebd., S. 125.
37 Brendel, *Franz Liszt,* S. 11.
38 Wagner, »Über Franz Liszts symphonische Dichtungen«, a.a.O., Band V, S. 195.
39 Hanslick, a.a.O., S. 35.
40 Ebd., S. 49.
41 F. Liszt, *Gesammelte Schriften*, hrsg. von L. Ramann, Leipzig 1882, Band V, S. 172.
42 G. Ligeti, »Form in der Neuen Musik«, in: *Darmstädter Beiträge zur Neuen Musik* 10, Mainz 1966, S. 26.
43 R. Schumann, *Gesammelte Schriften über Musik und Musiker,* hrsg. von M. Kreisig, Leipzig 1914, Band I, S. 83. F. Hand, von dessen Ästhetik man behaupten kann, daß sie die »communis opinio« der Gebildeten in ein System brachte, schrieb über Beethoven: »[ . . . ] was er zu Tonbildern formte, war Er, sein Leben, sein Schicksal. [ . . . ] Alle ergriffenen Ideen mußten erst sein eigenes Wesen werden und als solches zur Erscheinung kommen; daher eine innere Biographie, läge sie von dem Meister selbst ausgesprochen vor, den allein ausreichenden Kommentar seiner Schöpfungen enthalten würde« (*Ästhetik der Tonkunst,* Band II, Jena 1841, S. 425f.).

# VII. »OPUS METAPHYSICUM«

## Wagner und die Programmusik

Wagners Versuch einer Rechtfertigung der Programmusik, der offene Brief *Über Franz Liszts Symphonische Dichtungen* (1857), ist dem Argwohn der Historiker ausgesetzt. Alfred Heuß sprach von einem »halb widerspenstigen Aufsatz«[1], Paul Moos von »ersichtlicher Befangenheit«, die Wagner »hemmte«[2], obwohl weder der Ton des Briefes noch die biographischen Tatsachen zu Zweifeln an Wagners Ungezwungenheit berechtigen. Daß er die ersten Symphonischen Dichtungen, als Liszt sie ihm 1856 schickte, mit Sympathie und Enthusiasmus studiert hat, steht fest.

Dennoch ist der Argwohn, der ein Mißtrauen gegen die Sache selbst — die Programmusik — einschließt, nicht unbegreiflich. Einerseits ist Wagners Text verwickelt, und es lag nahe, daß Historiker der Ästhetik bei dem Versuch, ihn zu entwirren, unwillkürlich ihre eigenen Vorurteile gegen Programmmusik in ihm wiederzuentdecken glaubten. Andererseits war die Gewohnheit, in dem Ästhetiker Wagner den Apologeten oder Ideologen der eigenen Werke zu sehen, so übermächtig, daß man der Selbstlosigkeit mißtraute, mit der er der Symphonischen Dichtung neben dem Musikdrama ein ästhetisches Daseinsrecht einräumte.

Daß sich Wagner in früheren Schriften, in *Ein glücklicher Abend* und *Oper und Drama* skeptisch oder zwiespältig über Programmusik geäußert hatte, ist unleugbar, für das Verständnis des Briefes über Liszt aber insofern von geringer Bedeutung, als Wagner 1857 bekannte, seine Überzeugung geändert zu haben. »Ich vergebe einem jeden, der bisher an dem Gedeihen einer neuen Kunstform der Instrumentalmusik zweifelte; denn ich muß gestehen, diesen Zweifel vollkommen geteilt zu haben.«[3] Nichts berechtigt dazu, den Widerruf als Notlüge aus Freundschaft für Liszt abzutun. Daß die These, das Musikdrama sei das Ziel, dem die Geschichte der Instrumentalmusik zustrebe und in dem sie aufgehoben sei, von Wagner noch 1879, in dem Aufsatz *Über die Anwendung der Musik auf das Drama*, wiederholt wurde[4], braucht nicht zu beirren. Sie ist mit der Rechtfertigung der Programmusik nur dann unvereinbar, wenn man sie grob empirisch versteht. Die geschichtsphilosophische Konstruktion pedantisch beim Wort zu nehmen, wäre jedoch verfehlt. Daß die Symphonische Dichtung geschichtsphilosophisch als Vorstufe des Musikdramas erscheint, schließt eine chronologische und ästhetische Koexistenz der Kunstform nicht aus. (Ein Analogon ist der scheinbare

Widerspruch, daß in Hegels Ästhetik die »symbolische« und die »klassische« Kunstform, Architektur und Plastik, ihren geschichtsphilosophischen Tod empirisch überleben: Sie bringen noch in der Gegenwart bedeutende Werke hervor, obwohl der Geist der Geschichte sie verlassen hat.)

Um Wagner als entschiedenen Anhänger oder Gegner der Programmusik erscheinen zu lassen, müßte man seine Äußerungen grob vereinfachen und die Differenzierungen, auf die es ankommt, entweder verleugnen oder als Mangel an Konsequenz verdächtigen (als wäre Problembewußtsein eine intellektuelle Charakterschwäche). So sinnwidrig es demnach wäre, Wagners Meinungen auf ein schlichtes Dogma einzuengen, so nützlich ist es, die Voraussetzungen der Argumente zu untersuchen, auf die er sich stützte. Denn seine Urteile sind noch dort, wo sie vage oder verworren wirken, charakteristisch für das musikästhetische Bewußtsein der Zeit, aus der sie stammen. In dem Streit über die Programmusik bewahrte Wagner, der sich beteiligt fühlte, ohne unmittelbar betroffen zu sein, eine abwägende Zurückhaltung und ausgleichende Gerechtigkeit, die sonst seine Sache nicht immer waren.

## 1

Wagner teilte die Überzeugung der musikalischen Populärästhetik, daß Musik Gefühle darstelle oder ausdrücke, aber nur vage und gleichsam »in abstracto«, um mit Schopenhauer zu sprechen, so daß »der Ausdruck eines ganz bestimmten, klarverständlichen individuellen Inhalts in dieser einer Empfindung nur nach ihrer Allgemeinheit gewachsenen Sprache in Wahrheit unmöglich« sei.[5] Bestimmtheit eines Gefühls setzt die des Gegenstandes voraus, an dem es haftet; ist der Gegenstand unbestimmt, so mangeln auch dem Gefühl die festen Umrisse: Es bleibt generell. »Was somit der absoluten musikalischen Sprache für sich unausdrückbar bleibt, ist die genaue Bestimmung des Gegenstandes des Gefühles und der Empfindung, an welchem diese selbst zu sicherer Bestimmtheit gelangen.«[6]

Ein zweiter Topos, den Wagner aus der Tradition der Ästhetik übernahm, war der Satz, daß Kunst, um es zu sein, verbergen müsse, daß sie es ist; in Kants Formulierung: »Schöne Kunst muß als Natur anzusehen sein, ob man sich ihrer zwar als Kunst bewußt ist.«[7] Und den Gedanken des Verbergens der Kunst verband Wagner mit dem klassizistischen Postulat, daß Kunst »Verwirklichung« einer Idee für die Anschauung und das Gefühl sei, daß also ein Überschuß an Intention, an nicht Realisiertem, einen Mangel bedeute. Die »dichterische Absicht«, heißt es in *Oper und Drama*, erfüllt sich in einem Ausdruck, der sie »in jedem seiner Momente [ . . . ] in sich schließt, in jedem sie aber auch vor dem Gefühle verbirgt, nämlich — sie verwirklicht«.[8] »Verwirklichung« ist ein »Verbergen«: eine Aufhebung der Absicht.

Und das Mittel, durch das sich eine dichterische Absicht realisiert, ist neben der mimisch-anschaulichen die musikalisch-expressive Darstellung der Worte, in denen sie sich ausspricht. Die Verwirklichung ist also, sofern Musik Gefühlsausdruck ist, eine Verwirklichung für das Gefühl; und erst, indem sie für das Gefühl faßlich wird, legitimiert sich eine Absicht überhaupt als dichterische; als »nur ausgesprochene«, lediglich in Worte gefaßte Absicht ist sie prosaisch, nicht poetisch.[9] Dichtung ist, paradox ausgedrückt, auf Musik angewiesen, um Dichtung zu sein. Andererseits ist die Musik nicht Zweck, sondern Mittel. Und ein Mittel darf, um seinen Zweck zu erfüllen, nicht als solches hervortreten; es geht vielmehr auf in der Funktion, die dichterische Absicht für das Gefühl zu verwirklichen.[10]

Musik beruht nach Wagner nicht in sich selbst, sondern ist — als empirische, nicht als metaphysische Musik[11] — immer »motiviert«: von außen her bestimmt. Um Form anzunehmen, braucht sie ein »Motiv der Formgebung«[12], sei es eine Tanzfigur oder ein Text. Wagners Reduktion der Symphonie auf den Tanz — »die Basis des symphonischen Kunstwerkes ist aber die Tanzweise«[12] — besagt, daß der Tanz das »Formmotiv«, die ästhetische raison d'être der Symphonie sei. Die »absolute« Instrumentalmusik erscheint in Wagners Ästhetik nicht als emanzipierte, sondern als vom Grunde ihres Daseins losgerissene Musik[14]: als tönendes Gebilde ohne Formmotiv. Und eine Verwerfung der Programmusik könnte sich unter Wagners ästhetischen Voraussetzungen nicht auf die Idee der absoluten Musik, der musique pure berufen, sondern müßte sich auf eine Kritik der Formmotive stützen, die den Werken der Programmusik zugrunde liegen.

Ästhetik und Geschichtsphilosophie gehen bei Wagner, kaum anders als bei Hegel, ineinander über. Und Wagners Urteile über Beethoven, Berlioz und Liszt bleiben unverständlich, wenn man die geschichtsphilosophischen Voraussetzungen, von denen sie getragen werden, verkennt oder verleugnet. Als Geschichtsphilosoph oder Geschichtsmythologe war Wagner Dialektiker: geprägt durch den Geist der 1830er Jahre, des Jahrzehnts einer fast ungebrochenen Herrschaft des Hegelianismus. Das Leben der Geschichte, das bewegende, treibende Moment, erkannte er im Prinzip des Widerspruchs. Und daß bedeutende Werke in sich widersprüchlich sind und eine Entwicklung herausfordern, die über sie hinausgeht, ist eher die Norm als die Ausnahme. Nichts wäre also fataler, als zu vermuten, daß Wagners Entdeckung innerer Widersprüche in der Symphonie und der Symphonischen Dichtung eine ästhetische Verwerfung einschließe. Sogar die Behauptung, daß weder Beethovens Symphonien[15] noch Liszts Symphonische Dichtungen einen »reinen Kunststil« ausprägen[16], ist eher eine geschichtsphilosophische These als ein Werturteil und bedeutet nicht die geringste Trübung von Wagners Verehrung für Beethoven und Liszt; »Reinheit« des »Kunststils« ist das Ideal eines Klassizisten, nicht eines Dialektikers. Die geschichtsphilosophische

Dialektik, die Wagners Urteile begründete oder beeinflußte, ist allerdings insofern halb unkenntlich, als sie angesichts des eigenen Werkes, also des Zentrums, um das Wagners Ästhetik kreist, zum Stillstand kommt. (Und es war die Gewohnheit, in Wagner primär den Apologeten seiner selbst zu sehen, die ein Verständnis des Dialektikers Wagner hemmte oder verhinderte.) Die Wahrheit, sagt Hegel, ist das Ganze. Und Wagners ästhetische Wahrheit ist das Gesamtkunstwerk, in dem die Zerspaltung der Kunst in einzelne Künste aufgehoben ist. Das Gesamtwerk aber steht gleichsam jenseits der Geschichte: Es erscheint als deren Vollendung und Ende. Zur Entwicklung der Kunst verhält es sich ähnlich wie Hegels System zur Geschichte des Geistes. Wagners Ästhetik ist demnach zwiespältig: Klassizistische Dogmatik und dialektische Unruhe, die Idee der Vollendung, die Wagner im eigenen Werk verwirklicht sah, und das Prinzip des Widerspruchs als des Lebens der Geschichte, sind in Wagners Urteilen, auch denen über Programmusik, miteinander verschränkt.

## 2

Das früheste Zeugnis über Programmusik, das von Wagner erhalten ist, die Erzählung *Ein glücklicher Abend* (1840), wurde nicht selten mißverstanden, sei es aus Verkennung der Dialogstruktur des Textes oder aus Befangenheit in der Alternative von absoluter und Programmusik oder Autonomie- oder Heteronomieästhetik, die aus der zweiten Hälfte des 19. Jahrhunderts stammt und einer Interpretation nicht umstandslos zugrunde gelegt werden darf, wenn Verzerrungen vermieden werden sollen.

Wagner zeigt sich in dem Dialog mit sich selbst, dem Gespräch zwischen »Freund R.« (Richard) und »Ich«, ähnlich zerspalten wie Schumann in den ästhetischen Auseinandersetzungen zwischen Florestan und Eusebius, an die »Freund R.« und »Ich« auch als Charaktere erinnern. Und wenn Felix Gatz — dem der Trieb zum System die historische Einsicht versperrte — behauptet: »Die Gedanken des Freundes R. sind Wagners eigene Meinung«[17], um dann den Dialog unter dem Stichwort »Autonomieästhetik« zu rubrizieren, so ist die Voraussetzung der Interpretation ebenso irrig wie das Resultat. »Freund R.« ist weder Wagners intelligibles Porträt noch ein Repräsentant der Autonomieästhetik. Zwar scheint es zunächst, als polemisiere er gegen poetisierende Deutungen von Musik: »Es bleibt ein für allemal wahr: da wo die menschliche Sprache aufhört, fängt die Musik an. Nichts ist nun unleidlicher als die abgeschmackten Bilder und Geschichten, die man jenen Instrumentalwerken zugrunde legt.«[18] Was er jedoch verpönt, ist nicht das assoziative Hören überhaupt, sondern die Verfestigung des unterschobenen Programms zu einer literarischen Gattung, die einerseits zur Trivialität neigt

(Beethovens A-Dur-Symphonie als musikalisches Bild einer Bauernhochzeit) und andererseits die Phantasie des Hörers einengt: »Anstatt nun ihren natürlichen Empfindungen sich zu überlassen, sehen die armen betrogenen Leute mit vollem Herzen, aber schwachem Kopfe, sich veranlaßt, durchaus nur einer Bauernhochzeit nachzuspüren, der sie vielleicht nie beigewohnt haben, und statt derer sie sich gewiß mit weit größerer Neigung irgend etwas anderes vorgestellt hätten, was gerade im Kreis ihrer Einbildungskraft lebt.«[19]

»Freund R.« (und ebenso das weniger beredte »Ich« des Dialogs) urteilt unter dem Gesichtspunkt des »musikalisch Poetischen«, nicht der »absoluten Musik«. Das »Poetische« aber war in der romantischen Musikästhetik, deren Sprache Wagner mit E. T. A. Hoffmann und Schumann teilte, nicht das »Literarische«, sondern die ungreifbare Eigenschaft, die ein musikalisches Gebilde zu einem Kunstwerk macht. Fehlt das »dichterische Moment«, so ist Musik trivial und nichtig: »tönende Mechanik« ohne Kunstcharakter. Deutende Programme umschreiben das »Poetische«, ohne es aussprechen zu können; die Tendenz zum »Poetisieren« ist eine Folge und gewissermaßen ein Symptom des »poetischen Gehalts« der Musik, auf den die beschreibenden und schwärmenden Worte zielen, den sie jedoch nicht erreichen. Was also »Freund R.« in Wagners Dialog an unterschobenen Programmen wie dem zu Beethovens A-Dur-Symphonie tadelt, ist nicht, daß sie »poetisch« sind, sondern gerade umgekehrt, daß sie es nicht sind: Die Vorstellung einer Bauernhochzeit als Sujet einer Symphonie ist prosaisch und kunstfremd. Und nicht anders als über musikalische Deutungen urteilt »Freund R.« über Kompositionen. Er verwirft die Tonmalerei, sofern sie nicht parodistisch gemeint ist. Das Prinzip aber, auf das er sich stützt, ist nicht die Idee einer »absoluten«, sondern die einer »poetischen« Musik, von der die Tonmalerei durch Banalität peinlich absticht.[20]

Angesichts der *Eroica* geraten »Freund R.« und »Ich« in Gegensatz zueinander. Daß die Symphonie ein »Ideenkunstwerk« ist, steht allerdings als gemeinsame Voraussetzung fest und wird auch von »Freund R.«, dem Antiprogrammatiker, nicht geleugnet, sondern sogar betont. Strittig ist nichts als die ästhetische Bedeutung oder Bedeutungslosigkeit der biographischen Überlieferung, daß Beethoven durch den Enthusiasmus für Napoleon, also durch ein Moment »außer dem Bereiche der Musik«[21], zur Komposition angeregt worden sei. »Freund R.« beharrt auf der Unabhängigkeit des ästhetischen Wesens und Charakters eines Werkes von außermusikalischen Entstehungsbedingungen, um die der Hörer sich nicht zu kümmern braucht, also auf der Differenz zwischen Genesis und Geltung, wie ein Phänomenologe es formulieren würde. Und noch Jahrzehnte später, in der Beethoven-Festschrift von 1870, ist die These von der Irrelevanz des Biographischen von Wagner wiederholt worden (was die Wagner-Exegeten wenig beeindruckte).[22] Biographische Momente zählten zur niederen Empirie, zur Prosa, über die das »Ideenkunstwerk« sich erhebt.

Was Wagner unter einer poetischen im Gegensatz zu einer prosaischen Auslegung verstand, zeigen die Kommentare zu Beethovens *Leonoren-Ouvertüre* und *Coriolan-Ouvertüre,* die mit der Formel schließen: »Dies ist die Leonoren-Ouvertüre, wie sie Beethoven dichtete«[23]; »so dichtete Beethoven in Tönen den Koriolan«.[24] In der Leonoren-Ouvertüre III sah Wagner, wie er 1841 schrieb, »ein auf Veranlassung eines Theaterstückes geschaffenes Drama für sich, nicht etwa nur die einfache Skizze des Hauptgedankens desselben, oder gar bloß eine vorbereitende Einleitung zur szenischen Aktion: allerdings aber ein Drama im idealsten Sinne.«[25] Der Vorsatz, »kleinliche Details«, die prosaisch wären, aus der Deutung auszuschließen, hatte zur Folge, daß Leonore zur Allegorie verblaßte: Sie erscheint als »Engel des Heils« und der Freiheit, beinahe als Statue ihrer selbst. Über die Antizipation der Florestan-Arie in der langsamen Einleitung und über deren Zusammenhang mit dem Seitenthema setzte sich Wagner hinweg, da die Details das Bild des »idealen Dramas«, das er entwarf, gestört hätten.

Ein analoger Zug zur Abstraktion ist für die Erläuterungen der *Coriolan-Ouvertüre* charakteristisch. In dem Kommentar, den er 1852 schrieb, deutete Wagner das Hauptthema der Ouvertüre gestisch-expressiv: als »Trotz Coriolans«, das Seitenthema dagegen allegorisch: als Bild »des Weibes«, in dem die Vorstellungen von »Mutter, Frau und Kind« Coriolans ineinanderfließen.[26] Und in der Auslegung der Ouvertüre, die Wagner 1870, in der Beethoven-Festschrift, skizzierte, ist das »ideale«, in Töne gefaßte Drama vollends nach innen gewendet: Das Seitenthema erscheint als »innerste Stimme« Coriolans selbst, »welche wiederum aus der eigenen Mutter lauter und eindringlicher zu seinem Stolze spricht«.[27] Daß Wagner dennoch die Handlung des Dramas als Programm der Ouvertüre skizzierte, braucht nicht zu beirren: Das Sujet ist nicht der Gehalt der Musik, sondern bloßer Stoff, den die musikalische Form, nach Schillers Wort, »vertilgt«.

War es demnach weniger die Existenz von Programmen schlechthin als deren prosaischer Charakter, der Wagners Argwohn erregte, so scheint es andererseits, als verstoße ein Programm prinzipiell, als Text neben der Musik, gegen das ästhetische Dogma, daß eine »dichterische Absicht« für das Gefühl verwirklicht werden müsse, statt bloß für den Verstand ausgesprochen oder für die Phantasie ausgemalt zu werden. Der *Symphonie fantastique* von Berlioz warf Wagner vor (ob zu Recht oder zu Unrecht, braucht nicht entschieden zu werden), daß sie sich »nicht mehr an das Gefühl, sondern an die Phantasie« wende.[28] Und an anderer Stelle erklärte er rigoros, ein Titel oder Programm sei keine Motivierung der Musik, sondern eine bloße »Entschuldigung« für ein »zwecklos erregtes Gefühl«[29]: »zwecklos«, weil eine »dichterische Absicht« fehle, die zur Verwirklichung für das Gefühl fähig sei.

Die Tendenz zur Programmusik sei begreiflich und erscheine sogar als Notwendigkeit, denn die von der Dichtung losgerissene, »absolute« Instrumentalmusik erwecke stets den Eindruck, als hätte sie »etwas zu sagen«, könne es aber »nicht deutlich mitteilen«[30] und brauche darum eine Erläuterung. Dennoch werden Programme, die für den Verstand auszusprechen suchen, was die Musik dem Gefühl nahelegt, von Wagner verworfen. Und es scheint, als widerspräche er sich selbst: Daß er einerseits programmatische Kommentare zur Werken von Beethoven schrieb, um andererseits Programmmusik als »Verstandeskunst« zu denunzieren, ist paradox.

Das Kriterium aber, auf das sich Wagner stützte, war die »dichterische Absicht«, und als »dichterisch« ließ er eine Absicht nur gelten, wenn sie sich für das Gefühl realisierte. Der Mangel an poetischem Charakter ist das Merkmal, durch das sich nach Wagner das Programm der *Symphonie fantastique* von Shakespeares *Coriolan*-Tragödie (auf die Wagner irrig Beethovens Ouvertüre bezog) oder von den *Faust*-Zitaten, die Wagner zu einem Kommentar zur Neunten Symphonie zusammenstückte, unterscheidet.

Als Analogon zur »absoluten« Instrumentalmusik erschien Wagner die Pantomime, das von der Dichtung losgerissene, »absolute Schauspiel«. Sie ist einer ähnlichen ästhetischen Dialektik unterworfen: dem Zwangs, einerseits das »erklärende Wort« zu brauchen, um sich verständlich zu machen, andererseits aber durch das Programm, das Wagner als »schmähliches Auskunftsmittel« empfand, ins Prosaische zu verfallen.[31]

In Wagners ästhetischem System, einer Konstruktion, in der eine rigorose Logik und eine unersättliche Rhetorik sich unentwirrbar durchdringen, verstrickt sich die Instrumentalmusik in Widersprüche, denen sie nur dadurch zu entkommen vermag, daß sie sich selbst aufhebt und in Vokalmusik übergeht. In dem Augenblick, in dem sie über die Simplizität ihres Ursprungs, die »harmonische Lied- und Tanzweise«, hinausstrebt, verfällt sie, pointiert ausgedrückt, einer Dialektik, durch die sie bis zur Aufhebung in das musikalische Drama, das Gesamtkunstwerk, weitergetrieben wird. Die »harmonische Lied- und Tanzweise« wurde »durch Zerlegung in kleinere und kleinste Teile, durch neues und mannigfaltig verschiedenes Aneinanderfügen, Ausdehnen oder Verkürzen dieser Teile zu einer besonderen Sprache« ausgebildet.[32] Die Sprache aber, zu der die Instrumentalmusik sich entwickelte, ist gleichsam beredt, ohne verständlich zu sein. Zwar fühlt sich der Hörer einer Symphonie gedrängt, eine »dichterische Absicht« zu vermuten; aber sie bleibt ungreifbar: ein Rätsel, das sich nicht löst. Beethoven »geht über das nach unwillkürlicher Konvention als faßlich Anerkannte, absolut Musikalische, d. h. in irgendwelcher Erkennbarkeit der Tanz- und Liedweise — dem Ausdrucke und der Form nach — Ähnliche hinaus, um in einer Sprache zu reden, die oft als willkürliche Auslassung der Laune erscheint und einem rein musikalischen Zusammenhange unangehörig, nur durch das Band einer dichterischen Absicht verbunden ist, die mit dichterischer Deutlichkeit in der Musik aber eben nicht ausgesprochen werden konnte«.[33] Der Reichtum, der durch Differenzierung der Ausdrucksmittel der Instrumentalmusik zuwächst, ist die Kehrseite eines Mangels; die Instrumentalmusik verliert dadurch, daß sie sich kompositionstechnisch erweitert, ihre ästhetische raison d'être. Wagner, unduldsam gegen die Trägheit des bloß Bestehenden, verlangt von allem, was existiert, daß es eine Notwendigkeit, da zu sein, mit sich führt. Musik, die mehr ist als leeres Getön, braucht ein Motiv, einen Grund außerhalb ihrer selbst. Das Motiv, die ästhetische Rechtfertigung der einfachen, ursprünglichen Instrumentalmusik ist der Tanz. Der »Ausdruck« der Instrumentalmusik ist »bestimmt« — und zwar als »ruhige, sicher begrenzte Stimmung« —, solange »er sein Maß einem ursprünglich außerhalb liegenden Gegenstande, der Leibesbewegung, entnimmt«.[34] Und noch die »verzweigtesten Komplikationen der thematischen Motive eines Symphoniesatzes« lassen sich »aus einer Verschlingung idealer Tanzfiguren, ohne jede etwa hinzugedachte rhetorische Dialektik, analogisch erklären«.[35] Versagt aber, bei wachsender Verwicklung des thematischen Gewebes, diese Begründung aus dem »idealen Tanz«, so erscheint ein Symphoniesatz als Form ohne Motiv: ohne ästhetische Legitimation; und dem Hörer drängt er sich als Frage auf, die ohne Antwort bleibt. »Vor jeder eindrucksvollen Erscheinung fragt man sich unwillkürlich: Warum? Auch die Anhörung eines symphonischen Tonstückes bringt diese Frage nicht gänzlich zum Schweigen; da es ihr vielmehr nicht zu antworten vermag, bringt sie in das kausale Vorstellungsvermögens des Zuhörers eine Verwirrung, die ihn nicht nur zu beunruhigen imstande ist, sondern auch der Grund eines gänzlich falschen Urteiles wird.«[36] Daß die »Antwort« auf die »Frage«, die in beredter Instrumentalmusik enthalten ist, in einem Titel oder Programm gesucht wird, ist nach Wagner zwar begreiflich, löst aber die Schwierigkeit nur unzulänglich. Was in Beethovens Symphonien dazu drängte, ausgesprochen zu werden, und dennoch unaussprechlich blieb, war eine »dichterische Absicht«.[37] Sie entzieht sich dem Zugriff; denn sobald sie durch ein prosaisches Programm in Worte gefaßt wird, hört sie auf, »dichterisch« zu sein. Es ist das Unglück der Programmusik, daß sie ihren ästhetischen Zweck dadurch zerstört, daß sie ihn erfüllt.

Das prosaische, ernüchternde Programm, die Verfallsform der »poetischen Idee« oder der »dichterischen Absicht«, erscheint in Wagners Theorie der Instrumentalmusik als Kehrseite und Ergänzung einer zerstückten Form, die in einem Programm ästhetische Rechtfertigung sucht, weil es ihr an innerem Halt fehlt: Von ihrem Ursprung, der »harmonischen Lied- und Tanzweise«, hat sie sich losgesagt, ohne in einem Text eine Stütze und eine Legitimation ihres Daseins zu finden. Wagner, der sich im musikalischen Drama von den Formkonventionen, in denen die ältere Oper befangen war, rücksichtslos emanzipierte, was in der Instrumentalmusik, wie die Kritik an Berlioz zeigt[38], empfindlich gegen Jähes, Abruptes und den Mangel an Tradition. (Die *Faust-Ouvertüre*, die er 1844 schrieb und 1855 umarbeitete, hält sich beinahe ängstlich in den Grenzen des Sonatenformschemas.) Wagner beharrte stets — das ist ein Grundzug der Ästhetik — auf »Motivierung«. Formale und satztechnische Momente, die im musikalischen Drama durch den Text oder die Handlung begründet sind, erscheinen in »absoluter« Instrumentalmusik, herausgebrochen aus dem Zusammenhang, der sie ästhetisch legitimierte, als »etwas geradewegs Unsinniges«.[39]

Die Vorstellung, daß die Instrumentalmusik, wie August Wilhelm Ambros es ausdrückte, ein »gebannter Geist« sei, der auf das Aussprechen des Wortes wartet, das ihn erlöst, mag die Tendenz zur Symphonie-Kantate oder zur Programmusik erklären, rechtfertigt jedoch nicht Wagners These, daß das musikalische Drama, und nicht die außerszenische Vokalmusik, das Ziel bilde, dem die Instrumentalmusik zustrebt, um den Ausdrucksmitteln, über die sie verfügt, einen adäquaten Inhalt zu verschaffen. Der Schritt von der Neunten Symphonie, dem »Ende der Instrumentalmusik«, zur *Ring*-Tetralogie bleibt in Wagners Konstruktion der musikalischen Weltgeschichte seltsam unmotiviert. Als Begründung, wenn auch als brüchige, erscheint lediglich eine Behauptung, die Wagner in anderem Zusammenhang entwickelt: die These, daß die Verwirklichung einer dichterischen Absicht für das Gefühl sowohl eine musikalisch-expressive als auch eine mimisch-anschauliche sein müsse. Um für das Gefühl und nicht nur für den Verstand faßlich zu werden, muß der sprachliche Ausdruck einer dichterischen Absicht durch den mimischen ergänzt werden: »Die Mitteilung eines Gegenstandes aber, den die Wortsprache nicht zu völliger Überzeugung an das notwendig auch zu erregende Gefühl kundgeben kann, also ein Ausdruck, der sich in den Affekt ergießt, bedarf durchaus der Verstärkung durch eine begleitende Gebärde.«[40] Umgekehrt bleibt die mimische Darstellung für das Gefühl unzulänglich ohne die musikalische: Der tautologische Ausdruck ist für Wagner ein geringeres Übel als der undeutliche. »Das Auge war durch die Gebärde somit auf eine Weise erregt, der das entsprechende Gleichgewicht der Mitteilung an das Gehör fehlte: dieses Gleichgewicht ist zur Ergänzung des Eindrucks zu einem dem Gefühle vollkommen verständlichen aber nötig.«[41] Die mimische Aktion, das sichtbare Gegenbild der Orchestermelodie im musikalischen Drama, war der Instrumentalmusik, wie Wagner sie verstand, nicht fremd: Sie erinnerte vielmehr an deren Ursprung aus der »Tanzweise«.

## 3

Das Mißtrauen gegen Programmusik, an dem Wagner, trotz der *Faust-Ouvertüre* von 1844, bis 1856 festhielt, bleibt unverständlich, solange man, um es zu erklären, von dem Gegensatz zwischen Form- und Inhalts- oder Autonomie- und Heteronomieästhetik ausgeht: einer Antithese, die erst seit Hanslicks Schrift *Vom Musikalisch-Schönen* (1854) die Musikästhetik beherrschte. Nicht die »absolute«, sondern die »poetische« Musik bildete die ästhetische Berufungsinstanz für eine Verwerfung der Programmusik. Die Maxime, von der Wagners Urteile getragen wurden, war der Satz, daß ein Kunstwerk, das den Namen verdiene, die »Verwirklichung einer dichterischen Absicht für das Gefühl« sei. Und die verschiedenen Möglichkeiten, gegen die Maxime zu verstoßen, waren Wagner gleich suspekt: das »Absichtslose« der »absoluten Musik« ebenso wie das Abgleiten der Absicht aus dem »Dichterischen« ins »Prosaische« und eine »Verwirklichung«, die sich ausschließlich an den Verstand und die Phantasie wendet, in gleichem Maße wie eine Realisierung, die unvollständig bleibt und das Gefühl nicht ganz ausfüllt, weil das mimische Moment, die Ergänzung des musikalischen, fehlt.

Umgekehrt muß also ein Versuch, das enthusiastische Urteil über Liszts Symphonische Dichtungen — ein Urteil, an dessen intellektueller Redlichkeit zu zweifeln niemand das Recht hat — aus dem Zusammenhang von Wagners Ästhetik zu verstehen und zu begründen, von der Frage ausgehen, wie sich die Symphonischen Dichtungen zu Wagners ästhetischer Maxime, die er niemals preisgab oder verleugnete, verhalten, Was sich 1856 geändert hatte, waren nicht die Voraussetzungen des Urteils, sondern dessen Gegenstand.

Was Wagner an Liszt rühmte und bei Berlioz vermißte, war eine »dichterisch-musikalische Eigenschaft«: die Fähigkeit, »den poetischen Gegenstand so anzuschauen«, wie er »dem Musiker zur Bildung seiner verständlichen musikalischen Formen dienlich sein könnte«.[42] Die Zumutung, den Satz zu kommentieren, wehrte Wagner mit einer ironischen Geste ab: »Was ich hier meine, ist schwer klarzumachen, und ich überlasse es unseren täglich sich mehrenden großen Ästhetikern, den Begriff dafür dialektisch auszuarbeiten.«[43] (Der Spott über die Hegelianer ist durch Schopenhauer inspiriert.) Was Wagner meinte, ist jedoch, auch ohne Dialektik, unmißverständlich. Eine musikalische Darstellung darf sich, um verständlich zu bleiben — und von der Idee, sich restlos verständlich zu machen, war Wagner besessen —, nicht in Einzelheiten verlieren. Und sofern die Details eher das »prosaische« und triviale als das »poetische« Moment eines Sujets sind, bedeutet der Verzicht keine Einbuße. (Das »poetische« Moment, wie Wagner es in Übereinstimmung mit der romantischen Tradition verstand, ist kein Privileg der Dichtung, sondern eine Eigenschaft, die den Kunstcharakter eines sprachlichen oder musikalischen Werkes ausmacht und die in den verschiedenen Künsten sich selbst gleichbleibt: »Die Ästhetik der einen Kunst«, heißt es bei Schumann, »ist auch die der andern; nur das Material ist verschieden.«)

Programmusik, die von den Details abstrahiert, hat demnach die Chance, das »poetische« Moment eines Sujets musikalisch zum Sprechen zu bringen. Und die »dichterisch-musikalische Eigenschaft«, die Wagner an Liszt entdeckte, besteht in nichts anderem als der Fähigkeit, angesichts eines Sujets zu erkennen, ob das »poetische« Moment, das in ihm steckt, musikalisch darstellbar ist.

Ist demnach Wagners Urteil einerseits dadurch bestimmt, daß die »Absicht«, die hinter Liszts Symphonischen Dichtungen steht, unleugbar »poetisch« und nicht trivial ist, so zeigt sich andererseits, daß von erklärenden Programmen in dem Sinne, der Wagner suspekt war, bei Liszt nicht die Rede sein kann. Das Argument, Programme seien »undichterisch«, weil sie sich an den Verstand und die Phantasie statt an das Gefühl wenden, ein Argument, das sich Wagner in *Oper und Drama* zu eigen gemacht hatte, trifft bei Liszts Symphonischen Dichtungen, außer *Mazeppa*, ins Leere. Was Liszt vorzuwerfen wäre, ist eher eine Neigung zu gefühlvoll verschwimmenden als zu pedantisch präzisierenden Formulierungen. Und ein Zug, der Wagner sympathisch sein mußte, ist die allegorisierende Tendenz der Kommentare zu *Tasso*, *Orpheus* und *Prometheus*, eine Tendenz, die sich mit Wagners Programmskizzen zur *Leonoren*- und zur *Coriolan*-Ouvertüre teilen.

Daß in dem Brief über Liszts Symphonische Dichtungen gerade *Orpheus, Prometheus, Faust* und *Dante* (als Gestalt des eigenen Epos) genannt werden, ist kein Zufall. (*Hamlet*, der in die Reihe passen würde, ist erst 1858 entstanden.) Von der Auswahl ist ablesbar, daß die Idee der Symphonischen Dichtung, wie sie Wagner vorschwebte, das Paradox einer Programmusik ohne Programm war: Das Ernüchternde sollte ferngehalten werden. Von den Gestalten der Weltliteratur und des Mythos, die Liszt sich musikalisch zu eigen machte, sind zwar Geschichten überliefert, die eine erzählende Musik darstellen könnte und die der Hörer auch dann, wenn sie nicht geschildert werden, vage mitdenkt; der Akzent aber fällt — und zwar bereits in der literarischen Tradition — weniger auf Ereignisse und Vorgänge als auf die Gestalten selbst, deren menschliche Züge halb zu allegorischen Zeichen geworden sind. Die Symphonischen Dichtungen sind also, sofern der Begriff des Programms die Vorstellung einer Handlung einschließt, zugleich programmatisch und nicht programmatisch. Entscheidend ist ferner, daß die Gestalten, um deren musikalische Ausprägung sich Liszt bemühte, zwar in dichterischen Werken feste Umrisse erhalten hatten, daß aber die damit erreichte Form nicht die letzte und endgültige zu sein brauchte: Die Abgeschlossenheit, die zum Wesen des Kunstwerks gehört, widerstrebt im Grunde der Natur einer mythischen Gestalt, die eher danach verlangt, daß spätere Generationen an ihr weiterdichten. Und als musikalisches »Weiterdichten« ist Liszts Verfahren in den Symphonischen Dichtungen zu verstehen. (Zu erinnern wäre an die musikalische Prägung, die Mozart der Don Juan-Gestalt gab.) »Die

Musik«, schrieb Liszt in dem Aufsatz über *Berlioz und seine Harold-Symphonie*, »nimmt mehr und mehr die Meisterwerke der Literatur in sich auf.«[44]

So usurpatorisch der Griff zur Weltliteratur erscheinen mochte, so triftig war er begründet: Liszt wollte der Symphonischen Dichtung die Stütze des Programms geben und dennoch dem Zwang zur Erläuterung entgehen, zur ernüchternden Prosa eines Kommentars, durch den die Musik in Gefahr gerät, als Illustration aufgefaßt zu werden.

Die zentrale Schwierigkeit aber, um die der Streit über die Legitimation der Programmusik kreiste, war das Problem, ob Musik als Instrumentalmusik, ohne kommentierenden Text, individueller Bestimmtheit des Ausdrucks fähig ist. In *Oper und Drama* hatte Wagner, in Übereinstimmung mit der herrschenden Ästhetik, behauptet er, daß »der Ausdruck eines ganz bestimmten, klarverständlichen individuellen Inhalts in dieser einer Empfindung nur nach ihrer Allgemeinheit gewachsenen Sprache in Wahrheit unmöglich« sei.[45] Ein musikalisch ausgedrücktes Gefühl bleibe so unbestimmt wie der Gegenstand, auf den es sich bezieht. Und wenn in dem Brief *Über Franz Liszts Symphonische Dichtungen* von »Bestimmtheit« des musikalischen Ausdrucks die Rede ist, so scheint es, als widerspräche Wagner sich selbst. »Ich frage ferner: wenn die Musik für ihre Kundgebung durch die Form so beherrscht wird, wie ich Ihnen dies zuvor nachwies, ob es nicht edler und befreiender für sie sei, wenn sie diese Form der Vorstellung des Orpheus- oder Prometheus-Motives, als wenn sie diese der Vorstellung des Marsch- oder Tanzmotives entnimmt?«[46] Wagner leugnet die Möglichkeit einer »absoluten« Musik, deren Form in sich selbst begründet ist.[47] Musikalische Form muß, um verständlich zu sein, ein »Motiv« haben, das »von außen« kommt und »ursprünglich der Musik fremd« ist[48]: Sie ist »motiviert« durch die Bewegungscharaktere und -muster eines realen oder idealen Tanzes — die Symphonie ist nach Wagner nichts anderes als die musikalische Darstellung »idealer Tanzfiguren«[49] — oder durch ein Programm. Die Problematik, die der Programmusik anhaftet, besteht demnach nicht in der Begründung durch ein außermusikalisches »Formmotiv« — sie ist nach Wagner in allen Gattungen der Musik selbstverständlich —, sondern darin, einen Grad von musikalischer Individualisierung zu erreichen, der dem Programm adäquat ist. »Nun, hierüber« — über die Nobilitierung der Instrumentalmusik durch mythologische »Formmotive« statt bloßer Tanzfiguren — »wird niemand in Zweifel bleiben, vielmehr die Schwierigkeit bezeugen, wie jenen höheren, individualisierten Vorstellungen eine verständliche Form für die Musik abgewonnen werden könne.«[50] Entsprach dem »idealen Tanz« als »generellem Formmotiv« eine generelle Gefühlsdarstellung, wie sie der Musik von der herrschenden Ästhetik zugeschrieben wurde, so setzt eine »individualisierte Vorstellung«, um prägendes »Formmotiv« einer Symphonischen Dichtung zu werden und nicht ein äußerlich angehängter Kommentar zu bleiben, die Fähigkeit der Musik zu individualisierendem Gefühlsausdruck voraus. Und Wagner zögert nicht, Liszts musikalischer Sprache »Bestimmtheit« zuzugestehen. »In bezug hierauf überraschte mich vor allem die große und sprechende Bestimmtheit, mit welcher der Gegenstand sich mir kundgab.« Der »Gegenstand« aber, den Wagner meint, ist nicht der empirische, an den er dachte, als er in *Oper und Drama* der Musik die Fähigkeit, ihn darzustellen, absprach. »Natürlich war dies nicht mehr der Gegenstand, wie er vom Dichter durch Worte bezeichnet wird, sondern der ganz andere, jeder Beschreibung unerreichbare, von dem man bei seiner unnahbar duftigen Eigenschaft sich kaum vorstellen kann, wie er wiederum ebenso klar, bestimmt, dicht und unverkennbar unserem Gefühle sich darstellen kann.«[51] Was aber ist der »ganz andere« Gegenstand, bei dessen Darstellung der musikalische Gefühlsausdruck — dessen Deutlichkeit nach Wagner von der des Gegenstands abhängt — eine Bestimmtheit erreicht, die ihm sonst versagt ist? Wagner scheint an das geschichtlich sich entwickelnde Bild mythischer Gestalten wie Orpheus und Prometheus zu denken, ein Bild, das Liszts Musik nicht »abmalt«, sondern an dem sie »weiterdichtet«: ähnlich wie Wagners Musik an der Siegfried- oder Tristan-Sage. Und daß Wagner primär Gestalten, zu denen die Musik sich charakterisierend, nicht Erzählungen, zu denen sie sich illustrierend verhält, vor Augen hatte, bezeugt der Satz, der dem zitierten unmittelbar folgt: »Diese geniale Sicherheit der musikalischen Konzeption spricht sich bei Liszt sogleich im Beginne des Tonstückes mit einer Prägnanz aus, daß ich oft nach den ersten sechzehn Takten erstaunt ausrufen mußte: Genug, ich habe alles!«[52]

Da nach Wagners Überzeugung, an der er um so hartnäckiger festhielt, weil sie fiktiv war, die Instrumentalmusik in der »Orchestermelodie« des musikalischen Dramas das Ziel erreicht hatte, dem ihre Geschichte zustrebte, war die Symphonische Dichtung geschichtsphilosophisch überflüssig.[53] Das besagte jedoch nicht, daß sie ästhetisch nichtig sei und kein Recht habe, da zu sein. Sie läßt sich vielmehr, auch unter Wagners eigenen Voraussetzungen, durchaus legitimieren.

Um zu begründen, warum die Instrumentalmusik, wenn sie nach Bestimmtheit des Ausdrucks verlangt, über die Entwicklungsstufe der Symphonie-Kantate hinaus zum musikalischen Drama, also zur Ergänzung durch eine szenische Aktion tendiert, hatte Wagner in *Oper und Drama* von der ästhetischen Notwendigkeit eines »Gleichgewichts der Mitteilung« an das Gehör und das Auge gesprochen.[54] In der szenischen Aktion, der sichtbaren Entsprechung der symphonischen Orchestermelodie, erkannte er eine differenziertere Form des Tanzes, der die Grundlage der rudimentären Instrumentalmusik gebildet hatte. Der reale Tanz, der Ursprung der Instrumentalmusik, sublimierte sich, als »Formmotiv« der Symphonie, zur »idealen Tanzfigur«, die nur vorgestellt, nicht ausgeführt wurde. Und es drängt sich eine Konsequenz auf, die Wagner nicht zog, die sich aber innerhalb der Grenzen seines Begriffssystems hält: Ist das »Formmotiv« der Symphonie der »ideale Tanz«, so ist das der Symphonischen Dichtung das »ideale Drama«. Die Möglichkeit der musikalischen Darstellung eines »idealen Dramas« ist von Wagner nicht geleugnet, sondern sogar betont worden[56], wenn auch in kritischer Absicht: Wagner empfand es als Mangel der *Leonoren*-Ouvertüre, daß sie das Drama selbst in vollendeter Gestalt darstelle und dadurch die szenische Aufführung, die sie einleite, überflüssig mache.[57] Die Symphonische Dichtung, so wäre zu folgern, übernahm von der Ouvertüre, aus der sie durch Emanzipation von deren Zweck hervorgegangen ist, die Fähigkeit, ein »ideales Drama« darzustellen, ohne daß sie, als selbständige Gattung, von dem ästhetischen Einwand gegen die *Leonoren*-Ouvertüre getroffen würde. Wagners Apologie der Symphonischen Dichtungen von Liszt kann als Konsequenz der Kommentare zur *Leonoren*- und zur *Coriolan*-Ouvertüre begriffen werden.

Aus dem Zusammenhang mit der Ouvertüre erwachsen andererseits die Formprobleme der Symphonischen Dichtung, wie Wagner sie sah. Dem Vorurteil, daß aus der Abhängigkeit von einem Programm musikalische Formlosigkeit resultiere, einem Vorurteil, das sich so hartnäckig behauptet, wie es nur Irrtümer können, hat Wagner niemals, auch nicht in der Polemik gegen Berlioz, das geringste Zugeständnis gemacht. Kritik einer Form ist nach Wagner erst sinnvoll, wenn sie über die Reduktion auf ein Schema hinausreicht und das Verhältnis der Form zur »dichterischen Absicht« zu bestimmen vermag. Die Formprinzipien, die Wagner einander entgegensetzte, »Entwicklung« und »Wechsel«, müssen, um verständlich zu werden, auf »Formmotive« zurückgeführt werden, in denen sie begründet sind. Während »Entwicklung« einem »dramatischen Stoffe not tut«, hat der »Wechsel« sich »für alle dem Marsch oder dem Tanz entsprungenen Formen — den Grundzügen nach — als die Folge einer sanfteren ruhigeren Periode auf die lebhaftere des Anfanges und schließlich als die Wiederholung dieser lebhafteren festgestellt, und zwar aus tief in der Natur der Sache liegenden Gründen«.[58] An Glucks Ouvertüre zu *Iphigenie in Aulis* rühmte Wagner, daß sich die »dichterische Absicht« innerhalb der Grenzen halte, die durch das Prinzip des »Wechsels« gezogen sind: Die Hauptmotive sind »n e b e n einander gestellt; denn a u s einander entwickelt konnten sie nur insofern sein, als jedes einzelne sich dadurch für den Eindruck am kenntlichsten macht, daß es seinen Gegensatz dicht neben sich gestellt bekommt«.[59] Das entgegengesetzte Prinzip, das eines »rastlosen dramatischen Fortschreitens«, repräsentiert die (dritte) *Leonoren*-Ouvertüre[60], die im Unterschied zur Iphigenien-Ouvertüre weniger eine Introduktion als das in Töne gefaßte »Drama selbst« darstellt. Und aus der Einsicht in die »dichterische Absicht«, die bei Gluck eine andere ist als bei Beethoven, erwächst das Urteil über die musikalische Form, und zwar bis in Einzelheiten hinein. Die Reprise der Sonatenform, die in einer auf dem Prinzip des Wechsels beruhenden Ouvertüre der »Natur der Sache« entspricht, wirkt nach Wagners Empfinden in der Entwicklungsform der *Leonoren*-Ouvertüre störend.[61]

Die Entwicklungsform der Ouvertüre bildete die geschichtliche Voraussetzung der Symphonischen Dichtungen. Das »Formmotiv« einer Entwicklungsform aber suchte Wagner in einer dramatischen Aktion, sei sie real oder ideal. Und so drängt sich, unter einem anderen Gesichtspunkt, die gleiche Forderung auf wie bei der Analyse der Bedeutung des Sujets: Die Symphonische Dichtung ist in Wagners Ästhetik dadurch gerechtfertigt, daß sie die musikalische Darstellung eines »idealen Dramas« ist. Dies ist von Wagner, der den geschichtsphilosophischen Anspruch des musikalischen Dramas nicht einschränken oder teilen mochte, niemals unmißverständlich ausgesprochen worden. Und das Gefühl von Alfred Heuß und Paul Moos, daß er in dem Brief über Liszts Symphonische Dichtungen befangen wirke, geht insofern nicht gänzlich in die Irre. Unschlüssig aber war er nicht, weil die Rechtfertigung der Programmusik mit seinen ästhetischen Prinzipien unvereinbar gewesen wäre, sondern gerade umgekehrt, weil sie mit ihnen so bruchlos zusammenstimmte, daß die geschichtsphilosophische Konstruktion, in der das musikalische Drama das Ziel der Musikgeschichte bildet, gefährdet erschien.

## Wagners Berlioz-Kritik und die Ästhetik des Hässlichen

### 1

Das Wort »Neuromantik«, das von Musikhistorikern wie Walter Niemann und Ernst Bücken als geistesgeschichtliches Etikett für Wagner und Liszt benutzt wurde[62], ohne daß der Sinn des Terminus eindeutig wäre, ist von Wagner selbst aus der Publizistik der Jahre um 1840, in der es eine Modevokabel war[63], aufgegriffen worden, aber nicht in apologetischer, sondern in polemischer Funktion: Als »Neuromantiker« erscheint in der musikgeschichtlichen Skizze, die Wagner 1851 in *Oper und Drama* entwarf, der verabscheute Meyerbeer[64] und neben ihm — in seltsamer Koppelung — Berlioz. »Er« — Berlioz — »ist das tragische Opfer einer Richtung, deren Erfolge von der anderen Seite her« — gemeint ist Meyerbeer[65] — »mit der allerschmerzlosesten Unverschämtheit und dem gleichgültigsten Behagen von der Welt ausgebeutet wurden. Die Oper, zu der wir uns nun zurückwenden, verschluckte auch die Berliozsche Neuromantik als feiste, wohlschmeckende Auster, deren Genuß ihr von neuem ein glaues, grundbehagliches Ansehen gab.«[66]

Unter »Neuromantik« verstand Wagner, in Übereinstimmung mit dem vorherrschenden Wortgebrauch der Zeitgenossen[67], die literarische Romantik in Frankreich seit 1830, deren musikalische Entsprechung er in Werken wie der *Symphonie fantastique* und *Robert le diable* zu erkennen glaubte. Daß Berlioz in die Polemik gegen Meyerbeer, die das Zentrum des ersten Teils von *Oper und Drama* bildet, hineingezogen wurde, ist dennoch überraschend, sollte aber weder als außermusikalisch motivierte Feindseligkeit[68] noch als ästhetisches Urteil, das für sich steht, sondern vielmehr als Verdikt unter dem Zwang einer geschichtsphilosophischen Konstruktion verstanden werden, einer Konstruktion, durch die Wagner sein eigenes Werk, dessen er sich um 1851 nicht sicher fühlte, in Gedanken zu stützen versuchte. Der offene Brief über Berlioz, den Wagner ein Jahrzehnt früher, am 5. Mai 1841, als Pariser Korrespondent der Dresdener Abendzeitung geschrieben hatte, bildet eine Vorform der Berlioz-Kritik in *Oper und Drama*: eine Vorform, die sich — trotz einiger publizistischer Pointierungen im Heine-Stil — durch Unbefangenheit des ästhetischen Urteils von der späteren Formulierung, die unter Systemzwang steht, unterscheidet. Betonte Wagner 1841 die Isolierung, in die Berlioz in Paris geraten war — »Er steht in keinem Zusammenhange und hat nichts zu tun mit jenen prunkenden, exklusiven Kunstinstituten von Paris«[69] —, so rückte er ihn, wie erwähnt, 1851 neben Meyerbeer: Die empirische Beschreibung weicht einer spekulativen Konstruktion. Das Urteil von 1841, daß es der *Symphonie fantastique* an Kontinuität der thematisch-motivischen Entwicklung mangele — »Alles ist ungeheuer kühn, aber unendlich wehtuend. Formenschönheit ist nirgends anzutreffen, nirgends der majestätisch-ruhige Strom, dessen sicherer Bewegung wir uns hoffnungsvoll anvertrauen möchten«[70] —, wurde 1851 zu dem Vorwurf der Zerrissenheit und Gestücktheit — »eine absonderliche Art von Mosaikmelodie«[71] — verschärft. Sprach Wagner 1841 von dem »Verständnis«, mit dem sich Berlioz an Beethoven angeschlossen habe[72], so behauptete er 1851, daß Berlioz die eigentliche Intention Beethovens, die sich in der Neunten Symphonie dokumentiere, verkannt habe.[73] Entscheidend aber ist der Wechsel der Begründungen, mit denen Wagner den inneren Widerspruch, den er aus den Berliozschen Symphonien herausfühlte, zu erklären versuchte. 1841, in dem offenen Brief aus Paris, glaubte er einen Zwiespalt zwischen Gehalt und Darstellungsform zu erkennen: zwischen der authentischen Beethoven-Tradition, die sich Berlioz von innen heraus zu eigen gemacht habe, und der im Nationalcharakter wurzelnden Sucht, von außen nach innen, vom Effekt zur Bedeutung vorzudringen. »Welcher Zwiespalt muß nun nicht in einer Künstlerseele wie der Berlioz' entstehen, wenn ihn auf der einen Seite eine rege innere Anschauungskraft drängt, aus dem tiefsten, geheimnisvollsten Brunnen der Ideenwelt zu schöpfen, während ihn auf der anderen Seite die Anforderung und Eigenschaft seiner Landsleute, denen er angehört und deren Sympathien er teilt, ja, wenn ihn sein eigener Gestaltungstrieb darauf hinweist, sich zunächst nur in den äußerlichsten Momenten seiner Schöpfung auszusprechen?«[74] Dagegen erscheint Berlioz in der musikalischen Charakteristik, die Wagner 1851, in *Oper und Drama*, skizzierte, als Opfer eines ästhetischen Irrtums: der Wahnidee, die sich unter dem Namen »absolute Musik« präsentiert.

Daß Wagner gerade Berlioz, dem Komponisten von Programm-Symphonien, vorwarf, der Täuschung der »absoluten Musik« verfallen zu sein — »so müssen wir Berlioz als den wahren Heiland unserer absoluten Musikwelt feiern«[75] —, mag absurd anmuten. Doch verstand Wagner, von dem der Terminus zu stammen scheint, unter »absoluter Musik« nicht lediglich Instrumentalwerke ohne Programm, sondern eine von ihren Wurzeln, der Sprache oder dem Tanz losgerissene und darum unmotivierte Musik: eine »tönend bewegte Form« ohne Notwendigkeit, da zu sein. Rossinis Melodien sind insofern Paradigmata »absoluter Musik«, als sie — nach Wagner — nicht aus dem Drama, sondern aus der Lust an vokaler Virtuosität hervorgegangen sind.[76]

Wagners Vorwurf gegen Berlioz besagt, daß erstens ein Programm ästhetisch — die Werkentstehung ist sekundär — nicht eine Begründung von Musik, sondern lediglich einen kommentierenden Zusatz darstelle und daß zweitens das Programm, der Inhalt der *Symphonie fantastique*, sich als zu »unkünstlerisch« und »nichtig« erweise, um eine Symphonie zu motivieren und zu rechtfertigen. »Jede Höhe und Tiefe der Fähigkeit dieses Mechanismus« — des Orchesters — »hat Berlioz bis zur Entwicklung einer wahrhaft staunenswürdigen Kenntnis ausgeforscht, und wollen wir die Erfinder unserer heutigen industriellen Mechanik als Wohltäter der modernen Staatsmenschheit anerkennen, so müssen wir Berlioz als den wahren Heiland unserer absoluten Musikwelt feiern; denn er hat es den Musikern möglich gemacht, den allerunkünstlerischsten und nichtigsten Inhalt des Musikmachens durch unerhört mannigfaltige Verwendung bloßer mechanischer Mittel zur verwunderlichsten Wirkung zu bringen.«[77] Der Widerspruch, aus dem der leere Effekt — die »Wirkung ohne Ursache«[78] — resultiert, ist jedoch nach Wagner kein zufälliger Mangel. Vielmehr erscheint die Berliozsche »Täuschung« als wirkendes Moment in der Dialektik der musikalischen Weltgeschichte, die im Musikdrama kulminiert. Die Entwicklung der Symphonie seit Beethoven ist nach Wagner »die Geschichte eines künstlerischen Irrtums«.[79] Beethoven versuchte durch Töne ohne Wort und Handlung zu sagen, was bloße Instrumentalmusik, auch die erhabenste, niemals zu sagen vermag. (Und dadurch, daß sie einerseits ihre ursprüngliche und noch die

Anfänge der Symphonie tragende Begründung durch den Tanz preisgab, wurde die Instrumentalmusik — in der unglücklichen Mitte zwischen einem Nicht-Mehr und einem Noch-Nicht — zur »absoluten Musik«.) Aus dem ästhetischen Irrtum aber, in den Beethoven sich verstrickte, resultierte ein Reichtum an musikalischer Expressivität, durch den er Epoche machte: Wagners Entwurf der Musikgeschichte ist eine durch und durch dialektische Konstruktion. »Uns ist jetzt das unerschöpfliche Vermögen der Musik durch den urkräftigen Irrtum Beethovens« — den er erst im Finale der Neunten Symphonie auflöste — »erschlossen. Durch sein unerschrocken kühnstes Bemühen, das künstlerisch Notwendige in einem künstlerisch Unmöglichen zu erreichen, ist uns die unbegrenzte Fähigkeit der Musik aufgewiesen zur Lösung jeder denkbaren Aufgabe, sobald sie eben nur d a s ganz und allein zu sein braucht, was sie wirklich ist — Kunst des Ausdruckes.«[80] (Daß die Musik »eine Kunst des Ausdruckes« ist, besagt, daß sie nicht für sich steht und nicht sich selbst bedeutet, sondern einen von außen gegebenen Inhalt braucht, den sie darstellt: eine »dichterische Absicht«, die sie ausdrückt.)

Daß Beethovens »Irrtum« — obwohl er durch die Neunte Symphonie aufgehoben und dadurch als Irrtum kenntlich gemacht worden war — von Berlioz, der sich über Beethovens musikalisches Testament hinwegsetzte, pointiert und ins Extrem getrieben wurde, erschien Wagner keineswegs nur als musikgeschichtliches Mißgeschick. Auch Berlioz wird, nicht anders als Beethoven, in die Wagnersche Dialektik hineingezogen. Gerade darum, weil er den Mangel der Instrumentalmusik an Begründung und ästhetischer Legitimation insgeheim empfand, fühlte er sich zu einer Steigerung des Orchesterapparats ins Ungemessene gedrängt: Durch Häufung der Mittel, durch Rhetorik versuchte er einen musikalischen Sinn zu erzwingen, der ihm von innen heraus versagt war. Und Wagner war nichts weniger als ein Verächter der Berliozschen Entdeckungen. Daß sie einem »künstlerischen Irrtum« zu verdanken waren, bedeutete nicht, daß man sie verwerfen, sondern gerade umgekehrt, daß man sie zu ihrer ästhetischen Wahrheit bringen müsse: zur Begründung aus dem Drama, durch das auch extreme Mittel eine Notwendigkeit, da zu sein, erhalten.

Wagner »konstruierte« Berlioz als »tragisches Opfer«[81] einer geschichtlichen Dialektik, in die er sich verfing. (Daß die Polemik, obwohl sie als Formulierung eines Urteils der Geschichte gemeint war, als subjektiv feindselig aufgefaßt wurde, sollte allerdings nicht verwundern, beschrieb doch Balzac in den *Verlorenen Illusionen* die Technik, private Gehässigkeit als Kritik vom Standpunkt des Weltgeistes zu maskieren, als alltägliche Perfidie der Pariser Publizistik; andererseits erkannte er, daß eine Darstellung, die aus Ressentiment erwächst, darum nicht untriftig zu sein braucht.) Ein Verdikt, das sich als Spruch der Geschichte präsentiert, sucht sich einerseits davor zu schützen, als bloßes Geschmacksurteil abgetan zu werden: Wagner sträubte sich nicht idiosynkratisch gegen die *Symphonie fantastique*, sondern glaubte zu erkennen, daß sie das Dokument eines ästhetischen Irrtums sei. Andererseits braucht das Verurteilte nicht als gänzlich nichtig verworfen zu werden, sondern kann als aufgehobenes — aber unumgängliches — Moment der Geschichte angehören.

Das Vokabular allerdings, zu dem Wagner griff, um die Berliozsche Symphonik zu charakterisieren, ist von äußerster Drastik, und es mag geradezu bestürzend wirken, solange man sich nicht vergegenwärtigt, daß sich in der Philosophie und der Publizistik des Vormärz eine Ästhetik des Häßlichen herausgebildet hatte, die eine extreme Polemik erlaubte, ohne daß eine Kränkung impliziert sein mußte. Das Häßliche, von dem man sich zugleich angezogen und abgestoßen fühlte, galt als eine dem Schönen nahezu ebenbürtige Ausprägung des Ästhetischen. In den Urteilen über das literarisch Häßliche bei Byron und das musikalisch Häßliche bei Berlioz erscheint die Heftigkeit der Abwehr als Kehrseite rückhaltloser Anerkennung der ästhetischen Bedeutung des Gegenstandes.

## 2

Gottfried Wilhelm Fink schrieb 1836 in der *Allgemeinen Musikalischen Zeitung*, deren Redakteur er war, eine Glosse *Über den Reiz des Häßlichen auch in der Musik*[82], die wahrscheinlich, ohne daß es ausgesprochen wurde, als Replik auf Schumanns Abhandlung über die *Symphonie fantastique* von Berlioz gemeint war. An Indizien, auf die sich die Vermutung eines Zusammenhangs stützen kann, mangelt es nicht. Auffällig ist erstens die Nähe der Erscheinungsdaten: Der Aufsatz von Schumann wurde im Juli und August 1835, der von Fink im Januar 1836 gedruckt. Zweitens war Fink gegenüber Schumanns *Neuer Zeitschrift für Musik*, deren Gründung sich gegen die von ihm redigierte *Allgemeine Musikalische Zeitung* richtete, feindselig gesonnen. Und drittens mußte das Phänomen Berlioz, sobald es gerühmt oder auch nur ernst genommen wurde, statt verspottet zu werden, den konservativen Fink zu Entrüstung und Widerspruch reizen.

Die Glosse in der *Allgemeinen Musikalischen Zeitung* ist eine maskierte Polemik, in der kein Name fällt und deren Tendenz sich erst gegen Schluß unverhohlen zeigt. Zu Anfang betont Fink, scheinbar vermittelnd, das relative Daseinsrecht des musikalisch Häßlichen als Teilmoment, Hintergrund oder Übergang. »Wie? es soll Menschen geben, die am Häßlichen in der Musik Wohlgefallen haben? die das Häßliche schön und reizend finden? — Allerdings! und so natürlich und gewiß, als es natürlich und gewiß ist, daß das Häßliche dem Schönen nur zu desto höherem Siege und Glanze verhilft, ohne es jemals anders, als nur für eine kurze Zeit der Not zu überwältigen.«[83]

Das relative Daseinsrecht aber wird, nach Fink, zum Unrecht, wenn sich das Häßliche zu selbständiger Existenz und Bedeutung auszuspreizen sucht. Fink zitiert, ohne den Autor oder das Buch zu nennen, Christian Hermann Weisses *System der Ästhetik als Wissenschaft von der Idee der Schönheit*: »Auch aus den Gebieten der Musik und der bildenden Künste werden sich Beispiele aufweisen lassen, wie der wüste, wilde Kampf der Elemente und die freche Lüge einer grauenvoll untergegangenen Schönheit« — das Häßliche ist nach Weisse das von sich selbst »abgefallene« Schöne — »auf einen beträchtlichen Teil unserer Zeitgenossen eine mächtigere Zauberkraft ausübt, als die göttliche Harmonie und Wahrheit der Schönheit selbst.«[84] Weisses polemisches Pathos, das religiös-moralische Wurzeln hat, wird allerdings von Fink zu einer ironischen Nüchternheit, die sich erfahren und gelassen dünkt, während sie bloß banal ist, herabgestimmt. »Und in der Musik, klingt es da nicht oft geradezu, wie Hohn aller Ordnung und aller gesunden Natur?« — Ordnung und Natur sind die Berufungsinstanzen des ästhetischen ebenso wie des politischen Konservativismus. »Das haben nun Einige« — Fink zitiert wiederum Weisse[85] — »sehr tragisch genommen und haben gemeint, es offenbare sich darin nichts Geringeres als das furchtbare Bewußtsein eigener Verdammnis und das rohe Bekenntnis innerer Verworfenheit. — Ihr tut ihnen viel zu viel Ehre an; diese Art hat gar kein Bewußtsein. Aufsehen wollen sie machen, und zwar in aller Geschwindigkeit!«[86] Der Zwang zum immer Neuen, dem die artifizielle Musik unterworfen ist, wird als Folge subjektiv willkürlichen Ehrgeizes verdächtigt. Und das musikalisch Häßliche erscheint bei Fink — kaum anders als später bei Wagner, der Berlioz vorwarf, »den allerunkünstlerischsten und nichtigsten Inhalt durch unerhört mannigfaltige Verwendung bloßer mechanischer Mittel zur verwunderlichsten Wirkung« gebracht zu haben[87] — als Maskierung innerer Hohlheit durch äußeren Aufwand. »Routine, Frische der Darstellung, bunte Färbung, ungeheuer wilde Zusammenstellung« — die Charakteristik deutet auf Berlioz — »kurz Alles, was zum äußern Scheine gehört, haben sie dem Schönen abgemerkt und übertreiben es mit Keckheit, damit das innerlich Leere in Saus und Braus verdeckt werde.«[88] Weisses Dialektik des Häßlichen ist bei Fink, der nicht verstand oder nicht verstehen wollte, was er zitierte, zu dem schlichten Vorwurf, daß Gehalt und Darstellungsform auseinanderklaffen, abgestumpft. Weisses *System*, in dem die Ästhetik des Häßlichen — nach Andeutungen bei Friedrich Schlegel — begründet wurde, ist 1830, gleichzeitig mit der *Symphonie fantastique*, erschienen, in einer Zeit also, die von Heine als das Ende der »Kunstperiode« empfunden und später, im historischen Rückblick, als der Anfang einer Epoche der »nicht mehr schönen Künste« erkannt wurde.[89] Nicht, daß Weisse dem Häßlichen, das er für die Ästhetik entdeckte, eine unabhängige, in sich selbst beruhende Existenz und Bedeutung eingeräumt hätte. Er konstruierte es vielmehr, um mit seinem Kritiker Hermann Lotze zu sprechen, als »unentbehrlichen Durchgangspunkt für das Wesen der Schönheit«[90], als bloße Stufe in einer dialektischen Entwicklung, die über das Häßliche hinweggeht. Das Pathos aber, mit dem er das Phänomen umriß und ausmalte, ist so nachdrücklich, daß das Häßliche, kaum anders als der Satan in Miltons *Paradise Lost*, fast übermächtig hervortritt. Zudem ist es bei Dialektikern — auch bei Hegel — durchaus nichts Ungewöhnliches, daß gedankliche Funde, mit denen sie eine entscheidende Tendenz ihrer Zeit in Begriffe fassen, in dem System, dem sich die Erkenntnisse einfügen müssen, lediglich als aufgehobene Momente erscheinen. Manche historischen Einsichten müssen darum, um zu ungeschmälerter Geltung zu kommen, aus den Klammern des Systems gelöst werden.

Das Schöne und das Häßliche sind nach Weisse substantiell Eines: »Wie man von einer in dem Bösen fortwirkenden Macht des Guten oder der Gottheit gesprochen hat, welche die Substanz desselben ausmache, aber wegen ihres Abfalls und der Verkehrung der in ihr enthaltenen Elemente den Begriff des Guten verunreinigt und getrübt darstelle: so ist in dem Häßlichen dieselbe Substanz des absoluten Geistes gegenwärtig, welche das Schöne zum Schönen machte; und sie ist es, welche dem Häßlichen jene sirenenartig anziehende und fesselnde Kraft erteilt, die auf Viele nicht minder mächtig, ja mächtiger wirkt, als die Macht der Schönheit selbst.«[91] Durch den emphatischen Begriff des »Häßlichen«, wie ihn Weisse formuliert, wird das Phänomen aus dem Bereich des Mißlungenen, Trivialen und Nichtigen herausgerückt.

Die systemtragende These, daß das Häßliche, als das von sich selbst abgefallene Schöne, von einer Substanz zehre, die es mit dem Schönen teilt, bildet die abstrakte und verallgemeinerte Formulierung einer ästhetischen oder ästhetisch-ethischen Erfahrung: Weisse hörte aus der »schwarzen Romantik«, die ihm unheimlich war, einen Ton der Sehnsucht nach dem verlorenen Paradies heraus. »In konkreter Gestalt erscheint die zur Unwahrheit verkehrte Wahrheit« — »Wahrheit« nicht als Triftigkeit einer Einsicht, sondern als Sphäre, der etwas angehört oder aus der es herausfällt, verstanden — »namentlich an häßlichen Kunstwerken und andern Geistesprodukten, als der Anklang und die Erinnerung eines verlorenen Paradieses der Unschuld und Seligkeit, als die herzzerreißende Stimmung der Klage über diesen Verlust, und der namenlosen, die Gewißheit ihrer Nichterfüllung in sich tragenden Sehnsucht nach jener entschwundenen Welt. Dieser Ausdruck ist es, in welchem ein großer und vielleicht der größte Teil des Zaubers liegt, den dergleichen Kunstwerke ausüben; er wirkt in ihnen um so mächtiger, je mehr er durch den Kontrast mit dem infernalischen Toben der abgefallenen und losgebundenen Geister gehoben wird.«[92] Die Stelle zielt unverkennbar auf Byron, vielleicht auf dessen poetisches Selbstbildnis, wie er es in *Lara* ent-

Joseph Hoffmann: »Das Rheingold«. Raub des Rheingoldes, Gemälde nach dem Entwurf für die Bayreuther *Ring*-Aufführung 1876 (Nationalarchiv der Richard-Wagner-Stiftung / Richard-Wagner-Gedenkstätte, Bayreuth). Der Augenblick, in dem Alberich das Rheingold vom Felsen reißt und die Rheintöchter entsetzt auseinanderfliehen, erhielt in der Dekoration der Uraufführung eine faszinierend zwiespältige Bildausdeutung, die aus der paradoxen Verschränkung einer surrealen Gesamtkonzeption mit realistischen Details resultierte. Man sollte, wenn man Wagner als Mythologen rühmt, der eine versunkene Sagenwelt restituierte, den Tribut nicht vergessen, den er, auch und gerade in der Musik, den naturalistischen Tendenzen seiner Epoche entrichtete. Wagners bildnerische Phantasie blieb hinter seiner musikalischen stilistisch zurück; es wäre jedoch verfehlt, über die Aufschlüsse, die sie dennoch gibt, hinwegzusehen.

worfen hatte (»In him inexplicably mix'd appear'd / Much to be loved and hated, sought and feared . . .«). Andererseits erscheint sie geradezu als vorweggenommene Charakteristik der *Symphonie fantastique*, deren Byron-Ton unüberhörbar ist (und entscheidender sein dürfte als die biographischen Momente, die in das Werk eingegangen sind: Momente, in denen zudem der Einfluß Byrons, als »principium stilisationis«, gleichfalls wirksam ist). Nicht erst in *Harold en Italie* ist es Byron, dessen poetische Sprache von Berlioz zu einer musikalischen umgeprägt wurde.

Weisses Dialektik wurde von Lotze, wenn auch nicht mit so groben Worten, der intellektuellen Erschleichung verdächtigt. »Weisse selbst hebt hervor, daß er durch alle diese Begriffe gar nicht allein das Schöne, sondern sein Gegenteil, das Häßliche mit definiert zu haben meine; erst jetzt sei durch Verneinung des Häßlichen das Wesen der Schönheit festzustellen.« Das aber bedeutet, in eine nüchterne Sprache übersetzt: »Jene Definition, durch die wir die Schönheit, und nur sie, zu fassen suchten, verfehlten ihr Ziel; anstatt der Schönheit haben wir nur einen allgemeineren Begriff, den des Ästhetischen überhaupt, gefunden, und werden jetzt inne, daß unsere für den Begriff der Schönheit gehaltene Bestimmung so unvollkommen ist, daß sie das, was wir gar nicht wollten, den Begriff des Häßlichen, zugleich mit einschließt. Wie nun allenthalben die dialektische Methode das Innewerden unserer Irrtümer und die Verbesserungen derselben als eigene Entwicklung der Sache faßt, an welcher wir untersuchend umherirren, so wird hier der Schönheit selbst, als wäre sie durch jenen Erstlingsbegriff bereits von uns gefaßt worden, die innerliche Unruhe zugeschrieben, aus sich selbst heraus in die Häßlichkeit überzugehen und aus diesem Anderssein in sich selbst zurückzukehren.«[93] Lotzes Kritik — die zwar an der Grundbestimmung festhält, daß das Häßliche eine Verkehrung des Schönen sei (und nicht einfach mit dem Mißlungenen und Nichtigen zusammenfalle), die eine Dialektik des Häßlichen jedoch leugnet — traf ein charakteristisches Moment der Ästhetik des Häßlichen, wie sie von Weisse und später von Arnold Ruge[94] entwickelt worden ist: die Behauptung, daß »Häßlichkeit«, wie Lotze es ausdrückte, »ein unentbehrlicher Durchgangspunkt für das Wesen der Schönheit sei, damit sie werde, was sie sein will oder soll«.[95] Und es war gerade die These vom Häßlichen als einem notwendigen Übergangsphänomen, an die Wagner in seiner Berlioz-Kritik (wenn auch zweifellos ohne unmittelbare Kenntnis der philosophischen Diskussion) anknüpfte.

Arnold Ruge konstruierte die Dialektik des Häßlichen anders als Weisse, dem er vorwarf, daß er »in der Begriffsbestimmung sich verirrt« habe.[96] Aber auch Ruge sieht im Häßlichen »die von sich abgefallene Schönheit«: die Schönheit im Stande der Unwahrheit. »Wenn sich der endliche Geist in seiner Endlichkeit gegen seine Wahrheit, den absoluten Geist, festhält und geltend macht, so wird dieser sich selbst genügenwollende Geist als Erkenntnis die Unwahrheit, als Wille, der sich lossagt und in seiner Endlichkeit nur sich beabsichtigt, das Böse, und beides, wenn es zur Erscheinung kommt, das Häßliche.«[97] (Erstaunlich, in welchem Ausmaß das Pathos der Linkshegelianer theologisch gefärbt ist.) Allerdings geht bei Ruge ein wesentliches Moment der Weisseschen Ästhetik des Häßlichen, die schroffe Unterscheidung des Bedeutend-Häßlichen der »schwarzen Romantik« vom Nichtig-Trivialen (das gleichfalls unter Ruges Bestimmung des Häßlichen als des verstockt Endlichen fällt), verloren.

In der *Ästhetik des Häßlichen* von Karl Rosenkranz, die 1853 — also in den nachrevolutionären Jahren, in denen der Hegelianismus verblaßte und den Zeitgeist, der positivistisch gestimmt war, gegen sich hatte — gedruckt wurde, erscheint das Häßliche nicht mehr als »unentbehrlicher Durchgangspunkt für das Wesen der Schönheit«, sondern als Übergangsphänomen zwischen dem Schönen, von dessen Substanz es als Negation zehrt, und dem Komischen, in das es aufgehoben wird. (Das Anschauungsmodell, von dem die Begriffskonstruktion ausgeht, ist also nicht mehr die »schwarze Romantik«, die einer Auflösung in Komik widerstrebt.) »Die Betrachtung des Häßlichen ist daher eine durch das Wesen desselben genau begrenzte. Das Schöne ist die positive Bedingung seiner« — des Häßlichen — »Existenz und das Komische ist die Form, durch welche es sich, dem Schönen gegenüber, von seinem nur negativen Charakter wieder erlöst.«[98]

## 3

In den Systemen der Ästhetik, wie sie von den Hegelianern entworfen wurden, ist die Geschichte der Kunst — und zwar nicht die greifbar empirische, aber deren verborgene »Wahrheit« — der Intention nach »aufgehoben«, also nicht nur negiert, sondern auch bewahrt, so daß es umgekehrt naheliegt, die systemtragenden Kategorien als Gerüst einer kunsthistorischen Darstellung zu benutzen. System und Geschichte gehen ineinander über. Ist der Begriff des »Schönen« durch die Anschauung der antiken Kunst bestimmt, so erscheint das Häßliche, die »schwarze Romantik«, als ästhetische Signatur des modernen, gegenwärtigen Zeitalters — über das »Charakteristische« und das »Interessante« hinaus, von dem Friedrich Schlegel gesprochen hatte —, und die ersehnte Schönheit, zu der das Häßliche, nach Lotzes Wort, den »Durchgangspunkt« bildet, gehört einer utopischen Zukunft an: der »neuen poetischen Zeit«, die Schumann 1835, in dem Jahr seiner Berlioz-Abhandlung, beschwor.[99] Eine ästhetisch-geschichtsphilosophische Dialektik, die das Häßliche als das »Anders-Sein« des Schönen begreift, als dessen notwendige Entfremdung von sich selbst, der eine Rückkehr folgen muß, ist also einerseits durch klassizistisch-restaurative Neigungen, durch Pietät gegenüber der Antike als dem alten Wahren und durch Hoffnung auf verwandelte Wiederherstellung geprägt, kann aber andererseits, da die Verwirklichung der Utopie kaum absehbar ist, der Gegenwart als einer Epoche der »nicht mehr schönen Künste« unbefangen gerecht werden: Sie nimmt das Häßliche, noch in der schroffsten Polemik und gerade in ihr, als eine mit dem Schönen substanzgleiche, wenn auch »verkehrte« Ausprägung des Ästhetischen als bedeutendes Phänomen ernst, statt es als nichtig und ephemer abzutun.

Die Geschichtsphilosophie, mit der die Ästhetik des Häßlichen verknüpft war, das Schema von Goldenem Zeitalter, Zwischenperiode des »unglücklichen Bewußtseins« und »neuer poetischer Zeit« wurde von Wagner geteilt: Er kam philosophisch erst zur Ruhe, wenn er in den Zielen, die ihm vorschwebten, die Ursprünge wiedererkannte und in den Ursprüngen die Ziele, so daß er die Gegenwart, die er als verrottet empfand, sowohl durch die Vergangenheit als auch durch die Zukunft ins Unrecht setzen konnte. Andererseits scheute Wagner, der sich von den Philosophen dadurch unterschied, daß er von der Interpretation des bestehenden Zustands zu dessen Veränderung überging, nicht davor zurück, sein Werk — das musikalische Drama, wie er es 1851 in Gedanken entwarf — zur Verwirklichung der Utopie, zur Vollendung der bisherigen Dichtungs-, Musik- und Theatergeschichte zu erklären. Das Verdikt über Berlioz wude von einer geschichtlichen Stufe aus gefällt, die Wagner 1851 zwar in der Theorie zu antizipieren vermochte, aber in der musikalischen Wirklichkeit noch nicht erreicht hatte: *Tannhäuser* und *Lohengrin* sind noch keine »Musikdramen«, sondern »Romantische Opern«[100], und streng genommen ist sogar erst in *Siegfried* und in *Tristan und Isolde* die »Orchestermelodie« durch eine symphonische Kontinuität geprägt, die es erlaubt (wenn auch nicht erzwingt), von einer »Aufhebung« der Symphonie in das Musikdrama, wie sie Wagner postulierte, zu sprechen. (Die These vom Ende der Symphonie, die um die Jahrhundertmitte naheliegen mochte, wurde allerdings durch das »zweite Zeitalter der Symphonie« im späten 19. Jahrhundert widerlegt.)

Wagners Berlioz-Kritik in *Oper und Drama* war als Ausdruck eines Spruchs der Geschichte gemeint, einer Geschichte, deren Absichten Wagner selbst — wenn auch erst Jahre später — im musikalischen Drama zu verwirklichen glaubte. Die Legitimation der Kritik bildete das »Kunstwerk der Zukunft«. Wagners Urteil über Berlioz, 1841 ästhetisch motiviert, wurde 1851 in eine geschichtsphilosophische Konstruktion eingefügt. Und im moralischen Schutz der Überzeugung, daß sich nicht subjektiver, sondern objektiver Geist in der Kritik manifestiere, konnte sich die Polemik ungehemmt entfalten, ohne sich als gehässig empfinden zu müssen. Die Gedankenmotive, zu denen Wagner griff, waren seit 1830 in der Ästhetik des Häßlichen, die ein philosophischer Reflex der »schwarzen Romantik« war, entwickelt worden. (Berlioz erschien als musikalische Entsprechung zu Byron.)

Daß die Philosophen von dem Häßlichen, das sie als Thema entdeckten (oder — durch Umformung der Dämonologie ins Ästhetische — von der Theologie übernahmen), abwehrend redeten, ist von geringerer Bedeutung als die Tatsache, daß sie einen emphatischen Begriff des Häßlichen — als des von sich selbst »abgefallenen« Schönen — formulierten. Man konnte seither — wie Wagner in seiner Berlioz-Kritik — das Häßliche, gegen das man sich mit moralisch-ästhetischem Pathos wandte, zugleich als ästhetisch-geschichtlich bedeutendes Phänomen rühmen und konnte umgekehrt ein Werk, das man als wesentlich erkannte, dennoch als häßlich verpönen, ohne es dadurch in seinem ästhetisch-geschichtlichen Rang empfindlich zu schmälern. Sarkastische Heftigkeit und ungetrübtes Bewußtsein von der Größe des Gegenstandes schließen sich nicht aus. (Wagner hat zweifellos niemals gering von Berlioz gedacht.)

Schumann teilte — als »Beethovener« — in einigen Grundzügen Wagners musikalische Neigungen: Auch er verabscheute Meyerbeer und achtete Berlioz. Die ästhetisch-geschichtsphilosophische Denkweise aber, die den Ausdruck, die kategoriale Formung seiner musikalischen Erfahrungen bestimmte, war — im Unterschied zur Wagnerschen — schlicht antithetisch: Meyerbeer repräsentiert in Schumanns Bild von der Musikgeschichte eine »unkünstlerische«, nur auf »Steigerung äußerlicher Virtuosität« ausgehende »letzte Vergangenheit«[101], Berlioz dagegen deutet auf eine »neue poetische Zeit«. Die Dichotomie ist simpel und schroff; ästhetische Sympathie oder Antipathie und geschichtsphilosophisches Schema fallen zusammen.

Anders Wagner, der ein gleichsam naturwüchsiger Dialektiker war (obwohl er Hegel nicht lesen mochte). Er koppelte Meyerbeer und Berlioz — trotz entgegengesetzter Gefühl für sie — unter dem Etikett »Neuromantiker« unbekümmert zusammen — als Repräsentanten einer Epoche des »unglücklichen Bewußtseins« — und erklärte Berlioz zu einem »unentbehrlichen« (Meyerbeer zu einem »entbehrlichen«) »Durchgangspunkt«, wie ihn in den ästhetischen Systemen Weisses und Ruges das Häßliche bildete: und zwar insofern »unentbehrlich«, als gerade die vergebliche Anstrengung, mit der Berlioz die »absolute Musik« zwingen wollte, aus sich heraus einen »Inhalt« hervorzubringen, eine Steigerung der musikalischen Mittel zur Folge hatte, die sich das »Kunstwerk der Zukunft« zunutze machen konnte und die durch das Musikdrama, das ihnen eine »Ursache« gab, von dem ästhetischen Unglück, »Wirkung ohne Ursache« zu sein, »erlöst« wurden. Daß sich Berlioz nicht dabei bescheiden mochte, ein bloßer Vorläufer zu sein, war für Wagner, der von sich selbst wie von anderen »objektiv« dachte, so daß ihm die eigene Absicht als die des Weltgeistes erschien, kaum begreiflich.

# Wagner und Bach

## »Offenbarung«

»Er spielte mir das vierte Präludium mit Fuge (Cis Moll). Nun hatte ich wohl gewußt, was mir von Liszt am Klaviere zu erwarten stand; was ich jetzt kennen lernte, hatte ich aber von Bach selbst nicht erwartet, so gut ich ihn auch studiert hatte. Aber hier ersah ich eben, was alles Studium ist gegen die Offenbarung: Liszt offenbarte mir durch den Vortrag dieser einzigen Fuge Bach, so daß ich nun untrüglich weiß, woran ich mit diesem bin, von hier aus in allen Teilen ihn ermesse und jedes Irrewerden, jeden Zweifel an ihm kräftig gläubig mir zu lösen vermag.«

Die Konversion zu Bach, die Wagner 1870 in der Abhandlung *Über das Dirigieren* schilderte, um den Unterschied zwischen »Studium« und »Offenbarung« zu demonstrieren, kann sich 1864 in Starnberg oder 1867 in Triebschen ereignet haben. Und wie tiefgreifend der Eindruck war, zeigt neben dem öffentlichen Bekenntnis auch das private gegenüber Cosima, er habe durch Liszt »erst erfahren, was Bach sei« (Cosima-Tagebücher, 16. August 1869). Zum cis-Moll-Präludium aus dem ersten Teil des *Wohltemperierten Klaviers* kehrte Wagner später, in Erinnerung an das durch Liszt vermittelte Bach-Erlebnis, immer wieder zurück: Er ließ es sich von anderen vorspielen oder spielte es selbst.

Die Idee von Bachs Musik, die Wagner durch Liszts Vortrag aufgegangen war, manifestiert sich am deutlichsten in einer Bemerkung über das h-Moll-Präludium aus dem ersten Teil des *Wohltemperierten Klaviers*, die gerade in ihrem scheinbar exzentrischen Zug aufschlußreich ist. »Das Präludium 24 will er ›klagend leidenschaftlich‹, er möchte das von einer Catalani singen hören, mit Text, und man sollte sehen, welchen Eindruck das machte. Er gibt Rubinstein den Rat, den Canto immer sehr hervorzuheben« (Cosima-Tagebücher, 22. Dezember 1878). Von einem »Canto« im gewöhnlichen Wortsinne kann bei einem Klaviersatz in der Art einer Triosonate — mit zwei sich ergänzenden, rhythmisch komplementären Oberstimmen und einem gleichmäßig gehenden Basso continuo — streng genommen nicht die Rede sein. Und daß Wagner dennoch einen Gesang, sogar einen textierbaren, aus der Polyphonie heraushörte, ist charakteristisch für die Richtung, seiner musikalischen Wahrnehmung: Nicht die Selbständigkeit der Stimmen, die gewöhnlich als Kriterium von Polyphonie gilt, erschien ihm wesentlich, sondern die »Gesamtmelodie«, die aus dem Ineinandergreifen der Stimmen entsteht und sich in der Oberstimme gewissermaßen konzentriert. Und die Bach-Interpretation bedeutet im Hinblick auf eine adäquate Rezeption von Wagners Musikdramen, daß die Leitmotive im Orchester der Gesangsstimme, auch wenn sie eher deklamatorisch ist, als zusätzlich melodische Substanz »zuwachsen«: Sie ist, als Zusammenfassung des gesamten Stimmengewebes, in der ästhetischen Wirkung melodisch reicher, als es der Notentext erkennen läßt. Daß Wagner Bachs kontrapunktischen Satz als kantable Polyphonie interpretierte, besagt also nicht, daß er die Unterstimmen zur bloßen Begleitung herabsetzen wollte, sondern gerade umgekehrt, daß er die Polyphonie als »Gesamtmelodie« verstand, die sich, bei durchaus deutlicher, keineswegs schattenhafter Wahrnehmung der übrigen Stimmen, in der Oberstimme gleichsam »zusammenzog«. Mit anderen Worten: Wagner begriff das Ganze eines polyphonen Satzes (in der Sprache des 18. Jahrhunderts: die »Einheit« des Kontrapunkts in der »Mannigfaltigkeit« der Stimmen) als Melodie.

Die Tragweite des Eindrucks, den Liszts Bach-Spiel hinterließ, hing zweifellos, wie bei allen Einwirkungen »von außen«, mit inneren Veränderungen in Wagners kompositorischer Praxis und der sie reflektierenden ästhetischen Theorie eng zusammen. Und sofern man von der Schopenhauer-Rezeption seit 1854 und den Erfahrungen bei der Komposition von *Tristan und Isolde* ausgeht, liegt es nahe, die bei Liszts Vortrag des cis-Moll-Präludium durchbrechende Erkenntnis einer Affinität zu Bach auf den Wandel in Wagners Ästhetik zu beziehen, den Nietzsche 1871 — allerdings in einem unpublizierten Text — unverhohlen als Tendenz zur »absoluten Musik« beim Namen nannte.

1850, in dem Pamphlet über das Judentum in der Musik, sah Wagner unter dem Gesichtspunkt des Ausdrucksprinzips in der Musik Bachs noch eine Vorstufe der Klassik. »Bachs musikalische Sprache bildete sich in der Periode unserer Musikgeschichte, in welcher die allgemeine musikalische Sprache eben noch nach der Fähigkeit individuelleren, sichereren Ausdruckes rang: das rein Formelle, Pedantische haftete noch so stark an ihr, daß ihr rein menschlicher Ausdruck bei Bach durch die ungeheure Kraft seines Genies eben erst zum Durchbruche kam. Die Sprache Bachs steht zur Sprache Mozarts und endlich Beethovens in dem Verhältnisse, wie die ägyptische Sphinx zur griechischen Menschenstatue.« (Wagners Formulierung erinnert an Hegels Unterscheidung zwischen der »symbolischen« Form der ägyptischen und der »klassischen« der griechischen Kunst.)

Empfand demnach Wagner zunächst Bachs Musik als noch halb befangen im »rein Formellen«, so glaubte er später, nach der »Konversion« durch Liszt, aus einem Präludium »die Stimme des Ding an sich« herauszuhören. (Wenn von »dem« Präludium die Rede ist, liegt es nahe, an das cis-Moll-Präludium zu denken.) »Diese Musik kann man wirklich unter dem Begriff des Erhabenen verstehen, ich sehe dabei immer die alten Dome, und es ist wie die Stimme des Ding an sich; das Nervöse, Sentimentale scheint einem kleinlich dagegen; bei Beethoven wird alles schon dramatisch« (Cosima-Tagebücher, 11. November 1878). Die Bemerkung steckt, obwohl sie zunächst wie eine Häufung von Topoi wirkt, voller Widerhaken. Erstens enthält sie ein altes Motiv der Wagnerschen Beethoven-Interpretation: die Kritik an einer Musik, die von sich aus »dramatisch« zu sein versucht, statt den Daseins- und Rechtfertigungsgrund ihres expressiven Stils in einem Drama zu finden. In der Konfrontation mit Bach aber umfaßt der Begriff des »Dramatischen« und damit des »Nervösen« auch Wagners eigenes Werk. Zweitens greift Wagner auf den Vergleich mit der Restauration des Kölner Doms zurück, der bei der Wiederentdeckung der *Matthäus-Passion* — die eigentlich eine erste Entdeckung war — gezogen wurde. Drittens ist der Begriff des »Ding an sich« zweifellos im Sinne Schopenhauers zu verstehen; die Metaphysik des »Willens« steht jedoch quer zu der Metapher von den »umeinander kreisenden Planeten«, zu der Wagner sich zwei Jahre später durch die h-Moll-Fuge aus dem ersten Teil des *Wohltemperierten Klaviers* inspiriert fühlte (Cosima-Tagebücher, 15. Februar 1881). Viertens orientierte sich Wagner, nicht anders als 1850 bei der Unterscheidung zwischen »symbolischer« und »klassischer« Form, an Hegels Ästhetik, wenn er dem Schönen als späterer das Erhabene als frühere Entwicklungsstufe entgegensetzte. Galt aber 1850 die ägyptisch-symbolische Kunst als rudimentäre Vorform der griechisch-klassischen, so erscheint 1870 der erhabene Stil, wie ihn Bach repräsentiert, als der »überragende«. Dürer und Bach »sind eigentlich als der Abschluß des Mittelalters zu verstehen, denn Bach als zu uns gehörig betrachten, ist ein Unsinn. Beide mit dieser reichen geheimnisvollen Phantasie ausgestattet, der Schönheit entbehrend, aber das Erhabene treffend, das alle Schönheit überragt« (Cosima-Tagebücher, 14. Juni 1870). Die Überlegenheit des Erhabenen gegenüber dem Schönen aber besagt, daß die »absolute« Musik — die immer schon, in Sulzers *Allgemeiner Theorie der Schönen Künste* wie in E. T. A. Hoffmanns Rezension von Beethovens Fünfter Symphonie, auf die Ästhetik des Erhabenen bezogen wurde — die »eigentliche« ist. »Bach wäre der eigentliche Musiker. Die andren, Mozart, Beethoven, näherten sich mehr dem Dichter« (Cosima-Tagbücher, 24. April 1881). Am Ende seines Lebens wurde Wagner, der sich nicht mehr zu ständiger Rechtfertigung der eigenen Werke und Ideen gezwungen fühlte, generös. Und er gab die tragende Maxime seiner früheren Ästhetik und Dramaturgie — die Maxime, daß Musik ohne »Formmotiv«, ohne Begründung durch Sprache und Tanz, Luftwurzeln treibe — zwar nicht explizit preis, suspendierte sie aber unausgesprochen, um Bach gerecht zu werden.

## Bach und Beethoven

Das »imaginäre Museum«, das im Namen universaler historischer Gerechtigkeit die gesamte Kunstgeschichte in sich versammelt, war Wagner zutiefst verdächtig. Es widerstrebte ihm, einen Wesensunterschied wie den zwischen Bach und Beethoven durch Reduktion auf den Zeitabstand zu neutralisieren; er glaubte vielmehr, wie es August Halm später ausdrückte, in Bachs Fuge und Beethovens Sonate »zwei Kulturen der Musik« zu erkennen, die weniger eine Vermittlung als eine Entscheidung fordern, weil die Differenz, die sie trennt, in der geschichtlichen Entwicklung nicht aufgeht. »Bei wirklicher Empfindung«, heißt es 1852 in der *Mitteilung an meine Freunde*, »muß uns die gleichzeitige Wahrnehmung derselben« — der »Werke aller Völker und Zeiten« — »eine geradewegs unerträgliche sein, ungefähr so peinlich unangenehm, wie wenn wir in einer Musikaufführung S. Bach neben Beethoven hören.«

Die Sonate erschien Wagner in späteren Jahren gegenüber der Fuge als Rückfall, obwohl die Pietät, die er für Beethoven empfand, eine schroffe Formulierung verhinderte. Nachdem er wieder eimal das cis-Moll-Präludium »zu unsäglichem Eindruck« gespielt hatte, sprach Wagner »über die Verflachung, welche auf diese Form des Präludium und der Fuge die Sonate hervorgebracht« (Cosima-Tagebücher, 7. März 1878). Und der Vortrag der Fis-Dur-Fuge aus dem *Wohltemperierten Klavier* (vermutlich aus dem ersten Teil) durch Joseph Rubinstein stimmte Wagner »ganz extatisch, › es ist als ob erst jetzt Musik wirklich ertönt hätte ‹, sagt Richard«. »Wie flach und konventionell erscheint die Sonatenform dagegen, dieses italienische Produkt; nur dadurch, daß er das Beiwerk dieser Form so ungeheuer belebte, näherte sich Beethoven wieder Bach« (Cosima-Tagebücher, 13. Juli 1872). Mit dem Beiwerk kann natürlich nicht die Thematik — der August Halm melodische Verarmung gegenüber Bachs Fugenthematik vorwarf —, sondern nur die thematisch-motivische Arbeit, die »Zergliederung«, gemeint sein (die Wagner, obwohl er sie zunächst in Übereinstimmung mit den Vorurteilen der Formenlehre seiner Zeit als sekundär bezeichnet, dann doch als das »belebende«, die Form von innen heraus konstituierende Moment erkennt). Der Fuge in Beethovens Hammerklavier-Sonate wurde Wagner allerdings nicht gerecht. »Er spricht von der Fuge von Bach wie von einer untergegangenen Gattung, gegen welche die Fuge in Sonate 106 z. B. eine Kinderei sei« (Cosima-Tagebücher, 12. Dezember 1881). Daß Beethovens Fuge eine extreme Ausprägung des thematisch-motivischen Entwicklungsprinzips ist — eine Fuge aus dem Geiste der Sonatenform —, wurde von Wagner verkannt, obwohl gerade er es war, der in der thematisch-motivischen Arbeit eine Annäherung an Bach — eine »Belebung« des »italienischen Produkts« — sah. Er muß zumindest geahnt haben, daß die von Haydn in den Streichquartetten opus 20 und opus 33 entwickelte Technik durch die Fugentradition, wenn auch nicht die Bachsche, angeregt worden war, so daß umgekehrt Beethovens Transformation der Fuge unter den Voraussetzungen der Sonatenform dazu herausfordert, von »geschichtlicher Dialektik«, einer Wiederkehr des Ursprünglichen als späte Konsequenz, zu sprechen.

Die Konfrontation mit Beethoven läßt erkennen, daß Wagners Bach-Interpretation auch nach der »Offenbarung«, die Liszt zu verdanken war, gespalten blieb. Einerseits erscheint Bachs Werk — und das hieß für Wagner: das *Wohltemperierte Klavier* — als die »eigentliche« Musik und als Substanz, von der alles Spätere offen oder latent zehrt. »Bach wäre der eigentliche Musiker. Die andren, Mozart, Beethoven, näherten sich mehr dem Dichter« (Cosima-Tagebücher, 24. April 1881). »Herr Rubinstein spielt uns noch Fugen aus dem Wohltemperierten Klavier: › Das ist wie die Wurzel des Wortes ‹, sagt Richard, und später: › Wie die Sanskrit-Sprache zu anderen Sprachen verhält es sich zu anderer Musik ‹« (Cosima-Tagebücher, 26. Juni 1880). Andererseits empfand Wagner zwischen Bach und der Gegenwart einen Abstand, der sich, wenn überhaupt, einzig durch historische Reflexion überbrücken läßt. (Bachs Werk war bereits für Mozart und Beethoven »Alte Musik«, während Mozarts und Beethovens Oeuvre bis heute nicht dazu geworden ist: »Alte Musik« ist keine chronologische, sondern eine geschichtstheoretische Kategorie, die den Kontinuitätsbruch bezeichnet, der das Barockzeitalter von der Klassik trennt.) »Am liebsten, da man mit Beethoven doch nicht mehr weiter kann, beschäftigt man sich neuerdings mit Sebastian Bach; als ob das leichter sein müßte, mit diesem wunderbarsten Rätsel aller Zeiten ins klare zu kommen. Um Bachs Musik zu begreifen, erfordert es einer so spezifisch und tief reflektierten musikalischen Bildung, daß der Fehlgriff, diese dem Publikum, noch dazu durch die moderne leichtsinnige Aufführungsweise vermittelt, zuzumuten, nur daraus erklärt werden kann, daß diejenigen, welche ihn dennoch begehen, gar nicht wissen, was sie tun« (*Bericht über eine in München zu errichtende deutsche Musikschule*, 1865). Die Reflexion aber, die Wagner forderte, war eine historische: das Bewußtsein einer Andersheit und Fremdheit, die nur dadurch aufgehoben werden kann, daß man das Vergangene nicht etwa aktualisiert — »durch die moderne leichtsinnige Aufführungsweise vermittelt« —, sondern als Ursprung und Vorgeschichte der Gegenwart begreift, von deren Verständnis die eigene kulturelle Identität abhängt, die ebenso wie die personale Identität eine Funktion der Erinnerung ist. »Beethovens Musik wird zu jeder Zeit verstanden werden, während die Musik seiner Vorgänger größtenteils nur unter Vermittlung kunstgeschichtlicher Reflexion uns verständlich bleiben wird« (*Beethoven*, 1870).

Daß Wagner in Bachs Werk die »eigentliche Musik« sah, widerspricht insofern, als er zugleich ein Verständnis auf dem Umweg der Reflexion postulierte, dem Unmittelbarkeits-Dogma seiner Ästhetik: der Forderung eines direkten »Gefühlsverständnisses«, das ihm bei Beethoven für alle Zeiten verbürgt erschien. Außerdem ist die Bach-Apotheose mit der These, daß Musik ein »Formmotiv« brauche, das in der Sprache oder im Tanz bestehe, unvereinbar. Und durch die Vorstellung, daß Bachs Musik »wie die vormenschliche Welt« sei (Cosima-Tagebücher, 13. Oktober 1881), wurde Bachs »absolute« Musik zwar als die »eigentliche« bestätigt, fand aber ihren ontologischen Ort jenseits der menschlichen Geschichte, einer Geschichte, in der die vom Tanz inspirierte Symphonie bei Beethoven einen Grad von Expressivität erreichte, der die Begründung aus dem Drama zur ästhetischen Notwendigkeit werden ließ.

## »Unendliche Melodie«

»Abends drei Präludien und Fugen von Bach aus dem zweiten Teil von Herrn Rubinstein sehr schön gespielt. Von der ersten (fis-moll, 14), der schönsten, sagt Richard: ›Das ist wie die unverständige und unverstehbare Natur, das ist auch die unendliche Melodie‹ « (Cosima-Tagebücher, 20. Februar 1879). »Alles ist im Keim da, was dann in einem üppigen Boden wie Beethoven's Phantasie weiter wucherte; unbewußt wie im Traum ist vieles von Bach niedergeschrieben; die unendliche Melodie ist da prädestiniert« (Cosima-Tagebücher, 13. November 1878).

Der Ausdruck »unendliche Melodie«, der von Wagner 1860 in der Abhandlung *Zukunftsmusik* geprägt wurde — in späteren Schriften aber nirgends wiederkehrt —, wirkt als Charakterisierung Bachscher Fugen zunächst befremdend und rätselhaft. (Das handgreiflichste äußere Merkmal, die Überbrückung von Zäsuren, ist unspezifisch, weil es für die Polyphonie Palestrinas ebenso gilt wie für Bachs Kontrapunkt.) Gerade die Eigenschaften aber, durch die das Thema und die Kontrapunkte der fis-Moll-Fuge aus dem zweiten Teil des *Wohltemperierten Klaviers* vom gewöhnlichen, umgangssprachlichen Melodiebegriff abweichen, sind bedeutsam für das Verständnis von Wagners Idee des Melodischen, wie sie in den Musikdramen seit dem *Rheingold* realisiert wurde.

Das Fugenthema hält sich durch Synkopierungen, die das Taktgerüst unkenntlich machen in einem rhythmischen Schwebezustand, der entfernt — wenn man ästhetische Analogien unabhängig von stilistischen Divergenzen gelten läßt — an den Anfang des *Parsifal*-Vorspiels erinnert.

Außerdem umfaßt das Thema drei Takte, entzieht sich also der von Wagner verhöhnten syntaktischen »Quadratur«: der Zwei-, Vier- und Achttaktigkeit, deren Regelmaß der spätere Wagner als pedantisch empfand. Eine irreguläre, nicht-quadratische Syntax — in der Viertaktgruppen zwar keineswegs ausgeschlossen sind, aber nicht mehr die Norm bilden — gehört zu den grundlegenden Strukturmerkmalen der Musikdramen seit dem *Rheingold*. Und zwar stellt die »musikalische Prosa« das Korrelat oder die Konsequenz des alliterierenden Verses dar, in dem Wagner die dem germanisch mythischen Stoff einzig adäquate dichterische Form sah: Der Stabreimvers, bei dem die Anzahl der Hebungen ebenso ungleichmäßig sein kann wie die der Senkungen zwischen den Hebungen, ist kompositionstechnisch, im Hinblick auf die musikalisch-syntaktische Struktur, nichts anderes als Prosa.

Die irreguläre Syntax erzwang nun aber eine tiefgreifende Veränderung des Melodiebegriffs, der zentralen Kategorie in Wagners musikalischer Poetik. Noch im *Lohengrin* war die »Quadratur« — außer in einzelnen, die Kompositionstechnik der *Ring*-Tetralogie antizipierenden Szenen wie dem Dialog zwischen Ortrud und Telramund zu Beginn des zweiten Aktes — über weite Strecken unangetastet geblieben. Der traditionelle Melodiebegriff, für den eine regelmäßige syntaktische Struktur, verbunden mit kadenzierender Harmonik, grundlegend war, wurde im wesentlichen festgehalten und bildete eine der Voraussetzungen für die Popularität, zu der *Lohengrin* seit den 1850er Jahren gelangte. (Daß das fundamentale Merkmal des umgangssprachlichen Melodiebegriffs die syntaktisch-harmonische Simplizität ist, war den Musiktheoretikern des 19. Jahrhunderts, im Unterschied zu Wagner, kaum bewußt.)

Im Gegensatz zur Formstruktur des *Lohengrin* macht es die nicht-quadratische Syntax der *Ring*-Tetralogie und der späteren Musikdramen unmöglich, durch »Rhythmus im Großen« (Eduard Hanslick) — durch formbildende Korrespondenzen zwischen einem Ersten und einem Zweiten in sämtlichen Größenordnungen: vom Taktteil über den Takt und den Halbsatz bis zur Periode — einer Melodie den Rückhalt zugeben, der sie als einheitliches, in sich geschlossenes Gebilde erscheinen läßt. Und seit dem *Rheingold* verstand Wagner, in schroffem Kontrast zur Umgangssprache, unter einer »Melodie« das Zusammenwirken und Ineinandergreifen einer »Versmelodie« und einer — durch Leitmotive konstituierten — »Orchestermelodie«. Mit anderen Worten: Die Melodie wurde — jedenfalls im übergeordneten, partielle Melodiebegriffe einschließenden Sinne — als Polyphonie oder durch Polyphonie hervorgebracht aufgefaßt.

Die Idee einer »Gesamtmelodie«, zu der die Stimmen eines polyphonen Satzes gleichsam zusammenwachsen, wurde von Wagner in der Abhandlung *Zukunftsmusik* an Bachs Motette *Singet dem Herrn ein neues Lied* exemplifiziert: einem Werk, das Wagner seit einer Dresdener Aufführung unter Chordirektor Fischer, die einen tiefen Eindruck hinterließ, immer wieder zitierte. »Hierbei ward die selbständig sich bewegende Polyphonie nicht nur beibehalten, sondern bis zu der Höhe ausgebildet, wo jede der Stimmen, vermöge der kontrapunktischen Kunst, selbständig am Vortrage der rhythmischen Melodie teilnahm, so daß die Melodie nicht mehr nur im ursprünglichen Canto fermo, sondern in jeder der begleitenden Stimmen ebenfalls sich vortrug.« Mit der »Teilnahme« der den Choral — die »rhythmische Melodie« — kontrapunktierenden Stimmen kann eine Nachahmung des Cantus firmus nicht gemeint sein, denn die Choralbearbeitung in *Singet dem Herrn ein neues Lied* beruht nirgends auf dem Imitationsprinzip. Wagner scheint also sagen zu wollen, daß »die« Melodie — als »Gesamtmelodie« — durch die Gegenstimmen mitkonstituiert werde.

Die Technik der polyphonen Melodiebildung, die sich demnach als charakteristisch für die »unendliche Melodie« erweist — sei es in der Form des Fugenkontrapunkts oder der Ergänzung von »Versmelodie« und »Orchestermelodie« —, ist nun in dem Verhältnis zwischen dem Thema und dem ersten Kontrapunkt der fis-Moll-Fuge in geradezu paradigmatischer Weise ausgeprägt. Die Stimmen ergänzen sich nicht nur rhythmisch, indem die eine fortschreitet, während die andere liegen bleibt, sondern der melodische »Zug« des Themas, der Sekundgang abwärts von der Sexte bis zum Grundton, wird durch die Gegenstimme überhaupt erst »motiviert«, indem die Töne des Themas durch den Kontrapunkt zu Dissonanzen werden, die einem Auflösungs- und Fortschreitungszwang unterworfen sind.

Ist demnach Wagners unkonventioneller Melodiebegriff, der es sinnvoll erschienen ließ, von »unendlicher Melodie« bei Bachschen Präludien und Fugen zu sprechen, durch Merkmale wie eine schwebende, den Takt vorübergehend suspendierende Rhythmik, eine irreguläre, nicht-quadratische Syntax und eine das Melodische mitbegründende Polyphonie gekennzeichnet, so darf andererseits nicht verkannt werden, daß das wesentliche Bestimmungsmoment die Kontinuität ist: eine Kontinuität, die für den älteren Melodiebegriff ebenso konstitutiv ist wie für den Wagnerschen, aber in der Abhandlung *Zukunftsmusik* von Grund auf anders interpretiert wurde als in der traditionellen Ästhetik und Musiktheorie.

Auch die von Wagner preisgegebene und verpönte »Quadratur« — der Zusammenschluß eines Ersten mit einem korrespondierenden Zweiten, wobei das Gleichmaß der Takte auf dem der Taktteile aufbaute und das der Halbsätze wiederum auf dem der Takte — war ein Mittel, um Kontinuität, Zusammenhang der Teile zu begründen. (»Zerrissenheit« — Diskontinuität — war der Vorwurf, den Hegel, Grillparzer und sogar Wagner in *Oper und Drama* gegen Weber erhoben, der die »schöne« Melodie um der »charakteristischen« Details willen preisgegeben habe.)

Um demgegenüber einen Melodiebegriff zu rechtfertigen, der die »Quadratur« aufhob und dennoch die Kontinuität zu wahren vermochte, verknüpfte Wagner das formale, syntaktische Moment mit einem inhaltlichen: Der Ausdruck »unendliche Melodie« besagt in *Zukunftsmusik*, daß der Hörer »jedem harmonischen Tone, ja, jeder rhythmischen Pause eine melodische Bedeutung zuerkennen muß«. Wesentlich ist nicht die Überbrückung von Zäsuren, die lediglich ein äußeres Merkmal darstellt, sondern die Lückenlosigkeit eines melodischen Verlaufs, in dem jeder Ton beredt und expressiv ist (wobei die melodische Expressivität, wie in der fis-Moll-Fuge, zum Teil polyphon begründet sein kann). Die »unendliche Melodie« entsteht, negativ formuliert, durch Ausschließung des Nichtssagenden (»Unmelodischen«) und des Unzusammenhängenden, Zerrissenen (Isolierten und Begrenzten).

Die Kritik an der »Quadratur« richtete sich demnach primär gegen die Formeln und Füllsel, ohne die eine reguläre, auf dem Korrespondenzprinzip beruhende Syntax selten auskommt. »Noch bei den Vorgängern Beethovens sehen wir diese bedenklichen Leeren zwischen den melodischen Hauptmotiven selbst in symphonischen Sätzen sich ausbreiten« (*Zukunftsmusik*). Einzig von Bach und Beethoven wurde, wie Wagner glaubte, die Unterbrechung der melodischen Kontinuität durch Nichtssagendes, Formelhaftes vermieden. »Abends spielte uns Herr Rubinstein die h-moll-Orgel-Fuge von Bach vor, von welcher das Präludium Richard entzückt; er sagt, man könne kaum Mozart darauf hören, der so viele Leeren noch habe, nur Beethoven, denn der habe die Leeren auch gescheut, und wir nehmen die c-moll-Sonate vor« (Cosima-Tagebücher, 11. März 1879).

Aus der Prämisse, daß ein Ton nur dann »melodisch« sei, wenn er sich als »bedeutsam« erweise, ergab sich die zunächst paradox wirkende, dem gewöhnlichen Melodiebegriff strikt zuwiderlaufende Konsequenz, daß Wagner gerade die Durchführungsteile Beethovenscher Symphonien als »eine einzige, genau zusammenhängende Melodie« empfand: Die Bedeutsamkeit der — aus dem Thema stammenden — Motive und die Lückenlosigkeit des Fortgangs genügten, um eine Formulierung zu rechtfertigen, die nichts anderes als eine Paraphrase des Terminus »unendliche Melodie« ist. »Hier« — in der »Konstruktion des ersten Satzes der Beethovenschen Symphonie« — »sehen wir die eigentliche Tanzmelodie« — nach Wagner der Ursprung der symphonischen Melodie — »bis in ihre kleinsten Bestandteile zerlegt, deren jeder, oft sogar nur aus zwei Tönen bestehend, durch bald vorherrschende rhythmische, bald harmonische Bedeutung interessant und ausdrucksvoll erscheint. Diese Teile fügen sich nun wieder zu immer neuen Gliederungen, bald in konsequenter Reihung stromartig anwachsend« — daß Wagner an Durchführungsteile denkt, ist unverkennbar —, »bald wie im Wirbel sich zerteilend, immer durch eine plastische Bewegung so fesselnd, daß der Zuhörer keinen Augenblick sich ihrem Eindrucke entziehen kann, sondern, zu höchster Teilnahme gespannt, jedem harmonischen Tone, ja jeder rhythmischen Pause eine melodische Bedeutung zuerkennen muß. Der ganz neue Erfolg dieses Verfahrens war somit die Ausdehnung der Melodie durch reichste Entwickelung aller in ihr liegenden Motive zu einem großen, andauernden Musikstücke, welches nichts anderes als eine einzige, genau zusammenhängende Melodie war« (*Zukunftsmusik*).

Die Kontinuität, die zum Wesen der »unendlichen Melodie« gehört, wurde von Wagner auch an Werken wie dem C-Dur-Präludium aus dem ersten

Teil des *Wohltemperierten Klaviers* gerühmt. »Es liegt in dieser Kontinuität (wie z. B. im Präludium in C-dur von Bach) etwas, dem man nicht müde wird zu folgen, wie man einem Strom endlos zusehen kann« (Cosima-Tagebücher, 27. Oktober 1878). Sie darf jedoch nicht im Sinne des spätbarocken »Einheitsablaufs« (Heinrich Besseler) mißverstanden werden. Nicht das Gleichmaß der Figuration ist entscheidend, sondern das Verhältnis zwischen dem Gleichmaß einerseits und dem schwebend irregulären Rhythmus der in der Figuration verborgenen Kantilene andererseits. »Darauf einiges aus dem ›Wohltemperierten Klavier‹ von Bach, das Eigentümlichste des Gesanges dieser Figuration kann Richard nicht genug hervorheben« (Cosima-Tagebücher, 1. April 1878).

Sogar vor der paradoxen Formulierung, daß die »unendliche Melodie« bei Bach eine Melodie »eigentlich ohne Melodie« sei — gemeint ist: ohne »quadratische« Melodie —, scheute Wagner nicht zurück. »Der erste Satz von dieser A-dur-Sonate« — der Klaviersonate opus 101 von Beethoven — »ist so recht ein Beispiel von dem, was ich unter unendlicher Melodie verstehe, das, was eigentlich Musik.« Cosima fährt fort: »Ich zitiere als Beispiel dieser Unendlichkeit Bach; ›ja‹, sagt Richard, ›und da ist es um so merkwürdiger, als es eigentlich ohne Melodie geschieht. Ja man kann sagen, daß die Quadrat-Melodie dagegen ein Verfall gewesen ist‹« (Cosima-Tagebücher, 14. November 1882). Im ersten Satz von Opus 101 sind — allerdings mit einem Rest von »Quadratur« — die Merkmale versammelt, die den Begriff der »unendlichen Melodie« ausmachen: eine partiell irreguläre Syntax (der Hauptsatz besteht aus 2 + 3 Takten und wird nur scheinhaft, durch Verschränkung des fünften Taktes mit dem ersten der Wiederholung, der »Quadratur« angeglichen), eine Ergänzung von Ober- und Gegenstimme zu einer polyphonen »Gesamtmelodie« (auch die Gegenstimme ist, wie die Durchführung zeigt, thematisch) und eine Kontinuität, die über die Zäsur zwischen Haupt- und Seitensatz hinweggeht (eine Kadenz wird erst zu Beginn der Schlußgruppe erreicht). Bei Beethoven gehört demnach die »aufgehobene« — ausgelöschte, latent bewahrte und auf eine höhere Entwicklungsstufe versetzte — »Quadratur« zur »unendlichen Melodie«. Bachs »unendliche Melodie« dagegen ist jenseits der »Quadratur« in sich selbst begründet: ohne dialektischen Prozeß, der sie herbeiführt.

## Eine Metapher

»Die Sprache Bachs steht zur Sprache Mozarts und endlich Beethovens in dem Verhältnisse, wie die ägyptische Sphinx zur griechischen Menschenstatue« (*Das Judentum in der Musik,* 1850).

Die seltsame Metapher charakterisiert Bachs Musik als rätselhaft, soll aber vor allem besagen, daß die barocke Musiksprache, im Unterschied zur klassisch humanen, erst halb menschlich gewesen sei. Und Wagner empfand 1850 das geringere Maß an subjektiver Expressivität, durch das sich Bach von Mozart und Beethoven unterscheidet, als ästhetischen Mangel.

Der Vergleich mit einer Sphinx kehrt Jahrzehnte später in den Cosima-Tagebüchern wieder. Die noch nicht vom Ausdrucksprinzip geprägte Musik erscheint jedoch nun als versunkene Welt, deren Stimme, wenn sie aus der Ferne herübertönt, Sehnsucht und Trauer hervorruft. »Darauf spielt Richard aus dem Wohltemperierten Klavier das cis-moll-Präludium zu unsäglichem Eindruck. Wie die ruhige Klage einer Sphinx oder verschwindender Götter oder einer Natur von Menschenerschaffung erklingt es in uns« (Cosima-Tagebücher, 7. März 1878).

Die Substanz des geschichtsphilosophischen Urteils, das Wagner 1850 und 1878 fällt, und der Metaphorik, durch die er sein Gefühl in Worte zu fassen versucht, bleiben im wesentlichen unverändert: Bachs Werk ist Musik jenseits der Subjektivität, in der man in der europäischen Neuzeit die Emanzipation des Menschen zu sich selbst zu erkennen glaubte. Galt aber das »Vormenschliche« — »Von Bach sagt er neulich: ›Wie die vormenschliche Welt‹« (Cosima-Tagebücher, 13. Oktober 1881) — 1850 als rudimentäre Entwicklungsstufe, so erscheint es um 1880 als Größe der Vorzeit. Aus dem »rein Formellen« — nach Wagners Begriffen einem defizienten Modus der Musik — wurde nach der »Offenbarung«, die er Liszt verdankte, ein Abbild des »Weltbaus« oder des »Ding an sich« im Sinne Schopenhauers.

Die metaphysischen Prämissen, die Wagners wechselnden Ausdrucksweisen zugrundeliegen, stehen allerdings in einem prekären Verhältnis zueinander, das auch die Bach-Interpretation berührt. (Von bloßer Rhetorik zu sprechen, bei der philosophische Reflexion inadäquat sei, wäre verfehlt: Was bei Wagner Suada zu sein scheint, erweist sich nicht selten als vertrackte Dialektik, die es verdient, beim Wort genommen zu werden.) Richard kommt »auf die Bach'schen Fugen zu sprechen, von welchen die meisten kaum modulierten: ›Es ist wie ein Weltbau, der nach einem ewigen Gesetz sich bewegt, ohne Affekt, das Leiden der Welt ist wohl auch darin mitinbegriffen, aber nicht in derselben Weise wie in der andren Musik‹« (Cosima-Tagebücher, 9. Juni 1878). Die Vorstellung, daß Musik die Struktur des Kosmos abbilde, ist ein aus der Antike stammender Topos der Musiktheorie, der allerdings insofern, als der Musikbegriff seinen Inhalt oder Bezugsgegenstand wechselte, nicht unverändert blieb. War mit »Musik« bei Kepler und noch bei Herder, der 1800 in *Kalligone* Kepler zitierte, primär das Tonsystem gemeint, das nach Herder die »Regel der Schöpfung« enthält, so bezog sich Goethes Wort über Bach insofern, als es durch bestimmte Fugen inspiriert wurde, auf individuelle Kunstwerke, nicht auf das generelle Tonsystem. »Ich sprach mir's aus: als wenn die ewige Harmonie sich mit sich selbst unterhielte, wie sich's etwa in Gottes Busen, kurz vor der Weltschöpfung, möchte zugetragen haben, so bewegte sich's auch in meinem Innern« (Brief an Zelter vom 21. Juni 1827).

Der Gedanke, daß Musik — bei Wagner wie bei Goethe in der Ausprägung zum individuellen Kunstwerk — die »Regel der Schöpfung« — sei es die der Schöpfung vorausgehende oder die in ihr enthaltene Idee — in Töne fasse, gerät allerdings bei Wagner scheinbar in Kollision mit Schopenhauers Metaphysik, die den Seinsgrund, das »Ding an sich«, als »Willen«, und das heißt: als blinden Trieb und Drang, bestimmt: als »Leiden der Welt«, wie Wagner es 1878 ausdrückte. Die dem Subjektivitätsprinzip vorausgehende Musik, die eine »Idee der Welt« offenbart, erscheint »gefühllos« und in die Ferne gerückt. »Bachs Musik ist gewiß eine Idee der Welt, seine gefühllosen Figurationen sind wie die Natur selbst gefühllos« (Cosima-Tagebücher, 12. Februar 1871). Das »Ding an sich« aber, wie es Schopenhauer interpretierte, ist gerade nicht »gefühllose Natur«, sondern »Leidenschaft, Wille«; und Wagner, unempfindlich für die Metaphernkollision, scheut nicht davor zurück, die sich ausschließenden Deutungen unmittelbar aufeinanderstoßen zu lassen. »Er bleibt etwas in dieser Stimmung, bis die h-moll-Fuge von Bach« — wahrscheinlich die aus dem ersten Teil des *Wohltemperierten Klaviers* — »gespielt wird. ›Was das für eine Welt ist‹, ruft er aus, ›Planeten, die umeinander kreisen, kein Gefühl, und doch alles Leidenschaft, Wille‹« (Cosima-Tagebücher, 15. Februar 1881).

Die Auflösung des Paradoxons, von der nicht weniger als die Verständlichkeit der Wagnerschen Bach-Interpretation abhängt, scheint in einer Formel zu liegen, die Wagner 1883 fand: »Bei der Hinfahrt erwähnte Richard die Bach'schen Fugen: ›das Chaos wird hier zur Harmonie‹« (Cosima-Tagebücher, 23. Januar 1883). Sofern in der »Harmonie«, die den »Weltbau« reguliert, das »Chaos«, aus dem sie hervorging, als »aufgehobenes« Moment stets eingeschlossen bleibt, ist es verständlich, daß das »Leiden der Welt«, der Schopenhauersche »Wille«, nicht verleugnet zu werden braucht, wenn von einer Natur die Rede ist, deren Grundstruktur sich in dem Bild »kreisender Planeten« manifestiert. Denn »Ordnung« ist in Wagners Denken — wie bei Nietzsche das Apollinische in Relation zum Dionysischen — nicht die schlechthin ausschlaggebende Instanz, sondern Teil einer Dialektik.

In Schopenhauers Metaphysik ist der »Wille« das Ursprüngliche, zu dem sich sowohl die »erscheinende Welt« als auch die Musik wie ein Abbild zu seinem Urbild verhält. »Da nun aber ferner die Musik abgesehen von ihrer ästhetischen oder innern Bedeutung und bloß äußerlich und rein empirisch betrachtet, nichts anderes ist, als das Mittel, größere Zahlen und zusammengesetzte Zahlenverhältnisse, die wir sonst nur mittelbar, durch Auffassung in Begriffen, erkennen können, unmittelbar in concreto aufzufassen [ . . . ].«

Hinter dem »rein Empirischen« aber steht das Metaphysische: der »Wille«

als Seinsgrund. »Diesem allein zufolge können wir die erscheinende Welt, oder die Natur, und die Musik als zwei verschiedene Ausdrücke derselben Sache ansehen, welche selbst daher das allein Vermittelnde der Analogie Beider ist, dessen Erkenntnis erfordert wird, um jene Analogie anzusehen« (*Die Welt als Wille und Vorstellung*, 1819, § 52).

Die mathematische Struktur, die dem Tonsystem zugrundeliegt und dessen Analogie zum »Weltbau« begründet, macht demnach nicht das eigentliche Wesen der Musik aus, sondern gehört zur »bloß äußerlichen« und »rein empirischen« Erscheinungsform: Ist der »Wille« das Primäre gegenüber der »erscheinenden Welt«, so ist es auch die Musik als Abbild des »Willens« gegenüber der Musik als Abbild des »Weltbaus«.

Versteht man aber Wagners Bach-Interpretation im Kontext der Schopenhauerschen Metaphysik — und nichts anderes läßt sich ideengeschichtlich rechtfertigen —, so zeigt sich, daß Wagner auch in Bachs Präludien und Fugen, wie sie ihm durch Liszt »offenbart« worden waren, nicht die »Harmonie« als solche, sondern als Widerpart zum »Leiden der Welt« — allerdings einem der menschlichen Subjektivität und deren Ausdruck immer schon vorausgehenden, die Natur insgesamt durchdringenden Leiden — als Substanz dessen empfand, was die Musik sagt.

## Deutsche Musik

Wagners Bach-Interpretation war mit der Idee der Ideologie einer deutschen »Nationalmusik«, die seit Forkels Bach-Biographie (1802) im Bildungsbürgertum des 19. Jahrhunders immer festere Umrisse annahm, eng verbunden. Die wesentlichen Bestimmungsmerkmale der Idee: der Gedanke einer natürlichen Affinität zwischen nationalem Volkslied und nationaler Klassik, die primäre Orientierung an der als spezifisch deutsch empfundenden Instrumentalmusik und der Wachtraum von einer Kunstreligion, in der die Substanz des Christentums aufgehoben sei, sind gerade von Wagner, und zwar im Kontext der Bach-Interpretation, mit einem Nachdruck formuliert worden, dessen Geschichtswirkung kaum überschätzt werden kann. »Als nächste Erweiterung und Vergrößerung des Chorales müssen die Motetten angesehen werden. Diese Kompositionen hatten dieselben kirchlichen Lieder, wie die Choräle, zur Unterlage; sie wurden ohne Begleitung der Orgel nur von Stimmen vorgetragen. Die großartigsten Kompositionen von diesem Genre besitzen wir von Sebastian Bach, so wie dieser überhaupt als der größte protestantische Kirchenkomponist betrachtet werden muß« (*Über deutsches Musikwesen*, 1840). Daß Bach zum »Klassiker« der protestantischen Kirchenmusik deklariert wurde — unter einem »Klassiker« verstanden mache Ästhetiker des 19. Jahrhunderts weniger einen Repräsentanten eines generellen, sämtliche Gattungen umfassenden klassischen Stils als vielmehr den »classicus auctor« einer bestimmten Gattung —, verdankte er bei Wagner wie später bei Philipp Spitta, wenn auch aus verschiedenen Gründen, der Fundierung einiger Motetten und Kantaten durch Choräle: Choräle, die Wagner als »Volkslieder« interpretierte. Das Volkslied aber — die dichterisch-musikalische Ausprägung des »Volksgeistes« im Sinne Herders und Jacob Grimms — galt als ursprüngliche Manifestation einer ethnischen Substanz, als deren vollendete Gestalt man dann die nationale Klassik ansah. »Oft habe ich erklärt, daß ich die Musik für den rettenden guten Genius des deutschen Volkes hielte, und es war mir möglich, dies an der Neubelebung des deutschen Geistes seit Bach bis Beethoven nachzuweisen: sicherer wie hier gab auf keinem anderen Gebiete die Bestimmung des deutschen Wesens, die Wirkung seines Gemütes nach außen sich kund« (*Offenes Schreiben an Herrn Friedrich Schön in Worms*, 1882).

Daß Wagner den Topos des 19. Jahrhunderts, der italienischen oder italienisch-französischen Opernkultur stehe eine deutsche Kultur der Instrumentalmusik gegenüber — den Topos, auf dem Verdis Wagner-Kritik beruhte —, nicht explizit übernahm, ist selbstverständlich. Berücksichtigt man aber, daß er das Musikdrama einerseits von der italienisch-französischen Oper schroff und polemisch unterschied und daß er es andererseits als Vollendung und Transformation der deutschen symphonischen Tradition interpretierte, so ist es keineswegs absurd, von einer Teilhabe an der Idee eine spezifisch deutschen Instrumentalmusik zu sprechen: einer Instrumentalmusik, die bei Bach, wie man glaubte, die Gestalt einer »reinen, absoluten Tonkunst« (Eduard Hanslick) angenommen hatte. Das Rückgrat der Bach-Renaissance bildete allgemein, nicht nur bei Wagner, das *Wohltemperierte Klavier* (trotz der Verehrung der *Matthäus-Passion* als Monument). Die Präludien und Fugen aber wurden, unter Vernachlässigung des didaktischen Zwecks, der Bach vorschwebte — eines Zwecks, der im Rang gesunken war, seit die didaktische Poesie nicht mehr zu den eigentlich »dichterischen« Gattungen gezählt wurde —, als Paradigmata absoluter Musik aufgefaßt: einer Musik, die als autonome Kunst, ohne eine Funktion zu erfüllen, um ihrer selbst willen da ist und vom Hörer die kontemplative Versenkung verlangt, die von Schopenhauer so eindringlich beschrieben wurde. Die Formidee, von deren Realisierung in Bachs Klavierwerk die Komponisten des 19. Jahrhunderts — Wagner ebenso wie Schumann und Mendelssohn, Brahms und Schönberg — zutiefst beeindruckt waren, kann in erster Annäherung als lückenlose Einheit von Kontrapunkt und offener oder latenter Kantabilität beschrieben werden. Was sich auszuschließen schien, war bei Bach zu einer Untrennbarkeit verklammert, die überdies mit dem Schein der Mühelosigkeit die Anstrengung verdeckte, derer es bedurfte, um in jedem Augenblick Expressivität aus Konstruktion und umgekehrt Konstruktion aus Expressivität — einer

Expressivität, die Wagner als Ausdruck eines »Leidens der Welt« jenseits des bloß Subjektiven empfand — hervorgehen zu lassen. Durch formale Rigorosität ohne Einbuße an expressiver Substanz aber wurde, um es im Sinne der Wackenroderschen und Schopenhauerschen Metaphysik der Instrumentalmusik auszudrücken, der musikalische Ausdruck zu einer Sprache jenseits und über der Wortsprache — einer Sprache des »Unsagbaren« — erhoben, so daß in Bachs Präludien und Fugen, wie man sie im 19. Jahrhundert verstand, die Idee einer absoluten, von irdischen Affekten losgelösten Musik aufleuchtete, einer Musik, die gerade dadurch, daß sie sich vom tönenden Gefühlsausdruck in einem empirisch faßlichen Sinne lossagte — »gefühllos« wurde, wie Wagner sagte —, zur Chiffre des metaphysisch Absoluten zu werden vermochte.

Obwohl Wagner den Terminus »absolute Musik« um 1850 in polemischer Absicht prägte und später vermied, stand er den Vorstellungen, die das deutsche Bildungsbürgertum mit dem Ausdruck verband, keineswegs fern: Die Auffassung von Bachs Präludien und Fugen als Musik »ohne Affekte« teilte er ebenso wie die metaphysische Deutung als Abbild oder Ahnung des Absoluten. Und Wagners Idee der »Kunstreligion« — genauer: die Wendung, die er der von Wackenroder, Schleiermacher und Hegel in verschiedener Weise vorgezeichneten Idee gab — ist keineswegs nur eine Interpretation des *Parsifal*, sondern — in der *Parsifal*-Zeit — auch eine Bach-Interpretation. Daß sie mit Bachs orthodoxem Luthertum unvereinbar ist, braucht kaum gesagt zu werden. Man sollte jedoch nicht verkennen, daß sich Wagner über die religiöse Substanz des Bachschen Werkes nicht säkularisierend hinwegsetzte, sondern daß er sie durch Transformation zu »retten« versuchte.

»Man könnte sagen, daß da, wo die Religion künstlich wird, der Kunst es vorbehalten sei, den Kern der Religion zu retten, indem sie die mythischen Symbole, welche die erstere im eigentlichen Sinne als wahr geglaubt wissen will, ihrem sinnbildlichen Werte nach erfaßt, um durch ideale Darstellung derselben die in ihnen verborgene tiefe Wahrheit erkennen zu lassen« (*Religion und Kunst*, 1880). Als Bach-Interpretation besagt Wagners Religionsbegriff, daß die Musik, die nach E. T. A. Hoffmann dem Kultus nicht mehr dient, sondern selbst »Kultus ist« (*Alte und neue Kirchenmusik*, 1814), die Substanz der Religion in sich aufgenommen hat, und zwar gerade als autonome, von Funktionen — also auch liturgischen Zwecken — losgelöste Kunst. Nicht die Stellung in der Liturgie, sondern der Kunstcharakter soll die »Religiosität« verbürgen. Uns sofern die »mythischen Symbole« — die Bach noch beim Wort nahm und die seinen Texten ebenso wie der als Textinterpretation verstandenen Vokalmusik zugrundeliegen — bloße »Schale« sind, ist es die »Autonomisierung« der Musik — das Zerbrechen der »Schale« —, die den »Kern der Religion« zutage treten läßt. Die Größe des Bachschen Werkes als Kunst erlaubt eine Übertragung der religiösen Substanz

Parsifals Weg zur Gralsburg. Bayreuther Szenenbild 1883 (Richard-Wagner-Museum, Bayreuth). Zu Cosima sagte Wagner, als er die Worte des Gurnemanz: »Zum Raum wird hier die Zeit«, in Töne gefaßt hatte, er habe gerade einen philosophischen Satz komponiert. Im Grunde aber ist die gesamte Musik, soweit sie eine Form im Sinne des Formbegriffs der musikalischen Neuzeit ausprägt, eine Illustration der Wagnerschen Maxime. Denn es ist der Sinn der Form, das »transitorische« Wesen der Musik, das Kant für einen unaufhebbaren Mangel hielt, zu überwinden und im ästhetischen Bewußtsein aus dem tönenden Prozeß eine Struktur hervorgehen zu lassen, die dem Hörer am Ende eines Satzes gleichsam vor Augen steht, so daß »die Zeit zum Raum« geworden ist.

von der Liturgie, der Bach durch Musik zu dienen glaubte, auf die Musik selbst, in der er nach Wagners Verständnis »wahrhaft religiös« war. Als »reine, absolute Tonkunst« ist sie metaphysisch und als »opus metaphysicum« (Nietzsche) religiös.

## »Fortsetzung von Bach«

»Joseph Rubinstein spielte erstens Bach'sche Orgel-Fugen (a-moll, c-moll) sehr schön, ›ein wenig dramatisiert‹, sagt Richard, ihm aber zu größter Freude, dann aus dem Wohltemperierten Klavier, ein Präludium in fis moll (Nr. 14); wie wir dadurch an die Meistersinger erinnert werden, nimmt Richard die Versammlung der Meistersinger (›Fortsetzung von Bach‹) vor und schließt so das Musikalische des Abends herrlich ab« (Cosima-Tagebücher, 15. Dezember 1878).

Wodurch sich Cosima und Richard Wagner an die *Meistersinger* erinnert fühlten, ist kaum zweifelhaft: Das aus vier Sechzehnteln und zwei Achteln bestehende Hauptmotiv des fis-Moll-Präludiums (Takt 3) ist rhythmisch und im melodischen Umriß nahezu identisch mit dem Motiv, das in der Schlußszene der *Meistersinger* die Volksmeinung über Beckmesser ausdrückt (»Scheint mir nicht der Rechte«). Und die Ähnlichkeit wird dadurch unterstrichen, daß sogar die kontrapunktische Kombination mit der diminuierten Fassung des Meistersinger-Motivs in Bachs Präludium (Takt 8) »antizipiert« erscheint, wenn auch nur in der rhythmischen Struktur. Wagner zitierte jedoch, um die »Fortsetzung von Bach« zu demonstrieren, nicht die Partie aus der Schlußszene der *Meistersinger* — oder die entsprechende Stelle im Vorspiel —, sondern die »Versammlung der Meistersinger«, den Anfang der dritten Szene des ersten Aktes.

Daß es sich um einen kontrapunktisch ungewöhnlich dichten, fast immer real drei- oder vierstimmigen Satz handelt, der durch musikalische Assoziationen mit dem frühen 18. Jahrhundert Erinnerungen an das 16. beschwören soll, ist ein grundlegendes, im Hinblick auf den Anspruch einer »Fortsetzung von Bach« jedoch unspezifisches Merkmal, das sich erst im Zusammenhang mit der Tatsache, daß für den »Ton« oder die »couleur locale« der *Meistersinger* eine strikt diatonische, nicht chromatische Polyphonie charakteristisch ist, als bedeutsam erweist. Wagner hob bei Bach nicht etwa den tonalen Stufenreichtum oder die weit ausgreifenden Modulationen hervor, sondern gerade umgekehrt das geringe Maß an harmonischen Wirkungsmitteln, mit dem er immer dann auszukommen vermochte, wenn sich das Interesse auf die Differenzierung des Kontrapunkts konzentrierte. Und in dem, was Wagner an anderen rühmte, entdeckte er im allgemeinen die Bestätigung einer eigenen Tendenz. Die Versammlung der Meistersinger umfaßt (bis »Beliebt's, wir schreiten zur Merkerwahl«) nicht weniger als 170 Takte, die jedoch — außer einer abrupten Wendung nach A-Dur und einer ebenso überraschenden, also nicht durch einen langen harmonisch reizvollen Modulationsgang herbeigeführten Rückkehr — in einem ununterbrochenen, mit mit dem Willen zur Simplizität festgehaltenen F-Dur stehen, und zwar einem auf die nächstliegenden Stufen beschränkten F-Dur.

Andererseits ist die Polyphonie, die den Ausgleich der reduzierten Harmonik bildet, jedoch keineswegs verschwenderisch, sondern zeichnet sich ihrerseits durch eine Ökonomie der Mittel aus, die Wagner wahrscheinlich zu den Eigentümlichkeiten zählte, in denen die »Fortsetzung von Bach« bestand. Der Motivbestand ist geringer, als man erwarten sollte; im Grunde bestreitet Wagner die lang ausgesponnene Entwicklung mit ungefähr acht — und zwar kurzen — Motiven. (Eine exakte Zählung von Leitmotiven ist niemals möglich, weil die Grenzen zwischen selbständigen und abgeleiteten, zur wiederkehrenden Formel verfestigten und bloß vorübergehend erscheinenden Motiven fließend sind und je nach dem »Erkenntnisinteresse«, das ein Interpret verfolgt, verschieden gezogen werden können.)

Daß sich die Stimmen aus Motiven zusammensetzen und daß dennoch aus ihren Relationen zueinander der Eindruck lückenloser Kontinuität entsteht, ist das ausschlaggebende Merkmal der Bach-Interpretation, die im *Meistersinger*-Stil enthalten ist. (Eine Rezeption ist immer eine Deutung des Rezipierten, und Abgeleitetes kann nicht umstandslos am Vorbild gemessen werden, als stünde dessen Sinn unzweideutig fest, sondern wirkt seinerseits auf die Erscheinungsform zurück, in der sich das Modell zeigt: Auch die praktische Aneignung von Vergangenem, nicht nur die theoretische, ist mit dem Problem des hermeneutischen Zirkels konfrontiert.)

Geht man nun aber davon aus, daß Wagner die Kunst, aus abgegrenzten — und in ihrer Abgrenzung symbolisch bedeutsamen — Motiven durch immer dichtere kontrapunktische Verflechtung eine »unendliche Melodie« zu entwickeln, mit Bach zu teilen glaubte, so läßt sich das Spezifische von Wagners Bach-Interpretation dadurch genauer bestimmen, daß man die Auffassung von Ernst Kurth, der Bachs Kontrapunkt als »linear« charakterisierte, dagegen hält. Der Ausdruck »linear«, der in den 1920er Jahren nicht nur die theoretische, sondern auch die kompositorische Bach-Rezeption beeinflußte, besagt nichts anderes, als daß ein ununterbrochener — über die motivische Gliederung hinweggehender — melodischer Zug die einzelnen Stimmen von innen heraus weitertreibt und daß Polyphonie in der Gleichzeitigkeit unabhängiger, nebeneinander herlaufender Stimmen besteht.

Demgegenüber betont Wagner — man kann sagen: selbstverständlich, denn von einer inneren Affinität zwischen Bachs kontrapunktischem Stil und seinem eigenen könnte sonst schwerlich die Rede sein — einerseits die motivische Gliederung und andererseits die Abhängigkeit der Stimmen voneinander. Nicht die einzelne Stimme ist »linear«, sondern der Eindruck von Kontinuität, den Kurths These vom »linearen« Kontrapunkt erklären soll, resultiert vielmehr erst aus der Dialektik der Stimmen. Und daß Wagner nicht durch eine Bachsche Fuge, sondern durch ein — in nicht geringerem Maße kontrapunktisches — Präludium zu einem Vergleich mit den *Meistersingern* angeregt wurde, ist kein Zufall: Zu den Mitteln, Motive ineinander übergehen zu lassen und durch rhythmische oder diastematische Ähnlichkeiten aufeinander zu beziehen, gehört bei Wagner eine differenzierte Variations- oder Variantentechnik, zu der man Analogien eher in Bachs Präludien als in den Fugen findet.

Wagner und Kurth versuchten also, wenn auch auf entgegengesetzten Wegen, dasselbe Phänomen zu erklären: das Phänomen, das Wagner, bei Bachs Werken wie bei den eigenen, »unendliche Melodie« nannte und in dem er nicht nur das Wesen des symphonischen, sondern auch das des polyphonen Stils zu erkennen glaubte.

## Analyse des Mythos
## Claude Lévi-Strauss und »Der Ring des Nibelungen«

### 1

»Denn wenn man in Wagner den unabweisbaren Vater der strukturalen Analyse der Mythen erkennen muß, ist es im höchsten Maße aufschlußreich, daß die Analyse zuerst in der Musik vorgenommen worden ist. Wenn wir also meinten, daß die Analyse der Mythen derjenigen einer großen Partitur vergleichbar sei, ziehen wir nur die logische Konsequenz aus der Wagnerschen Entdeckung, daß die Struktur der Mythen sich mittels einer Partitur enthüllt. Und dennoch bestätigt diese Huldigung im voraus eher die Existenz des Problems, als daß sie es löst. Die wahre Antwort liegt, wie wir glauben, in der dem Mythos und dem musikalischen Werk gemeinsamen Eigenschaft, Sprachen zu sein, die jede auf ihre Weise die Ebene der artikulierten Sprache transzendieren und dennoch wie diese und im Gegensatz zur Malerei eine zeitliche Dimension erheischen, um sich zu offenbaren. Aber dieser Zeitbezug ist besonderer Art: Alles geht so vor sich, als hätten Musik und Mythologie die Zeit nur deshalb nötig, um sie zu verleugnen. Tatsächlich ist die eine wie die andere ein Apparat zur Beseitigung der Zeit.«

Der Vergleich zwischen der Struktur der Musik und der des Mythos, den Claude Lévi-Strauss in *Das Rohe und das Gekochte* zog, ist in erster Instanz von dem Werk Richard Wagners, das Lévi-Strauss vor Augen stand, durchaus unabhängig und bezieht sich auf eine Eigentümlichkeit mehrstimmiger Musik insgesamt. Die Analogie besagt nämlich, wie das Kapitel *Die Struktur der Mythen* in der *Strukturalen Anthropologie* zeigt, nichts anderes, als daß sowohl mehrstimmige Tonsätze als auch Mythen Strukturen sind, die man, um sie adäquat zu erfassen, einerseits diachron »von links nach rechts« und andererseits synchron »von oben nach unten« lesen muß. Die doppelte Leseweise, bei einer Partitur selbstverständlich, ist bei der Analyse von Mythen eine Eigentümlichkeit der strukturalen Methode, die Lévi-Strauss am Ödipus-Mythos erläutert: Die Sätze 1) »Kadmos tötet den Drachen«, 2) »Die Spartoi rotten sich gegenseitig aus«, 3) »Ödipus erschlägt seinen Vater Laios«, 4) »Ödipus bringt die Sphinx um« und 5) »Eteokles tötet seinen Bruder Polyneikes« sind einerseits Teile einer Erzählung, also einer diachronen Struktur; andererseits aber gehören 1) und 4) sowie 2), 3) und 5) — und zwar wegen ihrer Motivverwandtschaft — als synchrone, der Zeit enthobene Strukturen zusammen.

Von der einfachen Feststellung, daß sich in einem Mythos diachrone und synchrone Strukturen durchdringen, muß allerdings die Interpretation, die Lévi-Strauss dem Sachverhalt gibt, strikt unterschieden werden. Denn die Behauptung, daß Mythos und Musik die Zeit zwar brauchen, um sich zu manifestieren, sie aber lediglich als Vehikel benutzen und letzten Endes auslöschen und verleugnen, ist nichts weniger als eine zwingende Konsequenz der Beschreibung, von der Lévi-Strauss ausgeht. Ob ein synchrones System eine bloße Prämisse und Implikation darstellt, die ein diachroner Prozeß voraussetzt und in sich enthält, oder ob umgekehrt der diachrone Prozeß nur eine Erscheinungsform bildet, deren Sinn und Ziel es ist, in die Wesensform eines synchronen Systems aufgehoben zu werden, ob also der Prozeß oder das System als essentiell gelten soll, ist ohne eine metaphysische Entscheidung, zu deren Annahme niemand mit empirischen und logischen Mitteln gezwungen werden kann, gar nicht auszumachen.

Gerade dadurch aber, daß sich das Verhältnis zwischen System und Prozeß, Synchronie und Diachronie als problematisch erweist, erhält die Methode, die Lévi-Strauss der Mythenanalyse zugrunde legte, Bedeutung für eine Interpretation des Leitmotivsystems, mit dem Wagner im *Ring des Nibelungen* einen mythischen Stoff dem »Gefühlsverständnis« zu vermitteln suchte.

## 2

Daß der Vergleich mit einer Partitur, der nichts anderes als die Verschränkung von Synchronie und Diachronie illustriert, keineswegs »die logische Konsequenz der Wagnerschen Entdeckung« ist, »daß die Struktur der Mythen sich mittels einer Partitur enthüllt«, braucht kaum gesagt zu werden — der Irrtum (die Vertauschung von Generellem und Spezifischem) ist ebenso offenkundig wie bedeutungslos.

Andererseits ist der unbestreitbare Sachverhalt, daß ein wiederkehrendes Leitmotiv, das verschiedene Handlungsmomente eines Mythos als innerlich zusammengehörig kenntlich macht, eine ähnliche Funktion erfüllt wie die vertikale, synchrone Lesung bei der strukturalen Mythenanalyse, trotz seiner grundlegenden Bedeutung zu einfach, als daß er umständlich kommentiert werden müßte. Das aus Analogie und Opposition gemischte Verhältnis zwischen den Szenen, in denen Siegmunds Schwert an Wotans Speer und umgekehrt Wotans Speer an Siegfrieds Schwert zersplittert, ist als vertikale, synchrone Relation in einer der Tabellen, wie sie Lévi-Strauss zur Mythenanalyse benutzt, ebenso sinnfällig demonstrierbar wie die musikalisch-symbolische Darstellung durch charakteristische Varianten des Schwert- und Speermotivs.

Nicht die Analogie zwischen Mythos und Musik, sondern die Zeitstruktur, die der Analogie als Prämisse zugrunde liegt, erweist sich als das eigentliche, schwer zugängliche Problem, für das die eingangs zitierte Passage aus *Das Rohe und das Gekochte* — allerdings in der Form, daß sie die Schwierigkeit diskussionslos unterdrückt — eine Lösung suggeriert. Und der Versuch einer Klärung, die der Paradoxie und Ambiguität des Sachverhalts nicht ausweicht, dürfte um so dringlicher sein, als das Verhältnis zwischen den prozessual-diachronen und den systematisch-synchronen Bestimmungsmerkmalen des Leitmotivgewebes der *Ring*-Tetralogie von Wagner selbst im genau entgegengesetzten Sinne wie von Lévi-Strauss interpretiert worden ist.

Der Begriff der »Entwicklung« — Gegensatz zu dem des bloßen »Wechsels« (*Über Franz Liszts symphonische Dichtungen*, 1857) — umfaßt in Wagners ästhetischer Theorie sowohl die latenten oder manifesten Beziehungen, die zwischen verschiedenen — und durch ihre Namen voneinander abgegrenzten — Motiven bestehen, als auch die Abwandlungen, denen ein und dasselbe Motiv unterworfen werden kann.

In dem *Epilogischen Bericht* über die Entstehung der *Ring*-Tetralogie (1872) beschreibt Wagner — nicht ohne Übertreibung — die Gesamtheit der Leitmotive als Resultat eines Ableitungszusammenhanges, der — in Wechselwirkung mit der dramatischen Handlung — aus einfachen Natursymbolen allmählich Motive hervorgehen läßt, deren Analogien, Kontraste und Vermittlungen die das Drama bestimmenden Gefühlsverstrickungen ausdrücken. »Mit dem ›Rheingold‹ beschritt ich sofort die neue Bahn, auf welcher ich zunächst die plastischen Naturmotive zu finden hatte, welche in immer individuellerer Entwicklung zu den Trägern der Leidenschaftstendenzen der weitgegliederten Handlung und der in ihr sich aussprechenden Charaktere sich zu gestalten hatten.«

Ohne daß sich eine feste Grenze ziehen ließe, kann man von der Ableitung eines Motivs aus einem anderen — oder aus einer Kombination von anderen — die Variation ein und desselben Motivs unterscheiden (wobei allerdings der Namenwechsel in den *Leitfäden* nichts weniger als ein verläßlicher Anhaltspunkt ist). Als Beispiel analysiert Wagner in dem Aufsatz *Über die Anwendung der Musik auf das Drama* (1879) einen Motiv-Kontrapunkt im zweiten Akt der *Walküre*. Die chromatisch-dissonierende Schichtung sei verständlich, weil die Teilmotive — das »einfache Naturmotiv« der Rheingold-Fanfare und das »nicht minder einfache« Walhall-Motiv — zunächst in diatonisch-konsonierender Gestalt exponiert wurden. Nachdem »jedes dieser Motive in eng verwachsener Teilnahme an den sich steigernden Leidenschaften der Handlung die entsprechenden Wandelungen erfahren hatte, konnte ich sie mit Hilfe einer fremdartig ableitenden Harmonisation in der Weise verbunden vorführen, daß diese Ton-Erscheinung mehr als Wotans Worte uns ein Bild der furchtbar verdüsterten Seele des leidenden Gottes gewahren lassen sollte.«

Die im *Epilogischen Bericht* skizzierte Erklärung enthält allerdings eine Prämisse, die nicht so selbstverständlich ist, wie sie Wagner — dessen explizite Theorie an die implizite, in den Werken verborgene selten heranreicht — erscheinen mochte: die Voraussetzung, daß »von Natur« das Verwickelte aus dem Einfachen, also das Chromatisch-Dissonierende aus dem Diatonisch-Konsonierenden, hervorgehe. Und darüber hinaus steckt in der Vorstellung, daß sich der musikalische Motivzusammenhang »in eng verwachsener Teilnahme« am Drama allmählich herausbilde, die Hypothese einer lückenlosen Korrelation zwischen dem Gang der Handlung und dessen Chronologie, dem inneren Konnex der mythischen Handlungsmomente, der Entwicklung von »Leidenschaftstendenzen« aus »einfachen Naturmotiven« und der durch »natürliche« oder geschichtlich begründete Prinzipien regulierten Ableitung der musikalischen Motive auseinander. (Moll ist sekundär gegenüber Dur, die Chromatik gegenüber der Diatonik und die Dissonanz gegenüber der Konsonanz — nicht umgekehrt.)

Die Prämissen sind jedoch, ohne daß sie haltlos wären, nicht unproblematisch, und zwar nicht allein darum, weil es im 19. Jahrhundert zu den ästhetischen Bedingungen des Kunstcharakters musikalischer Werke gehörte, daß sie — zumindest partiell — gewissermaßen »gegen die Konvention komponiert« wurden.

Daß — wie Lévi-Strauss erkannte — die diachrone Struktur des Mythos als Erzählung — oder dramatische Handlung — von einer synchronen Struktur mit Systemcharakter überlagert wird und daß die von Wagner postulierte Entwicklung der Leitmotive auseinander ebenso ein Korrelat der Diachronie des Mythos bildet, wie andererseits die Wiederkehr desselben Leitmotivs in verschiedenen, aber innerlich aufeinander bezogenen Handlungsmomenten die fundamentale Synchronie des Mythos musikalisch sinnfällig macht, wurde bereits erwähnt und braucht, da es unmittelbar einleuchtet, nicht durch eine Analyse der *Ring*-Tetralogie, die ohnehin rudimentär und fragmentarisch bleiben müßte, illustriert zu werden. Schwerer durchschaubar als die Beziehungen zwischen dem Mythos als Erzählung und als System sind in der *Ring*-Tetralogie die musikalischen Sachverhalte in ihrer Zeitstruktur und in ihren Relationen zu der dramaturgischen Begründung, die Wagner ihnen gab. So evident es nämlich zu sein scheint, daß bei der Wiederkehr eines Leitmotivs die Gegenwart, die es interpretiert, mit der Vergangenheit, aus der es stammt, sich im Bewußtsein des Hörers verschränkt, so unklar bleiben zunächst die Implikationen des Wagnerschen Entwicklungsprinzips.

Daß das Fron-Motiv eine chromatisch-dissonierende Mollvariante des Rheingold-Motivs bildet, ist eine paradigmatische Ausprägung der einfachen Korrelation, die Wagner seiner Erklärung von Motivzusammenhängen in der *Ring*-Tetralogie zugrunde legte. Die Chronologie der Handlung — das Rheingold-Motiv wird früher als das Fron-Motiv exponiert —, der innere Zusammenhang der mythischen Handlungsmomente — das Fron-Motiv symbolisiert eine Entfremdung des Rheingolds, also einen sekundären Vorgang —, die Differenzierung des »einfachen Naturmotivs« zum »Träger einer Leidenschaftstendenz« — der Machtgier — und die »natürliche« oder geschichtlich begründete Entwicklungsrichtung der musikalischen Strukturen — vom diatonisch-konsonierenden Dur zum chromatisch-dissonierenden Moll — stimmen bruchlos zusammen.

Eine Verallgemeinerung aber, wie sie Wagners ästhetische Theorie nahelegt, wäre prekär, denn in der kompositorischen Praxis der *Ring*-Tetralogie fehlt es nicht an Gegentendenzen. Im Orchesterzwischenspiel zwischen der ersten und der zweiten *Rheingold*-Szene geht aus dem Ring-Motiv durch melodische, rhythmische, harmonische und instrumentatorische Transformation allmählich und zwingend das Walhall-Motiv — und zwar dessen Exposition — hervor. Das »einfache Motiv«, wie es Wagner in der Abhandlung *Über die Anwendung der Musik auf das Drama* nannte — diatonisch-konsonierend und rhythmisch regelmäßig —, ist also Konsequenz und Resultat einer chromatisch-dissonierenden und rhythmisch synkopierenden Vorform. Und die musikalisch-strukturelle Beziehung entspricht unverkennbar der dramaturgisch-symbolischen: Walhall ist Ausdruck eines Machtstrebens, dessen Requisit und Sinnbild in der Unterwelt der Schwarzalben Alberichs Ring darstellt. Vor dem Hintergrund des chromatisch-dissonierenden Ring-Motivs, das gewissermaßen die Wahrheit über das von ihm abgeleitete Walhall-Motiv ausspricht, erweist sich die diatonisch-konsonierende Festigkeit des Walhall-Motivs als scheinhaft und trügerisch. Bereits das Hauptmotiv ist innerlich so brüchig wie die triumphale Musik zum Einzug in Walhall am Schluß des *Rheingold*, den Loge mit den Worten kommentiert: »Ihrem Ende eilen sie zu.«

Daß aber der Richtungssinn musikalischer Strukturmerkmale nicht so eindeutig ist, wie es Wagner im *Epilogischen Bericht* unreflektiert voraussetzte, zwingt zu einer differenzierteren Darstellung des Verhältnisses zwischen prozessualen und systematischen Momenten im Leitmotivgewebe der *Ring*-Tetralogie. Denn im gleichen Maße, wie die einfache Korrelation zwischen der äußeren Chronologie der dramatischen Handlung, dem inneren — nach Lévi-Strauss einer umkehrbaren Zeit angehörenden — Konnex zwischen mythischen Handlungsmomenten, der Entwicklung von »einfachen Naturmotiven« zu den komplizierteren musikalischen Symbolen tragischer »Leidenschaftstendenzen« und dem »natürlichen« Richtungssinn kompositionstechnischer Merkmale wie Diatonik und Chromatik sich partiell in Paradoxien und Ambiguitäten auflöst, die keineswegs ein ästhetischer Mangel, sondern vielmehr ein Konstituens moderner Kunst sind, tritt unabweislich statt der diachronen Struktur die synchrone in den Vordergrund, weil die Möglichkeit, musikalische wie dramatische Motivzusammenhänge sowohl »von rückwärts nach vorwärts« als auch »von vorwärts nach rückwärts« zu lesen, also die Zeit umzukehren, unterhalb der Vorgänge, aus denen die dramatische Handlung besteht, das System sichtbar macht, das ihnen latent zugrunde liegt.

## 3

Wagner dachte, als er im *Epilogischen Bericht* von einer Entwicklung charakteristisch differenzierter Themen aus »einfachen Naturmotiven« sprach, zweifellos an den unmißverständlichen Zusammenhang zwischen dem Natur-, dem Erda-, dem Götterdämmerungs- und dem Unruhe-Motiv. Das Erda-Motiv ist eine Mollvariante, das Götterdämmerungs-Motiv eine Umkehrung des Natur-Motivs, und vom Götterdämmerungs-Motiv ist wiederum das Unruhe-Motiv — Ausdruck von Wotans Irritation durch Erdas düstere Orakel — durch Diminution abgeleitet. Die musikalisch-strukturellen Abhängigkeitsverhältnisse sind dabei ebenso deutlich wie die dramaturgisch-psychologischen, und das symbolisch Sekundäre erscheint als das zeitlich Spätere, so daß innere Logik und äußere Chronologie nicht in Widerspruch zueinander geraten. Zu fragen wäre allerdings, ob nicht das Erda-Motiv — exponiert als Variante des Natur-Motivs — insofern gedanklich primär ist, als es die dunkle Wahrheit über die Natur ausspricht, die unter der hellen Oberfläche verborgen liegt — eine Interpretation, die dem Feuerbach-Anhänger, als der Wagner die *Ring*-Tetralogie zu komponieren begann, ebenso fern lag, wie sie dem Schopenhauerianer, als der er das Werk abschloß, selbstverständlich sein mußte.

Dem Konnex zwischen dem Ring-, dem Walhall-, dem Fluch- und dem Grübel-Motiv liegt ein Ableitungsverfahren zugrunde, das Wagner, wenn er es nicht selbständig entwickelte, in Beethovens Diabelli-Variationen vorgeprägt finden konnte: das Verfahren der Zerlegung eines Themas in diastematische, harmonische und rhythmische Teilmomente, die unabhängig voneinander die verschiedenen Variationen oder Varianten charakterisieren. Das Walhall-Motiv ist eine Dur-Version, das Fluch-Motiv eine Umkehrung und das Grübel-Motiv ein Fragment des Ring-Motivs. (Daß das Grübel-Motiv — Ausdruck von Mimes angestrengtem Nachdenken, wie er den Ring gewinnen könne — an zwei gegeneinander sperrigen Terzen ohne Mühe als »Auszug« aus dem Ring-Motiv erkennbar ist, ist nicht nur musikalisch — in der Auffälligkeit des Intervallkontrasts —, sondern auch dramaturgisch — in der psychologischen Interpretierbarkeit des Zusammenhangs — begründet. Ein Gegenbeispiel ist das Motiv der goldenen Äpfel, dessen musikalisch-strukturelle Abhängigkeit vom Götterdämmerungs-Motiv im allgemeinen unbemerkt bleibt, weil eine dramatisch-inhaltliche Erklärung schwerfällt oder unmöglich ist.)

Daß es immer wieder andere Teilmomente des Ring-Motivs sind, die herausgelöst und transformiert werden, besagt, daß die Motive — anders als bei dem vom Natur-Motiv ausgehenden Motivkomplex — untereinander nicht zusammenhängen, sondern lediglich gemeinsam um das Ring-Motiv zentriert sind. Das Walhall-Motiv ist durch seinen rhythmisch-gestischen Umriß, das Grübel-Motiv durch charakteristisch kontrastierende Zusammenklänge und das Fluch-Motiv durch eine das gewöhnliche Maß überschreitende Schichtung melodischer Terzen (fis—a—c—e—g) als Variante des Ring-Motivs kenntlich.

Der Motivgruppe, zu der man — bei genügender interpretatorischer Großzügigkeit — das Schlaf-, das Loge-, das Wanderer- und das Verschwörungs-Motiv (aus der Schlußszene des zweiten Aktes der *Götterdämmerung*) zusammenfassen kann, liegt — wie den Varianten des Natur-Motivs — eine gemeinsame Substanz zugrunde: der chromatische Gang abwärts, der sich als wiederkehrendes, die verschiedenen Ausprägungen miteinander verklammerndes Merkmal identifizieren läßt. Allerdings handelt es sich um eine Substanz von so hohem Abstraktionsgrad, daß die ästhetische Realität des Zusammenhangs in Zweifel gezogen werden kann, zumal eine dramaturgisch-symbolische Interpretation zwar nicht unmöglich, aber — außer beim Schlaf- und beim Loge-Motiv, deren inhaltlicher Konnex unverkennbar ist und darum auch den musikalisch-strukturellen sinnfällig erscheinen läßt — gewaltsam wäre. (Der Mangel an evidenter dramatischer Bedeutung ist auch der Grund, warum man — obwohl der musikalische Sachverhalt die Verknüpfung suggeriert — unwillkürlich zögert, das Schwert-Motiv als Variante des Natur-Motivs aufzufassen. Und in ähnlicher Weise liegt es musikalisch nahe, aber symbolisch fern, das Motiv von Brünnhildes Erwachen im dritten Akt des *Siegfried* als Dur-Version des Tarnhelm-Motivs zu interpretieren.)

Das Gegenteil zur Differenzierung einer gemeinsamen Substanz besteht im nachträglichen, sekundären Zusammenwachsen heterogener, ursprünglich beziehungsloser Motive: einem Verfahren, dessen Darstellung und Interpretation in der musikalischen Formenlehre vernachlässigt wurde, weil die für das 19. Jahrhundert — die Entstehungszeit der Formenlehre — charakteristische Orientierung am Organismus-Modell Herders und Humboldts die Entwicklung aus einem Keim — und nicht die spätere Vermittlung von zunächst Getrenntem — als Paradigma und Inbegriff musikalischer Formprozesse erscheinen ließ. Die Vermittlungstechnik ist jedoch in der *Ring*-Tetralogie von kaum geringerer Bedeutung als das Ableitungsverfahren, das Wagner selbst in den Vordergrund rückte, und sie prägt außerdem — ähnlich wie die aus den Diabelli-Variationen stammende Methode der Aufspaltung eines Themas in Teilmomente — die Trennung der Parameter, die zu den die Moderne um 1900 antizipierenden Merkmalen des Wagner-Stils gehört, besonders deutlich aus: Das Motiv, das symbolisiert, wie Siegfried am Ende des ersten Aktes der *Götterdämmerung* — mit einer martialischen Geste, die nichts als die Pose eines betrogenen Betrügers ist — sein Schwert zückt, ist einerseits eine rhythmische Variante des Nothung-Motivs — dessen fallende Oktave in jambischer statt in trochäischer Version erscheint —, andererseits aber Teil des Komplexes der Gibichungen-Motive, mit denen es den jambischen Rhythmus teilt, während das melodische Intervall von der Quinte der Gibichungen-Motive zur Oktave des Nothung-Motivs augmentiert erscheint. (Die Vermittlung ist musikalisch ebenso sekundär wie symbolisch und chronologisch — sie war bei der Prägung des Nothung-Motivs im ersten Akt der *Walküre* nicht einmal voraussehbar, geschweige denn in der musikalischen Formulierung immer schon mitgedacht.)

## 4

Das Zusammenwachsen heterogener, ursprünglich beziehungsloser Motive ist, wie erwähnt, das Gegenteil einer Entwicklung oder Ableitung aus einer gemeinsamen Substanz. Außerdem muß der Entwicklungsbegriff insofern differenziert werden, als es einen wesentlichen Unterschied ausmacht, ob eine durchgängige, in einigen Grundzügen gleichbleibende Substanz den Zusammenhang zwischen Motiven verbürgt — wie beim Natur-Motiv und dessen Ableitungen — oder ob aus einem zentralen Motiv — dem Ring-Motiv — wechselnde Teilmomente herausgelöst und verselbständigt werden, so daß kein gemeinsames Merkmal die sekundären Prägungen mehr verbindet.

Daß sowohl die nachträgliche Vermittlung von zunächst Heterogenem als auch die Aufspaltung eines Motivs in getrennte Parameter und die Darstellung eines identischen Substrats in verschiedenen Ausprägungen oder Erscheinungsformen sämtlich zielgerichtete Formprozesse sind, scheint eine Trivialität zu sein, die zu leugnen absurd wäre. Sie sollte jedoch nicht den Blick für Unterschiede in der Zeitstruktur verstellen, Unterschiede, in denen eine partielle Rechtfertigung der eingangs zitierten These von Lévi-Strauss enthalten ist. »Alles geht so vor sich, als hätten Musik und Mythologie die Zeit nur deshalb nötig, um sie zu verleugnen. Tatsächlich ist die eine wie die andere ein Apparat zur Beseitigung der Zeit.«

Erstens ist der Unterschied, ob heterogene Motive die Voraussetzung einer Vermittlung oder umgekehrt gemeinsame Merkmale den Ausgangspunkt einer Differenzierung bilden, auch für die Zeitstruktur der Musik nicht ohne Bedeutung: Ist bei einer Vermittlung die Prämisse im Resultat aufgehoben, also die Vergangenheit gewissermaßen in die Gegenwart überführt, so liegt bei Ableitungen umgekehrt ein Rückgang in die Vergangenheit — ein Rekurs vom Unruhe- über das Erda- zum Natur-Motiv — unwillkürlich nahe.

Zweitens sollte nicht verkannt werden, daß eine motivische Verknüpfung über eine längere Zwischenstrecke hinweg kaum als Entwicklung in dem Sinne, wie Wagner den Begriff verstand, faßlich sein dürfte. Man braucht, wenn man von Entwicklung spricht, nicht eine lückenlose Kontinuität des auseinander Hervorgehenden zu erwarten, setzt aber, wenn man die Kategorie benutzt, jedenfalls eine durch das musikalische Formgefühl noch überbrückbare Distanz voraus. Demgegenüber suggeriert — und die Suggestion nahm bei Lévi-Strauss die Gestalt einer Theorie an — ein allzu weiter Abstand zwischen den aufeinander bezogenen Motiven die Vorstellung einer unbewegten Struktur — eines Gewebemusters, in dem die Fäden hin und her laufen — statt eines zielgerichteten Prozesses, wie ihn der Begriff der musikalischen »Entwicklungsform« impliziert.

Drittens ist das Verhältnis zwischen Gegenwart und ferner oder naher Vergangenheit — zwischen den Zeiten also, die durch Leitmotive in der dramaturgischen Funktion von Erinnerungsmotiven aufeinander bezogen werden — in der *Ring*-Tetralogie aufgrund einer paradoxen Relation zwischen Stoff und Form zutiefst zwiespältig. Gehört es zum Wesen des Mythos, daß in wiederkehrenden Handlungsmomenten die Vergangenheit ihre Macht über die Gegenwart fühlen läßt — eine Gegenwart, zu deren Strukturierung der von altersher überkommene Mythos dient —, so ist umgekehrt das neuzeitliche Drama prinzipiell teleologisch, so daß die Vergangenheit in der Gegenwart, der sie zuzustreben scheint, aufgehoben ist. Bei einem Werk, das zugleich und in eins Drama und Mythos ist oder sein will, ist also nichts anderes als eine in sich widersprüchliche Zeitstruktur zu erwarten. Und gerade

Motivkomplexe, die am deutlichsten Wagners Vorstellung von dramaturgisch begründeter Entwicklung realisieren — wie der vom Natur-Motiv ausgehende Ableitungszusammenhang —, sind manchmal diejenigen, in denen sich die Gewalt der Vergangenheit über die Gegenwart — also die Dominanz mythischer Regression gegenüber dramatischer Teleologie — am entschiedensten manifestiert. Die Vergangenheit aber, in die das Bewußtsein zurückgezogen wird, ist weniger ein geschichtlich Früheres als eine Zeitform, deren Wesen das Immer-Gleiche ist und von der man mit Lévi-Strauss sagen kann, daß in ihr die Zeit nur nötig ist, um verleugnet zu werden.

## Wagner und Schopenhauer

Die Vorstellung, daß sich das Interesse eines Komponisten an einem Philosophen primär auf dessen Musikästhetik richten müsse, bedeutet eine grobe Vereinfachung. Das Gegenteil wäre, genau genommen, durchaus nicht erstaunlich. Denn so tröstlich es im 19. Jahrhundert — in einer Epoche, deren Bürgertum den Musikern noch mit Zurückhaltung oder Mißtrauen begegnete — für einen Komponisten sein mochte, die Musik zu einem Gegenstand oder Organon der Philosophie erhoben und mit metaphysischer Würde ausgestattet zu sehen, als so störend mußte er andererseits die Spuren von musikalischem Dilettantismus in den musikästhetischen Konzeptionen der Philosophen empfinden. Und in Wagners Schopenhauer-Rezeption seit 1854 ist denn auch die Bedeutung der Musikästhetik zunächst sekundär.

Wagner, der gescheiterte und enttäuschte Revolutionär, machte sich die Lehre von der erlösenden »Verneinung des Willens zum Leben«, die seine eigene Stimmung in philosophische Begriffe faßte und sie dadurch nobilitierte, enthusiastisch zu eigen. Von der Metaphysik der Musik — von dem Paragraphen 52 der *Welt als Wille und Vorstellung*, der später nahezu ein kanonischer Text der Wagnerianer wurde — ist jedoch in den Briefen an Liszt und an August Röckl, den frühesten Dokumenten der Betroffenheit durch Schopenhauers Philosophie, nirgends die Rede.

Wagner brauchte, um einen fremden Gedanken aufzunehmen, einen Grund in der eigenen Erfahrung, in einer biographisch oder dichterisch erlebten Wahrheit (sei es, daß die dichterischen Momente in den biographischen wurzeln oder aber, wie Paul Bekker behauptet, die biographischen in den dichterischen). Der Zusammenhang der »Verneinung des Willens zum Leben« mit dem dichterischen Werk, mit Wotans zorniger Resignation im zweiten *Walküre*-Akt — an dessen Komposition Wagner gerade arbeitet, als er im Oktober 1854 *Die Welt als Wille und Vorstellung* las — war eng und unmittelbar; und die Koinzidenz beeindruckte Wagner so tief, daß er glaubte, erst durch Schopenhauer den Sinn der eigenen Dichtung erkannt zu haben. Musikalische Erfahrungen aber, die eine Rezeption der Schopenhauerschen Musikästhetik ermöglichten oder nahelegten, kamen Wagner — obwohl sie aus der Komposition des *Ring* erwuchsen — erst allmählich zum Bewußtsein. Nur zögernd und nicht ohne Zwiespältigkeiten entschloß er sich zu einem Widerruf oder einer eingreifenden Modifikation der Theorien, die er 1850/51 in *Oper und Drama* entwickelt hatte und die mit der Musikphilosophie, welche ihm aus *Die Welt als Wille und Vorstellung* entgegentrat, kaum vereinbar waren.

1857, in dem offenen Brief *Über Franz Liszts symphonische Dichtungen*, der zur Zeit der Komposition des ersten *Siegfried*-Aktes geschrieben wurde, zeichnen sich Spuren einer Rezeption der Schopenhauerschen Metaphysik der Musik ab. Wagners Satz, daß »die Musik sich nur in Formen vernehmen läßt, die einer Lebensbeziehung oder einer Lebensäußerung entnommen sind, welche, ursprünglich der Musik fremd, durch diese eben nur ihre tiefste Bedeutung erhalten, gleichsam vermöge der Offenbarung der in ihnen latenten Musik«[102], erinnert an Schopenhauers These, daß die Musik »über die in den Worten ausgedrückte Empfindung, oder die in der Oper dargestellte Handlung, die tiefsten, letzten, geheimsten Aufschlüsse gibt, das eigentliche und wahre Wesen derselben ausspricht und uns die innerste Seele der Vorgänge und Begebenheiten kennen lehrt, deren bloße Hülle und Leib die Bühne darbietet«.[103] Deutlicher zeigt sich der Einfluß des Musikästhetikers Schopenhauer in Wagners Aufsatz *Zukunftsmusik* aus dem Jahre 1860. Die Sprache Schopenhauers ist nunmehr ein Mittel, um Einsichten zu formulieren, die Wagner bei der Komposition von *Tristan und Isolde* aufgegangen waren. Das entscheidende Dokument der Rezeption der Schopenhauerschen Metaphysik der Musik ist jedoch erst die Beethoven-Festschrift von 1870. Der Satz, daß die Musik »nicht die in den Erscheinungen der Welt enthaltenen Ideen darstellt, dagegen selbst eine, und zwar eine umfassende Idee der Welt ist«[104], ist nahezu ein Zitat. Und an anderer Stelle nennt Wagner Schopenhauers Namen.[105] Die Interpretation der Beethovenschen Symphonie aus dem Geiste Schopenhauers aber setzte voraus, daß Wagner über die Bedeutung des »symphonischen Gewebes« im Musikdrama zu Einsichten gelangt war, die ihm noch fremd waren, als er *Oper und Drama* schrieb.

Die Behauptung, daß Wagners Rezeption der Schopenhauerschen Musikphilosophie in musikalischen Erfahrungen der späten 1850er Jahre begründet gewesen sei und daß umgekehrt die Ästhetik, die sich Wagner zu eigen machte, einen Zugang zum Verständnis kompositionstechnischer Veränderungen in den Musikdramen darstelle, fordert den Einwand heraus, daß Schopenhauers Musikästhetik — im Unterschied zu seiner Willensmetaphysik — für Wagner 1854 nicht eigentlich neu gewesen sei, so daß die Rezeption — als Übernahme von halb Vertrautem — einer besonderen Erklärung kaum bedürfe.

Daß die Novellen oder novellistisch verkleideten Essays, die Wagner 1840/41 für die *Revue et Gazette musicale* schrieb, in manchen Zügen seine spätere, von Schopenhauer beeinflußte Musikphilosophie zu antizipieren scheinen, ist unleugbar. Ein Satz, den Wagner in der *Pilgerfahrt zu Beethoven* den imaginären — und von der geschichtlichen Wirklichkeit weit entfernten — Beethoven sagen läßt: »In den Instrumenten repräsentieren sich die Urorgane der Schöpfung und der Natur; das, was sie ausdrücken, kann nie klar bestimmt und festgesetzt werden, denn sie geben die Urgefühle selbst wieder, wie sie aus dem Chaos der ersten Schöpfung hervorgingen«[106], erinnert an Schopenhauers musikphilosophischen Grundgedanken, daß die Musik »nie die Erscheinung, sondern allein das innere Wesen, das An-sich aller Erscheinung, den Willen selbst« ausspreche.[107] Und Schopenhauers These, daß die Musik Gefühle »in abstracto« ausdrücke — nicht »diese oder jene Betrübnis«, sondern »die Betrübnis selbst« —, kehrt in *Ein glücklicher Abend* in so genauer Analogie wieder, daß man, wäre die Novelle nicht 1841 entstanden, von einem kaum verhüllten Zitat sprechen würde: »Das, was die Musik ausspricht, ist ewig, unendlich und ideal; sie spricht nicht die Leidenschaft, die Liebe, die Sehnsucht dieses oder jenes Individuums in dieser oder jener Lage aus, sondern die Leidenschaft, die Liebe, die Sehnsucht selbst.«[108] Dennoch braucht die These, daß die Rezeption der Schopenhauerschen Musikästhetik nach 1854 ein Zeichen tiefgreifender Veränderungen in Wagners musikalischem Denken ist, nicht widerrufen zu werden.

Erstens fehlt in Wagners frühen Schriften gerade das entscheidende Moment: die Begründung des expressiven Charakters der Musik in einer Metaphysik des Willens. Der Aphorismus, daß die Sprache der Instrumente die der Urgefühle sei, darf nicht im Sinne Schopenhauers gedeutet werden, sondern wäre eher auf Wackenroder-Tiecks *Phantasien über die Kunst* zu beziehen: »Wie man sich den Weltgeist in der ganzen Natur allgegenwärtig denken kann, jeden Gegenstand als Zeugen und Bürgen seiner Freundesnähe, so ist Musik wie Bürge, Seelenton einer Sprache, die die Himmelsgeister reden, die die Allmacht unbegreiflich in Erz und Holz und Saiten hineingelegt hat, daß wir hier den verborgenen Funken des Klanges suchen und herausschlagen.«[109]

Zweitens wurden musikästhetische Traditionsbestände, die Wagner mit Schopenhauer teilte — beide waren unmittelbar oder indirekt von Wackenroder-Tieck und E. T. A. Hoffmann abhängig —, von Schopenhauer in einen Zusammenhang gerückt, in dem sich überlieferte Gedanken in neue verwandelten, so daß sie für Wagner nach 1854 eine Bedeutung erhalten konnten, von der er 1840 nichts ahnte. Die Einsicht, daß Musik Gefühle »in abstracto« darstelle — ein musikästhetischer Topos der Romantik —, wurde von Schopenhauer metaphysisch fundiert, und zwar durch die These, daß

Musik »das innere Wesen, das An-sich aller Erscheinung, den Willen selbst ausspricht«. Und es war die metaphysische Begründung, die für Wagner nach 1854 von Bedeutung geworden ist. »Die Musik«, heißt es in der Beethoven-Festschrift von 1870, »die Musik, welche nicht die in den Erscheinungen der Welt enthaltenen Ideen darstellt, dagegen selbst eine, und zwar eine umfassende Idee der Welt ist, schließt das Drama ganz von selbst in sich, da das Drama wiederum selbst die einzige der Musik adäquate Idee der Welt ausdrückt. [ . . . ] Wie das Drama die menschlichen Charaktere nicht schildert, sondern diese unmittelbar sich selbst darstellen läßt, so gibt uns eine Musik in ihren Motiven den Charakter aller Erscheinungen der Welt nach ihrem innersten An-sich. Die Bewegung, Gestaltung und Veränderung dieser Motive sind analogisch nicht nur einzig dem Drama verwandt, sondern das die Idee darstellende Drama kann in Wahrheit einzig nur durch jene so sich bewegenden, gestaltenden und sich verändernden Motive der Musik vollkommen klar verstanden werden.«[110] Die Musik, die eine Idee der Welt »ist«, erscheint als Ursprung und »Mutterschoß« des Dramas, das eine Idee »darstellt«. Die musikalischen Motive sind — im doppelten Sinne des Wortes — »Motive« des Dramas. Nicht die Vorstellung, daß Musik Gefühle »in abstracto« ausspreche — eine Vorstellung, die Wagner bereits 1840 mit Schopenhauer teilte, ohne ihn zu kennen —, ist demnach entscheidend, sondern vielmehr der Gedanke, daß die Musik gerade wegen dieser Abstraktheit, die als Nähe zum »innersten An-sich« der Erscheinungen zu verstehen ist, fundierende Bedeutung für das Drama erhält. Die Idee aber, daß die Musik — metaphysisch gedeutet — den Ursprung des Dramas bilde, wäre für Wagner — für den Metaphysik ohne empirisches Korrelat nichtssagend war — vor der Mitte der 1850er Jahre, vor der Veränderung der Relation zwischen Versmelodie und Orchestermelodie, leere Spekulation gewesen, die ihn nicht betraf.

Drittens ist die romantische Musikästhetik, deren Grundgedanken er um 1840 teilte, von Wagner in den Reformschriften der Jahre um 1850 preisgegeben worden. Der Aphorismus aus *Ein glücklicher Abend,* daß eine Beethovensche Symphonie »die Leidenschaft, die Liebe, die Sehnsucht selbst« ausdrücke, gestand der Instrumentalmusik eine Vollendung in sich selbst — als »abgesonderte Welt für sich selbst«[111] — zu, die kaum vereinbar war mit der in *Oper und Drama* exponierten geschichtsphilosophischen These, daß es das Ziel der Symphonie sei, im musikalischen Drama aufzugehen. Die eigenen früheren Gedanken, die Wagner nach 1854, durch Vermittlung Schopenhauers, wiederentdeckte, waren also — abgesehen von den Veränderungen des Kontextes — für Wagner auch insofern neu, als er sie in der Zwischenzeit verleugnet und vergessen hatte. Erst nachdem er der Orchestermelodie die Vorherrschaft im musikalischen Drama eingeräumt hatte, konnte er — in der Beethoven-Festschrift von 1870 — Bruchstücke der romantischen

Musikästhetik, die primär eine Ästhetik der Instrumentalmusik war, wieder aufgreifen und sie, in Schopenhauerscher Färbung, für die eigenen Argumentationszwecke benutzen. (Ein »interesseloses Wohlgefallen« an Gedanken kannte Wagner nicht.)

Nicht, daß Wagner die Maximen, auf denen die ästhetisch-geschichtsphilosophischen Konstruktionen in *Oper und Drama* beruhten, später, nach der Schopenhauer-Rezeption, widerrufen hätte, sei es ausdrücklich oder implizit. Er versuchte vielmehr, das Alte und das Neue, so schroff der Kontrast erscheinen mochte, zu versöhnen oder zusammenzuzwingen.

Ausgangspunkt der Gegensätze, um deren Vermittlung er sich bemühte, war die semantische Unbestimmtheit der Musik — genauer: der Instrumentalmusik oder der abstrakt gedachten, vom Text oder der Choreographie losgelösten Vokal- oder Tanzmusik —, eine Unbestimmtheit, die verschiedene, divergierende Deutungen und Konsequenzen zuließ: eine enthusiastisch-romantische und eine skeptisch-rationalistische, um in geistesgeschichtlichen Formeln zu sprechen. Entweder rühmte man, wie Wackenroder-Tieck und E. T. A. Hoffmann, die Unbestimmtheit als Vorzug — als Zeichen des »poetischen«, der »Prosa« des Alltags entrückten Charakters der Musik — und glaubte aus der Instrumentalmusik eine Sprache über der Sprache, eine »geheimnisvolle Sanskritta«, herauszuhören. Oder man sah in der vagen Ungreifbarkeit des musikalischen Ausdrucks einen ästhetischen Mangel, der dadurch behoben werden mußte, daß die Musik — als Vokal-, Programm- oder funktionale Musik — auf einen Text, ein Sujet oder einen Vorgang bezogen wurde.

In *Oper und Drama* — einer Abhandlung, die insofern, als sie im Gegenzug zur romantischen Ästhetik Motive der rationalistischen aufgreift, ein Dokument des »Jungen Deutschland« darstellt — ist es eine der zentralen Thesen, daß eine Melodie, die ihre Bestimmtheit weder einem Text noch einem szenischen Vorgang verdankt, die also weder dichterisch noch dramatisch oder choreographisch »gerechtfertigt« ist, entweder ein leeres, nichtssagendes Getön — also überhaupt keine Melodie — sei oder als Ausdruck eines unbestimmten Verlangens, das seinen Gegenstand sucht, erscheine. (Die zweite Deutungsmöglichkeit dient zur ästhetischen Stützung der geschichtsphilosophischen Konstruktion, daß die Symphonie von sich aus danach strebe, aus Unbestimmtheit in Bestimmtheit überzugehen und zu einem Teilmoment des musikalischen Dramas zu werden.) »Nur wenn die Harmonie sich nicht als Melodie zu äußern vermöchte, — also wenn die Melodie weder aus dem Tanzrhythmus noch aus dem Wortverse ihre Rechtfertigung erhielte, sondern ohne diese Rechtfertigung, die sie einzig vor dem Gefühle als wahrnehmbar bedingen kann« — ohne die sie nicht als Melodie verständlich, »wahrnehmbar« ist —, »sich nur als zufällige Erscheinung auf der Oberfläche der Akkorde willkürlich wechselnder Grundtöne kundgäbe«

— erst durch Begründung in einem Text erscheint eine Modulation, ein Wechsel der Grundtöne, »notwendig« statt »willkürlich« —, »nur dann würde das Gefühl, ohne bestimmenden Anhalt, durch die nackte Kundgebung der Harmonie beunruhigt werden, weil sie ihm nur Anregungen, nicht aber die Befriedigung des Angeregten zuführte« — weil allein ein Verlangen, dessen Gegenstand unbestimmt bleibt, geweckt würde.[112]

Ist demnach Wagners Urteil über die Instrumentalmusik in *Oper und Drama* durch Vorstellungen rationalistischen Ursprungs geprägt, die allerdings zu apologetischen Zwecken modifiziert wurden, so erscheint demgegenüber Schopenhauers Metaphysik der Musik als Variante der romantischen Ästhetik; und in dem ersten Dokument der musikästhetischen Schopenhauer-Rezeption, dem Aufsatz *Über Franz Liszts symphonische Dichtungen*, ist die Mühe und dialektische Anstrengung fühlbar, mit der Wagner einen Ausweg aus dem musikphilosophischen Zwiespalt suchte, in den er geraten war. Zunächst leugnet er, nicht anders als in *Oper und Drama*, die Existenz oder das ästhetische Daseinsrecht einer »absoluten« Musik, die eine »abgesonderte Welt für sich selbst« darstellt. »Nichts ist (wohlgemerkt: für seine Erscheinung im Leben) weniger absolut als die Musik, und die Verfechter einer absoluten Musik wissen offenbar nicht, was sie meinen; zu ihrer Verwirrung hätte man sie nur aufzufordern, uns eine Musik außerhalb der Form zu zeigen, die sie der körperlichen Bewegung oder dem Sprachverse (dem kausalen Zusammenhange nach) entnahm.«[113] Die entscheidenden Teile des Satzes sind jedoch die Klammerzusätze, die als Ausdruck philosophischer Verlegenheit erscheinen. Der zweite — »dem kausalen Zusammenhange nach« — verrät, daß Wagner die These von der ästhetischen Unmöglichkeit oder Unzulänglichkeit einer »absoluten« Musik vor dem eigenen intellektuellen Gewissen nur durch den Trugschluß retten konnte, daß der Ursprung der Musik der Inbegriff ihres Wesens sei, daß also der geschichtlich-genetische Zusammenhang mit Sprache und Tanz als ein ästhetisch-essentieller verstanden werden müsse. Und der erste Klammerzusatz — »wohlgemerkt: für seine Erscheinung im Leben« — zielt auf eine Unterscheidung zwischen metaphysischem und empirischem Musikbegriff, zu der sich Wagner gezwungen fühlte, um die tiefgreifende Differenz zwischen Schopenhauers Musikphilosophie und der in *Oper und Drama* entwickelten Ästhetik als ergänzenden und nicht als ausschließenden Kontrast erscheinen zu lassen. Metaphysisch ist die Musik — die »das innere Wesen, das An-sich aller Erscheinung, den Willen selbst, ausspricht« — Ursprung und »Mutterschoß« des Dramas. Empirisch, in der kompositorischen Praxis, ist sie dagegen durch das Drama »bedingt«. »Hierüber«, heißt es in dem Aufsatz *Über Franz Liszts symphonische Dichtungen*, »sind wir also einig und gestehen zu, daß der göttlichen Musik in dieser menschlichen Welt ein bindendes, ja — wie wir sahen — bedingendes Moment für die Möglichkeit ihrer Erscheinung gegeben werden mußte.«[114] Die »Unbestimmtheit«, die Begriffs- und Gegenstandslosigkeit der Musik ist also einerseits Zeichen ihrer metaphysischen Würde, andererseits aber — in der niederen Empirie — ein Mangel, der behoben werden muß. Und die »absolute« Musik, aus der Empirie als Unding oder Unbegriff verbannt, wird als metaphysische Idee gerettet. 1870, in der Beethoven-Festschrift, rühmt es Wagner als tiefste Wirkung der Musik — als Wirkung, in der sich ihr metaphysisches Wesen offenbare —, daß sie »den Intellekt sogleich von jedem Erfassen der Relationen der Dinge außer uns abzieht und als reine, von jeder Gegenständlichkeit befreite Form uns gegen die Außenwelt gleichsam abschließt, dagegen nun uns einzig in unser Inneres, wie in das innere Wesen aller Dinge blicken läßt«.[115]

Die Schopenhauer-Rezeption schließt demnach einen Rückgriff auf die romantische Musikästhetik ein, deren Grundgedanken Wagner um 1840 geteilt, jedoch 1850/51, in *Oper und Drama*, zurückgedrängt hatte. 1860, in dem Aufsatz *Zukunftsmusik*, spricht Wagner von der Symphonie mit einer Emphase, in der sich die Erinnerung an die Dithyramben Wackenroder-Tiecks und E. T. A. Hoffmanns mit dem Einfluß der Metaphysik Schopenhauers verschränkt: »So muß uns die Symphonie geradesweges als eine Offenbarung aus einer anderen Welt erscheinen; und in Wahrheit deckt sie uns einen von dem gewöhnlichen logischen Zusammenhang durchaus verschiedenen Zusammenhang der Phänomene der Welt auf.«[116] Wenn Wagner von der Symphonie sprach, meinte er allerdings, obwohl er »Beethovener« war, zugleich oder sogar primär die Orchestermelodie im Musikdrama, die in *Siegfried* und *Tristan* — als deren theoretischer Reflex der Aufsatz *Zukunftsmusik* zu verstehen ist — eine lückenlose Kontinuität des symphonischen Gewebes erreicht hatte. Die als »Offenbarung aus einer anderen Welt« gerühmte Symphonie ist, pointiert ausgedrückt, in Wagners Ästhetik — in der es Erkenntnisse ohne apologetische Kehrseite kaum gibt — Chiffre für eine Orchestermelodie, die nicht von der Versmelodie abhängig, sondern von sich aus expressiv und beredt ist und ohne Worte, als »tönendes Schweigen«, das »innere Wesen, das An-sich« der sichtbaren Handlung ausspricht.

Charakteristisch für *Zukunftsmusik* sind zwiespältige, ambivalente Formulierungen, die noch die Spuren der Mühe an sich tragen, die der Ausgleich der Gegensätze zwischen *Oper und Drama* und Schopenhauers Metaphysik bedeutete. Der Gedanke, daß Musik — trotz ihrer metaphysischen Würde — »in dieser menschlichen Welt ein bindendes, ja — wie wir sahen — bedingendes Moment für die Möglichkeit ihrer Erscheinung« brauche[117], also der Gedanke einer »Rechtfertigung« der Musik durch Sprache und szenische Aktion wird nicht preisgegeben, aber so vage formuliert, daß die Musik zugleich als »bedingt« und als »bedingend« erscheint.[118] Und ebenso bleibt das Verhältnis zwischen Musik und Drama insofern in der Schwebe, als Wagner dem mythischen Drama gleiche oder analoge metaphysische Bedeutung zuerkennt wie der Musik. »Wie durch die charakteristische Szene, so durch den sagenhaften Ton wird der Geist sofort in denjenigen träumerischen Zustand versetzt, in welchem er bald bis zu dem völligen Hellsehen gelangen soll, wo er dann einen neuen Zusammenhang der Phänomene der Welt gewahrt, und zwar einen solchen, den er mit dem Auge des gewöhnlichen Wachens nicht gewahren konnte.«[119] Den Gedanken, daß der »träumerische Zustand« metaphysische Einsicht vermittle, übernahm Wagner von Schopenhauer, auf den er sich in der Beethoven-Abhandlung beruft. »Auch für das Weitergehen auf diesem Wege gibt uns Schopenhauer die rechte Führung durch seine hiermit verbundene tiefsinnige Hypothese im Betreff des physiologischen Phänomens des Hellsehens und seine hierauf begründete Traumtheorie. Gelangt in jenem Phänomenen nämlich das nach innen gekehrte Bewußtsein zu wirklicher Hellsichtigkeit, d. h. zu dem Vermögen des Sehens dort, wo unser wachendes, dem Tage zugekehrtes Bewußtsein nur den mächtigen Grund unserer Willensaffekte dunkel empfindet, so dringt aus dieser Nacht aber der T o n in die wirklich wache Wahrnehmung, als unmittelbare Äußerung des Willens.«[120] In dem »träumerischen Zustand«m in den die Hörer durch das Musikdrama versetzt werden sollen, verwandelt sich die empirische Musik, die unter einem nüchtern kompositionstechnischen Gesichtspunkt als Mittel zur »Vergegenwärtigung des Dramas« für das »Gefühl« erscheint[121], in das »opus metaphysicum«, als das Nietzsche die *Tristan*-Musik rühmte.

## Nietzsche 1876

Die Versuchung, Nietzsches Schriften über Wagner, von der *Geburt der Tragödie* und *Richard Wagner in Bayreuth* bis zu *Nietzsche contra Wagner* und *Der Fall Wagner*, psychologisch zu lesen — als Dokumente einer Freundschaft, die in Feindschaft umschlug —, ist nahezu unwiderstehlich. Und es fällt einem Leser, der sich durch Nietzsche zur Psychologie verführen ließ, nicht schwer, bereits in frühen Äußerungen die Motive zu erkennen, von denen später die Polemik gegen Wagner getragen wurde, und umgekehrt in den Haßausbrüchen der letzten Jahre die Spuren einer Abhängigkeit zu entdecken, von der sich Nietzsche niemals loszureißen vermochte. Die psychologische Interpretation bedeutet jedoch ein Erniedrigung des philosophischen Gehalts, der die Substanz der Schriften über Wagner ausmacht. Und es wäre abgefeimt, sich auf Nietzsche selbst zu berufen, der unablässig mit psychologischen Kunstgriffen argumentiert habe. Denn Psychologie war für Nietzsche Entlarvungspsychologie: ein Mittel, dem Gegner in den Rücken zu fallen. Wenn Nietzsche bewundernd oder rechtfertigend sprach, psychologi-

Grandville: Concert à mitraille (1846; Photo vom Archiv für Kunst und Geschichte, Berlin). Die Vergrößerung des Orchesters, die bei Berlioz am auffälligsten war, ist von den Karikaturisten des 19. Jahrhunderts, darunter einem so bedeutenden wie Grandville, immer wieder als Häufung von Gewaltmitteln dargestellt worden. Die wachsende Anzahl von Instrumenten zielte aber nicht allein auf Massenwirkungen, sondern zugleich auf das Gegenteil: auf die Heraushebung wechselnder kleinerer Ensembles mit charakteristisch verschiedenen Färbungen aus dem Gesamtapparat. Mit der Tendenz zur Überbietung war, bei Meyerbeer und Berlioz ebenso wie bei Wagner und später bei Mahler, eine Gegentendenz zur Zurücknahme verbunden, und aus dem sich steigernden Raffinement der Farbmischungen resultierte zugleich die entgegengesetzte Möglichkeit, die reine Farbe wieder zum Ereignis werden zu lassen.

sierte er nicht, sondern er mythologisierte. Sowohl die Freundschaft mit Wagner als auch deren Bruch wurde in mythologische Kategorien gefaßt, deren Dechiffrierung durch Entlarvungspsychologie in einem Maße gehässig wäre, wie es Nietzsche, der andere erst dann durch Psychologie erniedrigte, wenn er ihnen eine metaphysische Intuition entgegenzusetzen hatte, niemals gewesen ist.

Versucht man Nietzsches Wagner-Schriften, statt sich in die Dialektik einer als Freundschaft verpuppten Feindschaft und einer in Haß verhüllten Anhänglichkeit zu verlieren, philosophisch zu begreifen — als Dokumente eines Denkens über Musik, das mit dem Denken in Musik enger zusammenhängt, als es die Verächter von Theorie wahrhaben wollen —, so muß man sich zunächst bewußt machten, daß der Ton und Anspruch, mit dem Wagner und Nietzsche über Musik redeten — Wagner 1870 über Beethoven und Nietzsche seit 1871 über Wagner —, unerhört war und den Zeitgenossen als anmaßend erscheinen mußte. Zwar war durch Schopenhauer 1819 der Musik eine metaphysische Würde zugesprochen worden, durch die sich ihre Bedeutung ins Unermeßliche erhöhte: Musik ist nach Schopenhauer unmittelbarer Ausdruck des Weltgrundes, des unbewußt und zwangshaft treibenden und drängenden »Willens«: des »Es«, um in der Terminologie der von Schopenhauer nicht unbeeinflußten Psychoanalyse zu reden. Aber Schopenhauer sprach von der Musik schlechthin und »in abstracto«; und nannte er einmal ein Exempel, so war es das harmloseste: nicht Beethoven, sondern Rossini. Wagner dagegen und Nietzsche, die von Hegel nachdrücklicher geprägt waren, als sie konzedieren mochten, deuteten Schopenhauers Metaphysik der Musik in eine Geschichtsphilosophie um: Nicht die Musik an sich, sondern die Musik einer bestimmten Entwicklungsstufe, die Beethovensche Symphonie, deren geschichtsphilosophischer Sinn sich im Wagnerschen Musikdrama vollendet, soll als Ausdruck und Offenbarung des »Willens«, des Weltgrundes gelten. Erst Wagners *Tristan und Isolde* — in beziehungsreicher Nachbarschaft zum *Ring* und zu den *Meistersingern* — ist, wie Nietzsche es formulierte, ein »opus metaphysicum«: ein Werk, durch das die Musik sich ihrer metaphysischen Wahrheit bemächtigt.

Was bei Schopenhauer eine durch Universalität harmlose Spekulation gewesen war, die sich für das Bewußtsein der spärlichen ersten Leser nach 1819 vermutlich von den pythagoreischen Träumereien in Schellings Musikphilosophie kaum unterschied, wurde ein halbes Jahrhundert später bei Wagner und Nietzsche, geschichtsphilosophisch umgemünzt, zur Rechtfertigungstheorie eines Herrschaftsanspruchs, der über den Bereich der Musik und des Musiktheaters weit hinausreichte. In ähnlichem Ton war über musikalische Werke niemals gesprochen worden. Die Wackenroderschen Dithyramben über Symphonien im allgemeinen und die Hoffmannschen über Beethovens Fünfte Symphonie erscheinen, so emphatisch sie sind, neben Nietzsches hochfahrender These, daß das Schicksal der Kultur insgesamt von dem der Wagnerschen Musik abhänge, als harmlose, intern ästhetische Rhetorik, über die man sich nicht zu ereifern braucht. Mit sämtlichen Verführungskünsten seines Teils — mit einer aristokratischen Attitüde, die dadurch zu sich heranzieht, daß sie abstößt und distanziert — zwang Nietzsche seine Leser dazu, eine bestimmte Musik, die Wagnersche, so ernst zu nehmen, wie Musik — außer in Platons erträumten Staat — noch nie genommen worden war. Und wenn Stefan George, im Gegenzug zu Nietzsche, einer durch Musik bestimmten Kultur eine höhere entgegensetzte, die sich an der Idee des Plastischen, der fest umrissenen Form orientierte, so änderte er zwar die Richtung der Apologie und Polemik, übernahm aber das kulturkritisch-metaphysische Pathos, von dem die Auseinandersetzung über Musik seit Nietzsche getragen wurde. Die Höhenlage, in der Nietzsche über Musik — über die Wagnersche Musik — sprach, stellt ein Ereignis dar, von dem man ohne Übertreibung behaupten kann, daß es musikgeschichtlich eine Zäsur markiert (sofern man unter Musikgeschichte nicht allein die Entwicklung der Komposition, sondern auch die der Rezeption und der Geltung der Musik im allgemeinen Bewußtsein versteht).

Die Herausforderung für die Philosophie, als die er von Nietzsche empfunden wurde, ist Wagner geblieben. Ernst Blochs Philosophie der Musik im »Geist der Utopie« ist im Grunde — teils explizit, teils unausgesprochen — eine Philosophie der Musik Wagners. Und im musikalischen Denken Theodor W. Adornos — das der Diskussion in den letzten Jahrzehnten zusammen mit den Kategorien über weite Strecken auch die Gegenstände vorschrieb — war Wagner, neben Mahler, Schönberg und der Schönberg-Schule, eines der zentralen Themen. Über Wagners Musik in philosophischen statt in musikalisch-technischen Begriffen zu sprechen, wurde zu einer Gewohnheit, die schließlich so fest eingewurzelt war, daß es kaum auffiel, wie seltsam sie eigentlich ist. Die Texte über Wagner, und zwar gerade die bedeutenderen, unterscheiden sich von der Literatur über andere Komponisten nicht nur durch ihren Gegenstand, sondern stellen geradezu eine andere literarische Gattung dar.

Die Umdeutung der Schopenhauerschen Metaphysik der Musik in eine Geschichtsphilosophie zum Ruhme Wagners bildet das zentrale Motiv der Vierten Unzeitgemäßen Betrachtung, *Richard Wagner in Bayreuth*, die 1876 erschien. Nietzsche glaubte in der Geschichte der Musik, soweit er sie überblickte, also in der Entwicklung seit Bach und Händel, einen Übergang von der Darstellung bleibender innerer Zustände des Menschen zum Ausdruck wechselnder Gefühlsregungen zu erkennen; das Zuständliche nannte er Ethos oder Charakter, das Bewegte und Werdende Pathos oder Affekt. Erst als tönendes Pathos aber, als Abbild des Schopenhauerschen »Willens«, des drängenden, treibenden Weltgrundes, erreicht die Musik ihre metaphysische

Bestimmung. Mit anderen Worten: Erst durch Wagner kommt sie zu sich selbst.

Nietzsches herausfordernde These besagt, daß eine geschichtlich späte Erscheinungsform der Musik deren metaphysisch ursprüngliche Natur repräsentiere oder hervortreibe. Das Wesen der Musik, wie es von Schopenhauer erkannt wurde, zeige sich nicht am Anfang der historischen Entwicklung, sondern an deren Ende. Mit den Worten von Karl Kraus: »Ursprung ist das Ziel.«

Die philosophische Pointe der Vierten Unzeitgemäßen Betrachtung aber hängt mit deren publizistischer Funktion eng zusammen. Für eine Rechtfertigung von musikalisch Neuem — und *Richard Wagner in Bayreuth* ist gerade noch (chronologisch wie inhaltlich) eine Rechtfertigungsschrift — hat eine geschichtsphilosophische Argumentation den unschätzbaren Vorteil, den Apologeten von der Schwierigkeit zu entlasten, sich entweder auf allgemeine Normen oder auf sein individuelles Gefühl berufen zu müssen: auf Normen, die nur alte Normen sein können, also vom Neuen gerade durchbrochen werden, oder auf ein Gefühl, das der Vagheit oder der Willkür verdächtig ist. Die Geschichtsphilosophie befreit den Apologeten des Neuen von dem Dilemma, indem sie ihn zu einem Sprachrohr macht: Er verkündet einen Spruch, den die Geschichte gefällt hat. Er urteilt eigentlich nicht selbst, sondern durch ihn urteilt der Geist der Geschichte, den er auf seine Seite zu ziehen vermochte. Er spricht aus, was an der Zeit ist.

Die Methode, im künstlerischen Parteienstreit geschichtsphilosophisch zu argumentieren, also über ästhetische Stimmigkeit oder Unstimmigkeit nach dem Kriterium zu urteilen, ob ein Werk »an der Zeit« ist oder nicht, stammt aus der Erbschaft der Junghegelianer, zu denen auch Karl Marx zu zählen ist. Man kann seither, grob gesprochen, eine Sache, die man bekämpft, als »überholt« abtun, statt für die Behauptung, daß sie »schlecht« sei, mit einleuchtenden Gründen einstehen zu müssen.

Daß Nietzsche vom »Unzeitgemäßen« der Wagnerschen Kunst spricht, darf nicht darüber täuschen, daß auch für ihn die Entschiedenheit, mit der ein Werk zur rechten Zeit hervortritt, über dessen geistigen Rang entscheidet. Zwar war die Idee, die Bayreuth verwirklichen sollte (und nach Nietzsches späterer Einsicht nicht zu verwirklichen vermochte), 1876 insofern »unzeitgemäß«, als sie sich gegen den herrschenden Ungeist richtete, den Nietzsche im Typus des »Bildungsphilisters« repräsentiert sah. Aber sie war andererseits — in einem tieferen Sinne — »zeitgemäß«, denn sie erfüllte, was geschichtsphilosophisch »die Stunde geschlagen« hatte.

Differenziert man zwischen ästhetischer und geschichtsphilosophischer Argumentation, so läßt sich der innere Zwiespalt, der auf dem Grunde von Nietzsches späterer Polemik gegen Wagner stets fühlbar bleibt, begreiflich machen, ohne daß man über die Psychologie der Haßliebe reden müßte.

Nietzsche hat sich, trotz der Dithyramben über *Carmen*, von Wagners Musik niemals getrennt, und er brauchte es auch nicht, solange er vor sich selbst die Anhänglichkeit an den musikalischen Rang »opus metaphysicum« von der Erkenntnis, daß es geschichtsphilosophisch ein Verhängnis darstelle, zu unterscheiden vermochte. Sogar die Musik zu *Parsifal*, dem Werk also, dessen Theater-Religion er verabscheute, hat Nietzsche gerühmt. Und das Lob für Bizet mochte zwar einen kulturkritischen Zweck erfüllen, war aber ästhetisch schwerlich ganz ernst zu nehmen.

In dem Maße, in dem prinzipiell der Wahrheitsgehalt einer Idee von deren ideologischer Funktion im Dienst eines Interesses oder einer Tendenz getrennt werden kann, sind auch in Nietzsches Wagner-Charakteristiken die Einsichten, die sie enthalten, von der apologetischen oder polemischen Ausmünzung durchaus unterscheidbar. Was Nietzsche über das Schauspielertum sagt, das die Substanz des Wagnerschen Kunsttriebs ausmache, bleibt als Erkenntnis unberührt von der Differenz, ob sich Nietzsche in der Vierten Unzeitgemäßen Betrachtung an die theatralische Größe der antiken Tragödie erinnert fühlt oder in späteren Schriften eine aristokratische Verachtung des Theaters als einer inferioren Massenkunst zur Schau trägt. Die Motive der Wagner-Kritik, die von Nietzsche entdeckt und von Thomas Mann und Theodor W. Adorno aufgegriffen wurden, sind immer ambivalent gewesen, da sie die Möglichkeit doppelter Werturteile offenließen: Werturteile allerdings, die weniger auf die ästhetische Größe des Phänomens als auf dessen geschichtsphilosophische Bedeutung zielten. Die Triftigkeit von Nietzsches Wagner-Charakteristik — nicht die der Urteile — war im Grunde ebenso wenig zweifelhaft wie der musikalische Rang des Wagnerschen Werkes: Der Streit der kulturkritischen Maximen berührte sie nicht.

Die geschichtsphilosophische Konstruktion, daß ein historisch spätes Phänomen metaphysische Ursprünglichkeit repräsentiere, wurde von Nietzsche durch die These gestützt, daß im Pathos der Wagnerschen Musik der Geist der antiken Tragödie, also die Lebensstimmung einer Frühzeit, verwandelt wiederkehre. Der Zusammenhang zwischen Musik und Tragödie aber, den Nietzsche in der Gestalt des Gottes Dionysos personifiziert sah, ist schwerer durchschaubar, als Nietzsches überredende Prosa vermuten läßt.

Nietzsches Philosophie des Tragischen ist von Schopenhauer abhängig, der in der Tragödie einen »Widerstreit des Willens mit sich selbst« erkannte: Es ist derselbe blinde Drang, der in jeder der tragischen Personen, die sich gegenseitig bekämpfen und zerfleischen, wirksam ist. Verstrickung und Leiden, »Schall und Wahn« machen das Wesen des »Willens« aus, wie es sich in der Tragödie offenbart. Die Resignation aber, zu der sich Schopenhauer durch das Entsetzen angesichts des Weltgrundes gedrängt fühlte, schlug bei Nietzsche, der aus gleichen Einsichten entgegengesetzte Konsequenzen zog, in Bejahung auch des Schrecklichen und Hoffnungslosen um: Das Lob der

Zurückgezogenheit, der vita contemplativa, in der Schopenhauer Zuflucht suchte, vertauschte Nietzsche mit Dithyramben über die heroische Attitüde illusionsloser Tapferkeit.

Den sichtbaren Ausdruck der tragisch-heroischen Gesinnung, die er Schopenhauers Resignation entgegenhielt, fand Nietzsche in Wagners Werk, und zwar in einer seltsamen Verknüpfung von Gestalten, deren Charaktere sich auszuschließen scheinen: einer Verknüpfung, die sich rational kaum begründen läßt, für Nietzsche jedoch eine intuitive Wahrheit darstellte: Für ihn verschmolzen, als er die Vierte Unzeitgemäße Betrachtung schrieb, Wagners Siegfried und Tristan nahezu in eine einzige Idealgestalt. Tristans Todessehnsucht und Siegfrieds jauchzende Lust, die von Gefährdungen weder weiß noch wissen will, wuchsen zum Bilde eines »Übermenschen« zusammen, dessen Bejahung des Grauens keine leere heroische Geste ist, sondern von dem Bewußtsein getragen wird, daß Untergang eine Rückkehr zum Ursprung, der das Ziel ist, bedeute. Das tragische Pathos, wie Nietzsche es verstand, lebt von der Idee, daß das Schreckliche, das sich als Weltgrund zeigt, zugleich das Tröstliche sei. Eine Bestätigung aber, daß das Tragische nicht ins Leere und Nichtige münde, fand Nietzsche in der Musik, in deren Pathos sich der Weltgrund tönend offenbart.

Nicht also das sozusagen greifbare Phänomen des Tragischen — die Dialektik, daß gerade der Weg, auf dem der tragisch Verstrickte Rettung sucht, sich als derjenige erweist, der ins Verderben führt —, sondern Schopenhauers metaphysische Auslegung bildete die Voraussetzung, von der Nietzsche ausging, als er zwischen Musik und Tragödie einen so engen Zusammenhang erkannte oder ahnte, daß er sich gedrängt fühlte, geradezu von einer *Geburt der Tragödie aus dem Geiste der Musik* zu sprechen — einer Musik, deren metaphysische Idee er nach dem Bild der Wagnerschen »Orchestermelodie« formte. Schopenhauers Metaphysik war für Nietzsche die philosophische Formel, die es ihm erlaubte, weit voneinander entfernte geschichtliche Erscheinungen, die antike Tragödie und die Wagnersche Musik, mit einer großzügigen schriftstellerischen Geste in eins zusammenzufassen, als verstehe sich die innere Identität im Zeichen des Dionysos von selbst, so wie umgekehrt durch Nietzsches Erfahrung der antiken Tragödie und der Wagnerschen Musik dem Schopenhauerschen Begriff eine Anschauungsfülle zuwuchs, ohne die er für den Schriftsteller Nietzsche — dessen Verhältnis zu dem Philosophen Nietzsche immer prekär war — unbrauchbar gewesen wäre. Nicht, daß die konkreten Zusammenhänge des Wagnerschen Musikdramas mit der antiken Tragödie, zumal der äschyleischen, geleugnet werden sollen; es gehörte vielmehr zu Wagners Kunst, Philologie und Historie produktiv zu machen. Daß Wagner Motive und Strukturen aus der antiken Tragödie übernahm, zeichnet jedoch sein Werk nicht vor dem anderer neuzeitlicher Dramatiker aus. Und es ist zudem nicht entscheidend für die geschichtsphilosophische Konstruktion, die Nietzsche entwarf, eine Konstruktion, in der Schopenhauers metaphysische Einsicht in das Wesen sowohl des Tragischen als auch des Musikalischen als Charaktere des Weltgrundes umgeformt wurde zu Thesen über eine geschichtsphilosophische Entsprechung zwischen einer spezifischen historischen Verwirklichung des Tragischen, der antiken Tragödie, und einer bestimmten Ausprägung des Musikalischen, dem Wagnerschen Musikdrama. In der Wagnerschen Musik selbst — und erst sekundär in der dramatischen Handlung, die Wagner eine »ersichtlich gewordene Tat der Musik« nannte — drückt sich nach Nietzsche eine tragische Lebensstimmung aus.

Das Bild des Weltgrundes, wie es Nietzsche erblickte, gründete auf ästhetischer Erfahrung, auf kontemplativer Versenkung in die Natur der antiken Tragödie und der Wagnerschen Musik. Nietzsches Metaphysik war, um mit seinen eigenen Worten zu sprechen, eine »Artisten-Metaphysik«. Er sah in der Kunst »die eigentliche metaphysische Tätigkeit des Menschen«: den Zugang zu einem Bereich, dessen Wesensstruktur Begriffe zwar nachzubuchstabieren, aber nicht unmittelbar und ohne Stütze zu erschließen vermögen.

Nietzsches »Artisten-Metaphysik«, die Erhebung eines Kunstwerks wie Wagners *Tristan und Isolde* zu einem »opus metaphysicum«, darf keineswegs als ein Stück Romantik, das durch das »Ende der Kunstperiode« obsolet geworden sei, abgetan werden. Zweifellos ist die These von der Kunst als einem »Organon der Philosophie« romantischen Ursprungs: Sie stammt von Schelling. Doch änderte sie im späteren 19. Jahrhundert, im Zeitalter eines Positivismus, von dessen Geist auch die Philosophie ergriffen wurde, ihren Sinn und ihre Funktion. Im gleichen Maße, wie die Metaphysik unter dem Verdacht, bloße Begriffsdichtung zu sein, aus der Philosophie, die eine strenge Wissenschaft zu werden versuchte, ausgestoßen wurde, drängte sich umgekehrt die Kunst dazu, eine Metaphysik, die heimatlos erschien, bei sich aufzunehmen. Was einmal Philosophie gewesen war, zog sich in die Kunst zurück; die Metaphysik wurde »Artisten-Metaphysik«. Und es war primär die Wagnersche Musik, die französischen Dichtern ebenso wie deutschen Musikern die Erfahrung einer Kunst, die Metaphysik, und einer Metaphysik, die Kunst geworden war, vermittelte. Nicht Wagners philosophische Deklarationen, die nicht selten an Weltanschauung in des Wortes schlimmster Bedeutung grenzen, sondern vielmehr seine Musik wurde als philosophisches Ereignis empfunden: als Zäsur in der Geschichte des Bewußtseins der Kunstsphäre von sich selbst. Und es war Nietzsche, der philosophisch aussprach, was Mallarmé dichterisch realisierte.

Die tragenden Kategorien der »Artisten-Metaphysik«, die — zu ihrem Ruhme wie zu ihrem Schaden — aus Nietzsches Wagner-Apologie in die ästhetische Umgangssprache übernommen wurden, die im Übermaß zitierten Begriffe apollinisch und dionysisch, waren bei ihrer Popularisierung einem

Mißgeschick unterworfen, dessen Grundschema in der Ideengeschichte immer wiederkehrt: dem Mißgeschick, aus einer Antithese, die einer verwickelten dialektischen Konstruktion zugrundeliegt, zu einem schlichten Gegensatz zwischen einander ausschließenden Prinzipien verzerrt zu werden. Dialektik verflachte zu Typologie.

Die populäre Vorstellung, daß einer dionysischen Kunst eine apollinische gegenüberstehe, also die Vorstellung kontrastierender Typen oder Kunstprinzipien, ist mit Nietzsches ästhetisch-metaphysischem Entwurf unvereinbar, wenn auch manche Formulierungen, in denen die philosophische Differenzierung der schriftstellerischen Drastik geopfert wurde, das Mißverständnisse nahelegen. Das Apollinische, die Traum- und Bilderwelt, und das Dionysische, die Sphäre des Rausches und der Musik, schließen sich keineswegs aus, sondern das Apollinische erweist sich vielmehr, wenn man Nietzsches Metaphysik auf die Schopenhauersche zurückbezieht, als mythologische Metapher für Schopenhauers »Welt als Vorstellung«, und es ist die »Welt als Vorstellung«, der die »Welt als Wille« zustrebt, um in fest umrissener Form Befriedigung und Ruhe zu finden, so wie umgekehrt in der apollinischen Bilderwelt ein Drang zur Selbstauflösung wirksam ist, ein Destruktionstrieb, dessen Ziel ein Zurücksinken in den dionysischen Weltgrund, in die Selbstvergessenheit ist. »Wer dies nicht erlebt hat«, heißt es in der *Geburt der Tragödie*, »zugleich schauen zu müssen und zugleich über das Schauen hinaus sich zu sehnen, wird sich schwerlich vorstellen, wie bestimmt und kalt diese beiden Prozesse bei der Betrachtung des tragischen Mythus nebeneinander bestehen und nebeneinander empfunden werden.« In der apollinischen Traumwelt, einer Welt des Schauens, gelangt das Dionysische, das ursprünglich blinder Drang ist, zur Sichtbarkeit und zur anschauenden Erkenntnis seiner selbst; hinter dem schönen Schein aber bleibt, als Versuchung zur Regression, die »Welt als Wille« stets fühlbar. Kunst ist nach Nietzsche also — wie die Welt insgesamt, deren Wesen sie offenbar macht — nicht entweder dionysisch oder apollonisch, sondern erscheint dort, wo sie ganz sie selbst ist — in der antiken Tragödie und im Wagnerschen Musikdrama —, als das eine im anderen und durch das andere.

Die »Artisten-Metaphysik« ist heute — hundert Jahre nach Nietzsches Wagner-Apologie, deren Substanz sie ausmachte — zu einer historischen Reminiszenz verblaßt, die man interesselos zitiert, ohne doch zu empfinden, was sie einmal besagte. Gottfried Benn dürfte der letzte gewesen sein, der Nietzsches — und Mallarmés — Diktum, daß die Welt einzig ästhetisch zu rechtfertigen sei, im Ernst zu wiederholen wagte. Es bedarf inzwischen geradezu einer Anstregung des historischen Bewußtseins, um sich in eine Lebens- und Ideenstimmung zurückzuversetzen, in der das »l'art pour l'art«-Prinzip formuliert und der Öffentlichkeit aufgedrängt werden konnte: ein Prinzip, das keineswegs — trotz eines eingewurzelten Mißverständnisses — auf Isolierung und Rückzug der Kunst, sondern gerade umgekehrt auf deren Herrschaft zielte. Gemeint ist nicht, daß die Kunst eine Welt für sich sei, abgekehrt von der eigentlichen Realität, sondern vielmehr, daß sie ein Sphäre darstelle, deren Gesetzen sich das Publikum unterwerfen müsse, statt daß es Forderungen stellen dürfte: eine Sphäre, durch die das alltäglich Existierende — und zwar in dem Maße seiner Teilhabe an ihr — überhaupt erst einen Sinn erhalte.

In der »Artisten-Metaphysik« steckte eine Arroganz, die heute, in einer durch soziale Postulate zwar nicht praktisch, aber intellektuell-moralisch beherrschten Epoche, ungeheuerlich anmuten mag. Und es scheint, als sei sie nur in einem Zeitalter möglich gewesen, in dem das Prinzip der doppelten Wahrheit habituell geworden war: einem Zeitalter, das die Metaphysik — deren Zufluchtsort die Kunst war — einerseits in ihrem Anspruch, das Wesentliche darzustellen, durchaus gelten ließ, um ihr andererseits jedoch den Rücken zu kehren. Die »Artisten-Metaphysik« wurde akzeptiert, weil es im Ernst — in dem, was man dafür hielt — auf sie nicht ankam; man focht sie nicht an, sondern gestand ihr eine Würde zu, für die man zutiefst Gleichgültigkeit empfand.

Die Kehrseite des Ruhms, der Nietzsche in den Jahrzehnten um 1900 zufiel, war Vergeblichkeit.

## Ernst Blochs Philosophie der Musik Wagners

Daß eine Philosophie der Musik existiert, in der die Musik nicht einen zufälligen und peripheren Gegenstand aphoristischer Reflexionen bildet, sondern eng mit den wesentlichen Interessen der Philosophie verknüpft erscheint, ist nichts weniger als selbstverständlich. Reminiszenzen an die Antike, an Platon und die Pythagoreer, sollten nicht täuschen. In der griechischen Philosophie war es weniger die Musik selbst — als tönendes Faktum —, die zum Objekt der Philosophie erhoben wurde, als vielmehr die mathematische Struktur, die dem musikalischen Tonsystem zugrunde lag, und die seelische Wirkung, die von den Tonarten und Rhythmen ausging.

Daß die Musik als Kunst, als Inbegriff musikalischer Werke von der Philosophie ernst genommen oder gar ins Zentrum gerückt wurde, wäre vor dem 19. Jahrhundert undenkbar gewesen. Noch in der Epoche des Barock und des Rokoko, deren Adelskultur um die Oper kreiste, galt die Musik als sekundäre, periphere Kunst im Schatten der Dichtung. Von Kant stammt das Verdikt, daß sie »freilich mehr Genuß als Kultur« sei. Durch Beethoven aber und durch E. T. A. Hoffmann, der Beethovens Prophet war, wuchs der Musik eine Bedeutung und geistige Relevanz zu, die sie nie zuvor gehabt hatte.

Die Wiener Klassik und die romantische Musikästhetik, eine Ästhetik, die gleichzeitig mit der musikalischen Klassik als deren norddeutsch-theoretischer Widerpart entstand, bildeten zusammen die Grundlage für das Musikbewußtsein des 19. Jahrhunderts: für die Überzeugung, daß Musik eine Wahrheit ausdrücke, die der Sprache, sogar der poetischen, unzugänglich sei.

Schopenhauer verlieh der Musik, und zwar dem tönenden Phänomen, nicht den verborgenen mathematischen Implikationen, geradezu metaphysische Würde. Geschichtswirksam wurde Schopenhauers Metaphysik der Musik allerdings nicht unmittelbar nach 1819, sondern erst Jahrzehnte später, und zwar durch Wagner, der sie sich — in modifizierter Form — seit 1854 zu eigen machte. Umgekehrt war es, neben Beethoven, gerade Wagner, der immer wieder zu philosophischer Reflexion herausforderte. Philosophie der Musik ist bei Nietzsche, der den *Tristan* als das »opus metaphysicum der Musik« bezeichnete, und ebenso ein halbes Jahrhundert später bei Ernst Bloch eine Philosophie der Musik Wagners. Und sie ist es nicht zufällig. Wie kein anderer repräsentiert Wagner das 19. Jahrhundert, die Epoche, in der die Musik zu einem Organon der Philosophie wurde. Und daß sie es, wenn auch in geringerem Maße, bis heute geblieben ist, außer bei Bloch vor allem bei Theodor W. Adorno, verdankt sie dem 19. Jahrhundert. Ohne die Veränderung des musikalischen Bewußtseins in der Romantik wäre es undenkbar, daß Musik im gleichen Sinne wie Dichtung den Anspruch auf Kunstcharakter erhöbe. Die Gegenwart zehrt, sofern sie der Musik Bedeutung zuerkennt, von der Erbschaft einer vergangenen Metaphysik.

## 1

Ernst Bloch, Philosoph und Theologe, Historiker und Marxist, ist ein Ketzer. Ihn trifft das Wort Jacob Burckhardts, der Geist sei »ein Wühler«. Den Philosophen ist er als Schwärmer, den Theologen als Mystiker, den Historikern als spekulativer Geschichtsphilosoph, den Marxisten als Metaphysiker verdächtig. Und zweifellos ist es sein Stolz, verdächtig zu sein. Denn gerade das Geschmähte und Beargwöhnte, die Ketzergeschichte, stellt für Bloch den Teil der historischen Überlieferung dar, der es wert ist, gerettet zu werden. Die Utopie, die Bloch beschwört und deren Begriff er in seiner philosophischen Würde wiederhergestellt hat, stützt sich auf die fehlgeschlagenen Hoffnungen der Vergangenheit. Und das »wühlende« historische Bewußtsein, ein Bewußtsein, das sich unersättlich enzyklopädisch gebärdet, weil es jedes geschichtliche Dokument als Zeugnis in einem Prozeß begreift, der noch nicht entschieden ist, trennt Bloch von denen, die das Wort »Utopie« zu einem Schlagwort ausmünzen und als Entschuldigung und Rechtfertigung für Gedächtnisschwäche und Erfahrungsarmut mißbrauchen. Blochs Entwurf der Zukunft ist zugleich ein Sammeln der verstreuten Funken aus dem Schutt der Vergangenheit.

Die Musik, zu der er reflektierend immer wieder zurückkehrt, versteht Bloch als »tönende Ketzergeschichte«: ein überschwenglicheres Lob ist aus seinem Munde kaum vorstellbar. Und es ist demnach in der Sache begründet, um die Blochs Denken kreist, nicht in einer zufälligen Sympathie oder Caprice, daß eine Philosophie der Musik das Zentrum des *Geistes der Utopie* bildet, des Buches, das nach dem Ersten Weltkrieg Blochs Ruhm begründete, einen Ruhm, der jahrzehntelang esoterisch war, bis er sich schließlich weithin ausbreitete.

Die Musik, deren Ausdruck ebenso beredt wie ungreifbar ist, erscheint als Organon und Sinnbild eines utopischen, die Zukunft entwerfenden Denkens, das einerseits zwar nicht auflösbar ist in rationale Futurologie, aber andererseits auch nicht als bloßer Wachtraum und Fabel, als Konstruktion im Leeren abgetan werden kann. Die Utopie ist nicht haltlos, aber ungewiß und gefährdet.

In der Ketzergeschichte, der realen und der tönenden, die Bloch zu entziffern und deren Gehalt er zu retten versucht, ist vorgezeichnet, was er unter »Utopie« versteht, aber eher negativ als positiv. Die Entwürfe eines Reiches der Zukunft, die sich zu Plänen verfestigen oder in Bildern, gemalten und tönenden, ausbreiten, sind fast immer hoffnungslos verstiegen, wenn nicht Schlimmeres. Um so triftiger aber ist die Negation des bestehenden Zustands, die Unbeirrbarkeit in der Überzeugung, daß eine tief eingreifende Veränderung notwendig sei. Historie, wie Bloch sie praktiziert, ist ein Plädoyer für das geschichtsphilosophische Recht von Hoffnungen und Unternehmungen, die damals, als sie entstanden, vergeblich waren, also geschichtlich ins Unrecht gerieten.

Der utopische Gehalt der Musik ist von Jean Paul, den Bloch zitiert, als »Heimweh nach einer Zukunft« umschrieben worden. »Warum vergißt man darüber, daß die Musik freudige und traurige Empfindungen verdoppelt, ja sogar selber erzeugt, daß sie allmächtiger und gewaltsamer als jede Kunst uns zwischen Freude und Schmerz ohne Übergänge in Augenblicken hin und her stürzt — ich sage, warum vergißt man eine höhere Eigentümlichkeit von ihr: ihre Kraft des Heimwehs, nicht ein Heimweh nach einem alten verlassenen Land, sondern nach einem unbetretenen, nicht nach einer Vergangenheit, sondern nach einer Zukunft?« Der Anfang, von dem der Weg ausging, ist aufgehoben in dem Ende, das er erreicht. Und das Heimweh, das sich zum Ursprung zurückzusehnen glaubt, meint in Wahrheit das Ziel, das »unbetretene Land«, in dem der Ursprung nicht nur wiederkehrt und bewahrt ist, sondern überhaupt erst zu sich selbst kommt. Der Utopiker ist der eigentliche Konservative; denn wir sind, sagt Bloch, noch gar nicht wir selbst, sondern sollen es erst werden. Und ebenso ist die Musik, als »tönende Ketzergeschichte«, noch nicht sie selbst. Es wäre ein Mißverständnis, Blochs Idee einer utopischen Musik auf die banale Formel zu reduzieren, daß die musikalische Harmonie das Symbol und die tönende Antizipation einer versöhnten Welt sei. Der musikalische Ausdruck ist vielmehr, nicht anders als das Subjekt, dessen Ausdruck er ist, noch unvollendet, noch getrübt oder unzulänglich. So unleugbar es einerseits ist, daß er sich in bedeutender Musik nicht darin erschöpft, Reflex der Gegenwart, des bestehenden Zustands zu sein, über den er vielmehr hinauszielt, so verfehlt wäre es andererseits, ihn unmittelbar als Bild und unverzerrte Antizipation einer utopischen Ferne zu rühmen, also zu verkennen, daß auch die reinste Anstregung in die Gegenwart und ihre Schuld verstrickt ist, und sei es dadurch, daß sie über sie hinwegtäuscht. Wenn Bloch den utopischen Gehalt musikalischer Werke zu bestimmen oder zu umschreiben versucht, so ist es gerade das Verwirrte, das Neben- und Ineinander des »oberen« und »unteren Tones«, wie er es nennt, das Zwiespältige der Musik, was er kenntlich macht.

Bloch, dem die Wege der Dialektik kaum verschlungen genug sein können, ist andererseits schroff in seinen Sympathien und Antipathien. Unangekränkelt durch historische Skepsis fällt er Urteile und Verdikte, denen er geschichtsphilosophische Relevanz zutraut. Und der Riß, von dem er fühlt, daß durch ihn die Musik zerspalten sei, geht mitten durch Wagners Werk hindurch. Über *Tristan und Isolde* stehen im *Geist der Utopie* einige Seiten, die zum Bewegendsten gehören, was über Musik — nicht nur über Wagner — geschrieben worden ist. Den *Ring des Nibelungen* aber, und zwar die Musik, nicht die Handlung und die Dichtung, schmäht Bloch als »Tierlyrik«, deren befangener, beengter Ton hinabsinke unter das Menschliche, über das er hinausstrebe, und die durch Getöse, durch »halbmilitärischen Tamtamschlag«, das Bewußtsein zu übertäuben trachte, daß der Gott, dessen Tragik das Werk zelebriert, kein Gott und der Held kein Held sei. »Hier drängt sich, wie wir sagten, der Ton fast völlig ins Leere und trübgeworden Tierische hinüber. Es gibt in diesem Werk keinen Durchblick, der anders aus der Enge der Person herausführen könnte als dadurch, daß er eine Welt von Pappe, Schminke und heilloser Heldenpose auftut.« Das entscheidende Wort ist »heillos«: Für Bloch, den Mystiker bedeutet der Mythos, der eine Welt auswegloser Verstrickungen zeigt, eine »heillose« Gegenwelt.

Als Wagners »opus metaphysicum« dagegen rühmt Bloch, im Widerspruch zu Nietzsche, den *Parsifal*, dessen Theaterreligion, das Extrem der Kunstreligion des 19. Jahrhunderts, den Mystiker nicht stört. Auch im *Parsifal* aber, dessen Ton, wie Bloch es ausdrückt, »durchaus nach oben weist«, ist die Musik noch nicht zu sich selbst gekommen. »Daß sie nicht ausspricht, sondern bestenfalls nur aufschließt, daß das metaphysische Adagio immer noch bloße, undeutlich feierliche Musiksphäre bleibt ohne alle Kategorien, erweist von neuem, in dieser aufsteigenden Polemik aus Bewunderung, aus dem Maß des Absoluten, wie weit Wagnersche Musik doch von dem letzten heiligen Stand, von der Erfüllung der Musik als Verkündigung, als über alle Worte hinaus beginnender Lösung unserer geheimen Natur, noch geschieden ist«. Blochs »Polemik aus Bewunderung«, eine Polemik, die Wagnerscher Musik überhaupt erst die Ahnung dessen verdankt, was als utopische Musik über sie hinausgehen könnte, mag verwirrend wirken. Denn der Vorwurf — falls er einer ist —, daß die *Parsifal*-Musik bloße Sphäre oder Stimmung bleibe, »ohne alle Kategorien«, bezeichnet offenbar eine Grenze, mindestens eine vorläufige, die der Musik schlechthin, nicht nur der Wagnerschen, gezogen ist. Die Idee einer »kategorialen« Musik — »kategorial« in einem genauen, nicht bloß vage metaphorischen Sinne — ist kaum faßlich.

Auch scheint es, als gerate Bloch in Widersprüche, von denen nicht feststeht, ob sie zu den dialektischen oder den ausweglosen gehören. Einerseits postuliert er eine Musik, die den Gehalt, den sie in sich schließt, nicht bloß andeutet und in Stimmungen einhüllt, sondern deutlich, kategorial geformt, ausspricht. Andererseits erklärt er, mißtrauisch gegen das Prinzip des Gesamtkunstwerks, den Text, also das rationale Moment, zu einem Zusatz und einer eher störenden als klärenden Beimischung; die utopische Musik müsse eine »absolute«, losgelöste Musik sein. Blochs Urteile über Wagner jedoch, die Verwerfung des *Ring* und das Lob des *Parsifal,* richten sich nicht auf die abstrahierte Musik für sich, sondern auf das Ganze der Werke, das aus Musik, Sprache und szenischer Aktion zusammengesetzt ist, ohne daß in der ästhetischen Wirkung das eine Moment vom anderen zu trennen wäre. Der »Ton«, den Bloch als nach »oben« oder nach »unten« weisend empfindet, ist der musikalisch-dichterische, nicht der musikalische für sich, den zu isolieren gewaltsam wäre.

Das Gegen- und Ineinander der Argumente ist jedoch nicht unentwirrbar. Die »absolute« Musik, die Bloch meint oder zu deren Idee er sich reflektierend vortastet, ist eine Musik nicht diesseits, sondern jenseits des Wagnerschen Musikdramas, das sie voraussetzt und in sich aufgehoben hat. Sie ist nicht die reale, existierende *Tristan*- und *Parsifal*-Musik, abstrahiert vom Drama als Dichtung und Handlung, sondern eine aus *Tristan* und *Parsifal* als Konsequenz hervorgehende Musik, die sich vom Text emanzipiert, aber nicht, um in die Unbestimmtheit der Stimmungsparaphrase zurückzufallen, sondern weil sie die Deutlichkeit, die ihr früher einzig ein Text geben konnte, aus sich selbst hervorzubringen vermag. Was Bloch sucht und wovon er glaubt, daß die Musik selbst es sucht, ist ein »Ton«, der »beredt« ist ohne Text und über jeden denkbaren Text hinaus.

## 2

Der Trieb, mit dem Bloch die Geschichte durchstöbert, als sei sie ein Arsenal, ein Trieb, in dem antiquarische Neigungen sich mit den philosophischen verflechten, zielt in letzter Instanz auf Rettung von Vergangenem für die Zukunft und umgekehrt, weniger auffällig, auf Rettung der utopischen Zukunft durch einen Halt am Vergangenen. Gerade als Philosoph der Utopie ist Bloch Historiker, und als Historiker, der von der Vergangenheit betroffen ist, statt sie bloß zu registrieren, ist er Philosoph der Utopie. Weniges allerdings bleibt unverwandelt; verändernde, »rettende« Interpretation, bis hin zur »Polemik aus Bewunderung«, zu der sich Bloch durch Wagners *Parsifal* herausgefordert fühlte, ist eine Grundform seines Denkens.

Die Idee einer Philosophie der Musik, die sich nicht, in ängstlicher Bescheidenheit, auf bloße Phänomenologie beschränkt, sondern sich in Metaphysik hinauswagt, ist Bloch vor allem durch Schopenhauer vermittelt worden, mit Wagners Musik als Gegenstand und Anschauungsmodell. Ein Einfluß Hegels ist kaum erkennbar. Aber auch Schopenhauers Metaphysik der Musik bedarf, um in den »Geist der Utopie« aufgehoben zu werden, der »Rettung« durch »Polemik aus Bewunderung«. Was Bloch an Wagners Musik, am »Ton« des *Ring*, als »Tierlyrik« empfand und verabscheute: daß sich Musik ans »Untere« verliere, ist nichts anderes als die Affinität der Musik zum »Willen«, zu dem blinden Trieb und Drang, in dem Schopenhauer, der Metaphysiker des »Willens«, das metaphysische Wesen der Musik sah.

Schopenhauers Lehre, daß die Musik »keineswegs, gleich den anderen Künsten, das Abbild der Ideen, sondern Abbild des Willens selbst« sei — ein Dogma, von dem man geglaubt hat, daß es die Musik ins Unermeßliche erhöhe —, spricht ihr zwar metaphysische Würde zu, aber eine Würde durchaus zwielichtigen Charakters. Die Nähe der Musik zum Wesen hinter den Erscheinungen, zum »Willen« hinter den »Vorstellungen«, bedeutet eher Verstrickung als Erhebung. Denn so oft Schopenhauer Platon erwähnt, mit dem er die Tendenz zur Bestimmung des unveränderlichen Wesens der Dinge teilt, so radikal unterscheidet er sich dadurch von der Tradition der Metaphysik, daß er das Ding an sich in düsteren statt in leuchtenden Farben malt. Das Wesen der Dinge, wie es sich philosophischer Betrachtung zeigt, ist nicht die Idee des Guten, des Wohlgeordneten, um die Platons Denken kreiste, sondern ein blinder, sich verstrickender Drang, der sich im Wechsel zwischen der Unruhe und dem Schmerz des Mangels und der Langeweile erreichter Ruhe verzehrt. Der höchste Grad an Realität ist bei Schopenhauer, der damit Platon schroff widerspricht, der unterste an Vollkommenheit. Und es sind die niederen Sinne, in denen sich der Wille, das Ding an sich, am deutlichsten manifestiert. »Töne«, schreibt Schopenhauer, »können unmittelbar Schmerz erregen und auch unmittelbar sinnlich, ohne Bezug auf

Harmonie und Melodie, angenehm sein. Das Getast, als mit dem Gefühl des ganzen Leibes Eines, ist diesem unmittelbaren Einfluß auf den Willen noch mehr unterworfen: doch gibt es noch ein schmerz- und wollustloses Tasten. Gerüche aber sind immer angenehm oder unangenehm: Geschmäcke noch mehr. Die beiden letzteren Sinne sind also am meisten mit dem Willen inquiniert: daher sind sie immer die unedelsten.« Daß »Wille« sich in der Musik unmittelbar manifestiert, ist also, ohne daß Schopenhauer es unverhohlen ausspräche, im Zusammenhang seiner Metaphysik eher ein Makel als eine Auszeichnung.

Bloch, der aus der Musik des *Ring* das Dumpfe und Trübe heraushörte, das bei Schopenhauer den »Willen« charakterisiert, sträubte sich andererseits gegen Schopenhauers Anspruch, die Natur der Musik bestimmt zu haben. Daß Musik Darstellung und Manifestation des »Willens«, des blinden und verstrickten Dranges sei, mag das erste Wort über sie sein, ist aber nicht das letzte. Und Bloch bringt Schopenhauers Metaphysik der Musik, die als Feststellung von deren unveränderlichen Wesen gemeint war, gleichsam geschichtsphilosophisch in Bewegung. Dem Ursprungsdenken, der platonischen Erbschaft bei Schopenhauer, setzt er ein Zieldenken entgegen. Und so wenig er von der metaphysischen Bedeutung, die der Musik durch Schopenhauers These zugefallen ist, das Geringste preisgeben mag, so entschieden versucht er die Idee der Musik aus der Befangenheit im »Unteren«, in »Tierlyrik« und dem Drang zum »Ertrinken und Versinken«, zu »retten«. Schopenhauers Metaphysik der Musik soll zugleich bewahrt und aufgehoben werden. Die Polemik gegen Schopenhauer, die den Musikkapiteln im *Geist der Utopie* zugrundeliegt, manchmal explizit und häufiger unausgesprochen, ist als »Rettung« gemeint; Polemik um der Polemik willen war niemals Blochs Sache.

Das besagt jedoch nicht, daß er dazu tendierte, in einer abstrakten Antithese zur »Tierlyrik« des *Ring*, etwa bei älterer, beruhigter, kontemplativer Musik, Zuflucht zu suchen. Für ihn ist vielmehr, wie für den Musikgegner George, Musik einzig in der Gestalt, die sie durch Wagner erhalten hat, geschichtsphilosophisch relevant. Und wenn er einer »Rettung« ins Utopische bedarf, so muß sie aus dem Inneren der Wagnerschen Musik selbst, aus deren verborgener Zielidee, hervorgehen.

Das dumpfe, in Gefühle versunkene Hören wird von Bloch sogar ausdrücklich gegen die rationale, analysierende Aneignung von Musik verteidigt, allerdings nicht, damit es weiterhin in sich selbst befangen bleibt, sondern um der Verwandlung willen, zu der es fähig ist. »So haben«, schreibt Bloch, »auch diese Rationalen nicht die rechte Spur, und fast möchte man nun wieder lieber die wollüstigen Schläfer ins Reine bringen, als welche sich doch wenigstens, wenn auch noch so dumpf und irrend, seelisch in einem Seelischen bewegen.« So entschieden sich also Bloch, wenn er gegen Schopenhauer polemisiert, einer Preisgabe der Musik an den blinden, verstrickten »Willen« widersetzt, so tief ist andererseits sein Argwohn gegen den Zug zum Rationalen und zur Rationalisierung, in dem Max Weber das Gesetz der musikgeschichtlichen Entwicklung, mindestens in Europa, erkannte. Der musikalische Utopiker Bloch ist ein Mystiker. Form und Technik der Musik sind für ihn sekundäre, untergeordnete Momente, von denen er, im Einverständnis mit Wagner, behauptet, sie erfüllten ihre Funktion am vollkommensten, wenn sie unmerklich bleiben: Ein musikalischer Satz, nicht anders als ein sprachlicher, ist gut konstruiert, wenn er den Inhalt vermittelt, ohne daß die Form, die Syntax, eigens hervortritt. Bloch, der seine Herkunft aus dem Expressionismus niemals verleugnet, bekennt sich rückhaltlos zur musikalischen »Inhaltsästhetik«, sogar um den Preis des Dilettantismus. »Es kommt eine neue, bewußtlosere, urbildliche Betonung des etwas zu sagen Habens herauf, die keineswegs den Vorwurf des Dilettantismus scheut, ja bei der das Dilettantische, das apriorisch Dilettantische, rein ›Inhaltsästhetische‹, sofern nur die eigentliche Stümperei der individuellen Armseligkeit, der negativen Expression ferngehalten ist, einen metaphysischen Grad erlangt: den des Abschubs alles Genießens; den Gewinn der Ichaussage statt des Werkes; den moralischen Nominalismus gegen alle verselbständigte Indirektheit.« Die kompositorische Methode, die »verselbständigte Indirektheit«, wie Bloch sie nennt, wird mit Geringschätzung behandelt, da es einzig darauf ankomme, was einer zu sagen hat. Damit aber geriet die Utopie der Musik, die Bloch am Ende des Ersten Weltkrieges, in der Epoche des Expressionismus, entwarf, in Widerspruch zur realen musikalischen Zukunft der nächsten Jahrzehnte, einer Zukunft, in der gerade das technische, strukturelle Moment der Musik mit einem Nachdruck hervorgekehrt wurde, der an Besessenheit grenzte. Nach Theodor W. Adorno ist es der Bereich der kompositorischen Technik, nicht der moralischen Intention, in dem die ästhetischen und sogar die geschichtsphilosophischen Entscheidungen fallen.

## 3

Aus der Geringschätzung der musikalischen Technik, einer Technik, die sich von selbst versteht, resultiert Blochs Gleichgültigkeit gegenüber der empirischen Musikgeschichte, sofern sie bloße Problemgeschichte des Komponierens und Geschichte der Funktionen von Musik ist. »Es ist klar«, heißt es im *Geist der Utopie*, »daß auch bedeutenderen Künstlern gegenüber nichts so sehr abschwächt als das Einlegen oder Hineinrichten in irgend ein Nacheinander der handwerklichen Entwicklung, in die Geschichte der bloßen vermittelnden, befestigenden, technischen Formeln«. Über die niedere Empirie setzt sich Blochs geschichtsphilosophischer Entwurf, der metaphysisch und »inhaltsästhetisch«, nicht technisch-formal bestimmt ist, nicht ohne Rücksichtslosigkeit hinweg: Chronologie ist subaltern.

Andererseits kontrastiert die Geschichtsphilosophie, wie Bloch sie konzipiert, zu der traditionellen Historie und Ästhetik nicht abstrakt und von außen, sondern ist gewissermaßen, als »bestimmte Negation«, aus deren Problemen und Widersprüchen, wie sie sich im 19. Jahrhundert zeigten, hervorgegangen.

Im 19. Jahrhundert, das eine Epoche des Historismus, aber auch der metaphysischen Ästhetik war, ist die Tatsache, daß bedeutende musikalische Werke — und manchmal auch unbedeutende — die Zeit ihrer Entstehung überdauern, weniger nüchtern wirkungsgeschichtlich als vielmehr emphatisch metaphysisch verstanden worden: als Herausragen der Werke aus der Geschichte, der sie zwar die Bedingungen ihrer Entstehung, aber nicht ihr Wesen verdanken. Doch geriet die metaphysische Ästhetik, die ein musikalisches Werk, als wäre es eine platonische Idee, in eine Ewigkeit versetzte, in der es unveränderlich thront, in Widerspruch zum Historismus, der anderen herrschenden Tendenz im Denken des 19. Jahrhunderts: zu einem Historismus, der sich gerade umgekehrt bemühte, musikalische Werke auf ihr geschichtliches Wesen zu reduzieren und aus ihrer Herkunft zu verstehen. Um zu erkennen, was eine Sache sei, müsse man untersuchen, wie sie es geworden ist. Oder anders ausgedrückt: Das Wesen eines Werkes ist nicht metaphysisch und unveränderlich, sondern geschichtlich und einer Entwicklung unterworfen.

Blochs Geschichtsphilosophie der Musik kann nun als Versuch verstanden werden, den skizzierten Widerspruch, den das 19. Jahrhundert unaufgelöst hinterlassen hat, aufzuheben. Einerseits sind in Blochs Entwurf die bedeutenden musikalischen Werke, nicht anders als in der metaphysischen Ästhetik, aus dem Kontext der empirischen Geschichte herausgehoben. Historie und Soziologie verfallen dem Verdikt, zwar nicht falsch, aber untriftig zu sein. »All dieses ›Erklären‹ von außen her bleibt sogar letzthin äußerlich, macht die Gesamterscheinung, die tiefe historische Einsamkeit, die soziologisch uneinbeziehbare Seinsebene Bachs nicht begrifflich.« Musik, die sich zu metaphysischer Relevanz erhebt, ist nach Bloch nicht nur »ungleichzeitig« im Sinne Nietzsches, der die musikalische Geschichte der allgemeinen nachhinken ließ, sondern »sphärisch unvergleichbar«.

Andererseits aber ist der metaphysische Bezirk, in den bedeutende Musik hineinragt, nicht platonisch unveränderlich, sondern von Bewegung, Unruhe und Zielstrebigkeit erfüllt. Auch die Metaphysik, die Bloch als Prozeß begreift, ist noch gar nicht bei sich selbst angekommen. Und so erscheint die Geschichtsphilosophie der Musik als in Fluß gekommene, von Geschichte und Veränderungsdrang erfaßte Metaphysik der musikalischen Werke. Die

Historie ist in Metaphysik und umgekehrt die Metaphysik in Historie aufgehoben.

Bloch unterscheidet drei Stufen oder »Schemen«, die als dialektische und zugleich als mystische Stadien erscheinen. »Das Erste ist das endlose vor sich Hinsingen, der Tanz und schließlich die Kammermusik«, an der Bloch die Kontinuität der musikalischen Fortspinnungstechnik pointiert. »Das zweite nimmt einen größeren Anlauf: es ist das geschlossene Lied, Mozart oder die Spieloper, weltlich kleinbewegt, das Oratorium, Bach oder die Passionen, geistlich klein bewegt, und zuoberst die Fuge, die freilich hinsichtlich ihrer unendlichen Melodie schon in die Ereignisform übergeht [ . . . ] Das Dritte ist das offene Lied, die Handlungsoper, Wagner oder die transzendente Oper, das große Chorwerk und Beethoven-Bruckner oder die Symphonie als den losgebrochenen, weltlich, wenn auch noch nicht geistlich großen, durchaus dramatisch bewegten, durchaus transzendental gegenständlichen Ereignisformen.« Die Schemata aber, die Bloch nebeneinanderstellt, sind zugleich ineinander verflochten. Die zweite Stufe erscheint nicht als bloße Negation der ersten, sondern als deren Aufhebung: Im »geschlossenen Lied«, wie Bloch die Formen des 18. Jahrhunderts nennt, ist der Tanz, also ein Moment der ersten Stufe, enthalten; in der »unendlichen Melodie«, der ungebrochenen Kontinuität der Bachschen Fuge kehrt das »endlose vor sich Hinsingen« wieder. Und bei Wagner, dem Repräsentanten des »offenen Liedes«, der Ereignis- und Entwicklungsform des 19. Jahrhunderts, kommt die Dialektik der drei Stufen beinahe zu Klarheit über sich selbst: In der »traurigen Weise«, der Hirtenmelodie des dritten *Tristan*-Aktes erinnert sich gleichsam Wagners »unendliche Melodie« ihres archaischen Ursprungs im »endlosen vor sich Hinsingen«; und daß in Bachs Fugen die »unendliche Melodie« antizipiert sei, ist bereits, was Bloch allerdings nicht wissen konnte, von Wagner selbst ausgesprochen worden.

Was andererseits noch aussteht und worin für Bloch, den Mystiker und Theologen, die Utopie der Musik sich erfüllen würde, ist eine »große geistliche Ereignisform«, also — wie von Blochs Andeutungen ablesbar ist — eine Wiederkehr der Musik Bachs aus dem Geiste des Wagnerschen *Parsifal*: ein »Karfreitagszauber«, der als absolute Musik alles Textgebundene und Theaterhafte von sich abstreift. Das von Bloch Gemeinte muß allerdings eher erraten werden, als daß er es ausspräche. Er malt den musikalischen Wachtraum — so deutlich er dem Nicht-Musiker, und gerade ihm, vorschweben mag — nicht aus, sondern hält sich, wie Marx, an das Gebot, daß man sich von der Utopie kein Bild machen solle.

Unverkennbar ist Blochs Abhängigkeit von August Halm, dessen entscheidendes, in das Musikdenken tief eingreifendes Buch 1913, wenige Jahre vor dem *Geist der Utopie,* erschienen ist. Hatte Halm von »zwei Kulturen der Musik« gesprochen, die er durch Bach und Beethoven, durch die Fuge und die Sonate, repräsentiert sah, und eine dritte, zusammenfassende Kultur postuliert, deren Grundzüge sich in Bruckners Symphonien abzeichneten, so ist es bei Bloch eher Wagner als Beethoven, der die »zweite Kultur«, die der »Ereignisform«, ausprägt, und Halms Bruckner-Apotheose wird von Bloch zwar reproduziert, aber in matteren Farben. Andererseits ist der Wachtraum von einer »großen geistlichen Ereignisform«, über Bruckner hinaus, dem es nach Bloch am »Intelligiblen« mangelt, in der Musik des 20. Jahrhunderts nirgends Wirklichkeit geworden: Geistliches ist in der Neuen Musik peripher, und die Ereignis- oder Entwicklungsform ist im Neoklassizismus ebenso wie in der seriellen Musik zerbröckelt. Nicht, daß Bloch sich widerlegt fühlen müßte. Der Behauptung, daß seine Geschichtsphilosophie an der Realität, der niederen Empirie, zuschanden geworden sei, könnte er, bei genügendem metaphysischem Hochmut, entgegensetzen, daß sich gerade umgekehrt die Realität vor der Geschichtsphilosophie blamiert habe. An der Tatsache aber, daß Blochs Musikphilosophie quer zur Neuen Musik steht, einer Tatsache, die vielleicht die unzulängliche Rezeption dieser Musikphilosophie zu erklären vermag, ändert die Differenz der Auslegungen oder Akzentsetzungen nichts.

## 4

Der *Geist der Utopie*, ein Buch, das Linien in die Zukunft zu ziehen versucht, ist als Musikphilosophie eher rückwärtsgewandt: Die Philosophie der Wagnerschen Musik faßt, trotz utopischer Einschläge, ein Stück Vergangenheit in Begriffe, das die Neue Musik hinter sich zurückgelassen hat.

Bei Wagner ist Bloch, ungeachtet des geschichtsphilosophischen Ungenügens, musikalisch sozusagen bei sich selbst. Und so wenig er sich im allgemeinen auf musikalisch Technisches, auf eine Rechtfertigung ästhetischer Urteile durch Analysen, einlassen mag, so nachdrücklich zeichnet er dort, wo er sich unmittelbar betroffen fühlt, die Umrisse einer Theorie: einer »Bautheorie des Wagnerstils«, wie er sie nennt.

Deren entscheidende Kategorie, um die sich die übrigen gruppieren, ist die des »dramatisch formbildenden Kontrapunkts«. Einem Musiktheoretiker, der sich ans Gewohnte klammert, an die klaren Begriffe, die so klar gar nicht sind, mag Blochs Kategorie als bloße Metapher, wenn nicht als Schlimmeres, als terminologisches Monstrum, verdächtig sein. Was besagt es — sofern es überhaupt etwas besagt —, daß Bloch den Begriff des »Kontrapunkts« — zweifellos nicht ohne Gewaltsamkeit — vom Nebeneinander oder Übereinander der Stimmen auf das Nacheinander der Themen oder Wagnerschen Leitmotive überträgt? Oder umgekehrt: Ist es irgend sinnvoll, die Differenz oder Antithetik der Themen in einem symphonischen Satz oder in einer musikdramatischen Szene als »Kontrapunkt« zu bezeichnen — genauer und mit Blochs eigenen Worten: als »beziehungsreiches Nacheinander des neuen harmonischen Kontrapunkts?«

Die These, die der scheinbar bloß ausschweifend metaphorische Begriff des »dramatisch formbildenden Kontrapunkts« in sich schließt, wird erst verständlich, wenn man sie als Konsequenz aus Blochs zentralem Impuls begreift, dem Impuls, Vergangenes zu »retten«. Es widerstrebt Bloch, etwas preiszugeben und als tot und abgetan hinter sich zurückzulassen, was einmal groß und bedeutend gewesen ist. Er beharrt darauf, daß der »Kontrapunkt«, der musikalisch technische Inbegriff für den Geist der Musik Bachs, bei Beethoven und Wagner verwandelt, nämlich ins Nacheinander übertragen, weiterwirke. Und zwar ist es das antithetisch-dialogische Moment, das der »Kontrapunkt des Nebeneinander« und der »Kontrapunkt des Nacheinander« gemeinsam haben. In beiden entdeckt Bloch die Spuren oder Vorzeichen einer wahrhaft »beredten« Musik, die eine Sprache jenseits der Sprache ist: nicht vor der Sprache, in stammelnder Ursprünglichkeit des Affektausdrucks, sondern über sie hinaus, als absolute und doch redende Musik. Kontrapunkt, der nüchtern technische Begriff, wird bei Bloch unversehens zu einer metaphysisch geschichtsphilosophischen Kategorie: vieldeutig und verheißungsvoll. Was ihr widerfährt, ist charakteristisch und beinahe sinnbildlich für eine Tendenz, die den *Geist der Utopie* insgesamt bestimmt: die Tendenz, die Tradition für eine Zukunft zu retten, die man sich gar nicht reich und differenziert genug vorstellen kann.

## Anmerkungen

1 A. Heuß, »Eine motivisch-thematische Studie über Liszts sinfonische Dichtung ›Ce qu'on entend sur la montagne‹«, in: *Zeitschrift der Internationalen Musikgesellschaft* 13 (1911/12), S. 10.

2 P. Moos, *Richard Wagner als Ästhetiker*, Berlin und Leipzig 1906, S. 349.

3 R. Wagner, *Gesammelte Schriften und Dichtungen in zehn Bänden*, hrsg. von W. Golther, Berlin etc. o. J., Band V, S. 193.

4 Ebd., Band X, S. 181: »Führte diese Nötigung« — die zum Programm — »endlich bis zu vollständigen Melodrammusiken mit hinzuzudenkender pantomimischer Aktion, somit folgerichtig auch zu instrumentalen Rezitativen« — Wagner denkt offenkundig an *Roméo et Juliette* von Berlioz —, »so konnte, während das Entsetzen über alles auflösende Formlosigkeit die kritische Welt erfüllte, wohl nichts anderes mehr übrigbleiben, als die neue Form des musikalischen Dramas selbst aus solchen Geburtswehen zutage zu fördern.«

5 Ebd., Band III, S. 277.

6 Ebd., Band IV, S. 318.

7 I. Kant, *Kritik der Urteilskraft*, Berlin 1790, § 45.

8 Wagner, a.a.O., Band IV, S. 199.

9 Ebd., Band IV, S. 98: »In der modernen Sprache kann nicht gedichtet werden, d. h. eine dichterische Absicht kann in ihr nicht verwirklicht, sondern eben nur als solche ausgesprochen werden.«

10 Ebd., Band IV, S. 207: »[ . . . ] ist aber der Ausdruck des Musikers — als solcher — noch kenntlich, so ist er auch von der dichterischen Absicht noch nicht erfüllt; und erst wenn er in der Verwirklichung dieser Absicht als ein Besonderes, Merkliches untergeht, ist weder Absicht noch Ausdruck mehr vorhanden, sondern das Wirkliche, was beide wollten, und dieses Wirkliche ist das Drama.«

11 Ebd., Band V, S. 192: »Hierüber sind wir also einig und gestehen zu, daß der göttlichen Musik in dieser menschlichen Welt ein bindendes, ja — wie wir sahen — bedingendes Moment für die Möglichkeit ihrer Erscheinung gegeben werden mußte.«

12 Ebd., S. 192.

13 Ebd., Band X, S. 177.

14 Der Terminus »absolute Musik«, den Wagner 1846, in dem Programm zu Beethovens IX. Symphonie, als Synonym für Instrumentalmusik gebrauchte (a.a.O., Band II, S. 61), erhielt in *Oper und Drama* die polemische Bedeutung einer von ihrem Grunde losgerissenen, in verkehrter Isolierung verharrenden Musik (ebd., Band III, S. 233; Band IV, S. 177). Dem »absoluten Musiker« entspricht, nach der Spaltung des Gesamtkunstwerks der Antike in »absolute Sonderkünste« (ebd., Band V, S. 61), der »absolute Schauspieldichter« (ebd., Band IV, S. 188).

15 Wagner empfand es als »künstlerischen Irrtum« Beethovens, daß er die musikalische Sprache der Symphonie individualisierte, ohne ihr durch Worte einen bestimmten, fest umrissenen Gegenstand zu geben (ebd., Band III, S. 277).

16 Ebd., Band X, S. 180.

17 F. Gatz, *Die Musik-Ästhetik in ihren Hauptrichtungen*, Stuttgart 1929, S. 308.

18 Wagner, a.a.O., Band I, S. 140.

19 Ebd., S. 143.

20 Ebd., S. 144.

21 Ebd., S. 146.

22 Ebd., Band IX, S. 64f. Das Postulat von der Trennung des Biographischen vom Ästhetischen, ein Postulat, durch das sich Wagner von Schumann unterschied, mochte im 19. Jahrhundert paradox wirken, ist dagegen im 20. zu einer Selbstverständlichkeit geworden.

23 Ebd., Band I, S. 201.

24 Ebd., Band V, S. 176; auf den Titelblatt der Ouvertüre *Zur Namensfeier* opus 115 steht: »gedichtet [ . . . ] von Ludwig van Beethoven«.

25 Ebd., Band I, S. 200.

26 Ebd., Band V, S. 174.

27 Ebd., Band IX, S. 107.

28 Ebd., Band IV, S. 187; vgl. auch Band III, S. 281: »Der Gegenstand war natürlich nur außerhalb der Musik zu finden, und für die ungemischte Instrumentalmusik konnte das wiederum nur in der Phantasie sein.«

29 Ebd., Band IV, S. 199.

30 Ebd., Band III, S. 281. August Wilhelm Ambros schrieb in *Die Gränzen der Musik und Poesie* über Beethovens Symphonien: »Diese Musik drängt mit gewaltigem Ringen zu bestimmtem Ausdrucke, sie ist wie ein gebannter Geist, dessen Erlösung an das Aussprechen eines einzigen Wortes durch den, dem er erscheint, geknüpft ist — er selbst darf das Wort nicht sagen und der andere steht stumm, ratend, ja mit leidenschaftlichem Anteil nach dem rechten Worte suchend vor der Erscheinung« (S. 131). Und in Richard Pohls Bericht über *Das Karlsruher Musikfest im Oktober 1853, unter Liszts Leitung*

hieß es: »Plastisch stehen die Gestalten vor uns, die seine Töne« — gemeint ist Berlioz' *Roméo et Juliette* — »uns zaubern. Sie leben und lieben, sie handeln und ringen mächtig nach dem Wort, das ihren Zauberbann lösen könnte. Aber sie bleiben in dem Zauberkreis und müssen so das Äußerste leisten, was reine Instrumentalmusik zu leisten vermag« (*Franz Liszt* [Gesammelte Schriften über Musik und Musiker 2], Leipzig 1883, S. 36).

31 Ebd., Band II, S. 80.
32 Ebd., S. 277.
33 Ebd., S. 279.
34 Ebd., S. 92.
35 Ebd., Band X, S. 178.
36 Ebd., Band VII, S. 112.
37 Ebd., Band III, S. 279: Beethoven redet in einer Sprache, »die oft als willkürliche Auslassung der Laune erscheint und einem rein musikalischen Zusammenhange unangehörig, nur durch das Band einer dichterischen Absicht verbunden ist, die mit dichterischer Deutlichkeit in der Musik aber eben nicht ausgesprochen werden konnte.«
38 Ebd., Band III, S. 282f.
39 Ebd., Band X, S. 187f.
40 Ebd., Band IV, S. 175.
41 Ebd., S. 175.
42 Ebd., Band V, S. 193.
43 Ebd., S. 193.
44 F. Liszt, »Berlioz und seine Harold-Symphonie«, in: ders., *Gesammelte Schriften*, hrsg. von L. Ramann, Band IV, Leipzig 1882, S. 58.
45 Wagner, a.a.O., Band III, S. 277.
46 Ebd., Band V, S. 192.
47 Ebd., S. 191: »Nichts ist (wohlgemerkt: für seine Erscheinung im Leben) weniger absolut als die Musik, und die Verfechter einer absoluten Musik wissen offenbar nicht, was sie meinen; zu ihrer Verwirrung hätte man sie nur aufzufordern, uns eine Musik außerhalb der Form zu zeigen, die sie der körperlichen Bewegung oder dem Sprachverse (dem kausalen Zusammenhang nach) entnahm.« War der Begriff der »absoluten Musik« von Wagner 1851 polemisch gebraucht worden, so wurde er 1857 — nachdem ihn Hanslick (a.a.O., S. 20) zu einem affirmativen Begriff umgemünzt hatte — preisgegeben und als Unbegriff denunziert. In den späteren Schriften wird er vermieden.
48 Ebd., Band V, S. 191.
49 Ebd., Band X, S. 178.
50 Ebd., Band V, S. 192.
51 Ebd., S. 195.
52 Ebd., S. 195.
53 Ebd., Band X, S. 181.
54 Ebd., Band IV, S. 175.
55 Ebd., Band X, S. 178; das pantomimische Moment ist auch in der äußersten Sublimierung nicht restlos aufgehoben: Werden Themen einander entgegengesetzt, »so ergänzen sie sich immer nur wie das männliche und weibliche Element des gleichen Grundcharakters«.
56 Ebd., Band I, S. 200.
57 Ebd., S. 201.
58 Ebd., Band V, S. 189.
59 Ebd., Band V, S. 118.
60 Ebd., Band I, S. 201.
61 Ebd., Band X, S. 180f.: Beethoven wiederholte, »mit dem gebräuchlichen Wechsel der

Tonarten, den ersten Teil des Tonstückes, unbekümmert darum, daß der dramatisch anregende Verlauf des der thematischen Ausarbeitung bestimmten Mittelsatzes uns bereits zur Erwartung des Abschlusses geführt hat; für den empfänglichen Zuhörer ein offenbarer Nachteil«. Nicht das Gleichgewicht der Form, sondern deren Motivierung war für Wagner entscheidend: eine Tatsache, die in Analysen, welche bei Wagner nach Symmetrien suchen, verkannt wird.

62 W. Niemann, *Die Musik seit Richard Wagner*, Berlin 1913, S. 3, 65, 125; E. Bücken, *Die Musik des 19. Jahrhunderts bis zur Moderne*, Wildpark-Potsdam 1929, S. 1f., 196, 201, 234.

63 G. W. Fink, »Die neu-romantische Schule«, in: *Allgemeine Musikalische Zeitung*, Oktober 1838, Sp. 665; »Die neuromantische Schule ist nun so oft in die Federn gelaufen, daß der Name beinahe einen gewissen Klang gewonnen hat.«

64 Wagner, a.a.O., Band III, S. 276.

65 Vgl. ebd., Band III, S. 300: »Was er« — Meyerbeer — »daher von seinem Dichter« — Scribe — »verlangte, war gewissermaßen eine Inszenesetzung des Berliozschen Orchesters.«

66 Ebd., S. 284.

67 R. Grimm, »Zur Wortgeschichte des Begriffs ›Neuromantik‹«, in: *Das Nachleben der Romantik in der modernen deutschen Literatur*, hrsg. von W. Paulsen, Heidelberg 1969, S. 32—50.

68 J. Barzun schildert ausführlich die Beziehungen zwischen Berlioz und Wagner, »who feared and loved and hated and admired Berlioz by turns« (*Berlioz and the Romantic Century*, Boston 1950, Band II, S. 28, Anm. 94; vgl. ferner Band II, S. 176ff.).

69 Wagner, a.a.O., Band XII, S. 85.

70 Ebd., S. 86.

71 Ebd., Band III, S. 297.

72 Ebd., Band XII, S. 86: »[ . . . ] der glückliche Auber, er kannte Beethovens Symphonien nicht! Berlioz aber kannte, ja noch mehr, er verstand sie, sie hatten ihn begeistert, sie hatten seinen Geist berauscht [ . . . ]«

73 Ebd., Band III, S. 282.

74 Ebd., Band XII, S. 87.

75 Ebd., Band III, S. 283.

76 Ebd., S. 251: »Als das einzige Lebendige in der Oper war ihm« — Rossini — »die absolute Melodie aufgegangen.«

77 Ebd., S. 283.

78 Ebd., S. 301f.: »In der Tat bringt die Meyerbeersche Musik auf diejenigen, die sich an ihr zu erbauen vermögen, eine Wirkung ohne Ursache hervor [ . . . ] Dieser Akt selbst konnte aber wiederum nur in Verbindung mit anderen Momenten absoluter« — nicht in einer »dichterischen Absicht« begründeter — »Wirkung ermöglicht werden. In der extremsten« — Berliozschen — »Instrumentalmusik [ . . . ]«.

79 Ebd., S. 277.

80 Ebd., S. 278.

81 Ebd., S. 284.

82 G. W. Fink, »Über den Reiz des Häßlichen auch in der Musik«, in: *Allgemeine Musikalische Zeitung*, Januar 1836, Sp. 3—9.

83 Fink, a.a.O., Sp. 3.

84 Chr. H. Weisse, *System der Ästhetik als Wissenschaft von der Idee der Schönheit*, 1830, Reprint Hildesheim 1966, Band I, S. 182; Fink, a.a.O., Sp. 7.

85 Ebd., S. 184: »In leichteren oder den minder tiefen Sphären der Häßlichkeit erscheint er, wie z.B. bei manchen Dichtern, mehr als Ausdruck des Unmuts und der Unzufriedenheit; während er bei zunehmender Schwere und Tiefe der Verschuldung je mehr und mehr das Bewußtstein der Verworfenheit und der Verdammnis manifestiert.«

86 Fink, a.a.O., Sp. 7.
87 Wagner, a.a.O., Band III, S. 283.
88 Fink, a.a.O., Sp. 8.
89 *Die nicht mehr schönen Künste, Grenzphänomene des Ästhetischen* (Poetik und Hermeneutik III), hrsg. von H. J. Jauß, München 1968.
90 H. Lotze, *Geschichte der Ästhetik in Deutschland*, München 1868, S. 339.
91 Weisse, a.a.O., Band I, S. 180.
92 Ebd., S. 182f.
93 Lotze, a.a.O., S. 336f.
94 A. Ruge, *Neue Vorschule der Ästhetik*, Halle 1837.
95 Lotze, a.a.O., S. 339.
96 Ruge, a.a.O., S. 88, Anmerkung: Die Argumentation, Musterfall einer Polemik zwischen Hegelianern, einer Auseinandersetzung in der dünnen Luft der Abstraktion, ist zu verwickelt, als daß sie in eine Formel gefaßt werden könnte.
97 Ebd., S. 93.
98 K. Rosenkranz, *Ästhetik des Häßlichen*, Königsberg 1853, S. 8. Das Schöne beruht nach Rosenkranz in sich selbst; es »ist also, wie das Gute, ein Absolutes, und das Häßliche, wie das Böse, ein nur Relatives« (S. 8). Auf Rosenkranz stützte sich W. Nagel (*Über den Begriff des Häßlichen in der Musik*, Langensalza 1914): »Der Widerspruch oder Gegensatz kann das Häßliche sein. Es ist ein nebengeordnetes Moment für die Kunst wie das Schöne das übergeordnete. Ein Kunstwerk, das sich aus lauter häßlichen Einzelheiten zusammensetzte, wäre ein Kuriosum; es könnte technisch selbstredend vortrefflich sein, würde aber unfehlbar lächerlich wirken« (S. 18). Paradigma des »emanzipiert« Häßlichen in der Musik, gegen das Nagel eifert, ist Debussy.
99 R. Schumann, *Gesammelte Schriften über Musik und Musiker*, hrsg. von H. Simon, Leipzig o. J., Band I, S. 50.
100 C. Dahlhaus, *Wagners Konzeption des musikalischen Dramas*, Regensburg 1971.
101 Schumann, a.a.O., Band I, S. 50.
102 Wagner, a.a.O., Band V, S. 191.
103 A. Schopenhauer, *Die Welt als Wille und Vorstellung*, Leipzig 1819, Band II, Kapitel 39.
104 Wagner, a.a.O., Band IX, S. 105.
105 Ebd., S. 66.
106 Ebd., Band I, S. 110.
107 Schopenhauer, a.a.O., Band I, § 52.
108 Wagner, a.a.O., Band I, S. 148.
109 W. H. Wackenroder, *Werke und Briefe,* hrsg. von L. Schneider Heidelberg 1967, S. 242.
110 Wagner, a.a.O., Band IX, S. 105f.
111 Wackenroder, a.a.O., S. 245.
112 Wagner, a.a.O., Band IV, S. 157.
113 Ebd., Band V, S. 191.
114 Ebd., S. 192.
115 Ebd., Band IX, S. 78.
116 Ebd., Band VII, S. 110.
117 Ebd., Band V, S. 192.
118 Ebd., Band VII, S. 112.
119 Ebd., S. 121.
120 Ebd., Band IX, S. 68.
121 Ebd., Band IV, S. 202.

# LITERATURHINWEISE


A. A. Abert, *Christoph Willibald Gluck,* München o. J.

H. Abert, *Grundprobleme der Operngeschichte,* Leipzig 1926.

Th. W. Adorno, »Fragment über Musik und Sprache«, in: Ders., *Quasi una fantasia,* Frankfurt a. M. 1963.

Ders., »Bürgerliche Oper«, in: Ders. *Klangfiguren,* Frankfurt a. M. 1959.

W. D. Allen, *Philosophy of Music History,* New York $^{2}$1962.

A. W. Ambros, *Die Gränzen der Musik und Poesie,* Prag 1856.

W. H. Auden, *Des Färbers Hand und andere Essays,* Gütersloh 1962.

C. Ph. E. Bach, *Versuch über die wahre Art das Clavier zu spielen,* Berlin 1753.

A. Bäumler, *Kants Kritik der Urteilskraft,* Halle 1923.

L. Balet/E. Gerhard, *Die Verbürgerlichung der deutschen Kunst. Literatur und Musik im 18. Jahrhundert,* Frankfurt a. M. 1973 ($^{1}$1936).

J. Barzun, *Berlioz and the Romantic Century,* Boston 1950.

G. Becking, *Der musikalische Rhythmus als Erkenntnisquelle,* Augsburg 1928.

Ders., »Zur musikalischen Romantik«, in: *Deutsche Vierteljahrsschrift für Literaturwissenschaft und Geistesgeschichte* 2 (1924).

L. van Beethoven, *Sämtliche Briefe und Aufzeichnungen,* hrsg. von F. Prelinger, Wien 1907.

W. Benjamin, »Schicksal und Charakter«, in: Ders., *Schriften,* Band I, Frankfurt a. M. 1955.

H. Besseler, »Mozart und die deutsche Klassik«, in: *Kongreßbericht Wien 1956.*

*Ders., »Bach und das Mittelalter«, in: Wissenschaftliche Bach-Tagung,* Leipzig 1950.

Ders., *Das musikalische Hören der Neuzeit,* Berlin 1959.

Ders., »Grundlagen des musikalischen Hörens«, in: *Jahrbuch Peters* 32 (1925).

E. Beurmann, *Die Klaviersonaten Carl Philipp Emanuel Bachs,* Diss. Göttingen 1953.

F. Blume, *J. S. Bach im Wandel der Geschichte,* Kassel 1947.

Ders., »Die Musik von 1830—1914. Strukturprobleme einer Epoche«, in: *Kongreßbericht Kassel 1962,* Kassel 1964.

F. Th. Bratranek, »Nachträge zu Goethe-Correspondenzen«, in: *Goethe-Jahrbuch* 4 (1883).

J. J. Breitinger, *Critische Dichtkunst,* Zurich und Leipzig 1740, Reprint Stuttgart 1966.

F. Brendel, »Ein Programm«, in: *Neue Zeitschrift für Musik,* Januar 1845.

Ders., *Grundzüge der Geschichte der Musik,* Leipzig $^{5}$1861 ($^{1}$1848).

Ders., *Franz Liszt als Symphoniker,* Leipzig 1859.

Ders., *Geschichte der Musik in Italien, Deutschland und Frankreich,* Leipzig $^{4}$1867 ($^{1}$1852).

Ders., *Gesammelte Aufsätze zur Geschichte und Kritik der neueren Musik,* Leipzig 1888.

H. Broch, »Einige Bemerkungen zum Problem des Kitsches«, in: Ders., *Dichten und Erkennen* (Essays I), Zürich 1955.

E. Bücken, »Romantik und Realismus (Zur Periodisierung der ›romantischen‹ Epoche)«, in: *Festschrift für Arnold Schering,* Berlin 1927.

Ders., *Die Musik des Rokoko und der Klassik,* Wildpark-Potsdam 1927.

E. Burke, *Vom Erhabenen und Schönen,* Berlin 1956.

E. Cassirer, *Freiheit und Form,* Berlin 1916.

H. Cohen, *Kants Begründung der Ästhetik,* Berlin 1889.

G. von Dadelsen, »Robert Schumann und die Musik Bachs«, in: *Archiv für Musikwissenschaft* 14 (1957).

C. Dahlhaus, *Musikästhetik,* Köln 1967.

Ders., *Wagners Konzeption des musikalischen Dramas,* Regensburg 1971.

Ders., »Autonomie und Bildungsfunktion«, in: *Aktualität und Geschichtsbewußtsein in der Musikpädagogik,* hrsg. von S. Abel-Struth, Mainz 1973.
F. von Dalberg, *Blicke eines Tonkünstlers in die Musik der Geister,* Mannheim 1787.
J. G. Droysen, *Grundriß der Historik,* Reprint Halle 1925.
H. Eckardt, *Die Musikanschauung der französischen Romantik,* Kassel 1935.
H. H. Eggebrecht, »Das Ausdrucksprinzip im musikalischen Sturm und Drang«, in: *Deutsche Vierteljahrsschrift für Literaturwissenschaft und Geistesgeschichte* 29 (1955).
Ders., »Musik als Tonsprache«, in: *Archiv für Musikwissenschaft* 18 (1961).
Ders., »Beethoven und der Begriff der Klassik«, in: *Sitzungsberichte der Österreichischen Akademie der Wissenschaften, Philosophisch-historische Klasse,* 271. Band, Wien 1971.
Ders., »Funktionale Musik«, in: *Archiv für Musikwissenschaft* 30 (1973).
E. Eggli, *Probleme der musikalischen Wertästhetik im 19. Jahrhundert. Ein Versuch zur schlechten Musik,* Winterthur 1965.
A. Einstein, »Calzabigis ›Erwiderung‹ von 1790«, in: *Gluck-Jahrbuch* 2 (1915).
Ders., *Gluck,* Zürich o. J.
A. Eximeno, *Dell'origine e delle regole della musica,* Rom 1774.
I. Fellinger, »Die Begriffe ›Salon‹ und ›Salonmusik‹ in der Musikanschauung des 19. Jahrhunderts«, in: *Studien zur Trivialmusik des 19. Jahrhunderts,* hrsg. von C. Dahlhaus, Regensburg 1967.
G. W. Fink, »Über den Reiz des Häßlichen auch in der Musik«, in: *Allgemeine Musikalische Zeitung,* Januar 1836.
Ders., »Die neu-romantische Schule«, in: *Allgemeine Musikalische Zeitung*, Oktober 1838.
Ders., *Der neumusikalische Lehrjammer,* Leipzig 1842.
L. Finscher, »Zum Begriff der Klassik in der Musik«, in: *Deutsches Jahrbuch für Musikwissenschaft* 11 (1967).
J. N. Forkel, *Allgemeine Geschichte der Musik,* Leipzig 1788.
M. Friedländer, *Das deutsche Lied im 18. Jahrhundert,* Stuttgart 1902, Reprint Hildesheim 1970.
H. Funck, »Musikalisches Biedermeier«, in: *Deutsche Vierteljahrsschrift für Literaturwissenschaft und Geistesgeschichte* 14 (1936).
J. J. Fux, *Gradus ad Parnassum*, Wien 1725 (deutsch von L. Mizler, Leipzig 1742).
H.-G. Gadamer, *Wahrheit und Methode,* Tübingen ²1965.
F. Gatz, *Die Musik-Ästhetik in ihren Hauptrichtungen,* Stuttgart 1929.
M. Geck, »Friedrich Schneiders ›Weltgericht‹. Zum Verständnis des Trivialen in der Musik«, in: *Studien zur Trivialmusik des 19. Jahrhunderts*, hrsg. von C. Dahlhaus, Regensburg 1967.
Thr. Georgiades, »Aus der Musiksprache des Mozart-Theaters«, in: *Mozart-Jahrbuch* 1950 (1951).
Ders., *Schubert. Musik und Lyrik,* Göttingen 1967.
W. Gertler, *Robert Schumann in seinen frühen Klavierwerken,* Leipzig 1931.
R. Giazotto, *Poesia melodrammatica e pensiero critico nel settecento,* Milano 1952.
H. Glareanus, *Dodekachordon*, Basel 1547.
J. W. von Goethe, *Der Sammler und die Seinigen,* 1798/99, Sechster Brief.
H. Goldschmidt, *Die Musikästhetik des 18. Jahrhunderts und ihre Beziehungen zu seinem Kunstschaffen,* Zürich und Leipzig 1915.
M. Greiner, *Die Entstehung der modernen Unterhaltungsliteratur,* Hamburg 1964.
W. R. Griepenkerl, *Ritter Berlioz in Braunschweig,* Braunschweig 1843.
G. A. Griesinger, *Biographische Notizen über Joseph Haydn,* hrsg. von F. Grasberger, Wien 1954.
R. Grimm, »Zur Wortgeschichte des Begriffs ›Neuromantik‹«, in: *Das Nachleben der Romantik in der modernen deutschen Literatur,* hrsg. von W. Paulsen, Heidelberg 1969.

J. Habermas, *Strukturwandel der Öffentlichkeit,* Neuwied 1962.
A. Halm, *Von zwei Kulturen der Musik,* Stuttgart ³1947.
F. Hand, *Ästhetik der Tonkunst,* Leipzig 1837.
E. Hanslick, *Vom Musikalisch-Schönen,* Leipzig 1854, Reprint Darmstadt 1965.
E. von Hartmann, *Die deutsche Ästhetik seit Kant,* Leipzig 1886.
M. Hauptmann, *Natur der Harmonik und der Metrik,* Leipzig 1853.
G. W. F. Hegel, *Vorlesungen über die Philosophie der Geschichte,* hrsg. von G. Lasson, Leipzig 1917.
Ders., *Ästhetik*, hrsg. von F. Bassenge, Frankfurt a. M. 1965.
Ders., »Wissenschaft der Logik«, in: Ders., *Sämtliche Werke,* Jubiläumsausgabe, Band 8, Stuttgart 1954.
H. Heine, *Zeitungsberichte über Musik und Malerei,* Frankfurt a. M. 1964.
H. von Helmholtz, *Die Lehre von den Tonempfindungen,* Braunschweig 1863.
J. G. Herder, »Ideen zu einer Philosophie der Geschichte der Menschheit«, in: Ders., *Sämtliche Werke,* hrsg. von B. Suphan, Bd. XIV.
Ders., »Viertes Kritisches Wäldchen«, in: *Herders Werke,* hrsg. von H. Düntzer, Band 20.
E. Herterich, *Joseph Berglinger. Eine Studie zu Wackenroders Musiker-Dichtung,* Berlin 1969.
A. Heuß, »Eine motivisch-thematische Studie über Liszts sinfonische Dichtung ›Ce qu'on entend sur la montagne‹«, in: *Zeitschrift der Internationalen Musikgesellschaft* 13 (1911/12).
H. Heussner, »Das Biedermeier in der Musik«, in: *Die Musikforschung* 12 (1959).
W. Hilbert, *Die Musikästhetik der Frühromantik,* Remscheid 1911.
E. T. A. Hoffmann, *Musikalische Novellen,* hrsg. von E. Istel, Regensburg (1911).
Ders., *Schriften zur Musik. Nachlese,* hrsg. von F. Schnapp München 1963.
W. von Humboldt, »Über die männliche und weibliche Form« (1795), in: Ders., *Werke*, Band I, Stuttgart 1960.
D. Hume, »Über die Regel des Geschmacks«, in: *Materialien zu Kants* ›Kritik der Urteilskraft‹, hrsg. von J. Kulenkampff, Frankfurt a. M. 1974.
C. F. Hunold, *Die Allerneueste Art zur Reinen und Galanten Poesie zu gelangen,* Hamburg 1705.
H. J. Jauß (Hrsg.), *Die nicht mehr schönen Künste. Grenzphänomene des Ästhetischen* (Poetik und Hermeneutik III), München 1868.
H. R. Jauss, »Literarische Tradition und gegenwärtiges Bewußtsein der Modernität«, in: Ders., *Aspekte der Modernität,* Göttingen 1965.
I. Kant, *Kritik der Urteilskraft,* Berlin 1790.
W. Klatte, *Zur Geschichte der Programmusik,* Berlin o. J.
O. Klauswell, *Geschichte der Programmusik von ihren Anfängen bis zur Gegenwart,* Leipzig 1910.
F. G. Klopstock, *Ausgewählte Werke,* hrsg. von K. A. Schleiden, München 1962.
H. Chr. Koch, *Versuch einer Anleitung zur Composition,* 3 Bde., Leipzig und Rudolstadt 1782—1793.
Chr. G. Körner, »Über Charakterdarstellung in der Musik« (1795), in: W. Seifert, *Christian Gottfried Körner. Ein Musikästhetiker der deutschen Klassik,* Regensburg 1960.
R. Kosselleck, *Kritik und Krise,* Frankfurt a. M. 1973.
H. Kretzschmar, *Gesammelte Aufsätze über Musik,* Leipzig 1911.
Ders., »Volksmusik und höhere Tonkunst«, in: *Gesammelte Aufsätze aus den Jahrbüchern der Musikbibliothek Peters,* Leipzig 1911.
Ders., »I. Kants Musikauffassung und ihr Einfluß auf die folgende Zeit«, in: Ders., *Gesammelte Aufsätze,* Band II, Leipzig 1911.
K. Kropfinger, »Bemerkungen zur Geschichte des Begriffsworts ›Struktur‹ in der Musik«,

in: *Zur Terminologie der Musik des 20. Jahrhunderts,* hrsg. von H. H. Eggebrecht, Stuttgart 1974.
H. Kuhn, *Schriften zur Ästhetik*, München 1966.
Ders., »Die Vollendung der klassischen Ästhetik durch Hegel«, in: *Die Kulturfunktion der Kunst,* Band I, Berlin 1931.
R. Lach, »Wien als Musikstadt«, in: O. Abel, *Wien, sein Boden und seine Geschichte,* Wien 1924.
W. von Lenz, *Beethoven. Eine Kunststudie,* Kassel 1955.
M. Lichtenfeld, »Triviale und anspruchsvolle Musik in den Konzerten um 1850«, in: *Studien zur Trivialmusik des 19. Jahrhunderts,* hrsg. von C. Dahlhaus, Regensburg 1967.
G. Ligeti, »Form in der Musik«, in: *Darmstädter Beiträge zur Neuen Musik,* Band 10, Mainz 1966.
F. Liszt, *Gesammelte Schriften,* hrsg. von L. Ramann, Leipzig 1882.
Ders., »Marx und sein Buch ›Die Musik des neunzehnten Jahrhunderts und ihre Pflege‹«, in: Ders., *Gesammelte Schriften,* hrsg. von L. Ramann, Leipzig 1882, Band IV.
Ders., »Tannhäuser«, in: Ders., *Gesammelte Schriften,* Leipzig 1910, Band II.
Ders., »Berlioz und seine ›Harold-Symphonie‹«, in: *Gesammelte Schriften*, Leipzig 1910, Band IV.
*Franz Liszts Briefe,* hrsg. von La Mara, Leipzig 1893.
H. Lotze, *Geschichte der Ästhetik in Deutschland,* München 1868.
F. Marschner, *Kants Bedeutung für die Musikästhetik der Gegenwart* (Kant-Studien VI), Berlin 1901.
A. B. Marx, *Die Lehre von der musikalischen Komposition* (1845), Leipzig $^{3}$1857.
Ders., *Die alte Musiklehre im Streit mit unserer Zeit,* Leipzig 1841.
Ders., *Die Musik des neunzehnten Jahrhunderts und ihre Pflege. Methode der Musik* (1855), Leipzig $^{2}$1873.
Ders., *Ludwig van Beethovens Leben und Schaffen,* Berlin 1859.
J. Mattheson, *Der vollkommene Capellmeister,* Hamburg 1739, Reprint Stuttgart 1954.
G. Mayer, »Semiotik und Sprachgefüge der Kunst«, in: *Beiträge zur Musikwissenschaft* 9 (1967).
*Briefe Mendelssohns aus den Jahren 1830—1847,* hrsg. von Paul und Charlotte Mendelssohn Bartholdy, Berlin 1870.
N. Miller, »Musik als Sprache«, in: *Beiträge zur musikalischen Hermeneutik,* hrsg. von C. Dahlhaus, Regensburg 1975.
R. Minder, *Glaube, Skepsis und Rationalismus, Dargestellt an den autobiographischen Schriften von Karl Philipp Moritz,* Frankfurt a. M. 1979.
P. Moos, *Richard Wagner als Ästhetiker,* Berlin und Leipzig 1906.
Ders., *Die Philosophie der Musik,* Berlin und Leipzig 1922.
K. Ph. Moritz, *Andreas Hartknopf,* 1786, Reprint, hrsg. von H. J. Schrimpf, Stuttgart 1968.
Ders., *Schriften zur Ästhetik und Poetik,* hrsg. von H. J. Schrimpf, Tübingen 1962.
Ders., *Die neue Cecilia,* 1794, Reprint, hrsg. von H. J. Schrimpf, Stuttgart 1962.
Ders., *Andreas Hartknopfs Predigerjahre,* 1790, Reprint, hrsg. von H. J. Schrimpf, Stuttgart 1968.
Ders., *Anton Reiser,* 1790, Reprint, hrsg. von J. Rudolph, Berlin 1952.
H. J. Moser, *Geschichte der deutschen Musik,* Stuttgart und Leipzig 1928.
J. H. Mueller, *Fragen des Musikalischen Geschmacks* (Kunst und Kommunikation 8), Köln und Opladen 1963.
H. G. Nägeli, *Vorlesungen über Musik mit Berücksichtigung der Dilettanten,* Stuttgart und Tübingen 1826.
W. Nagel, *Über den Begriff des Häßlichen in der Musik,* Langensalza 1914.
W. Niemann, *Die Musik seit Richard Wagner,* Berlin und Leipzig 1913.

F. Nietzsche, »Der Fall Wagner«, in: Ders., *Werke*, hrsg. von K. Schlechta, Darmstadt 1966.
Novalis, *Fragmente*, hrsg. von E. Kamnitzer, Dresden 1929.
A. Nowak, *Hegels Musikästhetik,* Regensburg 1971.
J. Paul, *Vorschule der Ästhetik*, 1804, hrsg. von N. Miller, München 1963.
Ders., *Hesperus,* 1795, in: Ders., *Werke*, hrsg. von N. Miller, München 1960, Band I.
F. Printz, *Zur Würdigung des musikästhetischen Formalismus Eduard Hanslicks,* Diss. München 1918.
J. F. Reichardt, *Briefe, die Musik betreffend,* hrsg. von G. Herre und W. Siegmund-Schultze, Leipzig 1976.
H. Riemann, *Katechismus der Musik-Ästhetik,* Leipzig o. J.
Ders., *Geschichte der Musik seit Beethoven,* Berlin und Stuttgart 1901.
Ders., »Ideen zu einer Lehre von Tonvorstellungen«, in: *Jahrbuch Peters* 21/22 (1914/15).
Ders., *Große Kompositionslehre,* Berlin und Stuttgart 1902.
W. Riezler, *Beethoven*, Berlin und Zürich $^{3}$1936.
F. Rochlitz, *Für Freunde der Tonkunst,* Leipzig $^{2}$1830.
Ch. Rosen, *Sonata Forms,* New York 1980.
K. Rosenkranz, Ästhetik des Häßlichen, Königsberg 1853.
A. Ruge, *Neue Vorschule der Ästhetik,* Halle 1837.
W. Salmen, *Johann Friedrich Reichardt,* Freiburg i. Br. und Zürich 1963.
R. Schäfke, »Quantz als Ästhetiker«, in: *Archiv für Musikwissenschaft* 6 (1924).
Ders., *Eduard Hanslick und die Musikästhetik,* Leipzig 1922.
J. A. Scheibe, *Der critische Musicus,* Hamburg 1739.
F. W. J. von Schelling, *Philosophie der Kunst,* 1859, Reprint Darmstadt 1960.
A. Schering, *Vom musikalischen Kunstwerk,* Leipzig $^{2}$1951.
Ders., Bemerkungen zu Joseph Haydns Programmsynfonien«, in: Ders., *Vom musikalischen Kunstwerk,* Leipzig $^{2}$1951.
F. von Schiller, »Vom Erhabenen«, in: Ders., *Sämtliche Werke,* hrsg. von G. Fricke, München $^{4}$1967, Band V.
G. Schilling, *Geschichte der heutigen modernen Musik,* Karlsruhe 1841.
A. W. Schlegel, *Die Kunstlehre. Kritische Schriften und Briefe,* hrsg. von E. Lohner, Stuttgart 1963.
Ders., »Briefe über Poesie, Silbenmaß und Sprache«, in: *Die Horen* 1795, hrsg. von F. von Schiller.
F. Schlegel, »Athenäum-Fragmente« (1798), in: Ders., *Charakteristiken und Kritiken* I (Gesamtausgabe II), München 1967.
Ders., »Über die Grenzen des Schönen«, in: Ders., *Prosaische Jugendschriften,* hrsg. von J. Minor, Wien 1882.
Ders., *Über das Studium der griechischen Poesie* (1797), hrsg. von P. Hankhamer, Godesberg 1947.
A. Schmitz, *Beethovens* ›Zwei Prinzipe‹, Berlin und Bonn 1923.
Ders., *Das romantische Beethovenbild. Darstellung und Kritik,* Berlin und Bonn 1927, Reprint Darmstadt 1978.
P. Schnaus, *E. T. A. Hoffmann als Beethoven-Rezensent der Allgemeinen musikalischen Zeitung* (Freiburger Schriften zur Musikwissenschaft 8), München 1977.
H. Schole, *Tonpsychologie und Musikästhetik,* Göttingen 1930.
A. Schopenhauer, *Die Welt als Wille und Vorstellung,* Leipzig 1819.
L. Schrade, »Johann Sebastian Bach und die deutsche Nation«, in: *Deutsche Vierteljahrsschrift für Literaturwissenschaft und Geistesgeschichte* 15 (1937).
Ders., *W. A. Mozart,* Bern und München 1964.
Chr. Fr. D. Schubart, *Ideen zu einer Ästhetik der Ton-Kunst,* Wien 1806, Reprint Leipzig 1924.

R. Schumann, *Gesammelte Schriften über Musik und Musiker,* hrsg. von M. Kreisig, Leipzig 1914.
C. Seidel, *Charinomos. Beiträge zur allgemeinen Theorie und Geschichte der schönen Künste,* Magdeburg 1828.
E. Seidel, *Die Enharmonik in den harmonischen Großformen Franz Schuberts,* Diss. Frankfurt a. M. 1962.
W. Seifert, *Christian Gottfried Körner. Ein Musikästhetiker der deutschen Klassik,* Regensburg 1960.
F. Sengle, *Biedermeierzeit,* Band I und II, Stuttgart 1971 und 1972.
Ders., *Die literarische Formenlehre,* Stuttgart 1967.
W. Serauky, *Die musikalische Nachahmungs-Ästhetik im Zeitraum von 1700 — 1850,* Münster 1929.
Ph. Spitta, *Musikgeschichtliche Aufsätze,* Berlin 1894.
F. Strich, *Deutsche Klassik und Romantik. Oder Vollendung und Unendlichkeit,* München 1922.
J. G. Sulzer, *Allgemeine Theorie der Schönen Künste,* Leipzig ²1794, Reprint Hildesheim 1967.
A. F. J. Thibaut, *Über Reinheit der Tonkunst,* Freiburg und Leipzig ⁷1893.
L. Treitler, »On Historical Criticism«, in: *The Musical Quarterly* 53 (1967).
J. K. F. Triest, »Bemerkungen über die Ausbildung der Tonkunst in Deutschland im achtzehnten Jahrhundert«, in: *Allgemeine Musikalische Zeitung* 3 (1800/01), Sp. 259.
P. Valéry, *Mauvaises Pensées,* Paris 1942.
C. Vega, »Mesomusic. An Essay on the Music of the Masses«, in: *Ethnomusicology* 10 (1966).
W. Vetter, *Der Klassiker Schubert,* Leipzig 1953.
K. Vietor, *Geschichte der deutschen Ode,* München 1923, Reprint Darmstadt 1961.
Fr. Th. Vischer, *Ästhetik oder Wissenschaft des Schönen,* München ²1923.
J. Volkelt, *System der Ästhetik,* München ²1925.
W. H. Wackenroder, *Werke und Briefe,* hrsg. von L. Schneider, Heidelberg 1967.
R. Wagner, *Gesammelte Schriften und Dichtungen,* hrsg. von W. Golther, Berlin etc. o. J.
Ders., »Oper und Drama«, in: Ders., *Gesammelte Schriften und Dichtungen,* hrsg. von W. Golther, Berlin etc. o. J., Band III.
Ders., »Über Franz Liszts symphonische Dichtungen«, in: Ders., *Gesammelte Schriften und Dichtungen,* hrsg. von W. Golther, Berlin etc. o. J., Band V.
D. P. Walker, *Der musikalische Humanismus im 16. und 17. Jahrhundert,* Kassel 1949.
O. Walzel, *Das Prometheussymbol von Shaftesbury zu Goethe,* München 1932.
M. Weber, »Die ›Objektivität‹ sozialwissenschaftlicher und sozialpolitischer Erkenntnisse«, in: Ders., *Gesammelte Aufsätze zur Wissenschaftslehre,* Tübingen ³1968.
Chr. H. Weisse, *System der Ästhetik als Wissenschaft von der Idee der Schönheit,* Leipzig 1830, Reprint Hildesheim 1966.
A. Wellek, »Über das Verhältnis von Musik und Poesie«, in: *Studien zur Musikwissenschaft* 25 (1962).
A. Wendt, *Über den gegenwärtigen Zustand der Musik, besonders in Deutschland, und wie er geworden,* Göttingen 1836.
G. Wieninger, *Immanuel Kants Musikästhetik,* Diss. München 1929.
W. Wiora, »Zwischen absoluter und Programmusik«, in: *Festschrift Friedrich Blume zum 60. Geburtstag,* Kassel 1963.
Ders., »Die Musik im Weltbild der deutschen Romantik«, in: *Beiträge zur Geschichte der Musikanschauuung im 19. Jahrhundert,* hrsg. von W. Salmen, (Studien zur Musikgeschichte des 19. Jahrhunderts 1), Regensburg 1965.
L. Wittgenstein, *Philosophische Untersuchungen,* Oxford 1953.

# QUELLENNACHWEISE

»Si vis me flere«, in: *Die Musikforschung* 25 (1972), S. 51—52.

Karl Philipp Moritz und das Problem einer klassischen Musikästhetik, in: *Kaleidoskop. Eine Festschrift für Fritz Baumgart zum 75. Geburtstag,* hrsg. von Fr. Mielke, Berlin: Gebr. Mann Verlag 1977, S. 242—256.

Formästhetik und Nachahmungsprinzip, in: *International Review of the Aesthetics and Sociology of Music* 4/2 (1973), S. 165—174.

Zu Kants Musikästhetik, in: *Archiv für Musikwissenschaft* 10 (1953), S. 338—347.

Ethos und Pathos in Glucks »Iphigenie auf Tauris«, in: *Die Musikforschung* 27 (1974), S. 289—300.

Romantische Musikästhetik und Wiener Klassik, in: *Archiv für Musikwissenschaft* 29 (1972), S. 167—181.

E. T. A. Hoffmanns Beethoven-Kritik und die Ästhetik des Erhabenen, in: *Archiv für Musikwissenschaft* 38 (1981), S. 80—92.

Zur Entstehung der romantischen Bach-Deutung, in: *Bach-Jahrbuch* 64 (1978), S. 192—210.

»Lieder ohne Worte«, in: *Archiv für Musikwissenschaft* 42 (1985), S. 157—161.

»Eine abgesonderte Welt für sich selbst«, in: *Archiv für Musikwissenschaft* 42 (1985), S. 162—165.

Kleists Wort über den Generalbaß, in: *Kleist-Jahrbuch 1984*, S. 13—24.

Romantik und Biedermeier, in: *Archiv für Musikwissenschaft* 31 (1974), S. 22—41.

Trivialmusik und ästhetisches Urteil, in: *Studien zur Trivialmusik des 19. Jahrhunderts,* hrsg. von C. Dahlhaus (Studien zur Musikgeschichte des 19. Jahrhunderts 8), Regensburg: Gustav Bosse Verlag 1967, S. 13—28.

Über die »mittlere Musik« des 19. Jahrhunderts, in: *Das Triviale in Literatur, Musik und bildender Kunst,* hrsg. von H. de la Motte-Haber, Frankfurt/Main: Vittorio Klostermann Verlag 1972, S. 131—147.

Die Kategorie des »Charakteristischen« in der Ästhetik des 19. Jahrhunderts, in: *Die »Couleur locale« in der Oper des 19. Jahrhunderts,* hrsg. von H. Becker (Studien zur Musikgeschichte des 19. Jahrhunderts 42), Regensburg: Gustav Bosse Verlag 1976, S. 9—21.

Hegel und die Musik seiner Zeit, in: *Kunsterfahrung und Kulturpolitik im Berlin Hegels,* hrsg. von O. Pöggeler u. A. Gethmann-Siefert, Bonn: Bouvier Verlag Herbert Grundmann 1983, S. 333—350.

Zu Schellings Theorie des musikalischen Rhythmus, in: *Logos Musicae. Festschrift für Albert Palm*, hrsg. von R. Görner, Wiesbaden: Franz Steiner Verlag 1982, S. 24—31.

Klassizität, Romantik, Modernität, in: *Die Ausbreitung des Historismus über die Musik,* hrsg. von W. Wiora (Studien zur Musikgeschichte des 19. Jahrhunderts 14), Regensburg: Gustav Bosse Verlag 1969, S. 261—276.

Geschichtliche und ästhetische Erfahrung, in: *Die Ausbreitung des Historismus über die Musik,* hrsg. von W. Wiora (Studien zur Musikgeschichte des 19. Jahrhunderts 14), Regensburg: Gustav Bosse Verlag 1969, S. 243—247.

Musikkritik als Sprachkritik, in: *Neue Zürcher Zeitung*, 23./24. Mai 1981, S. 67—68 unter dem Titel »Ist Musikkritik wirkungslos? Wandlungen der Wechselwirkung von Hegel bis Adorno«.

Eduard Hanslick und der musikalische Formbegriff, in: *Die Musikforschung* 20 (1967), S. 145—153.

Das »Verstehen« von Musik und die Sprache der musikalischen Analyse, in: *Musik und Verstehen. Aufsätze zur semiotischen Theorie, Ästhetik und Soziologie der musikalischen Rezeption,* hrsg. von P. Faltin und H.-P. Reinecke, Köln: Arno Volk Verlag 1973, S. 37—47.

Über die verrottete Gefühlsästhetik, in: *Beiträge zur musikalischen Hermeneutik,* hrsg. von C. Dahlhaus (Studien zur Musikgeschichte des 19. Jahrhunderts 43), Regensburg: Gustav Bosse Verlag 1975, S. 159—164.

Gefühlsästhetik und musikalische Formenlehre, in: *Deutsche Vierteljahrsschrift für Literaturwissenschaft und Geistesgeschichte* 42 (1967), S. 505—516.

Ästhetische Prämissen der »Sonatenform« bei Adolf Bernhard Marx, in: *Archiv für Musikwissenschaft* 41 (1984), S. 73—85.

Thesen über Programmusik, in: *Beiträge zur musikalischen Hermeneutik,* hrsg. von C. Dahlhaus (Studien zur Musikgeschichte des 19. Jahrhunderts 43), Regensburg: Gustav Bosse Verlag 1975, S. 187—204.

Dichtung und Symphonische Dichtung, in: *Archiv für Musikwissenschaft* 39 (1982), S. 237—244.

Liszts Idee des Symphonischen, in: *Referate des 2. Europäischen Liszt-Symposiums Eisenstadt 1978* (Liszt-Studien 2), hrsg. von S. Gut, München/Salzburg: Verlag Dr. Emil Katzbichler 1981, S. 36—42.

Zur Kritik des ästhetischen Urteils, in: *Die Musikforschung* 23 (1970), S. 411—419.

Wagner und die Programmusik, in: *Jahrbuch des Staatlichen Instituts für Musikforschung Preußischer Kulturbesitz 1973,* Berlin: Verlag Merseburger 1974, S. 50—63.

Wagners Berlioz-Kritik und die Ästhetik des Häßlichen, in: *Festschrift für Arno Volk,* hrsg. von C. Dahlhaus und H. Oesch, Köln: Arno Volk Verlag 1974, S. 107—123.

Wagner und Bach, in: *Programmhefte der Bayreuther Festspiele 1985,* hrsg. von W. Wagner, VII: *Der fliegende Holländer,* S. 1—18.

Analyse des Mythos, in: *Zur Kritik der wissenschaftlichen Rationalität. Zum 65. Geburtstag von Kurt Hübner,* hrsg. von H. Lenk, Freiburg/München: Karl Alber Verlag 1986, S. 531—542.

Wagner und Schopenhauer, in: *Programmhefte der Bayreuther Festspiele 1973,* hrsg. von W. Wagner, V: *Die Walküre,* S. 10—12, 64—68.

Nietzsche 1876, in: *Programmhefte der Bayreuther Festspiele 1976,* hrsg. von W. Wagner, II: *Die Walküre,* S. 65—72.

Ernst Blochs Philosophie der Musik Wagners, in: *Jahrbuch des Staatlichen Instituts für Musikforschung Preußischer Kulturbesitz 1971,* Berlin: Verlag Merseburger 1972, S. 179—188.

# PERSONENREGISTER